特种设备检验检测人员培训考核教材

Training Instruction for the Inspection and Testing Engineer of Special Equipment

压力管道检验师

Supervision and Inspection for Pressure Piping

周震　主编

Zhou Zhen　Chief editor

修长征　主审

Xiu Changzheng　Chief reviser

中国标准出版社

Standards Press of China

·北　京·

图书在版编目(CIP)数据

压力管道检验师/周震主编．—北京:中国标准出版社,2012.12
ISBN 978-7-5066-7013-5

Ⅰ.①压… Ⅱ.①周… Ⅲ.①压力管道—质量技术监督—手册②压力管道—质量检验—手册 Ⅳ.①U173.9-62

中国版本图书馆 CIP 数据核字(2012)第 225745 号

中国质检出版社
中国标准出版社 出版发行
北京市朝阳区和平里西街甲 2 号(100013)
北京市西城区三里河北街 16 号(100045)
网址:www.spc.net.cn
总编室:(010)64275323 发行中心:(010)51780235
读者服务部:(010)68523946
中国标准出版社秦皇岛印刷厂印刷
各地新华书店经销

*

开本 787×1092 1/16 印张 34.25 字数 824 千字
2012 年 12 月第一版 2012 年 12 月第一次印刷

*

定价:70.00 元

编委会名单

前　言

为宣传贯彻国务院颁发的《特种设备安全监察条例》（国务院令第549号）和国家质量监督检验检疫总局颁发的《压力容器压力管道设计许可规则》（TSG R1001—2008）、《压力管道元件制造许可规则》（TSG D2001—2006）、《压力管道安装安全质量监督检验规则》（国质检锅［2002］83号）、《压力管道安全技术监察规程——工业管道》（TSG D0001—2009）、《压力管道定期检验规则——公用管道》（TSG D7004—2009）、《压力管道定期检验规则——长输（油气）管道》（TSG D7004—2010）、《压力管道元件制造监督检验规则（埋弧焊钢管与聚乙烯管）》（TSG D7001—2005）、《特种设备制造安装改造维修质量保证体系基本要求》（TSG Z0004—2007）等法律法规安全技术规范及标准等的相关要求，为促使压力管道设备的安全技术检验工作得到全面提高，特编写了此书。

本书系统介绍了压力管道设计、制造、安装、使用、监督检验等环节的基本知识，分析了国内外压力管道安全检验的现状，列举了典型压力管道检验方法实例和检验机构正在使用的各种质量保证手册、各种工艺案例及检验报告实例。

本书是在上一版《在线检验（压力管道安全监察与管理培训教材）（2004年）》（中国标准出版社）的基础上，删去了较深的理论叙述，充实了实用性较强的内容，对各章节检验环节的内在联系进行了有效组合，并增加了大量实践在用的和各种质量保证手册、设计方案、制造工艺、安装工艺、检验工艺及案例等方面内容重新编写而成。本书特别注重采用最新国际标准、国家法规标准；特别注重介绍压力管道监督检验有关规定和特种设备安全技术规范及先进检验工艺方法，坚持理论与实践的统一。

本书为压力管道从业人员提供了非常实用的培训考核教材，为检验机构工程技术人员编制压力管道检验工艺方案及填写高质量的压力管道检验报告和记录等提供了极具参考价值的实用资料；适用于电力、石油化工、冶金、机械、食品卫生、医疗行业等各行业从事压力管道设计、制造、安装修理改造、使用、监督检验等专业的工程技术人员和检验人员，也适用于特种设备安全监察人员。书中有的检验方案、检验工艺和检验报告及记录可以直接拿来使用。希望通过本书的使用，我国压力管道安全监督检验技术水平能有一个飞跃性的发展。

本书由辽宁省质量技术监督局周震高级工程师担任主编，并组织从事压力管道检验的有较高理论和实践水平的高级检验师，在各位专家几十年从事压力管道安全技术管理的实际经验基础上编写而成。参加编写工作的有：大连市特种设备检验检测研究院赵云峰和孙爱华、沈阳市特种设备检验检测研究院邵大伟、东北制药总厂张海、辽阳市锅炉压力容器检验研究所刘铁勇、鞍山市特种设备检验所李搏、阜新市锅炉压力容器检验研究所李景文，以上专家都是教授级高级工程师或高级压力管道检验师。

在本书的编写过程中，国家质量监督检验检疫总局特种设备安全监察局的有关领导进行了直接指导，并提出了许多宝贵意见；奋斗在检验第一线的检验人员，对编写检验工艺、检验报告和典型检验案例内容进行了详细审查和修改，并提供了大量宝贵的技术资料。编者特向所有关心和帮助本书编写工作的专家、领导和同志们致以衷心的感谢。

鉴于编者水平所限，撰写的时间较为仓促，难免存在错误和不妥之处，恳请读者批评指正，在此先致谢意。

编　者

2012 年 10 月

目　录

第一章　压力管道检验概况 …… 1

第一节　压力管道安全监督检验状况 …… 1

第二节　压力管道监督检验基础知识 …… 4

第三节　压力管道安全监督检验分类 …… 7

第四节　国家及行业部门有关压力管道检验规定 …… 13

第二章　压力管道质量保证体系监督检验 …… 16

第一节　压力管道质量保证体系的基本规定 …… 16

第二节　压力管道设计质量保证体系监督检验 …… 21

第三节　压力管道元件制造质量保证体系监督检验 …… 43

第四节　压力管道安装质量保证体系案例 …… 48

第三章　压力管道设计检验 …… 75

第一节　压力管道设计许可审批范围监督检验 …… 75

第二节　压力管道设计条件检验 …… 76

第三节　压力管道设计许可审查程序检验 …… 78

第四节　压力管道设计许可证监督检验 …… 80

第五节　压力管道设计单位监督检验 …… 83

第六节　压力管道设计安全技术规定要求 …… 85

第七节　压力管道设计安全技术规定案例 …… 87

第八节　压力管道产品图纸检验 …… 123

第九节　压力管道设计评审大纲 …… 129

第四章　压力管道元件制造检验 …… 134

第一节　压力管道元件许可项目的监督检验 …… 134

第二节　压力管道元件制造条件检验 …… 138

第三节　压力管道元件制造许可工作审查程序检验 …… 139

第四节　压力管道元件许可范围检验 …… 142

第五节　压力管道元件产品制造安全性能监督检验 …… 147

第六节　压力管道元件制造安全性能监督检验工艺 …… 159

第七节　压力管道元件(钢管)制造安全性能监督检验工艺案例 …… 163

第八节　压力管道元件金属波纹膨胀节产品安全性能监督检验工艺案例 …… 167

第九节　压力管道元件制造工艺监督检验案例 …… 172

第五章　压力管道安装监督检验 …… 199

第一节　压力管道安装监督检验基本知识 …… 199

第二节　压力管道安装质量监督检验 …… 200

第三节　压力管道安装许可证检验 …… 204
第四节　压力管道安装检验通用工艺案例 …… 206
第五节　工业压力管道安装监督检验工艺案例(一) …… 218
第六节　工业压力管道安装监督检验工艺案例(二) …… 221
第七节　长输压力管道安装监督检验大纲案例 …… 223
第八节　压力管道安装工艺案例 …… 232
第六章　压力管道年度性检验工艺 …… 250
第一节　年度性检验要求 …… 250
第二节　年度性检验工作程序 …… 252
第三节　年度检验资料的准备与检验 …… 253
第四节　年度性检验重点 …… 254
第五节　年度性检验方法和安全技术要求 …… 258
第六节　工业压力管道在线检验工艺案例 …… 259
第七节　在用公用燃气压力管道一般性检验工艺案例 …… 262
第八节　在用油气长输压力管道年度检验工艺 …… 264
第七章　压力管道在用定期检验 …… 268
第一节　在用压力管道定期检验要求 …… 268
第二节　在用压力管道定期检验程序 …… 271
第三节　压力管道检验单位 …… 275
第四节　检验检测机构人员要求 …… 280
第五节　压力管道检验方法和工具 …… 281
第六节　在用压力管道的定期检验资料准备 …… 283
第七节　在用压力管道定期检验安全注意事项 …… 284
第八节　在用压力管道安全性评价 …… 285
第九节　在用工业压力管道定期检验工艺 …… 286
第十节　在用公用压力管道定期检验工艺 …… 298
第十一节　长输(油气)压力管道定期检验方案 …… 301
第八章　在用压力管道使用单位检验 …… 309
第一节　压力管道使用登记报废注销制度 …… 309
第二节　压力管道使用单位质量管理要求 …… 312
第三节　压力管道安全技术管理制度 …… 313
第四节　压力管道安全技术操作规程 …… 313
第五节　压力管道技术档案管理制度 …… 314
第六节　压力管道修理改造要求 …… 315
第七节　压力管道日常维护保养制度 …… 315
第八节　压力管道巡检技术安全要求 …… 316
第九节　压力管道的新建、扩建、改建管理制度 …… 317
第十节　压力管道定期检验制度 …… 317

第十一节　压力管道安全附件检验制度 …… 318
第十二节　压力管道事故分析和应急处理制度 …… 318
第九章　压力管道检验报告填写要求及报告书案例 …… 324
第一节　压力管道检验报告填写要求 …… 324
第二节　在用工业管道安装监督检验报告实际案例 …… 325
第三节　在用公用压力管道安装监督检验报告案例 …… 335
第四节　在用压力管道定期检验报告书填写案例 …… 344
第五节　在用公用压力管道安全性评价 …… 348
第六节　长输压力管道安装检验报告实际案例 …… 349
第七节　在用工业压力管道定期检验报告案例 …… 357
第八节　在用公用压力管道定期检验报告书样式 …… 366
第九节　长输压力管道定期检验报告实际案例(GA2 管道) …… 375
第十节　监督检验结论意见填写原则 …… 393
第十一节　检验记录填写原则 …… 394
第十章　压力管道元件监督检验项目及检验方法 …… 395
第一节　泄漏检验 …… 395
第二节　绝热层和防腐层检验 …… 401
第三节　振动检验 …… 410
第四节　位置与变形检查 …… 412
第五节　支吊架检验 …… 414
第六节　阀门检验 …… 417
第七节　法兰、垫片、紧固件检查 …… 419
第八节　膨胀节检查 …… 422
第九节　阴极保护装置检查 …… 424
第十节　蠕胀测点检查 …… 426
第十一节　压力管道元件控制及标识检验 …… 430
第十二节　压力表检验 …… 434
第十三节　测温仪表检验 …… 438
第十四节　安全阀检验 …… 439
第十五节　爆破片装置检验 …… 457
第十六节　壁厚测定检查 …… 462
第十七节　电阻测量检查 …… 465
第十八节　压力管道元件组合装置 …… 467
第十九节　减温减压装置、燃气调压装置 …… 472
第二十节　绝缘接头 …… 475
第二十一节　材料控制 …… 479
第二十二节　焊接质量检验 …… 480
第二十三节　理化应力检验 …… 486

第二十四节　常用无损检测方法 …… 488
第二十五节　压力试验 …… 490
第二十六节　局部腐蚀和全面腐蚀的确定方法 …… 493
第二十七节　电性能检验 …… 495
第二十八节　开挖检测 …… 496
第十一章　压力管道检验报告填写要求及报告书表样 …… 497
第一节　压力管道设计技术记录表 …… 497
第二节　工业压力管道在线检验报告样式 …… 504
第三节　公用压力管道一般性检验报告样式 …… 507
第四节　长输压力管道年度性检验报告样式 …… 509
第五节　压力管道元件制造监督检验项目表 …… 512
第六节　工业压力管道安装安全质量监督检验报告样式 …… 514
第七节　公用压力管道安装性检验报告样式 …… 523
第八节　公用压力管道安全性评价报告样式 …… 525
第九节　长输压力管道安装监督检验报告样式 …… 527

第一章　压力管道检验概况

压力管道监督检验是实现压力管道安全运行的保证和有效措施。对压力管道实施安全监督检验是国家对压力管道类特种设备的一项强制性政策。

第一节　压力管道安全监督检验状况

一、压力管道安全历史及现状

尽管压力管道分布极广，但由于观念、管理和宣传等各方面的原因，人们对它的安全性尚不十分重视，对年久失修漏气严重的压力管道不进行检验和改造，压力管道安全管理尚有许多漏洞，压力管道事故时有发生，造成的经济损失和人员伤亡事故相当严重。随着西气东输等国家大型重点工程的进行，油、气输送的主体即管道工程，在设计、制造、安装、检验、使用等方面开始受到普遍重视。但压力管道监督检验在长输压力管道和石油化工装置中与主体设备相比其重视程度还远远不够。

据有关部门的统计数据显示，截至 1995 年，仅石化系统 35 家企业的 6475.7km Ⅰ、Ⅱ、Ⅲ类管线中管道的年爆炸事故为 10 起。如 1992 年 10 月某炼油厂 LPG 管线波纹管爆裂，1993 年 8 月某石化厂瓦斯管断裂爆炸着火，1994 年某氮肥厂法兰崩裂飞出，1995 年某石化冷箱铝管、埋地管爆炸。2010 年 7 月大连青冈中石油的一条输油管道发生爆炸事故。2011 年某石化厂高压蒸气管线爆裂，某化工厂热水管爆炸。2011 年 7 月中石油大连石化分公司一炼油装置压力管道发生泄漏起火，给国家造成严重经济损失。全国因管线泄漏而停产检修的重大损坏事故每年都有百余起。泄漏后，采用带压堵漏不停产检验的一般损坏事故每年数千起。调查中，一般企业不愿多谈这些问题，确切事故数字难以准确统计，可见石化企业虽然控制了爆炸事故的发生，但因泄漏而引起停产的严重损坏事故与采用在线带压堵漏修复的一般损坏事故还是屡屡发生，这些事故一旦处理不好，会引起火灾甚至二次爆炸，因此万不可等闲视之。

1995 年，对 35 家石化企业进行的 6475.7km Ⅰ、Ⅱ、Ⅲ类管道的调查显示，其中只有 3776.9km 管线进行了检测。检测方法主要是测厚和对焊口的无损检测。压力管道的检验数量以及检验项目等尚未达到安全监察和监督检验的要求，压力管道安全运行的保障程度远远不足。

从 2001 年对高桥石化等六家企业抽样调查情况看，近几年，六家企业的Ⅰ、Ⅱ、Ⅲ类压力管道总长已达 2136km，比 1995 年前增长 37%，现有管道的检测率也有了很大提高，但由于管道的安全性不仅仅取决于使用单位，还与设计、制造等其他方面有很大关系，压力管道的泄漏与爆炸事故仍时有发生。压力管道安全事故发生的主要原因如下：

1）压力管道设计、制造、安装、检验、使用和监督检验的标准规范不统一、不齐全，甚至相互矛盾。1995 年前，国家没有统一归口管理压力管道的部门，各部门之间无人协调；同样的管法兰、阀门等管道组成件标准有很多，有的企业同时使用几个标准系列的管件、阀门，因材料、型号用错导致事故发生的例子数不胜数。

2）压力管道的设计工作疏于管理。设计单位、设计图表不规范，人员未经统一的培训考核与许可发证，水平参差不齐，很多管道在设计时就存在选材不当或结构有缺陷等问题，为日后使用埋下隐患。如有设计单位设计采用碳钢管道长期输送高温介质。又如某设计院在炼油厂管线实际横向位移达 28mm 的管线上，设置只允许 15mm 位移的膨胀节，这些都是引起管线在使用中被破坏的潜在危险源。

3）压力管道的组成件（如管子、管件、阀门、法兰等）的产品制造过程中没有强制性的监督控制，大量伪劣产品进入市场，给管道埋下了事故隐患。如某炼油厂加氢裂化装置管线中上万件新购弯头、大小头、三通，使用前监理单位重新检测，竟有 30% 发现裂纹、硬度偏高、砂眼等缺陷，厂方不得不花费百余万元人民币的检测费用，使用单位、检验单位提心吊胆。又如某化工厂丙烯管线竣工水压试验发现一处法兰渗漏，进一步检查发现，购进的法兰（包括未安装的库存法兰）几乎都有表面裂纹；另一化工厂一条丙烯管线新安装开车后，由于 10 多个弯头开裂，不得不采用带压堵漏方式进行修复。管道组成件质量不合格，已经严重威胁着压力管道的安全运行。

4）压力管道的安装队伍混乱、管理失控，过去也没有进行单位与人员资格许可，压力管道的安装质量低劣使压力管道中滞留了大量的超标缺陷。1995 年的调查中，我们发现几乎每一条Ⅰ、Ⅱ、Ⅲ类管道都有超标焊接缺陷存在。有的早期压力管道实际安装检验时流于形式，根本达不到质量控制的目的。如要求对某条管道进行 20% 焊口的 RT 检测，施工单位事先确定拍片位置，焊工精心焊接，而其余 80% 焊口质量根本不控制，大量的未焊透、气孔、夹渣甚至裂纹都遗留在焊缝中。

5）在用压力管道的检验管理混乱。一是缺乏检验的标准，二是缺乏检验的条件，三是缺乏专业检验队伍，最重要的是过去没有要求强制检验，很多单位根本不检验。石化企业管理比较好，一直在按 SHS 01005—2004《工业管道维护检修规程》进行外部检验与定期检验，但这种检验也主要是非专业队伍的日常巡检，停车检验时主要按一定比例（一般不超过 20%）对焊口进行无损检测（MT 与 RT 等）与测厚，而管道在非焊口部的缺陷，如管子的冲蚀减薄与管件的损坏根本无法发现，所以石化企业管道虽然爆炸事故较少，但泄漏停产事故还是屡有发生。1995 年对某炼油厂催化车间调查时，其中一条管道一年之中竟然泄漏 602 次，平均每天两次，令人震惊。

6）全国压力管道事故统计报告工作刚刚实行，缺乏完整的压力管道事故统计资料，事故原因统计分析较为困难。我们将 1995 年石化企业Ⅰ、Ⅱ、Ⅲ类管道爆炸与严重损坏事故原因进行了分类，很明显腐蚀与冲蚀比例偏高，而管理不善原因较低，这是因为石化企业炼制高含硫原油后介质腐蚀性加剧，而石化企业的管理水平相对较好的原因。

7）由于压力管道元件制造质量差及安装时焊接缺陷较多也是石化企业管道失效的主要原因。1997 年，国家组织特种设备有关工程技术人员对 42 条高强钢管线进行现场调查时，发现 68 次泄漏事故中，焊接质量引起占 25 次，管件质量引起占 28 次，冲蚀引起占 15 次。在上述原因中，设计、制造、安装关系到管道的先天质量，使用管理与介质腐蚀的防护则影响到管道的在役保养。

综上所述，我国工业管道在《压力管道安全管理与监察规定》（劳部发［1996］140 号）

颁布以前基本处于管理失控状态，压力管道中的各种缺陷严重，爆炸泄漏事故逐年增多，尽管石化企业压力管道安全管理工作做得相对较好，但由于相关行业如管件制造、材料供应等整体管理混乱，还是给石化企业压力管道的运行埋下了很大隐患。《压力管道安全管理与监察规定》（劳部发［1996］140 号）颁布后，压力管道的管理工作开始走上正轨，设计、制造、安装、检验等各环节加强管理，开展许可证制度，使我国压力管道的安全状况得到改善，促进了新建管道的“优生优育”，但是近千万公里的在用管道中遗留下的先天缺陷依然是我们摆脱不了的阴影。

二、压力管道安全监督检验发展现状

压力管道实行国家强制性的监督检验是从《压力管道安全管理与监察规定》（劳部发［1996］140 号）颁布开始的，但由于国家各部门规定的标准存在不协调，压力管道检验工作没有全面开展。2000 年后经过全国质量技术检验的领导和同志们的努力，压力管道检验工作得到全面开展和提高。

（1）压力管道安全运行的要求

我国压力管道整体状况令人担忧，且压力管道已经进入事故多发期，事故发生的频次有增多趋势，与压力管道安全有关的一系列问题亟待解决。为全面改变这一局面，对压力管道实施国家强制性的安全监督检验制度，也就成为事物发展的必然结果。政府有关部门要加强使用单位的监督检验，督促使用单位建立健全质量保证体系和各项规章制度，确保在用压力管道安全运行。

（2）我国法律法规的要求

我国有关法律法规提出了对特种设备压力管道进行监督检验、行政许可及质量监督。《中华人民共和国劳动法》中规定，要采取各种措施“防止劳动过程中的事故，减少职业危害”，为此，国家有关机构必须对劳动者的不安全行为和设备的不安全因素进行监督检验。而压力管道属于设备的不安全因素较多的特种设备，其安全监督检验就属于这个范围。在“违反《中华人民共和国劳动法》行政处罚办法”中规定“用人单位对压力管道、起重机械、电梯、客运架空索道、厂内机动车辆等特种设备未进行定期检验或安全认证的，应责令改正……”，这说明《劳动法》规定了对在用压力管道安全的要求。

《中华人民共和国产品质量法》是为了加强对产品质量的监督管理，明确产品质量责任，保护消费者的合法权益，维护社会经济秩序而制定的国家法律，生产者和销售者依照法律承担产品质量责任。产品质量法是产品质量监督检验的法律依据，对压力管道及其相关产品制造质量提出了监督检验要求。《中华人民共和国安全生产法》、《中华人民共和国建筑法》等法律，对压力管道这一特殊设备也规定了安全方面的要求。

因此可以说对压力管道的监督检验是劳动法、产品质量法、安全生产法等法律的要求，这些法律也是对压力管道实施监督检验的依据。

（3）对压力管道实行安全监督检验也是国际惯例

事实上，对压力管道实施监督检验也是世界发达工业国家通行的做法。欧盟就将压力管道与压力容器统称为承压设备，并规定采取相同的安全监督检验方法。欧盟各国根据欧盟的承压设备指令，分别制定相关的法律法规，设立专门的监督检验机构。加拿大《安全与消费者管理法》授权“技术标准和安全管理机构”（TSSA）负责包括压力管道的安全监督检验。美国也制定相应的压力管道安全法，在有关部门设立压力管道安全办公室（OPS）负责监督检验。我国已经加入了世界贸易组织，是其正式成员国，为遵守世界贸易组织规则，加强与世界各国的经贸往来，克服贸易壁垒，也要求我们建立压力管道的安全监督检验制度。

《锅炉压力容器安全监察暂行条例》（国发［1982］22号）于2003年1月修改上报，又在2009年1月14日国务院第46次常务会议通过，自2009年5月1日起施行。《特种设备安全监察条例》（国务院令［2009］第549号）（以下简称《条例》）明确了压力管道监督检验范围，主管部门的职责，使用单位的职责以及设计、制造、安装、检验、运行、维修等有关单位的资格许可和有关人员的考核等安全监督检验规定等。这些规定必然会推动压力管道安全监督检验工作的开展，提高压力管道安全经济运行工作质量。《条例》的颁发，进一步明确了压力管道安全监督检验的地位。随着《条例》及其一系列管理规章的颁布实施、宣传以及各行业压力管道设计、安装、维修、使用、监督检验等环节各级部门及人员的高度重视，国内压力管道普查摸底工作的大规模展开，我国压力管道的安全监督检验工作已经步入规范化、制度化的道路，监督检验将进入一个新的发展阶段，迎来高质量的发展时期。

第二节 压力管道监督检验基础知识

在日常工作和生活中经常见到输送各种介质的压力管道，如家用供水排水管道、煤气管道，还有工矿企业使用的输送天然气、原油（石气）、煤生气等压力管道。在这些压力管道中，由于输送的介质、工作温度、压力等参数不同，要求的压力管道材料强度、管道结构连接形状也不一样，对于压力管道设计、制造、安装修理改造、检验、使用环节，质量保证体系安全监督检验的规定要求也不相同，有些压力管道在技术要求上相对宽松，有些压力管道则相对严格。

一、压力管道基础知识

属于特种设备安全监督检验的压力管道是指利用一定的压力，用于输送气体或者液体的管状设备，其最高工作压力大于或等于0.1MPa（表压）的气体、液化气体、蒸汽介质或者可燃、易爆、有毒、有腐蚀性、最高工作温度高于或等于标准沸点的液体介质，且公称直径大于25mm的管道。概括地讲，在上述压力管道的定义中涉及三个方面的问题：一是压力上的规定，表压大于0.1MPa；二是输送介质的规定；三是几何上的规定，管道公称直径大于25mm，且是管状设备，没有具体的长度尺寸规定，也没有像压力容器那样有容积的规定。

其中的可燃、易燃、易爆、有毒、有腐蚀性液体含义如下：

1）可燃液体：闪点高于45℃的液体。如轻柴油、重柴油、甘油等。闪点是研究燃烧时的一个重要概念，与闪燃和燃点（着火温度）的概念相近。在一定的温度下，石油的分馏产品会产生挥发蒸汽，与空气混合后形成可燃的混合气体，当用明火与这种混合气体接触产生的是闪亮的火花，则称这种在瞬间发生燃烧的过程称为闪燃，发生闪燃的最低温度叫闪点。很显然，发生闪燃的温度一般是一个区间，有最高和最低温度的上下限，可用两个不等的温度数值表示；而闪点则是闪燃温度下限的极值，只有一个，通常用来区分轻质油品引起火灾的危险程度。闪燃只是瞬间的闪火，不能引起连续的燃烧，这是因为在闪燃的温度下产生的挥发性蒸气量不足以继续维持燃烧需要的蒸气量，也可以解释为闪燃的瞬间就将挥发的蒸气耗尽，燃烧没有了燃烧物，燃烧也就自然停止了。当温度超过闪燃的上限，所产生的蒸气与空气混合后，与明火接触能发生连续燃烧的最低温度则称为燃点，又称为着火温度。

2）易燃液体：闪点低于45℃的液体。如原油、汽油、煤油、乙醚等。

3）易爆液体：闪点低于环境温度的液体。

4）有毒液体：经过呼吸道、皮肤或口腔进入人体而对健康产生危害的液体或蒸气。如苯、甲醛、汞、氨水等。

5）有腐蚀液体：能灼伤人体组织并对管道材料造成损坏的液体。如：硝酸、硫酸等。

对于最高工作温度高于或等于标准沸点的液体介质，为什么也列入安全监督检验的范围呢？这是因为在压力管道爆炸或突然释放压力时，处在高于或等于标准沸点的液体，其气化膨胀的速度极为迅速，具有相当大的危险性。如最常见的供热网热力点之前管道中的“高温水”就属于这类液体。若没有最高工作温度高于或等于标准沸点的限定，此类管道就不属于安全监督检验范围，但事实上，输送高温水的压力管道潜在的危险性依然巨大。另外，此限定将自来水管道、房屋内设管道排除在安全监督检验的范围之外。

由上述讨论可知，在实际工作中，判断管道是否是压力管道要从定义出发，从这三个方面进行考虑和判别，凡符合这三个方面规定的就是压力管道，即在安全监察范围内，缺少一个参数就不是压力管道，当然也不在安全监督检验的范围内。

压力管道元件设计、制造、安装、检验技术要求不符合本规程时，应当在借鉴和实验研究的基础上，进行型式试验或者技术鉴定，将所做试验的依据、条件、结果和第三方的检测报告以及其他有关技术资料，报国家质量监督检验检疫总局（以下简称国家质检总局），由国家质检总局委托有关技术组织或者技术机构组织技术评审。技术评审的结果经由国家质检总局批准后，方可试用。进口管道元件及其材料、安全保护装置，以及国内生产企业（含外商投资企业）引进国外技术、标准，制造和制作并且在国内使用的管道，其技术要求和使用条件不符合本规程规定时，应当参照以上条款办理。

压力管道安全监督检验范围界定，是综合考虑压力管道事故发生后的危险程度——介质的爆炸潜能、可燃性、毒性等因素界定的，现界定的范围与发达工业国家的规定基本上一致。

压力管道应用范围无论在工业生产还是民用生活，到处可见，已成为现代社会中不可缺少的一部分，与国计民生息息相关，密不可分，如石油化工、能源电力、冶金机械、公用工程、给水排水、采暖通风等各类工业企业和居民生活都不同程度地在使用压力管道输送的各种介质，满足生产和生活的需要。从某种意义上讲，压力管道的设计、制造、安装修理改造、使用、安全监督检验及其检验水平的高低也标志着一个国家的经济技术发展水平。

二、压力管道工作特点

压力管道作为分布极广、涉及人民生命财产安全的特种设备，具有以下工作特点：

1）压力管道的工作条件恶劣。压力管道通常承受较高的压力、高温或低温，或埋地下或暴露于大气中，受地震和风蚀侵害，或在压缩机、风机等振动下长期工作，条件恶劣。

2）压力管道输送介质复杂。压力管道常输送有毒、易燃、易爆、腐蚀性以及黏滞性介质，这些介质对压力管道的安全运行和使用寿命影响很大。

3）具有爆炸危险性。压力管道在压力、温度及工作环境等外界因素的作用下，特别是对于输送易燃易爆介质的压力管道，具有爆炸的危险性。如果发生爆炸，将在瞬间释放出巨大的能量，其摧毁力惊人，后果不堪设想。

4）损坏和泄漏后造成的危害大。对于输送有毒或易燃易爆介质的压力管道，损坏或泄漏后会造成大面积中毒、污染环境或爆炸，其危害性大。

5）压力管道尺寸变化大。压力管道是管状设备，其长度变化较大，是其他设备无法比拟的，短则很短，长则几米几十米或几十千米，甚至上百千米，给管理和检查带来了困难。

6）压力管道密封部位多。压力管道由于在长度上的变化大及其配件多，特别是对于较长的管道，其连接处的密封部位多，控制密封较为困难。

7）受力复杂。压力管道的结构虽然简单，但受力情况较复杂，特别是振动或温差应力、管路的支撑、安装的器件及其连接处等，在一定的条件下都会引起各种不同的附加应力，有时甚至会引起应力集中。综合管道的受力、温度、介质的性质以及使用环境等复杂因素的共同作用，若在设计、选材、制造、安装修理改造、检验及使用质量管理上存在问题，在一定条件下都可能引发事故。

8）应用广泛。压力管道的用途极为广泛，在工农业、军工、民用以及科学研究的许多领域都起着重要作用。石油、天然气的长距离输送，城镇燃气和公用动力蒸气的输送，各种石油、化工生产装置等都大量使用压力管道。

三、压力管道安全性能要求

压力管道在满足工艺要求的同时，还需满足以下要求：

1）强度的要求。压力管道是承压设备，因此，在强度上应能满足在一定工作温度下的强度要求，即具有良好的耐压性能。

2）刚度的要求。刚度是压力管道在外力的作用下保持原来形状的能力。如果刚度不足，就有可能出现失稳现象。压力管道在特定的环境下刚度往往成为重点考虑的因素。

3）密封的要求。压力管道的密封性能是关系到压力管道能否安全运行的重要因素，为避免由于介质的泄漏而造成的危害，压力管道应具有良好的密封性能。

4）使用年限的要求。压力管道应有足够的使用年限，即使用寿命。综合压力管道的建设投资、维修费用及技术进步的更新要求，设计使用年限一般为15年~20年，但在实际使用中往往超过这一数字。压力管道使用年限往往取决于下列情况：

——压力管道的腐蚀情况。为使压力管道达到预期的使用年限，通常的做法是在设计时根据腐蚀速率，给管道壁厚附加一定的腐蚀裕量。

——抗疲劳性能。压力管道的工作载荷和工作温度往往呈周期性变化，或承受周期性振动，此时，其抗疲劳性能将决定使用年限。因此，在设计时，要保证在预计载荷循环作用次数内，压力管道能够安全运行，不出现疲劳破坏。

——材料蠕变极限。当压力管道的工作温度达到材料的蠕变温度时，材料的蠕变极限将决定压力管道的使用年限。因此，在设计时，应从蠕变极限的角度出发进行设计，保证管道的抗蠕变能力，不出现安全问题。

——疲劳与蠕变同时作用。压力管道在高温高压下承受交变载荷时，就要考虑疲劳与蠕变同时作用对安全运行的影响 。不难想象这种同时作用要比单一的疲劳或蠕变严重得多，因此应当给予足够的重视。

如果超过压力管道使用年限或压力管道存在严重危险，应按照特种设备要求检验和运行情况进行综合技术研究选择，最好的方法是请有国家特种设备压力管道检验资格的单位进行安全评估，按照安全评估报告核定的时间进行运行。

第三节　压力管道安全监督检验分类

压力管道的分类确认是进行检验时一项极为重要工作，对于具体管道而言，在不同的分类方法中可能属不同的类别，其设计、制造安装、使用及其监察等都有不同的要求，这一点在进行检验时不能忽视，在不知道管道的归属范围——类别以及相关规定的情况下，一般是不能进行检验的。压力管道类别确认在实际工作中会遇到很多，检验时应按相应管道的类别及其要求进行具体项目的检验。下面介绍影响较大的几个分类。

一、按照《压力管道安全管理与监察规定》进行分类

为了便于压力管道安全监督检验，在《压力管道安全管理与监察规定》（劳部发［1996］140 号）中，将压力管道分为长输管道、公用管道和工业管道三类。

（1）长输管道

长输管道指产地、储存库、使用单位之间的用于输送商品介质的管道，如将大庆的原油输送到锦西炼油化工总厂的输油管道、新疆至上海西气东输的天然气管道。其安装资格类别为 GA 类。

（2）公用管道

公用管道是指城市或乡镇范围内的用于公用事业或民用的燃气管道和热力管道，如城市煤气公司输送煤气到居民区的煤气管道、热电厂将蒸汽输送到住宅的供热管道等。其安装资格类别为 GB 类。

（3）工业管道

工业管道是指企业、事业单位所属的用于输送工艺介质的工艺管道、公用工程管道及其他辅助管道，如工厂输送氯气、光气、氨气、氢气、液氧、液氮、氧化氮的压力管道。其安装资格类别为 GC 类。

二、按照《压力管道安装许可规则》（TSG D3001－2009）进行分类

1. 压力管道安装许可类别及其级别（见图1－1）

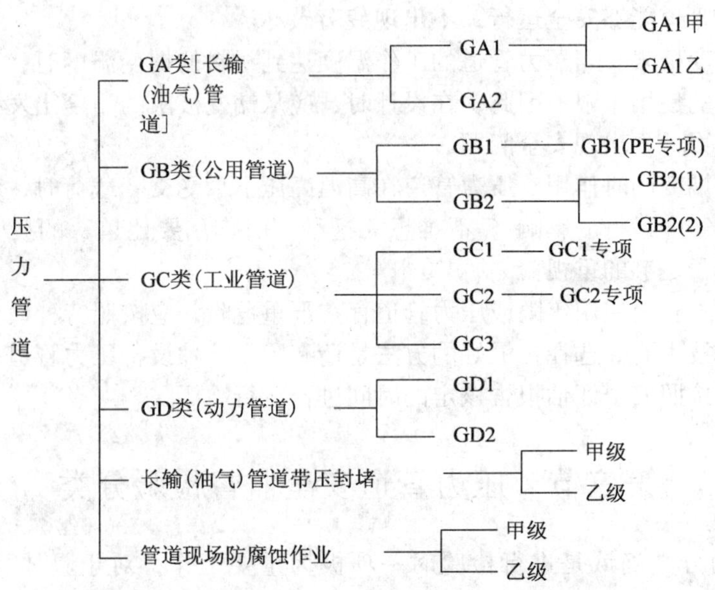

图1－1 压力管道安装许可类别及其级别

2. 压力管道安装许可类别及其级别具体要求

（1）GA类（长输、油气管道）

长输（油气）管道是指在产地、储存库、使用单位之间的用于输送（油气）商品介质的管道，划分为GA1级和GA2级。GA1级根据实际安装情况分为GA1甲级和GA1乙级。

GA1甲级是符合下列条件之一的长输（油气）管道：

——输送有毒、可燃、易爆气体或者液体介质，设计压力大于或等于10MPa；

——输送距离大于或等于1000km，且公称直径大于或等于1000mm。

GA1乙级是符合下列条件之一的长输（油气）管道：

——输送有毒、可燃、易爆气体介质，设计压力大于或等于4.0MPa、小于10MPa；

——输送有毒、可燃、易爆液体介质，设计压力大于或等于6.4MPa、小于10MPa；

——输送距离大于或等于200km，且公称直径大于或等于500mm。

GA2级是GA1级以外的长输（油气）管道。

（2）GB类（公用管道，包括燃气管道和热力管道）

公用管道是指城市或者乡镇范围内的用于公用事业或民用的燃气管道和热力管道，划分为GB1级燃气管道和GB2级热力管道。GB2级又分为以下两类：

——设计压力大于2.5MPa；

——设计压力小于或等于2.5MPa。

（3）GC 类（工业管道）

工业管道是指企事业单位所属的用于输送工艺介质的工艺管道、公用工程管道及其他辅助管道，划分为 GC1 级、GC2 级、GC3 级。

GC1 级是符合下列条件之一的工业管道：

1）输送 GB 5044—1985《职业性接触毒物危害程度分级》中规定的毒性程度为极度危害介质、高度危害气体介质和工作温度高于其标准沸点的高度危害液体介质的管道；

2）输送 GB 50160—2008《石油化工企业设计防火规范》与 GB 50016—2006《建筑设计防火规范》中规定的火灾危险性为甲、乙类可燃气体或者甲类可燃液体（包括液化烃），并且设计压力大于或等于 4. 0MPa 的管道；

3）输送流体介质，并且设计压力大于或等于 10. 0MPa，或者设计压力大于或等于 4. 0MPa 且设计温度大于或等于 400℃的管道。

GC2 级是 GC3 级管道外，介质毒性危害程度、火灾危险性（可燃性）、设计压力和设计温度低于 GC1 级的工业管道。

GC3 级是输送无毒、非可燃流体介质，设计压力小于或等于 1. 0MPa 且设计温度高于 -20℃、但不高于 185℃的工业管道。

（4）GD 类（动力管道）

动力管道为火力发电厂用于输送蒸汽、汽水两相介质的管道，划分为 GD1 级和 GD2 级。

GD1 级是设计压力大于或等于 6. 3MPa，或者设计温度大于或等于 400℃的动力管道。

GD2 级是设计压力小于 6. 3MPa，且设计温度低于 400℃的动力管道。

（5）长输（油气）管道带压封堵

长输（油气）管道带压封堵分为甲级和乙级。

甲级是符合以下条件之一的长输（油气）管道的带压封堵：

——输送可燃、易爆、有毒介质，设计压力大于或等于 2. 5MPa 的长输（油气）管道的带压封堵；

——设计压力大于或等于 2. 5MPa，且公称直径大于或等于 300mm 的长输（油气）管道的带压封堵。

乙级是符合以下条件之一的长输（油气）管道的带压封堵：

——输送可燃、易爆、有毒介质，设计压力小于 2. 5MPa 的长输管道的带压封堵；

——设计压力小于 2. 5MPa，或者公称直径小于 300mm 的长输管道的带压封堵。

（6）管道现场防腐蚀作业

压力管道现场防腐蚀作业划分为甲级和乙级。

甲级是 GA、GB1、GC、GD 类压力管道的现场防腐蚀作业。

乙级是 GB2 类压力管道的现场防腐蚀作业 。

说明：1）安装单位申请的许可项目中，同时含有“GA”、“GC1”、“GD1”、“长输（油气）管道带压封堵”、“管道现场防腐蚀作业（甲级）”和其他类别的许可项目时，由国家质检总局统一审批；

2）许可项目中，GA1 甲级可以覆盖 GA1 乙级、GA2 级，GA1 乙级可以覆盖 GA2 级，GC1 级可以覆盖 GC2、GC3 级，GC2 级可以覆盖 GC3 级，GD1 级可以覆盖 GD2 级，长输

（油气）管道带压封堵和管道现场防腐蚀作业许可的甲级可以覆盖乙级；

3）GC1 级中空分装置专项条件与 GC2 级一致，GC2 级中的集中供气、制冷专项条件与 GC3 级一致；

4）输送距离是指产地、储存地、用户间的用于输送商品介质的管道长度；

5）管道现场防腐作业是指在管道施工现场进行工厂化预制管道防腐层作业，不包括管道防腐层的现场补口补伤；

6）GB1 中设置 PE 管安装专项。

三、按照《压力管道安全技术监察规程——工业管道》（TSG D0001－2009）进行分类

1. 一般规定

1）压力管道中介质毒性程度、腐蚀性和火灾危险性的划分应当以介质的“化学品安全技术说明书”（CSDS）为依据；

2）介质同时具有毒性及火灾危险性时，应当按照毒性危害程度和火灾危险性的划分原则分别定级；

3）介质为混合物时，应当按照有毒化学品的组成比例及其急性毒性指标（LD50、LC50），采用加权平均法，获得混合物的急性毒性（LD50、LC50），然后按照毒性危害级别最高者，确定混合物的毒性危害级别。

2. 毒性危害程度

1）压力管道中介质毒性程度的分级应当符合 GB 5044—1985《职业性接触毒物危害程度分级》的规定，以急性毒性、急性中毒发病状况、慢性中毒患病状况、慢性中毒后果、致癌性和最高容许浓度等六项指标为基础定级标准，见表 1－1。

表 1－1　介质毒性危害程度分级依据

指标		分级		
		Ⅰ（极度危害）	Ⅱ（高度危害）	Ⅲ（中度危害）
急性毒性	吸入 LC50/（mg/m^3）	<200	200≤LC50<2000	2000≤LC50≤20000
	经皮 LD50/（mg/kg）	<100	100≤LD50<500	500≤LD50≤2500
	经口 LD50/（mg/kg）	<25	25≤LD50<500	500≤LD50≤5000
急性中毒发病状况		生产中易发生中毒，后果严重	生产中可发生中毒，预后良好	生产中偶有发生中毒
慢性中毒患病状况		患病率高（≥5%）	患病率较高（<5%）或症状发生率高（≥20%）	偶有中毒病例发生或症状发生率较高（≥10%）
慢性中毒后果		脱离接触后，继续进展或不能治愈	脱离接触后，可基本治愈	脱离接触后，可恢复，不致严重后果
致癌性		人体致癌物	可疑人体致癌物	实验动物致癌物
最高容许浓度 C/（mg/m^3）		$C<0.1$	$0.1\le C<1.0$	$1.0\le C\le 10$

2）压力管道中介质的毒性危害程度包括极度危害、高度危害以及中度危害三个级别。

3）介质毒性危害程度的级别应当不低于以急性毒性和最高容许浓度二项指标分别确定的最高危害程度级别。

4）如果以急性中毒发病状况、慢性中毒患病状况、慢性中毒后果和致癌性四项指标确定的介质毒性危害程度明显高于按照表1-1确定的危害程度级别时，应当根据压力管道具体工况，综合分析，全面权衡，适当提高介质的毒性危害程度级别。

3. 腐蚀性

压力管道中的腐蚀性液体是指与皮肤接触，在4h内出现可见坏死现象，或55℃时，对20号钢的腐蚀率大于6.25mm/年的流体。

4. 火灾危害性

1）压力管道中介质的火灾危险性包括GB 50160—2008《石油化工企业设计防火规范》及GB 50016—2006《建筑设计防火规范》中规定的甲、乙类可燃气体、液化烃和甲、乙类可燃液体，工作温度超过其闪点的丙类可燃液体，应当视为乙类可燃液体。

2）国家安全生产监督管理总局颁布的《危险化学品名录》中的第1类爆炸品，第2类第2项易燃气体，第4类易燃固体、自燃物品和遇湿易燃物品以及第5类氧化剂和有机过氧化物，应当根据其爆炸或者燃烧危险性、闪点和介质的状态（气体、液体）视为甲、乙类可燃气体、液化烃或者甲、乙类可燃液体。

3）甲类可燃气体指可燃气体与空气混合物的爆炸下限小于10%（体积），乙类可燃气体指可燃气体与空气混合物的爆炸下限大于或等于10%（体积）；液化烃指15℃时的蒸气压力大于0.1MPa的烃类液体和类似液体；甲类可燃液体指闪点小于28℃的可燃液体；乙类可燃液体指闪点大于或等于28℃，但小于60℃的可燃液体；工作温度超过闪点的丙类可燃液体（闪点大于或等于60℃），应当视为乙类可燃液体。

4）输送可燃液体介质、有毒流体介质，设计压力$P\geqslant4.0$MPa且设计温度≥400℃的管道。

5）输送液体介质且设计压力$P\geqslant10.0$MPa的工业管道。

四、按照石油化工企业进行分类

1.《工业管道维护检修规程》（SHS 01005—2004）中的分类

1）按最高工作压力分为：真空管道（$P_w<1$标准大气压）、中低压管道（$0\leqslant P_w<1.6$MPa）、高压管道（$1.6\leqslant P_w<10$MPa）和超高压管道（$10\leqslant P_w<100$MPa）四类。

2）按管道的最高工作压力、最高工作温度、介质、管道材质等因素可将管道分为五类，见表1-2。

2.《石油化工剧毒、可燃介质管道工程施工及验收规范》（SH 3501—1997）中的分类（见表1-3）

表 1-2 按压力、温度、介质、管道材质等因素分类

管道材质	工作温度/℃	Ⅰ类	Ⅱ类	Ⅲ类	Ⅳ类	Ⅴ类
		最高工作压力 Pw /MPa				
碳素钢	≤370	Pw≥32	10≤Pw<32	4≤Pw<10	1.6≤Pw<4	Pw<1.6
	>370	Pw≥10	4≤Pw<10	1.6≤Pw<4	Pw<1.6	—
合金钢及不锈钢	-196~450	Pw≥10	4≤Pw<10	1.6≤Pw<4	Pw<1.6	—
	≥450	任意	—	—	—	—

注1：介质毒性程度为Ⅰ、Ⅱ级的管道为Ⅰ类管道。

注2：穿越铁路干线、公路干线、重要桥梁、住宅区及工厂重要设施的甲、乙类火灾危险物质和介质毒性为Ⅲ级及以上的管道，其穿越部分为Ⅰ类管道。

注3：石油气（包括液态烃）、氯气管道和低温系统管道至少为Ⅱ类管道。

注4：甲、乙类火灾危险物质、Ⅱ级毒性物质和具有腐蚀性介质的管道，均应升高一个类别。

表 1-3 石油化工剧毒、可燃介质管道分类

管道级别		适用范围
SHA		毒性程度为极度危害介质的管道
		设计压力大于或等于 10MPa 的 SHB 级管道
SHB	SHBⅠ	毒性程度为高度危害介质管道
		设计压力小于 10MPa 的甲、乙类可燃气体和甲 A 类的液化烃，甲 B 类的可燃液体介质管道
		乙 A 类的可燃液体介质管道
	SHBⅡ	乙 B 类的可燃液体介质管道
		丙类的可燃液体介质管道

五、按照《压力管道定期检验规则——公用管道》（TSG D7004—2009）进行的分类

城镇燃气管道压力（表压）分级表见表 1-4。

表 1-4 城镇燃气管道压力（表压）分级表

名称		压力 P/MPa
高压燃气管道	GB1-A	$2.5<P\leq 4.0$
	GB1-B	$1.6<P\leq 2.5$
次高压燃气管道	GB1-C	$0.8<P\leq 1.6$
	GB1-D	$0.4<P\leq 0.8$
中压燃气管道	GB1-E	$0.1<P\leq 0.4$

GB1-Ⅰ级次高压燃气管道定期检验包括一般性检查、专业性检验和安全性评价。GB1-Ⅱ级次高压燃气管道、中压燃气管道定期检验包括一般性检查、专业性检验。高压

燃气管道定期检验参照《长输（油气）管道定期检验规则》执行。城镇燃气输配系统中的门站、调压站（器）管道及其部分安全保护装置、储存设备、附属设施的检验参照《在用工业管道定期检验规程》执行。

六、其他分类

1）按所输送介质分为：蒸汽管道、燃气管道、剧毒管道、有毒管道、无毒管道非可燃管道等。

2）按管道材料可分为：合金钢管道、不锈钢管道、碳钢管道、有色金属管道、非金属管道和复合材料管道等。其中又包含多种不同材料，如有色金属管道中有铜管道、铝管道等。

3）复合管道有金属复合管道、非金属复合管道、金属与非金属复合管道等。

4）按制造方式可分为：单层卷焊、多层整体锻造、锻焊、拉拔、铸造以及爆炸焊等。

5）不同行业或部门对所管辖的压力管道进行的分类等。

第四节　国家及行业部门有关压力管道检验规定

我国各行业或部门对压力管道检验的规定，发布时间长，有许多内容已经过时或者检验项目和内容低于国家质检总局的要求，在执行中特别注意就高不就低的原则。考虑到行业这些规定和标准还具有相当大的影响，至今仍是进行压力管道检验的参考标准。

一、压力管道检验现行有关国家法规标准要求

国家质检总局特种设备安全监察局领导同志们多年来按照国务院赋予国家质检总局三定方案要求，结合压力管道的安全监督检验的需要，积极协调各行业部门间的关系，制定和颁发了许多压力管道安全规范标准。压力管道安全监督检验的基本原则是执行国务院颁发的《特种设备安全监察条例》（国务院令第549号）和国家质检总局颁发的如下规范与标准：《压力容器压力管道设计许可规则》（TSG R1001—2008）、《压力管道元件制造许可规则》（TSG D2001—2006）、《压力管道安装安全质量监督检验规则》（国质检锅［2002］83号）、《压力管道安全技术监察规程——工业管道》（TSG D0001—2009）、《压力管道定期检验规则——公用管道》（TSG D7004—2009）、《压力管道定期检验规则——长输（油气）管道》（TSG D7004—2010）、《压力管道元件制造监督检验规则（埋弧焊钢管与聚乙烯管）》（TSG D7001—2005）、《特种设备制造安装改造维修质量保证体系基本要求》（TSG Z0004—2009）等。

二、《化工企业压力管道检验规程》的规定

该《规程》是原化工部的部门规定，原化工部及相关企业的压力管道检验以此进行，这种检验是行业内部的安全管理范畴。

该《规程》将化工企业压力管道的检验分为役前检验、在线检验和全面检验三种：

1）役前检验：由用户委托专业检验单位（或专业技术人员）对压力管道的制造和安装质量进行全面验收检验（若已委托专业检验单位对压力管道安装过程中的质量进行监

检，则役前检验可免）。

2）在线检验：使用单位在运行条件下进行的检验，每年至少检验一次。

3）全面检验：在装置（系统）停车大检修时进行的较为全面的检验，该项检验必须由专业检验单位进行。检验周期一般是每6年至少进行1次。

属下列情况之一者，检验周期应适当缩短：

——新管道投用后的首次检验；

——腐蚀速率大于0.25mm/年的A级和B级管道；

——有可能遭受应力腐蚀、孔蚀等局部腐蚀的管道；

——有可能产生疲劳的管道；

——有可能产生材料劣化的管道；

——检验中发现焊接接头的埋藏缺陷超过施工验收规范或维护检修规程的质量标准而又未修复的管道。

压力管道检验后，经评定认为能长期安全使用者，检验周期可适当延长，但最长不得超过9年。

从上述可见，该《规程》与国家质检总局的《压力管道安全技术监察规程——工业管道》（TSG D0001—2009）中对压力管道的在线检验和全面检验的规定，是有区别。事实上《压力管道安全技术监察规程——工业管道》（TSG D0001—2009）的重要贡献之一，也是最大限度地协调各个行业或部门管理的规程规定。

三、《工业管道维护检修规程》（SHS 01005—2004）规定

该《规程》是中国石油化工总公司行业规定，该行业及其相关企业压力管道的维护和检修以此进行，这种维护和检修也属行业内部的安全管理范畴。

该《规程》按最高工作压力、最高工作温度、介质、管道材料等将压力管道分为外部检验和全面检验两种：

——外部检查；每年一次，在停车时进行；

——全面检查：Ⅰ、Ⅱ、Ⅲ类管道3~5年一次。

各企业根据压力管道实际技术状况和监测情况，可适当调整全面检查周期，但最长不得超过9年。使用期限超过15年的Ⅰ、Ⅱ、Ⅲ类管道，经全面检查技术状况良好，经单位技术总负责人批准，仍可按原定期限检查。停用2年以上需复用的压力管道，外部检查合格后方可使用。

该分类与《压力管道安全技术监察规程——工业管道》（TSG D0001—2009）的分类有较大的出入，这样，某些压力管道在确定检验周期和检验工作时往往会产生差异，在进行检验时要特别注意之间的协调。

四、《冶金工业压力管道管理若干规定》的规定

该《规定》是原冶金部的部门规定，该部门及其相关企业的压力管道的维护和检修，以此进行，这种维护和检修也属行业内部的安全管理范畴。

在该《规定》中规定压力管道必须定期进行无损检测方面的金属监察，特别规定中温中压、易燃易爆和有毒介质的管道，压力大于或等于0.3MPa的管道应与主体设备或管道

的大中修同时进行。规定了金属监督的主要内容为：管道焊缝、腐蚀状况、变形情况、耐压强度、壁厚、弯管椭圆度、石墨化脆裂等。公用管道应当参照行业工业管道的管理建立巡线检查制度并进行定期检验，检验周期一般不应超过6年。

很显然，该《规定》与《压力管道安全技术监察规程——工业管道》（TSG D0001—2009）对管道的定期检验有着较大的区别。

五、压力管道检验国家规定与各部门规定之间的关系

从上述介绍中可以看到国家各部门各行业多年来颁发了相应规范标准，在压力管道检验方面因各部门责任不清、规范标准不统一，在监督检验时带来许多麻烦，给国家造成巨大的经济损失。部门或行业的规程规定，对压力管道的安全运行及监察仍有一定的指导意义，但却影响国家质检总局有关压力管道安全监察规定的有效执行。在按照《压力管道安全技术监察规程——工业管道》（TSG D0001—2009）的规定进行定期检验时也将不可避免地与部门或行业规程在分类、检验周期、技术要求、检验方法等方面产生差异，有时甚至是巨大差异。那么如何解决和处理差异呢？《压力管道安全技术监察规程——工业管道》（TSG D0001—2009）是法律法规授权强制执行的，对所有部门或行业均适用和有效。而各部门或行业的规程规定只是部门或行业的内部规定，对所属企业或行业有效。各部门或行业的技术管理可以严格要求，但均不得低于《压力管道安全技术监察规程——工业管道》（TSG D0001—2009）等的有关要求。为此，在压力管道的监督检验中必须注意各规程规定之间的层次关系与协调，不得互相推诿，不得不进行压力管道监督检验，各部门在做好自行检验的基础上配合国家质检总局特种设备安全监察局认真开展压力管道的监督检验。

压力管道国家部门规定和行业标准繁多，管理部门在进行压力管道安全监督检验时遵守的原则是企业规定标准要高于行业规定标准，行业规定标准高于国家标准，国家标准不得低于国家政府规定和规范性文件。执行国家规定标准原则是执行高的，不能执行低的。

第二章　压力管道质量保证体系监督检验

压力管道设计、制造、安装改造维修、检验、使用单位应当贯彻执行压力管道的有关法律、法规、国家安全技术规范和国家现行标准，按照《特种设备制造安装改造维修质量保证体系基本要求》（TSG Z0004—2007）（以下简称《基本要求》）认真做好质量保证体系监督检验。

第一节　压力管道质量保证体系的基本规定

《基本要求》规定了特种设备（包括部件、安全附件及安全保护装置）制造（安装、改造、维修）单位的质量管理体系需建立并得到有效实施，设计质量管理体系可以按照基本要求编写，并增加其他国家法律法规压力管道设计、制造、安装改造维修、检验、使用单位的相关规定的内容。

一、质量保证体系的基本规定

1）符合国家法律法规的相关规定；

2）结合特种设备许可项目的特性，建立适合本单位生产实际情况，并能在特种设备制造（安装、维修、改造）过程中切实可行且有效的文件化质量保证体系；

3）规定符合特种设备许可项目实际情况的质量方针、质量目标；

4）建立适应特种设备许可项目范围和特性、具有独立行使特种设备安全性能有关活动管理职责的质量管理体系组织；

5）任命质量管理体系责任人员，包括质量保证工程师和各质量控制系统责任人员，并规定质量管理体系责任人员的职责、权限和各质量控制系统的工作接口；

6）结合特种设备许可项目的特性，在质量管理体系中设置相应的关键过程质量控制系统，质量控制系统包括控制环节、控制点，并对各质量控制系统的适用范围、控制内容、控制程序、质量记录进行规定；

7）编制质量管理体系文件；

8）制定执行特种设备许可制度的规定。

二、质量保证体系的责任设置

1）申请单位法定代表人（或其授权的最高管理者）是质量管理体系的第一责任人，并且在管理层中应当任命1名质量保证工程师，协助最高管理者对特种设备设计、制造（安装、维修、改造）质量保证体系的建立、实施、保持和改进负责，其任职条件应当符合相关安全技术规范的规定，同时任命各质量控制系统责任人员，对特种设备设计、制造（安装、维修、改造）过程中的质量控制负责。

2）质量保证工程师和质量控制系统责任人员应当是申请单位聘用的相关专业的工程

技术人员，并与申请单位签订了劳动合同。

3）质量控制系统责任人员最多只能兼任 2 个相近专业的质量控制系统责任人，其任职条件应当符合相关安全技术规范的规定。

4）压力管道有关单位应当编制质量管理体系文件，质量管理体系文件包括《特种设备质量管理手册》（以下简称《质量管理手册》）、程序性文件（管理制度）、作业文件和质量记录等。

5）压力管道设计、制造、安装改造维修、检验、使用单位应当配备具备相应资格的人员从事压力管道安全所要求的资源条件（部门、人力、设备）；负责压力管道的安全监督检验、操作和维修工作；负责建立健全安全管理制度的制定及实施；负责建立健全压力管道技术档案和相关人员遵章守纪等制度。压力管道安全管理人员和操作人员，必须严格遵守有关安全法律、法规、技术规程、标准和企业的安全生产制度。

三、质量管理体系文件

1. 质量管理体系的基本要素

（1）质量管理体系的基本要素

1）管理职责：质量方针和质量目标，质量管理体系组织、职责、权限、管理评审；

2）质量管理体系文件：质量管理手册、程序文件（管理制度）、作业文件、质量记录；

3）文件和记录控制：文件控制内容、记录的控制内容；

4）合同控制；

5）设计控制；

6）材料（零、部件）控制；

7）工艺控制；

8）焊接控制；

9）热处理控制；

10）无损检测控制；

11）理化检验控制；

12）检验与试验控制；

13）设备和检验检测仪器控制；

14）不合格品（项）控制；

15）质量改进与服务；

16）人员培训；

17）其他过程控制；

18）执行特种设备许可制度。

（2）质量保证体系基本要素的调整

申请单位可以根据特种设备许可项目范围和特性以及质量控制的需要设置质量保证体系基本要素，即可以在本要求附件的基础上增加、删减或调整质量保证体系要素，但管理职责、质量保证体系文件、文件和记录控制、不合格品（项）控制、质量改进、人员培训、执行特种设备许可制度等基础性要素不可删减。

2. 质量保证体系发生变化时的要求

1）特种设备制造（安装、改造、维修）单位应当定期组织对质量保证体系实施情况进行评审；

2）质量保证体系发生变化时，应当及时按规定程序修订质量管理体系文件，必要时对《质量管理手册》进行改版；

3）特种设备制造（安装、改造、维修）单位的质量保证工程师发生变更和质量保证体系发生重大变更时，应及时向特种设备许可实施部门进行备案；

4）压力管道有关单位的质量保证工程师发生变更和质量保证体系发生重大变更时，应及时向特种设备许可实施部门进行备案；

5）压力管道单位质量方针和质量目标、质量保证体系组织、职责、权限、管理评审、质量管理体系文件等应符合特种设备安全监督检验方面的有关要求。

四、质量保证手册的编写

1. 质量保证体系文件

（1）质量保证体系文件层次

质量保证体系文件由质量手册、程序文件和其他质量文件组成。需要单位根据具体情况制定质量体系文件的编写顺序，但通常应首先制定制造单位的质量方针和目标。将体系文件压缩到最低范围，减少一些不必要的重复，通常将文件划分为专用类。

（2）形成文件的质量保证体系程序

质量保证体系程序是为完成各项质量活动所规定的途径，一般以文件的形式存在，它是支持质量手册的文件，也是对影响质量的活动进行总体策划和保证的基础文件。质量保证体系程序文件需与质量保证手册保持一致，与作业指导书、操作规程相接，并指导其在质量活动中得到落实、执行。

压力管道质量保证体系基本原则是执行《特种设备安全监察条例》（国务院令第549号）和《特种设备制造安装改造维修质量保证体系基本要求》（TSG Z0004—2007）以及压力管道有关安全技术检验等规范标准要求所必须编制的程序文件，还应根据本单位实际情况、产品的特点和行业管理的要求，编制相应的程序文件。还应阐明（详略程度应满足对有关质量活动进行充分控制的需要）从事与质量活动有关的保证、执行、验证或执行人员的职责、权限及其相互关系，并明确其如何完成各种活动、使用某种文件和如何进行质量控制。

形成文件的质量体系程序较多，包括使用单位中与质量有关的各种保证性法律法规、规范性规定（如TSG）和标准、规章制度，它是各职能部门落实质量手册规定要求的实施细则。

（3）质量手册的目的

各单位编制质量保证手册至少应达到以下目的：

——传达组织的质量方针体系、程序和要求；

——描述和实施有效的质量保证体系；

——提供改进的控制，促进保证活动；

——提供审核质量体系的文件依据；

——情况改变时，保证质量体系及其要求的连续性；

——按质量体系要求及其实施方法进行培训人员；

——对外展示其质量体系要求；

——说明其质量体系满足合同情况下的质量要求；

——满足国家质检总局颁发的有关特种设备的质量保证体系基本要求等有关的安全技术检验等规范标准要求。

（4）结构和格式

质量手册的结构或格式，一般以“封面、批准页、修订页、前言、目次、正文和附件”组成。压力管道单位应根据情况，进行质量手册的编制。质量手册内容应准确、全面、简明地阐述组织对有关特种设备的质量方针、质量目标和起质量保证作用的形成文件的程序。各章节所执行的基本要求的质量要素一一对应。为了阐明质量体系和进行评定，对质量手册中有意略去的所执行的质量体系规范标准中的任何质量体系要素都应作出解释。

（5）质量手册的编制

1）职责

质量手册的形式由单位法人任命管理者代表，管理者代表决定将质量保证体系形成文件，应指定一个有能力的机构负责协调工作，该机构可以只有一个人，也可以是由来自一个或多个职能部门的一组人组成。

实际的编写工作应由经授权的有能力的机构完成，或由各职能部门分别进行。使用现有的文件和参考资料有助于识别质量体系中需要注意和改正的不足，而且能够大大缩短质量手册的编制时间。

编制手册可采取下列步骤：

——确定并列出现行适用的质量体系策划、目标和形成文件的程序，或编制相应的计划；

——依据所选用的质量体系标准确定适用的质量体系要素；

——使用各种方法，如调查或面谈，收集有关现行质量体系和做法的资料；

——从业务部门收集补充的原始文件或参考资料；

——确定待编质量手册的结构和格式；

——根据预期的结构和格式将现有文件分类；

——使用适合本组织的任何其他方法编制质量手册草案。

2）执行的法规标准资料的使用

在手册中将该手册使用者可以获得的、现行有效的法规标准或文件汇总，以方便使用。

3）准确性和完整性

由管理者代表或有能力的机构应认真负责保证质量手册的准确性和完整性，并对文件的连续性和内容负责。

2. 质量手册的批准、发布和控制过程

（1）最终的评审和批准

手册发布前，应由各责任人员对其进行评审，确保其清晰、准确、适用和结构合理，预期的使用者也应有机会对手册的可用性进行评定和评论，其后由负责实施这一质量手册的最高管理者代表批准发布，所有文本都应带有批准发布的标记。

（2）手册的分发

经批准的手册的分发办法（无论是按整本或按章节）应保证所有使用者都有适当的机会获得手册。应使用合理的分发和控制方法，例如，可按顺序号向接受者提供正式的有效的文本。管理者代表应确保组织内每个使用者都能熟悉手册中与其有关的内容。

（3）更改的纳入

质量保证手册更改的编制、会签、审批、标识、发放、修改、回收的方法，应委派给合适的文件控制职能部门。编制该基础手册用的评审和批准过程也同样适用于处理更改。

（4）发布和更改控制

文件发布和更改控制对确保手册内容经过适当的审批是至关重要的，经审批的内容应易于识别，应考虑便于进行实际更改的各种方式。为确保每本手册现行有效应使用适当方法保证每本手册的持有者接受所有的更改并纳入手册。可使用目次、单独修订状态页或其他适当的方式保证使用者所持有的手册是经过审批的。

（5）非受控的文本

对为了投标、顾客的非现场使用以及其他目的而分发的手册不作更改纳入时，所有这样的手册应明显标记为非受控文本。

3. 质量手册的内容

（1）质量手册通常应包括的内容

——标题、范围和适用领域；

——目次；

——有关组织及手册本身的介绍页（前言）；

——组织的质量方针和目标；

——组织结构、职责和权限的说明；

——质量体系要素和引用的形成文件的质量体系程序的描述；

——定义（如需要）；

——质量手册使用指南（如需要）；

——支持性资料的附录（如需要）。

（2）质量体系条款的描述

1）描述各质量体系条款时，应考虑以下内容：

——目的和范围；

——负责和配合部门的质量职责；

——按工作流程列出应开展的主要质量活动，明确管理接口和要求（包括记录）；

——详细的实施方法、可引用的程序和其他质量文件。

2）描述质量保证体系要素时，应规定出企业应如何应用、完成和控制所选定的每一个要素，使该项质量职能真正落实。因此，应按照该体系要素实施时的工作流程，逐一列出应开展的主要质量活动，并把活动的责任落实到具体部门，明确其相互关系，提出对活动的要求。至于这些质量活动具体实施时要执行的更详细的程序文件（保证标准、制度），可在手册中引用这些文件的编号，而不展开描述。

3）描述质量体系某一要素采用的统一格式时，应考虑以下内容：

——目的和范围（列出为什么，什么意图，涉及的和不涉及的领域）；

——提出负责执行文件和实现目的的部门；

——达到体系要素要求的措施和方法一步步列出需要做的事情，如需要可以引用参考文件，保持合理的编排顺序，注明任何需要注意的和例外或特殊范围，可以考虑使用流程图；

——文件和执行法规文件标准应明确使用该文件时所涉及的参考文件和表格、或必须记录的数据。如需要，举例说明。

4）描述质量体系程序时，应考虑以下结构：

——概述（目的和范围）；

——职责（主管和配合部门及人员的职责与权限）；

——控制要求（按工作流程列出应开展的主要质量活动，明确管理接口和要求）；

——相关文件及质量记录。

第二节 压力管道设计质量保证体系监督检验

一、压力管道设计单位质量保证体系文件的基本内容

（1）质量保证手册

术语和缩写：按照压力管道法律法规规范有关要求编写术语和缩写。

适用范围：申请或取得压力管道许可证的范围。

质量方针和质量目标：按照压力管道法律法规规范有关要求编写质量方针和质量目标。

设计质量保证体系的组织机构和质量保证体系要素、质量控制系统、控制环节、控制点以及质量保证体系文件结构层次和相互关系的描述，按照压力管道法律法规规范有关要求编写。

（2）程序性文件（管理制度）

——各级设计人员管理制度；

——各级设计人员培训考核管理规定；

——各级设计人员岗位责任制；

——设计条件编制与审查制度；

——设计文件编制管理规定；

——设计文件更改管理规定；

——设计文件复用管理规定；

——设计条件图（表）编写制度；

——设计文件签署及标准化审查制度；

——设计文件档案（含电子文档）保管管理规定；

——设计文件的质量评定及信息反馈管理规定；

——特种设备设计许可印章使用管理规定；

——设计工作程序。

（3）压力管道设计技术规定

（4）设计管理、技术有关记录表、卡

二、压力管道设计质量保证体系的案例

压力管道设计质量保证手册

编制人：×××

审核人：×××

批准人：×××

文件编号：×××

二〇一二年×月×日

目　　录

1　术语

1.1　压力管道

1.2　燃气管道

1.3　其他术语

1.4　压力管道设计

1.5　设计阶段

1.6　设计成品

2　适用范围

3　质量方针和目标

3.1　质量方针

3.2　质量目标

4　压力管道设计质量保证过程

4.1　总要求

4.2　文件要求

4.2.1　总则

4.2.2　压力管道设计质量保证手册

4.2.3　文件控制
4.2.4　质量记录的控制
5　质量保证职责
5.1　质量保证承诺
5.2　质量保证方针
5.3　质量保证目标
5.4　压力管道设计质量保证策划
5.5　职责、权限和沟通
5.5.1　各部门职责和权限
5.5.2　压力管道设计技术负责人职责
5.5.3　压力管道设计审核人员职责
5.5.4　质保工程师职责
5.5.5　压力管道设计校核人员职责
5.5.6　压力管道设计人员职责
5.6　管理评审
5.6.1　总则
5.6.2　评审输入
5.6.3　评审输出
6　资源管理
6.1　资源提供
6.2　人力资源
6.2.1　总则
6.2.2　能力、意识和培训及考核
6.3　设备保证
7　产品实现
7.1　产品实现的策划管理
7.2　与顾客有关的过程
7.2.1　与产品有关的要求的确定
7.2.2　与产品有关的要求的评审
7.2.3　顾客沟通
7.3　设计控制
7.3.1　设计策划
7.3.2　设计输入
7.3.3　设计输出
7.3.4　设计评审
7.3.5　设计验证
7.3.6　设计确认
7.3.7　设计更改
7.3.8　印章管理
7.3.9　质量改进与服务
8　设计质量保证体系文件结构
8.1　压力管道质量保证手册
8.2　压力管道设计管理制度
8.3　设计技术规定
8.4　设计管理、技术有关记录表

0.0　压力管道设计质量保证手册颁布令

压力管道设计质量保证手册颁布令

本设计院根据国务院颁发的《特种设备安全监察条例》和国家质量监督检验检疫总局颁发的《压力管道安全管理与监察规定》、《压力容器压力管道设计许可规则》等有关法规和国家标准的规定，结合我院的实际，编制了《压力管道设计质量手册》，本手册阐述了本院压力管道设计的质量方针、质量目标，规定了压力管道设计质量保证、资源保证、产品实现等质量控制的具体要求，这是确保质量保证体系有效运行的法规性和纲领性文件。现予批准，正式发布，从即日起实施。

本院全体压力管道设计人员要认真学习《压力管道设计质量保证手册》的规定要求，深入领会，严格执行，以确保本设计院压力管道设计质量和服务质量满足顾客和相关特种设备有关法律法规的要求。

院长：×××

××设计院

2012年×月×日

0.1　压力管道质量方针和质量目标批准令

0.1.1　质量方针

技术先进，精心设计，

质量第一，安全可靠，

亲切、专业、高效率服务，

用户满意，持续改进。

0.1.2　质量目标

1）压力管道设计图纸合格率达100%；

2）压力管道设计顾客满意度达100%；

3）压力管道安装质量满足国家政策、法律法规、标准和合同的要求；

4）设计问题引的质量事故、安全事故为零。

院长：×××

××设计院

2012年×月×日

0.2　压力管道技术责任人任命书

任　命　书

根据《特种设备安全监察条例》、《压力管道安全管理与监察规定》及国家质量监督检验检疫总局颁发的《压力容器压力管道设计单位资格许可与管理规则》的要求，同时为了贯彻执行《特种设备制造、安装、改造、维修质量保证体系基础要求》，加强对压力管道质量管理体系运作的领导，特任命××同志为设计院压力管道技术负责人。

压力管道技术负责人的职责：

1）负责指导压力管道的技术工作和长远规划，主持制定压力管道设计技术研发和基础工作计划，并组织实施；

2）组织贯彻国家及行业管理部门发布的安全技术监察条例、法规、标准、规范和规定；

3）组织压力管道设计管理制度的制定、修订工作，年度综合报告编制，并配合院技术处完成本单位资格换证工作；

4）组织安排压力管道各级设计人员的技术培训，业务考核及技术交流，持续提高各级压力管道设计人员的技术素质和业务水平；

5）协调审批人员在设计技术问题上的不同意见；

6）确保压力管道质量管理体系的过程得到建立、实施和保持；

7）向院长报告压力管道质量管理体系的绩效和任何改进的需求；

8）确保在整个设计院内提高满足顾客要求的意识；

9）定期组织内部压力管道质量保证体系审核，监督纠正和预防措施的实施情况；

10）负责代表本设计院就压力管道质量管理体系有关事宜与外部联络。

院长：×××

××设计院

2012年×月×日

0.3　压力管道设计人员任命书

关于对压力管道设计人员等任命的决定

各科室：

按照国家质量监督检验检疫总局的有关规定，为了更好地完成做好我设计院压力管道的设计工作，经设计院研究决定任命如下：

任命：×××同志为压力管道设计质保工程师；

任命：×××同志为压力管道设计审核人员；

任命：×××同志为压力管道设计校核人员；

任命：×××同志为压力管道设计人员。

院长：×××

××设计院

2012 年×月×日

前　　言

××设计院，始建于××××年，现地址位于××市××号。

××设计院现有职工×××人，院长×人，总工程师×人，设有××大科室，即院长室、总工室、工程科、勘察室、设计室、监理室、综合管理室。

××设计院现有各专业技术人员××人，具有高级技术职称××人，中级技术职称××人；国家一级注册建筑师×人，一级注册结构师××人，二级注册建筑师××人，二级注册结构师××人，注册公用设备师××人；注册咨询师××人；注册监理工程师××人；注册造价师××人；注册岩土工程师××人。有 X 人经过压力管道（GB1 类）设计培训并通过审核人员资格考试。我设计院现有固定资产××万元。

主要设备见表 1。

表 1　主要设计技术设备

编号	设备名称	型号规格	数量	主要性能
1	IBM 服务器	Pentium Ⅱ	21	局域网
2	HP 绘图仪	HP DesignJet430	51	工程制图
3	打印机	EPSON	52	文件与表格打印
4	打印机	LQ－1600K	63	文件与表格打印
5	打印机	HP DesignJet P1007	21	文件与表格打印
6	打印机	HP Officeiet K7100	21	文件与表格打印
7	比重计	TM－85	32	土工试验
8	等应变直剪仪	EDJ－1 型	61	土工试验
9	电砂浴	3.6km	11	土工试验
10	电子天平	JJ10000	11	土工试验
11	高温炉	SX－5－12	11	土工试验

续表

编号	设备名称	型号规格	数量	主要性能
12	光电式液塑限测定仪	GYS－2	11	土工试验
13	恒温干燥箱	DTM－2	3	土工试验
14	天正系列软件	CAD	2	工程制图
15	击实仪	手动 JDS－3	10	土工试验
16	全站仪	南方 NTS330	10	测量
17	水准仪	S3	5	现场测量
18	水准仪	DS232D	2	现场测量
19	复印机	东芝 280S	2	辅助设计、复印
20	传真机	PPF631S	1	辅助设计
21	经纬仪	DJ6－2	2	现场测量
22	晒图机	飞星 CG－9916A	4	晒图
23	晒图机	BT－1	4	晒图
24	晒图机	DT 无氨	1	晒图
25	计算机	P3－600	3	设计编制
26	计算机	Cr433	2	设计编制
27	计算机	P42.4G	4	设计编制
28	计算机	联想兼容机	5	设计编制
29	计算机	双核睿酷	50	设计编制
30	汽车钻井	G－1	4	工程勘察
31	量筒	1000CC	7	土工实验
32	天然坡度仪	QR－1	2	土工试验
33	填土密实度测试仪	GDS－3	2	地基土检测
34	摇摆式震筛机	YS－2	3	土工试验
35	液压推土器	TYT－3	8	土工试验

××设计院是××建筑工程最具规模、专业层次最高、最齐备的综合性科研设计单位。具备建筑工程设计甲级、工程咨询甲级资质，市政行业（道路工程、排水工程、城镇燃气工程、热力工程、给水工程）专业乙级资质，工程勘察乙级资质、工程监理及规划丙级资质。

××设计院总体发展目标按现代企业制度要求，不断完善和规范内部结构治理建立与市场经济相适应的运行机制，积极拓展市场经济领域，可从事资质证书许可范围内相应的建设工程总承包业务以及项目管理和相关的技术与管理服务。

30 多年来，××设计院始终将全心全意为用户服务作为信誉保证和行为准则，并加强工程设计的动态管理和全程服务，有效地提高了设计质量和管理水平，赢得了良好的社会声誉。

××设计院

法人代表：×××

院长：×××

××设计院通信地址如下：

地址：××市××号

邮编：×××××

电话：×××××

传真：×××××

执　行　标　准

本手册采用《压力管道安全管理与监察规定》（劳部发（1996）140号）、《压力容器压力管道设计许可规则》（TSG R1001—2008）压力管道标准及以下给出的术语。

1　术语

1.1　压力管道

压力管道，是指利用一定的压力，用于输送气体或者液体的管状设备，其范围规定为最高工作压力大于或等于0.1MPa（表压）的气体、液化气体、蒸汽介质或者可燃、易爆、有毒、有腐蚀性、最高工作温度高于或等于标准沸点的液体介质，且公称直径大于25mm的管道。

1.2　燃气管道（GB1）

燃气管道是指城镇范围内用于公用事业或民用的燃气管道（GB1级）。

1.3　其他术语

GB/T 20801.1—2006《压力管道规范工业管道　第1部分：总则》中的术语适用于本手册。

1.4　压力管道设计

依照压力管道的工程项目所在地区的各种技术、经济、环境条件和国家有关法律、法规，选用现代工程技术，将顾客对拟建工程中压力管道的明确或隐含要求，转化为设计文件的服务过程。

1.5　设计阶段

根据设计目的、内容和深度要求的不同，一般将设计全过程划分为前期咨询、项目建议书、可行性研究、方案设计、规划设计、试设计和施工设计等几个阶段。

1.6　设计产品

工程设计任务及过程的结果，指提交顾客的工程文本文件、设计图纸、说明书及其文件。

2　适用范围

本手册适用于××设计院所承担的压力管道（GB1）工程咨询、工程设计及施工中技术问题。

本手册的基本要求适用于××设计院涉及压力管道设计的所有部门、人员及活动。

本手册可用于用户和第三方评价设计院压力管道质量管理过程的依据。

3 质量方针和目标

3.1 质量方针

为了加强对压力管道设计的质量监督和安全监察，确保压力管道设计质量，为压力管道设计质量保证体系的持续改进和有效运行提供保障，特制定××设计院的压力管道设计质量方针：技术先进，精心设计，质量第一，安全可靠，亲切、专业、高效率服务，用户满意，持续改进。

以顾客和社会的最佳效益为宗旨，追求先进适用技术，及时周到服务，安全有序生产，良好和谐环境，科学高效管理，实现不懈的质量改进和一流的质量水平，赢得顾客的信任和满意，创一流的质量、环境和职业健康安全业绩。

3.2 质量目标

——压力管道设计图纸合格率达100%；

——压力管道设计顾客满意度达100%；

——压力管道安装质量满足国家政策、法律法规、标准和合同的要求；

——设计问题引发的质量事故、安全事故为零。

4 压力管道设计质量保证过程

4.1 总要求

按照《压力管道安全管理与监察规定》（劳部发（1996）140号）及《压力容器压力管道设计许可规则》（TSG R1001—2008）、《压力管道安全技术监察规程——工业管道》（TSG D0001—2009）、《压力管道规范工业管道》（GB/T 20801—2006）所有要求制定压力管道设计质量控制所需要的过程及相互作用，并在质量保证中应用。

执行《压力容器压力管道设计许可规则》（TSG R1001—2008）附件C的有关规定，并以设计院质量管理体系文件为平台建立了压力管道设计质量过程保证，形成压力管道设计质量保证手册，对其实施和保持，并予以持续改进。

组织规定了涉及压力管道设计工作人员的管理职责以确保资源的供应满足产品实现的要求，并通过对产品实现及管理过程的测量、分析，不断改进提高：

(1) 管理职责

最高管理者制定了适合本组织的质量方针，在组织的各层次上建立了质量目标，任命了压力管道设计单位主管负责人，并在满足质量控制的前提下，明确了组织内部的职责、权限及相互关系，建立了各种沟通途径及质量保证过程。

建立了沟通、管理、控制、运行及监测的准则和方法来确保《压力容器压力管道设计许可规则》（TSG R1001—2008）稳定运行的同时，通过对压力管道设计的质量保证与监督来确保压力管道设计控制过程的适宜性、充分性、有效性，并不断改进质量保证同时保持其完整性。

(2) 资源管理

通过标准学习，履行管理职责来实现所需资源的提供，并将通过员工能力、意识和技术的提高、基础设施的不断完善及工作环境的改善来确保压力管道设计质量的持续改进。

(3) 产品实现

在资源保障得力的情况下，以质量管理体系为平台建立完整的压力管道设计文件实现的全过程，并规定这些过程的顺序和相互作用：

——通过产品要求的评审确定压力管道设计各方面的要求；

——通过设计策划控制压力管道设计产品实现的全过程；

——通过设计输入的评审，确保压力管道设计产品实现的所有要求得到满足；

——通过适宜的设计评审对设计阶段的结果进行系统的检查；

——通过设计验证对设计输出是否满足输入进行认定；

——通过设计输出的规范确保产品输入要求及施工要求，并得到批准；

——在可行的情况下，在产品实施前由国家技术监督部门对产品满足要求的程度进行确认活动；

——通过相关程序严格控制压力管道设计更改的识别及实施；

——通过规定服务准则和方法确保顾客及各方的满意；

——确定了外包过程的控制准则法。

(4) 测量、分析和改进

××设计院将在充分利用已建立的产品实现及质量管理体系有效监视、测量、分析的过程、获得相关信息的途径及处理方法等手段，建立压力管道设计档案。

1) 利用建立的顾客满意度信息获取和利用的方法，将其作为压力管道设计质量管理业绩的测量；

2) 规定了有计划的自我检查活动，确保压力管道设计质量符合相关要求，并得到实施与保持；

3) 及时跟踪、监视设计控制过程，适时采取纠正及纠正措施，确保产品的符合性；

4) 经常性的验证产品要求的满足情况。

为满足顾客要求，增强顾客满意度，××设计院建立相关控制程序严格控制、识别、处置不合格品，采用各种有效的数据分析方法，采取纠正及预防措施消除不合格及潜在不合格的原因，执行《压力容器压力管道设计许可规则》(TSG R1001—2008)和《压力管道安全技术监察规程——工业管道》(TSG D0001—2009)、《压力管道规范工业管道》(GB/T 20801—2006)的要求管理这些过程，并确保其持续改进，满足压力管道设计的控制要求。

4.2 文件要求

4.2.1 总则

××设计院压力管道设计文件质量保证文件包括：

——压力管道设计质量保证手册；

——执行《压力容器压力管道设计许可规则》(TSG R1001—2008)和《压力管道

安全技术监察规程——工业管道》(TSG D0001—2009)要求建立的程序文件；

——为确保工程设计有效策划、有效运作和有效控制所需要的程序文件和作业文件；

——执行《压力容器压力管道设计许可规则》(TSG R1001—2008)和《压力管道安全技术监察规程——工业管道》(TSG D0001—2009)标准要求和质量记录。

4.2.2 压力管道设计质量保证手册

由××设计院编制和保持压力管道设计质量保证手册。

本手册按照《压力管道安全管理与监察规定》、《压力容器压力管道设计许可规则》(TSG R1001—2008)和《压力管道安全技术监察规程——工业管道》(TSG D0001—2009)的要求，全面描述了××设计院的压力管道设计质量保证体系，包括质量方针和质量目标、保证体系及其过程顺序和相互作用的表述。

压力管道设计质量保证手册引用的过程控制文件，包括××设计院为确保过程有效策划、运行和控制所编制的程序和作业文件，程序文件和作业文件清单。

4.2.3 文件控制

××设计院编制有《设计文件编制管理规定》、《设计文件更改管理规定》、《设计文件复用管理规定》、《设计文件签署及标准化审查制度》等程序性文件对设计院各种文件予以控制，质量记录是一种特殊类型的文件，应按照《设计文件的质量评定及信息反馈管理规定》实施控制。

(1) 文件的编号

质量手册编号

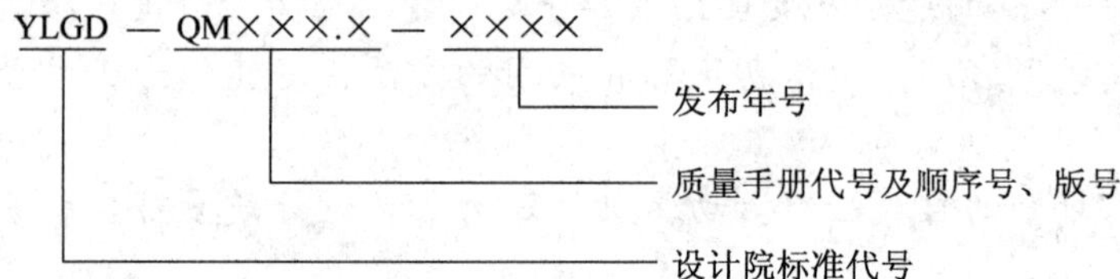

程序文件编号

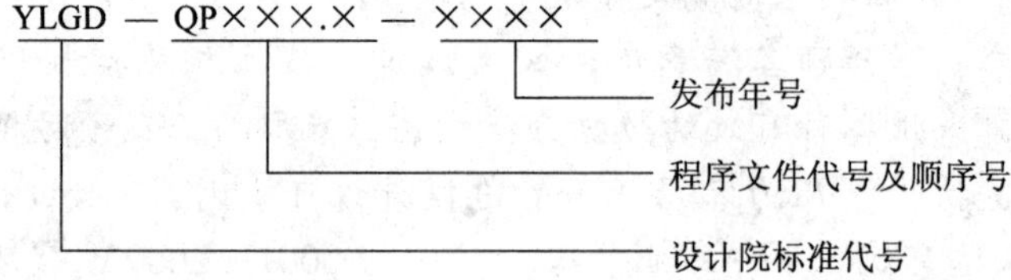

(2) 文件控制类别

——质量保证文件；

——与产品有关的技术文件(含与压力管道设计范围相适应的技术标准、规范)；

——电脑使用的专业应用软件；

——与产品有关的外来文件(如顾客提供的设计基础资料、适用的法律法规以及外来的标准规范等)。

(3) 对质量保证所要求的文件规定了具体的控制方法

1）组织内部编写的文件及其控制

组织内部编写的文件包括：管理文件、与产品有关的技术文件、电脑使用的组织内部开发的专业应用软件，其控制方法有：

——文件发布前应得到批准，确保其充分性等；

——文件发布实施后，应在必要时评审并更新，文件的更新应再次批准；

——规定文件的标识方法和文件现行修订状态的标识方法，如：标明版本号、修改页；

——修改码及第几次修改、修改日期等。

2）外来文件及控制方法

——受控文件的类别包括质量保证体系文件、技术文件、外来文件（见注）及其他顾客提供的设计基础资料、专业设计技术规范、适用的法律法规和外购的计算机使用的专业应用软件等；

注：外来文件包括特种设备法律法规、安全技术规范、标准，设计文件，设计文件鉴定报告，型式试验报告，监督检验报告，供方质量证明文件、供方的资格证明文件等。

——受控文件的编制、会签、审批、标识、发放、修改、回收、销毁等的规定，其中外来文件控制还应当有收集、接收、归档等的规定；

——质量管理体系实施的相关部门、人员及场所都能使用相关受控文件有效版本的规定；

——对受控文件的保管方式、保管设施、保存期限进行规定。

控制的方法有：

——规定外来文件的标识方法：如标明收文日期、文件来源和产品项目等；

——控制文件的分发，如：确定分发范围、进行发放登记；

——识别国家、行业、地方标准或规范的有效版本，并控制其分发。

3）所有的文件在使用中应满足的要求

——在使用处能得到有效版本的适用文件；

——文件清晰、易于识别和检索；

——防止误用作废文件；

——对需保留的作废文件进行适当的标识。

4.2.4　质量记录的控制

对质量记录的标识，贮存、保护、检索、保存期限和处置进行控制，以确保提供质量管理过程符合要求和有效运行的证据，为采取纠正和预防措施，以及保持和改进质量保证体系提供信息。

质量记录应保持清晰，易于识别和检索，具体的控制方法如下：

——质量记录的标识：规定其名称代号、编目顺序等；

——质量记录的贮存：规定收集保管部门或责任人；

——质量记录的保护：规定确保记录安全性和保密要求的措施；

——质量记录的检索：规定编制目录的要求；

——质量记录的处置：规定对保存期满的记录的处置方法。

5 质量保证职责

5.1 质量保证承诺

为建立和实施有效的压力管道设计质量保证体系，最高管理者承诺从以下几个方面建立和实施质量保证，并对其有效性进行持续改进提供的证据：

——以各种例会、内部刊物发表文章和法规培训的方式向全体职工传达压力管道设计和遵守法规重要性；

——制定质量方针和质量目标；

——任命压力管道设计单位主管负责人；

——确保设计质量保证和质量保证制度的建立；

——确保可获得必要的资源，以提高质量保证体系运行的有效性和效率。

5.2 质量保证方针

最高管理者要求涉及质量保证体系的所有部门按层次，如：管理层、执行层、验证层等，采用不同的方式进行学习、讲解和宣传质量方针，以达到在组织内得到沟通和理解质量方针，并主动参与持续改进活动、认真履行其职责，实现质量要求并在工作中不断改进。

5.3 质量保证目标

最高管理者对质量目标进行管理，使质量目标与质量方针保持一致，并在组织的相关职能和层次上建立质量目标，主要内容如下：

——组建质量目标管理委员会并确定其职责；

——确定质量目标的内容；

——质量目标考核的时机和频次；

——分层制定质量目标，如院级质量目标、部门质量目标、作业层及个人质量目标；

——质量目标的考核标准 ；

——质量目标的考核及奖惩；

——质量目标考核结果的有效利用。

5.4 压力管道设计质量保证策划

为确保压力管道设计质量，最高管理者策划其控制过程，确保：

——执行《压力容器压力管道设计许可规则》（TSG R1001—2008）和《压力管道安全技术监察规程——工业管道》（TSG D0001—2009）建立符合标准的质量管理体系的过程及其相互作用；

——当压力管道设计质量保证体系组织的体制变化、内部机构重新组合、重要的职位重新任命、认证标准要求变化、认证范围的变化等需要进行必要的改进时，对压力管道设计质量保证体系的更改及实施进行策划，应保证其完整性。

5.5 职责、权限和沟通

5.5.1 各部门职责和权限

最高管理者将确保组织内部的职责 、权限及其相互关系和沟通方式予以规定，并将职责权限的规定传达到全体员工，使之理解、相互沟通。

根据需要设置了相关的部门，见压力管道设计质量保证机构图（见下图）明确各部门的质量职责及与相关职责的接口关系。

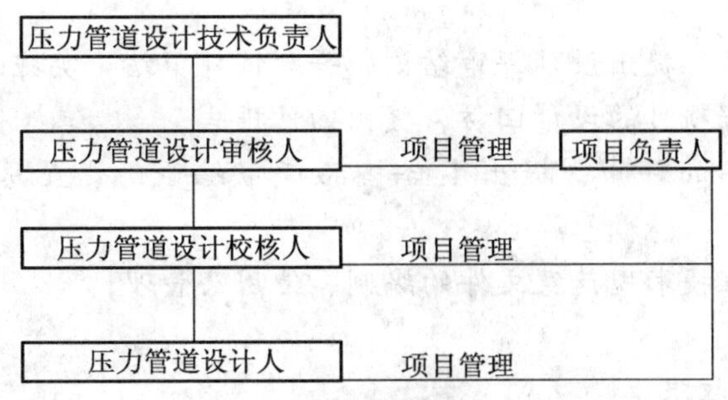

图　压力管道设计管理机构图

主要负责人和各部门的质量职责及权限如下：

1）院长职责和权限：

——制定、颁布质量方针；

——制定质量目标和年度质量改进目标；

——批准压力管道设计质量管理手册；

——确定压力管道设计管理机构图；

——任命压力管道设计技术负责人；

——配置必要的资源。

2）副院长职责和权限：

——协助院长制定分管部门的质量职责；

——监督所分管部门实施管理；

——对所分管部门的总体质量承担相应的责任。

3）压力管道设计技术负责人职责和权限见5.5.2。

4）压力管道设计审核人员职责和权限见5.5.3。

5）院长室职责和权限，除院长、副院长的职责之外还包括以下职责和权限：

——策划产品实现过程，负责承接经营工程项目和安排、协调生产计划；

——组织确定并评审与项目有关的要求及合同评审、合同签订；

——负责在适当时机，有效安排与顾客沟通；

——负责对供方进行控制；

——保存合同书的管理和合同评审结果及评审所引发的措施的记录；

——批准设计输出文件。

6）质管办职责和权限：

——组织质量保证文件的编制、发放和质量保证文件的归口管理；

——负责质量保证运作过程的监测；

——进行日常的设计质量保证活动及维护设计管理制度；

——负责组织质量数据的确定、归集及分析，为质量保证体系的适宜性和有效性提供证实材料。

7）总工室职责和权限：

——组织设计验证；

——组织设计评审，提出设计评审结论，并验证评审结论实施的有效性；

——组织重大工程项目的设计回访，提出回访报告；

——组织不合格品的评审，提出不合格品评审结论、处置意见及其纠正措施的验证；

——组织制定工程技术规范及文件的编制、使用及管理；

——组织设计确认。

8）设计室职责和权限：

——负责设计输入、设计输出、设计验证、设计确认和设计更改的有效实施，确保设计质量；

——负责对不合格品采取纠正措施和对潜在不合格品采取预防措施；

——负责提供产品交付后的服务。

9）综合室职责和权限：

——提供人力资源保障；

——负责设计成品的交付；

——负责法规、法律、技术规范和图纸、档案的管理。

5.5.2　压力管道设计技术负责人职责

组织任命的压力管道设计技术负责人，要求具有压力管道设计专业知识，熟悉有关规程、标准及压力管道国内外技术动态，对重大技术问题能够作出正确决定。授权其负责：

——负责指导压力管道的技术工作和长远规划，主持制定压力管道设计技术研发和基础工作计划，并组织实施；

——组织贯彻国家及修改政府部门发布的特种设备安全技术监察条例、法规、标准、规范和规定；

——组织压力管道设计管理制度的制定、修订工作，年度综合报告编制，并配合院技术处完成本单位资格认证换证工作；

——组织安排压力管道各级设计人员的技术培训，业务考核及技术交流，持续提高各级压力管道设计人员的技术素质和业务水平；

——协调审批人员在设计技术问题上的不同意见。

5.5.3　压力管道设计审核人员职责

（1）基本条件

1）熟悉并指导设计、校核人员正确执行有关规程、标准等技术规范，能解决设计、制造、安装和生产中的技术问题；

2）能认真贯彻执行国家的有关技术方针、政策，工作责任心强，具有较全面的压力管道设计专业知识，能保证设计质量；

3）具备熟练使用计算机软件及审查计算机设计的能力；

4）具备3年以上压力管道设计校核经历；

5）具有中级及中级以上技术职称；

6）取得质量技术监督部门颁发的压力管道设计审核资格证书。

（2）主要职责

1）指导设计原则和设计方案的讨论、审查及结论确定，对主要技术问题和设计方案的正确性、合理性、经济性、安全性和先进程度负责；

2）指导校核、设计人员的设计工作，协调解决设计中的主要技术问题和设计分歧；

3）审核压力管道设计是否符合国家规范和院质量保证制度；

4）审核互提资料、技术规定、设计输入等初步工作；

5）审核设备布置图、管道布置图、安装图等设计图纸及文件；

6）审核强度计算、应力计算、支架计算等计算书；

7）负责审核发现问题的设计修改的二次验证及质量评定；

8）签署审核文件，并对参与审核的压力管道设计质量负技术责任；

9）负责压力管道各级设计人员的技术培训实施。

5.5.4　质保工程师职责

1）协助法定代表人制定质量方针和质量目标，在法定代表人的领导下，负责压力容器制造质量保证体系的建立、实施、保持和改进并确保其有效运行；

2）按照质量保证手册的规定对各指控系统的工作进行组织、协调和监督检查，根据生产的发展不断完善、改进质保体系的工作；

3）组织贯彻、执行有关特种设备的法律、法规、标准、技术规定；

4）坚持原则，行驶质量否决权，保障和支持质量保证体系工作人员工作；

5）定期组织质量分析、质量审核，协助总经理组织管理评审；

6）对质量保证体系人员定期组织教育和培训；

7）组织编制程序文件、作业指导书和相关标准，其中包括质量记录、报告，并通过质量保证体系贯彻实施；

8）审签产品质量证明文件。

5.5.5　压力管道设计校核人员职责

（1）基本条件

1）熟悉并能运用有关规程、标准等技术规范，能指导设计人员的设计工作；

2）具有压力管道设计专业知识，有相应的压力管道设计成果并已投入使用；

3）熟练运用计算机进行设计，能熟练使用相应用软件；

4）具有3年以上压力管道设计经历。

（2）主要职责

1）会同设计人员商定具体的设计、计算方案，帮助设计人员解决技术问题；

2）参加设计原则和设计方案的讨论，校核设计方案的正确性、合理性、经济性、安全性和先进程度，对校核的文件质量和完整性负责；

3）校核压力管道设计是否符合国家规范和公司质量管理制度；

4）校核采用条件、互提资料、技术规定等初步工作；

5）校核设计文件是否符合深度要求及是否完整，采用标准图、复用图是否正确；

6）校核设计条件、设计规定、材料统计、施工说明、图样表达 、文字注释等是否准确完整；

7）校核设备布置图、管道布置图、安装图等设计图纸及文件是否符合技术要求；

8）校核强度计算、应力计算、支架计算等计算书所采用规范、设计条件、基础数据及计算结果是否符合要求；

9）对校核中发现的问题与设计人员充分讨论、妥善解决，若有不同意见提交审核人员；

10）负责校核发现问题的设计修改的二次验证；

11）签署校核文件、并对参与校核的压力管道设计质量负责。

5.5.6　压力管道设计人员职责

（1）基本条件

1）具有压力管道设计专业知识；

2）能较好地贯彻执行有关规程、标准等技术规范；

3）能在审核人的指导下独立完成压力管道设计式作，并会使用计算机进行设计；

4）具有初级以上技术职称。

（2）主要职责

1）认证学习有关规范、标准、条例、规定，正确运用压力管道设计的各项规定及公司质量管理体系文件；

2）根据设计条件充分调查研究所收集资料，进行技术分析，提出设计方案，确定设计输入材料，经审核人员确定后开展设计工作；

3）正确运用设计基础资料和规范，利用计算公式及计算软件进行设计，发现问题及时与校审人员沟通讨论，就重要技术问题进行设计评审；

4）在有关人员的指导下，承担具体的设计工作，对设计质量负责；

5）按规定编制设计文件，要求设计思路明确、图样表达正确，文字说明简练、通顺；

6）进行专业间配合，互提材料准确；

7）自行检查设计稿件，并按规定签署设计文件；

8）负责校审后图样的修改、整理工作，对其质量负责；

9）整理设计材料，移交项目负责人验收存档；

10）认真处理安装、制造、生产中发现的问题，并及时归档有关变更材料。

5.6　管理评审

5.6.1　总则

每年至少进行一次管理评审活动，确保质量保证体系持续的适宜性、充分性和有效性。

5.6.2　评审输入

保证评审的输入包括以下方面的信息：

——外部审查结果；

——顾客反馈意见及与顾客沟通的情况；

——质量保证体系和产品实现过程的测量结果；

——对产品要求和压力管道设计质量保证要求的符合性有重大影响的纠正措施和预防措施的实施状态；

——前一次管理评审作出的改进措施实施情况的验证结果；

——已感知的可能影响到质量保证体系的内部和外部环境的变化；

——改进的建议。

5.6.3　评审输出

质量评审的输出包括：

——保证体系及其过程有效性的评价意见；

——与产品要求符合性的评价意见；

——资源符合性的评价意见。

管理评审的输出着重对存在的问题特别是潜在问题采取改进措施，如：

——质量保证体系及其过程有效性的改进措施；

——产品质量的改进措施；

——资源需求的改进措施。

6　资源管理

6.1　资源提供

设计院将及时确定并充分提供所需的资源，以确保：

——实施和保持各项质量保证制度并持续改进其有效性；

——通过满足顾客要求，增强顾客满意。

6.2　人力资源

6.2.1　总则

为保障从事影响产品质量工作的人员都具有履行其职责的能力，规定了个人能力及各岗位的资格要求，如：教育、技能和经历等。每年对设计、校核人员进行业务考核，考核合格的，次年方可继续从事相关工作。

6.2.2　能力、意识和培训及考核

设计院确保有效实施人员能力，意识和培训，并进行考核。

1）确定了从事影响产品质量工作的人员所必要的能力，包括：对学历要求、岗位培训必须的培训要求及资格证书的要求、人员实际拥有的业务技能和相应的工作经历要求等；

2）为满足人员能力的需求采取的措施包括：明确各级岗位人员的能力需求；制定教育、培训计划，并采取多种形式实施；

3）采用不同方式对人员能力采取措施的效果进行验证，识别再培训的必要性；

4）通过教育、培训和再培训，确保员工意识到所从事活动的相关性和重要性，以及如何为实现质量目标作出贡献；

5）保持教育、培训技能和经历的记录，并建立个人能力及考核等情况档案。

人员考核记录格式见附表1（略）。

6.3　设备保证

设备和检验检测仪器保证：

1）制定设备和检验检测仪器控制的规定，包括设备、仪器、仪表、工具的采购，验收，建档、操作，维修，使用，检定，保管、报废等；

2）制定计量器具管理的规定，包括：建立计量器具分级管理办法、计量器具台账和检定周期计划，检定证明资料的保管，计量器具检定状态标识，计量器具的使用等。

7　产品实现

7.1　产品实现的策划管理

7.1.1　向顾客交付的产品是经院长批准后的设计输出文件，包括：设计文本文件和设计图纸，其实现过程有：

——与顾客有关的过程；

——设计过程；

——设计分包过程；

——设计文件交付和交付后服务的提供。

7.1.2　产品实现过程的策划确定的内容包括：

——工程建设项目的质量目标和产品要求；

——针对产品确定过程、文件和资源的需求；

——产品所要求的验证、评审和确认活动，以及设计文件指认的准则；

——对过程及结果提供信任所需要的记录。

每一个具体项目均应进行产品实现的策划，对相关的活动或过程进行适当的剪裁，策划的结果按照控制过程的要求形成文件。

当质量保证体系不能满足特定产品、项目或合同的要求时，应编制特殊的质量计划。

7.2　与顾客有关的过程

为更好地满足顾客的要求和期望，制定有《设计文件的质量评定及信息反馈管理规定》。

7.2.1　与产品有关的要求的确定

对每一个工程设计及技术服务项目的合同草案、招标书、委托书、协议、口头订单和指令性计划均进行评审，对口头方式接到的订单，应形成文件并经院长室确认。

与产品有关的要求包括：

——顾客规定的要求，包括对交付及交付后活动的要求；

——顾客虽未提出，但要求的用途或已知预期用途所必要的产品要求，如：与工程建设期日使用用途有关的要求；

——与产品有关的义务，即设计中应承担的责任，包括：施工设计规范有关要求、法律和法规要求；

——为增强顾客满意度所确定的其他附加要求。

7.2.2　与产品有关的要求的评审

产品要求评审的时机应在向顾客作出提供工程咨询、工程设计项目的承诺之前进行，并确保：

——工程建设项目的要求得到规定；

——在顾客没有以文件的形式提供要求的情况下，接受顾客要求前应对顾客的要求进行确认；

——与以前表达不一致的产品要求已予解决；

——组织有能力满足规定的要求。

根据项目的规模、技术复杂程度和合同类型，合同评审分为：会议评审、会签评审和审批评审方式进行。

产品要求评审的参与人员应按不同的产品要求评审方式确定。复杂工程设计项目的产品要求评审活动在合同形成阶段须进行多次评审。

当产品要求发生变更时，须组织合同修订，并确保相关文件得到修改，如：合同、设计计划、设计文件输出、设计文件输入等。同时、应将变更的要求及准确地传递到相关部门和人员。

应记录产品要求评审的结果及评审所引发的措施，包括：会议评审记录、会签记录、审批；评审引发的措施等。

7.2.3　顾客沟通

为实施与顾客沟通，规定院长室负责合同签订前与顾客的沟通，项目负责人负责合同履行中和设计交付后与顾客的沟通，并确保以下内容及时有效地得到沟通：

——与产品要求有关的信息；

——出现问题的处理、合同的修改等；

——顾客对满足其要求所反馈的信息，包括顾客抱怨、投诉等。

7.3　设计控制

7.3.1　设计策划

为确保每一个工程设计项目的策划和控制，制定有《设计工作程序》。工程设计策划的结果形成设计任务单并确定：

——工程建设项目的产品要求；

——设计过程涉及的设计阶段，如：可行性研究阶段、方案设计、初步设计阶段、施工图设计阶段；

——适合每个阶段的设计评审、设计验证和设计确认活动，包括活动的时机和参加人员的安排；

——项目组人员（如：项目负责人、各专业负责人、设计人员）的安排及其职责，适用时，按设计阶段确定项目组人员；

——设计项目的进度安排，包括确定设计输入要求的时限、设计输出文件的发布和交付、专业协作时限安排；

——设计交付后提供服务的安排，包括服务的内容要求和职责；

——本项目的特殊要求的软件等资源。

设计任务单随设计的进展在适当时予以更新。

对与设计的各个专业和小组之间的接口实施管理，以确保有效沟通，并明确职责。内部接口包括：

——专业设计分工范围及职责权限；

——专业间协作要求的规定，如：互提资料单、专业委托任务单等；

——各专业间互提资料的验证要求，如：校对、审核、会签等。

组织与设计的外部组织之间的接口是外部接口，对外部接口应进行管理，以确保有效沟通，并明确其职责，外部接口包括：

——以合同条款规定各方的设计分工、设计范围及相应的职责权限；

——在有关协议或设计联络记录中确定各方技术协作要求；

——组织提出的技术协作文件的验证要求；

——外部组织提交的技术协作文件的验证要求。

7.3.2 设计输入

设计院制定有《设计条件编制与审查制度》，确保确定与建设工程要求有关的设计输入要求，并通过审批的方式对其充分性进行评审，识别和解决不完整的、不清晰的内容或自相矛盾的问题。

设计输入要求按阶段确定，通常应包括以下适用的内容：

——设计依据，如合同/委托书、设计规划文件、上阶段设计输出结果、设计批复文件等；

——由产品要求转化的质量特性要求，包括以下适用的性能：功能性、可信性、安全性、可实施性、适应性、经济性、时间性；

——适用的法律和法规所规定的要求；

——以前类似设计提供的成功经验或需要改进的经验信息；

——其他要求，如特殊的专业技术要求等。

7.3.3 设计输出

设计输出文件包括：项目建议书、可行性研究报告、环境影响评估整、方案设计、初步设计、施工图、单线图、工程计算书、设计方案等，为确保设计输出文件能够针对设计输入进行验证制定有《设计文件编制管理规定》，并对设计输出文件的内容、格式和深度作了规定。

设计输出文件应：

——满足设计输入的要求；

——为设备采购、施工安装提供适当的信息，如设备材料表、施工注意事项等；

——包含或引用施工、安装验收规范；

——适用时，规定对安全和正常使用所必须的产品特性，设计输出文件在发放前须经院长批准，院长批准前应经过设计验证和适当阶段的设计评审；

——设计方案。

7.3.4　设计评审

为对设计适当阶段的成果进行系统的评审，制定有《设计文件签署及标准化审查制度》，对设计评审按设计策划确定的时机、频次、方式实施控制，以便：

——评价设计的结果满足要求的能力；

——识别任何存在的问题并提出必要的措施。

设计评审的实施要点包括：

——设计评审的输入应是由项目负责人提出的阶段性的设计成果（如构思方案等）；

——设计评审的组织、主持及方式与工程情况相适应，其参加人员应包括与所评审的设计阶段有关职能的代表及其他有能力的人员；

——设计评审的输出内容包括已识别的任何存在问题及采取的措施，评审输出应得到主持人的确认；

——设计评审需保存会议记录、评审纪要、改进措施的实施及验证意见等记录。

7.3.5　设计验证

为确保设计输出满足设计输入的要求，制定有《设计文件签署及标准化审查制度》，对设计文件按设计策划的要求实施验证。

验证人具有相应的工作技能，采用将新设计与已证实的类似设计进行比较、变换方法进行验算、逐级审核（校核、审核）等验证方式对设计文件进行验证，并记录验证的结果及针对发现的问题所采取的措施。

记录内容包括：被验证文件的图号、张数或页次、验证发现的问题及针对问题采取的措施、采取措施后的再次验证、验证人和接受验证人员的签署。

7.3.6　设计确认

为确保建成的工程建设项目能够满足规定的或已知预期使用或应用的要求，制定有《设计文件签署及标准化审查制度》，对设计确认按设计策划的要求实施控制。

工程咨询、工程设计的设计确认按阶段进行，通常是在设计成品交付或实施之前，由顾客、政府和权力机关组织实施。设计确认活动包括：

——可行性研究报告的评优；

——方案设计的审查；

——施工图设计的图纸会审。

规定有资格的人员参加适当阶段的设计确认活动，记录设计确认结果，保存设计确认的结果及对确认提出问题采取必要的措施。

7.3.7　设计更改

制定有《设计文件的更改管理制度》，对设计更改实施控制。

可能引起设计更改的原因有：

——施工安装中发现施工图的遗漏或错误；

——设计后发现难以制造、安装；

——顾客要求的更改；

——法规、规范或其他要求发生改变；

——设计评审、设计验证、设计确认要求更改；

——产品的功能或性能需要改进。

实施设计更改的控制包括：

——设计更改由授权人确定；

——适当时评价更改对施工、安装部分及各专业设计输出的影响，并确定采取的相应措施；

——在适当时对更改的内容进行验证，合同或法规要求时需进行确认；

——更改文件在实施前应得到批准；

——设计压力管道文件应予以标识；

——保存更改结果及任何必要措施的记录。

7.3.8　印章管理

1）执行《压力设计许可印章管理制度》；

2）取得特种设备设计许可证后，一周内刻制符合印章模式要求的压力管理《设计许可印章》；

3）压力管道设计许可印章由专人保管和使用；

4）主要设计文件上必须加盖有效的设计许可印章，需盖章的压力管道设计文件包括图纸目录、设备布置图、管道平面布置图；

5）压力管道设计许可印章在许可证书有效期内使用；

6）过期或作废的设计许可印章要及时收回，不得继续使用。

7.3.9　质量改进与服务

1）每项设计完成投产后，要组织设计回访工作；

2）压力管道设计的设计回访工作由工程设计部负责落实，向业主或施工单位发出设计回访调查表，并收集反馈信息；

3）根据用户反馈的问题或改进建议，及时采取有效的改进措施，提高设计质量；

4）保存设计回访资料、用户反馈意见和用户反馈意见处理情况，格式见附表2“设计回访记录”（略）。

8　设计质量保证体系文件结构

8.1　压力管道质量保证手册

质量保证手册是压力管道设计管理的纲领性文件，主要规定本体系的适用范围、方针、目标、组织机构设置、控制要求等。

8.2　压力管道设计管理制度

设计管理制度是压力管道设计管理的程序性文件，包括以下几项规定：

1）各级设计人员管理制度；

2）各级设计人员培训考核管理规定；

3）各级设计人员岗位责任制；

4）设计条件编制与审查制度；

5）设计文件编制管理规定；

6）设计文件的更改管理规定；

7）设计文件复用管理规定；

8）设计条件图（表）编写制度；

9）设计文件档案签署及标准化审查制度；

10）设计文件档案（含电子文档）保管管理规定；

11）设计文件的质量评定及信息反馈管理规定；

12）设计许可印章使用管理规定；

13）设计工作程序。

8.3 设计技术规定

设计技术规定是相关设计的基本技术规定见以上章节有关要求。

8.4 设计管理、技术有关记录表

设计管理、技术记录表是开展相关设计工作的符合性证据，记录表格见相关文件中的附表。

第三节 压力管道元件制造质量保证体系监督检验

按照《特种设备制造安装改造维修质量保证体系基本要求》（TSG Z0004—2007）等规范标准要求，为有效地控制压力管道元件产品质量，对压力管道元件制造单位的质量保证体系组织结构进行检验。制造单位应结合本单位的实际情况建立质量体系组织机构，开展各项质量保证活动的职责应分解到质量责任工程师等有关人员。制造单位的法定代表人应任命具备相应专业技术的人员担任质量保证责任工程师，对产品质量和关键工序质量进行控制。质量保证组织机构的设置既要结合本单位的实际还必须适合产品的制造工艺。为达到压力管道元件制造的质量保证要求，制造单位应采用质量系统控制的方式，形成企业的质量保证体系组织机构。

我们通常说压力管道元件制造质量保证体系是对产品制造全过程质量实行系统控制。系统控制通常是由若干专业质量控制系统组成，如材料、制造各工艺、焊接、热处理、无损检测、理化试验、设备、计量、检验等。每个专业质量控制系统都由责任工程师负责，并在质量手册中明确其职责和权限，由其实施对压力管道元件和关键过程的控制。

一、压力管道元件制造单位的质量保证体系监督检验内容

1. 基本要求

1）在日常的监检过程中，可以结合监检过程，按照相关要求，对质量保证体系进行检查，发现问题及时进行处理，并且将情况记录在监检项目表的记事栏中；

2）按照规定，监检机构每年至少 1 次对制造单位的质量保证体系进行监督检查，并且填写质量保证体系监督检查项目表。

2. 检查重点

1）制造单位在获得制造许可证的许可周期内，其资源（人员、设备、设施和场地

等）是否能持续满足相应许可条件；

2）现行质量保证体系文件及其修订是否符合相应体系要求，并能持续有效运转；

3）产品安全性能是否满足相应安全技术规范和产品标准的要求；

4）对监督检验过程中监检人员和监检机构提出的问题是否能及时整改并且达到预期的效果。

3. 监督检查项目和要求

（1）管理职责

抽查相关责任人员是否上岗工作，检查各类质量管理文件中相关人员是否履行审核、审批责任，签字手续是否符合规定。重点检查责任人员变更任命及其备案情况，检查履行职责情况和职责规定的合理性。

（2）质量保证体系文件

1）质量及技术记录表、卡：抽查各项质量及技术记录，核查是否符合质量保证体系文件要求；

2）质量控制点的设置：对照质量保证体系文件，核查其质量控制点的设置是否符合相应规定。

（3）文件和记录控制

检验文件和记录的管理是否符合体系文件规定，是否明确受控文件的类型，文件发放是否符合体系文件规定；抽查产品使用的文件是否是最新版本的受控文件，抽查在与本批产品质量控制有关的规定场所是否有相应的受控文件。

（4）合同控制

抽查产品合同，检查是否按规定进行了合同评审，形成了评审记录。

（5）设计控制

抽查产品的设计输入、输出、评审、更改、验证等环节的控制，检查是否符合质量保证体系相应程序文件的规定。

（6）材料、零部件控制

1）采购控制：抽查产品材料、零部件的采购文件，核查材料、零部件是否按照程序文件的规定由合格供方购入。抽查验收记录，检查材料、零部件验收是否符合规定。查阅对材料、零部件供方的质量问题处理的记录，检查有关质量问题是否按照规定进行了处理。

2）材料、零部件的保管和发放：抽查材料、零部件的标记移植、保管和发放账目，检查是否符合程序文件的规定。

3）焊接材料的管理：抽查验收、保管、领用发放、烘干、回收记录，检查焊接材料保管条件和烘干条件是否符合程序文件的规定。

（7）作业（工艺）控制

1）作业（工艺）文件：抽查相关工序，检查是否有相应作业（工艺）文件；

2）作业（工艺）纪律：抽查相关工序及其相关操作人员的实际操作和操作记录，检查作业（工艺）纪律的执行情况。

（8）焊接控制（适用于制造过程中有焊接过程的产品）

1）焊工管理：是否按焊工档案管理规定对档案进行管理，焊工人数及项目等是否满足相应的要求。抽查上岗焊工是否具有相应的合格项目。

2）焊接工艺评定：检验制造单位是否根据产品焊接需要或相关标准要求进行焊接工艺评定，并且形成焊接工艺评定报告；是否建立焊接工艺评定档案；是否完整地保存了焊接工艺评定试样。审查焊接工艺评定项目是否能满足产品焊接的需要，焊接工艺评定报告的编制、审核、批准人员签字是否符合要求。

3）焊接工艺执行：抽查焊接工艺及焊接返修工艺的执行情况，检查焊工是否按照工艺文件的规定进行施焊。

（9）热处理控制（适用于制造过程中有热处理过程的产品）

1）热处理工艺执行：核对热处理记录曲线与热处理工艺的一致性，审查热处理报告，其签字手续是否符合规定；

2）热处理分包：如果相应产品制造许可条件中允许热处理工作可以分包，应当检查分包单位是否符合要求。热处理报告是否按照程序文件的规定，由本单位的责任人员进行了审核。

（10）无损检测控制（适用于制造过程中需要进行无损检测的产品）

1）无损检测报告：抽查产品的无损检测报告。审查无损检测人员的资质、检测标准、检测方法、比例等是否符合图样、相关标准规定，其签字手续是否符合规定。

2）无损检测分包：如果相应产品制造许可条件中允许无损检测工作可以分包，检查分包的无损检测机构及其人员是否有相应的资格，无损检测报告是否按照程序文件的规定，由本单位的责任人员进行了审核。

（11）理化检验控制（适用于制造过程中有热处理过程的产品）

1）理化检验报告：抽查产品的理化试验报告，审查其试验方法、试验条件和数值指标等是否符合产品标准和合同的技术要求，其签字手续是否符合规定。

2）理化检验分包：如果相应产品制造许可条件中允许理化检验分包，检查分包单位是否符合要求，理化检验报告是否按照程序文件的规定，由本单位的责任人员进行了审核。

（12）检验与试验控制

1）检验与试验作业指导书：抽查检验与试验工序，检查是否有检验与试验作业指导书，其内容是否符合规定。

2）检验与试验状态标识：抽查检验后的产品，检查是否按照程序文件的规定，做出了检验与试验状态标识。

3）耐压试验（适用于制造过程中需要进行耐压试验的产品）：检验是否编制耐压试验工艺和制订对耐压试验进行质量控制的规定，包括对耐压试验的监督、确认，对压力试验过程的安全防护、耐压试验介质、环境温度和试验设备仪表等，抽查其实施情况。

（13）设备和检验与试验装置控制

查看设备档案及台账，检验产品制造所使用的设备是否处于完好状态。抽查产品制造设备上的计量仪表（如电流表、电压表、压力表、温度表等），检验是否有校验合格标志且在有效期内。抽查检验、试验用的计量仪器、设备以及量具，检查是否符合计量程序文件的有关规定。

（14）不合格品（项）控制

是否制定了不合格品（项）控制的规定，抽查产品所涉及的不合格品（项）的标识、记录、评价、隔离和处置，检查是否符合管理程序的规定。检验不合格品（项）的处理（回用、返修、返修后重新检验、报废）是否符合管理程序的规定。

（15）质量改进与服务

检验是否制定了内部质量审核及管理评审的规定，是否有效实施，查看质量信息反馈、数据分析、处理的情况，跟踪检查涉及产品的《监检工作联络单》、《监检意见通知书》所提出的问题是否及时得到了改进。

（16）人员培训、考核及其管理

检验是否制定了人员培训、考核及其管理的规定，抽查新上岗的质量体系责任人员、检验人员、产品性能试验人员等对产品质量有重要影响的人员，检查是否经过规定培训。

（17）执行特种设备许可制度

检验是否制定了执行特种设备许可制度的规定和制造许可证使用、管理，向客户提供产品质量证明文件等出厂随机文件的规定；是否按照相关要求制定了接受特种设备监督检验的规定。查看实施情况。

二、压力管道元件制造质量保证体系检验项目表

压力管道元件制造单位应按照《特种设备制造安装改造维修质量保证体系基本要求》（TSG Z0004—2007）有关要求编写质量保证体系文件，在压力管道元件制造单位进行监督检验时，首先进行质量保证体系的检验，具体检验项目见表 2－1。

表 2－1 元件制造质量保证体系检验项目表

<table>
<tr><th>编号</th><th colspan="2">监检项目</th><th>监检类别</th><th>监检结果</th><th>问题记录以及备注</th></tr>
<tr><td>1</td><td colspan="2">（一）管理职责</td><td>B</td><td>□合格 □不合格
□有缺陷 □无此项</td><td></td></tr>
<tr><td>2</td><td rowspan="2">（二）质量管理体系</td><td>1. 质量记录表格</td><td>B</td><td>□合格 □不合格
□有缺陷 □无此项</td><td></td></tr>
<tr><td>3</td><td>2. 质量控制点的设置</td><td>B</td><td>□合格 □不合格
□有缺陷 □无此项</td><td></td></tr>
<tr><td>4</td><td colspan="2">（三）文件和资料控制</td><td>B</td><td>□合格 □不合格
□有缺陷 □无此项</td><td></td></tr>
<tr><td>5</td><td colspan="2">（四）设计控制</td><td>B</td><td>□合格 □不合格
□有缺陷 □无此项</td><td></td></tr>
<tr><td>6</td><td rowspan="3">（五）采购与材料控制</td><td>1. 采购控制</td><td>B</td><td>□合格 □不合格
□有缺陷 □无此项</td><td></td></tr>
<tr><td>7</td><td>2. 材料的保管和发放</td><td>B</td><td>□合格 □不合格
□有缺陷 □无此项</td><td></td></tr>
<tr><td>8</td><td>3. 焊接材料的管理</td><td>B</td><td>□合格 □不合格
□有缺陷 □无此项</td><td>（聚乙烯管无此项）</td></tr>
</table>

续表

<table>
<tr><th>编号</th><th colspan="2">监检项目</th><th>监检类别</th><th>监检结果</th><th>问题记录以及备注</th></tr>
<tr><td>9</td><td rowspan="2">（六）工艺控制</td><td>1. 工艺文件</td><td>B</td><td>□合格 □不合格
□有缺陷 □无此项</td><td></td></tr>
<tr><td>10</td><td>2. 工艺纪律</td><td>B</td><td>□合格 □不合格
□有缺陷 □无此项</td><td></td></tr>
<tr><td>11</td><td rowspan="2">（七）无损检测控制</td><td>1. 无损检测工艺卡</td><td>B</td><td>□合格 □不合格
□有缺陷 □无此项</td><td>（聚乙烯管无此项）</td></tr>
<tr><td>12</td><td>2. 无损检测外委</td><td>B</td><td>□合格 □不合格
□有缺陷 □无此项</td><td>（聚乙烯管无此项）</td></tr>
<tr><td>13</td><td colspan="2">（八）性能试验控制</td><td>B</td><td></td><td></td></tr>
<tr><td>14</td><td rowspan="2">（九）检验控制</td><td>1. 检验作业指导书</td><td>B</td><td>□合格 □不合格
□有缺陷 □无此项</td><td></td></tr>
<tr><td>15</td><td>2. 检查状态标识</td><td>B</td><td>□合格 □不合格
□有缺陷 □无此项</td><td></td></tr>
<tr><td>16</td><td rowspan="2">（十）计量控制</td><td>1. 设备上的计量仪表</td><td>B</td><td>□合格 □不合格
□有缺陷 □无此项</td><td></td></tr>
<tr><td>17</td><td>2. 检验、试验用的计量仪器、设备以及量具</td><td>B</td><td>□合格 □不合格
□有缺陷 □无此项</td><td></td></tr>
<tr><td>18</td><td colspan="2">（十一）设备控制</td><td>B</td><td>□合格 □不合格
□有缺陷 □无此项</td><td></td></tr>
<tr><td>19</td><td colspan="2">（十二）不合格品的控制</td><td>B</td><td>□合格 □不合格
□有缺陷 □无此项</td><td></td></tr>
<tr><td>20</td><td colspan="2">（十三）质量改进</td><td>A</td><td>□合格 □不合格
□有缺陷 □无此项</td><td></td></tr>
<tr><td>21</td><td colspan="2">（十四）人员培训</td><td>B</td><td>□合格 □不合格
□有缺陷 □无此项</td><td></td></tr>
<tr><td colspan="6">质量保证体系制造监检结果：</td></tr>
<tr><td colspan="3">监检： 日期：</td><td colspan="3">审核： 日期：</td></tr>
</table>

第四节 压力管道安装质量保证体系案例

压力管道安装质量体系文件

质 量 手 册

版　　本：C
受控标识：×××
2012年×月×日发布　2012年×月×日实施
公司名称：××建筑安装工程公司
地址：×××
邮编：××　电话：××传真：×××

目　录

0.1 前言
0.2 质量保证工程师任命书
0.3 发布令
1 管理职责
2 质量保证体系文件
3 文件和记录控制
4 合同控制
5 设计控制
6 材料、零部件控制
7 作业（工艺）控制
8 焊接过程控制
9 热处理控制
10 无损检测过程控制
11 理化检验控制
12 检验和试验的控制
13 设备和检验与试验装置的控制
14 不合格品控制
15 质量改进与服务
16 人员培训、考核及其管理
17 其他过程控制
18 执行特种设备许可制度
19 附录

0.1　前言

《压力管道安装质量保证手册》（以下简称《本手册》）主要说明我公司压力管道安装工程的质量方针和目标，描述压力管道安装质量保证体系的纲领性文件，是实施质量管理应遵守的基础标准和原则，满足国家质量监督检验检疫总局现行基本法规、标准和合同规定的质量保证的证实性文件。

0.1.1　压力管道安装质量保证手册的概况

压力管道安装质量保证体系的本手册，是按照《特种设备制造安装改造维修质量保证体系基本要求》（TSG Z0004—2007）的全部质量体系基本要求和国家的压力管道安装法规编写的，是贯彻实现质量方针、目标、履行质量职责和权限，实施各项质量活动的总体性文件。

按照本手册对质量保证体系的要求，控制和证实我公司压力管道安装工程质量实力。通过压力管道安装过程中防止出现不合格品，达到顾客满意。它对质量体系要素要求所作的描述都体现了对体系要素的控制程度，要求每一质量活动都按预先确定的程序和文件规定来进行，以防止不利于质量的因素发生，即使存在缺陷也能及时发现，查明原因，防止其再发生，保证提供给顾客的产品和服务达到确定的质量水平。

编写质量保证手册的目的：

——贯彻我公司的质量方针、目标；

——描述压力管道质量保证体系，并使其有效运行；

——规定改进的控制方法，促进质量保证活动；

——发生变化时，能保证压力管道质量保证体系及其运行的连续性；

——按质量保证体系要求相应的方法培训人员；

——对外介绍体系保证能力。

0.1.2　压力管道安装质量保证手册要求

0.1.2.1　概述

本手册的质量保证，包括本手册的编制、审核、批准、发布、更改、换版和日常的使用和管理活动。

0.1.2.2　组织与分工

质量保证工程师负责本质量手册的执行，公司各部门协助做到。

0.1.2.3　质量保证内容和要求

——本质量手册编制完成后由质量保证工程师组织进行标准化审核，由经理批准，发布实施。

（1）本质量手册的发放与保管

正本由人事部归档保存，副本分受控和非受控两种状态。质量保证工程师根据公司需要经理批准的发放范围和数量，发放时履行发放签字手续。对外部发放的非受控本，更改时可不通告持有者。

（2）本手册的更改

本手册的更改按《文件和资料管理程序》的规定进行，根据更改量的大小，采取部分条款内容修改或换版修改两种方式进行，同时收回旧面或旧版本，本质量手册的更改应履行审核、批准手续，且保存记录。

对于部分条款内容的修改，其修改部分用《文件更改页》予以更正，修改码用阿拉伯数字从0开始顺序表示。换版修改的，版号用英文大写字母从A开始顺序表示。

导致质量保证手册更改的主要因素如下：

公司质量方针变动；

公司的组织机构有较大变动；

质量保证要求有较大变动；

质量体系审核或评审提出改进要求；

质量手册采用的标准或法规变换。

(3) 本质量手册的日常管理

本手册是公司的质量法规，也是质量体系的表达文件；持有者应妥善使用、保管，不得遗失、外借和擅自更改。

本手册持有者得到更改通知后，应及时按规定要求执行更改。以更换方式进行更改的应履行以旧换新手续，确保在用本手册是现行的有效版本。

本手册持有者应将执行情况、更改意见及时向质量部反映。

0.2 质量保证工程师任命书

为确保公司的压力管道安装质量保证体系有效运行，特委托×××同志为我公司的质量保证工程师，在压力管道安装活动中代表总经理行使权利。

总经理： ×××（签字）

2012年×月×日

0.3 发布令

压力管道安装质量保证手册是公司质量体系的重要组成部分，是对压力管道安装实施质量管理、提供质量保证、实现质量方针政策和目标的基础性文件，是公司质量体系范围内各项质量活动和法规的一部分，是全体员工的工作准则，必须遵照执行。

压力管道安装质量保证手册由公司质量保证工程师组织起草、编制、修改和解释，并负责质量体系的日常管理与协调工作。

公司质量保证工程师负责压力管道安装质量保证手册的审核，并对质量保证体系运行的有效性负责。

公司总经理批准和颁布压力管道安装质量保证手册。

压力管道安装质量保证手册现行版本：C版

总经理：×××

2012年×月×日

1 管理职责

1.1 质量方针和目标

1.1.1 质量方针和质量目标发布令

公司各部门：

公司的质量方针和质量目标，经过广泛的征求意见，并经反复讨论、推敲和研究后已经确定，现予以发布实施。这是公司压力管道安装质量工作的宗旨及承诺。

各单位必须在全体职工中宣传贯彻组织培训，使全体职工都通过学习接受和理解，并为实现公司质量方针和质量目标而努力工作。对不符合质量方针和质量目标的做法进行纠正和预防。

总经理：　×××（签字）

2012 年×月×日

1.1.2　质量方针和质量目标

质量方针：强化质量管理、实施全程控制、确保工程质量、增强顾客满意，为顾客提供优质的工程与服务。

质量目标：工程合格率 100%，合同履行率 100%。

质量承诺：通过培训和教育，使公司压力管道安装工程的质量方针和质量目标为参与压力管道安装工程的全体职工所接受和理解，为实现质量方针和质量目标而努力工作。

依据相应的技术标准和文件，加强过程控制，提高实施质量，纠正质量偏差，消灭和避免质量通病和陋习，降低经营成本，增加效益。

按计划规定对质量体系运行情况进行检查，使其满足顾客对工程质量和服务质量的期望。

1.1.3　管理承诺

总经理通过以下活动，对其建立、实话质量保证体系并保持改进质量保证体系有效性的承诺提供证据：

——向公司员工传达满足顾客和法律法规要求的重要性；

——制定公司的质量方针和质量目标；

——进行管理评审，确保质量保证体系持续改进的适宜性、充分性和有效性；

——确保资源的获得。

1.1.4　质量目标分解和控制

（1）目标控制

1）质量目标是对质量方针的开展，是公司实现满足顾客要求，达到顾客满意的具体落实，也是质量保证体系有效性的重要判定指标。

2）公司总经理要确保质量目标横向分解展开到相关部门、纵向展开到基层单位和施工项目上，并定期对其评审，以确保公司质量目标的实现。

3）技术处负责组织质量目标的分解，各部门和单位根据公司的质量目标制定本部门的质量目标。

4）公司技术部门每年进行一次对质量目标完成情况的考核。

（2）目标分解

1）产品出厂合格率：100%

人事部门：配置施工人员持证上岗率达 100%；

生产部门：监督检查，出厂产品合格率 100%；

技术部门：监督检查率 100%；设备能力满足生产要求，生产周期内大型、重要设备无故障；

项目经理部：工程质量自、专检合格率100%。

2）产品主要件（项）检验合格率：100%

生产部门：检查工程主要件（项）一次检验合格率90%；

技术部门：监督检查工程主要件（项）一次检验合格率90%；采购物资（主材、工具、辅材等）合格率100%；

项目经理部：施工项目自、专检主要件（项）一次检验合格率95%。

3）单位工程合格率：100%

人事部门：配置施工人员持证上岗率达100%；

生产部门：检查工程质量合格率100%；

技术部门：监督检查工程质量合格率100%，采购物资合格率100%、设备能力满足施工要求；

项目经理部：单位工程质量合格率100%，工程产品质量合格率100%。

4）顾客投诉率0%，顾客满意率100%

经营部门：售前服务顾客投诉率0%，顾客满意率100%；

项目经理部：售中服务顾客投诉率0%，顾客满意率100%。

1.2　质量保证体系组织

根据压力管道安装工作的实际情况，公司建立特种设备安全性能管理职责的质量保证体系组织。总经理批准公司建立和实施质量保证体系并对持续改进质量管理保证体系有效性提出承诺。

1.2.1　领导作用

各级领导将本单位（部门）的宗旨、方向和内部环境统一起来，并创造使员工能够充分参与实现本单位（部门）目标的环境。

——考虑所有相关方的需求和期望；

——为公司的未来描绘清晰的远景，确定富有挑战性的目标；

——在公司的所有层次上建立价值共享、公平公正的观念；

——为员工提供所需的资源和培训并赋予职责范围内的自主权。

1.2.2　全员参与

各级人员是公司的根本，只有他们的充分参与，才能使他们的才干为公司带来收益。

——让每个员工了解自身的价值所作贡献的重要性及其在建筑安装工程公司中的角色；

——以主人翁的责任感去解决各种问题；

——使每个员工根据各自的目标评估其业绩状况；

——使每个员工积极地寻找机会增强他们自身的能力、知识和经验。

1.2.3　过程方法

将活动和相关的资源作为过程进行管理，可以更高效地得到期望的结果。

——为了取得预期的结果，系统地识别所有的活动；

——明确管理活动的职责和权限；

——分析和测量关键活动的能力；

——识别公司职能之间与职能内部活动的接口；

——注重能改进公司的活动的各种因素，诸如资源、方法、材料等。

1.2.4　管理的系统方法

将相互关联的过程作为系统加以识别、理解和管理，有助于本公司提高实现目标的有效性和效率。

——建立一个体系以最佳效果和最高效率实现本公司的目标；

——建立体系内各过程的相互依赖关系；

——更好地理解为实现共同的目标所需的作用和责任，从而减少职能交叉造成的障碍；

——公司的能力，在行动前确定资源的局限性。

1.2.5　持续改进

持续改进是公司的一个永恒目标。

——在整个公司范围内使用一致的方法持续改进公司的业绩；

——为员工提供有关持续改进的方法和手段的培训；

——将产品、过程和体系的持续改进作为公司内每位成员的业绩；持续改进的最终目的是改进公司质量管理体系的有效性，改进过程的能力最终提高产品质量；

——建立目标以指导、测量和追踪持续改进。

1.2.6　基于事实的决策方法

有效的决策是建立在数据和信息分析的基础上。

——确保数据和信息足够精确和可靠；

——让数据、信息需要者得到数据和信息；

——使用正确的方法分析数据；

——基于事实分析攻击，权衡经验与直觉，作出决策并采取措施。

1.2.7　与供方互利的关系

公司与供方是相互依存、互利的关系可增强双方创造价值的能力。

——在短期收益和长远利益综合平衡的基础上，确立与供方的关系；

——与供方或合作伙伴共享专门技术和资源；

——清晰与开放的沟通；

——对供方所作出的改进和取得的成果予以鼓励。

1.3　职责、权限

1.3.1　责任工程师任命书

为确保压力管道安装质量，明确各级技术人员的工作职责，现对如下岗位人员给予任命：

职务名称	姓名	质量过程的控制任务
工艺责任师：	×××	工程质量策划
采购责任师：	×××	采购质量

焊接责任师：　　　　×××　　　　焊接过程
检验责任师：　　　　×××　　　　检验与试验
设备责任师：　　　　×××　　　　设备管理
理化责任师：　　　　×××　　　　理化试验
无损检测责任师：　　×××　　　　无损检测过程
热处理责任师：　　　×××　　　　热处理过程
工程责任师：　　　　×××　　　　现场质量控制
实际责任师：　　　　×××　　　　设计控制

以上各责任工程师必须严格执行有关法规、标准，对涉及压力管道安装质量的各个环节必须严格把关，负全面责任。

总经理：×××（签字）
2012 年×月×日

1.3.2　职责与权限

明确组织机构各级人员的职责、权限及其相互关系是体系的基础条件和重要内容。公司以严密有效的组织、明确的权限及相互协调的关系，定期管理评审，保证压力管道安装质量保证体系的有效运行，实现质量方针和目标。

1.3.2.1　本着满足内部质量管理和外部质量保证实际需要及相对稳定的原则，公司设置合理的组织机构和管理、执行、验证岗位。人力资源部提出公司的组织机构，管理、专业技术岗位和生产作业岗位设置及编制方案，经总经理批准后实施。

1.3.2.2　根据公司的组织设置，人事部门提出质量体系是最高管理层、各管理部门和基层单位及其主要领导质量职责和权限分配方案，经主管领导审核，总经理批准后实施。

1.3.2.3　压力管道安装质量管理体系各级人员的职责和权限：

(1) 总经理职责与权限

公司经理对本企业工程质量全面负责。其质量职责如下：

——制定质量方针：根据国家有关工作的方针、政策，从企业实际出发，制定明确的质量方针，领导并组织质量方针的实施；

——确定质量目标：制定企业中长期质量目标，并采取措施，确保其实施；

——建立并完善质量体系：组织管理评审，保证资源配备，对质量体系运行有效性负责；

——负责配备资源，批准建立和健全公司组织机构，管理岗位和技术岗位设置及编制，负责必要的设备及资金配置；

——负责本企业重大质量决策和任命质量保证工程师；

——批准压力管产品安装质量保证手册和质量体系程序文件，领导有关职能部门对质量体系文件和资料实施有效控制。

(2) 经营副经理

——负责所管辖部门贯彻本企业的质量方针、目标和严格贯彻实施质量体系文件；

——领导或组织压力管道安装合同评审和管理工作，对因合同评审不当造成的失误负领导责任。

(3) 技术质量副经理

技术质量副经理对本企业的施工质量负责。其质量职责如下：

——组织好施工管理，防止施工中不合格品出现；

——合理配备资源，以保证工程达到规定的质量；

——抓好培训教育，提高全员质量意识；

——贯彻执行国家部和企业颁发的规程、规范、检验评定标准，实施公司有关质量管理规定，防止不合格品出现；

——审批大型工程的施工组织设计和重大施工方案，并督促实施；

——针对施工质量薄弱环节组织力量攻关，切实解决好影响施工质量和产品质量的技术问题，不断提高施工质量。

(4) 管理者代表

经理授权技术质量副经理为管理者代表。管理者代表除了具备技术副经理的质量职责外，还要行使下列职权：

——按本手册规定、建立、实施并维持质量体系正常有效运行；

——将质量体系运行情况即时向经理报告，以便评审和改进质量体系；

——负责与外部机构的联络；

——批准质量审核计划，对质量体系审核的有效性负责。

(5) 生产部门

——协助项目经理部编制施工组织计划、施工网络计划及重大施工方案，规范技术人员的工作，并提供相应的技术服务；

——负责项目前期工作的人、机、料、法、环各项条件督促落实。负责各项目计划与统计的汇总工作。在预试车阶段根据需要，组织技术专家到现场提供检查、指导、服务。

(6) 经营部门

——负责公司的投标工作，并组织对标书的评审，负责各中标项目与业主签订工程承包合同，并组织合同评审；

——负责工程合同管理，建立合格分承包商档案。

(7) 技术部门

——对项目经理部编制的项目质量目标和质量计划给予确认，并协助其制定质量与安全控制点，规范质量人员的工作，负责对项目的工程质量实施业务监督，并提供相应的服务；

——负责内部质量审核管理工作，协调各质量管理部门，促进质量体系正常运行；

——负责对质量记录收集、编目、归档、存贮、保存和处理；

——负责压力管道安装质量保证体系的管理工作；

——负责技术标准、规范的发放和管理，对质量体系文件控制的有效性负责。

其余质量部门及人员工作标准见《工作标准汇编》。

1.4　质量保证评审

1.4.1　职责

1）总经理负责主持质量保证评审，决定质量体系改进措施，拟定质量保证评审报告；

2）公司有关领导和各管理部门、基层单位参加质量保证评审，负责落实质量保证评审报告所提出的改进指令；

3）技术部负责组织、协调改进措施的落实与效果验证。

1.4.2　质量保证评审的内容及要求

1）技术部根据体系运行状况、顾客要求和环境等方面的变化及有关质量保证部门和基层单位提供的信息和要求，向总经理提出需进行质量保证评审的建议，批准后由质量保证工程师组织评审前的准备工作，适时组织开展质量保证评审。质量保证评审每年至少一次，并根据需要可临时增加，质量保证评审采取会议评审或现场评审方式进行。

2）评审内容

——公司组织结构以及公司资源的充分性和适用性；

——质量体系审核结论及其纠正和预防措施的实施效果；

——质量体系的结构及其运行情况；

——质量方针和质量体系对环境的适应性以及由此需要进行修改的建议；

——最终产品的实际质量状况与质量要求的符合性；

——顾客和市场反馈的信息处理。

3）评审结束后由总经理提出评审报告，报告应对质量体系的现状和适应性作出评价，并对优化体系提出改进建议，下发给有关部门。

4）公司各有关部门负责落实与实施管理评审报告所提出的改进要求，技术处负责组织、协调和跟踪其落实情况。

5）管理评审按《管理评审程序》所规定的要求进行。

6）技术部门负责管理评审报告及其记录等有关资料的保存，并按要求及时归档。

2　质量保证体系文件

为确保压力管道安装符合规定的要求，公司按照《特种设备制造安装改造维修质量保证体系基本要求》（TSG Z0004—2007）编制有效实施文件化的质量体系，以保证企业的质量方针政策和目标的实现。

质量保证体系文件包括：

——质量保证手册；

——程序文件（管理制度）；

——作业（工艺）文件；

——质量保证体系所要求的记录等。

2.1　质量保证手册

2.1.1　质量保证手册的概况

为做好公司的压力管道安装质量保证体系而编制的本手册，是按照《特种设备制造安装改造维修质量保证体系基本要求》的全部质量体系基本要求和国家的压力管道安装法规编写的，是贯彻实现质量方针、目标，履行质量职责和权限，实施各项质量活动的总体性文件。

本手册对质量保证体系的规定，适用于本公司控制和证实针对已有的合格产品和安装能力。通过防止在制造、安装和服务的所有阶段中出现不合格项目，以使顾客满意。它对质量保证体系要素要求所作的描述都体现了对体系要素的控制程度，要求每一质量活动都按预先确定的程序和文件规定来进行，以防止不利于质量的因素发生，即使存在缺陷也能及时发现，查明原因，防止其再发生，保证提供给顾客的产品和服务达到确定的质量水平。

编写质量保证手册的目的：

——贯彻公司的质量方针、目标；

——描述压力管道质量保证体系，并使其有效运行；

——规定改进的控制方法，促进质量保证活动；

——情况发生变化时，能保证压力管道质量保证体系及其运行的连续性；

——对外介绍体系保证能力。

2.1.2　质量保证手册的管理

本手册的管理，包括本手册的编制、审核、批准、发布、更改、换版和日常的使用和管理活动。

1）组织与分工：技术部门负责本手册的管理，公司各部门协助管理；

2）管理内容和要求：本手册编制完成后由质量部组织进行标准化审查，质量保证工程师审核，由总经理批准，发布实施。

2.1.3　术语和缩写

本手册采用下述术语和缩写：

1）工业管道：（略）；

2）公用管道：（略）；

3）管道组合件：（略）；

4）管道支承件：（略）；

5）公司：（略）；

6）管理部门：具有公司管理职能的部门统称；

7）基层单位：安装等单位的统称。

2.1.4　执行标准

下列标准或法规、行政规章所包含的条文，通过在本手册中引用而构成为本手册的条文。在手册出版时，所有版本均为有效。所有标准、法规和行政规章都会被修订。使用本标准的各方应探讨使用下列标准最新版本的可能性：（略）。

2.2　程序文件（管理制度）

程序文件（管理制度）的制定要与质量方针一致，以满足质量保证手册的要求，并结合本单位的实际情况使之具有可操作性。按照质量保证体系基本要求形成了26个程序文件。

2.3　作业（工艺）文件和质量记录

作业（工艺）文件和质量记录应当符合压力管道安装许可项目的特性，满足质量保证体系实施过程的控制需要。文件格式及其包括的项目、内容应当规范标准。

2.4　质量计划

质量计划能够有效控制压力管道安装的安全性能，能够依据各质量控制系统的要求，合理设置控制环节、控制点，满足压力管道安装许可项目特性。

2.4.1　控制内容及要求

1）质量计划应符合国家及地方现行有效的法律法规和标准规范要求；

2）质量计划应以合同的要求为编制条件；

3）质量计划应体现企业压力管道质量目标在项目上的分解；

4）按照工程的具体情况确定质量计划的详略程度。

2.4.2　实际操作要求

1）以施工组织设计为主，项目质量计划是对施工组织设计在质量管理方面的补充和完善；

2）质量计划应明确本项目所使用的标准、规范、记录表格等；

3）质量计划应侧重质量检验试验计划的内容；

4）质量计划应对项目管理的质量职责进行规定，对于各个质量控制过程要由责任人和相关人员签字确认；

5）当工程项目或相应法律法规发生变化时，质量计划也要做相应的修改，以保证其适用性和有效性；

6）质量计划是压力管道质量保证体系文件的组成部分；

7）压力管道过程控制点及控制程序：

——压力管道安装质量控制点，见压力管道安装质量控制点一览表（略）；

——压力管道安装工程管理控制，见压力管道安装工程管理控制程序图（略）；

——压力管道安装工艺质量控制，见压力管道安装工艺质量控制程序（略）；

——压力管道安装质量控制，见压力管道安装质量控制流程图（略）；

——压力管道安装设备质量控制，见设备质量控制程序图（略）。

3　文件和记录控制

3.1　文件控制

实施严格有效的文件控制，其目的是确保质量保证体系活动所有场所都能得到有效的版本，确保质量活动的正确开展。

3.1.1　职责

1）人事处对文件和资料实施控制对其有效性负责；

2）总经理负责文件化的质量体系文件的策划与颁布；

3）质量保证工程师组织质量体系文件的制定与实施；

4）技术部门参与质量体系的总体设计，组织压力管道安装质量保证手册、质量体系程序文件和其他有关文件的编制及公司各部门质量体系文件标准化审查；

5）生产部门负责压力管道安装技术标准、技术规程文件、制造工艺和施工组织设计的编制和审核以及施工安排工作；

6）技术部门负责质量计划以及相应质量记录的编制及审核工作；

7）公司各部门负责本部门压力管道安装质量保证体系文件；

8）公司各部门负责有效地实施压力管道安装质量保证体系文件。

3.1.2 质量体系文件类别

1）质量保证手册：总体描述质量方针、目标和体系要素，作为纲领性文件，要符合公司实际；

2）程序文件：质量保证手册的支持性文件，它反映整个质量体系文件的框架，也反映了细化了质量保证手册的有关规定，共有26个质量保证体系程序文件；

3）其他质量体系文件：包括管理性文件、技术性文件、作业性文件和外来文件：

——管理性文件：包括质量计划和其他质量管理文件；

——技术性文件：包括产品（施工）标准、技术条件、工艺技术规范、工艺技术规程、施工检验和试验规程、设备维护检修规程、检测设备、计量器具校准和校准规程；

——作业性文件：包括岗位作业标准和质量记录；

——外来文件：包括国家和地方有关法律、法规、国外和国内行业标准、技术条件，顾客和分承包方提供的标准、技术条件和图纸、说明等。

3.1.3 管理内容及要求

1）受控文件和资料控制应按《文件和资料管理程序》所规定的要求进行。

2）文件和资料控制范围：按本手册3.1.2所规定的范围以及相关资料。

3）文件和资料的控制方式：

——文件实行统一编号和标识，文件正本由人事部门归档保存，文件副本由归口管理部门按规定标注控制状态（受控、非受控）、更改状态（版次、修改码、生效日期）、发放编号，对作废、失效或作为资料保存的文件进行相应的标识；

——在发放新文件的同时，及时从使用场所收回作废文件。对于因特殊情况需要保留的作废文件，则应做出标识进行特殊管理，防止误用。

4）文件的编制、审核和批准：

——文件的编制和审核要有充分的依据，按规定的结构、格式和编号，由各归口管理部门分别组织进行，并体现适用、正确、规范；

——质量保证手册由技术处编制、质量保证工程师审核、总经理批准；

——质量体系程序文件由相应的归口管理部门组织编制、归口管理部门负责人审核、主管领导批准；

——质量计划由技术部门组织编制、各相关部门起草、技术处处长和相关部门领导参与审核、主管领导批准；

——质量保证体系其他管理性文件由相关部门组织编制、部门负责人审核、主管领导批准；

——质量体系技术性文件由技术处组织编制、相关部门组织起草、部长审核、主管领导批准；

——岗位作业标准由相关单位组织编制、人事处审核、主管领导批准；

——质量记录的设计、审批按《质量记录的管理程序》进行；

——各类外来文件，由各归口管理的主管领导决定是否批准执行和转发。

3.1.4　文件的印制、发放和复制

1）文件和资料的印制由人事部门按批准的印制数量组织进行；

2）文件和资料副本分受控和非受控两种状态，人事处或各归口管理部门在文件封面上加盖相应状态标记和发放编号，按批准后的发放范围发放，文件领用人签名登记；

3）在质量体系有效运行的场所，都必须得到相应文件的有效版本；

4）文件的复制必须经过原单位控制批准人或相应主管领导批准，履行有关手续后进行。

3.1.5　文件和资料的更改

1）文件和资料的更改，必须按申请、协调、认定的程序进行，并由原审批部门审核；

2）当指定由其他部门或人员审核批准时，必须获得或掌握原审核所依据的有关背景资料；

3）人事处要编制或建立文件更改一览表并及时发布；

4）必要时，在文件和附件上标明更改性质。

3.2　记录控制

3.2.1　概述

质量记录是质量体系正在有效运行的客观证据，也是特种设备安装、改造、维修过程形成的记录。因此，对质量记录必须进行严格的管理。

3.2.2　职责

1）总经理领导技术处对质量记录的管理，并对其有效性负责。

2）技术处是质量记录归口管理部门，负责质量体系运行记录的设计与管理、产品质量记录的审核及确认工作。

3）各有关部门负责与其职能有关的质量记录的设计与管理。

3.2.3　管理内容及要求

1）质量记录的控制按《质量记录的管理程序》所规定的要求，进行过程中记录的填写、收集、检索、审核、贮存、保护、归档及保存期限。

2）质量记录的控制范围：

——与质量体系运行有关的记录；

——与合同评审有关的记录；

——与工程施工、产品制造有关的质量记录；

——其他有关的质量记录。

3）质量记录的控制要求：

——质量记录除上级法定编号外，技术处给予统一编号，每种记录应有特定的标识；

——对现行的质量记录表样收集装订成册，列出清单；

——质量记录根据有关规定，确定其保管期限由专人保管，适时归档，超过保管期的按规定处理；

——质量记录应字迹清晰、准确、齐全、传递及时；

——质量记录必须在适当的环境中保管，便于检索和利用，防止损坏、受潮、变质和丢失；

——当合同有规定时，在约定的期限内质量记录可提供给顾客及其代表查阅评价；

——质量记录的借阅、复制，按文件和资料控制程序办理有关手续。

4　合同控制

4.1　评审目的

为使压力管道安装工程合同规定的各项要求明确、合理、可行，有关部门必须在投档前或合同、定单签定前对其进行评审，以确保《质量记录的管理程序》（HLDJA）有能力满足合同要求。

4.2　职责

1）经营部门是合同评审的归口管理部门，对合同评审的工作质量负责，负责组织协调合同评审工作，收集、整理、归档有关文件、资料和记录，并负责合同日常管理；

2）生产部门负责工程交付、工期要求、工程协调性及可行性的评审；

3）技术部门负责对技术要求、产品质量、工程质量和验证要求的评审及质量索赔和罚款规定的评审；

4）资产部门负责工程材料、零部件供应及施工设备及机具供应要求的评审。

4.3　工作内容和程序

1）合同评审应严格按《合同评审管理程序》所规定的程序进行，在投标、合同或定单签约前每一份标书、合同或定单进行评审。

2）每项合同经评审必须达到：

——在合同中的各项要求有充分、严密、准确的文字规定，口头订单也应确保其要求在被接受之前得到相关部门及法人代表的认可；

——具有满足合同要求的能力。

3）在合同评审过程中对与顾客意见不一致或内部意见不一致的情况应进行协调直至达成共识，然后总经理或总经理委托人在合同上签字后生效。

4）合同在执行过程中需要修订时，应做到：

——合同修订时，应与顾客及时联络并协调一致；

——合同修订时，经营处会同有关部门重新组织评审，将修订结果及时正确地传递到所涉及的各有关管理部门和基层单位。

4.4　合同评审的记录

1）在评审过的合同文本上，应有标明“已评审”标记加以区别；

2）具备完善的合同评审记录，按《质量记录管理程序》规定要求执行；

3）经营处保存正本合同、协议以及电话、电报、传真、电传及评审记录；

4）合同评审及合同更改情况应予以记录并由计划部妥善保管，适时归档。

4.5　合同文本的确认

合同要求有充分、严密和准确的文字表达，评审后由计划部合同管理员加盖“已评审”标识。

1）合同的发放：根据合同内容所涉及的部门，公司主管领导确定合同文本发放范围，经营处负责发放并按《文件和资料管理程序》执行。

2）合同的更改：

——合同在执行过程中需要修订时，有关部门提出修改意见，由经营处组织与顾客沟通；

——合同内容更改时应再次进行评审，更改后由经营处用合同附页及合同评定将其准确传达到顾客及公司内部有关部门。

5　设计控制

1）特种设备制造（安装、改造、维修）单位应当结合其特种设备许可项目特性制定设计质量控制的规定，包括设计输入、输出、评审、修改、验证、审批、鉴定等；

2）规定与特种设备许可项目相关的设计输入要求（技术法规、规程、规定、标准等）；

3）规定设计输出应当形成设计文件（设计任务书、设计计算书、设计图样等），设计文件应当满足设计输入和特种设备许可项目安全性能以及验收规范、标准的要求，规定设计文件需列出与特种设备许可项目安全性能有关的设计参数；

4）按照规定需要进行设计验证的，应当进行设计验证的规定；

5）制定特种设备许可项目的设计文件发生修改时，按照相关规定进行修改的规定，有设计审批或设计文件鉴定要求的，修改后还应规定重新提交审批或鉴定的规定；

6）如特种设备许可项目的设计文件是由外单位提供时，应当对外来设计文件的有效性进行确认的规定。

6　材料、零部件控制

6.1　概述

应当结合本单位的实际情况以及特种设备许可项目的特性，制定有关特种设备许可项目的材料（零、部件）质量控制的规定，包括材料（零、部件）的采购控制、材料的使用与管理等，对采购进行严格控制。

6.2　职责

1）资产处是所属物资采购的归口管理部门，具体负责工程材料、零部件的采购，编制采购计划并对采购质量控制的有效性负责；

2）生产处、技术处、资产处、财务等部门按需要参与对供方评价、选择、再评价。

6.3　管理内容及要求

6.3.1　采购工作必须严格按《采购管理程序》所规定的要求执行。压力管道安装材料、零部件控制见“压力管道安装材料、零部件控制程序图”（略）。

6.3.2　供方的评价

1）根据合同要求的能力来选择和评价供方：

——资产处在外购产品前，应组织相关部门验明厂家质量保证能力和掌握其以往供货历史的业绩基础上进行供方评定；

——压力管道元件供方应具备特种设备制造许可资格；

——在确保评价的基础上择优选定合格供方，并编制发布合格供方名录。

2）明确对供方控制的方式和程度：

——根据外购材料、零部件的类别及其对最终产品质量的影响程度来确定控制的方式和程度；

——适当时，也可依据对供方的审核报告或质量记录来确定；

——对供方控制的方式和程度可通过质量保证协议或在采购文件中明确规定。

3）对已确定的供方应建立并保存完整的档案资料。

4）对甲方所供材料，由资产处对其资格进行审查。

5）制定材料（零、部件）采购时对供方进行有效质量控制的规定，明确对供方实施质量控制的方式和程度，并根据满足相关法规、规范、标准及合同的要求，对供方进行评价和选择，建立供方的评价报告和质量记录以及合格供方名录，对于法律法规规定需要行政许可的供方，应当明确规定供方应当持有相关的许可证书。

6.3.3　采购文件和资料

1）在采购产品前由生产处下达采购计划等文件资料，对工程材料、零部件的采购计划必须注明：品名、材质、规格、型号等内容，采购计划由相关部门组织实施。对特定工程材料、零部件的采购计划应包含：图纸、图形、技术规范和加工要求等资料；

2）当需要供方提供质量保证时，应提出适用的质量体系标准的名称、编号和版本，并准备进行评估所需的有关文件；

3）采购合同在发放前对其规定的要求是否适当，必须经过部长审核主管领导批准。

6.3.4　采购材料、零部件的验证

1）当需要在供方货源处进行工程材料、零部件验证时，HLDJA 应在采购文件中规定验证的安排及产品放行的方式；

2）采购的材料、零部件由采购部门负责验证，并按照合同规定进行；

3）进货材料、零部件由保管员负责监视和测量。对于验证不合格的材料、零部件应控制其不得投入使用，并按照《不合格品控制程序》进行隔离、标识，并做好记录，资产处负责办理退货或更换。

6.3.5　材料、零部件的标识

1）进货时，保管员必须检查供方提供的材料、零部件标识及质量证明文件，保管员用分类标牌、进货台账等方式标明名称、规格和材质；

2）对于大宗入库材料、零部件分批出库时，要将复制的标识移植到每批材料、零部件上；

3）对于验证不合格的材料、零部件用白笔在明显处作好标识并隔离。

6.3.6 材料、零部件的搬运、防护、储存

1）入库材料、零部件必须有合格证、质量证明书、标识等验收合格后方可入库，按照指定区域存放。物资摆入整齐，做到账、物、卡一致。

2）对于怕潮湿的要用遮布盖严，并按照装卸标准装卸。对于易燃、易爆和有毒的材料要妥善保管，要有防火、防盗、防雨、防潮及防变形的具体措施，有储存期要求的材料不得超过储存期限发放，做好标识按不合格品处理。

3）对于焊接材料的储存与保管应设专库，并应符合焊材储存条件。

6.3.7 材料、零部件的领用、使用和代用控制

1）基层单位领料时需填写“材料领料单”，保管员根据规定核准品种、规格、型号和数量后发货，并提供质量合格证明文件；

2）基层单位使用材料后，对于加工的成品、半成品、剩料及废料分别做好标识，放在规定的区域；

3）材料、零部件的代用，保管员要根据公司相关部门同意代用的有效手续发放。

7 作业（工艺）控制

7.1 职责

生产处是作业（工艺）控制的归口管理部门。负责编制和完善作业（工艺）文件，并负责施工全过程工程质量监督、检查、评价等工作。

7.2 作业（工艺）文件的基本要求

作业（工艺）文件的基本要求包括通用或者专用的工艺文件。通用文件指本单位质量保证体系文件。专用工艺文件指施工方案或安装工艺，文件的编制都要符合工程的实际情况。

7.3 作业（工艺）纪律检查

生产处工艺责任工程师及时对施工单位进行技术交底。在作业（工艺）执行过程中填写工艺检查记录表，对施工过程进行严格的控制。

7.4 工装、模具的管理

资产处负责工装、模具的归口管理，具体监督管理工装、模具的建档、标识、保管、定期检验、维修等工作。

8 焊接过程控制

8.1 目的

焊接过程是压力管道安装过程控制的主要控制过程，是产品质量形成过程中的特殊工序，本公司建立并保持形成文件的程序，以确保焊接质量。

8.2 职责

1）人事部门负责对岗位人员资格鉴定的控制，负责焊接人员的培训、考核；

2）技术部门负责焊接过程质量的监督、检查、检验、评价及其跟踪服务；

3）资产部门负责外购焊接材料的控制；

4）技术部门负责编写和完善制造工艺文件，并负责焊接工艺评定报告和焊接工艺

指导书的编制；

5）项目经理部负责焊接过程的自检和互检工作。

8.3　管理内容及要求

8.3.1　焊接人员管理

1）有特殊过程控制要求的焊工必须取得相应资格证书，并在有效期内的焊接合格项范围内焊接；

2）建立合格焊工个人档案；

3）执行焊工代号制度；

4）人事部门根据压力管道工程需要，配备足够数量的合格电焊工。

8.3.2　焊接工艺和焊接工艺评定

1）焊接工艺由技术处编制、审核，总工程师批准后执行；

2）对新工艺、新材料、新结构的焊接工艺，必须按《钢制压力容器焊接工艺评定》（JB 4708—2000）和焊接指导书规定要求进行焊接工艺评定；焊接工艺的更改按有关条款执行。

8.3.3　焊接材料控制

1）首批采购的焊接材料由资产处和技术处共同确认；

2）焊接材料领用执行相应的领用手续，保证焊材在使用前处于工艺规定的状态；

3）焊接材料代用必须经技术处批准后，方可代用。

8.3.4　焊接设备

确保焊接设备的性能可靠，并在检定周期内。

8.3.5　施焊

1）确保焊接部位处于适宜的施焊环境。

2）实施焊接定位图。

3）焊工作业严格执行工艺规程和三检制。

8.3.6　焊缝返修

1）进行无损检测的焊缝，不合格部位必须返修，返修后仍需按原规定方法进行无损检测。

2）焊缝返修应按焊缝返修工艺进行，焊缝返修工艺由技术处组织施焊单位编制和批准。

3）二次返修仍不合格，其返修方案经公司总工程师批准，并将返修记录作为质量记录的一部分。

8.3.7　压力管道安装焊接质量控制

见“压力管道安装焊接质量控制程序图”（略）。

9　热处理控制

9.1　目的

焊接接头的焊后热处理是对焊接质量影响很大的一个特殊工序，本公司建立并保持形成文件程序，控制热处理过程。

9.2　职责

1）总工程师决策并领导组织实施热处理过程各环节的质量管理，对其有效性负责。

2）技术部门是热处理过程归口管理部门，负责热处理过程检验、监督和评价。

3）资产部门负责热处理材料和施工机具、仪器的管理。

4）人事部门负责对热处理人员的培训工作。

5）项目经理部负责具体热处理过程实施管理，并做好热处理过程记录。

9.3　管理内容及要求

9.3.1　热处理工艺

（1）热处理工艺内容：

1）工程名称及工程量；

2）施工方案、工艺要求；

3）质量标准、验收规范；

4）施工定位图。

（2）工艺工程师根据合同和施工图的特殊要求，施工前编制热处理工艺方案，经热处理责任工程师审核后，组织热处理试验，测试加热温度、时间和硬度，经评定合格后编制正式热处理工艺，经施工单位总工审核、经理批准报热处理责任工程师审核，公司总工程师批准实施。

9.3.2　热处理过程管理

1）项目经理部对参与热处理人员进行技术交底或培训，使施工人员掌握热处理各过程方法和检验方法；

2）热处理人员应检查热处理所需的材料、备品、机具，确认符合要求后，方可进行热处理实施；

3）热处理人员应正确使用施工所用的设备、机具、仪器，并保证其处于完好状态。

4）质量检查员在认真对热处理的各项技术要求执行情况检查和监督，并及时记录每批或每个热处理件的预热、加温、恒温、缓冷的时间、温度和冷却后的硬度试验记录。

9.3.3　热处理报告

1）热处理完成后，由施工单位形成热处理检验报告和硬度检验报告。经热处理责任工程师确认后，与施工质量记录一起归档。

2）热处理检验报告内容包括：

——工程名称；

——热处理项目；

——预热、加热、恒温、缓冷的时间、温度；

——冷却后变形情况。

9.3.4　热处理后产生的不合格品，按《不合格品管理程序》规定要求执行。

10　无损检测过程控制

10.1　概述

无损检测过程质量对工程焊接、材料验收等能否正确评价是否满足规定要求有很大影响，本公司建立和保持形成文件的程序对其进行控制。

10.2　职责

1）技术质量副经理领导组织实施无损检测的管理，并对其有效性负责；

2）技术部门是公司无损检测归口管理部门，负责无损检测的实施；

3）无损检测责任工程师负责检测结果的准确性和有效性；

4）由项目经理部检查员填写无损检测委托单，外委单位按委托单内容进行检测试验。

10.3　管理内容及要求

10.3.1　由技术部门对外委单位进行考核，无损检测责任师具体实施。

10.3.2　外委单位

1）外委单位无损检测人员必须到质量技术监督部门无损检测考核委员会考试，取得“锅炉压力容器无损检测人员资格证”后方可担任相应的无损检测工作；

2）外委单位人力资源部根据安装类别配备合格的无损检测人员，满足工程需要。

10.3.3　射线检测的评定、审核与档案管理

1）对射线底片进行评片及对检测过程进行审核的人员要具有RTⅡ级资格。

2）射线检测报告应经专业技术人员审核和底片一起归档。

10.3.4　无损检测作业准备

1）项目经理部根据图纸要求向技术处提出无损检测委托书；

2）无损检测人员根据委托书内容和要求编制作业指导书，经技术处审核批准后实施准备工作；

3）技术部门对有射线检测要求的，向有射线检测资格的单位提出委托。

10.3.5　焊缝返修处理

根据无损检测返修通知单，基层单位按《不合格品控制程序》处理，返修后重新按原标准检测，合格后发检测报告。

11　理化检验控制

11.1　目的

理化试验过程质量对理化试验结果有很大影响，本公司建立并保持形成文件程序对其进行控制，以确保其准确可靠。

11.2　职责

1）技术处是理化试验归口管理部门，负责理化试验工作。

2）项目经理部负责提供理化检测委托单。

3）理化责任工程师审批外委理化试验检测。

11.3　管理内容及要求

11.3.1　施工单位根据合同和施工图纸要求的材料型号、批号或试件编写理化检测委托单。报技术部门责任工程师审核批准外委当地有能力的理化试验检测单位进行理化试验检测，并对委托单位按《采购管理程序》进行供方评定。

11.3.2　理化检测委托单内容：

1）委托单位；

2）工程名称；

3）原材料材质规格；

4）焊接材料材质；

5）接头型式；

6）要求检测内容（拉力试验、弯曲试验和焊缝金属化学成分分析）。

11.3.3 技术部门理化责任工程师组织施工单位按试件要求加工试件并组织实施焊接试件，并对其过程参数记录并归档。

11.3.4 理化责任工程师组织施工单位将试件送到委托单位进行检测。

11.3.5 技术部门根据理化检测报告及时通知施工单位，合格按工艺组织施工，不合格更换材料或更改工艺，并重新组织试验直至合格为止。

11.3.6 理化试验报告，须由理化责任工程师审核后方可发出执行。

12 检验和试验的控制

12.1 概述

为保证材料、产品符合质量要求，在施工（制造）过程中，对采购材料及施工过程（在产品）和完工工程（最终产品）进行检验和试验，坚持未经检验或经检验认定是不合格的材料，在产品、成品、分项工程和完工工程不予使用、转序或交付。

12.2 职责

1）技术部门实施对检验和试验的控制，对其有效性负责。

2）技术部门是检验和试验的归口管理部门，负责对材料、零部件、工程和产品的检验和试验的监控，负责最终工程（产品）检验并签发验收证书。

3）资产部门负责材料、零部件的检验。

4）项目经理部负责施工（制造）过程的自检和互检工作。

5）生产部门在进行施工组织设计编制时要提供工程验收的技术要求和标准并负责外协件的报检工作。

12.3 管理内容及要求

12.3.1 检验和试验工作按《检验和试验管理程序》所规定的要求进行。

12.3.2 进货检验和试验

1）要按检验规程和计划对进货产品进行验证，未经检验和试验或经检验和试验不合格的材料及外协件不得予以使用；

2）在确定检验进货产品的数量和性质时，应按有关法规的要求并按对分承包方控制的程度和所提供的合格证明来加以考虑；

3）因生产急需来不及验证而需紧急放行时，按《检验和试验管理程序》履行审批手续，经总工程师批准，作出标识和跟踪记录。一经验证为不合格时，就立即追回和更换。对紧急入行的物资在工程验收前或产品出厂前必须完成检验和试验，并取得证明文件。

12.3.3 过程检验和试验

1）按检验计划或书面程序实施过程检验和试验，有特殊要求时，制定专项计划补充实施；

2）未经检验合格或未收到检验报告之前，不准转入下道工序；

3）施工过程中不允许例外转序。

12.3.4　最终检验和试验

1）最终检验在规定的检验项目全部完成，而且结果满足规定的要求后实施；

2）按检验评定标准、规范和图纸技术要求以及合同规定的验证要求，实施最终检验和试验；

3）最终检验和试验合格后，且有关文件齐全得到认可，工程方可交付。

12.3.5　检验和试验结果记录

1）所有的检验和试验记录，必须按规定的要求填写，质量部应妥善保管；

2）记录中应标明负责合格工程（产品）放行的授权检验人员；

3）当产品经检验和试验不合格时，按《不合格的管理程序》执行。

13　设备和检验与试验装置的控制

13.1　概述

为了保证工程（产品）质量，对检验与试验装置进行有效的控制，使其准确度和精密度保证验证要求。

13.2　职责

1）资产处对设备和检验与试验装置实施控制，对其有效性负责；

2）资产部门是设备和检验与试验装置的物品管理部门，负责设备和检验、试验装置的采购、验收、维护、校准、管理和控制；

3）各使用部门负责本部门所用检测设备的使用和管理。

13.3　管理内容及要求

13.3.1　检验与试验设备的校准、维护的控制，按《检验、测量和试验设备的管理程序》所规定执行。

13.3.2　AGJJ遵照国家计量法实施计量管理。

13.3.3　对于自制的设备和检验与试验装置及模具、胎具等应参照有关标准制定校准的依据文件，在使用前加以校验，并按规定的周期加以复验并保存相应的记录。

13.3.4　收集并保存设备和检验与试验装置的技术资料，当顾客及其代表要求时，可提供上述资料，以证实检测设备的功能是适宜的。

13.3.5　设备和检验与试验装置的控制要求：

1）根据工程（产品）质量要求确定测量任务，选择并提供适用的检验、测量和试验设备，且测量不确定度已知并具有所需的准确度和精密度；

2）资产部门对设备和检验与试验装置、器具在使用前要校准，并按规定周期进行校准和检定，同时建立校准卡片，保存校准记录；

3）明确规定设备的型号、编号、检定周期，以及发现问题时应采取的措施；

4）检测设备应带有表明其校准状态的标牌或经批准的识别记录；

5）保证在其搬运和存放期内适应性和准确度完好；

6）防止因调整不当而使其校准检定失效。

7）保证在适宜的条件下进行校准、检验、测量和试验。

8）一经发现检测和试验设备偏离校准状态时，需立即重新评定已检验和试验结果的有效性，并立即抢修、校准，保证其有效性。

14 不合格品控制

14.1 目的

为防止预期使用或安装不合格品，必须在施工（制造）的过程中严格控制不合格品，以保证产品及安装工程质量。

14.2 职责

1）技术部门是不合格品控制的归口管理部门，对不合格品的控制实施督促、检查、评审、处置和报告；

2）资产部门负责所采购材料、零部件不合格品的控制；

3）生产部门负责组织责任部门对外协件及工程分包不合格的控制；

4）项目经理部负责对本单位的不合格品进行管理与控制；

5）总工程师负责对重大不合格品的处理意见进行审定。

14.3 质量保证内容及要求

14.3.1 不合格品的控制，按《不合格品管理程序》所规定的要求对不合格品进行标识、记录、隔离、评审、处置和报告。

14.3.2 各有关部门和人员按规定的职责和权限对不合格品进行评审和处置。

14.3.3 不合格品按评审结果采取以下任何一种方式进行处置：

1）返工以达到规定要求；

2）返修或不经返修作为让步接收；

3）报废或拒收。

14.3.4 返工或返修后的产品必须按原规定重新进行检验。

14.3.5 对不影响最终产品（工程）质量的中间不合格产品，可经返修或不经返修让步接收，同时要记录不合格品的实际情况，让步接收要经总工程师批准，合同有特殊要求时按合同约定进行。

14.3.6 返工、返修、让步、报废必须履行规定的手续，责任单位必须采取有效的纠正措施。

14.3.7 对不合格品的评审、处置记录由质量部妥善保管。

15 质量改进与服务

15.1 目的

通过对质量和服务信息的收集、汇总、分析的活动方法和要求，使数据分析工作具体明确，其目的是采用适当的数据分析，确保工序及管道安装质量得到管理。

15.2 职责

1）技术部门是质量服务控制的归口管理部门，负责质量信息收集、汇总、分析、反馈、处理；

2）技术处是内部审核的归口管理部门，对实施的有效性负责；

3）各部门将收集的产品信息，进行分类、分析、评价，报质量部汇总，统一提交管理评审；

4）各基层单位负责对本单位的生产产品进行统计与分析；

5）经营部门是为用户服务的归口管理部门，负责收集、分析、评价和利用有关提高工程质量的信息、制定服务计划、实施和验证。

15.3　管理内容及要求

15.3.1　质量信息的收集、传递、反馈和处理程序

1）公司各部门整理提出的质量信息由质量部负责收集、登记、传递；

2）用户信息由市场部负责收集和传递；

3）上下工序之间影响产品质量的信息，由基层单位质检部门负责收集和传递；

4）各部门人员接到处理单后应及时处理并返回质量部；

5）重大紧急质量信息应及时报告质保工程师并进行处理；

6）压力管道安装质量信息控制见“质量信息网络图”（略）。

15.3.2　内部审核

1）内部质量审核，按《内部质量审核管理程序》所规定的要求执行；

2）技术处负责编制年度审核计划，应根据各项活动的实际情况及重要性，确定审核频次、顺序和时间，每年至少对每项要素及所涉及的部门审核一次；

3）在每次审核时，应制定具体的审核实施计划；

4）具体审核计划在实施审核一周前通知被审核部门；

5）审核人员必须经过培训和考核，并由管理者代表任命，必须满足审核工作要求，并独立被审核部门；

6）审核组长在审核结束后提出审核报告；

7）审核报告需报管理者代表审批后，方可送给审核部门的领导人、被审核部门；

8）被审核部门根据不符合报告的要求，制定纠正措施实施计划，确定负责人和完成期限，报主管部门领导批准后实施；

9）技术处组织审核员对其纠正措施的落实进行跟踪，对其效果应进行验证；

10）审核所形成的记录、报告等有关资料按《质量记录管理程序》规定要求填写。

15.3.3　产品合格率的统计、分析

1）技术处负责产品检验和试验的数据、产品质量统计数据收集与分析；

2）各基层单位对制造和施工中反复出现的同类不合格和过程波动大的趋势应及时反馈给技术处，技术处组织调查和分析，确定产生的原因并制定预防措施计划，责任单位加以实施；

3）通过收集施工或制造过程作业的控制情况、原材料的让步接收、审核结果、质量记录、服务报告及顾客意见等各种信息，从中发现潜在的质量问题；

4）分析造成潜在质量问题的原因及确立消除办法；

5）对需在采取预防措施的质量问题，确定需在采取的处理步骤，制定预防措施计划；

6）技术部门负责对预防措施计划的实施进行监督和检查，确保其有效性；评价预防措施和效果，将预防措施提交有关管理部门评审。

15.3.4　用户服务

1）经营处是向顾客提供服务的归口管理部门，负责服务计划的制定；

2）按规定要求向顾客提供所需的服务，各部门按所涉及的内容进行服务活动；

3）用户来人、来函、来电催交货和处理有关合同事宜，由销售部门负责，做到热情接待，及时服务，达到事事有答复和落实；

4）虚心听取用户意见，妥善处理有关问题，当产品有质量问题时，及时安排人员给予处理，遇到困难及时向分管领导汇报，使用户买得满意，用得放心；

5）不定期地去信、去函向用户征询意见，进行产品售后质量跟踪；

6）用户访问服务采取不定期制度，市场部及销售部门协同组织；

7）通过用户访问掌握用户对产品的质量意见，包括使用寿命、技术特点，结构外形；

8）对质量信息及时反映，反馈给公司有关部门和领导报告，并制定纠正措施；

9）来电、来函、来访、回复要有留底，并建档保存。市场部对服务过程应形成记录，并妥善保管。

16　人员培训、考核及其管理

16.1　总则

1）承担岗位职责的人员应是有能力的，符合任职条件；

2）根据质量管理体系各工作岗位和所从事的质量活动，选择胜任的人员任职；

3）人员能力的判断以接受教育、培训、技能和经验方面的业绩资料为主要依据（包括从事供方工作或临时雇用人员）。

16.2　能力、意识和培训

16.2.1　目的

为了提高职工质量意识，增强职工素质，提高生产技能和管理水平，对所有从事对质量有影响的工作人员和从事特殊工作的人员实施培训，以满足岗位的需求。

16.2.2　职责

1）总经济师领导质量教育和培训工作；

2）人事部门是干部及工作教育培训的主管部门，负责职工教育培训计划的编制与实施，人员资格的考核和培训档案的建立和管理；

3）各部门协助人力部落实培训计划，按要求派人员参加培训。

16.2.3　质量保证内容与要求

1）培训按《培训管理程序》的规定。

2）人事处每年初应按培训需求制定培训计划，经管理副经理批准后实施，保证对质量有影响的所有人员都进行培训。

3）培训应做到因人施教和分层施教。对验证和从事特殊作业人员必须进行资格评定，并对未经考核合格的人员不准上岗，以保证其素质满足岗位要求，培训情况为干部考核项目。

4）培训可选择外派内部培训两种方式进行理论与实际的训练。

5）人事部门对培训和考核的记录应整理归档。

17　其他过程控制

17.1　目的

压力管道安装过程中有些特殊过程对特种设备安全性能有重大影响，焊接、热处理、无损检测等已分别叙述，其他特殊过程（强度试验、严密性试验、防腐及隐蔽工程等）因其质量事后不能完全验证，也要进行严格控制。

17.2　职责

生产部门是全过程控制的归口管理部门，负责组织过程控制的组织、策划、实施，并对施工准备和施工过程控制的有效性负责。

17.3　管理内容及要求

17.3.1　工程部在组织设计中明确特殊过程，在进行技术交底时，对特殊一过程应进行重点交底，必要时编写技术交底书。

17.3.2　项目经理部对其实施重点控制，其过程实行检验责任工程师负责制，并接受质量保证工程师的监督检查。

17.3.3　应按有关规定由操作资格人员进行操作，特殊过程的操作者必须严格培训、考核，合格后持证上岗，其资格考评档案由人事处保存，没有相应规定的，也要由一定经验的熟练工进行操作。

17.3.4　对特殊过程，应进行的过程参数监视和控制，保留记录。

17.3.5　特殊过程必须进行自检和专检并做记录，且应由有资格的检验单位的人员对其进行签字认证。

17.3.6　强度、严密性试验过程控制

1）管道系统试压前，应由业主、施工单位和监理单位对过程资料进行审查确认；

2）管道系统试压后，应由施工单位、业主和有关部门联合对现场条件进行确认，管道系统全部按设计文件安装完毕，焊接及热处理工作已全部结束；

3）试验用的临时加固措施安全可靠，标志明显，记录完整；

4）不参与系统试压的管线、设备、安全阀、暴破片、调节阀、流量计、膨胀节等已被撤除或加置盲板予以隔离；

5）试压用的检测仪表的量程、精度等级、检定期符合要求；

6）有经批准的试压方案，并对参与试压的施工人员进行技术交底；

7）试验用介质（如水源、气源、油）合理可靠，排泄点选择正确，符合安全及环保要求；

8）管道系统试压合格后，应及时拆除临时盲板和临时管线及加固支撑，加置正式垫片，并做好盲板拆除记录。

17.3.7　防腐工程过程控制

1）施工前，技术人员应对图纸进行审查，编制防腐施工方案，经工艺责任工程师审核。施工作业人员应熟悉施工方法和技术要求。

2）管道表面处理的等级要求应符合设计文件及涂料使用说明书规定。涂装前，作业人员应按要求采用手工、机械或喷砂的方法对补涂表面进行除锈，质检员检查合格后方可进行涂装。

3）钢管表面处理后质检员检查被除锈管道是否有漏除锈或有油污部位。

4）地上管道防腐施工

——管道防腐施工前应在管道焊接检验完毕，系统试验合格后进行；

——涂底漆前应对组装的标识、焊缝坡口、螺纹等特殊部位加以保护，以免沾上涂料；

——涂层的总厚度和涂装遍数应符合设计要求，表面应平滑无痕、颜色一致，无针孔、气泡、流坠、粉化和破损等现象。

5）埋地管道的防腐施工

——埋地管道的防腐应做好隐蔽工程记录，必须在下沟回填前验收签字确认。

——埋地管道的涂料配制与涂漆及玻璃布的缠绕应符合规范及设计要求。

17.3.8　隐蔽工程过程控制

1）管道施工隐蔽工程，作业人员应首先进行自检，作好自检记录，自检合格后通知检查人员进行检查验收，对建设和监理单位监检的项目负责人联系；

2）工艺技术员应随时在管道图上根据现场实际焊缝标识和检验报告进行焊缝标识，以用于交工；

3）工艺技术人员填写隐蔽工程记录。

18　执行特种设备许可制度

18.1　目的

压力管道是可能导致人身伤亡的特种设备，在压力管道安装活动中严格执行特种设备许可制度，按各级质量技术监督行政部门的特种设备安全监察和具体相应资格的检验单位的压力管道安装安全质量监督检验。

18.2　职责

1）生产经理组织领导工程部对特种设备的安全监察和监督检验过程进行控制，并对其有效性负责；

2）生产部门是安全监察和监督检验的归口管理部门，负责安全监察和监督检查工作；

3）技术部门负责组织接受压力管道安装许可证资格审查工作，并对其有效性负责；

4）生产部门负责组织施工单位接受劳动行政部门的现场安全考察和监督检验并对其和效性负责。

18.3　质量保证内容及要求

1）压力管道安装的安全监察和监督检验，按《执行特种设备许可制度管理程序》所规定的要求进行；

2）受检部门及时向监检单位和人员提供方便的工作条件和必要的文件和资料；

3）生产部门对压力管道安全监察和监督检验所形成的记录要妥善保管。

19　附录（略）

第三章 压力管道设计检验

第一节 压力管道设计许可审批范围监督检验

为了加强对压力管道设计单位（以下简称设计单位）的安全监督检验，确保压力管道的设计质量，根据《特种设备安全监察条例》、《国务院对确需保留的行政审批项目设定行政许可的决定》的有关规定，对所规定范围的压力管道的设计进行监督检验。

设计许可按照分级管理的原则，分别由国家质检总局和省级质量技术监督部门负责审批。压力管道 GA 类、GC1、GD1 级设计单位由国家质检总局负责受理和审批；GB 类、GC2、GC3、GD2 级设计单位由省级质量技术监督部门负责受理和审批。设计单位同时含有国家质检总局和省级质量技术监督部门负责受理和审批的项目时，由国家质检总局负责受理和审批。

压力管道设计许可类别、级别的划分见以下规定：

1. GA 类（长输管道）

长输（油气）管道是指产地、储存库、使用单位之间的用于输送商品介质的管道，划分为 GA1 级和 GA2 级。

（1）GA1 级

符合下列条件之一的长输管道为 GA1 级：

——输送有毒、可燃、易爆气体介质，最高工作压力大于 4.0MPa 的长输管道；

——输送有毒、可燃、易爆液体介质，最高工作压力大于或等于 6.4MPa，并且输送距离（指产地、储存地、用户间的用于输送商品介质管道的长度）大于或等于 200km 的长输管道。

（2）GA2 级

GA1 级以外的长输（油气）管道为 GA2 级。

2. GB 类（公用管道）

公用管道是指城市或乡镇范围内的用于公用事业或民用的燃气管道和热力管道，划分为 GB1 级和 GB2 级：

——GB1 级：城镇燃气管道；

——GB2 级：城镇热力管道。

3. GC 类（工业管道）

工业管道是指企业、事业单位所属的用于输送工艺介质的工艺管道、公用工程管道及其他辅助管道，划分为 GC1 级、GC2 级、GC3 级。

（1）GC1 级

符合下列条件之一的工业管道为 GC1 级：

——输送GB 5044—1985《职业接触毒物危害程度分级》中规定的毒性程度为极度危害介质、高度危害气体介质和工作温度高于标准沸点的高度危害液体介质的管道；

——输送GB 50160—2008《石油化工企业设计防火规范》及GB 50016—2006《建筑设计防火规范》中规定的火灾危险性为甲、乙类可燃气体或甲类可燃液体（包括液化烃），并且设计压力大于或等于4.0MPa的管道；

——输送流体介质并且设计压力大于或等于10.0MPa，或者设计压力大于或等于4.0MPa，并且设计温度大于或等于400℃的管道。

（2）GC2级

除3（3）规定的GC3级管道外，介质毒性危害程度、火灾危险性（可燃性）、设计压力和设计温度小于3（1）规定的GC1级管道。

（3）GC3级

输送无毒、非可燃流体介质，设计压力小于或等于1.0MPa，并且设计温度大于-20℃但是小于185℃的管道。

4 GD类（动力管道）

火力发电厂用于输送蒸汽、汽水两相介质的管道，划分为GD1级、GD2级。

1）GD1级。设计压力大于或等于6.3 MPa，或者设计温度大于或等于400℃的管道。

2）GD2级。设计压力小于6.3MPa，且设计温度小于400℃的管道。

第二节 压力管道设计条件检验

取得设计许可的设计单位应当对从事设计、审核的人员进行经常性的技术培训。设计单位和鉴定评审机构应当接受各级质量技术监督部门的监督。

一、压力管道设计单位必须具备的基本条件

——有企业法人营业执照或者分公司性质的营业执照，或者事业单位法人证书；

——有中华人民共和国组织机构代码证；

——有与设计范围相适应的设计、审批人员；

——有健全的质量保证体系和程序性文件（管理制度）及其设计技术规定；

——有与设计范围相适应的法规、安全技术规范、标准；

注：至少有一套正式版本的安全技术规范、标准。

——有专门的设计工作机构、场所；

——有必要的设计装备和设计手段，具备利用计算机进行设计、计算、绘图的能力，利用计算机辅助设计和计算机出图率达到100%，具备在互联网上传递图样和文字所需的软件和硬件；

——有一定设计经验和独立承担设计的能力。

二、压力管道设计单位的人员应满足的基本要求

从事压力管道设计审核和审定的人员（以下统称审批人员），应当经过压力管道设计

鉴定评审机构考核合格，由国家质检总局公布，取得相应审批范围的压力管道设计审批人员资格证书。审批人员的考核计划每年年初由国家质检总局统一公布。压力管道相关设计人员、审批人员的资格有效期为4年。

取得GA1级压力管道设计许可的设计单位和审批人员，即具备GA2级中相应品种压力管道的设计资格和设计审批资格；取得GC1级压力管道设计许可的设计单位和审批人员，即具备GC2、GC3级中相应品种压力管道的设计资格和设计审批资格。取得GD1级压力管道设计许可的设计单位和审批人员，即具备GD2级中相应品种压力管道的设计资格和设计审批资格。

——GA1、GC1、GD1级压力管道设计单位，各级专职设计人员必须有相应的设计业绩，总人数不少于10人，其中审批人员不少于3人；

——GB类、GA2、GC2、GC3、GD2级压力管道设计单位，专职设计人员必须有相应的设计业绩，总人数不少于7人，其中审批人员不少于2人；

——审批人员数额一般不超过总设计人数的30%；

——有经过专业培训的压力管道选材设计和应力分析校核人员。

三、设计单位各级设计人员基本条件

（1）设计单位技术负责人

由设计单位主管设计工作的负责人担任，具有压力管道相关专业知识，了解法规、安全技术规范、标准的有关规定，对重大技术问题能够做出正确决定。

（2）压力管道设计审定人员

——从事本专业工作，而且具有较全面的相应设计专业技术知识；

——能够正确运用有关法规、安全技术规范、标准，并且能够组织、指导各级设计人员贯彻执行；

——熟知相应设计工作和国内外有关技术发展情况，具有综合分析和判断能力，在关键技术问题上能做出正确决断；

——具有3年以上相应设计审核经历；

——具有高级技术职称；

——经压力管道设计审批人员专业考核合格或者持有压力管道设计审批人员资格证书。

（3）审核人员

——能够认真贯彻执行国家的有关技术方针、政策，工作责任心强，具有较全面的相应设计专业技术知识，能保证设计质量；

——能够指导设计、校核人员正确执行有关法规、安全技术规范、标准，能解决设计、安装和生产中的技术问题；

——具有审查计算机设计的能力；

——具有3年以上相应设计校核经历；

——具有中级以上（含中级）技术职称。

（4）校核人员

——能够运用有关法规、安全技术规范、标准，指导设计人员的设计工作；

——具有相应设计专业知识，有相应的压力管道设计成果并且已投入制造、使用；

——具有应用计算机进行设计的能力；
——具有 3 年以上相应设计经历；
——具有初级以上（含初级）技术职称。

（5）设计人员

——具有一定的相应设计专业知识；
——贯彻执行有关规程、安全技术规范、标准；
——能够在审核人员的指导下独立完成设计工作，并且能够使用计算机进行设计；
——具有初级（含初级）技术职称和一年以上的设计经历。

第三节 压力管道设计许可审查程序检验

压力管道设计许可程序，包括申请、受理、试设计、鉴定评审、审批和发证。

一、申请

申请设计许可的单位（以下简称申请单位），在申请前应当对本单位进行自查，并且形成自查报告。自查报告应当包括以下内容：

——申请单位的综合情况（包括机构设置、人员情况）；
——设计历史及其现状；
——质量保证体系的建立和实施情况；
——试设计文件及其相关材料；
——各级设计人员及其设计业绩情况；
——执行有关法规、安全技术规范、标准的情况；
——设计业绩的综合分析和评价；
——对复用设计文件的清理及处置情况；
——存在的问题及改进措施。

申请单位应当向国家质检总局或者省级质量技术监督部门（以下统称许可实施机关）提交《压力管道设计许可申请书》（以下简称《申请书》，其格式在国家质检总局网站 www. aqsiq. gov. cn 上公布），一式四份，并且按规定进行网上填报。提交《申请书》时，应当同时提交以下资料各一份：

——营业执照或者事业单位法人证书（复印件）；
——中华人民共和国组织机构代码证（复印件）；
——自查报告；
——质量保证手册；
——设计方案；
——试设计单线图。

二、受理

对符合申请条件的申请单位，许可实施机关应当在 5 个工作日内予以受理，并且在《申请书》上签署意见；对申请材料不齐全或者不符合法定形式的，许可实施机关应当在

5 个工作日内一次性告知申请单位需要补正的全部内容。

三、试设计

申请单位的申请被受理后，应当进行试设计。试设计文件应当覆盖所申请设计许可类别、品种范围、级别，并且具有代表性。压力管道申请级别中的品种至少有 1 项试设计产品。试设计文件不能用于制造和安装。

四、鉴定评审

试设计完成后，申请单位应当约请有相应设计鉴定评审资格的鉴定评审机构进行鉴定评审，并且按照《鉴定评审规则》的要求，向鉴定评审机构提交相关资料。

从事设计单位许可的鉴定评审机构应当按《特种设备行政许可鉴定评审管理与监督规则》（以下简称《鉴定评审规则》）开展鉴定评审工作。鉴定评审机构在收到约请后，应当对申请单位提交的资料进行确认，不符合规定的，应当当场或者在 10 个工作日内一次性告知申请单位需要补正的全部内容。符合规定的，应当在 10 个工作日内做出鉴定评审的工作日程安排，并且与申请单位商定具体的鉴定评审日期。

鉴定评审机构派出鉴定评审组对申请单位进行鉴定评审，许可实施机关根据实际情况，可以派相关人员对鉴定评审工作进行监督。

鉴定评审应当包括以下内容：

——听取申请单位的基本概况介绍，核对《申请书》内容的真实性；

——核查营业执照或者事业单位法人证书（原件）；

——核查设计工作机构、工作场所、设计手段和设计装备以及技术力量；

——检查质量保证体系的建立及实施情况；

——考查各级设计人员的配备情况，对设计人员，包括负责校核工作的设计人员（以下简称校核人员），进行基础知识的书面考试（含异地分支机构的相关人员）；

——检查实际设计水平和质量，审查（试）设计文件，进行（试）设计文件答辩。对压力管道申请单位的试设计文件进行审查时，要求从设计人员试设计的压力管道设计文件中，抽取一定比例人员的试设计文件进行审查，一般不少于设计人员的 50%，少于 10 名设计人员的压力管道申请单位，审查其全部设计人员的试设计文件。

五、鉴定评审监督

1）鉴定评审中发现有下列情况之一的，应当立即停止评审工作：

——申请单位没有符合要求的营业执照或者事业单位法人证书（原件）；

——没有专门的设计机构和工作场地；

——没有建立质量保证体系；

——申请单位条件与《申请书》不符，有虚假行为；

——原设计产品或者试设计产品有重大隐患或者违反现行法规、安全技术规范、标准的行为。

2）鉴定评审组在完成对申请单位的评审后，应当及时出具鉴定评审工作报告，提出鉴定评审意见。鉴定评审意见分为具备设计许可条件、基本具备设计许可条件和不具备设计许可条件三种情况。

符合以下情况者为具备设计许可条件：

——符合《设计许可规则》的要求；

——设计、校核人员具备相应的能力和技术水平，基础知识专业考试平均成绩不得低于80分，答辩回答问题基本正确；

——设计文件符合有关法规、安全技术规范、标准的要求，设计文件齐全完整，设计质量较好，无重大设计质量事故。

符合以下情况者为基本具备设计许可条件：

——质量保证体系健全，实施基本正常；

——程序性文件（管理制度）及其设计技术规定文件比较完善，并且能够执行；

——专门的设计机构已经建立，并且能适应设计工作的需要，有专门工作场所但需改善；

——具有与申请的设计类别、品种、级别范围相适应的技术力量，各级设计人员配备基本符合要求；

——试设计文件以及抽查的原设计级别设计文件基本齐全完整；

——法规、安全技术规范、标准基本齐全，并且能够执行；

——设计、校核人员基础知识专业考试平均成绩不低于70分，答辩回答问题基本正确；

——设计手段比较齐全，技术装备基本满足设计工作需要。

不符合上述基本具备设计许可条件中的任一情况者为不具备设计许可条件。

3）鉴定评审意见为基本具备设计许可条件的，申请单位应当在6个月内完成对鉴定评审中发现问题的整改工作，并且向鉴定评审机构提交整改报告。鉴定评审机构应当对整改情况进行核实、确认，必要时可以派出鉴定评审人员进行现场核实、确认。对逾期未完成整改工作或者整改后仍不符合要求者，鉴定评审机构应当做出不具备设计许可条件的鉴定评审结论。

鉴定评审机构应当按《鉴定评审规则》的规定及时出具鉴定评审报告，鉴定评审报告应当经鉴定评审机构技术负责人审核、鉴定评审机构负责人批准。鉴定评审报告及资料上报相应的许可实施机关。

六、审批和发证

许可实施机关收到鉴定评审机构的鉴定评审报告及相应资料后，应当在20个工作日内完成审查、批准或者不批准手续。对批准的申请单位，在批准后的10个工作日内颁发《特种设备设计许可证》。

第四节　压力管道设计许可证监督检验

一、特种设备设计许可证

压力管道的设计（以下统称为设计）必须由取得国家质检总局颁发的《特种设备设

计许可证》(以下简称《设计许可证》)的压力管道设计单位(以下简称设计单位)进行。设计单位取得《设计许可证》后，可以在全国范围内从事许可范围内的设计工作。《设计许可证》有效期为 4 年，有效期满的设计单位继续从事设计工作的，应当按本规则的有关规定办理换证手续，逾期不办或者未被批准换证的，其《设计许可证》有效期满后不得继续从事设计工作。对未予许可的申请单位，1 年之内不再受理该单位的设计许可申请。

二、特种设备设计许可印章

设计单位在取得《设计许可证》后，应当刻制特种设备设计许可印章(模式见图 3－1)，在所设计的压力容器图样(总图)或者压力管道图纸目录和压力管道平面布置图上加盖特种设备设计许可印章。设计单位应当建立特种设备设计许可印章的使用管理制度，对设计许可印章进行管理。

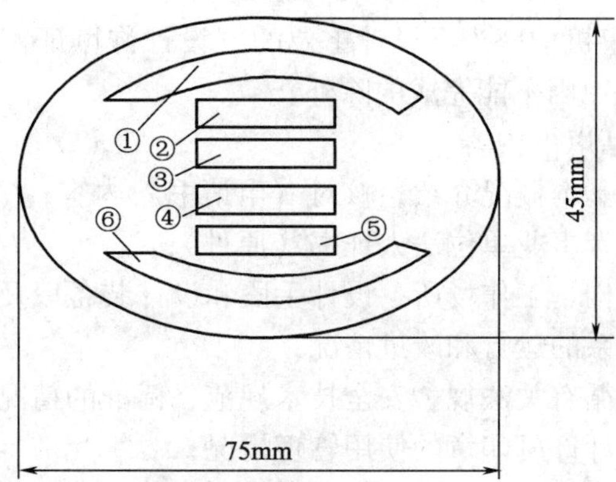

说明：①——“特种设备设计许可印章”字样；②——“压力管道”字样；③——设计单位技术负责人姓名，如“×××”；④——设计单位设计许可证编号，如(“TS 1210040—2008”)；⑤——设计单位设计许可证批准日期，如“2005 年 02 月 10 日”；⑥——设计单位全称。

图 3－1　特种设备设计许可印章(模式)

三、设计许可证增项和变更

1) 取得《设计许可证》的设计单位需要增加设计许可类别、品种和级别时，应当向相应的许可实施机关提出增项申请。增项许可程序如下：包括申请、受理、试设计、鉴定评审、审批和发证。

2) 设计单位名称、产权(所有制)、主要资源条件或者单位地址等发生变更时，应当按以下程序办理变更手续：

——设计单位应当在变更 1 个月内向许可实施机关提交《特种设备许可(核准)变更申请表》(格式在国家质检总局网站公布，一式三份)，并且提交与变更有关的证明文件。

——许可实施机关应当在 5 个工作日内，确定是否需要进行确认审查或者直接确认变更，告知设计单位。对资源条件和质量保证体系发生变化，一般应当由鉴定评审机构进行现场确认审查；对单位名称改变、地址变化（一般指整体迁移）等，资源条件和质量保证体系未发生变化的，许可实施机构可以直接认可办理变更手续。确认审查申请设计单位约请鉴定评审机构按本书第三章相关要求进行，鉴定评审机构针对变更项目上报确认的鉴定评审报告，许可实施机关在接到鉴定评审报告后，按照规定程序进行审批。

——变更后需要更换《设计许可证》的，由许可实施机关换发新证；不需要更换《设计许可证》的，许可实施机关在《特种设备许可（核准）变更申请表》上签署意见，一份返回申请单位，一份交许可实施机关下一级的质量技术监督部门。

四、换证

压力管道的设计换证程序如下：

1）设计单位在《设计许可证》有效期满 6 个月前，应当向许可实施机关提交换证《申请书》。

2）受约请的鉴定评审机构应当在设计单位的《设计许可证》有效期满 2 个月前完成评审工作（由于设计单位原因不能完成的除外）。

3）换证鉴定评审包括以下内容：

——听取设计单位的基本概况介绍，核对《申请书》内容；

——核查营业执照或者事业单位法人证书（原件）；

——核查设计工作机构、工作场所、设计手段和设计装备以及技术力量；

——检查质量保证体系的运行和改进情况；

——核查设计工作遵循有关法规、安全技术规范、标准的情况；

——检查特种设备设计许可印章的使用管理情况；

——审查设计回访工作和用户反馈意见处理情况；

——从完整的设计文件清单（台账）中，抽查有效期内设计文件档案，每个级别至少抽查 1 套有代表性的设计文件，检查压力容器、压力管道类别、级别划分是否正确，是否存在超范围设计，检查实际设计水平和质量；

——审阅《设计许可证》有效期内的设计项目和数量；

——审查设计的审核记录；

——检查各级设计人员配备及变动情况，人员培训、考核情况，组织设计、校核人员进行专业考试和设计文件答辩（满足《设计许可规则》第九条要求的压力容器设计单位可不查该项）；

——检查《设计许可证》有效期内，主要设计项目出现问题后的处理情况；

——核查每年向许可实施机关所报送的年度综合报告；

——核查上次换证（取证）时，鉴定评审组所提意见的整改情况。

4）换证鉴定评审组完成鉴定评审后，应当出具设计许可换证鉴定评审工作报告，并且提出换证鉴定评审意见。

换证鉴定评审意见分为具备、基本具备和不具备设计许可换证条件。对某一品种、级别建议取消设计许可的，应当在换证鉴定评审意见中加以说明。

①符合以下情况者为具备设计许可换证条件：

——质量保证体系健全，实施情况良好；

——程序性文件（管理制度）齐全，并能认真贯彻执行；

——各级设计人员配备及人员变动符合本规则规定，设计、校核人员具有相应的能力和技术水平，专业考试平均成绩不得低于80分，答辩回答问题基本正确；

——没有超越《设计许可证》范围的设计，设计质量良好；

——设计手段和技术装备较好并且逐年有所改善；

——适合本单位设计许可项目需要的法规、安全技术规范、标准齐全，并且具有与设计级别相适应的图书、杂志等设计参考资料；

——设计文件档案和各项上报材料记录完整、真实可靠；

——没有发生由于设计原因而造成的重大事故，设计回访工作和用户反馈意见能够得到合理安排和及时处理，用户对设计质量评价良好；

——对上次换证（或者取证）时鉴定评审组提出的整改意见，全部认真整改。

②符合以下情况者，为基本具备设计许可换证条件，整改后符合要求的予以换证：

——质量保证体系基本实施，但有缺陷；

——程序性文件（管理制度）及其设计技术规定基本齐全，并且能够贯彻执行，个别制度贯彻执行不认真、不规范；

——各级设计人员配备及人员变动基本符合规定，设计、校核人员具有一定的能力和技术水平，专业考试平均成绩不得低于70分，答辩回答问题基本正确；

——没有超越《设计许可证》范围的设计，设计质量基本符合法规、标准要求；

——设计手段和技术装备能够满足当前设计工作需要；

——适合本单位设计许可项目需要的法规、安全技术规范、标准齐全，并且有一定数量的图书、杂志等设计参考资料；

——设计文件档案和各项上报材料真实可靠，但个别的尚不够完整；

——设计回访工作和用户反馈意见虽已得到重视，但安排和处理得不够及时，用户对设计质量无不良反映；

——对上次换证（或者取证）时鉴定评审组提出的整改意见，基本进行整改。

③下列情况之一者，为不具备设计许可换证条件、不予换证：

——不具备满足《设计许可规则》第三十九条任一款基本具备设计许可换证条件的；

——审查中发现弄虚作假的；

——当设计单位提供的设计档案不能覆盖《设计许可证》的级别时，鉴定评审组应当查明情况，按规定提出取消没有被覆盖级别设计许可的建议。

第五节　压力管道设计单位监督检验

设计单位对设计文件的质量负责。设计单位在设计产品（系统）时，应当满足国家有关安全技术规范、标准的要求，并且还应当充分考虑产品能源利用和系统节能，提高能源利用率。

压力管道设计许可实施机关按有关规定对设计单位不定期监督检查，每年至少一次，特种设备安全监察机构要求对本地设计单位进行监督检验。

一、设计单位日常管理

设计单位应当加强日常管理，并且达到以下要求：

——在《设计许可证》有效期内从事批准范围内的设计，不得随意扩大设计范围；禁止在外单位设计的图纸上加盖本单位的特种设备设计许可印章；

——对本单位设计的设计文件质量负责；

——进行技术培训，有计划地安排设计人员深入制造、安装、使用现场，结合设计学习有关实践知识，不断提高各级设计人员能力和技术水平；

——落实各级设计人员责任制；

——建立设计工作档案；

——按照《设计许可规则》第四十三条的要求，审批手续完善；

——设计工作能够遵循有关法规、安全技术规范、标准；

——对设计、校核人员，每年进行有关法规、安全技术规范、标准以及本职工作应具备知识和能力等方面的培训考核，具备相应能力后，方可独立工作；

——设计审批人员工作单位变动时，能够办理相关的变更手续；

——按照要求向国家质检总局和质量技术监督部门报送设计工作情况如：压力管道每一项工程完成后，在1个月内向工程所在省级质量技术监督部门进行设计竣工告知。告知的内容至少包括压力管道设计项目名称、管道类别、级别、设计参数（压力、温度、介质）、管道材质及其规格。

二、设计单位对设计文件的审批程序

设计单位对设计文件的审批手续应当符合以下要求，并且在质量保证体系有关程序性文件中规定：

GA1、GC1、GD1级压力管道主要设计文件：包括：单线图、设备布置图、管道布置图、应力分析计算书、设计方案等进行设计、校核、审核、审定4级签署，GA2级、GB类、GC2、GC3、GD2级压力管道主要设计文件可以进行设计、校核、审核3级签署。

三、罚责

设计单位有以下情况之一的，应当根据情节严重程度，由许可实施机关按照有关规定对其做出通报批评或者取消设计许可资格的处理，对于负有相应责任的人员，应当由设计单位做出相应的处理：

——设计文件超出《设计许可证》批准的类别、品种或者级别范围；

——主要设计文件没有特种设备设计许可印章，或者加盖的特种设备设计许可印章已作废，或者为复印形式；

——设计文件有外单位设计审批人员签字，或者标题栏内没有按有关规定履行签字手续；

——在外单位的图样上签字或者加盖特种设备设计许可印章；

——因设计违反现行法规、安全技术规范、标准等规定，导致重大经济损失或者事故；

——涂改、转让或者变相转让《设计许可证》。

四、设计单位的资格认定

以下单位不得申请压力管道设计许可：

——学会、协会等社会团体；

——咨询性公司、社会中介机构；

——从事特种设备检验检测的机构或者单位。

第六节　压力管道设计安全技术规定要求

压力管道设计图纸应当符合国家质检总局颁发的：《压力管道安全技术监察规程——工业管道》（TSG D0001—2009）、《压力容器压力管道设计许可规则》（TSG R1001—2008），GB/T 20801—2006《压力管道规范》的要求（包括使用单位规定的附加要求），保证所设计的压力管道能够安全、持续、稳定、正常地生产运行。

1）管道工程设计应当符合本规程以及 GB/T 20801 的要求（包括使用单位规定的附加要求），保证所设计的管道能够安全、持续、稳定、正常地生产运行。

2）管道设计文件一般包括：

——图纸目录；

——管道材料登记表；

——管道数据表（参见 TSG D0001—2009 附件 C）；

——设备布置图；

——管道平面布置图；

——单线图（轴测图）；

——强度计算书；

——管道应力分析书；

——压力管道元件制造选用要求；

——施工安装说明书。

3）管道工程规定至少应当包括以下内容：

——管道材料等级表、防腐处理、隔热要求、吹扫及清洗、管道涂色要求；

——管道组成件技术条件；

——工程设计选用管道元件，应当考虑工程设计寿命的要求；

——管道制作与安装（包括焊接）技术条件；

——试验和检验要求。

4）管道的图纸目录和管道平面布置图上应当加盖设计单位设计须刻印章。

5）管道数据表、管道材料等级表、设备布置图、管道平面布置图、强度计算书和管道应力分析计算书等主要设计图样和文件，应当有设计、校核、审核三级签字。对于 GC1 级管道的管道材料等级表和管道应力分析计算书还应当有设计审定人签字。

6）管道设计压力应当不小于在操作中可能遇到的最苛刻的压力与温度组合工况的压力。管道操作工况超过设计条件时，应当符合 GB/T 20801—2006 关于允许超压的规定。

7）管道组成件使用压力的选用应当符合以下要求：

——法兰、阀门等管道元件的使用压力，符合相关标准所规定的对应于设计温度的压力－温度额定值的规定；

——直管、斜接弯头、弯管、盲板、非标法兰以及支管连接管件的适用压力按照GB/T 20801—2006进行计算确定；

——承插和螺纹管件的适用压力按照相关标准规定的直径壁厚确定；

——对焊管件和支管座的适用压力按照 GB/T 20801—2006 计算确定，无法进行计算时，可以有验证确定；

不能按照7）项确定适用压力的管道组成件，也可以根据使用经验、应力分析、型式试验等方法确定其适用压力，但需通过国家质检总局委托的技术组织或者技术机构的技术评审。

8）管道设计温度应当按照操作中可能遇到的最苛刻的压力与温度组合工况的温度确定。

9）环境温度低于0℃时，应当有防止切断阀、控制阀、安全保护装置和其他管道组成件的活动部件外表面结冰的措施。

10）当金属管道外壁温度受大气环境条件影响时，压力管道设计时所考虑的最低环境温度，可以按照该地区气象资料，取历年来月平均最低气温的最低值（月平均最低气温是指当月各天的最低气温值相加后除以当月的天数）。

11）管道组成件的强度计算应当符合 GB/T 20801—2006 的规定。凡与机泵类等动力设备相连，或者在高温、高压下使用，或者循环当量数大于7000，以及工程设计中有严格要求的管道，都应当进行管道应力分析。

12）管道应力分析中应当考虑以下各类荷载的影响以及其他原因产生的荷载和作用力的相关作用：

——介质压力、管道自重（包括隔热层、管道组成件以及介质重量）等持久荷载；

——风荷载、地震荷载以及由于阀门关闭引起的压力短时升高、泄放阀打开时对管道的冲击反力等临时荷载；

——温差荷载、固定支吊架或者端点位移对管道所作用的交变或者非交变荷载。

13）管道轴向应力应当符合以下规定：

——持久荷载组合工况下的管道轴向应力应当小于或等于最高工作温度下的材料许用应力；

——持久荷载和必须考虑的临时荷载组合工况下的管道轴向应力应当小于或等于1.33倍最高工作温度下的材料许用应力。

14）管道设计应当有足够的腐蚀裕量。腐蚀裕量应根据预期的管道使用寿命和介质对材料的腐蚀速率确定，并且还应考虑介质流动时对管道或受压元件的冲蚀量和局部腐蚀以及应力腐蚀对管道的影响，以满足管道安全运行的要求。

15）管道组成件的最小厚度应当考虑包括腐蚀、冲蚀、螺纹深度或者沟槽深度所需的裕量。为了防止由于支承、结冰、回填、运输、装卸或者其他原因引起的附加荷载而产生超载应力，造成损坏、跨塌或者失稳，必要时，应当增加管壁厚度。

16）确定金属许用应力 S 的基准（略）。

17）管道组成件的设计和选用应当符合 GB/T 20801—2006 的规定。

18）压力管道的法兰、垫片、紧固件的设计应当遵照 HG/T 20592～20635—2009《钢制管法兰、垫片、紧固件》的规定。

19）为了保证法兰接头的密封要求，设计时应当遵循以下原则：

——平焊法兰不得用于温度频繁变化的管道，特别是法兰未做隔热的场合；

——剧烈循环工况的管道采用法兰连接时选用带颈对焊法兰；

——胀接法兰、螺纹法兰不得用于 GC1 级管道和腐蚀性极强的环境中；

——扩口翻边接头不得用于剧烈循环工况；

——法兰连接的紧固件应当符合预紧与操作条件下垫片的密封要求。低强度紧固件不得用于剧烈循环工况下的法兰接头；

——垫片根据流体性质、使用温度、压力以及法兰密封面等因素选用，垫片的密封荷载应当与法兰的压力等级、密封面型式和表面粗糙度以及紧固件相匹配；

——GC1 级管道以及有毒、可燃介质管道，规定法兰接头的紧固载荷和紧固程序，确保法兰接头的密封性能。

20）管道支吊架的设计和选用应当符合 GB/T 20801—2006 的规定。设计时应当遵循以下原则：

——确保所有的管道支吊架均具有足够的强度和刚度；

——管道支吊架与管道连接构件的设计，保证连接处不会产生过大的局部弯曲应力，且不会使管子变形。循环荷载的场合，应当减小连接处的应力集中。

21）可燃、有毒或者有腐蚀性的有害介质的排放处理，应当符合国家有关规定。

22）对介质毒性为极度危害或者高度危害以及可燃流体的管道系统，在施工安装完成后应当进行泄漏试验。泄漏试验的具体要求应当在设计文件上做出规定。

第七节　压力管道设计安全技术规定案例

以下是某压力管道设计研究院正在使用的高压燃气管道设计技术规定，经过修改供大家学习参考。

一、高压燃气管道设计技术规定

高压燃气管道设计技术规定适用范围：设计压力（GB1 - A）$2.5\text{MPa} < P \leqslant 4.0\text{MPa}$ 和（GB1 - B）$1.6\text{MPa} < P \leqslant 2.5\text{MPa}$ 的燃气管道中的高压门站、高压调压站。

1　设计原则

调压站的主要设备有：安全阀（或泄放装置）、截断阀、过滤器、计量仪表及调压器等。门站除具备上述调压站的设备外，还有加臭、预热及检管装置等。若上游供气方提供足够的进口压力的上下限保证及提供调峰功能，则可选择在门站不设立调压设备。

1.1　调压设计的原则

1）设计必须保证：

——稳定下游压力；

——能满足下游管网流量所需；

——下游不可超压；

——提供连续不断的供气；

——可用作调峰及管理下游管网压力。

2）系统超压保护的方法：

——采用超压切断装置，此设计没有提供调压功能，且不能提供连续供气保障；

——采用串联工作及监控调压器（即 Active/Monitor 系统，简称 A/M 系统），此设计当工作调压器出现故障引致下游超压时，由监控调压器补上，继续供气；

——采用工作调压器及超压切断装置（即 Active/Slam 系统，简称 A/S 系统），此设计当工作调压器出现故障引致下游超压时，由超压切断装置截断供应；

——采用工作及监控调压器加上超压切断装置：当某一调压器失效或故障时，能保障了安全及连续的供气；

——使用 100% 完全泄放作为系统超压保护，此设计会引致大量气体泄放入安全装置。

注：当下游供气需求很小时，由于调压器可能会出现不能紧闭而有轻微泄漏至下游管网，下游压力会上升，所以可用流量不超过系统需求 1% 的安全泄放以保证下游不会超压而激活超压切断阀。

3）保障系统连续供气的设计：

——采用单路串联工作、监控调压器及安全切断装置：保障了连续供气，但不能进行维修；

——采用双路或多路并联工作、监控调压器及安全切断装置：在门站的正常运作情况下，保障了连续供气及容许维修；

——没有调压器的越站旁通是不可接受的设计。

4）保障系统连续供气同时又能避免超压的设计：

——工作/监控调压器/安全切断装置：提供连续及安全的单路供气；

——若系统没有另一组的分路装置时，单路失效或故障便不能连续供气；

——采用双路或多路工作/监控调压器及安全切断装置，配上自动识别选路装置：满足了门站的设计要求；

——从经济及安全考虑，最理想的调压系统为工作/监控调压器/安全切断/自动识别选路装置。安全泄放阀则用作避免调压器不能紧闭时错误地启动安全切断装置，使系统停止供气。

1.2 N+1/N+2 系统的选取

根据下游连续供气可靠性和安全的要求，可选取 N+1/N+2 系统。

本规定推荐进口压力在 $0.1<P\leqslant0.4$MPa 以下的调压系统，一般采用 N+1 的设计；进口压力在 $0.4<P\leqslant4.0$MPa 或以上的调压系统使用 N+2 设计理念，可同时避免超压及保障连续供气的设计。

（1）N+1 设计理念

对于进口压力在 0.4MPa 以下的调压系统，一般均采用 N+1 的设计，此设计是指以工作调压器（A）串联任何超压切断装置（S）或监控调压器（M）或 100% 完全泄放装置而成之调压系统：

——A/S 设计：采用工作调压器及超压切断装置而成的系统。此设计在保障连续不断供气的程度不高。

——A/M 设计：采用工作调压器及监控调压器而成的系统。

（2）N+2 设计理念

由于高压门站、高压调压站发生的任何事故对整个下游网络都可能造成巨大的影响，所以一般都采用较高的安全系数。基本的概念是：任何两个主要的控制部分（包括调压器、截断阀、放散阀）失效，都不会对下游造成危险的超压情况（即 N+2 理念）。可考虑的系统包括：

1）工作/监控/超压切断调压系统（A/M/S 设计）（见图 1）：

——两个主要的控制部分的失效一定不会导致出口有危险的超压情况；

——出口压力一定不能容许上升到超过下游所能承受的读数（即超压切断阀的设定读数）；

——在没有或少量气体需求情况下，1% 安全放散是用于解决调压器不能完全紧闭的情况；

——进口压力在 0.4MPa 或以上的调压系统使用 N+2 设计理念，可同时避免超压及保障连续供气的设计。

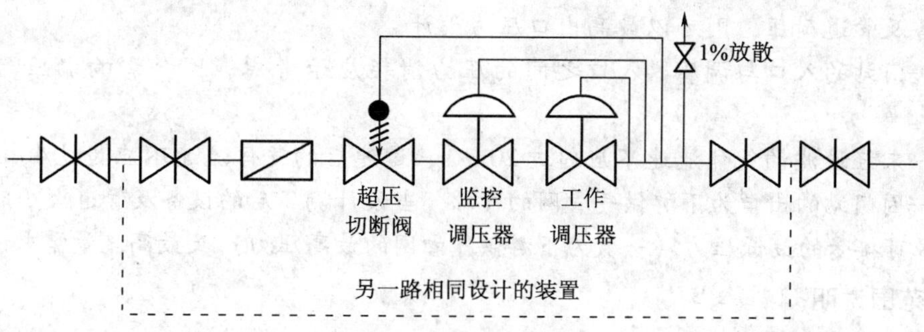

图 1　A/M/S 系统设计

2）工作/监控/完全放散调压系统（A/M+完全放散系统设计）（见图 2）：

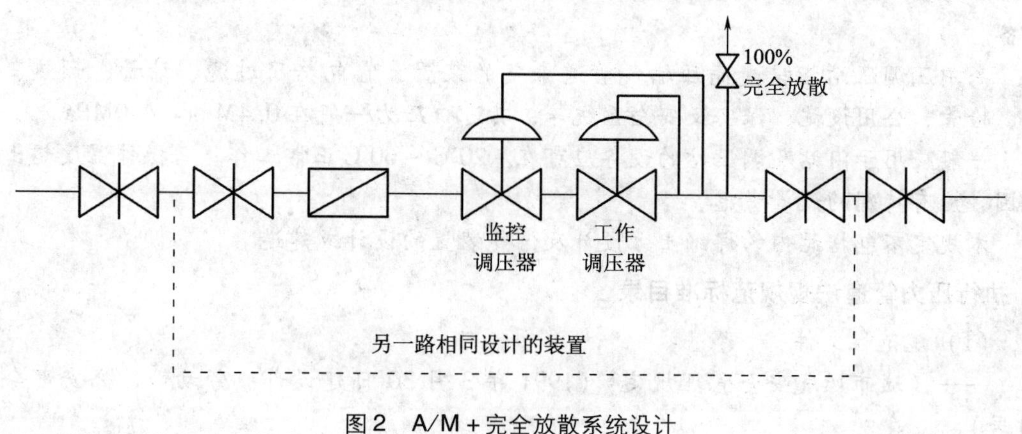

图 2　A/M+完全放散系统设计

——两个主要的控制部分的失效一定不会导致出口有危险超压或停止供气的情况；

——出口压力一定不能容许上升到超过下游所能承受的读数（即完全泄放阀的读数）；

——当工作及监控调压器同时失效时，100%放散系统可将计算中最高失效流量排走以不致下游超压。

注1：若出口压力低，放散阀的尺寸可能需求很大，甚至不能适用。

注2：出口压力的上限保证是依靠泄放阀来达到，所以可能有大量气体排出。在人烟较密的地方不可使用，本指引亦不推荐用完全泄放阀作为出口压力的保护。

3）压力调整。一般门站或调压站宜以无人看守为设计原则。在此原则下，除了要将必须监测的状态如主要阀门，安全切断阀，进出口压力，流量（包括天然气温度）和其他预热、加臭、保安、测漏仪表等经遥测系统送回调度中心外，也须装置压力遥调，可随时调控出口压力，从而到调峰的目的。压力调整的装置，必须注意下列情况：

——若调整装置失效时，应有装置使出口压力不会超出特定的上限及下限；

——若所采用的调整是一种电力或电子装置，则必须符合应当的防爆保护；

——可预设一天或多天不同时段的出口压力，以适应预计的下游流量的需求。

4）其他基本设计理念：

——进行压力试验时，所有调压器均应以最高进口压力计算试验压力。因此，调压路的出口阀以及上游所有设备及管道的耐压，应以最高进口压力设计。调压路出口阀的下游设备及管道耐压，则可以最高出口压力设计。

——门站的入口与调压器入口之间的压力消耗应予考虑，因会影响调压器的最高流量。

——未经过滤的气体流速不应超过20m/s，过滤后的气体流速不应超过40m/s。

——因门站的出口为下游供气管网的气源，当设计调压后的设备及管道大小时，应以下游气源可接受的最低压力（一般为下游供气管网的最高压力）及最高流量需求设计。

2. 应用范围说明

门站指接受长输管道来气的设施，它包括了过滤、计量、预热、调压、加臭、检管、公用设施、保安及安全系统等，其进口压力一般在1.6 MPa ~ 4.0 MPa，根据上游分输站的出口压力而定。若供气方在门站上游已装了过滤、调压或加臭等装置，并确保进口压力在一定的上下限范围，则可考虑在门站中适当地删去有关的过滤、调压或加臭设备。

高中压调压站指接受高压输气管道来气的装置，它包括了过滤、计量、预热、调压、检管、公用设施、保安及安全系统等，其进口压力一般在0.4MPa ~ 4.0MPa。

一般应用于门站及调压站的设备应可在 -20℃ ~ 60℃正常工作。若操作温度超出此范围，应有特别的设计考虑。

本规定不包括站内的详细土方设计及储气装置的设计或建造。

3. 执行压力管道法规规范标准目录

（1）规范性文件

——《城市燃气安全管理规定》（1991 年 3 月 30 日建设部、劳动部、公安部令第 10 号）

——《城市燃气管理办法》（1997 年 12 月 23 日建设部令第 62 号）
——《特种设备安全监察条例》（国务院令第 549 号）
——《压力管道安全管理与监察规定》及解析
——《压力容器压力管道设计许可规则》（TSG R1001—2008）
——《压力管道元件制造许可规则》（TSG D2001—2006）
——《压力管道安装许可规则》（TSG D3001—2006）
——《压力管道安全技术监察规程——工业管道》（TSG D0001—2009）
——《燃气用聚乙烯管道焊接技术规则》（TSG D2002—2006）
——《压力管道元件型式试验规则》（TSG D7002—2006）

（2）设计标准

——GBJ 87—1985《工业企业噪声控制设计规范》
——GBZ 230—2010《职业性接触毒物危害程度分级》
——GB 6222—2005《工业企业煤气安全规程》
——GB 50058—1992《爆炸和火灾危险环境电力装置设计规范》
——GB 50160—2008《石油化工企业设计防火规范（1999 年版）》
——GB 50183—2004《原油天然气工程设计防火规范》
——SH/T 3003—2000《石油化工合理利用能源设计导则》
——SH 2600—1992《石油化工企业能量平衡方法》
——SH 3024—1995《石油化工企业环境保护设计规范》
——GB 13271—2001《锅炉大气污染物排放标准》
——GB/T 17393—2008《覆盖奥氏体不锈钢用绝热材料规范》
——GB 50029—2003《压缩空气站设计规范》
——GB 50028—2006《城镇燃气设计规范》
——GB 50030—1991《氧气站设计规范》
——GB 50031—1991《乙炔站设计规范》
——GB 50041—2008《锅炉房设计规范》
——GB 50049—2011《小型火力发电厂设计规范》
——GB 50177—2005《氢氧站设计规范》
——GB 50195—1994《发生炉煤气站设计规范》
——GB 50251《输气管道工程设计规范》
——GB 50028—2006《城镇燃气设计规范》
——GB 50236—2011《现场设备、工业管道焊接工程施工规范》
——GB 50057—2010《建筑物防雷设计规范》
——GB 50058—1992《爆炸和火灾危险环境电力装置设计规范》
——GB 50016—2006《建筑设计防火规范》
——GB 50369—2006《油气长输管道工程施工及验收规范》
——SY/T 4103—2006《钢质管道焊接及验收》
——IGE/TD/13《Pressure Regulating Installations for Transmission and Distribution Systems

（由英国燃气专业学会制订的《燃气输配系统用的调压装置》）

标准以最新版本为准。

4. 质量保证

1）选取压力管道元件必须在安全、可靠及环保的基础上，适用于所要求的工作环境。所选择的供货商必须持有特种设备制造许可证制造的产品以及持有特种设备制造许可产品监督检验报告，方可使用；

2）门站及调压站应由特种设备设计许可证并有经验的设计院设计；

3）门站及调压站应由相应特种设备安装许可证资质和经验的施工、监理单位施工和监理。

5. 站点设计

5.1　选址

1）站的设计必须在规划、设计、选址的内容上，以安全、环保、技术及经济作为考虑前提，并必须符合有关的标准和法规要求。

2）站址选择应考虑以下因素：

——站址应符合城市规划的要求，应少占农田、节约用地并注意与城市景观协调，并应结合长输管线或高压管网位置确定；

——站址应具有适宜的地形、工程地质、供电、给排水和通讯等条件，并须考虑地点的安全，不应因天然环境或地理问题造成不必要的破坏，如暴雨或河道泛滥引致的水浸或泥石流、山体滑坡等；

——站址与周围建筑物的防火间距，必须符合 GB 50016—2010《建筑设计防火规范》的规定；

——站址不应对附近设施构成危险，凡接近住宅范围、高耸建筑物、架空电线下和高危位置等，均不宜考虑作门站及调压站；

——选址时应考虑当地已有的设施，如地下电线、管道、或树木等，应与有关公司或部门商议并作适当的安排；

——设计应考虑可能出现的突发情况，如交通意外、附近明火、水灾、沉降或噪声等；

——选址必须避免对其他设施构成干扰，如架空电线等，但也必须方便与站内设施的连接，如给水排水系统，或供电等；根据 GB 50028—2006 的要求，门站及调压站装置（即距离装置的边缘）与其他建筑物、构筑物水平净距见表1；

表1　门站及调压站装置与其他建筑物、构筑物水平净距

入口压力/MPa	跟建筑物外墙面/m	距重要建筑物/m	铁路（中心线）/m	城镇道路/m	公共电力变配电柜/m
$2.5 < P \leqslant 4.0$	18	30	25	5	6
$1.6 < P \leqslant 2.5$	13	25	20	4	6
$0.8 < P \leqslant 1.6$	9	18	15	3	4
$0.4 < P \leqslant 0.8$	6	12	10	3	4

——门站及调压站应有通行车道，以方便维修车辆及人员出入。车道应容许消防车辆驶进站内，及容许货车运送及协助装卸智能巡检仪。

5.2　门站及调压站布置

1）站内设备包括过滤、计量、预热及调压装置等宜露天或敞开设置，如采用任何有上盖结构之设置，应考虑足够通风避免造成燃气聚集及安装检测燃气泄漏探头预防燃气设备泄漏，寒冷地区还应考虑结构的风雪负载。

2）站点设置实体围墙保护。有关建筑必须符合 GB 50016—2010《建筑设计防火规范》的规定。实体围墙宜有3m高以防止人容易攀爬进入，围墙外不应有可助攀爬的构筑物或粗大的树木。

3）主要设备装置宜置于站址的中央，并应根据 GB 50058—1992 对站的设计列出危险区域，确定所有0区、1区、2区危险区的范围。站内所采用的组件或仪器、电力装置设计必须符合 GB 50058—1992《爆炸和火灾危险环境电力装置设计规范》的有关设计规定。

4）站内应设置建筑物作下列用途，不可与危险区域重叠，建筑物的耐火等级不应低于 GB 50016—2010《建筑设计防火规范》“二级”的规定。

——配电室及后备电力装置；

——配合 SCADA 及遥调装置的仪表间；

——储物室储存日常所需的维修工具。

5）整个调压及检管装置宜放置于平稳的地基上，如混凝土平台等，避免装置有局部移动情况。地基或平台不应以砖建造。详细的地基设计要求应参阅 GB 50007—2011《建筑地基基础设计规范》。

6）站点宜以无人看守为原则。在必要情况下，站内可设置值班房及洗手间，但值班房的范围严禁与危险区域重叠。

7）站点的布局设计，必须适合日常操作、定期维修和检查、紧急事故及抢修等情况。

8）必须设有适当的供水及排水系统或设施。排水系统应可应付及防止邻近的地面水流入站内，引起水浸。

9）必须设有足够地方以满足检管设施的安装和使用，并须预留有足够空间，使系统能在检管和清管进行或其他日常操作进行的情况下，能顺利排放凝析液等杂物。

10）站内必须设计正式车道，以保证维修车辆能顺利抵达及进入门站，在弯角位置提供足够空间供长车正常转弯进出。站内通道两旁必须筑上路边石，防止车辆偏离车道，管道或易损的组件应设置防撞栏作保护。车道不宜与危险区域重叠。

11）除供车辆进出的大门外，场站外围应另设有紧急通道供站内工作人员紧急逃生，如场站内设有其他楼房建筑物，其建筑物之安全出口的设置应符合 GB 50016—2010《建筑设计防火规范》的规定。

12）所有设备、组件或仪表的安装位置必须确保危险区域不会延伸至站外。

13）所有设备及组件应可在 -20℃ ~60℃正常操作。除此之外，操作温度应考虑以下因素：

——气体的温度应保持在水露点及烃露点以上，以防止有液态烃或水在管道内或导管内积聚而影响运行。水化合物的形成亦应考虑；

——气体的温度应可避免管道或导管外积聚过多的冰霜，引起不必要的负荷；

——天然气减压时温度会下降，每减压 -0.1MP，气体温度下降约 0.5℃，所以减压后的气体温度可能较入口气体温度大幅降低。必要时，可以在过滤后设置预热系统，保证其他组件正常运行。

14）假若采用燃气预热系统，有关系统的位置选取必须确保将燃气泄漏或泄放所构成的危险减至最低，如过滤器、泄放阀应进行严格检验等，决定有关的距离，按照 GB 50058—1992 或同级。

15）站区域的布置和一切站内设施必须遵照 GB 50052—2009《供配电系统设计规范》以及 GB 50058 危险区域范围，并应根据站的大小、位置及其他有关因素，设置照明系统。照明系统应提供足够光度供闭路电视进行24h监视，并须有另一组可独立开关的照明系统以方便进行夜间维修。灯柱高度应便于照明系统维修和更换。

16）站内集中放散装置的泄放管与站内、外建、构筑物的距离应根据 GB 50028—2006 表 6.5.12-1 及 6.5.12-2 的规定。

17）有关的消防设施及器材配备，必须符合 GB 50016—2010《建筑设计防火规范》的规定。

18）必须设有通道及充足空间，供临时摆放及搬运维修组件；须提供空间摆放针对紧急事故的设施，如灭火器等。

19）站点发出的噪声应符合 GB 3096—2008《声环境质量标准》的规定。站点边界的噪声应符合 GB 12348—2008《工业企业厂界环境噪声排放标准》的规定。

20）站内应设计有通信系统，以方便对外及对中央控制室联络。

21）站内装置应装设可燃性气体浓度检测报警装置。

22）站内必须设计有电力系统，对有关仪表、监控、保安、照明等系统提供电力。供电系统必须符合 GB 50052—2009《供配电系统设计规范》的“二级负荷”设计规定。

23）站内工艺区应有后备电力系统，确保主要设备及仪器的运作。后备电力装置的供应时间，一般可设为3h，同时应考虑实际派员抢修电力系统故障所需的时间。后备电力系统应先考虑太阳能设备，亦应考虑以太阳能为主，市电为副的供电设计。

24）站内工艺区防雷等级应符合 GB 50057—2010《建筑物防雷设计规范》的第二类设计规定。对于空旷地带，需单独设置避雷装置时，其接地电阻值应小于 10Ω。站的静电接地设计应符合 HG/T 20675—1990《化工企业静电接地设计规范》的规定。

25）站内显眼处必须挂上“严禁明火”的警告牌。

26）必须设有长期告示牌，向站外及站内清楚显示紧急事故联络电话。

5.3　门站与调压站须附有的技术文件

1）设计须附有以下技术文件：

——设计方案；

——执行标准及规范；

——系统设计参数；

——工艺参数及说明；

——站内各管道及管件的选材说明及壁厚计算；
——爆炸危险区域分布图；
——系统技术方案；
——站点的总平面图；
——站点的流程图；
——站点中各类设备的设计图；
——详列以上图纸所采用的设备要求；
——管道及设备的应力分析报告。

2）施工须附有以下技术文件：
——焊接工艺规程及评定书；
——焊工资格考试评定书；
——射线/超声波/磁粉探伤报告；
——工艺测试规程；
——强度及气密性测试报告；
——调压系统各装置的功能测试报告；
——门站/调压站工艺竣工图。

5.4 爆炸危险区域等级或范围的划分

1）爆炸危险区域可分为0区，1区或2区，应根据GB 50058—1992进行划分。

2）安全区域范围的设定取决于两个重要因素：可燃性气体存在于所定的空间及所述情况发生的频率，大致可分为：

0区：可燃性气体持续或长时间存于空间，上述情况发生的概率大于0.1。

1区：可燃性气体可能于正常操作情况下存在，上述发生的概率介乎0.001~0.1。

2区：可燃性气体不会于正常操作情况下出现，或上述情况偶尔发生及有关气体只存在一段短时间，发生的概率为0.001或以下。

3）必须对站的布置列出危险区域，站内所采用的带电仪器或组件，电力装置等必须符合GB 50058—1992《爆炸和火灾危险环境电力装置设计规范》的有关所在危险区域的设计规定。

4）站内一切潜在性火源或非防爆的带电装置，必须装置于危险区域外。

5）站点的危险区域包括所有0区、1区及2区的范围，不可超越站的范围。

5.5 工艺设计

（1）一般工艺设计

1）站的流量值应以最低进口压力及最高出口压力计算。流量应满足输配系统输气调度和调峰的要求。

2）当气源为天然气时，其质量指标应符合GB 17820—1999《天然气》的一类气或二类气的规定。设计门站及调压站时必须考虑天然气的物性参数，具体如下：

——C_1至C_3的含量；
——氮物及硫化物含量；
——水露点、烃露点及相对密度；

——发热值，包括高低发热值及计算热值；

——上下游燃气温度。

3）调压系统应根据燃气流量、压力降及各设备所需等条件确定设置预热 、加热及保温等装置。

4）站的上游部分（即调压系统出口截断阀本身及其上游的所有设备及组件）的设计，必须能承受上游燃气的上限压力或以上，而下游部分的设计必须能承受下游燃气的上限压力。

5）在上游所指定的管道及组件口径下，天然气在过滤器前的流动速度不得大于20m/s，而于过滤器下游则不得大于40m/s，同时应考虑其他设备的流速限制。考虑站的出口应为下游供气管网的气源，因而当在最高流量时，可将站的最低出口压力定为下游管网的最高压力来计算燃气流速。

6）站应将上游进口的燃气压力，调节至下游出口要求的燃气压力，有关设计须包括清洁过滤、预热、燃气计量、调压、加臭、放散、燃气泄漏报警、相关数据收集、监控等功能 。

7）门站或调压站的调压系统一般由下列组件组成：

——最少两路并联的过滤器；

——最少一路流量计及旁通；

——最少两路并联的调压装置；

——加臭装置（多只适用于门站）；

——预热装置；

——超压自动紧急切断装置；

——燃气泄漏报警装置；

——截断阀；

——安全放散阀；

——接线箱；

——仪表及遥控及用以连接数据远传装置的配件等。

8）站内应设置计量仪表，并符合表2的规定：

表2 计量仪表规定

进、出站参数	功能		
	指示	记录	累计
流量	✓	✓	✓
压力	✓	✓	—
温度	✓	✓	—

9）站内工艺设备及组件，应是优良品牌产品。

10）每路过滤器须为同一设计，并使用相同型号及口径。各过滤器前后须配有截断阀，当其中一路须要隔离进行维修时，其余各路必须仍能以最低进口压力满足最高流量要求。

11）调压装置的组件，宜包括超压自动紧急切断装置、进出口的截断阀、工作及监控调压器与安全泄放阀。

——每一路均设工作调压器，监控调压器，超压自动紧急切断装置及独立的放散阀；

——每一路须相同或相类似的设计。当其中一路关上时，其余各路应仍可以最低进口压力及最高出口压力满足最高流量值；

——每一路的前后必须装设截断阀；

——工作调压器及监控调压器间应备有压力测量位置及压力表。

12）流量计必须能应付最高流量值，当进行流量计维修时，应有一路旁通以维持整个站继续以最高流量供气。

13）站内阀门、仪表、管道等设施安装的水平间距和标高均应便于观察、操作和维修。

14）进出站管道上应设置紧急关闭系统。站外进、出口管道上阀门距站或装置的距离应符合 GB 50028—2006《城镇燃气设计规范》的相关要求。

15）调压装置应设有适当的自动识别选路装置，并符合下列要求：

——当运行路发生事故，导致出口压力过低，备用路能自动不停气的情况下补上运行供气（通常这是靠在备用路上较低的压力设定来达到此功能）；

——当运行路发生事故，可能会导致出口压力上升，并令运行路上的超压切断阀发生作用，将运行路关上时，备用路能在自动的情况下补上运行供气（当出口压力上升时，备用路上的超压切断阀不可发生作用）；

——以上 a）及 b）的工序不可用电子或电力装置或人手调控来达到，并必须在电力供应中断时仍能运作，达到备用路自动补上运行的目的。

16）为了减少初期投资，可考虑先满足初期流量所需，并预留空置调压路作日后加添装置。空置路上应装设两个截断阀，并用盲板封堵。

17）站内应设置遥测系统，作为输配系统的数据监控系统的远程站。

18）站内调压系统的布置应符合下列要求：

——调压系统的水平安装高度应便于维护检修；

——两路或以上调压系统并联布置时，相邻装置净距宜大于 1m。

19）调压装置宜支持压力调整控制功能，并需配合 SCADA 系统进行现场压力控制及遥控，并保证在停电状况下保持调压器处于开启运作状态，切不可关闭而影响气体供应。

20）调压器应设有可预设出口压力上限及下限之指挥器（导阀），以确保 SCADA 系统所作出的压力调整，不会超出此预设的上下限。

21）调压系统及站不设无调压系统的越站旁通。

22）调压系统操作时所发出的噪声，于 1m 范围不得大于 85dB（A），在有需要情况下，应装设消音器或隔音罩等设备以减低所发出的噪声，使其场站边界的噪声不高于 65dB（A），夜间不高于 55dB（A），并应符合 GB 12348—2008 的相关要求。

23）站内主要阀门、调压装置进出口截断阀及超压切断阀阀位应设有阀位开关，并具远传功能，以便配合SCADA系统进行阀门开及关的状态监测。

24）选用的截断阀门应具备双隔中疏功能。

25）每路调压系统的出口阀门及其上游的设备及装置，设计压力应以最高进口设计压力选材。

26）燃气泄漏报警装置的燃气浓度应可在0～100% LEL爆炸下限的范围内进行设定，并至少可同时提供两个警报设定。报警精度宜在设定值的±2%以内。燃气泄漏报警装置应能提供4mA～20mA DC电信号并能上传有关数值至SCADA系统。

27）在调压系统上下游、过滤器前后及调压器等位置，必须装设压力及压差表，其中调压系统的上下游均须装有压力变送器，将管道的压力参数上传至SCADA系统。

28）调压装置的一些特定位置，宜安装公称直径为50mm支管，并装有阀门以便进行压力调试，特定位置如下：

——下游截断阀及工作调压器间；

——上游截断阀及超压切断阀间。

29）加热及保温措施

在环境温度较低地区，为避免冻堵现象发生，管道和箱体应采取加装保温带、保温层或采取其他保温措施。

（2）站内管道及管件

1）门站、调压站内采用的管道为钢管，应执行GB 50028—2006及本指引第2章“高压管道设计及施工”及“中低压系统设计及施工”的要求进行设计”。钢管的技术性能应分别符合API5L，GB/T 9711—2011，GB/T 8163—2008或GB/T 3091—2008或同级的规定。

——钢材的最低屈服强度不低于245MPa；

——钢管的强度设计系数不可大于本指引表2.5.6（略）规定；

——钢管的公称壁厚根据本指引表2.5.4（略）规定。

2）所有门站、调压站内的地上钢管，均须涂漆防锈，其设计应符合SY0007—2011《钢质管道及储罐腐蚀控制工程设计规范》的规定。

3）站内的埋地钢管，除管道原有的外防腐层外，必须采用适当的加强防腐保护。可考虑采用牺牲阳极式阴极保护或用有更强防腐效能的防腐布包裹。

4）站的进出口管道应设有绝缘隔离装置。绝缘隔离装置必须采用阻抗较高的一体式绝缘接头以隔离采用阴极保护的管网，不应使用绝缘法兰。绝缘接头应设置绝缘性能检测装置。

5）法兰的压力及温度等级应符合站的设计所需，应采用对焊式法兰，法兰垫片不可含石棉成分。

6）管件应选用锻钢管件。如经允许选用自制三通或直接在主管上开孔与支管连接之三通，其开孔削弱部分应按等面积加以补强，其结构及计算应符合GB 50028—2006及GB 50251—2006《输气管道工程设计规范》附录F的规定。当支管外径大于或等于主管内径一半时，应采用标准锻钢三通件，并符合《钢制对焊管件》的规定。

7）站内的管道及各种系统，应考虑进行详细的应力分析，以确保管道及各组件所承受的负荷，都符合所需要求及可预见的如土地沉降等情况。如无必要，不应使用补偿器。

6. 调压系统各装置及组件的设计

6.1　过滤器

过滤器要求其能有效地将天然气中的脏物、尘土、管垢和其他固体杂质滤出，以保护站的计量、调压等设备。过滤器应有较大的脏物容积及较小的阻力损失，以延长检修周期。为缩短设备维修周期及节省更换零件的高额费用，该设备需具备高要求的可靠性及安全性。

（1）性能要求

1）过滤组件应耐介质腐蚀、抗冲刷、易于清洁。

2）供气路上的过滤效率须符合以下最低要求：

——次高压过滤器最大允许压降为0.07MPa，对10μm粒径的颗粒过滤效率98%以上；

——中压过滤器的过滤组件在新的状态下最大允许压降为0.007MPa，对50μm粒径的颗粒过滤效率98%以上。

3）供气路上的过滤效率须符合站内其他组件如预热装置、流量计、调压器、阀门等的操作要求。如与（2）项比较，应取较严格的要求。

4）在辅助设施上的过滤器对50μm以上的颗粒效率最少有98%。

5）能在设计压力范围及最高流量下正常及有效运行。

6）每个过滤器必须设有压差表，并须配有压力平衡阀。

（2）结构要求

1）结构紧凑，重量轻；

2）过滤组件的孔隙直径应与要求分离的颗粒的粒度相配；

3）筒盖须为快开式，方便定期清洗和更换滤芯，并备有安全装置，使过滤器只可在零表压的条件下，才可被打开；

4）承压部件的设计按GB 150—2011《钢制压力容器》（或同级）；并须由具备资格的厂家制造；

5）过滤器的压力降在设计时应予考虑；

6）过滤本体上应按GB 150—2011要求设置超压泄漏阀；

7）当配有压差变送器时，应能提供4mA～20mA DC电信号，并能上传有关数值至SCADA系统。

（3）材料要求

本体所用材料应满足GB 150—2011（或同级）中有关规定。

（4）焊接要求

过滤器本体的焊接及无损探测，要符合GB 150—2011（或同级）的标准。

（5）维修要求

注意过滤器需进行清洁或更换时的压力降参考值。

(6) 连接方式

过滤器接管与管道采用法兰连接，过滤器接管两端所带法兰应符合 ANSI B 16.5（或同级）标准。

(7) 试验

过滤器须进行以下试检，合格后方考虑采用：

——压力试验、壳体试验及气密性试验、试验压力、持续时间、试验标准应符合 GB 150—2011（或同级）中的有关标准；

——材料及机械性能试验；

——压力及气密性试验。

6.2　加臭装置

1）加臭装置一般只装设于门站内，对管网覆盖面积大且管道运行使用时间较长的城市也可设在高中压调压站内，作多点加臭；

2）在上游燃气没有加臭情况时，门站必须装设加臭装置；

3）加臭剂和燃气混合在一起后应具有警示性的臭味；

4）加臭剂不应对人体、管道或与其接触的材料有害；

5）加臭剂的燃烧产物不应对人体呼吸有害，也不应腐蚀或损害与此燃烧产物经常接触的材料；

6）加臭剂应有在空气中能察觉的含量指标；

7）加臭剂应在门站内有特定的地方作储存，并制定措施以处理意外泄漏情况。

6.3　流量计

流量计功能包括就地显示、信号远传、体积修正等必要附件，城市门站计量表宜与上游分输站的计量器配合。

(1) 设计要求

1）流量计设计、制造和安装使用应符合 GB/T 18603—2001《天然气计量系统技术要求》及其他各种类天然气计量装置的有关规定；

2）流量计应具有现场显示和远传工况、瞬时流量、累计流量的功能，内部应具有压力、温度补偿功能；

3）应具有数据贮存及上传功能。除外供电源外，还应配置电池，以保证当外供电源故障时，能为流量计提供电源；

4）除现场显示流量数值外，还应具有符合 RS485 标准的通信接口和信号输出。通信协议应具有通行性；

5）应选择适合的量程比，以满足实际使用要求。在最高及最低流量（包括初期及远期流量）范围内的计量皆不应超出允许误差；

6）门站的流量计因要配合分输站的计量，一般装设于调压装置的上游，而调压站的计量，可安装于调压装置的上游或下游位置，随所需要的压力，实际流量，量程比会有所不同，设计应根据实际情况（如成本效益和校验等）综合比较选择。

(2) 安装要求

流量计一般是水平安装，其前后的直管段长度按照设计及仪表要求安装，以保证计量准确，直管段的内径应与流量计的内径相同。

(3) 流量计要求

流量计必须能在设计技术参数下，正常及有效的运行。

(4) 壳休材料

壳体采用碳钢或更好的材料。

(5) 防护要求

就地显示、信号远传和体积修正：

——靠近流量计安装；

——防爆应符合相应等级；

——防护等级不低于 IP65。

(6) 电源要求

内置电源应可供最少两年或以上的连续电源供应。

(7) 试验流量计要求

试验流量计须经以下测试，合格后方可考虑采用：

——压力测试、壳体试验、气密性试验，试验压力、持续时间、试验 标准应符合有关的适用标准；

——产品检验按《密封管道气体之测量——涡轮流量计》，及符合《速度式流量计》或《差压式流量计 》中有关规定执行及经质量监督部门根据中国国家“计量法”等中国法规进行的检验及标定。

6.4 截断阀、阀门

截断阀/阀门应为绕垂直于通路的轴线转动，部分回转型的手动阀门。阀门的设计及施工应符合标准所规定。阀体及承压部件的设计应满足 ASME Spec VIII（或同级）中的相关标准。

1）阀门必须能在设计技术参数下正常及有效的操作。不宜采用蝶阀。

2）阀门应设置开关指示。

3）在气体供应主路上的所有截断阀，必须为双隔中疏的阀门，即阀门本身的上下游皆有密封面，而两个密封面中间有通道可以将气体放散，确保当阀门关闭时，上游的气体绝不会流入下游。

调压箱的阀门应选用公称压力级别不低于 1.0MPa 的产品。

4）阀体：

——宜考虑整体式设计。对于国内较多的组合式阀门，如品质高及可靠，也可考虑采用；

——检管或清管管道上安装的阀门必须为全通径；

——阀体尺寸应符合 API 6D ANSI B16.10（或 同级）标准。阀体的结构应适于吊运及安装；

——阀体的材料采用锻钢或铸钢。所有材料都应符合 API 6D 第三章表 3.1（或同级）的要求。

5）阀杆、阀座及密封结构：

——阀杆材料采用不锈钢，阀座的材料采用碳钢或不锈钢；

——阀门的密封性应符合 API Spec 6D 的规定；

——阀杆的密封材料宜为 PTFE 或其他之相当材料，应考虑密封材料是否适当于天然气使用；

——阀门的密封结构应为火灾安全型。

6）材料：

——阀体：锻钢采用 ASTM A105 或 ASTM A350LF2（或同级），铸钢采用 ASTM A216 - WCB 或 A216 - LCB（或同级）；

——阀杆：采用不锈钢 ASTM A182 - F6a（或同级）：ANSI 414（或同级）；

——阀座：锻钢采用 ASTM A105 ENP（或同级）；铸钢采用 ASTM A216 - WCB ENP（或同级）。

7）连接方式：

——阀门与管道连接方式为焊接或法兰连接；

——如采用焊接方式，则阀门两端之直管长度应符合 API 6D 的要求，以避免焊接时阀门受热破坏；

——阀体所带法兰应符合 ANSI B16.5 标准。

8）截断阀/阀门须进行下列试验，试验合格后方可考虑采用。

——性能试验，其内容、步骤、要求和试验装置均应符合有关标准的要求；

——测试设备必须模拟阀门负荷；

——在试验压力下，进行两个循环的手动操作试验，每个操作循环为阀门从完全关闭至完全开启，然后由完全开启至完全关闭；

——供方应根据 API Spec 6D，API 607，API 6FA 及 API Std598（或同级）的规定，进行压力试验、密封试验。

6.5 调压器

1）调压器必须只依靠天然气来驱动或控制：

——调压器必须能在设计技术参数下正常及有效的操作；

——调压器的流量，应在考虑上游设施（如过滤、计量等）压降后的最低调压入口压力，并以最高出口压力计算。

2）性能要求：

——在指定的运作压力范围内，出口压力在最大值与最小值之间应能连续调整，不得有卡阻和异常振动；

——调压器均应适用于天然气，并能利用本身能量，将进口压力调整至所要求的出口压力；

——使调压器运作的最低压差应比上、下游的最小压差为低；

——调压器的关闭压力须为正压式；

——调压器应有较大的流通能力，且调压器的阀口材质应耐冲刷；

——所有调压设备应有良好的密封，不得有渗漏。

3）结构要求：

——调压器应结构紧凑、轻巧、体积小、易于安装及检查、维修方便、设计简单；

——调压器不宜过于复杂，工作调压器与监控调压器宜为独立组件，非一体式，方便维修；

——工作调压器与监控调压器宜为同一规格及尺寸，方便维修。

4）材料要求：

——调压器各部件材料首先应是列于 ASTM 标准中的材料，其次是满足调压器制造厂技术规范的材料，其化学成分及物理性能和质量至少相当于 ASTM 标准。所选材料是能抗大气和使用介质腐蚀的，使用寿命长，维修要求低；

——所有导压管应为 ASTM 269－316 级或同级的不锈钢管；

——相邻滑动表面应由耐腐蚀材料制成。

5）连接要求：调压器两端如带法兰应符合 ANSI B16.5 标准，所有采用螺纹连接的部分应符合 ANSI B1.20.1（或同级）中的规定，螺纹最小长度应符合 API Std5B（或同级）的规定。

6）试验和检验：调压器须根据有关标准进行下列试验，试验合格方可考虑采用：壳体试验、密封性能试验、调压试验、流量试验、流量特性试验、压力特性试验及连续运行试验。

6.6　超压自动紧急切断装置

1）超压自动紧急切断装置在过滤器及调压器之间位置。当出口压力高于指定参数的上限时，能在指定时间切断上游的供气，以保证一切于下游的组件不致损坏。

2）超压自动紧急切断装置，应为只依靠天然气来驱动或控制的装置。

3）性能要求：

——装置必须适用于天然气，在下游超压的情况下，应靠装置本身（如弹簧）或天然气本身的能量进行切断操作，过程必须在最短时间完成，操作过程必须顺畅，不得有任何卡阻及异动。

——装置必须在超过压力参数上限时启动，在指定的技术参数范围内，必须保持稳定常开情况。装置启动后，必须将上游完全截流，并且成密封保持态，不得有泄漏或渗漏的情况出现。

——当装置启动时，不可激活或影响其他运行中或在备用状态下的超压自动紧急切断装置。

——装置必须使用手动还原。

4）结构要求：

——宜为独立组件，与调压器非一体式，结构简单、轻巧、易于操作及测试；

——必须有切断装置状态指示；

——装置可采用弹簧皮阀激活式或轴流激活式，但必须能与系统内其他组件配合，并能正常及有效地运作；

——除阀瓣部分外，必须是金属；

——装置必须耐用，能抵抗可能由大气及天然气引起的腐蚀。

5）维修要求：易于安装维修。

6）连接要求：装置与组件必须采用法兰连接，装置所采用的法兰应符合 ANSI B16.5 标准。

6.7 安全泄放阀

1）安全泄放阀必须能在设计技术参数下正常及有效的工作。

2）安全泄放阀应只由天然气本身来驱动或控制。采用以弹簧来克服由阀瓣下天然气产生的作用力的直接载荷式结构。

3）安全泄放阀的设计和装置，应根据 GB 50251—2006 的 3.4（或同级）之规定。

4）性能及结构要求：

——应保证安全泄放阀在达到设定压力时自动开启；

——必须是全封闭式，在安全泄放阀的排气侧要求密封严密，阀所排出的气体全部通过放散管排出；

——安全泄放阀的放散管不宜装设阀门。如在必须情况下须在安全泄放阀的放散管装设阀门，则必须在阀门加上防止随便关闭阀门的设施。

5）安全泄放阀宜在每路调压上独立安装，其流量应小于每路最高流量的1%。

6）材料要求：

——安全泄放阀各部件材料首先应是列于 ASTM（或同级）标准中的材料，其次是满足安全泄放阀制造厂技术规范的材料，其化学成分及物理性能和质量至少相当于 ASTM（或同级）标准。所选材料必须是最适合该项工作的，能抗大气及使用介质的腐蚀且应使用寿命长，维修要求低。

——相邻滑动表面应由耐腐蚀材料制成。

——主阀体及法兰：ASTM A216 Grade WCB 或同级）碳钢；阀座及阀瓣；ASTM A351 Grade（或同级）。

——导阀的阀体、阀瓣、弹簧室和密封盖为钢或不锈钢316或416（或同级）。

——弹簧应由耐腐蚀材料制成，或在弹簧上涂一层耐腐蚀保护层。

——安全泄放装置出口应设有防雨及防止外物进入的装置。

7）连接要求：安全泄放阀体两端所带法兰应符合 ANSI B16.5 标准，所有采用螺纹连接的部分应符合 ANSI B1.20.1（或同级）中的规定，螺纹最小长度应符合 API Std5B（或同级）的规定。

8）试验和检验：

——安全泄放阀的成品试验要求，试验方法和试验设备等应符合 IS04126－1 的规定；

——动作性能的允许偏差或极限值应满足以下要求：

·设定压力偏差：为 ±0.01MPa；

·启闭压差极限值：最大为5%设定压力，最小为2.5% 设定压力。

6.8 监控系统

1）监控系统指与 SCADA 系统连接的设施。

2）监控系统包含现场仪表、电线及接线箱等内容。所有信号线应引至接线箱内（包括过滤器组件的信号）。

3）监控系统中仪表监测的参数有：

——压力/压差信号；

——温度；

——主要阀门阀位开及关状态监测；而所用的限位开关传送器宜为非机械式；

——显示加臭量及贮罐液位，显示或控制加臭机的方式；

——可燃气体多点检测，爆炸下限浓度报警；

——超压自动紧急切断装置阀位的开、关状态监测和报警；

——流量计流量信息；

——预热系统数据。

4）遥调压力控制：

——遥调压力装置允许通过 SCADA 对每路调压系统的出口压力独立调校，并设有保护装置，确保通过 SCADA 所作用的调校，不会超出预设的上限及下限；

——遥调压力装置在正常操作下，不应有天然气漏出；

——当遥调压力装置失灵时，应有保护装置，以确保出口压力仍控制在预设的上限和下限的范围内。

5）配套法兰连接标准：当设备与管道采用法兰连接时，配套法兰应符合 ANSI B16.5 标准。

6）表面处理：所有设备外表面都应在检测后进行防腐处理。防腐前，金属表面应按有关标准进行彻底清洁、除污、除油、除锈。

6.9 预热装置

1）天然气从上游减压至下游时，温度会下降。

2）设计加热系统：

——下游管道及装置、尤其是塑料或含橡胶的组件，是否能于低温的天然气环境下正常操作；

——烃、水或水化合物液化后而对下游管道构成不良影响；

——流经辅助系统的天然气；

——确保任何气体成分调节过程能有效运作；

——防止调压系统、辅助系统等出现结霜现象。

3）预热装置的数量及输出功率，必须根据天然气最高需求量及上、下游的压力来计算决定。

4）假若采用水热式预热装置，必须保证该装置不受结冰影响或有内部腐蚀的情况发生。

——烟囱排烟温度不可大于 300°C，烟囱出口与燃气安全放散管出口的水平距离应大于 5m 或设置安全存放罐；

——燃气锅炉必须有熄火保护装置；

——应防止天然气与预热介质之间有直接接触的机会（如热交换器的管道泄漏）。

5）装置中的塑料或橡胶材料必须能抵受装置加热器运作所达至的最高温度。

6）必须装有流量表及监控系统以保证预热装置进行最有效率的运作。

7）必须考虑装置于热转换过程中对热转换部分所产生的应力。

6.10　检管站

1）检管站的检管器的收发装置应与门站或调压站相结合。而检管站的管道设计，应方便检管及清管工艺的操作。

2）检管站应提供足够空间为辅助车辆、仪器或器材作检管器（管道巡检仪）的发送及接收。

3）检管站必须包括下列装置（见图3）：

——检管器收发筒；

——旁通管；

——阀门；

——压力显示器；

——放散管；

——检管器通过指示器。

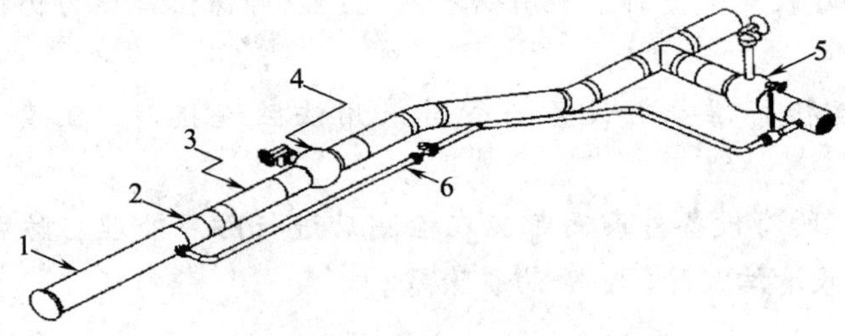

1—检管收发筒；2—变径管；3—收集器颈部；4—全通径隔离阀门；5—支管阀门；6—旁通管。

图3　检管站装置

4）检管站的检管器收/发装置设计应符合压力容器标准如GB150—2011或同级。可考虑预留法兰接口，当需要进行检管及清管工艺时，才装上检管器收筒/发筒。

5）检管器收/发筒设计须包括下列条件：

——检管器收/发筒内径须大于管道内径至少100mm。

——检管器收/发筒须设有支管连接检管站下游管道用作驱气或压力调节等用途。支管管径应可满足有关流量所需。

——除提供足够空间给辅助器材进行检管及清管工艺操作外，应设置车道，当检管工艺进行时，可容许辅助车辆的进入。

——检管器收/发筒不可指向站内的构筑物或其他装备，也不应正对间距小于或等于60m的居住区或建（构）筑物区。

6）检管装置管道应以内径选取，必须与检管器相配合。

7）检管站须进行检管工序之管道必须采用全通径阀门，阀门之内径须与管道一致。

8）地面的管道与地下的管道间应设有绝缘接头，作绝缘隔离。

9）检管器会通过的管道上的弯头数量应尽量减小，高压管道弯头的曲率半径应按GB 50251—2003的规定；次高压管道弯头的曲率半径应不小于3D。

10）弯管的椭圆度不得大于2%。

11）当支管内径为管道内径的25%或以上时，须于支管出口装设导杆，防止检管器卡在有关位置。

12）支管与支管之间的距离不应太接近，避免影响检管器在管道内的推进。

13）站内管道内壁宜有环氧树脂涂层，减少检管器与管道所造成的摩擦。

14）检管器收/发筒至隔离阀门应设计有足够长度容纳智能巡检仪（Intelligent PIG），作成功的发放或收集。收/发筒外围应有足够空间装卸智能巡检仪。

15）检管器收/发筒扇门须有安全设计，并有足够仪器提供以下功能：

——检管器收/发筒筒腔加压时，扇门应能紧锁，不可能被蓄意或意外开启。

——在筒腔减压后，扇门须在腔内的余压减至大气压力下才可被安全及畅顺地开启。

16）应备有安全设计，当检管器收/发筒扇门未锁好时，检管器收/发筒筒腔不能加压，反之亦然。

17）应设置足够压力监察位置，方便连接有关仪器进行监察。

18）应设置检管器通过指示器，显示出检管器是否进入或离开了检管站。除检管器通过指示器外，在检管器可通过的管道中，不应装设嵌入管道内的设施。

19）检管器收/发筒应提供至少有排水、放散及压力显示等接驳位置。

6.11　安全防护装置

1）防雷：

——设在空旷地带的场站单独设置避雷装置时，其接地电阻值应小于10Ω。

——应根据GB 50057—2010《建筑物防雷设计规范》第二类 设计规定。

2）气体泄漏警报及探测可经SCADA系统回传至调度中心。

3）防火及火警警报及探测可经SCADA系统回传至调度中心。

4）站内的消防设施设计应符合GB 50016—2005《建筑设计防火规范》的规定，并符合下列要求：

——站内室外消火栓宜选用地上式消火栓；

——门站内建筑物灭火器的配置应符合GB 50140—2005《建筑灭火器配置设计规范》的有关规定，每组相对独立的调压计量等工艺装置区配置干粉灭火器，数量不少于2个。

注：干粉灭火器指8kg手提式干粉灭火器，根据场所危险程度可设置部分35kg手推式干粉灭火器。

5）场站出入口可装设红外线移动探测防盗系统，防止未经许可人员非法进入。

6）站内必须装置闭路电视监视，防止未经许可人员闯入，闭路电视影像应上传调度中心。

6.12　站内管道设计要求

站内管道设计，应参考GB 50028—2006及本规定《高压管道设计及施工》及《中低压系统设计及施工》。

6.13　门站及调压站的施工

（1）焊接检验

1）为保证焊接质量，应对所有已焊接管件的焊缝作外观检查及无损探伤，每个焊缝应有探伤结果及检查报告；

2）所有对焊缝应进行100%全周长射线探伤，其质量的检验标准应按GB/T 3323—2005《钢熔化焊对接接头射线照相和质量分级》执行，Ⅱ级为合格；

3）当有不能使用射线探伤的焊缝或对射线探伤有疑问时应使用超声波探伤，应进行100%超声波探伤检验，其质量的检验标准应按GB/T 11345—1989《钢焊缝手工超声波探伤方法和探伤结果分级》执行，Ⅰ级为合格；

4）角缝焊应进行100%磁粉检测并符合JB/T 4730.4—2005《承压设备无损检测 第4部分：磁粉检测》，若场站可能存在有些部位不适合用磁粉检测，其角缝焊可采用JB/T 4730—2005《承压设备无损检测 第5部分：渗透检测》，但在设计时应尽量避免存在这些部位；

5）竣工图上应标明焊缝编号、焊接日期、无损检验方法、底片编号、焊缝补焊位置及施焊焊工代号等。

（2）清管

1）站内工艺管道试压前应进行清管，确保管道内没有杂物泥污等。

2）站内工艺管道投入使用前应进行干燥清管，确保管道内没有积水。

（3）试压

1）位于调压系统出口阀门及其上游的所有管道及设备，应以进口压力计算试验压力值。

2）强度试验：

——强度试验宜采用清洁水作为试验介质，其试验压力值，稳压时间及允许降压值应符合GB 50235—2010的要求。不宜进行水压强度测试的装备如调压器，或容易受阻塞的细小导管，应在水压强度测试时隔离；

——导管的强度测试：各装置之导管强度试验可采用压缩空气或氮气作介质，其试验压力值，稳压时间及允许降压值应符合GB 50251—2003之要求。

3）严密性气体试验：严密性试验应在强度试验合格后，连接所有其他设备如过滤、预热、计量及调压装置（如适用）一同进行，并宜采用压缩空气为试验介质，其试验压力值，稳压时间及允许降压值应符合GB 50251及SY 0401之要求。如调压系统的组装在供货商厂房内进行，应于出厂前、在站内与其他管道安装连接后，皆做一次严密性气体试验。

4）调压设备在现场安装后可按照GB 50251—2003《输气管道工程设计规范》，《城镇燃气输配工程施工及验收规范》执行严密性气体试验。

5）站投入运行时，凡未经相等或高于运作压力作严密性气体试验的装置及管道设施，应在压力逐步提升时进行重复测漏，以确保站内设施没有泄漏情况。

6）用以试压的压力表，其精度应最少为压力值的0.5%，并可以简便地读出其测量压力；量程范围为最大试验压力的1.5倍。试压用的温度计分度值不应大于1度。

7）所有压力测试应有合资公司或其所聘请的独立代表在场的情况下进行。每一试压系统至少安装两块压力表，分别置于试压段高点和低点。

（4）调压系统功能试验

1）调压装置功能试验：各调压器及安全设备如紧急切断阀等，均需进行功能试验，应向供货商索取所需设定的各指挥器之功能压力值并进行试验，以确保所有调压设备功能是合格可用的。

2）计量、加臭及预热装置：应向供货商索取有关的测试报告，投入运行程序等技术文件并进行功能试验，以保证所有装置是可用的，功能是正常的。

3）所有功能试验应有合资公司或其所聘请的独立代表在场的情况下进行。

二、次高压燃气管道设计技术规定

次高压燃气管道设计技术规定适用范围：设计压力（GB1－C）$0.8\mathrm{MPa} < P \leqslant 1.6\mathrm{MPa}$ 和（GB1－D）$0.4\mathrm{MPa} < P \leqslant 0.8\mathrm{MPa}$ 的燃气管道中的次高压门站、次高压调压站室外输配管道的设计和施工。其中压燃气管道（GB1－E）$0.1\mathrm{MPa} < P \leqslant 0.4\mathrm{MPa}$ 可以参考。

1　管道及附件材料

1.1　次高压燃气管道应采用管材及附件材料应符合下列要求：

1）选取压力管道元件必须在安全、可靠及环保的基础上，适用于所要求的工作环境。所选择的供货商必须持有特种设备制造许可证制造的产品以及持有特种设备制造许可产品监督检验报告，方可使用。

2）压力管道元件的选择，应根据管道的使用条件（设计压力、温度、介质特性、使用地区等）、材料的焊接性能等因素，经成本效益分析后确定。

3）压力管道元件应根据选用的材料、管径、壁厚、介质特性、使用温度及施工环境等因素，对材料提出冲击试验和（或）落锤撕裂试验要求。

4）当压力管道元件采用焊接连接时，应采用相同或相近的材料。

5）次高压A钢管在四级地区或在其他重要设施，如铁路、高速路等的选材，应采用埋弧直缝钢管（如UOE）或无缝钢管（seamless）。

6）次高压A的情况下，螺旋焊缝钢管的应用应限于一、二或三类区域。

7）应用螺旋焊缝钢管时，应要求管材供货商应提供残余应力测试报告。控制指标是管材的残余应力不大于其最低屈服强度的10%。其中一种有效方法是进行整管扩径。

8）管道附件不得采用螺旋焊缝钢管制作，严禁采用铸铁制作。

9）燃气管道选用的钢管，应符合GB/T 9711—2011的规定，或符合不低于上述标准相应技术要求的其他钢管标准。三级和四级地区高压燃气管道材料钢级不应低于L245。

10）压力管道元件及管道附件应符合有关的国家标准，如GB/T 12459—2005，GB/T13402—2010等，当国家标准未能涵盖时，应不低于相应的国际标准，如ASME B16.5，ASME B16.9等。

11）采用高频电阻焊管应用在三、四级地区时，只能用于表压不高于0.8MPa及壁厚不大于10mm的管道。

12）在订购管材及管件时，宜委托第三方有压力管道元件监督检验的单位对该批次的物料进行驻厂监造。

1.2 钢管及管件必须附有合适的外涂层，管道也宜有内防腐层以防止在运送及储藏期间锈蚀或损害。

1.3 如需要检管和清管，应符合以下要求：

1）高压管道，其弯头的弯度应按 GB 50251—2003 的规定。次高压管道，其弯头的曲率半径应不少于 3D；

2）弯头不应由钢管焊接制造；

3）阀门必须为全通径；

4）在支管的直径大于干管的直径 25% 时，三通的支管口位置应设导向杆。

1.4 由于 0.8MPa 以上的次高压或高压管道对整个输配系统极其重要，所以应尽量考虑内检管的要求。

1.5 在设计支管时，必须先考虑选用预制的管件，并有压力管道元件监督检验证书。在情况不许可下，可使用直接开孔连接的方法，而有关补强的规定必须符合《城镇燃气设计规范》GB50028—2006。

1.6 法兰垫片必须不含石棉成分，应选用可靠的形式和材质，例如非石棉纤维橡胶垫、缠绕垫、金属冲齿板柔性石墨复合垫、柔性石墨金属波齿复合垫等。

1.7 燃气管道阀门的选用应符合有关国家现行标准或不低于国际标准。选择适用于燃气介质的阀门，宜选用焊接球阀。阀门应具备双隔中疏的功能，即阀门本身密封面中间有通道可以将气体放散，确保当阀门关闭时，上游的气体绝不会流入下游。

1.8 弯头的壁厚应比相连钢管厚，其厚度的计算应按 GB 50251—2003 的规定。

2 管材及管件存放

2.1 管材及管件的性能及检验一般规定

用于燃气输配工程的管道、管件、辅材、焊材等，必须具有生产厂质量检验部门的产品质量检验报告和合格证，其质量不得低于国家现行标准或其他国际标准，否则不得使用。

2.2 管道设备的搬运和存放

1）验收物料，应注明收到的货品的数量以及损坏的程度，如有损坏，应详细报告有关资料，并应附照片以作记录。

2）在收到提供的物料之后，应该注意所有这种物料的保安、搬运、存放和堆放。

3）为了防止管道保护层受到破坏，管道应铺设两排枕木或砂袋垫高。在堆叠时，两层管道之间应放上衬垫，并在最下层的管道应用楔子固定。

4）任何损坏或不适合使用的物料，都应有清楚的标签，并与其他适合使用的物料分开存放，避免好坏混合，防止因疏忽而误用在工程中。

5）管道、设备搬运时，不得抛摔、拖拽和剧烈撞击。

6）运输时的堆放高度、环境条件（湿度、温度光照等）必须符合产品的要求，应避免暴晒和雨淋。

7）运输时应逐层堆放，捆扎、固定牢靠，避免相互碰撞。堆放处不应有可能损伤材料、设备的尖凸物。

8）避免接触可能损伤管道、设备的油类、酸、碱等物质。

3　地区等级

3.1　燃气管道通过的地区，按沿线建筑物的密度可划分为四个地区等级，并依从所归类的地区等级作出相应的管道设计。

3.2　燃气管道地区等级的划分应符合下列规定：

沿管道中心线两侧各200m范围内，任意划分为1.6km长并能包括最多供人居住的独立建筑物数量的地段，按划定地段内的房屋建筑密集程度，划分为四个等级。

注：在多单元住宅建筑物内，每个独立住宅单元按一个供人居住的独立建筑物计算。

1）地区等级的划分：

——一级地区：有12个或12个以下供人居住建筑物的任一地区分级单元；

——二级地区：有12个以上，80个以下供人居住建筑物的任一地区分级单元；

——三级地区：介于二级和四级之间的中间地区。有80个和80个以上供人居住建筑物的任一地区分级单元；或距人员聚集的室外场所90m内铺设管线的区域；

——四级地区：地上4层或4层以上建筑物普遍且占多数的任一地区分级单元（不计地下室层数）。

2）二、三、四级地区的长度可按如下规定调整：

——四级地区的边界线与最近地上4层或4层以上建筑物相距200m；

——二、三级地区的边界线与该级地区最近建筑物相距200m。

3）确定燃气管道地区等级应为该地区今后发展留有余地，宜按城市规划划分地区等级。

4　管壁计算及设计系数

4.1　燃气管道的设计强度，应根据管段所处地区等级和运行条件，按永久载荷和可变载荷的组合进行设计。特殊情况下（例如当有巨大温差，预计沉降或其他负荷等），管道设计应考虑进行详细的应力分析，以确保管道所承受的载荷。

4.2　设计钢管时，应考虑因次高压系统每天压力循环所产生的金属疲劳效应。

4.3　钢质燃气管道的设计公称壁厚，应先按下式计算其直管段计算壁厚，其后按钢管标准规格选取不小于直管段计算壁厚的公称壁厚。最小公称壁厚不应小于表3的规定。

$$\delta=\frac{PD}{2\sigma_s\phi F}$$

式中：

δ——钢管计算壁厚（mm）；

P——设计压力（MPa）；

D——钢管外径（mm）；

σ_s——钢管的最低屈服屈强（MPa）；

F——强度设计系数，按表4和表5选取。

ϕ——焊缝系数。当采用符合GB 50028—2006中5.9.4规定的钢管标准时取1.0。

表3 钢质燃气管道最小公称壁厚

钢管公称直径/mm	公称壁厚/mm	钢管公称直径/mm	公称壁厚/mm
DN100－DN150	4.0	DN600－DN700	7.1
DN200－DN300	4.8	DN750－DN900	7.9
DN350－DN450	5.2	DN950－DN1000	8.7
DN500－DN550	6.4	DN1050	9.5

4.4 燃气管道的强度设计系数（*F*）应符合表4的规定。

表4 燃气管道的强度设计系数

地区等级	强度设计系数	地区等级	强度设计系数
一级地区	0.72	三级地区	0.4
二级地区	0.6	四级地区	0.3

4.5 穿越铁路、公路和人员聚集场所的管道以及门站、储配站、调压站内管道的强度设计系数，应符合表5的规定。

表5 穿越铁路、公路和人员聚集场所的管道以及门站、储配站、调压站内管道的强度设计系数

<table>
<tr><th rowspan="3">管道及管段</th><th colspan="4">地区等级</th></tr>
<tr><th>一</th><th>二</th><th>三</th><th>四</th></tr>
<tr><th colspan="4">强度设计系数 F</th></tr>
<tr><td>A. 有套管穿越Ⅲ、Ⅳ级公路的管道</td><td>0.72</td><td>0.6</td><td rowspan="5">0.4</td><td rowspan="5">0.3</td></tr>
<tr><td>B. 无套管穿越Ⅲ、Ⅳ级公路的管道</td><td>0.6</td><td>0.5</td></tr>
<tr><td>C. 有套管穿越Ⅰ、Ⅱ级公路、高速公路、铁路的管道</td><td>0.6</td><td>0.6</td></tr>
<tr><td>D. 门站、储配站、调压站内管道及其上、下游各200m管道，截断阀室管道及其上、下游各50m管道（其距离从站和阀室边界线起算）</td><td>0.5</td><td>0.5</td></tr>
<tr><td>E. 人员聚集场所的管道</td><td>0.4</td><td>0.4</td></tr>
</table>

5 设计

5.1 气体体积的标准参比条件选择有关标准。

5.2 在运行的压力和温度条件下，燃气的烃露点应比最低环境温度低5℃，燃气中不应有固态、液态或胶状物质。

5.3 在运行的压力和温度条件下，燃气的水露点应比最低环境温度低5℃。

5.4 流速不宜大于20m/s。

5.5 管网的规划应根据用户流量的分布和用气的情况，为保证供气可靠性，可考虑采

用多点供气，形成环状等措施。

5.6　管道路线的选择，应考虑以下主要因素：

——地区等级与最高设计压力的规定；

——间距的规定；

——城镇规划/土地用途可能对管道的影响；

——管线的长度、设计、施工及运作的要求及有关的造价；

——对环境或文物的影响；

——相邻设施及周边环境对管道可能造成的风险。地下燃气管道不可在堆积易燃、易爆材料和具有腐蚀性液体的场地下面穿越，并不宜与其他管道或电缆同沟敷设。如需要同沟敷设时，必须采取防护措施。

5.7　地下燃气管道埋设的最小覆土厚度（路面至管顶）应符合下列要求：

——埋设在机动车行道下时，不得小于0.9m；

——埋设在非机动车行道（含行人道）下时，不得小于0.6m；

——埋设在水田下时，不得小于0.8m。

5.8　埋地管道的连接应尽量避免使用法兰连接。

5.9　输送湿燃气的管道，应埋设在土壤冰冻线以下。

5.10　地下燃气管道地基宜为原土层。凡可能引起管道不均匀沉降的地段，其地基应进行处理。

5.11　管道与建筑物、构建物或相邻设施的水平及垂直间应符合GB 50028—2006的要求。

5.12　通过四级地区的燃气管道，其压力不大于1.6MPa（表压）。当条件限制需要进入时，高压管道通过四级地区的设计应不低于GB 50028—2006的规定。

5.13　地下燃气管道与相邻设施之间的水平和垂直净距，不应小于表6和表7的规定。

表6　地下燃气管道与相邻设施之间的水平净距

项　目		地下燃气管道与相邻设施间水平净距/m			
		次高压		高压	
		B	A	B	A
给水管		1.0	1.5	1.5	1.5
污水、雨水排水管		1.5	2.0	2.0	2.0
电力电缆（含电车电缆）	直埋	1.0	1.5	1.5	1.5
	在导管内	1.0	1.5	1.5	1.5
通信电缆	直埋	1.0	1.5	1.5	1.5
	在导管内	1.0	1.5	1.5	1.5
其他燃气管道	$D_n \leq 300$mm	0.4	0.4	0.4	0.4
	$D_n > 300$mm	0.5	0.5	0.5	0.5

续表

项目		地下燃气管道与相邻设施间水平净距/m			
		次高压		高压	
		B	A	B	A
热力管	直埋	1.5	2.0	2.0	2.0
	在导沟内（至外壁）	2.0	4.0	4.0	4.0
电杆（塔）的基础	电压≤35kV	1.0	1.0	1.0	1.0
	电压>35kV	5.0	5.0	5.0	5.0
通讯照明电杆（至电杆中心）		1.0	1.0	1.0	1.0
铁路路堤坡脚		5.0	5.0	6.0	8.0
有轨电车钢轨		2.0	2.0	3.0	4.0
街树（至树中心）		1.2	1.2	1.2	1.2

表7　地下燃气管道与相邻管道之间垂直净距

项目		地下燃气管道（当有套管时，以套管计）与相邻管道间垂直净距/m
给水管、排水管或其他燃气管道		0.15
热力管的管沟低（或顶）		0.15
电缆	直埋	0.50
	在导管内	0.15
铁路轨底		1.20
有轨电车轨底		1.00

注：如果地形限制无法满足表6和表7时，经与有关部门协商，采取行之有效的防护措施后，表6和表7规定的净距，均可考虑适当缩小。

5.14　一级或二级地区地下燃气管道与建筑物之间的水平净距不应小于表8的规定。

表8　一级或二级地区地下燃气管道与建筑物之间的水平净距

燃气管道公称直径DN/mm	地下燃气管道与建筑物间的水平净距/m		
	管道压力1.61MPa	管道压力2.5MPa	管道压力4.0MPa
900<DN≤1050	53	60	70
750<DN≤900	40	47	57
600<DN≤750	31	37	45
450<DN≤600	24	28	35
300<DN≤450	19	23	28
150<DN≤300	14	18	22
DN≤150	11	13	15

水平净距是指管道外壁到建筑物出地面处外墙面的距离。建筑物是指供人使用的建筑物。

当燃气管道压力与表中数不相同时，可采用直线方程内插法确定水平净距。

5.15　三级地区地下燃气管道与建筑物之间的水平净距不应小于表9的规定。

表9　三级地区地下燃气管道与建筑物之间的水平净距

燃气管道公称直径和壁厚δ/mm	地下燃气管道压力/MPa		
	1.61	2.5	4.0
A）所有管径 $\delta<9.5$	13.5	15.0	17.0
B）所有管径 $11.9>\delta\geqslant 9.5$	6.5	7.5	9.0
C）所有管径 $\delta\geqslant 11.9$	3.0	5.0	8.0

注：如果经风险评估证实可行并对燃气管道采取有效的保护措施，$\delta<9.5$mm 的燃气管道也可采用表中B）的水平净距。管道材料钢级不低于于GB/T 9711—2011规定的L245或API 5L。

5.16　次高压B地下燃气管道与建筑物或构筑物或相邻设施之间的水平净距不应小于5.0m。如壁厚不少于11.9mm，所需的水平间距应不少于3m。

5.17　选择埋地管道的路线，应尽量避免可能产生集散直流电的区域，如位于直流操作的铁路或电车轨附近，管道应附设合适的防腐设施以抵御集散电流腐蚀的侵袭。

5.18　地下燃气管道上的设施，如阀门、阴极保护测点等均应设置管井。为减少密闭空间，此类井应尽量为手井（Handhole）式（注：泄漏气体积聚于井室有引起爆炸及井盖飞脱的风险）。

5.19　在燃气管道三通起点处，应设置阀门。

5.20　阀门的选址应为安全、容易操作的地方。阀门绝不可设于高速或繁忙车道上。

5.21　阀门两侧应设置放散管，并在放散管上装设阀门。

5.22　在防火区内关键部位使用的阀门，应具有耐火性能。需要通过清管器或电子检管器的阀门，应选用全通径阀门。

5.23　燃气干管上应设置分段阀门，分段阀门不应超过以下间距：

——以四级地区为主的管段不应大于8km；

——以三级地区为主的管段不应大于13km；

——以二级地区为主的管段不应大于24km；

——以一级地区为主的管段不应大于32km。

5.24　次高压燃气管道的设计，除站场或极特殊情况，应为埋地。在不可行及保证安全的情况下，才可考虑架空管道的方案，但必须符合GB 50028—2006的要求。

5.25　次高压燃气管道及管件设计应考虑日后清管或电子检管的需要，并宜预留安装电子检管收发装置的位置。选择弯头、阀门、三通及其他配件时，应确保有效及安全的检管要求，包括以下几点：

——在可检管的管道上不应装设嵌入管道内的设施；

——接驳检管器收/发筒管道弯头的数量应尽量减少；

——支管与支管之间的距离不应太接近，避免影响检管器在管道内的推进。

6 钢制燃气管道的防腐

埋地钢质燃气管道应采用防腐绝缘层和阴极保护系统双重保护。

6.1 燃气管道及管道附件所需要的内层保护和外层保护，应尽可能于制造商的工厂内制造。

6.2 地下燃气管道的外防腐涂层应为聚乙烯防腐层（宜为三层）或环氧粉末喷涂，并应符合国家现行的有关标准或不低于其他国际标准的规定。

——如选用聚乙烯为外防腐层，建议厚度为3000μm；

——如选用环氧粉末为外防腐层，建议厚度为400μm或以上。

6.3 使用内防腐层的好处是能够减低管道内的摩擦损失，并同时减低管道在安装前腐蚀的可能性。一般的内防腐层采用环氧（epoxy）系列。

6.4 采用涂层保护埋地敷设的钢质燃气干管应同时采用阴极保护，如采用牺牲阳极法或强制电流方式，并应符合国家现行的有关标准或不低于其他国际标准的规定。有关标准如GB/T 21447—2008、GB/T 21448—2008。在城市地区或地下设施密集地区，应使用牺牲阳极法。于郊外空旷区域，可考虑改用强制电流法。

6.5 使用牺牲阳极法，每组牺牲阳极的间距约为300m。

6.6 实施阴极保护的管道与未保护的设施之间应设置电绝缘装置，电绝缘装置应有绝缘性能测试装置。

6.7 对于钢质管道的非焊接管道连接头，应在管道连接头处安装永久性跨接，投资电连续性。

7 施工要求

7.1 次高压燃气输配钢管工程施工及验收工作，包括了钢管铺设、焊接、，测试和其他有关工序。按照有关特种设备适用的工程包括输配工程的新建、改建和扩建的施工及验收。

凡进行城镇燃气输配工程施工的单位，必须具有与工程规模相应的施工资质，并需要提交详细施工方案，该方案要告知相关主管部门和特种设备安全监督部门，并联络与敷设管道工程相关的单位，如当地道路管理部门、公安局等，与他们合作。

7.2 工程施工应具备下列条件方可开工：

——必须得到当地主管部门和相关单位的批准，领取有关的施工许可证；

——设计及相关技术文件齐全，施工图纸业经审定；

——材料、机具备齐，工种齐全，施工现场环境符合要求，施工用水、电、气满足要求，并能保证连续施工。

工程施工必须按设计进行，修改设计或材料代用应经原设计部门同意。如发现施工图有误或在施工的燃气设施与其他市政设施的安全距离不能满足国家现行有关规范要求时，不得自行更改，应及时向建设单位或设计单位提出变更设计要求。

7.3 工程施工所用管道组成件、设备等，应符合国家现行的有关产品标准，并具有出厂合格证。

7.4 工程施工及验收，应遵守国家和地方有关安全、施工、劳动保护、防火、防爆、环保和文物保护等方面的规定。

7.5　施工记录图表

在工程的建设过程中，应当准备全面的记录图表以显示已建设工程的详细资料。

在施工进行中，应定期绘制管道平面图用作监理管道敷设的进度直至工程完成，该图应包括相关的地图或足够的地标显示。此类施工进度图的比例宜为1:1000。完工时则绘制整体管道安装图，比例宜为1:500或1:250，并须包括以下数据：

——管道平面图；

——坐标及方向变化；

——相关的地图或具足够的地标显示；

——阴极保护控制井、阀门和其他永久性装置的位置；

——管道纵断面图；

——焊缝节点图；

——关于管道、装置、焊缝编号的识别记号；

——已铺管道与相对永久建（构）筑物的距离。

7.6　管道地面标志设置

为了运行维护、保养管理方便和防止外单位施工损伤燃气管道，燃气管道沿线宜设置标志。

——在阀门或阴极保护的护井标志必须具足够的承载力以应付地上可能的载荷；

——路面标志应统一制作，同种规格一致。标志埋入后应与路面平齐；

——非路面的管道上面，应设置显眼的管线标志，如标志牌、砼桩柱。

7.7　公用事业及地下设施

1）在开挖土方以及铺设管道过程中，必须对所有地下设施，如水管、电缆、排水管或者地底隧道及其他工程的所在位置要小心谨慎并且注意保护。

2）在开挖任何土方之前，应由合格人员使用探测器来确定地下设施的位置。在有需要时，应与有关的单位联络，在未确定地下设施的位置前，不应使用重型机械开挖，应先以人工开挖以确认地下设施的位置，或在个别地方开挖探坑，以确认地下设施的位置。

7.8　在施工和运行期间，在发现或推测有文物的情况下，必须严格遵守国家有关文物保护的规定，停止施工并且立刻向文物管理部门报告以便采取适当的措施来保护文物。

7.9　交通安全措施

如在行车道施工，必须符合有关的交通法规，设置照明、围栏、保护、锥形物、交通标志及干道通行的红绿灯等设施。在完工以后对所有的损坏进行清理和修复。

8　公共或者私人道路以及进出通道的维护

在施工期间造成的对公共道路、私人道路或者出入通道造成的破坏，应当清理并修复。

8.1　应文明施工，并随着工程的进展，及时清除工地上的垃圾和碎屑，进行及时清洗，确保清洁卫生。

8.2　在施工期间，应保护所有地上和地下，新铺的和现有的管道，尤其要注意保护现有的供气管道。

8.3　保护工程材料和设备免于被损坏和偷窃。在整个施工期间，存放于工地上的材料应避免受天气、操作不当、损坏、被盗或者其他原因所带来的一切风险，必要时进行值班守护（包括白天和晚上）。

8.4　施工时需要采取必要的措施来防止产生噪声污染，并且应当遵守有关防止环境污染方面所作的规定。

8.5　在可能引发危险的任何地带禁止吸烟、携带明火或进行可能产生火花的工作。

9　施工准备

9.1　工程动工之前应预定充足材料，避免发生延误。这些材料包括管道、弯头、三通、阀门等。除了这些材料以外，必须确保施工时所需材料有足够的供应，如（如适用）：

——用于临时性或永久性围栏、照明和护卫的材料；

——保护焊接接口或弯头等的外防腐材料；

——环氧树脂涂料及有关的工具；

——回填及修复的材料；

——获批准的保温衬垫，石棉类不应使用；

——阴极保护装置和材料；

——测试点（Test point）配件——盲板法兰、垫片及高拉力螺栓和螺母；

——清管器、铝板检管器；

——用于水压试验和气压试验的材料，包括所有装有阀门和压力表的排水装置、管帽（End Cap）、盲板法兰板；

——所有材料和器材用于道路施工的临时性道路标志、锥形筒，交通指示牌、交通信号灯，防滑钢板等；

——钢制套管以及阀井盖。

9.2　路面的检查

在任何道路的地段上进行施工之前，宜安排与当地路政单位的代表共同察看该地。

9.3　安全

施工时应遵守有关的安全规定。施工人员应为曾接受有关安全训练的合格人员，工地应设有急救设备。如在施工期间发生任何安全事故，应通知有关方面并对事故作出详细报告。

10　土方工程

10.1　一般规定

1）应有完整的施工计划，包括开挖、下管、回填、路面修复及特殊路段的施工方案；

2）作好管沟开挖前的放线工作，应符合有关的工程测量规定；

3）在施工区域内，有碍施工的现有建筑物、构筑物、道路、沟渠、管线、电杆、树木等，应在施工前与有关单位协商处理；

4）管沟内的积水应及时清除，确保管沟的稳定性及工地环境卫生。

10.2　施工现场安全防护

1）在车行道、人行道施工时，应在管沟沿线四周设置安全护栏，并应设置明显的警示标志；

2）在施工路段沿线，应设置夜间警示灯。对无路灯的施工路段沿线，应设置照明灯；

3）对不可封闭的路面，应有保证车辆、行人安全通行的措施；

4）施工中使用吊车起吊时，应注意沟槽上方高压电线等设施。

10.3　开槽

1）混凝土路面和沥青路面的开挖应使用切割机切割；

2）槽底应预留不少于150mm；

3）管沟沟底宽度、坡度和工作坑尺寸，可参照（CJJ33）城镇燃气输配工程施工及验收规范的要求；

4）沟槽一侧或两侧临时堆土位置高度不得影响边坡的稳定性和管道安装，不得掩埋消防栓、雨水口等设施；

5）堆土与沟边应有安全距离，一般而言，可考虑预留不少于0.5m空间，以确保沟槽稳定，防止堆土塌落及保持工地往来路径；

6）在无法确定沟槽在不加支撑下的稳定性时，应用支撑加固沟壁。对于不坚实的土壤应作连续支撑，支撑物应有足够的强度；

7）沟底遇有废旧物料、硬石、木头、垃圾等杂物时，必须清除，然后铺一层厚度不少于150mm的砂土或素土并整平夯实至设计标高，以确保不会损害管道及其防腐层。

11　焊接及接口处理

11.1　一般规定

1）管道焊接标准应符合如GB 50236—2011等。

2）施工单位在施工前应根据管道工程量安排足够的焊工。

3）在工程的焊接工作开始之前，施工单位应根据设计要求，制定详细的焊接工艺指导书，并据此进行焊接工艺评定，然后根据评定合格的焊接工艺，编制焊接工艺规程，并将规程呈递以供初步批阅。

4）焊接工艺规程包括建议使用的设备、方法和材料、焊条的类型和大小、电流的强度及管材/管件的直径、厚度及级别等。

5）规程经初步批阅后，施工单位必须在工地上按焊接工艺规程进行测试，包括外观检查，X－射线照相检验及力学性能试验，以确定其方法是可接受的。如果测试结果符合规定，则该规程会被批准在工程中使用，而该焊工也被认为符合资格。

6）往后沿用该获批准的规程测试其他焊工，可采用X－射线和外观检查。

7）管道施焊人员必须具有特种设备焊工证，并在施工前按已获批准的焊接工艺指导书（或者焊接工艺规程）进行考试。通过考试的焊工，间断焊接时间不应超过6个月，否则应重新进行考试。

11.2　两层焊接之间的时滞

第二层应该立即在完成第一层之后进行。所有的焊接都必须在当天完成。必要时，焊口冷却应在保温覆盖下缓慢进行。

11.3　预先加热

焊接前要有预热温度，应考虑管材的化学成分、管壁厚度、焊接时的热能等因素。焊接前预先加热的温度应不低于50℃，或应符合获批准的焊接规程所规定较高的温度。

11.4　材料规格变更需要

如果管道材料转换，一般都需要对焊接工艺规程进行重新测试。

11.5　焊条的类型

如果焊条规格、生产厂家或者品牌发生任何变化，都需要对焊条重新进行质量验证并重新编制焊接工艺规程。

11.6　焊接方法

按照本单位《焊接规程》测试过并经批准的焊接方法外，其他焊接程序不可擅自使用。

11.7　检查和试验

（1）非破坏性方法检查

所有焊接都需要经过外观检查，并进行X－射线检查。如果照片未能确定焊缝质量，可考虑开展超声波试验。如有某些位置被确定为不能进行X－射线检查，应采用磁粉探伤。所有的焊缝修补都必须依照以上非破坏性检查方法进行测试。

（2）X－射线拍摄检验

1）概要：在工程中1.6MPa以上管道穿、跨越等特殊地段的全部焊口都需要经过100%的X－射线检测。同时进行100%超声波检测。

2）检验标准：X射线拍片检查应按GB/T 3323—2005的规定执行；手工超声波检查应按GB 11345—1989或其他等同标准的规定执行。焊缝合格等级按设计文件要求执行。

3）X－射线拍摄程序：X－射线拍摄只有在焊缝已经冷却到周围环境的温度及干燥后方可进行。进行X－射线拍摄的以及呈交的照片必须在焊接结束后24h之内完成。对存在延迟裂纹倾向的焊缝，应在焊接结束后24h之后进行。

11.8　管道间隙

在地上或者在深沟中焊接的钢管在管道与其他阻碍之间，一般应至少预留600mm的空间以方便进行焊接。在可能的情况下，钢管焊接应尽量在地上进行。

12　管道敷设的一般规定

1）管道下沟前，须检查每一管道及配件有无割损、深刮痕、点蚀或其他损伤。

2）如管道或配件有瑕疵，必须在上面划上记号，并禁止使用此管道及配件。遇此情况时，应通知监督工程师作进一步指示。

3）安装前应将管道、管件及阀门等内部清理干净，不得存有杂物。

4）在敷设管道期间，应特别小心避免水或其他杂物进入系统内。若工地无人看管时，管末端的开口应用膨胀堵管器、管帽或其他认可方法适当地封好。

5）管材及管道组成件在安装前应按设计要求核对无误，并应进行外观检查，其内外表面应无疤痕、裂纹、严重锈蚀等缺陷，方准使用。

6）管道下沟前必须对防腐层进行100%外观检查，回填前应进行100%电火花检漏，回填后必须对防腐层完整性进行全线检查，不合格必须返工处理直至合格。

13　牺牲阳极阴极保护

13.1　牺牲阳极宜采用镁合金牺牲阳极。

13.2　镁阳极与泥土的电压值参考（Cu/$CuSO_4$）应低于－1.5V。

13.3　连接阴极保护后应维持（－0.85V～－1.2V管道）/土壤电位（相对于Cu/$CuSO_4$半参比电极，并消除IR降）。

13.4　为监察阴极保护的功能，管道每隔一定距离应加设牺牲阳极阴极保护测试点。在城镇市区或工业区，相邻间隔不应大于1km。

13.5　牺牲阳极的埋设量应通过公式计算得到，新建管道所需最小保护点流密度宜取0.03～0.05ma/m^2。

13.6　阴极保护的系统寿命应不低于50年。

14　回填及回复

14.1　工地复原

恢复所有的工作区域和道路，至少应与工程开始之前的情况相同。

14.2　回填与路面恢复

1）管道周边150mm回填宜为细沙或无杂质的素细原土，其余的回填应符合CJJ33对粒径的控制要求，并宜就地取材，但回填物质不能对防腐层有损害。回填必须按规定夯实。

2）沥青路面和混凝土路面的恢复，应由具备专业施工能力的单位施工。

3）道路的基础和路面材料的性能必须与原基础和路面材料一致。

14.3　警示带敷设

1）埋设燃气管道的沿线应连续敷设警示带。警示带敷设前应对敷设面夯实，然后将其平整地敷设在管道的正上方，距管顶的距离宜为0.3m～0.5m，但不得埋入路基和路面里。

2）警示带平面布置按表10：

表10　警示带平面布置

公称管径	警示带平面布置/mm	
	≤400	>400
警示带条数	1	2
警示带间距	—	150

3）警示带宜采用黄色聚乙烯等不易分解的材料，并有明显、牢固的警示提示语，字体宜大于或等于100mm×100mm。

15　强度试验及验收

15.1　管道安装完毕，应进行管道清扫、测径、强度试验和严密性试验

15.2　安全预防措施

1）将进行试验的任何管道，应与无关系统隔离，与现已运行的燃气管道不得用阀

门隔离，必须完全断开。

2）测试竖管上应安设压力放散阀，并调校以防止试验压力超过设定压力的5%。

3）当压力被提升时，所有人等不应逗留在沟槽内。在试验期间，只准负责测试接口的人员留于沟槽内。不论配件已经如何安稳地固定，这些人员在任何时间都严禁停留于管帽、管塞、弯管、三通管后面。

4）在整个试验过程中，应间歇检验整个系统，以确保所有锚固设施牢固而无危险。

5）在试验或压力提升期间，如发现管道有任何移动迹象，应立刻停止压力试验及释放管道内的压力，并采取纠正措施。

6）严禁使用关上的阀作为管帽。压力试验期间试验段上所有的阀必须在开启的位置。

7）当完成测试，应将压力经适合的放散管释放，所有放散管应由人监控。应用压力计或用其他方法检查，并由在场的负责人以书面证明，而该文件须经负责测试的监督工程师审查。

15.3　管道吹扫和清扫、测径

管道安装后，由建设单位负责组织清扫工作，在管内清扫时，宜考虑清管球清扫，以开口端不再排出杂物为合格。如使用空气吹扫，吹扫压力不得大于管道设计压力且不应大于0.3MPa。

如清管合格后需进行测径，测径宜采用铝质测径板，直径为试压段中最大壁厚钢管或者弯头内径的90%，当测径板通过管段后，无变形、褶皱为合格。

15.4　强度试验

强度试验压力应按设计压力，试验压力应不低于设计压力的1.5倍，管材及管件所承受的压力不得变。试验介质一般采用清洁水。

压力管道进行强度试验时，压力应逐步缓升，首先升至试验压力的50%，进行初检。如无泄露、异常，继续升压至试验压力，然后稳压1h，观察压力计30min，无压力降才可开始试验。试验期应不少于4h。

强度试验以无压力降为合格；在试验完成时，所有的记录表都应由负责测试的监督工程师签名。

15.5　严密性试验

1）严密性试验应在强度试验合格后，管线回填后进行。试验介质一般采用压缩空气。

2）在气压测试开始前，空气压缩机应停止工作并断开连接，而且需要有一段足够的时间保证管道中的气温恢复稳定。严密性试验前的稳压时间一般为24h。

3）在气压测试完成之时，所有的记录表都应由负责测试的监督工程师签名。严密性试验压力按设计文件要求执行。

4）试验实测的压力变化，应根据在试压期间管内温度和大气压的变化予以调整，并计算出实际压力差别，压力降差的要求应按CJJ33规定；严密性试验的持续时间应为24h，每小时记录不应小于1次。在拆除或暴露经压力试验的主管/支管的管帽、管塞、弯管、三通管等配件前，应检查以确保管道内的气压已经完全释放。当拆除或暴露这类配件时必须特别小心，并确保任何时间内，任何人员不得置身于在这类配件后面。

15.6 管道干燥

如需进行管内干燥，以清除管内残余积水。干燥方法可采用吸水性泡沫清管塞反复吸附，干燥气体（压缩空气或氮气等）吹扫，真空蒸发等上述一种或几种方法的组合。

干燥验收应符合下列规定：

——当采用干燥气体吹扫时，可在管道末端设置水露点分析仪，干燥后排除气体水露点值宜连续4h，比管道输送条件下最低环境温度至少低5℃、变化不大于3℃为合格；

——当采用真空法时，选用的真空表精度不小于1级，干燥后管道内气体水露点宜连续4h低于－15℃为合格；

——当采用吸湿剂时（不推荐），干燥后管道末端排出的混合液中，甲醇、甘醇类吸湿剂含量的质量百分比大于80%为合格。

管道干燥结束后，如果没有立即投入运行，宜充入干燥氮气或其他惰性气体，以避免当温暖的管内气体与管道低温的内表面接触时可能会发生冷凝。

15.7 工程竣工

工程竣工验收应依据经批准的设计文件、有关建设文件、本指引和国家现行的有关技术标准规范、协议等完成。竣工资料的收集、整理工作应与工程建设过程同步，工程完工后应及时作好整理和移交工作。

第八节 压力管道产品图纸检验

管道元件标准中的设计压力应当符合国家质检总局特种设备安全监察局有关安全技术规范及其相应标准的要求。非标准件的管道元件还应当有设计计算书和图样。压力管道设计（图纸）一般有：装置设备平面与立面布置图、管道的平面与立面布置图、管道支架平面位置图、管道支架图、伴热管立体图、管道非标准配件制造图、压力管道单线图（单管图）和各种其他复用图纸等多种图纸，每一种图纸都有各自的作用。其中单线图对于整体上了解和指导现场施工安装以及检验等有着重要的使用价值，同时也是压力管道检验的具体要求。

国家质检总局颁发的有关压力管道设计规定，使压力管道设计监督检验工作有章可循，但是，《特种设备安全监察条例》（国务院令第549号）对压力管道设计的另行规定，一度影响了压力管道设计图纸的监督执行，压力管道设计长时间得不到控制，在设计管理等方面长期积累了诸多问题，目前的图纸文件还很难适应监督检验的要求。比较突出的问题是对于压力管道单线图作用的认识、绘制方法的相关要求等方面缺乏规范、标准或统一的技术要求，使得设计单位的技术人员普遍对此项工作缺乏足够的认识和相关知识，造成在实际工作中的单线图五花八门，结果给压力管道安装前办理告之、压力管道安装后使用登记证的办理和将来的管道定期检验工作造成了很多困难。

一、压力管道单线图概述

压力管道单线图是按照正等轴侧投影方法进行绘制的管道图（或画成以单线表示的管

道空视图)，也称管段图。单线图具有简单明了、易于识别、具有较好的三维真实感、便于在管道安装过程中编制施工进度计划和配备元件材料及安装质量进行有效控制。在《压力管道使用登记管理规则》（试行）中，规定了办理压力管道使用登记必须提供的重要文件之一压力管道单线图。特别是对于埋地管道的定期检验工作的开展而言，单线图具有非常重要的意义。

压力管道单线图主要应包括以下内容：

——图形，表明所施工的管段由哪些组件组成以及它们在三维空间的位置；

——工程数据，包括管道设计要求、各种尺寸、标高和管道标志；

——材料清单中开列组成该单线图的管段所有组件的型号、规格、数量和使用的规范标准；

——管道焊口标注、管道起止编号、压力管道元件供货技术要求、安装检验技术要求、技术要求、技术参数等标注说明；

——另外还应包括图例、指北针和标题框等相关内容。上述概念及内容很难在常用标准和相关规范中找到明确的规定，在实际的管道设计工程的竣工资料中的单线图比较混乱。

压力管道单线图是描述管路的走向、空间位置、各组成件、支撑件、附属设施在管路中的位置以及管路的介质、介质流向、控制方式的图样，起点和终点编号及总长度。同时，也执行机械制图及投影方面的规定，但不具体描述管路及其管件组成具体的几何形状，与机械图样相比有着明显的区别。在具体的制图要求上，管路图没有比例要求，管线可使用单线表示，管路的组成包括组成件、支撑件以及附属设施等，全部用图形符号进行表示，且采用单线图（正等轴测）方法绘制。因此，必须对压力管道单线图的有关图形符号或规定的表示方法进行全面了解，才能正确识图、制图和使用图纸。

二、压力管道单线图的基本绘制要求

1. 压力管道单元的选取

按照《压力管道使用登记管理规则》（试行）中提出的确定压力管道登记单元有四条原则，特别是对于工业管道来说，再结合不同的系统或管段设计参数来作为重要的划分管道单元的重要依据比较合理。由于1项管道安装工程或1个工艺系统可能包含若干不同参数的管段。因此，仅仅按照安装工程或管道工艺系统来划分管道单元会造成很多弊病。

结合相关的要求，划分压力管道单元应是在不同的管道工程、工艺系统、装置以及不同的介质以及物流输送形式的基础上进行划分。要明确管道单元的起止点（给出起止点编号)、设计压力、设计温度、介质、管道类级别、敷设方式、防腐形式以及管道外表面的标识等条件，在压力管道设计文件中以管道编号的方式进行预先的规定。

2. 压力管道单线图的绘制

从压力管道单线图的定义中，我们可以得到管道单线图的绘制方法应是正等轴侧投影方法。实际竣工资料中很多以平面形式进行绘制的单线图，是一个重大的错误。

关于压力管道单线图的图幅的规定，可以根据实际的需要，结合 GB/T 4458.1—2002

《机械制图　图样画法》和GB/T 4458.3—1984《机械制图　轴测图》规定的制图方法的相关要求，可以在图幅的长度方向成比例延长，以满足管道工程的实际需要。其中的标题框也可以沿用机械制图的规定。但是，标题框的内容可以适当进行调整，如增加压力管道编号等相关内容。

3. 压力管道单线图中应标注的内容

GB 50235—2010《工业金属管道施工及验收规范》规定：

1）100%射线照相检验的管道，应在单线图上准确标明焊缝位置、焊缝编号、焊工代号、无损检测方法、焊缝补焊位置。

2）焊口编号。对抽样射线照相检验的管道，其焊缝位置、焊缝编号、焊工代号、无损检测方法、焊缝补焊位置、焊口编号等应有可追溯性记录；

3）依据《压力管道使用登记管理规则》（试行）中附件三“重要压力管道使用注册登记表”中的要求，在单线图上要明确一些基本信息，如：管道级别、管道起止点、焊口数量、探伤比例、管道材料、管道敷设方式、防腐方式、管道标识等内容。

4）单线图中的主要内容一般应包括以下几项：

——标题栏：主要明确管道安装工程的名称、单线图号、管线标号以及绘制、审核等人员签字及相应的日期；.

——指北针：压力管道基本走向的方向指示；

——压力管道主要技术参数：设计压力、设计温度、介质名称、管道的类级别；

——压力管道主要技术要求：设计规范、管道安装施工的验收规范、无损检测合格级别、压力试验方法和压力试验合格级别；

——图例：压力管道主要涉及的元件以及不同敷设方式下管子的绘制符号表示的说明；

——压力管道基本信息表：主要包括GB 50235—2010规定的要求100%射线照相检验的管道，应在单线图上标明的基本内容以及《压力管道使用登记管理规则》（试行）中附件三中需要提供的一些主要信息；

——管道走向的单线图示：应以轴侧图方法绘制的管道单线图。应准确表明每段管子的规格、长度、各段标高、焊口的数量及大致位置等。对于管道材料的规格和牌号以及相应的材料标准、对于管道上涉及较多的元件情况下，也可以增加压力管道元件基本信息的材料表的方式来表达。

4. 压力管道设计编号

工业管道普查中对“压力管道编号”没有提出明确的要求，很多压力管道设计单位对于压力管道的编号没有给予足够的重视，只是用简单的阿拉伯数字计数或者采用复杂的单位名称、工程名称、介质名称的缩写加上数字来表示。造成单位内部以及局部区域内管道编号大量重号的现象，客观上不利于监督检验工作的顺利开展和计算机化检索，并给安全监察部门办理许可证时带来许多麻烦，也不利安全监察部门安全监察。

由于压力管道没有铭牌，其本身唯一的标识就是不同的管道编号。特别是管道编号方面的混乱状况已经造成了软件的编制、识别等方面容易出现严重的漏洞。如何清晰、明确地为1条管道来命名，可以通过规定“压力管道编号的基本规定”来实现。具体办法是对管道编号的基本组成进行明确规定，如：压力管道编号的基本组成由如下5个特征值组成：

第一特征值——压力管道所属建设单位简称的汉语拼音字头；

第二特征值——压力管道级别（如 GC3 级别管道可省略此特征值）；

第三特征值——压力管道输送介质；

第四特征值——管道设计压力和设计温度，中间用‘/’分隔，单位：MPa/℃；

第五特征值——压力管道顺序号。

三、压力管道单线图的绘制

（1）图形符号的使用

管路系统图形符号是按管路为水平时绘制的，也适用于任何位置的管路，但图形符号内的字符、指针仍按管路水平时表示。

压力管路系统的图形符号一般用粗线（线宽 $b=0.5\text{mm}\sim2\text{mm}$），对管、阀门及控制元件图形符号可用细线（线宽 $b=0.7\text{mm}$）绘制，同一图样上图形符号的各类线型宽度应分别保持一致。

位于图形符号内或与图形符号组合在一起使用的字母、数字和所有其他字符，应按宋体书写线形宽度与符号线形宽度相同。

功能相关的图形符号一般应成组设计，可由一组基本符号与附加符号构成。

未做规定的管路系统中的图形符号可根据上述原则组合或者派生，或采用石油化工等行业规定的图形符号。

使用图形符号时大小可以按比例放大或缩小。

（2）单线图的图面内容

单线图的图面内容一般有下面五个方面的要求：

1）图形。图形是单线图描述的最基本的内容之一，包括管子（管段）的组成及其空间位置和走向等；

2）工程数据。尺寸、标高、管道标志、组件规格、编号等标注说明。

3）材料明细。应列出组成管系全部构成件的名称、型号规格、公称直径、数量、材质及备注等。填写顺序一般是：管子、管件、阀门、法兰、垫片、螺栓、螺母等。

4）管道特性表。一般要填写管道名称、编号、代号、介质名称、类别、设计压力、最高工作压力、工作温度、起止点名称、保温材料、防腐层、设计日期、使用日期、接头数量（法兰连接、焊接连接、承插连接、螺纹连接）等。

5）技术要求。焊接、支吊架、补偿器安装要求等。

（3）绘制单线图时具体要求

1）坐标原点。单管（管段）图的原点可以选在管段任何一个拐弯处的管道轴线的交点，也可选在管道的起始点。

2）方向。管路（管段）图多采用正等轴测方法绘制，0°或建北方向通常指向右上方。

3）空间管段的绘制。绘制空间管段是绘制单线图的基础。当空间管段平行于轴测轴时，其轴测图用平行于对应轴的直线绘制；当空间管段不平行于轴测轴时，在轴测图上应同时画出在相应坐标平面上的投影及投射平面。此又分三种情况，即：管段所在平面平行于坐标平面的垂直平面、水平平面和不平行于任何坐标平面。其中的投射平面用直角三角形表示（也可用长方形和长方体表示），同时在投射面内用细实线画出与其投影垂直且间距相等的平行线。

4）法兰、阀门图形符号在轴测图中按与水平线成30°方向绘制，且在同一图样上方向应一致。

5）管段的起始点。当起点为设备的接管（管嘴）时，应用细实线画出接管（管嘴），并标出设备和接管（管嘴）编号；当起点为另一根管道或同一管号的管道的连接管时，应用虚线画出一小段该管段，并注出该管道的管号、管径、等级号及管段图号。

6）支管。非管道起始点与管道相接的接管，均作支管处理，通常在图面上应用虚线画出一小段，并注出该管道的管号、管径、等级号、管段图号及管号和等级号的分界点。

7）绘出管道单线图。绘制管道单线图时应绘出管道从起点到终点所有管道的构成件、焊缝位置以及有方向要求的组成件安装方位。

8）标注尺寸。尺寸界线、尺寸线应与被标注的管道在同一平面上；尺寸界线的引出线位置一般为管中心、管道轴线交点、管嘴中心线、法兰的断面；偏心大小头应标注偏心值；法兰连接的阀门应标注尺寸；法兰、弯头、大小头、三通、封头等管道构件不标注长度尺寸。

四、压力管道设计图纸检验

压力管道设计图纸按照《压力管道安全技术监察规程——工业管道》（TSG D0001—2009）规定要求进行绘制，具体项目如下。

1. 压力管道的单线图纸上应有设计专用章

压力管道设计单线图纸上应有《特种设备设计许可证书》（压力管道）专用章，压力管道的设计单位应当取得国家质量技术监督总局特设局颁发的相应级别的《特种设备设计许可证书》（压力管道），压力管道工程设计图纸文件应当符合本规程以及GB/T 20801—2006的要求（包括制造检验使用单位应做到的附加要求），保证所设计的管道能够安全、持续、稳定、正常地生产运行。

2. 压力管道设计管道图纸目录（见表3－1）

表3－1　管道图纸目录

序号	名 称	图号或文件编号	修改	图幅	张数	备注

3. 管道材料等级表

1）管子及管件见表3－2。

表3－2　管子及管件材料等级表

<table>
<tr><td>公称压力/MPa</td><td></td><td colspan="7">介质</td><td>管道等级</td><td></td></tr>
<tr><td rowspan="2">设计度/设计温度范围/℃</td><td rowspan="2"></td><td rowspan="2">工艺介质</td><td>压力/MPa</td><td></td><td></td><td></td><td></td><td></td><td>版次</td><td></td></tr>
<tr><td>温度/℃</td><td></td><td></td><td></td><td></td><td></td><td>特殊要求</td><td></td></tr>
<tr><td>支管连接表</td><td></td><td colspan="9">编制：　日期：　审核：　日期：</td></tr>
<tr><td>腐蚀裕量/mm</td><td></td><td colspan="9">校核：　日期：　审定：　日期：</td></tr>
<tr><td>名称</td><td>公称直径</td><td>材料</td><td>制造</td><td>端面</td><td>壁厚/mm</td><td>标准号</td><td>备注</td><td colspan="3">版次</td></tr>
<tr><td></td><td></td><td></td><td></td><td></td><td></td><td></td><td></td><td colspan="3"></td></tr>
<tr><td></td><td></td><td></td><td></td><td></td><td></td><td></td><td></td><td colspan="3"></td></tr>
<tr><td colspan="11">注：制造栏填写制造方法，包括无缝、对焊、锻制。</td></tr>
</table>

2）管道连接件见表3－3。

表3－3　管道连接件材料等级表

名称	公称直径	材料	级	型式及端面	厚	标准号	注	版次

3）阀门见表3－4。

表3－4　阀门材料等级表

名称	公称直径	材料	芯	压力等级	端部	型式	阀号	标准号	备注

4）管道数据表见表3－5。

表3－5　管道数据表

<table>
<tr><td rowspan="3">管线号</td><td rowspan="3">公称直径</td><td rowspan="3">管道等级</td><td colspan="2">介质</td><td colspan="2">起止点</td><td colspan="2">设计参数</td><td colspan="4">工作参数</td><td colspan="4">内外防护</td><td rowspan="3">试压介质</td><td rowspan="3">清洗</td><td rowspan="3">流程图尾号</td><td rowspan="3">管道类别</td></tr>
<tr><td rowspan="2">名称</td><td rowspan="2">状态</td><td rowspan="2">起点</td><td rowspan="2">终点</td><td rowspan="2">温度/℃</td><td rowspan="2">压力/MPa</td><td colspan="2">温度/℃</td><td colspan="2">压力/MPa</td><td rowspan="2">代号</td><td rowspan="2">保温材料</td><td rowspan="2">保温厚度/mm</td><td rowspan="2">外防护</td></tr>
<tr><td>常温</td><td>高温</td><td>常压</td><td>大压</td></tr>
<tr><td></td><td></td><td></td><td></td><td></td><td></td><td></td><td></td><td></td><td></td><td></td><td></td><td></td><td></td><td></td><td></td><td></td><td></td><td></td><td></td><td></td></tr>
<tr><td></td><td></td><td></td><td></td><td></td><td></td><td></td><td></td><td></td><td></td><td></td><td></td><td></td><td></td><td></td><td></td><td></td><td></td><td></td><td></td><td></td></tr>
</table>

五、压力管道设计图纸存在的问题

关于压力管道设计单线图纸，国家质检总局特种设备监察局颁发的有关规定中有具体要求。但是，在图纸规格、主题部分表达、图上内容，特别是设计参数部分、材料和元件列表、标题框、指北针和图例等方面比较混乱。一般较小的工程常见的是以 A4 纸为主，图纸上的内容简单到不足以了解管道的基本情况。绘制方法常常是以平面来表达。没有管道单元的选取，更没有区分出管道的管段与管线的区别，一般较少标示出管道绘制的图例，没有提供出管道的主要技术参数及主要技术要求等基本信息。

对于规范管道设计的技术文件，以上问题亟待解决，对于压力管道投入运行后的定期检验也造成了很多困难，需要对其提出统一的规范要求。

六、压力管道设计图纸的提高方法

压力管道设计图纸在各市特种设备压力管道安全监督检验下不断完善，由于历史原因以及目前压力管道安全监督检验工作正处于法律法规不断提高和完善阶段，面对管道事故在近年来的频发以及在用管道监督检测中暴露出的诸多难题，我们完全可以借鉴锅炉压力容器等已有的承压类设备监督检验的基础上，对压力管道设计进行技术上的规范和完善。对于压力管道图纸的监督检验工作，单线图的改进是一个非常重要的切入点。

国家有关部门在压力管道相关法规的制定中，应明确对于单线图的绘制主体和基本要求，对于管道安装修理改造和在用管道监督检验方面，应出台压力管道单线图基本要求以及管道编号编制基本规则等规定。这项工作对推进压力管道全面安全监察也会有重要的历史意义。

第九节　压力管道设计评审大纲

按照《压力容器压力管道设计许可规则》（TSG R1001—2008）的规定，各评审机构作为压力管道设计资格评审机构，应认真开展对申请级压力管道设计资格的设计单位的受理、审核（定）人员培训、考核和设计单位资格评审工作，应规定设计许可评审的程序和内容以及对设计单位的要求，以便申请设计单位资格的单位做好准备。

本大纲适应范围：适用于申请 GB 类、GC2 级压力管道设计资格的设计单位取证和评审机构在评审时使用。

1. 目的

编制此大纲的目的是：为了加强压力管道设计的质量监督和安全监察，规范压力管道设计单位资格的许可工作；同时，为压力管道设计单位取证准备提供指南。

2. 范围

本大纲规定了资格认证的程序和内容以及对设计单位的要求，适用于申请设计资格的设计单位取证所用。

3. 执行法规标准

下列法规标准（或文件）所包含的条文，通过在本指南执行法规标准而构成本大纲的条文，本大纲出版时，所示版本均为有效，所有标准（或文件）都会被修订，使用本大纲的各方均应探讨使用下列标准（或文件）最新版本的可能性。

——《特种设备安全监察条例》549 号

——《压力管道安全管理与监察规定》140 号

——《压力容器压力管道设计许可规则》TSG R1001

——《特种设备制造安装修理改造质量管理体系基本要求》

——《压力管道安全技术监察规程——工业管道》(TSG D0001)

——《压力管道定期检验规则——公用管道》(TSG D7004)

——《压力管道定期检验规则——长输（油气）管道》(TSG D7004)

——《压力容器压力管道设计许可规则》(TSG R1001)

——《压力管道安装单位许可规则》(TSG D3001)

——《压力管道元件制造许可规则》(TSG D2001)

——《压力管道元件型式试验规则》(TSG D7002)

——《压力管道安装安全质量监督检验规则》(国质检锅［2002］83 号）等

4. 评审要求

4.1　压力管道设计资格类别、级别的划分

压力管道设计资格的类别分为：GA、GB、GC、GD 四类；级别分为：GA1、GA2、GB1、GB2、GC1、GC2；品种为每个级别下的子条目，如：GA1 级分为 3 个品种，GC1 分为 4 个品种，而对于 GB 类只分到级别，不再确定其品种范围。

4.2　资格许可证程序

（1）人员资格认证

1）符合设计审核（定）人员基本条件的设计人员由设计单位向审查机构提出申请，申请审批资格的人员必须填写《压力管道设计审批人员资格申请表》。

2）压力管道设计审批人员资格种类有自行设计和对外设计两种；审批级别分为审核、审定；审批范围按管道级别划分。

3）审查机构对符合设计审核（定）人员基本条件的申请人员予以受理，并出具受理文件。

4）审查机构应组织由具有较强工作责任心和丰富设计经验的人员组成的审批人员资格考评组，对申请人员进行考核与评定，并将考核成绩与评定意见填写在《压力管道设计审批人员资格申请表》中存档。

5）授权的质量技术监督行政部门对考核合格的压力管道设计审批人员，颁发《压力管道设计审批人员资格证书》(以下简称《资格证书》，若审批级别或范围需提高，必须按有关规定重新进行资格许可。《资格证书》有效期为 5 年。《资格证书》由国家质检总局统一印刷。

（2）设计单位的资格许可

压力管道设计单位资格许可程序包括：申请、受理、评审、批准、发证等。

1）申请

申请 GB 级、GC2 级设计资格的单位向所在地的省级质量技术监督行政部门授权的审查机构提交《压力管道设计资格申请报告》，并抄送省级质量技术监督行政部门。高级报国家质量技术监督行政部门。

压力管道设计资格申请报告的主要内容为：申请的设计范围、设计单位的基本情况（各级设计人员概况和压力设计成果统计）、主要技术装备（包括：名称、规格、数量、主要性能等）、压力管道设计工作各项制度的建立和执行情况、典型设计成果。

设计单位在填写《压力管道设计资格申请书》时应按规定填写到相应的级别和品种范围。

设计成果统计时，项目数量可按以下方法统计：

对于大、中型项目以主要生产装置即以装置数作为业绩的项目数；

对于小型项目，以工程设计合同或设计任务委托书为单位计数。

2）受理

设计单位的申请受理工作，由授权的审查机构负责。对于符合要求的申请单位，审查机构予以受理，并出具受理文件。受理文件同时抄报授权的质量技术监督行政部门。

3）自检、提交自检报告

压力管道设计单位在接到受理文件后应进行自检，并向审查机构提交自检报告。

压力管道设计单位的自检工作可依据本单位编制的质量体系文件和参照《压力管道设计单位资格认证与管理办法》附件二（压力管道设计单位取证考核评分表）进行。

压力管道设计单位的自检报告应包括以下内容：

——设计单位的资源条件是否满足规定的要求；

——编制的质量体系文件是否得到了有效的实施和保持，质量体系是否适宜；

——对自检结果进行总结，对发现的问题应及时进行整改；

——对整改措施的实施进行跟踪和验证；

——自检结论。

4）评审

评审机构接到设计申请单位的自检报告后，应组织评审组对申请单位进行资格评审。评审组一般由具有审批资格的审查人员3名组成。各质量技术监督行政部门派代表监督评审工作情况。

设计单位许可评审内容如下：

——基本条件，管理制度，技术资料；

——设计质量，各级设计人员的资历和基础知识考核；

——设计取证单位接受审查准备工作概要；

——提供有关的质量体系文件；

——提供6套设计作品供审查；

——设计规范标准、技术资料两套以上；

——取证前2次人员培训，需有培训记录：

• 质量体系文件所要求的相应表格、记录等（如校核记录、质量评定卡等）；

• 资料室、档案室、计算机室；

• 复印机、晒图机等设备的使用与管理；

• 要有近三年的设计成果统计表、自检报告，近一年的设计书面总结、设计回访总结等报告；

• 各级人员资格证书、任命文件、获奖证书等。

（3）审查要求

设计单位应具备的基本条件和设计人员的基本要求：

——设计单位基本条件。

——有法定代表人或法定委托人。专业设计院都有法定代表人，也有大量的设计部门隶属于集团公司或企业的二级单位，其设计部门不具有法定代表人或法定委托人，其人事、财务均由集团公司或生产企业主管，该集团公司或生产企业具有法定代表人或法定委托人的设计部门也认同符合本款的要求；

——有相应的设计机构和工作场所。

——配备必要的设计装备和设计工具，并应具有计算机辅助设计条件，如：绘图工具人手一套、描图及复制手段、晒图或复印设备、计算机及应用、要求计算机计算率达80%以上，采用CAD绘图方法等。

——建立完善的质量保证体系，并编制质量体系文件。压力管道设计单位的质量体系文件应符合本单位的实际情况，而且要切实可行。设计单位在编制质量体系文件时应结合行业管理的要求，突出设计部门的特点，符合特种设备有关规定。也可以参照ISO9001标准中的文字，对管理职责、质量体系、设计控制、文件和资料控制、培训、设计方案、记录表格、元件制造、安装环节等内容进行控制。

——设计单位必须有的管理制度包括：各级设计人员考核制度，技术责任制，设计文件变更、审批、签署制度，设计文件管理制度，设计质量评定，设计工作程序，标准化管理制度，旧图复用制度。

——有与管道设计范围相适应的技术标准、规范。压力管道设计要遵循的标准、规范很多，而且不同的行业有不同的特性和特殊要求，对于有共性的标准、规范与申报的级别相适应。对于特殊性的标准、规范，应满足行业要求，同时，必须满足特种设备有关规定要求。

——作品数量的统计和项目种类。设计单位应具有一定的压力管道设计经验和独立承担设计的能力，申请GB类、GC2级的压力管道设计资格的单位要有近六年的六项设计作品，且其设计成果应包括所申报的压力管道所有种类和级别。

（4）人员配备

申请GB类、GC2级压力管道设计资格的单位，专职设计人员不少于7人，其中审核人员至少2人，并有相应的设计业绩。

申请GB类、GC2级压力管道自行设计资格的单位，专职设计人员不少于4人，其中审核人员至少2人，并有相应的设计业绩。

“专职设计人员”是指专门从事压力管道设计的工作人员，不包括设计单位主管负责人，专职的技术管理人员和退休返聘人员。在工艺与管道未分开的单位，同时从事上述工作的设计人员可视为专职设计人员。由于管道设计面较大，有的设计单位管道机械计算以往是由设备人员负责，因此负责管道机械计算的人员也可视为专职设计人员。

压力管道设计单位各级人员应具备的基本条件如下：

1）压力管道设计单位负责人。由设计单位主管领导担任，应具有压力管道设计专业知识。熟悉有关规程、标准等技术规范并能指导各级设计人员正确贯彻、执行。熟悉压力管道国内外技术动态。

2）设计技术负责人。设计技术负责人除具有所规定的条件外还必须具备审定资格；从事专业工作8年以上，且有较全面的压力管道设计专业知识；熟悉并能正确运用压力管道设计的有关规程、标准等技术规范，有能力指导管道设计工作，能对关键技术问题作出正确决定；熟悉生产工艺；具有高级技术职称。

3）设计审核人员。熟悉并能正确运用管道设计的有关规程、标准等技术规范，能指导管道设计人员正常工作；具有较全面的压力管道专业知识，并了解相应的工艺和相关专业知识；具有6年以上设计经历且其中3年以上审核经历；具有中级以上（含中级）技术职称。

4）校核人员。能贯彻执行有关压力管道设计法规；具有较全面的压力管道专业知识，并了解相应的工艺及相关专业知识；具有3年压力管道设计经历，能正确运用压力管道设计的标准、规范；具有助理工程师（含助理工程师）以上技术职称。

5）设计人员。有一定的压力管道设计专业知识；能贯彻执行有关规程、标准等技术规范并能正确运用；能在设计审核人员的指导下，独立完成压力管道设计工作；具有技术员（含技术员）以上职称和1年以上的设计经历。

（5）审查报告

审查组在完成对申请单位的审查后，要及时出具评审报告，并报授权的质量技术监督行政部门。

审查报告内容包括：

——审查概况（审查组成员、审查日期、日程安排等）；

——审查内容（基本条件、管理制度、技术资料、设计质量、各级设计人员的资历和基础知识考核及其他情况）；

——《压力管道设计单位资格取证考核评分表》；

——审查结论；

——整改意见和建议；

——审查组成员签字名单。

（6）审查结论

设计单位的审查结论分两种：

1）全面符合下列条件者，为具备压力管道设计资格：

——设计质量管理体系和质量体系文件已建立、健全，能够严格执行，其运行良好；

——拥有与申请类别、品种范围相适应的技术力量和技术装备，各级设计人员的配备符合要求；

——设计标准、规程、规范、规定齐全，贯彻执行良好，设计质量好，无重大设计质量事故；

——考核评分达到80分以上。

2）不符合上述要求的为不具备压力管道设计资格，取消本次申请资格，半年内不得再提出申请。

（7）批准与发证

国家质检总局特种设备安全监察部门接到审查机构呈报的审查报告后，对符合条件的设计单位及时办理批准手续，签署《压力管道设计资格批准书》（简称《批准书》），颁发给设计单位，批准书由国家质检总局统一印制。《压力管道设计资格批准书》一式两份。设计单位持正本副本。获得压力管道设计资格的单位，由质量技术监督行政部门颁发《压力管道设计证书》。设计单位在接到《压力管道设计资格批准书》后，应刻制压力管道设计资格印章，并将压力管道资格印章的印模报送质量技术监督行政部门和审查机构备案。对于印章的具体要求详见《压力容器压力管道设计许可规则》要求。

第四章　压力管道元件制造检验

压力管道元件制造安全监督检验非常重要，主要原因如下：一是管道元件制造单位数量多，生产管理和不同的产品质量各部门检验要求有较大区别；二是压力管道管子、管件、阀件的产品质量好坏差距较大，不合格产品的压力管道投入运行后给安装单位、使用单位和检验检测机构造成许多麻烦，影响极大。目前正在执行的规定有《特种设备安全监察条例》（国务院令第549号）、《压力管道元件制造许可规则》（TSG D2001—2006）、《压力管道元件型式试验监督管理规则》（TSG D7002—2005）、《压力管道元件制造监督检验规则》（TSG D7001—2005）。对压力管道元件实施制造许可制度，管道元件制造单位应当取得《特种设备制造许可证》，并且按照相关安全技术规范的要求，接受特种设备检验检测机构对其产品制造过程的监督检验，未经监督检验合格的不得出厂或者交付使用在压力管道上。

第一节　压力管道元件许可项目的监督检验

压力管道元件因用途、使用环境、工艺要求、所处位置、功能以及所需要的元件等不同，其构成也各有所异。由于研究问题的出发点不同，其描述构成的方式方法也有多种，为了研究方便，本书将压力管道分为组成件和支撑件两个部分介绍，压力管道的各个元件在管道系统中都发挥着各自的功效。了解和掌握压力管道的元件构成，是做好压力管道的监督检验工作前提。

一、压力管道组成件

在组成件中，管子、管件、法兰、垫片、紧固件、阀门是压力管道最为常见的，只要是管道就有这些组成件，而膨胀接头、挠性接头、耐压软管、疏水器、过滤器和分离器，则根据具体管道的工艺要求有所取舍。

每一个压力管道元件都涉及管道制造、检验、型式试验、所用材料标准以及种类、适用环境、规格型号等一系列问题，无论其中哪一个环节出现问题都将影响管道安全经济运行。

1. 公称压力和公称通径

压力管道的每一组成件都有各自的参数，表征各自特征，就整体而言通常都涉及公称压力和公称通径（直径）这两个参数。

1）公称压力是指与管道元件强度有关的设计压力，现已系列化。管道元件公称压力PN系列（单位：MPa)：0.05、0.1、0.25、0.4、0.6、0.8、1.0、1.6、2.0、2.5、4.0、5.0、6.3、10.0、15.0、16.0、20.0、25.0、28.0、32.0、42.0、50.0、63.0、80.0、100.0、125.0、160.0、200.0、250.0、336.0。

2）公称通径是只与制造尺寸有关的一个圆整数值，为引用方便，做以统一规定，不适用于计算，它是压力管道系统中除了用外径或螺纹尺寸代号标记的元件以外的所有其他元件通用的一种规格标记，用DN表示，单位为mm。

需要说明的是，并不是所有管道元件都必须用公称通径标记，如：钢管也可以参照有关规定用管子外径和壁厚表示。在检验中常见的管道元件公称通径有40、50、80、100、150、200、250、300、350……（注：现PN、DN已经代替了原Dg、Pg）。

压力管道的压力及管道通径这两个参数是压力管道设计安装中要首先考虑的最基本的参数。通常管子以外径和壁厚为基准，而管配件、接头阀门等以公称通径和公称压力为基准，因此，对于压力管道元件无论是设计、制造、安装还是检验都可以从两个基本参数入手，进行考察、检验或符合性验证。

2. 压力管道元件的安全监督检验范围

（1）管子

在压力管道的组成件中管子是管道的基本组成部分，起着输送介质主导的作用，也是压力管道的主体部分或主要部件之一。通常将金属管子分为：

1）无缝钢管，分A1、A2、B级，两级管理。

2）焊接钢管：

——螺旋缝埋弧焊钢管，分为A1、A2、B级，两级管理；

——直缝埋弧焊钢管，分为A1、A2级，A级管理；

——直缝高频焊管，分为A1、A2、B级，两级管理；

——其他焊接钢管，B级管理。

3）有色金属管：铝、铜、钛、铅、镍、锆等有色金属管及其合金管，A级管理。

4）铸铁管：B级管理。

管子规格除公称压力及公称通径两个系列表示外，还有常见的外径和壁厚系列。其中外径系列最为常见的有：45，57，89，108，159，219，273，325，377等。钢管的壁厚分级在不同的标准中有不同的表示方法，通常有管子表号（Sch）、管子质量和管子壁厚尺寸三种方法。其中，最为常见的是管子壁厚尺寸表示方法。该方法简单使用，管子的参数一目了然。表示方法为管子外径×壁厚，如$\phi 89\times 4.5$。

压力管道所使用的各类管子，随着工业技术水平的不断提高，已经或正在标准化和系列化，其制造水平及质量也大为提高，对于压力管道的安全运行提供了元件质量上的保证。这一点以金属管道最为突出，在实际使用中，一般可依据相应的设计规范和标准进行选用。为方便在线检验的需要，将金属管子常用标准列出如下，使用中可进行查对。

《流体输送用不锈钢无缝钢管》GB 14976—2012、《输送流体用无缝钢管》GB8163—2008、《中低压锅炉用无缝钢管》GB3087—2008、《锅炉、热交换器用不锈钢无缝钢管》GB13296—2007、《高压锅炉用无缝钢管》GB5310—2008、《高压化肥设备用无缝钢管》GB6479—2000、《石油裂化用无缝钢管》GB9948—2006、《低压流体输送用焊接钢管》GB/T 3091—2008。

目前，需要检验的压力管道多为使用年限较长的压力管道，大多为碳钢及低合金钢无缝钢管，其标准一般为过去的《无缝钢管》YB231，但该标准现已由GB8163代替。这一点在进行检验时需要注意。GB8163是以外径为基准，将无缝钢管按冶炼方法分为热轧和冷拔两种，规定钢管的长度为6m~12m，壁厚热轧为2.5mm~75mm，冷拔为0.25mm~14mm。

(2) 管件

管件有如下几种：在管道转向处使用的弯头，在管道分支交叉处使用的三通、四通，在不同管径管子连接处使用的异径管，还有连接作用的直管。

为减小管道在温度变化时某个局部产生过大的应力，用以吸收管道热膨胀变形而使用的金属管件有如下两种。钢制无缝管件：包括工厂预制弯管、有缝管坯制管件，分A、B级，两级管理；钢制有缝管件（钢板制对焊管件）：分为B1、B2级，B级管理；有色金属及有色金属合金制管件：不分级，A级管理。

(3) 锻制和铸造管件

锻制管件（限机械加工），不分级，B级管理；铸造管件，不分级，为B级管理。

(4) 防腐蚀压力管件

防腐蚀压力管子有复合防腐蚀或者组合保温及防腐元件（如防腐蚀压力管道用管子、管件、阀门、法兰加涂敷防腐层、内衬防腐蚀材料、内搪玻璃等材料组合，不分级，AX级为型式试验方式许可；低温绝热管、直埋夹套管，不分级，AX级为型式试验方式许可）。

(5) 聚乙烯及其复合管件

聚乙烯及聚乙烯复合管材、管件和聚乙烯管材，分A1、A2、A3级，A级管理；聚乙烯管件，分A1、A2级，A级管理。

带金属骨架的聚乙烯复合管材、管件，不分级，A级管理。

其他非金属及非金属复合压力管道元件如：管材、管件、阀门、波纹管膨胀节，不分级，A级管理。

(6) 压力管道制管专用钢板

压力管道制管专用钢板即：钢级L360及以上压力管道制管专用钢板，不分级，AX级为型式试验方式许可。

(7) 聚乙烯及其复合管材

聚乙烯管材及复合管材、管件原料（聚乙烯混配料），不分级，AX级为型式试验方式许可。

(8) 法兰

法兰是管道重要的组成件，与锅炉和压力容器的法兰相区别。法兰的作用是连接，包括管道与管道、管道与各种管件、阀门以及设备接口处的连接，并在连接面处通过与其相配的垫片和螺栓的紧固连接，保证系统不致发生泄漏。法兰连接是一种可拆卸式的连接，也是在管道连接中普遍采用的连接方式，虽开启不十分方便，但其结构简单，使用可靠。

法兰的种类很多，可根据法兰与管子的连接方式、法兰密封面形状以及压力－温度等级进行分类。其结构形式常见的有：板式平焊、带颈平焊、带颈对焊、整体、承插、螺纹式、对焊环/扳式松套、对焊环、带颈松套、法兰盖、衬里法兰盖等多种（因采用的标准不同，一些法兰的名称也不尽相同，此处以化工行业 HG 标准系列为准）。其尺寸 DN10mm ~ DN2000mm，实际法兰直径有 10m 以上的，密封面有突面、全平面、凹凸面、榫槽面、环连接面。在检验中应了解法兰的形式，根据形式的不同，进行不同侧重点的检查。

（9）密封垫片

密封垫片是管道密封中重要元件。工作时是将其置于法兰之间，依靠紧固法兰时的预紧力使垫片产生弹塑性变形以填补法兰密封面上微观的不平度，从而阻止介质的泄漏。法兰垫片有多种类型，按所用材料不同，分为金属密封元件（如紫铜垫、铝垫、钢垫等）、非金属密封元件（如石棉垫、橡胶 O 形环等）和金属非金属复合垫片组合式密封元件（如铁包石棉垫、钢丝缠绕石棉垫）；按其截面形状的不同，可分为平垫片、三角形垫片、八角形垫片、透镜式垫片等。

密封垫片选用时，首先要注意标准体系是否配套，其次是在同一体系内是否与法兰相配套，最后要考虑介质压力、温度、介质性质等因素，关键是选择经过强度试验合格的垫片密封件。密封件不分级，AX 级为型式试验方式许可。

（10）紧固件

紧固件指螺栓（螺柱）和螺母，是连接法兰的，其长度、直径、数量都应与法兰相配套。常用螺栓有单头螺栓（六角头螺栓）和双头螺栓（螺柱）两种，与之相配的螺母为六角形。螺栓和螺母的螺纹又有粗牙和细牙之分，粗牙普通螺纹用 M 及公称直径表示，细牙普通螺纹用 M 及公称直径 × 螺距表示。合金钢制 M14 以上螺柱、螺母，不分级，B 级管理。

（11）阀门

阀门是控制压力管道中输送介质流量大小以及对压力管道安全运行起保护作用的重要组成件，在压力管道中各种阀门起着各种作用。事实上，阀门早已经构成了相当庞大的体系，有相当多的经过国家质检总局审查验收并颁发许可的专业机构或厂家在研究并生产。其选用，可在相关手册和样本中查到。阀门，分 A1、A2、B 级，两级管理，阀门铸件、铸铜件，不分级，B 级管理；铸铁件，不分级，B 级管理；铸钢件，分 B1、B2 级，B 级管理；锻制法兰、锻制管件、阀体锻件的锻坯，分 A、B 级，两级管理。

（12）补偿器

补偿器分为：金属波纹膨胀节，分为 A、B 级，两级管理；其他型式补偿器（不含聚四氟乙烯波纹管膨胀节），不分级，B 级管理；金属软管，不分级，B 级管理。

（13）元件组合装置

元件组合装置的基本特点是由多个压力管道元件组合而成的产品或者在工厂中制造的管道中的专用装置，有些行业称为小型设备。元件组合装置是由两种或两种以上管道元件，通过焊接或机械方法组装成整体部件出厂的产品，如：汇管（也称汇流排）、绝缘接头、减温减压装置等。

按照元件组合装置分为：服务井口装置和采油树、节流压井管汇，分 A、B 级，两级管理；燃气调压装置、减温减压装置，分 A 、B 级，两级管理；其他组合装置是 B 级管理，产品分级，分 A 级、B 级，向下覆盖两级管理。其产品分级指标，以额定压力大于或等于 35MPa 为 A 级，其余为 B 级。

产品名称，分为井口装置、采油树、节流压井管汇。执行产品标准有 SY/T 5127《井口装置和采油树规范》。性能要求（PR）级别分 PR1 和 PR2 两级。性能要求是指产品在额定的压力、温度和材料类别相适应的试验流体条件下的承载能力、使用周期、操作力或操作扭矩等性能。额定压力分为：13.8MPa（2000psi）、20.7MPa（3000psi）、34.5MPa（5000psi）、69.0MPa（10000psi）、103.5MPa（15000psi）、138.0MPa（20000psi）等 6 个压力级别。

（14）非金属压力管道元件聚乙烯及聚乙烯复合管材、管件

聚乙烯管材，分 A1、A2、A3 级，A 级管理；聚乙烯管件，分 A1、A2 级，A 级管理；带金属骨架的聚乙烯复合管材、管件，不分级，A 级管理；其他非金属及非金属复合压力管道元件（管材、管件、阀门、波纹管膨胀节），不分级，A 级管理。

二、压力管道支撑件

压力管道支撑件只做一般性检验，检验方式由安装、使用及检验单位自行确定。压力管道的支撑件是由压力管道的安装件和附着件两部分组成。

压力管道的安装件是将负荷从管子或管道附着件上传递到支撑结构或设备上的元件。它包括支吊架、斜拉杆、平衡锤、松紧螺栓、链条、导轨、锚固件、鞍座、垫板、滚柱、托座等。其中，一些安装元件因其使用的环境、目的以及旧习惯设计上的不同，又有不同的分类和名称，这一点在实际检验及其日常的交流中应按国家有关标准选择。除短小的管道直接连接到两个设备无需安装件以外，一般都要设有安装件，安装件的设置和选用的型式对管道应力和抗振动能力起着关键性的作用。

压力管道的附着件是用焊接、螺栓连接或其他夹紧方式附装在管子上的零件。它包括管吊、吊耳、圆环、紧固夹板和群式管座等。

第二节　压力管道元件制造条件检验

一、压力管道元件制造许可单位应当具备的资源条件

根据《压力管道元件制造许可规则》（TSG D2001—2006）的有关规定，压力管道元件制造单位应当具备生产符合要求的压力管道元件产品的能力，其厂房设施、技术人员、生产设备、生产工序等资源条件应当符合以下基本要求：

——有与许可制造产品生产需要的生产厂房，原材料储存、产品存放的库房、场地，生产管理的办公条件；

——有适应生产需要的专业技术人员、检验人员和技术工人；

——有适应产品生产需要，并且能满足产品质量要求的生产设备、工艺装备、检测仪器和计量器具，有与产品出厂检验项目相适应的试验条件；

——具备产品的主要生产工序和完成最终检验工作。

具体资源条件见《压力管道元件制造许可规则》（TSG D2001—2006）附件 A 的压力管道元件制造许可项目及其级别表。

二、压力管道元件制造单位质量管理体系的检验

按照《特种设备制造安装改造维修质量保证体系基本要求》（TSG Z0004—2007）有关规定，应建立规范、科学的特种设备制造质量保证体系。

已建立的质量保证体系组织机构应符合本单位具体情况，已开展的各项质量管理活动的职责应分解到质量责任工程师等人员。申请单位的法定代表人任命具备相应的专业技术人员担任质量保证工程师，确保质量保证体系的正常运行，并任命各专业责任师进行产品质量控制和关键工序质量控制质量。质量管理组织机构的设置既要结合本单位实际，还必须适合产品的制造要求。为满足压力管道元件制造的质量要求，压力管道元件制造单位应采用系统控制的方式，形成企业的质量管理体系组织机构。

压力管道元件制造质量管理体系是对产品制造全过程质量实行系统控制，这种质量控制通常是由若干专业质量控制系统组成，如材料、工艺、焊接、热处理、无损检测、理化试验、设备、计量、检验等。每个专业质量控制系统都由责任工程师负责，并在质量手册中明确其职责和权限，由其实施对压力管道元件和关键过程的控制。

第三节　压力管道元件制造许可工作审查程序检验

一、制造许可的程序

制造许可的程序为：企业申请→受理→产品型式试验→评审→审核批准→发证及通告。

1）企业申请，按压力管道元件制造单位制造许可申请书的格式填写；申报 A 级在国家质检总局特种设备安全监察局，B 级在省或直辖市；

2）产品型式试验，按抽样办法抽取，产品所依据的生产标准要求进行检验；

3）评审，在产品型式试验完成后，评审机构上报到国家质检总局特种设备安全监察局，由其安排组织人员进行审核。

4）审核通过后，批准发证和通告。

二、压力管道元件的评审

压力管道元件制造单位根据受理通知自我评价合格后，约请一个经国家质检总局认可的压力管道元件制造单位制造许可评审机构进行评审。评审由评审机构组织进行，全面审查制造单位应具备的基本条件、专项条件，重点对管理者代表、质量体系的建立及运转情况和产品质量情况进行考核。

三、压力管道元件制造评审及许可证条件检验

经由特种设备安全监察机构受理后评审机构进行评审结束时，评审机构出具审查报告。审查报告包括：审查工作概况、审查内容、专业小组审查意见、审查的品种范围、审查组评定意见、审查组成员名单（注明工作单位、技术职称、职务）等。审查组评定意见分为具备条件、基本具备条件和不具备条件三种：

1）具备条件。符合所申请的组别、品种所需要的制造单位条件，可评为具备条件。对具备条件的及型式试验合格的单位，受理机构在收到综合材料后45天内，经审核，报质量技术监督行政部门（以下简称受理机构）批准，颁发制造许可证书。

2）基本具备条件。对建立了质量体系，管理者代表考核合格，具备应有技术力量，拥有必要的生产设备，但质量体系运转中尚存不足的单位，可评为基本具备条件。对基本具备条件的，在规定的期限内由原评审机构组织复查，复查时，当地（市）级质量技术监督行政部门特种设备安全监察机构派代表参加，整改合格后由评审机构出具整改确认报告。

3）对不符合具备条件或基本具备条件的单位应评为不具备条件。对不具备条件和基本具备条件但整改不合格的，由受理机构将审查结论通知申请单位。该单位可在两年之后重新申请制造资格。

四、监督与换证

1. 监督

制造单位，每年由当地（市）级质量技术监督行政部门安全监察机构或监督检验机构进行一次抽查。抽查主要内容为：质量保证体系的实施情况、用户安全质量反馈情况以及执行本办法的情况等。

出现下列情况之一的，经原发证机构批准，立即按评审的要求重新组织评审：

1）在生产安全质量不合格产品投诉的；

2）制造单位生产车间地址改变的；

3）生产场地、生产设备有重大改变的；

4）安全监察机构要求的。

属于下列情况1）、2）、3）的，经国家、省质量技术监督行政部门安全监察机构批准，可提请原发证机构撤消其制造资格，属于下列情况4）、5）的，视情节轻重，可提请原评审机构对其进行重新评审或提请原许可机构撤销其制造资格：

1）超出批准范围使用安全标记的；

2）将制造证书或安全标记扩散给其他单位的；

3）质量管理不严，售出的制造产品造成重大质量事故或重大经济损失的；

4）企业领导违反质量体系文件规定，强令不合格注册范围内产品出厂的；

5）管理者代表玩忽职守，致使质量体系严重失控的。

2. 换证

许可证有效期为四年。有效期满前六个月内，制造单位应向颁发证书的质量技术监督行政部门提出换证申请，办理换证手续。受理机构应在收到换证申请之日起45天内发出换证受理通知。制造单位收到换证受理通知后，约请一个评审机构对换证工作进行评审。逾期不办理或未批准换证的，撤销其制造资格，由发证机关收回原证书，停止使用安全标记。

换证审查的组织及审查组人员组成应按评审的要求进行。换证审查内容主要为：主要典型产品型式试验报告、评审机构年度评审报告、典型产品技术档案质量体系运转情况、生产设施变化情况及产品质量信息反馈情况等。压力管道元件（B级）制造许可证审批流程图见图4-1。

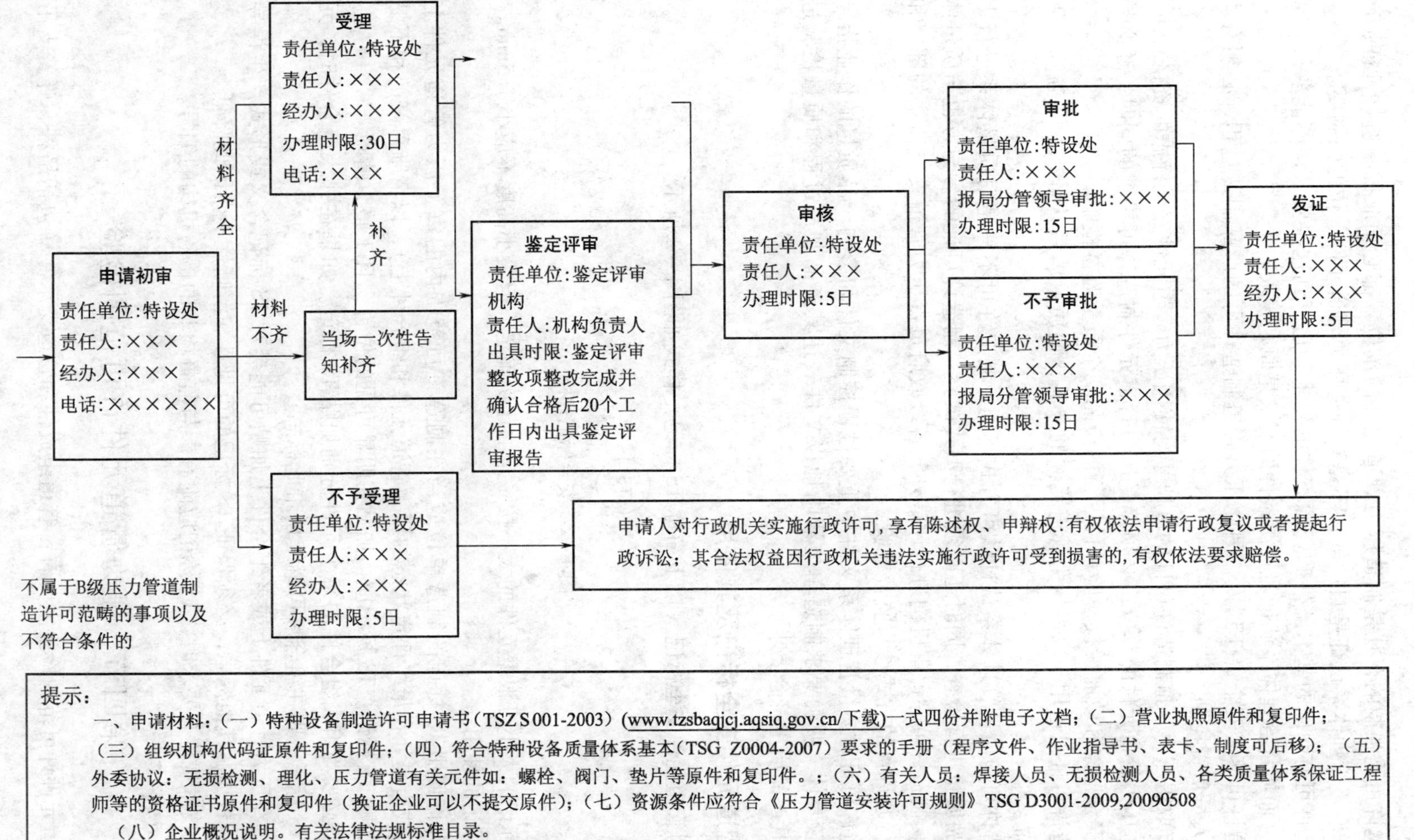

提示:

一、申请材料:(一)特种设备制造许可申请书(TSZ S 001-2003)(www.tzsbaqjcj.aqsiq.gov.cn/下载)一式四份并附电子文档;(二)营业执照原件和复印件;(三)组织机构代码证原件和复印件;(四)符合特种设备质量体系基本(TSG Z0004-2007)要求的手册(程序文件、作业指导书、表卡、制度可后移);(五)外委协议:无损检测、理化、压力管道有关元件如:螺栓、阀门、垫片等原件和复印件。;(六)有关人员:焊接人员、无损检测人员、各类质量体系保证工程师等的资格证书原件和复印件(换证企业可以不提交原件);(七)资源条件应符合《压力管道安装许可规则》TSG D3001-2009,20090508

(八)企业概况说明。有关法律法规标准目录。

二、申请人的权利:申请人依法享有申请行政复议或者行政诉讼的权利。

三、监督机构和联系电话:×××省质量技术监督局监察,联系电话:×××

图 4－1　压力管道元件(B 级)制造许可证审批流程图

五、制造单位制造许可与质量管理体系认证的主要区别

1）制造许可是强制的，凡是制造压力管道元件的单位，都必须取得制造许可证；而GB/T 19001 质量管理体系认证是自愿的，不是对制造压力管道元件单位的强制要求。

2）制造许可有明确的基本条件和资源条件的要求，达不到这些要求，不能取得制造许可的资格，而质量管理体系认证对资源条件的要求是原则要求。

3）制造许可落实安全责任到人，因此压力管道制造许可的产品制造过程，必须有质量体系责任人员负责控制。

4）只有取得压力管道制造许可证的单位才有使用压力管道元件安全标志的资格。

5）制造压力管道元件的单位，必须接受压力管道元件制造许可要求的同时，还必须接受政府的安全监察和政府授权检验单位进行的产品安全质量监督检验。

6）制造许可证只适用于取得压力管道元件的产品，而质量体系认证往往覆盖一个工厂的全部产品。

7）制造许可与质量管理体系认证认可方式不同，制造许可不只是对质量体系进行审查，还对产品质量进行检查，同时还必须进行型式试验。制造许可证的参与方也与质量体系认证不同，制造许可除评审机构进行评审外，各级政府负责压力管道安全监察的部门和机构以颁发行政许可的方式参与监督检验。

8）制造许可证对质量管理体系文件中重要过程控制文件和影响产品质量的作业指导书的要求比较具体，明确要求制造单位清晰地以文件表述其产品制造过程和质量检验过程，以证明其产品质量符合要求。

六、压力管道元件安全标记及其使用

1）压力管道元件安全标记（以下简称 TS 标记）样式如图 4－2 所示。

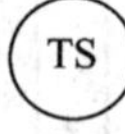

图 4－2　安全标记式样

2）TS 标记的大小可根据元件的大小按一定的比例确定，但最小高度不应小于 5mm。

3）TS 标记的使用：

——被允许使用 TS 标记的制造单位应当在制造许可范围内的每个压力管道元件上（已经完成的或者是处在最终评定状态的压力管道元件和组合件上），以清晰可辨的和不易擦除的方式加贴 TS 标记。TS 标记应当加贴在明显可见的位置，且工整、清晰。

——没有必要为组成组合件的每个元件分别加贴 TS 标记。如果在并入组合件时，元件已经贴有 TS 标志，则在组合后可继续携带此标志

——不得在压力管道元件上或者组合件上加贴可能会对 TS 标记含义或形式产生误导的其他标志。若加贴其他标志，必须保证 TS 标记的可见性和清晰性不会因此降低。

4）安全技术规范有要求时，TS 标记应附有参与监督检验的检验机构的编号。

第四节　压力管道元件许可范围检验

压力管道元件许可范围检验主要有：管道组成件和管道支承件（包括吊杆、弹簧支吊

架、斜拉杆、平衡锤、松紧螺栓、支撑杆、链条、导轨、鞍座、底座、滚柱、托座、滑动支座、吊耳、管吊、卡环、管夹、U 形夹和夹板等)；管道元件间的连接接头、管道与设备或装置连接的第一道连接接头（法兰、密封件及紧固件）、管道与非受压元件的连接接头；管道所用的安全阀、爆破片装置、阻火器、紧急切断装置等安全保护装置；管道组成件，用于连接或者装配成承载压力且密闭的管道系统的元件，包括管子、管件、法兰、密封件、紧固件、阀门、安全保护装置以及诸如膨胀节、挠性接头、耐压软管、过滤器（如 Y 型、T 型）、管路中的节流装置（如孔板）和分离器等。按照表 4－1 对许可项目进行检验。

表 4－1　压力管道元件制造许可范围项目表

许可项目 类别	品种（产品）		许可级别	各级别许可产品基本范围	产品限制范围
压力管道管子（金属）	1 无缝钢管		A1	含公称直径 DN≥100mm 的全部无缝钢管	材料、规格
			A2	公称直径 DN＜100mm 的无缝钢管	
			B	公称直径 DN＜100mm 的无缝钢管（不含锅炉、热交换器用无缝钢管）	
	2 焊接钢管	螺旋缝埋弧焊钢管	A1	石油天然气输送管道用螺旋缝埋弧焊接钢管、低压流体输送用螺旋缝埋弧焊接钢管（必须具备生产 L485、1016mm×14.6mm 产品的能力）	材料、钢级、规格
			A2	石油天然气输送管道用螺旋缝埋弧焊接钢管（钢级不超过 L485）、低压流体输送用螺旋缝埋弧焊接钢管	
			A3	低压流体输送用螺旋缝埋弧焊接钢管	
		直缝埋弧焊钢管	A1	石油天然气输送管道用直缝埋弧焊钢管	
			A2	低压流体输送用直缝埋弧焊钢管	
		高频直缝焊管	A1	石油天然气输送管道用直缝高频电阻焊钢管、低压流体输送用直缝高频电阻焊钢管	
			A2	石油天然气输送管道用直缝高频电阻焊钢管（钢级不超过 L415）、低压流体输送用直缝高频电阻焊钢管	
			A3	低压流体输送用直缝高频电阻焊钢管	
		其他焊接钢管	B		材料、规格
压力管道管子（金属）	3 有色金属管	铝、铜、钛、铅、镍、锆等有色金属管及其合金管	A		材料、规格

续表

<table>
<tr><th colspan="3">许可项目</th><th rowspan="2">许可级别</th><th rowspan="2">各级别许可产品基本范围</th><th rowspan="2">产品限制范围</th></tr>
<tr><th>类别</th><th colspan="2">品种（产品）</th></tr>
<tr><td rowspan="8">压力管道管件（金属）</td><td colspan="2">4 铸铁管</td><td>B</td><td></td><td>铸造工艺、材料、规格</td></tr>
<tr><td colspan="2" rowspan="2">5 钢制无缝管件（包括含有缝管坯料制管件）</td><td>A</td><td>铬钼钢、双相不锈钢、标准抗拉强度不小于540MPa且公称压力大于6.4MPa的管件</td><td rowspan="2">产品名称、材料、规格</td></tr>
<tr><td>B</td><td>不包括铬钼钢，双相不锈钢，标准抗拉强度不小于540MPa钢材制且公称压力大于6.4MPa的管件之外的其他无缝管件</td></tr>
<tr><td colspan="2" rowspan="2">6 钢制有缝管件（钢板制对焊管件）</td><td>B</td><td>包括铬钼钢，双相不锈钢，标准抗拉强度不小于540MPa钢材制且公称压力不小于10MPa、公称直径不小于500mm的钢板制对焊管件</td><td rowspan="2">材料、规格</td></tr>
<tr><td>B</td><td>不包括铬钼钢，不锈钢，标准抗拉强度不小于540MPa的钢材制且公称压力不小于6.4MPa、公称直径不小于500mm的钢板制对焊管件之外的其他无缝管件</td></tr>
<tr><td>7 有色金属管件</td><td>铝合金管件、铜合金管件、钛合金管件</td><td>A</td><td></td><td>材料、规格</td></tr>
<tr><td colspan="2">8 锻造管件（机加工）</td><td>B</td><td></td><td>规格</td></tr>
<tr><td colspan="2">9 铸造管件</td><td>B</td><td></td><td>材料、规格</td></tr>
<tr><td rowspan="3">阀门（金属壳体）</td><td rowspan="3">10 阀门</td><td rowspan="2">特殊工况阀门</td><td>A1</td><td>特殊工况阀门及一般工况用阀门</td><td rowspan="3">用途、产品名称、规格</td></tr>
<tr><td>A2</td><td>不包括设计温度大于425℃且公称压力大于10MPa的特殊工况阀门和一般工况用阀门</td></tr>
<tr><td>一般工况阀门</td><td>B</td><td>不包括设计温度不小于425℃或者公称压力大于6.4MPa的一般工况阀门</td></tr>
<tr><td rowspan="3">阀门（金属壳体）</td><td colspan="2" rowspan="3">11 安全阀</td><td>A1</td><td>公称压力不小于4.0MPa的蒸汽、气体、液化气体介质安全阀</td><td rowspan="3">产品名称、规格</td></tr>
<tr><td>A2</td><td>公称压力小于4.0MPa的蒸汽、气体、液化气体介质安全阀；各种液体介质用安全阀</td></tr>
<tr><td>B</td><td>公称压力小于1.6MPa的无毒非易燃气体（蒸气）及液体介质用安全阀</td></tr>
<tr><td>法兰</td><td colspan="2">12 法兰（钢制机加工）</td><td>B</td><td></td><td>规格</td></tr>
</table>

续表

<table>
<tr><th colspan="2">许可项目</th><th rowspan="2">许可级别</th><th rowspan="2">各级别许可产品基本范围</th><th rowspan="2">产品限制范围</th></tr>
<tr><th>类别</th><th>品种（产品）</th></tr>
<tr><td rowspan="4">补偿器</td><td colspan="2" rowspan="2">13 金属波纹膨胀节</td><td>B1</td><td>各种规格的金属波纹膨胀节</td><td rowspan="3">产品名称、规格</td></tr>
<tr><td>B2</td><td>不包括公称压力不小于4.0MPa且公称直径不小于500mm的金属波纹膨胀节之外的其他金属波纹膨胀节</td></tr>
<tr><td>14 其他型式金属补偿器</td><td>套筒补偿器、旋转式补偿器、非金属织物补偿器、特种补偿器等</td><td>B</td><td></td></tr>
<tr><td colspan="2">15 金属软管</td><td>B</td><td></td><td>规格</td></tr>
<tr><td>压力管道支承件</td><td colspan="2">16 弹簧支吊架</td><td>B</td><td></td><td></td></tr>
<tr><td rowspan="3">压力管道密封件</td><td>17 密封件</td><td>金属垫片、非金属垫片、金属非金属复合垫片、密封填料</td><td>A</td><td></td><td>产品名称</td></tr>
<tr><td rowspan="2">18 紧固件</td><td rowspan="2">合金钢制M14以上螺柱、螺母</td><td>A</td><td>包括M36及以上高强合金钢制螺柱、螺母的各种螺柱、螺母</td><td rowspan="2">材料、规格</td></tr>
<tr><td>B</td><td>不包括M36及以上高强合金钢制螺柱、螺母的各种螺柱、螺母</td></tr>
<tr><td rowspan="2">压力管道特种元件</td><td>19 元件组合装置</td><td>减温减压装置、撬装调压装置、井口装置及采油树等</td><td>A</td><td></td><td>产品名称</td></tr>
<tr><td>20 管道小型设备</td><td>汇管（汇流排）、过滤器、除污器、混合器、缓冲器、凝气（水）缸、绝缘接头、阻火器等</td><td>B</td><td></td><td>产品名称</td></tr>
</table>

续表

<table>
<tr><th colspan="3">许可项目</th><th rowspan="2">许可级别</th><th rowspan="2">各级别许可产品基本范围</th><th rowspan="2">产品限制范围</th></tr>
<tr><th>类别</th><th colspan="2">品种（产品）</th></tr>
<tr><td rowspan="2">压力管道特种元件</td><td>21 防腐蚀压力管道元件</td><td>涂敷层防腐、内衬防腐蚀材料、内搪玻璃等压力管道管子、管件、阀门</td><td>A</td><td></td><td>产品名称、规格</td></tr>
<tr><td colspan="2">22 工厂预制直埋管或者保温管（直埋夹套管及带防腐外壳的各种直埋保温管）</td><td>B</td><td></td><td>产品名称</td></tr>
<tr><td rowspan="6">非金属压力管道元件</td><td rowspan="5">23 PE 管、PE 管件及 PE 复合管、管件</td><td rowspan="2">PE 管材</td><td>A1</td><td>各种规格 PE 管材</td><td rowspan="5">产品名称</td></tr>
<tr><td>A2</td><td>各种规格 PE 管材</td></tr>
<tr><td rowspan="2">PE 管件</td><td>A1</td><td>各种热熔连接 PE 管件</td></tr>
<tr><td>A2</td><td>多角热熔焊制管件</td></tr>
<tr><td>PE 复合管、PE 复合管件</td><td>A</td><td></td></tr>
<tr><td>24 其他非金属及非金属复合压力管道元件</td><td>管子、管件、阀门、膨胀节</td><td>A</td><td></td><td>产品名称、规格</td></tr>
<tr><td rowspan="9">压力管道元件坯件（锻件、铸件）</td><td rowspan="7">25 阀门铸件</td><td>铸铜件</td><td>B</td><td></td><td rowspan="3">材料</td></tr>
<tr><td rowspan="2">铸铁件</td><td>B1</td><td>各种铸铁阀体</td></tr>
<tr><td>B2</td><td>公称直径不大于 500mm 的阀体</td></tr>
<tr><td rowspan="2">铸钢件（砂型铸造）</td><td>B1</td><td colspan="2">各种铸钢件</td></tr>
<tr><td>B2</td><td colspan="2">碳素钢铸件且公称直径不大于 300mm 且公称压力不大于 10MPa</td></tr>
<tr><td rowspan="2">铸钢件（精密铸造）</td><td>B1</td><td colspan="2">各种铸钢件</td></tr>
<tr><td>B2</td><td colspan="2">碳素钢铸钢件</td></tr>
<tr><td rowspan="2">26 元件锻件</td><td rowspan="2">管件、法兰、阀体锻坯</td><td>A</td><td>各种管件锻坯、法兰锻坯、阀体锻坯</td><td rowspan="2">材料</td></tr>
<tr><td>B</td><td>不包括双相不锈钢、耐热钢的其他各种锻件</td></tr>
</table>

续表

<table>
<tr><th colspan="2">许可项目</th><th rowspan="2">许可级别</th><th rowspan="2">各级别许可产品基本范围</th><th rowspan="2">产品限制范围</th></tr>
<tr><th>类别</th><th>品种（产品）</th></tr>
<tr><td rowspan="2">压力管道材料（原料）</td><td>27 压力管道制管专用钢板（钢级 L360 及以上压力管道制管专用钢板）</td><td>A</td><td></td><td>材料、规格</td></tr>
<tr><td>28 聚乙烯管（含管件及复合管、管件）原料（聚乙烯混配料）</td><td>A</td><td></td><td>牌号、级别</td></tr>
<tr><td colspan="5">注 1：许可审批级别的“A”由国家质检总局审批；“B”由制造单位所在地的省级质量监督行政部门审批。
注 2：压力管道材料（原料），压力管道制管专用钢板、聚乙烯混配料的制造许可方式为型式许可，其余为工厂许可。
注 3：产品限制范围是指许可品种产品的范围，一般涉及产品名称、规格、产品标准，有时还涉及制造工艺、材料等。该范围通过型式试验和生产条件确定。
注 4：特殊工况阀门，是指石油天然气及相关工业、火电站高温高压管道、低温设备管道（温度低于 －46℃）、燃气管道，用于高温高压、易燃、易爆、低温介质的阀门。
一般工况阀门，是指不属于特殊工况阀门的其他压力管道用阀门。
阀门典型品种名称（包括特殊工况阀门和一般工况阀门）：闸阀、截止阀、节流阀、球阀、止回阀、蝶阀、隔膜阀、旋塞阀、柱塞阀、疏水阀、低温阀、调节（控制）阀、减压阀（自力式）、眼镜阀（冶金工业用阀）、孔板阀（冶金工业用阀）、排污阀、减温阀、减压阀、紧急切断阀、其他阀门（无行业或国家标准，用于石油、化工装置上的非标阀门）。
注 5：元件组合装置：由两种或两种以上管道元件，通过焊接或机械方法组装成整体部件出厂的产品，如汇管（汇流排）、绝缘接头、减温减压组合装置等。
注 6：工厂预制直埋管或者保温管包括带夹套的直埋管和带防腐外壳的保温管，防腐外壳包括硬质聚氨酯泡沫塑料防腐保温层、玻璃纤维增强塑料外护层聚氨酯泡沫塑料、高密度聚乙烯外护管聚氨酯泡沫塑料等。</td></tr>
</table>

第五节　压力管道元件产品制造安全性能监督检验

按照《特种设备安全监察条例》的规定，压力管道元件制造过程必须经国务院特种设备安全监督管理部门核准的压力管道元件检验检测机构按照安全技术规范的要求进行监督检验，未经监督检验合格的产品不得出厂或者交付使用。根据这个规定，国家特种设备安全监察局正在组织制定《压力管道元件产品制造安全性能监督检验规则》，并在全国范围内开始压力管道元件产品安全性能监督检验工作，目前正在执行的有《压力管道元件制造监督检验规则》（埋弧焊钢管与聚乙烯管）。辽宁省质量技术监督局已发文件，下发了《压力管道元件制造监督检验规则　阀门》，现在已在执行实施中，对压力管道阀门制造监督检验提供了行政技术检验保证，对压力管道阀门制造质量控制起到了重要作用。

压力管道元件制造监督检验工作规则是根据《特种设备安全监察条例》（以下简称《条例》）制订。压力管道元件的制造监督检验（以下简称监检）规定，是指在压力管道元件（以下简称产品）制造过程中，在制造单位自检合格的基础上，由国家质检总局核准的检验机构（以下简称监检机构），对制造过程中涉及安全性能的项目进行的监督验证。监检工作的安全技术要求依据有关的安全技术规范及其相应产品标准、设计图样和订货合同。要求监检应当在制造现场的制造过程中进行，并且采取逐批或者逐台两种方式进行。产品的组批应当符合本规则和有关的安全技术规范及其相应产品标准的要求。实施监检的产品应当在制造单位制造许可证的范围内。正在申请制造许可的制造单位，在取得受理后，对其试制产品（样品）进行监检。

监检分为境内制造单位的产品监检，由制造单位所在地的省级质量技术监督部门授权相应资格的监检机构承担；境外制造单位的产品监检，由国家质检总局授权相应资格的监检机构承担；境外制造的产品，如未能实施过程监检的，应当在产品到达境内口岸后，按照相关规定进行产品安全性能检验。

一、监检项目和要求

监检项目和要求见《压力管道元件制造监督检验大纲》（以下简称《监检大纲》）的规定；监检内容包括对产品制造过程中涉及安全性能的项目进行核实确认，对制造单位质量保证体系运行情况进行检查。

监检项目分为 A 类和 B 类，具体分类见《压力管道元件制造监督检验项目表》（以下简称《监检项目表》）。实施监检的检验人员（以下简称监检人员）根据《监检大纲》的要求，在对制造单位制造活动现场进行巡查的基础上，按照以下要求进行监检：

——A 类监检项目：对文件资料、报告、记录表、卡或者实物进行现场检查或者现场监督、确认结果，判断是否符合要求，未经现场监检确认或者监检确认不符合相关规定的，不得流转至下一道工序；

——B 类监检项目：随机或者按照规定抽查相关文件资料、报告、记录表、卡，按照规定或者必要时抽查实物进行现场监检，确认结果，判断是否符合要求。

在检查、抽查及现场监督等监检过程中，监检人员应当在制造单位提供的相关工作见证资料（设计文件、检验报告、试验报告、记录表、卡等）上签字确认，同时注明监检确认的方式（资料确认、实物检查、现场监督等）、具体内容和签字日期。

二、制造单位准备

制造单位对产品制造质量和所提供的产品质量证明资料真实性负责；监检机构对所承担的监检工作质量和监检结论意见的正确性负责。

1）造单位应当根据产品技术特性和质量保证体系的要求，编制产品质量计划（制造过程质量控制卡）、作业文件（工艺文件）等质量记录。上述文件中所规定的检验、试验项目及其相关质量要求，应当不低于相关安全技术规范及其产品标准的规定，并且明确监检方式。

2）制造单位应当编制产品生产计划，并且按照计划组织生产。在产品生产前，应当及时向监检机构报检。

3）制造单位应当设置专人配合监检人员开展监检工作，及时提供相关资料，根据监检工作的实际情况，为监检人员提供必要的监检工作条件。对A类监检项目进行监检时，制造单位应当提前1天将产品制造的具体时间安排通知监检人员。

4）产品出厂时，制造单位应当向订货单位至少提供以下技术文件和资料：

——竣工图样（非标元件）；

——压力管道元件产品合格证、压力管道元件产品数据报告、产品质量证明文件（包括主体材质证明书、无损检测报告、理化试验报告、热处理报告、耐压试验报告、泄漏试验报告等）和产品铭牌的拓印件等；

——《特种设备制造监督检验证书》；

——强度计算书（非标元件）；

——必要时还需提供产品其他相关资料；

——质量证明书除包括产品合格证的内容外，一般还应当包括以下内容：

- 材料化学成分；
- 材料以及焊接接头力学性能；
- 热处理状态；
- 无损检测结果；
- 耐压试验结果（适用于有关安全技术规范及其相应标准或者合同有规定的）；
- 型式试验结果（适用于有型式试验要求的）；
- 产品标准或者合同规定的其他检验项目；
- 外协的半成品或者成品的质量证明。

应当有设计（技术）文件和制造工艺文件，并且应当符合有关安全技术规范及其相应标准的要求。管道组成件的制造，应当符合有关安全技术规范及其相应标准的规定，其制造过程中的焊接（包括补焊）应当采用经评定合格的焊接工艺，并且由持特种设备操作人员证焊工进行施焊。焊接工艺评定和焊工技能评定应当分别符合有关特种设备安全技术规范及其相应标准的要求。管道元件制造单位应当按管道元件的供货批量，提供盖有制造单位质量检验章的产品质量证明文件，实行监督检验的管道元件，还应当提供特种设备检验检测机构出具的监督检验证书。管道组成件的质量证明文件应当包括产品合格证和质量证明书。产品合格证一般包括产品名称、编号、规格型号、执行标准等。

5）制造单位对监检结果有异议时，应当在15日内以书面形式向监检机构提出复检要求。对复检结果仍有异议的，应当以书面形式向所在地设区的市级质量技术监督部门或者省级质量技术监督部门提出。必要时，可以直接向行政许可受理机关提出。上述部门和机关应当及时予以调查和处理。

6）制造单位应当按照相关规定缴纳监检费用。

三、监检机构

1）监检机构应当根据产品特性以及制造单位产品制造和管理的实际情况，配备符合规定的相应数量、符合规定的监检人员承担监检工作，并且可以结合监检工作的需要组成监检组。监检机构应当以书面形式将监检人员名单告知制造单位。

2）监检机构应当为监检人员配备必要的检验、检测工具，对监检人员进行法规、安全技术规范及其相应产品标准等相关知识的培训、考核。

3）应当根据产品特性及制造单位产品生产和管理的实际情况，按照本规则的规定，制定监检方案或者作业指导书（包括监检工作程序、监检流程图、监检记录等）。监检方案及其相应的监检记录、表、图，应当按照监检机构的质量保证体系的要求，履行相应的审批手续，并且告知制造单位。

4）监检过程中，压力管道制造单位应当向监检机构提供必要的工作条件，并且提供下列文件、资料供监检人员在制造监检工作中使用或者查阅，如果有变更，应当及时通知监检机构：

——压力管道元件产品质量保证体系文件（包括质量手册、程序文件、管理制度、制造工艺各责任人员的任免文件、质量信息反馈资料等）；

——从事压力管道元件的持证焊工名单（列出持证项目、有效期、钢印代号等）一览表；

——从事压力管道元件产品质量检验的人员名单一览表；

——压力管道元件的设计文件、工艺文件和检验记录，采用企业标准时，还应提供企业标准；

——压力管道元件的焊接工艺评定一览表；

——压力管道元件型式试验报告；

——压力管道元件产品的月生产计划。

上述资料发生变更时，应当及时通知监检人员，并且更换为有效版本。监检机构和监检人员对制造单位所提供资料中的技术和商业秘密应当予以保密。

5）《监检大纲》是监检工作的通用和基本要求。监检机构应当根据产品特性和实际情况，从能够有效控制产品安全性能的角度出发，可以进行适当调整。

6）监检人员应当按照本规则及其制定的监检方案实施监检，及时填写监检记录。当监检结果与制造单位提供的工作见证资料或者实际情况不一致时，应当将不一致情况详细记载。监检记录与制造单位的工作见证资料必须具有可追溯性。

——当不能在制造单位工作见证资料上进行确认时，监检人员应当在监检记录上详细记录监检确认的情况。

——当监检人员对制造单位提供的工作见证资料有怀疑或者检查发现不符合要求时，监检人员有权要求制造单位进行复验或者补充检验。

——监检记录应当由监检人员签字确认；监检人员在填写《监检项目表》时，应当记录监检工作过程和结果。并且进行监检一次合格率的统计。对符合要求或者不符合要求的监检项目，在《监检项目表》中“监检结果”栏内填“符合”或者“不符合”，在“工作见证”栏内填写监检工作见证资料名称或者监检工作记录名称，在“记事栏”中记录监检项目不符合的具体情况、实测数据、质量保证体系运行中的问题以及制造单位对不符合项目的处理情况。监检合格率按照监检项目及其内容进行统计，即首次发现的不合格项目，被1减去的数（实际为合格数）作为分子，本元件所检项目数作为分母，其之比（百分数）；首次发现的不合格项目，再次监检时仍然不合格，也作为首次不合格数列入分子数，以此类推。

——在监检过程中发现一般问题时，由监检人员向制造单位发出《特种设备监督检验工作联络单》（以下简称《监检联络单》）；当发现严重问题时，由监检机构向制造单位签发《特种设备监督检验工作意见通知书》（以下简称《监检通知书》）。制造单位在接收《监检联络单》、《监检通知书》后，应当在规定时限内对所提出的问题进行及时处理，并且应当以书面形式予以回复。

《监检通知书》同时报告制造单位所在地设区的市级质量技术监督部门或者省级质量技术监督部门。制造单位对《监检通知书》提出的意见，如拒不接受或者不能及时纠正，监检机构应当及时报告行政许可受理机关。

严重问题，是指对产品安全性能有较大影响的问题。如：监检项目不合格而不能纠正；制造单位质量保证体系运行严重失控；制造单位对《监检联络单》提出的问题拒不改进；制造单位不再具备制造许可条件；制造单位在制造过程中有违反行政许可的行为等问题。

7）全部监检工作结束后，对于安全性能符合相关安全技术规范、标准要求的产品，监检机构应当在10个工作日内，逐批或者逐台（适用于实施逐台监检）向制造单位出具《特种设备制造监督检验证书》（以下简称《监检证书》）。《监检证书》一式三份，一份制造单位存档，一份由制造单位交订货单位，一份监检机构存档。

8）全部监检工作完成后，监检机构应当将以下资料汇总存档：

——《监检证书》；

——《监检项目表》；

——《监检联络单》和《监检通知书》；

——监检记录；

——其他与监检工作相关的资料。

上述资料保存期不得少于5年。

9）经监检，满足安全性能要求的产品，制造单位可根据产品特性和制造的实际情况，采取适当方式，在产品铭牌上或者其他明显部位，标识“TS”监检标志。未经监检或者监检不符合的产品，不得使用“TS”监检标志。未经监检机构出具《监检证书》的产品不得出厂。

10）监检机构应当按照《压力管道元件制造质量保证体系监督检查大纲》的要求，每年至少进行一次对制造单位质量保证体系的全面监督检查，将检查结果填写在《压力管道元件制造质量保证体系监督检查项目表》（以下简称《质量保证体系监检项目表》）中。

四、压力管道元件制造监督检验大纲

1. 资料审查

1）执行的规范、标准：审查产品选用的安全技术规范及其相应产品标准是否现行、有效。

2）设计文件：

——设计图样。审查产品选用的安全技术规范及其相应产品标准是否现行、有效，标注的检验、试验要求是否符合产品标准和合同技术要求，图样签字手续是否符合规定。

——设计计算书。审查是否进行了强度校核，是否有补偿量计算（适用于金属波纹膨胀节，其他型式补偿器），检查签字手续是否符合要求。

——设计变更。审查设计变更（含材料代用）手续是否符合规定。

——型式试验证明文件。审查型式试验证明文件是否有效，是否能覆盖本批（件、台）产品。

——定型试验报告。审查定型试验报告是否有效，是否能覆盖本批（件、台）产品。

——工艺文件。审查制造、检验和试验等工艺文件是否符合安全技术规范及其相应产品标准、设计文件（适用于有设计文件要求的产品）和合同的技术要求，签字手续是否符合规定。

——焊接工艺评定文件。审查制造单位焊接工艺评定报告等文件是否符合安全技术规范及其相应产品标准、设计文件的技术要求，是否有效，是否覆盖本批（件、台）产品。

2. 制造过程监检

（1）产品组批

核查按照产品标准组批进行制造的，其产品的组批要求是否符合有关安全技术规范及其产品标准的要求。其中一些产品的组批应当符合下列要求。

1）焊接钢管组批要求如下：

——同一机组、同一牌号、同一外径、同一壁厚、同一工艺，生产周期不超过一周，且数量不超过 200 根为一批；

——如果埋弧焊钢管产品安全性能稳定，同牌号、同规格（同一外径、同一壁厚）、同工艺产品连续一年未发现安全性能问题的，制造单位可以向所在地的省级质量技术监督部门提出增加组批管子数量的要求，获得同意的，可以增加组批的数量，但每批不得超过 600 根，对于增加组批量的数量，产品安全性能一旦出现问题，应当恢复组批原规定的数量。

2）钢制无缝管件以同材料、同规格、同工艺，生产周期不超过一个月，数量不超过 200 个组成一批。

3）A 级钢制有缝管件以同材料、同规格、同工艺，生产周期不超过一个月，数量不超过 200 个组成一批。B 级钢制无缝管件，以同材料、同规格、同工艺，生产周期不超过一个月，数量不超过 500 个组成一批。

4）阀门以同型号、同规格，生产周期不超过 15 天，数量不超过 100 只组成一批。

5）金属波纹膨胀节原则上逐台实施监检，同时符合以下条件的，可以实施组批监检：

——同型号、同图纸、同生产工艺、同材料、同焊接工艺评定、同热处理工艺的；

——波纹管为自动成型；

——连续生产不超过 10 天，且数量不超过 200 只。

6）其他型式补偿器原则上逐台实施监检，同时符合以下条件的，可以实施组批监检：

——同型号、同图纸、同生产工艺、同材料、同焊接工艺评定、同热处理工艺的；

——连续生产不超过 10 天且数量不超过 50 只。

7）锻制法兰、锻制管件、阀体锻件的锻坯，以同冶炼炉号、同热处理工艺，或者同牌号材料、同炉热处理的锻件组成一批。

（2）材料

材料包括产品受压元件原材料及其主要零部件材料、外购件，密封元件以及焊接材料（焊接材料适用于有焊接过程的产品）。有关主要零部件可以参见《压力管道元件产品数据报告》，其中聚乙烯及聚乙烯复合管材、管件的原材料包括混配料。

（3）材料质量证明书

1）审查材料质量证明书是否有效，内容、性能是否符合材料标准和合同的技术要求，数据是否齐全、正确和清晰。

2）抽查材料实物标志是否符合材料标准，是否与材料质量证明书相符。

（4）材料性能检查

如果制造单位自行在聚乙烯基本树脂中添加其他必要的添加剂或使用回用料，审查其性能试验报告或者回用料添加记录，其混配料的基本性能或者回用料的添加量是否符合要求。

（5）材料标志移植

检查在制造过程中其标志移植是否符合规定。

（6）材料复验

对需要进行材料复验或者监检人员认为有必要要求制造单位进行复验时，应当审查制造单位对材料复验的项目、结果是否符合相关标准和合同技术要求。需要复验或者必要时要求进行以下复验：

复验项目和要求根据需方要求，按合同和有关技术文件的规定进行。

——需要复验的有：无缝钢管的管坯、钢棒（化学成分），铸铁管的生铁、焦碳（化学成分），减温减压装置的管子（化学成分、力学性能），电站用组合装置的管子和管件（化学成分、力学性能）；

——必要时要求进行复验的有：焊接钢管，钢制无缝管件，钢制有缝管件，金属波纹膨胀节，其他型式补偿器，燃气调压装置，直埋夹套管预制管件，锻制法兰、锻制管件、阀体锻件。

3. 制造工艺执行

（1）弯管

审查弯管操作记录及检验记录是否符合有关安全技术规范及其相关标准的要求，必要时抽查弯管工艺的执行情况。

（2）PE 及 PE 复合管材、管件制造工艺

审查检验记录，每批至少抽查 1 根，抽查产品制作工艺执行情况是否符合工艺文件的要求。需要抽查的制造工艺如下：

——聚乙烯管材，包括烘干、挤出、牵引、定径等；

——带金属骨架的聚乙烯复合管材、管件，包括加工工艺以及混配料的注入工艺。

（3）锻造

审查锻造工艺检验记录，重点检查锻造比、始锻温度和终锻温度等要素的控制，是否

符合工艺文件的规定。

（4）焊接过程

焊接，对聚乙烯及聚乙烯复合管材、管件中的管件为熔接；对锻制法兰、钢制管件、阀体锻件的锻坯为焊补。

1）焊接人员资格。检查焊接人员资格证件（原件），抽查实际进行焊接的焊接人员是否具备相应资格。

2）焊接工艺执行。审查焊接检验记录，抽查焊接工艺及其焊接返修工艺的执行情况，检查实际进行焊接的焊接人员是否按照工艺文件进行施焊。

3）焊接试板。按照规定需要设置焊接试板的，应当审查焊接试板的性能试验报告，确认试验结果是否符合安全技术规范及其相应产品标准要求。

（5）无损检测

1）无损检测报告。审查无损检测报告，核查无损检测人员资格、检测方法、检测标准、检测比例和结果是否符合设计、标准要求。必要时现场监督无损检测过程。

2）射线检测底片。对需要采用射线检测方法进行无损检测的产品，审查射线检测底片的质量和评片的结果是否符合相关安全技术规范及其相关标准的要求。抽查不少于10%的射线检测底片。抽查范围应当包括返修片、T型接头与可疑部位（如果存在）。

（6）热处理

审查热处理报告，核查热处理记录曲线与热处理工艺是否一致。必要时现场抽查热处理工艺执行情况。

（7）外观、几何尺寸

审查检验记录。实施组批监检的，每批至少抽查1根（件、只）产品，实施逐台监检的逐台，进行外观、几何尺寸检查，检查是否符合产品标准要求。其中带金属骨架的聚乙烯复合管材、管件的检查项目如下：

——管子：颜色、规格尺寸（内径、壁厚等）、不圆度、管端部平整度、与管轴线是否垂直等；

——管件：颜色、外观、基本参数、不圆度等。

（8）质量

审查检验记录。每批至少抽查1根（件、只）产品，称重检查其质量是否符合产品标准要求。

（9）理化检验

审查理化检验报告，检查其检验方法、内容及其检验数值是否符合相关产品标准和合同的技术要求，签字手续是否符合规定。理化检验由制造单位自行进行的，必要时现场监督试验过程。

压力管道元件的理化检验项目如下：

——无缝钢管：化学成分、金相、硬度、拉伸、冲击、晶间腐蚀、非金属夹杂物、实际晶粒度等；

——焊接钢管：化学成分分析、金相、拉伸、冲击、落锤，对不锈钢还要包括晶粒度测定和耐蚀性试验等；

——铸铁管：化学分析、硬度、拉伸等；

——钢制对接无缝管件、钢制对接有缝管件、阀门（对阀门适用于具备自铸、自锻能力的制造单位的铸件、锻件）、元件组合装置中的减温减压装置：化学成分、金相、硬度、拉伸、夏比冲击等；

——电站用组合装置：金相、光谱、硬度等；

——聚乙烯管材：断裂伸长率、热稳定性（氧化诱导时间）、熔体质量流动速率等；

——聚乙烯管件：氧化诱导时间（热稳定性）等；

——带金属骨架的聚乙烯复合管材、管件：管子纵向尺寸收缩率试验等；

——锻制法兰、锻制管件、阀体锻件的锻坯：化学成分、金相、硬度、拉伸、夏比冲击等。

（10）电性能试验

查阅检验记录。每批至少抽查1只，检查电性能是否符合产品标准的要求。

（11）工艺性能试验

按批审查工艺性能试验报告，审查试验项目及其内容是否符合相关产品标准和合同的技术要求，必要时现场监督试验过程。其中无缝钢管、焊接钢管的工艺性能试验如下：

——无缝钢管，包括压扁、扩口等；

——焊接钢管，焊缝（包括钢带对头焊缝）导向弯曲试验等。

（12）耐压试验

审查试验报告，对实施批量监检的每批至少跟踪抽查1根（件、只）产品，检查试验压力、保压时间、压力表的有效期是否符合规定。定期查看试验设备和试验条件，检查是否符合要求。

耐压试验分为液压试验和气压试验：

——无缝钢管、铸铁管、减温减压装置，为液压试验；

——焊接钢管，为静水压试验；

——阀门（阀体）、金属波纹膨胀节、其他型式补偿器、燃气调压装置，为压力试验（包括液压试验和气压试验）；

——直埋夹套管预制管件，为强度试验；

——聚乙烯管材、聚乙烯管件，为静液压强度试验；

——带金属骨架的聚乙烯复合管材、管件，为短期静液压强度试验。

（13）泄漏试验

审查泄漏试验报告，必要时现场监督试验过程。

泄漏试验根据试验介质的不同，分为气密性试验以及氨检漏试验、卤素检漏试验、煤油渗漏试验和氦检漏试验等。采用哪种试验方法，按相关标准和图样要求执行。

——铸铁管、燃气调压装置，为气密性试验；

——金属波纹膨胀节，包括煤油渗漏试验、气密性试验；

——阀门，为密封试验（气密性试验的一种，具体试验方法按产品标准执行）；

——直埋夹套管预制管件，为严密性试验（气密性试验的一种，具体试验方法按产品标准执行）。

（14）涂覆质量

审查检验记录。每批产品至少抽查1根（件、只），检查涂敷质量是否符合产品标准要求。

(15) 表面质量

审查检验记录。每批产品至少抽查1根（件、只），检查表面质量是否符合相关产品标准要求。对于有焊补的产品，对焊补部位全部进行检查。

(16) 电火花捡漏

审查电火花捡漏试验报告，必要时现场监督产品防腐层电火花检漏过程，检查检测设备及其检测电压是否符合规定。

(17) 安全附件

检查按照规定需要配置的安全附件，其数量、型号规格及其质量证明文件（含合格证）是否符合要求。

(18) 标志与出厂资料

1）标志的使用：

压力管道组成件应当逐件采用标志进行标记。标记内容一般包括制造单位代号或者商标、许可标志、材料（牌号、规格、炉批号）、产品编号等，并且应当符合有关安全技术规范及其相应标准的要求。产品规格较小，无法标记全部内容时，可以采用标签或者按照相应要求省略部分内容。从产品标记应当能追溯到产品质量证明文件。管道用阀门除符合本规程外，还应当符合其他安全技术规范的规定。

实施组批监检的，每批至少抽查1根（件、只）产品；逐台监检的，逐台检查。检查产品标志内容、铭牌内容（适用于需要装置铭牌的压力管道元件，如燃气调压装置、减温减压装置等）和介质流向箭头（适用于需要标志介质流向的压力管道元件，如阀门等）是否符合技术文件的要求，许可标志和监检标志的使用方法是否符合相关规定。

2）出厂资料：

审查产品质量证明书（包括合格证）等出厂资料，内容是否齐全、正确，是否符合规定，交货状态是否符合相关产品标准和合同的技术要求（交货状态的审查适用于无缝钢管、焊接钢管）。

各类产品监检适用项目如下：

——无缝钢管为B1.1、B1.3、B1.5、B2.1、B2.2.1、B2.2.4、B2.5.1、B2.6、B2.7、B2.8、B2.9、B2.11、B2.12、B3.1、B3.2；

——焊接钢管为B1.1、B1.3、B1.5、B1.6、B2.1、B2.2.1、B2.2.3、B2.2.4、B2.4.1、B2.4.2、B2.5.1、B2.5.2、B2.6、B2.7、B2.9、B2.11、B2.12、B3.1、B3.2；

——铸铁管为B1.1、B1.3、B1.5、B2.1、B2.2.1、B2.2.4、B2.6、B2.7、B2.8、B2.9、B2.12、B2.13、B2.14、B2.15、B3.1、B3.2；

——钢制无缝管件为B1.1、B1.3、B1.5、B2.1、B2.2.1、B2.2.3、B2.2.4、B2.5.1、B2.6、B2.7、B2.9、B3.1、B3.2；

——钢制有缝管件为B1.1、B1.3、B1.5、B1.6、B2.1、B2.2.1、B2.2.3、B2.2.4、B2.4.1、B2.4.2、B2.5.1、B2.5.2、B2.6、B2.7、B2.9、B3.1、B3.2；

——阀门为B1.2.1、B1.2.2、B1.2.3、B1.3、B1.5、B1.6、B2.1、B2.2.1、B2.2.3、B2.4.1、B2.4.2、B2.5.1、B2.5.2、B2.6、B2.7、B2.9、B2.12、B2.13、

B3.1、B3.2；

——金属波纹膨胀节为 B1.2.1、B1.2.2、B1.2.3、B1.3、B1.5、B1.6、B2.1、B2.2.1、B2.2.3、B2.2.4、B2.4.1、B2.4.2、B2.5.1、B2.5.2、B2.7、B2.12、B2.13、B3.1、B3.2；

——其他型式补偿器为 B1.2.1、B1.2.2、B1.2.3、B1.3、B1.5、B1.6、B2.1、B2.2.1、B2.2.3、B2.2.4、B2.4.1、B2.4.2、B2.5.1、B2.5.2、B2.7、B2.12、B3.1、B3.2；

——元件组合装置，其中燃气调压装置为 B1.2.1、B1.2.2、B1.2.3、B1.5、B1.6、B2.2.1、B2.2.3、B2.4.1、B2.4.2、B2.5.1、B2.5.2、B2.7、B2.12、B2.13、B2.17、B3.1、B3.2，减温减压装置为 B1.2.1、B1.2.2、B1.2.3、B1.3、B1.5、B1.6、B2.2.1、B2.2.3、B2.2.4、B2.4.1、B2.4.2、B2.4.3、B2.5.1、B2.5.2、B2.6、B2.7、B2.9、B2.12、B3.1、B3.2，电站用组合装置为 B1.2.1、B1.2.3、B1.5、B1.6、B2.2.1、B2.2.3、B2.2.4、B2.3.1、B2.4.1、B2.4.2、B2.5.1、B2.5.2、B2.6、B2.7、B2.9、B3.1、B3.2，直埋夹套管预制管件为 B1.2.1、B1.2.3、B1.3、B1.5、B1.6、B2.2.1、B2.2.3、B2.4.1、B2.4.2、B2.5.1、B2.5.2、B2.7、B2.12、B2.13、B2.16、B3.1、B3.2；

——聚乙烯及聚乙烯复合管材、管件为 B1.1、B1.3、B1.4（适用于聚乙烯管材）、B1.5、B1.6（适用于聚乙烯管件）、B2.1、B2.2.1（1）、B2.2.2、B2.2.4、B2.3.2、B2.4.1（适用于聚乙烯管件）、B2.4.2（适用于聚乙烯管件）B2.7、B2.9、B2.10（适用于聚乙烯管件中燃气用埋地聚乙烯电熔管件）、B2.12、B3.1、B3.2；

——锻制法兰、锻制管件、阀体锻件的锻坯为 B1.1、B1.5、B2.1、B2.2.1、B2.2.4、B2.3.3、B2.4.1、B2.4.2、B2.5.1、B2.6、B2.7、B2.9、B3.1、B3.2。

五、压力管道元件制造监检结论

经过制造监检，对符合规定要求的制造监检项目，在《压力管道元件制造监检项目表》中“制造监检结果”栏内填“合格”，并且在“工作见证”栏内填写制造监检人员签字的证件名称、编号或者制造监检工作记录的名称；不符合规定要求的制造监检项目，在“制造监检结果”栏内填写实测数据或者存在的问题，并且在记事栏中记述不符合要求的具体情况和情节，以及制造单位的处理情况。

对质量保证体系的监督检查，监检人员应当逐项检验并且作出评价，评价为“合格”、“不合格”、“有缺陷”三种结论。对评价结论为“不合格”或者“有缺陷”的项目，在“问题记录以及备注”栏内填写存在问题，并且在记事栏内记述不符合的具体情况和情节，以及制造单位的处理情况。

六、压力管道元件制造监督检验报告意见书

1）压力管道元件制造检验不合格或者有问题填写特种设备监督检验意见通知书，样式如下：

特种设备监督检验意见通知书

编号：

（制造单位名称）：

经监督检验，发现你单位在压力管道元件产品（埋弧焊钢管、聚乙烯管）制造过程中，（埋弧焊钢管、聚乙烯管）产品（产品规格：　　　　批号：　　　　）存在以下影响安全性能的问题，请于××月××日前将处理结果报送监检机构：

<table>
<tr><td>问题和意见：

监检员：　　　　　　　　　　日期：

监检机构技术负责人：　　　　日期：

（监检机构检验专用章）
年　　月　　日

制造单位接收人：　　　　　　日期：</td></tr>
<tr><td>处理结果：

制造单位主管负责人：　　　　日期：　　　　（制造单位公章）

年　　月　　日</td></tr>
</table>

注：本通知单一式四份，一份报当地安全监察机构，一份监检机构存档，两份送制造单位，其中一份制造单位应当在要求的日期内返回监检机构。

2）压力管道元件制造检验不合格或者有问题填写特种设备制造监督检验证书，样式如下：

特种设备制造监督检验证书

编号：

制造单位：　　　　　　　　　　　　　　　　　许可证编号：

产品规格：

设计文件号：　　　　　　　　　　　　　　　　制造标准：

产品批号及管号：

产品数量：共　　根　　　　　　　　　　　　　　　　产品出厂日期：

制造单位质量证明书编号：

按照《特种设备安全监察条例》及（有关安全技术规范）的规定，上述压力管道元件产品的安全性能，经我机构监督检验，结论为合格，特发此证书。

制造监检员：　　　　　　　　　　日期：

审　核：　　　　　　　　　　　　日期：

批　准：　　　　　　　　　　　　日期：

监检机构：　　　　　　　　　　　　　　　　（监检机构检验专用章）

机构核准证号：　　　　　　　　　　　　　　　年　　月　　日

注：本证书一式三份，一份随出厂资料交使用单位，一份交制造单位，一份监检机构存档。

第六节　压力管道元件制造安全性能监督检验工艺

依据国家质检总局有关规定编写压力管道元件制造安全性能监督检验工艺，示例如下。

压力管道元件制造安全性能监督检验工艺

1　总则

1.1　本工艺适用于压力管道元件制造安全性能监督检验（以下简称监检）。对有特殊要求的产品，按具体产品特点和要求另行制定工艺。

1.2　压力管道元件制造单位必须取得特种设备安全监督管理部门颁发的相应级别的“压力管道元件制造许可证”。或者经过省级以上特种设备安全监督管理部门对试制产品的批准。

1.3　监检员必须由在特种设备安全监督管理部门核准的监检单位中持有相应的锅炉压力容器压力管道高级检验师、压力管道检验师及压力管道检验员证书的人员担任。

2　监检工作的主要依据

2.1　特种设备安全监察条例

2.2　压力管道安全管理与监察规定（简称《规定》）

2.3　×××市压力管道元件制造监督检验规则

2.4　其他相关标准及技术条件

3　监检前的准备工作

3.1　检查产品合同、协议书，了解用户对受检验产品的安全技术要求。

3.2　检查受检验产品的图纸、工艺文件、质量文件、检验指导书及生产计划要求。

3.3　了解制造单位主要加工和检测设备、品种、数量和能力；参与产品生产制造的有关焊接、检验、检测人员的资格、水平及熟练程度。

3.4　制造单位提供有关技术标准、规范、技术条件。

3.5　与制造单位协商签订监检协议，确定信息反馈渠道及联系办法，保证监检工作顺利进行。

3.6　监检所需的工具与仪器设备，主要有：钢板尺、直尺、塞尺、游标卡尺、焊口检测器、放大镜、各种样板尺、观片灯等。

4　监检工艺程序

4.1　产品制造监检采用对制造工序抽检和按控制点进行监检相结合的方法，按“压力管道元件安全性能监检项目表”所列项目进行。监检项目分为A、B两类。对A类监检项目监检员必须到现场进行监检，并在受检单位自检合格的基础上，经监检确认后，在受检单位提供的相应见证文件如：检验（试验）报告、表卡、记录等，上签字；对B类监检项目监检员可以到现场进行监检，并在相应的见证文件上签字，如监检人员不能到现场，则应对受检单位提供的工作见证文件进行审查并签字确认。

4.2　对制造单位质量保证体系的运转情况应进行经常性的检查；在具体产品的各个制造工序，监检员应随时到现场巡查，发现问题及时向受检单位提出整改要求，并对受检单位质量保证体系的运转情况评价。

4.3　监检按流程方框图顺序进行（见下图）。

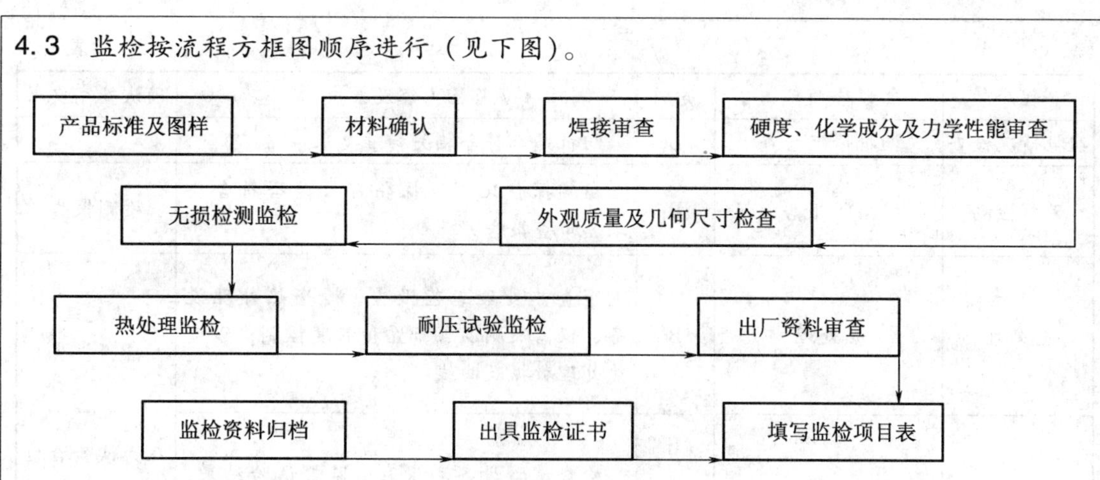

图　监检流程图

4.4　监检内容及要求一览表见下表。

表　监检内容及要求一览表

程序	监检项目	类别	临检内容及要求	确认签字要求
图样审查	制造和检验标准	B	所选用的标准应为现行标准，不能使用已废止的标准，材料选择要正确，结构应合理	在设计图或有关文件签字
材料	主要受压原件和焊材证明、复验报告	B	各材料应有材料生产单位提供的材质证书或其复印件。 按标准等要求复验、复验项目应齐全，复验报告要完整。 各材料及焊材应在验收入库时分别按炉（批）号和批号监检确认。 材料和焊材应符合图样及工艺文件要求	材质证明书上签字
	材料标记移植	B	材料标记要清晰，核查实际用材正确无误	审查检查记录
焊接	焊接工艺评定	A	工艺评定要符合相应标准。对焊评试板及试样现场确认，对已确认的焊评，以后采用时可不再审查，而审查是否选用正确、齐全	焊接工艺评定报告签字
外观检查	外观质量检查	B	现场检查外观质量	检查记录
	形状、尺寸检查	B	现场检查形状和尺寸	检查记录

续表

程序	监检项目	类别	临检内容及要求	确认签字要求
组批情况检查	组批情况检查	B	组批是否符合相关标准要求	
无损检测	NDT 报告	B	核实探伤比例及探伤部位是否符合要求，审查报告	检测报告
热处理	热处理	B	审查热处理工艺报告；检查热处理设备、仪器及测温点布置和温度控制；审查热处理数据及曲线	热处理检验报告
耐压试验	耐压试验	B	检查试验设备和仪表；监督试验结果，审查试验报告	压力试验检验报告（辽7－10）上签字
出厂资料	出厂资料	B	审查出厂资料，要求出厂要正确、齐全、最终签发手续应完整无误，竣工图应与产品的实际制造相符	在产品质量证明书上盖监检员章
监检证书	监检证书		经监检合格的产品，由监检员根据监检记录出具“压力管道元件安全性能监督检验证书”一式三份。按本所内质量体系规定的程序审签	加盖“检验专用章”后正式生效
对工厂质保体系运转情况的评价			检查工厂在制造过程中质保体系是否运转正常，记载是否有应整改和加强的问题	

5　其他

5.1　压力管道元件制造过程监检日记

监检员应按产品编号填写压力管道元件制造过程监检日记，日记要记载图纸确认、材料审查、焊评、试板确认、RT 底片复评、外观几何尺寸检查、耐压试验确认、出厂资料审查时间及监检过程中发现的问题。

5.2　监检资料归档

《监检项目表》、监检证书、压力管道元件制造过程监检日记、监检工作联络单等有关监检资料都应按规定归档。

6　形成报告、记录

6.1　压力管道元件安全性能监督检验项目表

6.2　压力管道元件制造监督检验证书

6.3　中华人民共和国出口压力管道元件产品安全质量监督检验证书

6.4　压力管道元件制造过程监检日记
6.5　特种设备监督检验工作联络单
6.6　特种设备监督检验工作意见通知书
6.7　检验检测技术质量问题审批卡片

本工艺起草人：×××
本工艺审核人：×××
本工艺批准人：×××
时间：

第七节　压力管道元件（钢管）制造安全性能监督检验工艺案例

1. 适用范围

本工艺适用于《特种设备安全监察条例》所称压力管道元件产品中钢管压力管道元件安全性能的监督检验，其他产品可以参考：

——按照国家现行标准《石油天然气工业输送钢管交货技术条件　第一部分：A级钢管》（GB/T 9711.1）和《石油天然气工业输送钢管交货技术条件　第二部分：B级钢管》（GB/T 9711.2）等制造的压力管道元件产品；

——按照国家现行标准相关标准。

2. 执行的国家特种设备安全技术法规、标准

执行的国家特种设备安全技术法规、标准如下：

——《特种设备安全监察条例》；

——《压力管道元件制造许可规则》；

——《特种设备操作人员考核细则》；

——《特种设备无损检测人员考核与监督管理规则》；

——GB/T 9711.1—1997《石油天然气工业　输送钢管　交货技术条件　第一部分：A级钢管》；

——GB/T 9711.2—1999《石油天然气工业　输送钢管　交货技术条件　第二部分：B级钢管》；

——《低压流体输送管道用螺旋缝埋弧焊钢管》SY/T 5037—2000；

——其他相关法规、标准。

3. 制造监检项目和要求

3.1　执行的产品规范、标准

1）检验产品选用的标准是否符合安全技术规范的规定，是否遵循国家现行特种设备标准的要求。如果执行企业标准，该标准是否按照国家有关标准化法规规定到质量技术监督行政部门进行备案，而且有关产品安全性能的要求不得低于相关安全技术规范和国家现行标准的要求。

2）当执行国外标准时，检验是否符合中国规定和标准的批准手续和规定要求。

3.2 设计与工艺

(1) 设计文件

1）应当由型式试验机构审查的设计文件，审查其是否经过审查，审查结果是否符合规定；

2）型式试验机构审查的设计文件，审查其设计、审核、审批人员签字是否齐全，是否符合产品标准并且适应生产需要，核查标注的试验压力、检验和无损检测标准是否符合要求；

注：设计文件一般应当单独编制，也可以将设计文件作为工艺文件的一部分。

3）检验设计文件的修改（包括材料代用）手续是否齐全，修改后的内容是否符合要求。

(2) 工艺文件

检验其试验和检验工艺文件是否符合安全技术规范、产品标准、设计文件和合同规定的技术要求的规定，编制、审核、审批手续是否齐全。

3.3 工艺验证

对制造工艺验证的试验过程进行检验，对各项试验结果进行确认，检查采用新钢级或新工艺时，是否能够通过制造工艺验证试验证明产品满足要求，新钢级的制造工艺验证试验检验项目中是否包括爆破试验。

3.4 钢板或钢带

(1) 钢材选用

按照每批压力管道元件进行检查、核对，审查：

——产品采用的材料是否符合设计文件和产品标准规定；

——压力管道元件种类与钢级是否相适应；

——压力管道元件材料的宽度是否满足要求。

(2) 材料质量证明书

对每份材料质量证明书进行审查：

——是否是钢厂按熔炼批出具的原件，如材料是经销商供货时，是否是钢厂的原件或者有效复印件（原件复印件上加盖经销商的公章和经办人的名章）；

——内容是否符合钢材标准和订货合同的规定，数据是否齐全、正确和清晰，每熔炼批钢材的化学成分是否符合要求。

(3) 材料标志

每熔炼批材料至少抽查1件，检查钢板或钢带上的标准是否符合钢材产品标准的要求，是否与材料质量证明书相符。

(4) 产品分析

审阅钢管制造厂对每批熔炼钢的化学分析试验报告，检查产品分析的频数、取样方法、分析元素项目、分析方法标准、分析结果以及碳当量是否符合要求。

3.5　焊接材料

1）焊材选用：核查所选用的焊接材料是否符合设计或者制造工艺要求；

2）焊接材料质量证明书：检查焊接材料（焊丝、焊条、焊剂）是否有质量证明书和产品合格证；

3）焊接材料标志：检查焊接材料实物上的标志是否符合焊接材料标准的要求。

3.6　产品组批

核查压力管道元件产品组批是否符合产品标准或者本规则的要求。

3.7　焊接

（1）焊工资格

检验焊工资格证（原件），核对制造厂提供的焊工名册，抽查压力管道元件产品的焊工上岗人员是否具备相应资格。

（2）焊接工艺评定

1）检验制造单位是否根据产品焊接需要，按照标准要求进行焊接工艺评定，并且形成焊接工艺评定报告，是否建立焊接工艺评定档案，是否完整地保存焊接工艺评定试样。

2）检验焊接工艺评定报告的编制、审核、审批人员的签字是否符合要求。

（3）焊接工艺

1）检验焊接工艺文件，审查产品采用的焊接工艺是否已经评定合格，工艺文件的编制、审核、审批人员签字是否符合要求；

2）检验焊接工艺执行情况，检查焊工是否遵循工艺文件的规定进行施焊。

（4）焊缝返修

1）审阅焊接返修工艺文件，检查焊缝返修审批程序是否符合要求；

2）抽查现场返修情况，检查返修记录是否符合要求。

3.8　力学性能及工艺性能试验

（1）母材拉伸实验（含控制拉伸试验）

1）检验试验频数、取样位置及取向、试样，抽查拉伸试验过程，检查采用的试验方法是否正确，拉伸后的试样是否符合要求；

2）检验其试验设备和试验条件是否符合要求；

3）审阅经过规定责任人员签署的母材拉伸试验报告，审查总伸长应力、抗拉强度、断后伸长率、管体总伸长应力与管体抗拉强度的比值等各项性能是否符合要求。

（2）焊接接头拉伸试验

1）检验其试验频数、取样位置及取向、试样，抽查拉伸试验过程，检查采用的试验方法是否正确，拉伸后的试样是否符合要求；

2）定期检验试验设备和试验条件是否符合规定；

3）检验经过规定责任人员签署的焊接接头拉伸试验报告，审查抗拉强度是否符合产品标准的要求。

（3）夏比冲击（断裂韧性）试验

1）检验试验频数、取样位置及取向、试样，抽查试验过程，检查采用的试验方法是否正确；

2）定期核查试验设备和试验条件是否符合规定；

3）检验经过规定责任人员签署的夏比冲击实验（断裂韧性指标）试验报告，审查最小冲击吸收功、最小剪切面积百分率等各项韧性指标是否符合要求。

（4）落锤撕裂（断裂韧性）试验

1）检验试验频数、取样位置及取向、试样，试验温度，抽查试验过程，检查采用的试验方法是否正确；

2）定期核查试验设备和试验条件是否符合规定；

3）检验经过规定责任人员签署的落锤撕裂试验报告，检查最小冲击吸收功、DWTT最小剪切面积百分率等各项韧性指标是否符合产品标准的要求。

（5）检验导向弯曲试验

1）检验试验频数、取样位置及取向、试样，确认弯模和弯轴直径，抽查试验过程，检验试验方法是否正确；

2）定期核查试验设备和试验条件是否符合规定；

3）检验经过规定负责人签署的弯曲性能试验报告，审查试验结果是否符合要求。

3.9　焊偏的宏观检查（宏观金相）

抽查检查记录，必要时抽查试样，审查焊偏的检查方法是否符合要求。

3.10　无损检测

（1）无损检测人员资格

核查单位提供的无损检测人员名单，检查无损检测人员资格证书，抽查上岗人员，审查无损检测人员的数量、资格是否符合规定。

（2）无损检测方法、比例和结果

现场核查无损检测方法、标准、检测比例和结果，检查是否符合要求，是否能够做出符合要求的判断。

（3）无损检测质量

1）射线检测质量：检查射线检测设备、检测对比试块、灵敏度校验频数及荧光屏显示检验设备运行评定程序，抽查射线底片或者影像记录（必须包括管端和返修处），检查是否符合规定；

2）超声波检测质量：检查超声波检测设备和检测对比试块是否符合规定；

3）磁粉检测质量：检查磁粉检测设备和检测对比试块是否符合规定。

（4）无损检测报告

审阅无损检测报告，审查是否按照产品批出具，报告内容是否正确、完整，是否能够反映无损检测情况，报告人员和审核人员是否具有相应Ⅱ级资格，报告是否经过规定责任人员签署。对于无损检测外委，还要审查外委的无损检测单位的资格，制造单位的责任人员是否履行了审核的职责，并是否符合管理程序的规定。

3.11　外观

每批每班至少抽查压力管道元件进行外观检查，检查成品管上是否存在摔坑、错边、有填充金属焊缝管的焊偏、埋弧焊内外焊缝余高、硬块、分层、电弧烧伤和咬边等情况，是否符合要求，是否有裂纹。

3.12　几何尺寸和称重

每批每班至少抽查1根钢管进行几何尺寸和重量检查，检察管体外径、管端外径、椭圆度、壁厚、长度、重量、管端等是否符合要求。

3.13　液压试验

每批每班至少跟踪抽查1根钢管的液压试验过程，检查试验压力、保压时间、压力表的有效期是否符合规定，定期查看试验设备和试验条件，检查是否符合要求。

3.14　标志

对钢管出厂产品标志的方法、位置、内容、顺序、字体进行巡查，每批每班至少抽查1根，检查是否符合要求。

3.15　安全标志

每批每班至少抽查一批（1根）压力管道元件，核查是否在产品上做出了安全标志，是否与向许可实施机关报送的有关安全标记文件的规定相符，安全标记的大小、位置和工整、清晰程度是否符合要求。

3.16　出厂文件

逐批审查出厂文件，审查质量证明书（含合格证）、使用说明书的内容是否齐全、正确，是否符合要求。审查后在制造单位存档的质量证明书上签字确认。

3.17　存档文件

1）审阅存档文件，审查出厂文件的内容、原材料质量证明书、工序检验记录、最终检验记录和性能试验报告是否符合规定；

2）审阅存档文件项目和内容，审查是否能够确保该批产品（安全性能）有可追溯性，存档文件的管理是否符合规定。

第八节　压力管道元件金属波纹膨胀节产品安全性能监督检验工艺案例

压力管道元件金属波纹膨胀节的制造和应用中，在广泛借鉴和使用国外先进标准的技术上，结合我国各行业的具体情况，现有许多技术标准，如：航天、船用、压力管道用、化工等，规定了压力管道元件金属波纹膨胀节的术语、技术要求、试验方法、检验和设计安装规程。此外，可参照的国外标准有：美国 EJMA、日本 JISB2352 和 JISB8277。其中，美国的 EJMA 对我国影响较大。现国内普遍使用 GB/T 12777 等。为了做好金属波纹膨胀节产品安全性能监督检验具体工艺的编写，以一个市锅炉压力容器检验机构正在使用的“金属波纹膨胀节产品安全性能监督检验具体工艺”为例介绍。

金属波纹膨胀节产品安全性能监督检验工艺

1　总则

1.1　本工艺适用于金属波纹膨胀节产品安全性能监督检验（以下简称监检）。

1.2　制造单位必须有特种设备安全监督管理部门颁发的相应级别和范围的“压力管道元件制造许可证”，或者经过省级以上特种设备安全监督检验部门对有关试制产品的特殊批准。

1.3　监检员必须由在特种设备安全监察部门核准的监检单位中持有相应的压力管道高级检验师、压力管道检验师及压力管道检验员证书的人员担任。

2　监检工作的主要依据和标准

特种设备安全监察条例

压力管道安全管理与监察规定（简称《规定》）

压力管道元件制造监督检验规则（简称《监检规则》）

GB/T 12777—2008《金属波纹管膨胀节通用技术条件》

GB/T 12522—2009《不锈钢波形膨胀节》

CB/T 1153—2008《金属波纹膨胀节》（船用）

CJ/T 3016—1993《城市供热管道波纹管补偿器》

JB/T 6171—1992《多层金属波纹膨胀节》

3　监检前的准备工作

在进行膨胀节检查前，一定要对管道中设置的膨胀节功效、安装使用状况、结构形式以及制造标准等有一个较为详细的了解，针对其具体的特点进行检查，做到有的放矢。功效、安装使用状况等可以通过审阅管道资料获得，结构形式可以通过查阅使用的标准或设计图样进行了解。最后，在现场检验前还要进行膨胀节的资料与实物的符合性确认，然后进行具体检查。

3.1　检查产品合同、协议书，了解用户对受检产品的安全技术要求。

3.2　检查受检产品的图纸、工艺文件、质量文件、检验指导书及生产计划要求。

3.3　了解制造单位主要加工和检测设备、品种、数量和能力；参与产品生产制造的有关焊接、检验、检测人员的资格、水平及熟练程度。

3.4　查看制造单位提供有关技术标准、规范、技术条件。

3.5　与制造单位协商签订监检协议，确定信息反馈渠道及联系办法，保证监检工作顺利进行。

3.6　准备监督检验所需的工具与仪器设备，主要有：钢板尺、直尺、塞尺、游标卡尺、焊口检测器、放大镜等。

4　监督检验工艺程序

4.1　承担制造监检工作的检验人员（以下简称监检人员）应当按照《监检规则》及

"压力管道元件产品制造监督检验大纲"和"压力管道元件安全性能监检项目表"（弹簧支吊架、膨胀节与元件组合装置）规定的项目和要求以及设计文件的规定进行制造监检。监检项目分为A类、B类。A类制造监检项目监检人员必须到场进行监检，未经监检或者监检不合格的，该批产品不能流转至下一道工序。B类制造监检项目，监检人员应当按照规定抽查或者随机抽查相应的见证文件（设计文件、检验报告、试验报告、记录表、卡等），必要时抽查实物或者到场进行监检，确认结果，判断是否符合要求。监检人员应在制造单位提供的相应见证文件上签字确认。对于划痕、凹痕、穿孔、失稳、铰链和销轴的变形与脱落、拉杆、螺栓、连接支座异常等均可通过观察或手拉或手锤酌力锤击，必要时附以测量的方法进行。

4.2　检验的重点为：

——波纹管膨胀节表面有无划痕、凹痕、腐蚀穿孔、开裂、泄漏等；

——膨胀节的间距是否正常、有无失稳现象；

——铰链型膨胀节的铰链、销轴有无变形、脱落等损坏现象；

——拉杆式膨胀节的拉杆、螺栓、连接支座有无异常现象。

4.3　监督检验机构应当每半年至少一次按照"压力管道元件制造质量管理体系监督检查大纲"对制造单位的质量管理体系进行监督检查，并且将检查结果填入"压力管道元件制造质量管理体系监督检查项目表"。监检员发现制造单位质量管理体系运行、产品安全性能不符合有关要求的一般问题时，应当向制造单位发出"特种设备监督检验工作联络单"；发现不符合有关要求的严重问题时，监检机构应当向制造单位签发"特种设备监督检验意见通知书"。

4.4　监检内容及要求一览表见表1。

表1　监检内容及要求一览表

程序	监检项目	类别	监检内容及要求	监检方式
执行的产品规范、标准	执行的产品规范、标准	B	1）核查产品选用的标准是否符合安全技术规范的规定，是否遵循国家现行标准的要求。如果执行企业标准，该标准是否按照国家有关标准化法规的规定进行备案，而且有关产品安全性能的要求不得低于相关安全技术规范和国家现行标准的要求； 2）当执行国外标准时，检查批准手续是否符合规定	资料确认
设计、工艺与型式试验	1. 设计文件	B	1）审查设计、审核、审批人员签字是否齐全，是否符合产品标准并且适应生产需要，核查标注的试验、检验和无损检测标准是否符合要求；设计文件一般应当单独编制，也可将设计文件作为工艺文件的一部分； 2）查阅设计文件的修改（包括材料代用）手续是否齐全，修改后的内容是否符合要求	资料确认

续表

程序	监检项目	类别	监检内容及要求	监检方式
设计、工艺与型式试验	2. 工艺文件	B	审阅制造、试验和检验工艺文件，审查是否符合安全技术规范、产品标准、设计文件和合同中技术要求的规定，编制、审核、审批手续是否齐全	资料确认
	3. 型式试验	B	审阅制造厂是否按规定进行了型式试验，核查型式试验项目是否符合相关产品标准要求	资料确认
材料	1. 材质证明	A	1）是否是厂家按熔炼批出具的原件，如材料是经销商供货时，是否是厂家的原件或者有效复印件（原件复印件上加盖经销商的公章和经办人的名章）； 2）内容是否符合材料标准和订货合同的规定，数据是否齐全、正确和清晰，每熔炼批材料的化学成分是否符合要求	现场监督 资料确认
	2. 材料标识	B	核查材料标识是否符合产品标准的要求，是否与材料质量证明书相符，检查材料标识移植	实物检查
产品组批	组批情况检查	B	核查产品组批是否符合产品标准和有关组批规定	资料确认
焊接	1. 焊接材料	B	核查所选用的焊接材料是否符合设计或者制造工艺要求，检查焊接材料是否有质量证明书和产品合格证，焊接材料实物上的标志是否符合焊接材料标准要求	资料确认 实物检查
	2. 焊工资格	B	审阅焊工资格证（原件），核对制造厂提供的焊工名册，抽查上岗焊工是否具备相应资格	资料确认 实物抽查
	3. 焊接工艺评定	A	1）检查制造单位是否根据产品焊接需要，按照标准要求进行焊接工艺评定，并且形成焊接工艺评定报告，是否建立焊接工艺评定档案，是否完整的保存焊接工艺评定试样； 2）审查焊接工艺评定报告的编制、审核、审批人员的签字是否符合要求	现场监督 资料确认
	4. 焊接工艺	B	1）审阅焊接工艺文件，审查产品采用的焊接工艺是否已经评定合格，工艺文件的编制、审核、审批人员签字是否符合要求； 2）抽查焊接工艺执行情况，检查焊工是否遵循工艺文件的规定进行施焊	资料确认 现场抽查
无损检测	1. 射线检测	B	审阅射线检测报告，核查射线检测人员资格、检测方法、比例和结果是否符合要求，检查射线检测设备、检测对比试块、灵敏度校验频数，至少30%抽查射线底片（必须包括丁字口和返修处），检查是否符合规定	资料确认 底片抽查

续表

程序	监检项目	类别	监检内容及要求	监检方式
无损检测	2. 渗透检测	B	审阅渗透检测报告，核查磁粉检测人员资格、检测方法、比例和结果是否符合要求，检查渗透检测产品和检测对比试块是否符合规定	资料确认
外观和几何尺寸	外观和几何尺寸	B	每批按5%进行抽查，至少抽查一件进行外观和几何尺寸检查，检查外观质量和几何尺寸是否符合有关产品标准要求	实物抽查 资料确认
耐压试验	耐压试验	B	每批按5%进行检（抽）查，至少抽查一件进行耐压试验检查，检查试验压力、保压时间、压力表的有效期是否符合规定，试验设备、试验条件是否符合要求	实物抽查 资料确认
煤油渗漏试验	煤油渗漏试验	B	公称直径不小于1500mm且设计压力不大于0.25MPa的膨胀节可进行煤油渗漏试验。每批按5%进行抽查，至少抽查一件进行煤油渗漏检查，检查白粉上有无油渍。进行了煤油渗漏试验的膨胀节，不必再做耐压试验	实物抽查 资料确认
气密试验	气密试验	B	对于有毒流体介质、可燃流体介质、真空度高于0.085MPa或对渗漏有特殊要求的膨胀节应进行气密性试验。每批按5%进行抽查，至少抽查一件进行气密性试验检查，检查试验压力、保压时间、压力表的有效期是否符合规定，试验设备、试验条件是否符合要求	实物抽查 资料确认
出厂资料	出厂文件	A	逐批审查出厂文件，审查质量证明书（含合格证）、使用说明书的内容是否齐全、正确，是否符合要求。 审查后在制造单位存档的质量证明书上签字确认	资料确认
监检证书	监检证书		经监检合格的产品，由监检员根据监检记录出具“特种设备制造监督检验证书”（压力管道元件）一式三份，按本所内质量体系规定的程序审签并加盖“检验专用章”后正式生效	
对工厂质保体系运转情况的评价			检查工厂在制造过程中质保体系是否运转正常，记载是否有应整改和加强的问题	
注：金属波纹膨胀节不锈钢板材质证明的监检为A类监检项目，其余材质证明的监检为B类监检项目。				

5　其他

5.1　压力管道元件制造过程监检日记

监检员应按批填写压力管道元件制造过程监检日记，日记要记载产品名称、产品批号及编号、设计（工艺）与型式试验、材料、焊评、力学性能试验、RT底片复评、外观几何尺寸检查、耐压试验确认、出厂资料审查时间及监检过程中发现的问题。

5.2　监检资料归档

"压力管道元件安全性能监检项目表"（弹簧支吊架、膨胀节与元件组合装置）、"特种设备制造监督检验证书"（压力管道元件）、"压力管道元件制造过程监检日记"、"特种设备监督检验工作联络单"等有关监检资料都应按规定归档。

6　形成的报告、记录

6.1　压力管道元件安全性能监督检验项目表（弹簧支吊架、膨胀节与元件组合装置）。

6.2　压力管道元件制造监督检验证书。

6.3　中国出口压力管道元件产品安全质量监督检验证书。

6.4　压力管道元件制造过程监检日记。

6.5　特种设备监督检验工作联络单。

6.6　特种设备监督检验意见通知书。

6.7　检验检测技术质量问题审批卡。

本工艺起草人：×××

本工艺审核人：×××

本工艺批准人：×××

时间：××××年××月××日

第九节　压力管道元件制造工艺监督检验案例

××××公司企业标准

压力管道元件制造工艺文件汇编

受控状态：受控

版　　号：××

发放编号：××

2012－×－×发布　　　　2012－×－×实施

××××有限公司　发布

前　言

《压力管道元件工艺指导文件汇编》（以下简称“工艺指导文件汇编”）是《压力管道元件手册》的附件之一，是质量体系文件的组成部分，共汇编了我厂的企业技术标准20项。从原材料的采购到产品售后服务等全过程的管理活动做了有关工艺指导文件的规定。“工艺指导文件汇编”由技术部提出并归口。

注：针对压力安全管道元件许可的要求，以及近年来工厂的实际情况，在原来的2009版基础上，适当调整并修订了其中的部分内容，又新增了有关内容。

编制：×××

审核：×××

批准：×××

工艺指导文件目录

生产现场质量控制
关于实施质量检验、检查记录要求
关于加强各零部件质量管理的规定
锻件下料工艺守则
锻件毛坯加热守则
锻造过程守则
锻件热处理工艺守则
测定锻造钢坯的加热温度
锻件检验通用规则
常规压力管道元件焊接材料的选用原则
钢制焊接阀关键工序作业指导书
阀门检验通用规则
管帽（封头）成品检验规则
气、剪工艺守则
焊接工艺守则
手工电弧焊工艺守则
超声测厚工艺守则
超声检测工艺守则
标记移植守则
油漆、运输、包装工艺守则
理化检验工艺守则
锯床下料坯料重量偏差
常用钢材的锻造温度范围
常用钢材锻造加热温度规范
铝及其合金锻造温度和加热规范
铜及其合金锻造温度和加热规范
锻件酸洗方案
常用碳钢锻件热处理规范
不完全退火、去应力退火或高温回火及正火的热处理规范
淬火或固溶处理，回火或时效的热处理规范

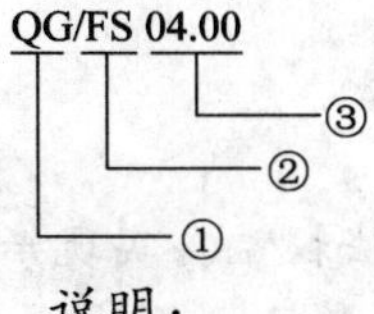

说明：

① QG为文件类别：企业管理文件；

② FS为公司代号：××××压力元件有限公司；

③ 04.00中前两位数字为文件代号：04为生产技术标准文件；后两位数字00为文件章节号。

生产现场质量控制

公司生产的产品，从投料加工到成品入库的全过程均必须进行严格的质量控制，以确保产品的质量。产品制造过程实行生产负责人与车间负责人负责制，并且产品的质量接受质量保证工程师和公司各级质检人员的监督、检查。

1 材料控制及其可追溯性

1.1 生产所用的材料从材料领取、投料直至加工成成品的全过程都必须坚持材料的标记移植。标记移植由操作人员采取记录的方法，工序结束时，及时移植到工件上，车间负责人和检查员监督执行，以确保材料的可追溯性。

1.2 领用材料须凭领料单，由车间负责人填写产品名称、产品数量及材料定额等，保管员签字发料，领料人签字，同时按“产品标志及标记移植管理制度”履行手续，做到账、物、卡一致。

2 工序质量控制

2.1 各工序必须严格遵守本工序的“工艺卡”和“工艺守则”，并按规定的内容和步骤进行操作，牢固树立“本工序即是成品”的质量意识。

2.2 加工的成品、半成品需进行自检，合格后报检查员检验，经检验合格的成品、半成品按规定程序办理入库手续。努力宣传造就“保证本道工序、监督上道工序、服务下道工序”的工作作风。

2.3 各工序间未经检验合格的产品（半成品）不得转下一道工序。

2.4 产品需要进行热处理、理化处理、无损检验时，需按相关规定完成。

3 生产环境控制：生产现场应保持整洁、畅通，设置安全通道，工件、设备应摆放整齐，成品、半成品分区码放，做到既文明又安全。

4 生产过程中使用的设备与计量器具必须符合检定标准，专人管理，保持良好状态。计量器具按检定周期（游标卡尺一年、千分尺一年、百分表一年、压力表半年）的规定定期送检。

5 凡在生产过程中检验出的不合格品，应与合格品隔离开来，做出标记，及时按“不合格品控制程序”（详见公司质量手册：ZG/FS02. 05—2005 II/0）制度进行处理。

关于实施质量检验、检查记录要求

各职能及相关部门：

质量检验记录是对外证实本企业质量保证能力，对内保护企业合法权益，实现产品质量追溯、质量改进等目标的重要依据，所以凡是从事与本企业产品质量相关的活动，都要有质量记录，填写记录单（见检查试验记录单，略）。

质量记录的范围如下：

1）原材料质量记录（各种型材）：原材料质量记录，由采购人员按采购要求提供材料质量证明（详见采购质量管理规定）。材料质量证明必须与供方单位、材料相符合，由材料保管员审验记录入库，并保存材料证明备查。同时对材料做标识，无标识的材料不得投入使用。

2）成品质量记录：成品先由操作者按工艺要求进行自检，分离不合格品后，报检查员复检，检查员做好质量检查记录同时统计出合格率，报质量管理负责人存档备查。经检查的合格品出现质量问题由检查员负责。

3）阀门试验记录：阀门试验记录由试验操作者记录并签字，检查员需监督抽验，确认后签字并报送质量管理负责人存档备查。

4）质量记录必须实事求是按实记录，认真执行。

5）本要求由各部门负责人负责监督执行，对违反或不执行者，按相应的管理规定条例进行处罚。

注：质量检验检查记录为首检一次性记录，不包括返修后的检验、检查结果。

关于加强各零部件质量管理的规定

为了确保压力管道各零部件加工质量的提高，使每位员工均能做到“保证本道工序、监督上道工序、服务下道工序”，以期更好地按计划进行生产，进而确保经营计划的完成，特对有关加工件的质量检查做如下补充：

公司内各车间、各员工凡是未保证好“本道工序”者，无论何种原因检查员每检出一点（每个尺寸）的质量问题，均需扣罚其责任者2元以上；若成品待发时其他人员每检查出一点（每个尺寸）的质量问题扣罚检查员20元以上；发至用户后每出现一点（每个尺寸）的质量问题，同样需扣检查员20元以上还要追究检查负责人的领导责任。其不合格品的计件（计时、计量）工资各统计员均必须给其减掉（即不得核算工资）。如因质量问题所造成的损失500元以下由检查负责人与检查员共同承担；超此额将由企业负责人、检查负责人与检查员各承担$\frac{2}{5}$、$\frac{2}{5}$与$\frac{1}{5}$（此损失含材料费、加工费、运费及与之相关的其他费用），且各统计员均必须把此产品（部件）的计件（计时、计量）工资给其减掉。若不合格品数超过30%，还要追究生产负责人与车间负责人的责任。

1）上道工序转下道工序的产品（部件）即为成品待发，含一个班组（车间）转到另一个班组（车间）的。

2）锻造车间如是料头超差者，操作者工票单上须有明确标记。

3）锻造车间毛坯库直线内的产品必须是合格品。

4）对用户退货、返修及书面提出的质量投诉视其数量及质量程度将对检查负责人及各相关检查员给予一定的处罚。

锻造下料工艺守则

1 范围

本守则是指导本公司自由锻和胎模锻等生产过程的下料工序生产和质量检验的通用

性技术文件。模锻过程可参考执行本守则。

2 执行标准

略（见其他章节）

3 锻件毛坯下料守则

3.1 锻件毛坯下料方法

锻件毛坯下料可采用锯床、火焰（等离子）切割等方法进行。

3.2 锻件毛坯的标识与管理

3.2.1 原材料分割前，需在工票上记录材料名称、规格及材料编号。

3.2.2 材料分割成锻件毛坯后，要隔离码垛存放，并做出标识以防混料。

3.2.3 工票上需记录该批毛坯锻制的产品名称、数量、及产品编号。

3.2.4 领用毛坯时，需由当班领用者签字。

3.3 坯料尺寸的确定

3.3.1 镦粗法时坯料尺寸的确定

用镦粗法锻制锻件时，圆柱体坯料直径可按下式估算：

$$D=(0.75\sim1.0)\sqrt[3]{V_{坯}}$$

方坯料的边长可按下式估算：

$$a=(0.7\sim0.9)\sqrt[3]{V_{坯}}$$

式中 $V_{坯}$：锻件毛坯体积。

求出 D 或 a 后，应按钢材标准相近的规格选用，同时应验算高径比，使 $\frac{H}{D}\leqslant3$ 或 $\frac{H}{a}\leqslant3.5$。

3.3.2 拔长法时坯料尺寸的确定

用拔长法锻制锻件时，坯料的横截面积 F 可按锻件最大横截面积 F_{max} 及其锻造比 y 来确定，即：$F=yF_{max}$。

对圆形坯料的直径：$D=1.13\sqrt{F}$。

方形坯料边长 $a=\sqrt{F}$。

求出 D、a 后，按钢材标准相近的规格选用。

3.4 锻件毛坯下料质量要求

3.4.1 锯床下料按长度验收的坯料，其长度以两端面之间的短边为准，其长度不大于 ±2mm，端面倾斜角度小于3°。

3.4.2 锯床下料按重量验收的坯料，其重量偏差应符合附表：表1锯床下料坯料重量偏差（表略）的规定。

3.4.3 火焰（等离子）切割的锻件毛坯的重量 G 一般应控制在 +0.03kg ~ 0.01kg 范围内。

3.4.4 毛坯料不得有因切断而产生的裂纹。

3.4.5　毛坯料不得有肉眼可见的裂纹、龟裂、疤痕、夹杂和折叠等影响锻件质量的缺陷存在。

3.4.6　火焰（等离子）切割的毛坯，其表面需进行清渣、打磨等光整处理。

锻件毛坯加热守则

1　毛坯装炉时的技术要求

1.1　毛坯装炉前，责任人（操作者）应记录毛坯的钢号、材料编号、规格、锻件（产品）编号和数量、炉温及时间，并检验毛坯表面质量，将影响锻件质量的毛坯予以剔除。

1.2　毛坯散放于炉膛内，并避免正对烧嘴，毛坯之间应留有间隙。

1.3　除有色金属（铜、铝）外，其他常用钢号的毛坯允许混装，但必须遵守下列规定：

a）同钢号锻件的毛坯几何尺寸应一致，与其他毛坯在外观上有明显区别，以免混料。

b）升温慢（不锈钢）、截面积大的毛坯应先装炉后出炉，升温速度快、截面小的毛坯必须便于先出炉，以免造成毛坯过烧。

1.4　铝及其合金的毛坯应采用电阻炉加热，严禁与钢料混装。毛坯装炉前应清洗油垢和其他污物，以免炉内产生硫、氢等有害气体。应避免炉内氧化皮和铝屑混在一起，否则，容易产生爆炸。

1.5　铜及其合金毛坯加热推荐采用电阻炉。在与钢料交替使用的加热炉中加热时，需在炉底加放一层钢垫板或钢料盒，以避免炉内残留铜的成分。如果已发生炉底有残留铜时，可向炉底撒一些食盐使其燃烧，以消除铜的残留物。

1.6　应根据加热炉的容量和锻造设备每小时产量以及原材料加热规范等因素确定毛坯的装炉量。尽量缩短毛坯在始锻温度下在炉内滞留的时间，以避免锻件氧化、脱碳和过烧报废等质量事故发生。

2　对加热炉及炉温控制的技术要求

2.1　应定期清理炉内氧化物及其他杂物，保持炉膛清洁。

2.2　加热炉应装设炉温指示与自动控制（电阻炉）的仪表（仪器）。

2.3　毛坯加热过程必须精心操作，严格控制装炉温度，升温速度。炉气应保持微正压。

3　常用钢材锻造加热规范

3.1　常用钢材的锻造温度范围见附表2：《常用钢材的锻造温度范围》（略）。

3.2　常用钢材锻造加热规范见附表3《常用钢材锻造加热温度规范》（略）。

4　有色金属锻造加热规范

4.1　铝及其合金锻造加热规范见附表4：《铝及其合金锻造温度和加热规范》（略）。

4.2　铜及其合金锻造加热规范见附表5：《铜及其合金锻造温度和加热规范》（略）。

锻造过程守则

1　对工艺文件的要求

1.1　对重要锻件和批量生产的锻件编制锻造工艺卡，规定锻件材料、规格、锻造比、锻造工序、加热规范及锻件的热处理要求等。

1.2　一般锻件或单件生产的锻件，应按本守则的规定由工艺责任人编制作业指导书。

1.3　锻造过程必需严格执行工艺文件和作业指导书的各项规定，未经许可不得擅自更改。

2　严格执行锻造温度的规定

2.1　锻造过程中，要严格掌握锻造温度，严禁在低于终锻温度的状态下对锻件实施冷打。

2.2　对于形状复杂或胎模锻制的锻件，推荐采用各种材料允许的最高始锻温度，以保证锻件质量，提高生产率。

3　对胎模具、工具的要求

3.1　开锻以前，班组负责人（责任人）和检查员应对所使用的工、胎模具的合理性、正确性予以校核，以防止因工、胎模具的误用所导致锻件不合格。锻造过程中，应加强对在用的胎模具的校验。

3.2　胎模具使用前，应进行预热，预热温度为：用于各种钢（不锈钢）锻件的胎模具250℃～350℃。用于铜合金锻件的胎模具300℃～350℃。用于铝合金锻件的胎模具200℃～250℃。

3.3　每班组结束当班工作后，责任人和检查员要对胎模具进行验证，核对无误后，方可移交下一班组或入库。对已失效或锻件超差的胎模具应按程序提出修复或更新。不能修复或报废的胎模具应及时退出锻造现场。

4　锻件冷却

4.1　低中碳素结构钢及低合金钢的锻件，可采取就地散放或堆放的方式自然冷却。

4.2　碳素工具钢、合金工具钢、弹簧钢、轴承钢、不锈钢及高温合金等锻件的冷却，应编制工艺文件或作业指导书以实施正确的冷却方法。

4.3　存放锻件的场地应保持干燥、整洁、现场异物予以清除。

5　锻件热处理工艺

详见《锻件热处理工艺守则》。

6　锻件清理守则

6.1　锻件清理方法

锻件清理可按锻造方法、锻件功能等采用以下方法：

a）砂轮或角磨机打磨。

b）抛丸清理。

c）酸洗。

6.2 接后续机加工的锻件，可不进行表面清理。

6.3 抛丸清理时，应按抛丸机使用说明书中规定的清理能力确定锻件大小和投料数量。抛丸用丸料粒度按表1选用。

表1 抛丸用丸料粒度选择表

粒度牌号	每千克钢丸的粒数	适用范围
S390	164973	中型锻件
S280	458711	小型锻件
S230	836856	有色合金锻件
S170	189473	热处理后一般清理

6.4 锻件酸洗应按附表6:《锻件酸洗方案》（略）规定的工艺执行。

7 锻件检验

7.1 锻件实行检验的时机

1）投产前

a）胎模锻件应验证材料、编号、毛坯重量、数量，校验胎模具尺寸；

b）自由锻件应验证材料、编号、毛坯重量、数量、所用工具、型号及品种；

c）检验用量具等。

2）锻造过程中

a）班组在锻造过程中，应进行自检，特别是首件的检验；

b）互检与专检相结合，确认质量符合要求后方可批量生产。

7.2 锻件质量检验内容

7.2.1 锻件外观质量：锻件表面不得有裂纹，夹层及折叠等缺陷。

7.2.2 形状和尺寸

1）不经机加工的锻件，交货时其形状和尺寸应符合GB/T 12362（胎模锻件）和GB/T 15826（自由锻件）的规定。

2）经机加工的锻件，交货时除应符合图样规定外，还应符合相关行业标准的规定。

7.2.3 锻件的硬度，力学性能、低倍组织、断口和无损检测等项目均应执行相关国家标准和行业标准的规定。

锻件热处理工艺守则

1 总则

1.1 为确保锻件产品质量，规范本公司锻件热处理工作，特制定本守则。

1.2 本守则规定了常用碳素结构钢、低合金高强度结构钢及合金结构钢锻件的正火处理和奥氏体不锈钢锻件的固溶处理的程序、内容、工艺规范和锻件热处理后的检验。

1.3 本守则不适于其他钢种及其他热处理内容，执行时，务请特别注意。

2 对设备的要求

2.1 加热设备

a）不锈钢锻件应优先选用空气电炉，保护气氛炉，也可以在箱式油炉中加热。

b）各类加热设备应具备能自动调节，记录和超温报警的温控装置。

2.2 冷却设备

a）淬火槽的容积应保证在连续生产的条件下具有足够的冷却能力。

b）淬火油槽的油温应保持在20℃～100℃，淬火水槽的水温应保持在10℃～40℃（另有规定除外）。

3 锻件热处理前的准备

3.1 需进行热处理的锻件必须是合格品。

3.2 对有缺陷的锻件，应区别缺陷程度和缺陷性质，按锻件相关的技术标准要求，严格按程序进行修理，焊补后方可进行处理。

3.3 待热处理锻件应按钢种、尺寸（重量）、外观特征和工艺要求进行分类，以保证同炉次的锻件达到相同的热处理目的。

4 装炉

4.1 锻件可按相同热处理目的，钢种相同或相近，尺寸（重量）基本接近，外观特征能明显区别等因素装入同一炉内。

4.2 锻件可散装于炉内，锻件之间应尽量留有间隙并避免与火焰喷射口直接接触。

4.3 正火热处理的锻件，装炉时炉温的上限应小于1100 ℃。

4.4 固溶处理的锻件（奥氏体不锈钢）应尽量在炉温大于700℃时装炉。

4.5 不同热处理性质的锻件不得混装于一炉。

5 锻件热处理规范

正火处理：不同钢种锻件的正火热处理规范见附表7常用碳钢锻件热处理规范（略）。

5.1 马氏体型不锈钢按热处理对照执行附表8不完全退火、去应力退火或高温回火及正火的热处理规范（略）。

5.2 固溶处理：不锈钢锻件的固溶处理规范见附表9淬火或固溶处理，回火或时效的热处理规范（略）。

5.3 炉内平均温度达到规定值后应按热处理规范进行均热保温。记录时间和对温度进行监测。

5.5 需固溶处理的不锈钢锻件，当锻件在高温入炉后（700℃以上），应迅速升温至规定的温度。

5.6 锻件入炉升温、加热、保温过程中，不得再向炉内投入其他坯料。

6 炉温温度控制

6.1 为确保锻件热处理后的产品质量，必须严格按热处理工艺要求控制炉温在允许波动的范围内。

6.2　炉内平均温度和锻件温度差取50℃～80℃，以此经验数值，对炉温进行控制。即：炉内平均温度等于锻件温度加50℃～80℃。

6.3　锻件加热应有足够的保温时间，可根据锻件的有效厚度参照表1进行估算。

表1　保温时间的计算

<table>
<tr><th rowspan="3">加热设备</th><th colspan="3">工件厚度δ</th></tr>
<tr><th colspan="2">正火、淬火或固溶</th><th>不完全退火，
去应力或高温回火</th></tr>
<tr><th>钣金、焊接件</th><th>棒材、锻件</th><th>钣金、焊接件、棒材、锻件</th></tr>
<tr><td>空气电炉</td><td>（5～10）min +
（0.5～1）min/mm×δmm</td><td>（10～30）min +
（2～3）min/mm×δmm</td><td>>300℃（60～80）min +
（1－3）min/mm×δmm</td></tr>
<tr><td rowspan="2">箱式油炉</td><td rowspan="2">（5～10）min +
（0.5～1）min/mm×δmm</td><td rowspan="2">（10～30）min +
（1～2）min/mm×δmm</td><td>>300℃（60～80）min +
（1～2）min/mm×δmm</td></tr>
<tr><td>≤300℃ 100min～160min</td></tr>
</table>

7　锻件出炉后的处理

7.1　正火处理的锻件，出炉后应散放于干燥的地面。

7.2　固熔处理的不锈钢锻件，出炉后即刻投入水中进行淬火，应做到随出炉随投水。

8　锻件热处理检验

8.1　锻件应按制造标准或需方提出的级别（类别）对应的检验项目进行检验，并提供检验报告。

8.2　无特殊要求的锻件，可按每一批次的3%进行抽检（不少于3件）。检验项目包括：

a）热处理工艺报告；

b）锻件外观检验记录；

c）锻件硬度检测记录。

注：针对××有限公司的锻件均须100%检验。

测定锻造钢坯的加热温度

常用的测定金属加热温度的方法有：目视测温、热电高温计测温、光学高温计测温、辐射高温计测温以及红外线测温仪测温等。

目视测温：有经验的加热工和锻工，目视温度的误差在±20℃～50℃的范围内。正确的目视温度还能判断测温仪表是否出了故障。

暗褐色：530℃～580℃　　赤褐色：580℃～650℃

暗红色：650℃～730℃　　暗樱红色：730℃～770℃

樱红色：770℃～800℃　　亮樱红色：800℃～830℃

淡红色：830℃～900℃　　橘黄色：900℃～1050℃

深黄色：1050℃～1150℃　　淡黄色：1150℃～1250℃

黄白色：1250℃～1300℃

开始时，颜色与温度的对应关系应当结合测温仪器进行验证，因此，目测温度法是时间与经验的累积。公司已经安装在用的测温仪器属于热电高温计。它只能自动显示炉内温度而不能对炉温进行控制。

锻件检验通用规则

1　主题内容与适用范围

本标准规定了各种钢锻件成品检验的通用规则。

本标准适用于各种受压锻件（筒形锻件、环形锻件、饼形锻件、碗形锻件、长颈法兰锻件、条形锻件）的成品检验，其他类型和用途的钢锻件检验可参照执行。

2　规范性引用文件

略（见其他章节）

3　钢材质量

3.1　锻件用钢的炉批号与证书内容相符，并经检验部门检验，或经复验确认为合格产品。

3.2　锻件用钢的化学成分符合各种材料标准或行业相关技术标准的规定。

3.3　化学成分允许偏差

3.3.1　碳素钢、优碳钢和低合金钢的各种元素成分允许偏差应符合 GB/T 222—2006 中表 2 的规定。

3.3.2　高合金钢（不锈钢）的各种元素成分允许偏差应符合 GB/T 222—2006 中表 3 的规定。

4　锻件检验项目

4.1　压力容器锻件及压力管道用锻件，检验项目按 NB/T 47008—2010、NB/T 47010—2010 的规定执行。

4.2　其他用途的钢锻件，检验项目按 JB/T 8421 的规定执行。

5　检验方法

5.1　硬度检验执行 GB/T 230—2009 的规定。

5.2　拉伸试验执行 GB/T 228—2010 的规定。

5.3　冲击试验执行 GB/T 229—2007 的规定。

5.4　无损检测执行 JB/T 4730—2005 的相关规定。

6　检验组批原则

锻件按同炉批号材料，相同锻造比和同热处理炉次组成一批。

7　取样数量

7.1　力学性能

7.1.1　按 NB/T 47008—2010 和 NB 47010—2010 规定执行的Ⅱ级锻件，每批制取 1 个拉伸，3 个冲击试样（奥氏体不锈钢免做冲击）。

7.1.2　按 JB/T 8421—1996 规定执行的Ⅱ级锻件，每批制取 2 个拉伸，2 个冲击试样。

7.2　无损检测

按 NB/T 47008—2010 和 NB 47010—2010 规定执行的Ⅲ级锻件，逐件检测。

8　取样规则

8.1　力学性能试样可从同炉（批）号材料单独制成的检验锻坯上制取，取样用锻坯应与锻件具有相同锻造比，并同炉次热处理。

8.2　需做无损检测的锻件，检测前应粗加工成简单的形状。

9　锻件质量判别规则

9.1　锻件外观应无肉眼可见的裂纹、夹层、折叠、夹渣等有害缺陷。

9.2　力学性能指标和无损检测级别应符合行业相关标准的规定。

10　标志

10.1　成品锻件应按图纸或合同约定的内容做出标识；无规定时，应执行相关行业技术标准的规定。

10.2　黑皮锻件可用油漆做出标识。

10.3　小型锻件可采用挂签，装箱集中做出标识。

11　出厂文件

成品锻件应随锻件附带出厂文件，包括：

a）质量证明书

b）监检证书

c）产品合格证

d）产品检验报告（包括：力学性能试验报告，无损检测报告，热处理检验报告，热处理曲线等）

e）材质证明书

阀门检验通用规则

1　主题内容与适用范围

本标准规定了钢制焊接阀和止回阀产品成品检验与试验的通用规则。

本标准适用于《压力管道元件制造许可规则》附件中的阀门类产品的检验和试验。

2　规范性引用文件

略（见其他章节）

3　总则

3.1　材料

所有被检阀门主要受压零件的材料必须符合国家和行业技术标准的规定，并经检验部门确认合格。

3.2　加工过程审查

所有被检阀门均应按相应标准和规程编制的书面程序进行审查。

3.3　强度实验

截止阀的阀体在加工后，在保证壁厚和法兰厚度的基础上，还要逐件进行强度性能试验与检测。

3.3.1　试验压力

阀体强度试验在国家有关标准中规定（JB/T 7245—1994《制冷装置用截止阀》），封闭阀座密封面，在进口侧体腔施加试验压力，该压力应为截止阀的公称压力的1.5倍。公称压力为2MPa，试验压力为3MPa强度试验时，应将试验压力保持足够的时间，以保证对阀体的各个表面和连接处进行目视检查，试验时最短持续时间见表1（略）。公称通径≤300mm的止回阀最短持续时间为不小于60s。

3.3.2　试验介质

试验介质通常是采用水、煤油或黏度不高于水的非腐蚀性液体。试验介质温度一般不超过50℃。

3.3.3　试验方法和要求

阀体进行水压强度试验时，先将体腔内的空气排除干净，然后将压力逐渐缓慢地升高到规定值。整个实验过程中，不允许有渗漏及结构上的损伤，目测检查不应有可见的水滴，外表不应有潮湿。试验完毕须及时排除残留在体腔内的液体。

阀体进行气压强度试验时，在压力逐渐缓慢地升高时，应注意试验中存在的危险性并采取足够的预防措施：

1）如在试验加压过程中的某个阶段阀体发生较大的破裂时，会释放出大量的能量，在升压过程中不允许人员靠近；

2）贮罐的高压气体减压到阀体的试验压力时，温度会下降，应防止在试验状态下阀体发生脆断；

3）升压完成后，才能靠近试验装置和检查阀体；

4）采取有效方法以防止压力超过试验压力。阀体试验时不得给予任何形式的冲击载荷。

3.3.4　试验设备

强度试验采用电动液压试验泵及试验装置。试验用压力表不低于1.5级。试验压力应在压力表量程的$\frac{1}{3}$至$\frac{2}{3}$的范围内，表盘直径大于或等于100mm。参见图1。

3.3.5 试验过程

强度试验时，阀体下端法兰放在工作台上，活塞的端部的盲板将阀体压紧，试验介质经工作台中部注入。顶压试验台的工作原理如图1所示。

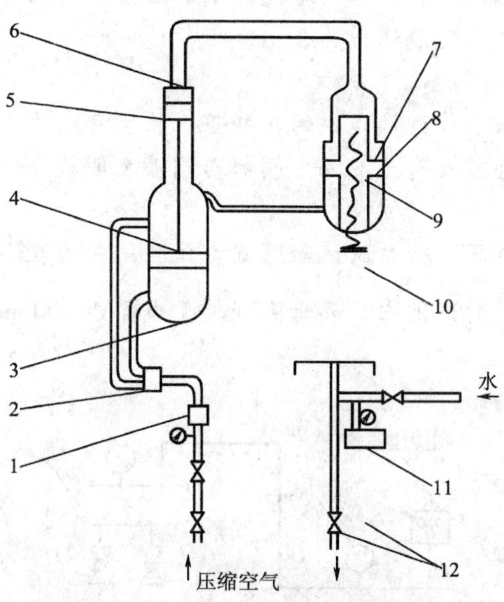

图1 顶压式液压试验台工作原理图

压缩空气经分配阀2进入汽缸3的下部，活塞4和5上升，使液压缸6内的高压油进入工作油缸7的上部，通过活塞8和盲板10将被测阀体顶压在工作台上。转动丝杆9可调整盲板10至工作台的距离，以便试验DN25～DN300阀体。

被测阀体由自来水管路充水。为使内腔空气完全排出，充水时，应将盲板上的排水阀打开，水充满后关闭。启动泵13使之保持规定的试验压力。试验后打开阀12，排出阀体水介质。

转换分配阀2，压缩空气进入汽缸3的上部。使活塞4向下运动，缸3内的压缩空气 又经管11进入缸7，使活塞8向上运动，松开试验阀体。调节阀1可调节进入缸3的空气压力，来改变压紧力的大小。

3.4 气密封试验

阀体进行强度试验合格后，再进行密封性能试验。

3.4.1 试验压力

阀体强度试验在JB/T 7245—1994《制冷装置用截止阀》中规定，封闭阀座密封面，在进口侧体腔施加公称压力为2MPa，密封试验时，应将试验压力保持足够的时间，以保证对阀体的各个表面和连接处进行无密封检验。

公称通径≤300mm的止回阀只做高压密封试验，最短持续时间不小于60s。

3.4.2 试验介质

通常是采用空气作为介质进行气密性试验。

3.4.3 试验方法和要求

(1) 上密封试验

带有上密封的截止阀，先将阀杆按设计规定的扭矩紧贴上密封（全开状态），再松开填料压盖，在自由状态下，将壳体内空气逐渐加压至公称压力，放置水中，保压至规定的时间，检查上密封，无气泡逸出为合格。

(2) 高压密封试验

将截止阀在关闭的状态以设计规定的扭矩下，将空气从截止阀进口端加压至公称压力，检查阀密封处及各连接处有无泄漏。阀瓣与阀座之间旋合不得借助扳手强行关启。

3.4.4 试验设备

强度试验采用电动液压试验泵及试验装置。试验用压力表不低于1.5级。试验压力应在压力表量程的$\frac{1}{3}$至$\frac{2}{3}$的范围内，表盘直径大于或等于100mm。参见图2。

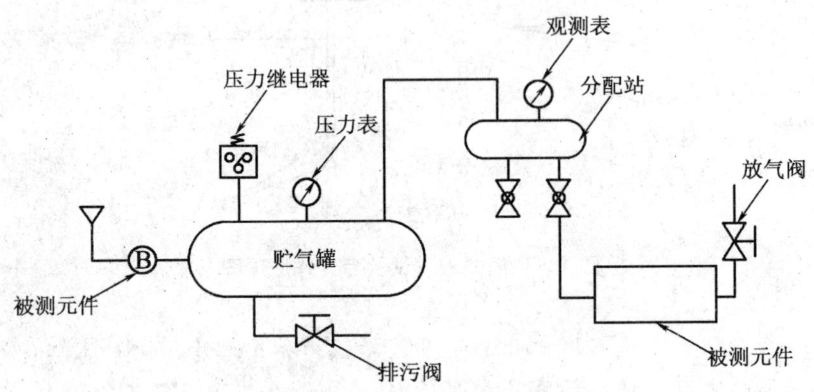

图2 密封试验系统和装备原理图

3.4.5 试验过程

(1) 上密封试验

1) 检查试验装备、仪器、仪表，确认处于正常状态，调整压力继电器至规定的试验值，并验证该调定值与压力表示值的一致性。

2) 用盖板封闭阀门出口，自入口通入规定压力的介质，将阀杆旋至全开，使阀瓣后封垫与阀颈密封座接触，用扳手将填料套旋至松出，将被测产品沉入水箱，在规定压力下，阀颈填料端不得有气泡逸出。

(2) 高压密封实验

将连有高压介质管路的盖板与阀门进口端相连（止回阀应与出口端相连），关闭阀杆，使阀瓣与阀座密封面接触，缓慢打开进气调节阀（如图2所示），使壳体内压力升至规定值，然后，将被测阀门沉入水箱，阀门出口端（止回阀观察进口端）不得有气泡逸出。

高压密封实验时，阀瓣与阀座之间旋合不得借助扳手强行关启。

3.4.6 实验记录与管理

各项压力实验结果应做出记录，并经检验人员确认后存档妥善保存。

管帽（封头）成品检验规则

1　主题内容与适用范围

本标准规定了管路用及公称通径1600mm以下管帽（封头）的检验内容和检验方法。

本标准适用于冷或热采用整板加工成形的管帽（标准椭圆形封头）的检验。

2　执行标准

略（见其他章节）

3　总则

3.1　制造管帽（封头）的材料必须符合GB150—2011《压力容器》和《压力容器安全技术监察规程》中的规定，并经检验部门确认合格。

3.2　管帽（封头）应按工艺技术标准和规程规定的程序制造。

3.3　管帽（封头）应在切除毛边后检验和供货。

4　检验项目

4.1　外观检验

4.1.1　管帽（封头）表面不得有导致管帽（封头）强度降低的拉伤裂纹，超量减薄和局部凹坑等缺陷存在。

4.1.2　内、外表面平滑规则，无氧化皮。

4.2　尺寸检验

4.2.1　管帽（封头）高度、直边高度、公称直径应符合GB150—2011和GB/T 25198—2010的相关规定。

4.2.2　以外圆周长为对接基准的管帽（封头），在直边部分端部用卷尺实测外圆周长，外圆周长公差应符合表1的要求。

外圆周长的设计值为$\pi \times D_0$，或π（$\delta_s \times 2 + D_i$），其中π取3.1416，δ_s为钢板厚度（钢板质量证明书中的规格厚度），D_i为管帽（封头）内直径，D_0为管帽（封头）外径。

表1　外圆周长公差

公称直径DN	钢板厚度δ_s/mm	外圆周长公差/mm
300≥DN	$2 \leqslant \delta_s \leqslant 6$	±2
325≤DN≤800	$4 \leqslant \delta_s \leqslant 6$	±4
	$8 \leqslant \delta_s \leqslant 12$	±6
800≤DN≤1000	$4 \leqslant \delta_s \leqslant 6$	±4
	$6 \leqslant \delta_s \leqslant 10$	±6
1000≤DN≤1600	$6 \leqslant \delta_s \leqslant 10$	±9
	$8 \leqslant \delta_s \leqslant 12$	

4.2.3　以内直径为对接基准的管帽（封头），在直边部分实测等距分布的四个内直径，取其平均值。内直径公差应符合表2的规定。

表2　内直径公差

公称直径 DN	钢板厚度 δ_s/mm	内直径公差/mm
300≥DN	$2\leqslant\delta_s\leqslant4$	±2.5
325≤DN≤600	$4\leqslant\delta_s\leqslant6$	±2.5
600≤DN≤1000	$6\leqslant\delta_s\leqslant10$	±3.0
1000≤DN≤1600	$6\leqslant\delta_s\leqslant10$	±3.0

4.2.4　管帽（封头）最小实测厚度

1）成形管帽（封头）的实测最小厚度不得小于管帽（封头）名义厚度减去钢板厚度负偏差。但图样规定了管帽（封头）成形后的最小厚度时，实测的最小厚度不得小于图样规定的最小厚度。

2）用超声波测厚仪、卡钳或卡尺等工具，在管帽（封头）厚度必测部位检测成形封头厚度，共计17个数据。必测部位如图1所示。

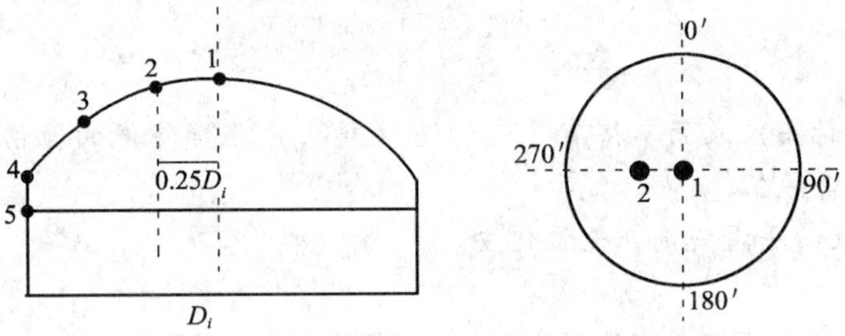

图1　管帽（封头）厚度必测部位

4.3　形状检验

4.3.1　管帽（封头）圆度公差在直边部分实测等距离分布的四个内直径，以实测的最大值与最小值之差作为圆度公差，圆度公差应不大于0.25% D_i，且不大于3mm。

4.3.2　用弦长相当于管帽（封头）内直径的间隙样板，检查管帽（封头）内表面的形状公差，如图2所示。检查时应使样板垂直于被测表面。内表面的形状公差应符合以下要求：

1）样板与内表面的最大间隙：外凸不得大于0.5% D_i，内凹不得大于0.25% D_i；

2）样板轮廓曲线线性尺寸的极限偏差应符合GB/T 1805—2001《弹簧术语》中m级的规定。

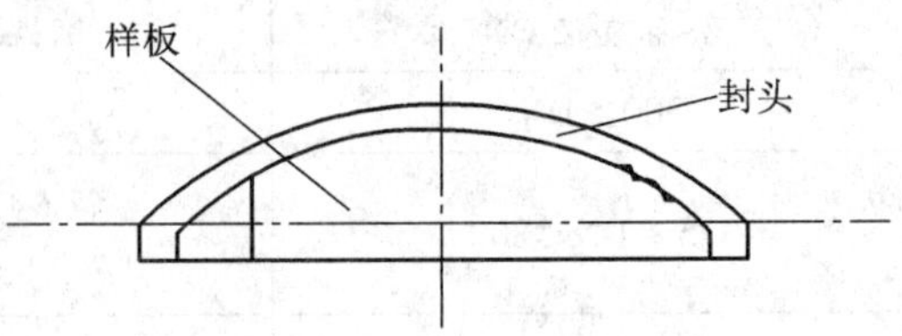

图2　样板及封头示意图

5　标志

管帽（封头）成品应采用喷漆或其他不损伤管帽（封头）表面质量的方法，在管帽（封头）外表面标注管帽（封头）参数：

a）制造单位代号；
b）管帽（封头）类型代号；
c）产品标准号；
d）材料牌号；
e）产品编号和制造许可证号；
f）需方附加的标注内容。

6　出厂质量证明文件

a）产品合格证；
b）监检证书；
c）质量证明书；
d）检验报告。

气、剪工艺守则

1　适用范围

本标准规定了气割、剪切的基本要求。

本标准零件加工过程中的中间工序，当工艺文件有特殊要求时还应执行工艺文件。

2　执行标准

略（见其他章节）

3　职责

1）技术科负责工艺文件的编制；
2）生产车间负责加工工序的实施；
3）检验科负责产品质量的监督与检查。

4　通用规定

4.1　制造者在操作前先要弄清板面上的各种符号，线条含义，按加工件不同规格、材质选择适当工艺参数，加工后工件要摆放整齐。

4.2　按线加工、检查，原则上留半个冲眼，加工后的公差要求按设计工艺文件执行。

4.3　操作及吊运过程中防止工件磕碰划伤，如有磕碰伤深度不能超过1mm，如大于1mm时必须进行补焊，补焊后用砂轮打磨。

4.4　不锈钢材料还应按“有关不锈钢工艺文件”要求执行。

5　气割（机械和手工气割）

5.1　气割时工件上标记按“标记移植”有关规定执行。

5.2　对于煨制法兰等规则的长条形工件，以及气割筒节等，用机械气割或半自动气割。

其余如管帽（封头）、阀门中口管马鞍口等，采用手工气割。

5.3　气割尺寸精度及切割质量

5.3.1　气割后相对气割线（冲眼）的偏差一般可以按表1。

表1　气割后相对气割线的偏差

板厚/mm	<25	~50	>50
手工气割偏差/mm	±1.5	±2	±2
机械气割偏差/mm	±0.6	±1	±1.5

5.3.2　气割面上边缘应无明显烧塌、气割面线路粗细基本一致、表面光洁度，原则上按表2，但允许局部不大于1.5mm深的沟槽。

表2　表面光洁度

	表面光洁度
手工气割	$\overset{50}{\bigtriangledown}$ $\overset{100}{\bigtriangledown}$
机械化气割	$\overset{50}{\bigtriangledown}$ 以上

6　剪切

6.1　剪切时工件上标记按“标记移植”的有关规定执行。

6.2　根据工件材质，厚度调整刀口间隙。

6.3　剪切时以剪切线为准，剪切后一般对角线（冲眼）的偏差见表3。

表3　剪切后一般对角线的偏差　　单位为mm

材料尺寸	下偏差	上偏差			
		板厚			
剪切面长		3~5	6~10	12~14	16~20
300~660		+0.5	+0.5	+1	+1
>660~1000		+1	+1	+1.2	+1.5
>1000~1500		+1.2	+1.5	+1.5	+2
>1500~2000		+1.5	+2	+2	+2.5
>2000~2800		+2	+2	+2.5	+3
>2800~3500		+2.5	+2.8	+2.8	+3.2
>3500~5000		+2.8	+3	+3	+3.5
>5000		+3	+3	+3.2	+3.5

6.4　剪切后的断面允许有深度不超过1mm的刻痕和厚度不大于1mm的毛刺。
6.5　对于碳素钢和低合金钢的最小割边宽度一般应≥250mm。

超声测厚工艺守则

1　范围

本标准规定了超声测厚的有关要求。

本标准符合JB4730有关规定，适用于采用数字直读式超声波测厚仪对板材、管帽（封头）、筒体和接管厚度进行的超声测定。

2　执行标准

略（见其他章节）

3　职责

1）计量管理员负责测厚仪的定期校验及检定工作。
2）无损检测人员负责具体的测定工作，并对检测结果负责。

4　仪器

4.1　采用HCC－16P型测厚仪，适用钢厚度1.2mm～250mm，其精度应达到±（0.5*T*%＋0.1）mm，*T*为被测材料厚度。
4.2　测厚仪须经市技术监督局计量授权单位检定，并出具检定证书，有效期为1年。

5　测定准备

5.1　测定面上存在浮锈、鳞片或部分脱离的涂膜应进行清洗，必要时可用砂轮进行适当的修磨。
5.2　根据表面光滑和粗糙程度，采用水、甘油或机油作耦合剂。

6　测定方法

采用双晶直探头二次测定法，将分割面的方向转动90°，在同一测定点测两次的测定方法。测量值以小的数值为准。

7　记录、报告

7.1　记录、报告按辽表填写。
7.2　检测报告须经无损检测人员签字，并加盖无损检测专用章方可有效。
7.3　记录、报告应存档，保存期不少于7年。

超声检测工艺守则

1　范围

本标准适用于母材厚度8mm～46mm单双面焊、对接焊缝，0～6000mm原材料及锻件的超声波检测。

2 执行标准

略（见其他章节）

3 职责

1）产品检验员负责焊缝的外观检验，并出具超声检测委托单，转交给探伤室。
2）无损检测人员负责焊缝的超声检测，并对检测结果负责。

4 检测人员

4.1 从事超声波检测的人员必须持有《锅炉压力容器超声检测资格证》，并只能从事相应级别的检测工作。
4.2 无损检测人员身体健康，矫正视力不低于1.0。

5 超声探伤仪、探头、试块

5.1 采用PCTU－9200手持式全数字超声波探伤仪，其工作频率范围为0.4MHz～20MHz，仪器至少在荧光屏满刻度的80%范围内呈线型显示。探伤仪应具有80dB以上的连续可调节衰减器、步进级每档不大于2dB，其精度任意相邻12dB误差在±1dB以内，最大累计误差不超过1dB。水平线性误差不大于1%，垂直线性误差不大于5%。
5.2 超声检测常用探头有单直探头、单斜探头、双晶探头、水浸探头、可变角探头和聚集探头等。我们采用K2.5的直探头、斜探头，其声束轴线水平偏离角不应大于2°，主声束垂直方向不应有明显的双峰。
5.3 仪器和探头的组合灵敏度，在达到所探工件的最大检测声程时，其有效灵敏余量应≥10dB。
5.4 采用标准试块CSK－ⅠA、CSK－ⅡA、CSK－ⅢA，试块应与被检工件相同或近似声学性能的材料制成。该材料用直探头检测时，不得有大于ϕ2mm平底孔当量直径的缺陷。试块的外形尺寸应能代表被检工件的特征，试块厚度应与被检工件的厚度相对应。

6 检测准备

6.1 检测面：利用一次反射片在焊缝的单面双侧对整个焊缝进行检测，检测区域为焊缝宽度加两侧相当于母材厚度30%的一段区域，但不少于10mm，探头移动区不少于1.25P。
6.2 表面要求：探头移动区域内应清除焊迹、飞溅、锈蚀、油垢等影响检测的杂物。
6.3 耦合计：采用20#机油或耦合剂。
6.4 校准：

1）仪器使用时，应测定水平线性，其误差不大于1%，垂直线性三个月测定一次；
2）测定K值或折射角，误差控制在0.5°以内；
3）测探头入射点，其误差控制在±0.5mm以内，并做记录。

6.5　扫描速度调节采用水平定位，通过试块校验使轴线与固定标尺之间准确形成水平距离1:1。

6.6　室内与现场温度有较大差异时，校准和扫描速度调节应在现场进行。

6.7　距离－波幅曲线的绘制。

6.7.1　距离－波幅曲线按所用探头和仪器在试块上实测的数据绘制，可直接绘制在荧光屏上。该曲线由评定线、定量线和判废线组成。

6.7.2　距离－波幅曲线灵敏度按表1的规定。

表1　距离—波幅曲线的灵敏度

试块形型式	板厚/mm	评定线	定量线	判废线
CSK－ⅡA	8～46	$\phi2\times40-18$dB	$\phi2\times40-18$dB	$\phi2\times40-4$dB
	>46～120	$\phi2\times40-14$dB	$\phi2\times40-18$dB	$\phi2\times40+2$dB
CSK－ⅢA	8～15	$\phi1\times6-12$dB	$\phi1\times6-6$dB	$\phi1\times6+2$dB
	>15～46	$\phi1\times6-9$dB	$\phi1\times40-3$dB	$\phi1\times6+5$dB
	>46～120	$\phi1\times6-6$dB	$\phi1\times6$	$\phi1\times6+10$dB

6.7.3　检测横向缺陷时，应将各线灵敏度均提高6dB。

6.7.4　探伤时须对距离－波幅曲线进行校验（至少两点），其误差不应超过2dB，否则应进行修正或重新绘制。

6.7.5　当被探焊缝母材与标准试块之间，由表面光洁度所引起的声能损耗超过2dB时，必须按JB/4730—2005规定进行补偿。

6.7.6　检查灵敏度不低于最大声程处评定线灵敏度。

6.8　仪器预热：检测前5min开始预热（直流电）。

6.9　检测面及涂布耦合剂范围：在焊缝两侧根据1.25P（P＝2TK）划在检测面范围，并在划线范围内涂布耦合剂。当检测面受结构限制时，应在记录报告中注明。

7　平板对接焊缝的检测

7.1　纵向缺陷检测，斜探头应垂直于焊缝中心线放置在检测面上，作锯齿型扫查，探头前后移动的范围应保证扫查到全部焊缝截面，在保持探头垂直焊缝作前后移动的同时，还应作10°～15°摆动。

7.2　横向缺陷（含热影响区）检测，可在焊缝两侧边缘或锻件原材料表面上使探头与焊缝中心线成10°～20°作斜平行扫查和平行扫查。

7.3　为确定缺陷的位置、方向和开头观察缺陷动态波形和区分缺陷信号或伪缺陷信号，可采用前后、左右、转角、环绕等四种控头基本扫查方式。

8　缺陷的定量、评定和等级评定

8.1　缺陷定量检测

8.1.1　灵敏度应调到定量线灵敏度。

8.1.2　对有反射波幅超过定量线的缺陷，均应确定其位置、最大反射波幅和缺陷当量。

8.1.3　缺陷定量根据缺陷最大反射幅确定缺陷当量直径 ϕ 或缺陷指示长度 ΔL。

(1) 缺陷定量直径 ϕ 用当量平底孔直径表示，主要用于直探头检测，可采用公式计算、距离－波幅曲线和试块对比来确定缺陷定量尺寸。

(2) 缺陷指示长度 ΔL 的测定采用以下方法：

1）当缺陷反射波只有一个高点，且位于Ⅱ区时，用6dB 法测其指示长度。

2）当缺陷反射波峰值起伏变化、有多个高点，且位于Ⅱ区时，应以端点6dB 法测其指示长度。

3）当缺陷反射波峰位于Ⅰ区，如认为有必要记录时，将探头左右移动，使波幅降到评定线，以此测定缺陷指示长度。

8.2　缺陷评定

8.2.1　超过评定线的信号应注意其是否具有裂纹等危害性缺陷。如有怀疑，应采取改变探头 K 值，增加检测面、观察动态波型并结合结构工艺特征作判定，如对波型不能判断时，应辅以其他检测方法作综合判定。

8.2.2　缺陷指示长度小于10mm 时按5mm 计。

8.3　缺陷等级评定

8.3.1　不允许存在下列缺陷：

1）反射波幅位于判废线及Ⅲ区的缺陷；

2）检测人员判定为裂纹等危害性的缺陷。

8.3.2　最大反射波幅位于Ⅱ区的缺陷，根据其指示长度按表2 的规定予以评定。

表2

等级	板厚 T/mm	单个缺陷指示长度 L	多个缺陷的累积指示长度
Ⅰ	8～120	$L=\frac{1}{3}T$，最小为10，最大不超过30	在任意9T 焊缝长度范围内 L'不超过 T
	>120～300	$L=\frac{1}{3}T$，最大不超过50	在任意9T 焊缝长度范围内 L 不超过 T
Ⅱ	40	$L=\frac{1}{3}T$，最小为12，最大不超过30	在任意4.5T 焊缝长度范围内 L'不超过 T
	>120～300	最大不超过75	在任意4.5T 焊缝长度范围内 L 不超过 T
Ⅲ	超过Ⅱ级者		

8.3.3　最大反射波幅低于定量线的非裂纹类缺陷，均评为Ⅰ级。

8.3.4　不合格的缺陷应予以返修，返修部位及热影响区仍按上述方法进行检测和等级评定。

9　记录与报告

9.1　焊缝超声检测报告，按辽表填写。

9.2　记录、报告必须有相应资格等级人员签字并加盖无损检测专用章，方可有效。

9.3　记录、报告等资料应存档，保存期至少7年。

标记移植守则

1　适用范围

本标准规定了各种标记的基本要求。

本标准适用于材料标记、产品标记、焊工标记、无损检测标记、检验标记。

2　执行标准

略（见其他章节）

3　职责

1）生产科负责产品标记；

2）供应科负责入库材料的标记移植；

3）生产车间负责生产过程的材料标记移植和焊工钢印；

4）控伤室负责无损检测标记；

5）检验科负责标记的确认。

4　产品标记

每件（批）产品去投产前都要编写一个制造编号，作为识别标记并记入质量证明文件中。

5　材料标记

5.1　原材料在入厂检验合格后，由保管员按规定作材料牌号和本厂检验编号标记。并经检验员核对确认后作认可标记。

5.2　从受控产品投料开始至产品峻工的全过程，都应保留材料标记。多余退库的原材料都必须有材料牌号和检验编号标记，并有检验员认可标记。

5.3　标记的内容按《标志与标记移植管理制度》的规定。

5.4　标记移植的方法按表1的规定选择使用。

表1

<table>
<tr><td rowspan="3">标记移植守则</td><td>文件编号</td><td colspan="3"></td></tr>
<tr><td>版号</td><td></td><td>更改状态</td><td></td></tr>
<tr><td colspan="2">实施日期：</td><td colspan="2">共页　第页</td></tr>
<tr><td>方　　法</td><td colspan="4">适用范围</td></tr>
<tr><td rowspan="3">钢印</td><td colspan="4">钢板：厚度 $S \geq 6$mm</td></tr>
<tr><td colspan="4">管材：$DN \geq 250$mm　且壁厚≥6mm</td></tr>
<tr><td colspan="4">锻件</td></tr>
</table>

续表

<table>
<tr><td rowspan="3">标记移植守则</td><td>文件编号</td><td colspan="3"></td></tr>
<tr><td>版号</td><td></td><td>更改状态</td><td></td></tr>
<tr><td colspan="2">实施日期：</td><td colspan="2">共页　第页</td></tr>
<tr><td rowspan="4">书写标记</td><td colspan="4">圆钢：$\phi \geq 32$mm</td></tr>
<tr><td colspan="4">钢板：厚度 $S<6$mm</td></tr>
<tr><td colspan="4">管材：32mm $\leq DN \leq$ 250mm</td></tr>
<tr><td colspan="4">不锈钢板</td></tr>
<tr><td rowspan="2">标　签</td><td colspan="4">管材：$DN<32$mm</td></tr>
<tr><td colspan="4">圆钢：$\phi<32$mm</td></tr>
</table>

5.5　钢印标记应清晰完整，其深度为0.3mm~0.5mm。

6　焊工钢印

6.1　压力管道元件的焊接工作，必须是考试合格的焊工担任，所有的对接焊缝附近必须打上焊工代号钢印（焊工钢印），并得到检验员的确认。

6.2　焊工钢印的标记方法按《标记使用管理制度》规定。

6.3　一条焊缝由多名焊工焊接时，应分别打上每位焊工的焊工代号钢印。

7　探伤标记（无损检测标记）

7.1　探伤标记由无损检测人员按规定进行标记。

7.2　探伤标记代号由焊缝类别号—焊缝顺序号—焊缝排片顺序号组成。A——纵缝，B——环缝。

示例：第二条环缝第5张片子，标记为：B2—5。

7.3　对焊缝返修等其他标记方法按JB/T 4730—2005《承压设备无损检测》的规定进行。

8　检验员确认标记

8.1　凡是材料标记、焊工钢印必须有检验员监督进行。

8.2　材料标记、焊工钢印附近，必须打上检验员确认钢印、才视为有效。

油漆运输、包装、工艺守则

1　范围

本标准对油漆、包装、运输工作提出有关规定和要求。

本标准适用于本厂制造的压力管道元件和其他机器产品的油漆、包装和运输。

2　执行标准

略（见其他章节）

3 职责

1）生产车间负责油漆和产品的包装工作；

2）供应科负责油漆的采购，并对油漆质量负责；

3）营销部负责产品的发货；

4）检验科负责产品的油漆质量检验和包装质量的检验。

4 油漆

4.1 产品经质量检验合格后方可进行油漆。

4.2 在油漆前金属表面应干燥，对油污、铁锈、焊接飞溅物和其他影响油漆质量的杂物应予以清除。

4.3 油漆喷涂的类型和道数按图样或工艺要求进行。

4.4 精加工件的表面（如二级精度螺纹和密封件等）涂无酸性工业凡士林，一般加工面涂防锈油脂。

4.5 油漆应具有出厂合格证明书，超过有效期的油漆，必须经检验部重新鉴定，合格者方可使用。

4.6 设备表面的油膜应均匀，不应有气泡、龟裂和剥落等缺陷。

4.7 油漆工件应避免在烈日、雨雪和浓雾下进行。

5 包装、运输

5.1 包装应根据设备的特点、结构尺寸、重量大小、路程远近、运输方法进行，应有足够的强度，使之安全可靠地运抵目的地。

5.2 设备经检查合格后，按包装清单进行包装。将一份清单用塑料袋装好放入第一箱内，在箱外标有“内有装箱单”字样。

5.3 包装形式：

1）裸装：具有足够钢性的特大件，下部设置托架支承，上用拉紧箍拉紧，以防止滚动和窜动；

2）框架：用型钢或方木等制成牢固的框架，将设备可靠地固定其中；

3）包扎：不易损伤，不会散失，件数较小可用草绳或草帘包好，并用铁丝扎紧。

5.4 整体总重不宜超过15t。

5.5 零部件的包装：

5.5.1 注意装箱时的重心，重心不得超过箱高的$\frac{1}{2}$。

5.5.2 包装箱的每箱质量不得超过3t。

6 标志

6.1 发货标志

1）出厂编号；

2）总共箱（件）数及箱号或捆号；
3）发货站；
4）到货站；
5）体积：长×宽×高；
6）毛重及净重；
7）发货单位；
8）收货单位；
9）出厂或装箱日期。

6.2　运输包装标志

1）大型设备的重心点，起吊位置；
2）防雨、防潮等作业标志；
3）有禁焊要求的禁焊标志；
4）其他特殊要求标志。

第五章　压力管道安装监督检验

第一节　压力管道安装监督检验基本知识

一、压力管道安装监督检验范围

压力管道安装监督检验范围在《压力管道安装安全质量监督检验规则》（国质检锅［2002］83号）文件中有规定，为了确保压力管道的安全运行，保障人民生命和财产安全，根据国务院赋予国家质量监督检验检疫行政部门特种设备安全监察机构的监督检验职责和《压力管道安全管理与监察规定》（以下简称《规定》）确定。在《规定》适用范围内中规定对新建、改建、扩建的压力管道（含附属设施及安全保护装置，下同）安装安全质量进行监督检验。安全质量监督检验（以下简称监督检验）是对压力管道安装安全质量进行的监督验证。监督检验工作应在压力管道安装现场，且在安装施工过程中进行。在压力管道安装施工中，建设单位、设计单位、安装单位、监理单位、检测单位、防腐单位和其他相关单位（以下简称受监督检验单位），必须接受并配合监督检验工作，并应承担压力管道安装质量责任。压力管道安装监督检验工作，由具有法定检验性质资格并经授权的检验机构（以下简称监督检验单位）承担。各级质量技术监督行政部门特种设备安全监察机构（以下简称安全监察机构）必须按照《规定》的要求，由对压力管道安装进行监督检验的单位进行监督检验。

二、压力管道安装监督检验许可划分

国家质检总局和省级质量技术监督行政部门按分工范围对监督检验单位进行资格许可。国家质检总局特种设备安全监察机构（以下简称国家安全监察机构），负责跨省、自治区、直辖市长输管道监督检验工作任务的授权；省级质量技术监督行政部门特种设备安全监察机构或其委托的地（市）级质量技术监督行政部门特种设备安全监察机构（以下简称地方安全监察机构）的检验机构，负责本行政区域内压力管道监督检验工作任务。管道安装单位应当取得特种设备安装许可证，安装单位应当对管道的安装质量负责。

三、压力管道安装监督检验单位和检验人员的职责

1. 监督检验单位

监督检验单位必须在取得监督检验资格许可，并得到相应监督检验工作任务后，方可从事监督检验工作。监督检验单位必须接受各级特种设备安全监察机构的监督检查和业务指导。监督检验单位应保证监督检验工作中出具的监督检验记录、监督检验报告的真实性，监督检验确认和监督检验结果的准确性，对监督检验工作质量负责。监督检验单位及

监督检验人员必须履行职责、严守纪律、遵守职业道德，保证其工作的科学性、公正性，保守与监督检验工作有关的技术及商业秘密。监督检验单位在发现受监督检验单位存在违规行为或安全质量问题时，应要求其整改，问题严重的，报授权监督检验工作任务的安全监察机构，由其根据国家有关规定进行处理。监督检验单位在监督检验工作中出现下列问题的，由授权监督检验任务的安全监察机构所在地的质量技术监督行政部门按照有关规定对监督检验单位进行限期整顿、暂停监督检验工作并予以经济处罚。情节严重的，由资格许可的国家质量监督检验检疫总局或省级质量技术监督行政部门特种设备安全监察机构有权吊销其监督检验资格。

吊销其监督检验资格的几种情况：

——监督检验能力不足，长期得不到应有的充实，难以按本规则规定执行监督检验任务；

——多次发生监督检验失职，不及时进行处理，不采取切实措施纠正失职行为；

——由于监督检验单位责任而导致压力管道安装安全质量事故；

——向无《压力管道安装许可证》的单位以及超出许可证范围的压力管道安装单位提供监督检验证明文件。

2. 监督检验人员

从事特种设备安全检验机构监督检验工作的人员（以下简称监督检验人员）经压力管道安全检验技术专业培训和考核，取得质量监督检验检疫行政部门特种设备安全监察机构颁发的检验资格证书后，方可从事检验资格证书允许范围内的监督检验工作。监督检验人员有下列问题之一的为监督检验工作失职，由授权监督检验任务的安全监察机构或监督检验单位按照有关规定给予通报批评、暂停监督检验工作。情节严重的，由审批发证的国家质量监督检验检疫总局或省级质量技术监督行政部门特种设备安全监察机构吊销其检验人员资格证书。

吊销其检验人员资格证书的几种情况：

——受监督检验单位存在严重质量问题，在监督检验过程中已发现但未提出意见或及时报告；

——安装单位存在超出《压力管道安装许可证》所规定的安装范围情况，监督检验中未发现或发现未报告；

——经监督检验确认的项目，有影响压力管道安全运行的严重质量问题；

——未按本规则规定进行监督检验而签字确认或出具伪证；

——由于监督检验人员未事先通知安装单位又不按规定时间到现场进行监督检验工作，而影响压力管道安装施工正常进行。

第二节　压力管道安装质量监督检验

压力管道安装实行安装质量监督检验制度。压力管道安装单位的基本程序是：告知——报检——施工——监督检验——竣工验收。

一、压力管道安装单位施工前的检验

压力管道安装单位对压力管道安全性能负责。在压力管道安装开工前，安装单位填写《压力管道安装安全质量监督检验申报书》，向安全监察机构办理告知手续。长输管道（跨省、自治区、直辖市），向国家质检总局特种设备安全监察局办理备案手续。其他跨省压力管道安装，需向省级质量技术监督部门安全监察机构或其授权的地（市）级质量技术监督部门特种设备安全监察机构办理告知手续。办理告知手续时，特种设备安全监察机构向安装单位告知实施监督检验的检验检测机构。安装单位办理告知手续后，再到实施监督检验的单位办理监督检验手续，并向其提供相应的设计文件及有关资料。

压力管道安装施工前，安装单位应当编制管道安装的方案文件，如施工组织设计、施工方案等，经使用单位（或者其委托方技术负责人）批准后方可进行管道安装工作。管道的安装质量应当符合 GB/T 20801—2006 以及设计文件的规定。

二、压力管道安装质量过程的监督检验

压力管道安装质量过程的监督检验是对压力管道安装质量进行的监督验证，具有法定检验性质。承担监督检验任务的检验检测机构应具备相应的资格并经任务授权。国家质检总局特种设备安全监察局授权有资格的监督检验检测机构承担长输管道（跨省、自治区、直辖市）监督检验工作任务；省级质量技术监督部门特种设备安全监察机构或其委托的地（市）级质量技术监督部门特种设备安全监察机构，授权有资格的监督检验检测机构承担本行政区域内其他压力管道监督检验工作任务。监督检验机构应当按照压力管道安装监督检验规则的规定进行监督检验。管道安装完工后，监督检验机构应当及时出具安装监督检验证书和报告，作为管道安装工程竣工验收和办理使用登记的依据。

三、安装施工单位和监督检验机构

安装施工单位在承担的压力管道安装开始前，也应向安全监察机构办理告之手续。安装施工质量监督检验工作在压力管道安装施工现场进行。

监督检验检测机构对建设单位、安装单位、监理单位和防腐单位等，对有关压力管道安装质量管理行为、技术文件、安装施工质量进行监督检验。压力管道安全性能监督检验的重点是在压力管道安装过程中对安全质量有影响的活动及其结果。

四、主要监督检验内容

主要监督检验内容包括有：材料管理、焊接、管道装配、防腐、附属设施和设备安装、穿越和跨越及隐蔽工程、相关检验试验等安装施工工序中。在管道强度试验（压力试验）、严密性试验（泄漏性试验）和管道安全保护装置及密封性能测试时为现场监检项目，监检员必须到安装现场监检，并出具监检专项报告。

其他监督检验项目一般采用抽样的方式进行。监督检验检测机构在实施监督检验时，要指定项目监督检验负责人，并配备必要的监督检验人员。在监督检验开始前，要制订监督检验大纲或监督检验计划（仅对小型项目），并明确“停检点”、“必检点”和“巡检点”。监督检验人员在监督检验过程中发现一般质量问题时，应要求责任单位进行改进，

并对纠正情况进行跟踪检查，直至问题得到彻底解决。

监督检验人员在监督检验过程中发现严重质量问题时，应报告监督检验检测机构，由其向责任单位发出《监督检验意见通知书》，并同时抄送建设单位和授权监督检验任务的安全监察机构。监督检验检测机构在监督检验工作中要做工作记录，在监督检验工作结束后要出具监督检验报告。监督检验检测机构要对记录和报告的真实性负责，要对确认和检验结果的准确性负责，监督检验检测机构对监督检验工作质量负责。

压力管道安装工程竣工后，安装单位及其无损检测单位应当将工程项目中的管道安装及其检测资料单独组卷，向管道使用单位（或者其委托方技术负责人）提交安装质量证明文件，并且由管道使用单位在管道使用寿命期内永久保存。

安装质量证明文件至少应当包括下列内容：

——压力管道安装质量证明书，其内容和格式应符合有关规定；

——压力管道安装竣工图，至少应当包括管道轴测图、单线图、设计修改文件和材料代用单等；

——压力管道轴测图（单线图）上应标明管道受压元件的材质和规格、焊缝位置、焊缝编号区别现场固定焊的焊缝和预制焊缝）、焊工代号、无损检测方法、局部或者抽样无损检测焊缝的位置、焊缝补焊位置、热处理焊缝位置等，并且能够清楚地反映和追溯管道组成件和支承件；

——压力管道元件的产品合格证、质量证明书或者复验、试验报告（由使用单位或其委托方采购的管道元件除外）；

——压力管道施工检查记录、无损检测报告、检验和试验报告。

提交安装质量证明文件时，同时还需要提交安装监督检验报告。

监督检验报告作为工程竣工验收和办理使用登记的依据，没有压力管道监督检验检测机构出具的监督检验报告或其监督检验结论为不合格时，压力管道工程不得竣工验收，不得投入使用。

五、压力管道安装质量证明文件

监督检验检测机构在监督检验检测产品合格后出具压力管道安装质量证明文件有：压力管道安装质量证明书（表5－1）、压力管道安装汇总表（表5－2）。

表5－1　压力管道安装质量证明书

编号：

工程名称		工程编号	
交工单元名称		交工单元编号	
安装开工日期		安装竣工日期	
管道级别		管道长度	
设计单位			
监理单位			
无损检测单位			

续表

工程名称		工程编号	
安装监检单位			
使用单位			

本压力管道的安装经质量检验，符合《压力管道安全技术监察规程》、设计图样（相关技术标准）的要求。

附：《压力管道安装汇总表》共 页

检验员： 日期：

质量保证工程师： 日期：

安装单位（盖章）

年 月 日

特种设备安装许可证编号：

表5-2 压力管道安装汇总表

证明书编号：

交工单元名称：									交工单元编号：							
管道线号	管道级别	设计压力/MPa	设计温度/℃	输送介质	管道材质	管道规格/mm	管道长度/m	铺设方式	焊口数量	检测方法/比例/%	压力试验介质	压力试验压力/MPa	泄漏试验压力/MPa	揿洗方法	防腐方式	保温(绝热)方式

填表： 年 月 日

审核： 年 月 日

监督检验检机构在监督检验工作中有监督检验能力不足，长期得不到应有的充实，难以按规定执行监督检验任务的；经常发生监督检验失职，不及时进行处理，不采取切实措施纠正失职行为的；由于监督检测机构责任，而导致发生压力管道安装安全质量事故的；向无《压力管道安装许可证》的单位以及超出许可证范围的压力管道安装单位提供监督检验证明文件等问题的；由国家质检总局或省级质量技术监督行政部门按照有关规定责令限期整顿、暂停监检工作并予以经济处罚，情节严重的吊销其监督检验资格证。

加强压力管道安装环节的监督检验，其重要手段是落实建设单位即业主责任，这项工作是难度较大的工作。由建设单位申报安装质量监督检验同以前的由安装单位申报有很大区别。就安全监察手段来说，对建设单位的监察手段明显不足，还需探索有效监督检验手段。在安装环节中，目前也在考虑是否对安装单位质量负责人和施工项目负责人提出资格要求。

当压力管道进行改造时，应当由压力管道设计单位和安装单位进行设计和施工。安装单位应当在施工前将拟进行改造的情况书面告知使用登记机关后，方可施工。改造施工结束后，安装单位应当向使用单位提供施工质量证明文件。对于GC1级管道或者改造长度大于500m的管道，还应当实施监督检验，检验机构应当提供监督检验报告。

压力管道改造是指改变管道受压部分结构（如改变受压元件的规格、材质，改变管道的结构布置，改变支吊架位置等），致使管道性能参数或者管道特性发生变更的活动。不改变受压元件结构而改变管道的设计压力、设计温度和介质，必须由压力管道设计单位进行设计验证，出具书面设计验证文件，并且由检验机构进行全面检验后方可进行改变。

第三节　压力管道安装许可证检验

一、压力管道安装许可证办理要求

压力管道安装许可证是由国家质检总局统一管理压力管道安装许可工作，国家质检总局负责GA类和GC1级压力管道安装许可的审批，省级质量技术监督部门负责本辖区内其他级别压力管道安装许可的审批。安装许可证的有效期为4年，获得《特种设备安装改造维修许可证（压力管道）》的单位，应当在其安装的压力管道工程上使用“许可标志”和许可证号。获得安装许可证的安装单位，当单位名称、地址、产权等发生变化时，应当办理许可证变更手续。

当更换法定代表人（产权不发生变化时）、更换技术负责人时，应当在变更之日15天内书面告知审批机关和当地质量技术监督部门。获得安装许可证的安装单位，如果在安装许可证有效期内需要增加安装许可类别级别，应当按照本规则的要求办理安装增项的许可申请手续。

二、压力管道安装许可证单位的基本要求

1. 应遵守的规定

获得压力管道安装许可证的安装单位，在生产经营活动中应当遵守以下规定：

——不得违反国家相关压力管道法律、法规、规章和安全技术规范的要求；

——不得涂改、伪造、转让或者出卖《特种设备安装改造维修许可证（压力管道）》；

——不得超过压力管道许可范围安装管道或者超过许可范围使用许可标记；

——不得非法提供（出卖）质量证明书、合格证；

——不得接受未取得许可的安装单位挂靠进行管道安装；

——不得向用户隐瞒有关情况或提供虚假文件资料。

2. 继续从事安装工作所需办理的事宜

获得压力管道安装许可证的安装单位，有效期满后需要继续从事安装工作时，应当在许可证有效期满6个月前，向审批机关提出申请。超过有效期未换证的，原许可自动失效。安装单位提出换证申请时，应当有相应的安装业绩。安装单位除提供有关规定的资料外，还应当提交以下资料：

——安装质量事故处理情况说明；

——原《特种设备安装改造维修许可证》复印件；

——有关人员证件；

——图纸。

3. 新取证和换证管理

新取证和换证安装单位向审批机关提出安装许可申请，并且提交以下申请资料：

——特种设备安装改造维修许可申请书（一式四份，并提交电子文本）；

——企业概况；

——工商营业执照（复印件）；

——组织机构代码证（复印件）；

——已获得的认证或者其他资质证书原件和复印件；

——质量保证手册；

——其他需要补充说明的材料。

4. 安装许可受理与不受理

（1）许可受理

审批机关对安装单位提交的申请资料进行审查。在收到申请资料后5个工作日内确定是否予以受理。对符合申请条件的安装单位，审批机关应当在申请表上签署受理意见，将三份申请表返回安装单位（其中一份在约请鉴定评审机构后交鉴定评审机构），一份申请表交受理机关的下一级质量监督部门的特种设备安全监察机构，一份由审批机关存档。

（2）许可不受理

对有下列情况之一的安装单位，应当不予受理申请。对不予受理的，审批机关应当在申请书上签署不予受理意见，做出不受理决定：

——申请资料不能达到第二章规定要求的；

——隐瞒有关情况或提供虚假申请资料的；

——处于对办理《特种设备安装改造维修许可证》有不利影响的法律诉讼等司法纠纷或者正在接受有关司法限制与处罚的。

安装单位隐瞒有关情况或者提供虚假申请资料的，1年内不得再次申请。由于安装单位原因，18个月内未能完成许可工作的，安装单位应当根据单位条件变化情况重新提出申请。

（3）不得申请

以下单位不得申请压力管道安装许可：

——学会、协会、专业咨询公司等单位；

——从事压力管道元件制造和压力管道安装监督检验的检验检测机构；

——从事压力管道设计、元件制造和安装许可的鉴定评审机构和有关型式试验机构。

（4）换证

换证评审的主要规定的内容应当包括以下内容：

——对压力管道有关法律、法规及相关标准的执行情况；

——所有安装项目接受安装质量监督检验的情况；

——是否存在超出许可范围进行安装的行为，是否存在无证安装单位挂靠的行为；

——质量保证体系实施情况；

——与许可项目有关的重大质量事故、用户反馈意见的处理情况；

——资源条件是否符合要求及变更的情况；

——现场抽查压力管道安装质量情况。

5. 颁发许可证制度

审批机关在接到鉴定评审报告后，应当在30个工作日内完成审查、批准、颁发许可证等工作。获得安装许可证的安装单位，当单位名称、地址、产权等发生变化时，应当办理许可证变更手续。当更换法定代表人（产权不发生变化时）、更换技术负责人时，应当在变更之日15天内书面告知审批机关和当地质量技术监督部门。获得安装许可证的安装单位，如果在安装许可证有效期内需要增加安装许可类别级别，应当按照本规则的要求办理安装增项的许可申请手续。获得安装许可证的安装单位，有效期满后需要继续从事安装工作时，应当在许可证有效期满6个月前，向审批机关提出申请。超过有效期未换证的，原许可自动失效。获得安装许可证的安装单位，在生产经营活动中应当遵守以下规定：

——不得违反国家相关法律、法规、规章和安全技术规范的要求；

——不得涂改、伪造、转让或者出卖《特种设备安装改造维修许可证》；

——不得超过许可范围安装管道或者超过许可范围使用许可标记；

——不得非法提供（出卖）质量证明书、合格证；

——不得接受未取得许可的安装单位挂靠进行管道安装；

——不得向用户隐瞒有关情况或提供虚假文件资料。

第四节　压力管道安装检验通用工艺案例

压力管道安装检验通用工艺适用于工业、公用和长输压力管道安装监督检验。

压力管道安装检验通用工艺

1　目的

本检验工艺是对压力管道安装安全质量监督检验工作进行了具体说明和规定，以保证其安装安全质量监督检验工作符合有关法规、规范和标准的规定。

2　适用范围

本检验工艺适用于《压力管道安全管理与监察规定》适用范围内的新建、改建、扩建的压力管道安装安全质量监督检验，不在《压力管道安全管理与监察规定》适用范围内的新建、改建、扩建的压力管道（以下简称管道）安装安全质量监督检验工作可参照使用。

本检验工艺是指导监检人员做好压力管道安装安全质量监督检验工作的通用性文

件，监检人员在实际工作中，需按本检验工艺的基本规定，结合具体管道的要求编制监督检验方案开展工作。

3　检验依据

下列文件，在本指导书公布时所示版本均为有效，其所包含的条文，经本指导书的引用构成本指导书的条文。文件都会被修改，使用本检验工艺时，请探讨使用下列文件最新版本的可能性。

①《特种设备安全监察条例》（国务院第549号）；

②《压力管道安全管理与监察规定》（劳部发［1996］140号）；

③《压力管道安装安全质量监督检验规则》（国质检锅［2002］83号）；

④《压力管道安全技术监察规程－工业管道》TSG D0001—2009；

⑤《压力容器压力管道设计许可规则》TSG R1001—2008；

⑥《压力管道安装许可规则》TSG D3001—2009；

⑦《压力管道元件制造许可规则》TSG D2001—2006；

⑧《特种设备焊接操作人员考核细则》TSG Z6002—2010；

⑨《特种设备无损检测人员考核与监督管理规则》（国质检锅［2003］248号）；

⑩ 其他现行的国家、行业有效的管道工程施工及验收规范、标准；

⑪《质量手册》；

⑫《程序文件》。

4　作业要求

4.1　一般要求

1）检验业务受理。接受政府工作监督检验授权（政府的告知指令）。

2）检验任务派工。部门负责人根据管道种类、级别，由检验系统向相应资格的检验人员派工。对于GC1、GA、GB类管道一般不少于2人，监督检验人员或监督检验项目组（以下统称监检人员）接受检验任务。

3）管道安装监检工作是对管道安装过程中涉及管道安全质量项目进行的监督验证，是在受检单位（包括：建设单位、设计单位、安装单位、监理单位、检测单位、防腐单位等统称受检验单位）自检合格基础上的监督验证，受检单位必须配合监督检验工作，监检工作不能替代受检单位的自检。

4）本检验工艺规定的管道安装安全质量监督检验项目依据《压力管道安装安全质量监督检验规则》附件3制定。监检工作内容包括对管道安装过程中涉及管道安全质量项目进行监督验证和受检单位实施情况进行监督检查。

管道安装安全质量监督检验包括受监督检验单位的管理行为质量和管道安装的安全质量。《压力管道安装安全质量监督检验规则》监督检验方式包括："停检点"、"必检点"和"巡检点"以下用"A"、"B"、"C"表示。其中管道强度试验、严密性试验和管道安全保护装置及密封性能测试为A类监检项目，监检员应根据管道的等级和技术要求等具体情况确定监督检验方式。

A类监检项目：监检人员必须到现场进行监督检验，未经监检人员现场监督检验或经监检人员确认不符合设计要求或相关安全技术规范及相应标准规定，不得进行下道工序；B 类监检项目：监检员分阶段现场检查；C 类监检项目：监检员到现场抽查。A 为最重要工序；B 为重要工序；C 为一般工序，涉及 A 类监检项目前，受检单位及时通知监检人员到场。

4.2　检验前准备

（1）受检单位开工前准备

1）受检单位资料准备：

——《特种设备安装改造维修告知书》；

——设计单位与项目相适应的压力管道设计许可证书，符合安全技术规范的设计文件（设计文件一般包括：图纸目录和管道材料等级表、管道数据表和设备布置图、设计说明书、管道平面布置图、轴测图、强度计算书、管道应力分析书、施工安装说明书）；

——安装施工单位与管道施工相适应的压力管道安装许可证书、质量体系文件、现场体系人员任命文件及专业人员一览表、施工组织设计、焊工资格证及起重作业人员资格证等特种作业人员资格证、焊接工艺评定等涉及管道施工的相关资料和文件；

——监理单位资质等级许可证、监理专业人员资格、监理规划（或方案）等；

——无损检测单位资质证明文件、无损检测人员资格证、质量体系文件、无损检测专业方案等；

——建设单位应提供项目立项审批报告、环境评价报告、土地占用审批报告、招标文件及中标通知书等并专职或兼职人员负责监督检验工作的协调及见证工作；

——管道使用的管材、阀门、焊材、管件（三通、四通、变径、弯头、弯管、补偿器、法兰、支吊架等）、紧固件、密封件、及附属设备的质量证明文件及复验单等；

——与管道施工有关的委托合同等。

受检单位对上述文件资料和所提供的质量证明资料的真实性、完整性和有效性负责。在上述文件、资料改变时，应及时通知监检人员。

2）受检单位现场环境及安全防护。受检单位配合监督检验单位实施监督检验工作，为监督检验工作的正常开展提供必要条件，包括监督检验人员查阅有关资料和进行现场检查。为监督检验而搭设备的脚手架、轻便梯等设施必须牢固、气用灯具和工具的电源应符合国家规定、当进行无损检测时应提供必要的防护措施，以及其他危险源等。

（2）监检人员监检前准备

1）编制监检方案。项目监检组负责人在认真阅读管道安装施工项目有关文件，掌握项目基本情况的基础上，根据法规、规范、行业标准、国家标准和强制性标准，针对项目的具体特点，明确监检的内容、方式组织编制监检大纲或监检计划（仅对小型项目），在监检大纲或监检计划中，必须明确 A、B、C 类检验项目。监检大纲或计划必须得到检验单位负责人或经授权负责人批准并通知受监检单位。为提高工作效率我院制定通用的监检方案，在实际监检工作中可根据管道具体要求对监检项目或监检方式进行调整（包括项目或方式等）。监督检验大纲或监督检验计划在接受政府授权和受检单位提交的设计文件及有资料后，15 个工作日内通知受检单位。

2）监督检验方式。可根据具体情况选用适宜的方法进行，可以是以下一种或几种的组合：

——查阅有关文件、记录或有关证据；

——观察安装或施工活动过程；

——抽样进行检验、检测；

——必要时，也可以进行有关的验证试验；

——会议或与有关人员交谈的书面记录并经相关人员签字；

——监检人员对检验结果有怀疑或抽查结论为不合格时，监督检验项目组有权要求受检单位进行复验或补充试验；

——其他检验人员认为必要的方法。

3）安全防护及进场仪器设备要求如下：

——检验人员进入现场检验必须遵守程序文件《现场检验环境、安全的控制程序》CX20、检验工艺《现场安全工作及文明检验守则》（ZY—B007）的要求，辨识常见的危险源，如：有毒有害物质、易燃易爆物质、射线源、电接触、静电、攀高作业、物体打击、机械伤害、挤压、剪切、缠绕、跌绊、缺氧和窒息等，采取有效对策，保证现场安全应达到的要求；

——按检验工作需要领用准备检验仪器设备 进入检验现场前检验人员应确认检验所用仪器设备完好，符合程序文件《仪器设备控制与管理程序》CX25 的要求。

4.3　安全质量监督检验

受检单位的有关管道安全质量管理行为、技术文件及安装安全质量均应接受检查和检验。

（1）安全质量管理行为检查

1）对建设单位安全管理行为的检查包括以下内容：

——项目报建审批及备案手续是否齐全；

——是否按规定组织设计交底和施工图审查；

——是否对压力管道安装施工进行必要的管理，包括设置管理机构，配备专职、兼职管理人员，建立质量管理体系，明确安全质量管理责任等内容；

——是否有效实施了对压力管道安装施工的管理；

——所选择的设计单位、监理单位、压力管道安装单位、检测单位、防腐单位和相应的材料、元件、附属设施制造单位是否具备相应的资格；

——采购的材料、元件、附属设施和设备是否符合设计文件及相关规范规定的质量要求；

——是否有其他安全质量管理违法、违规和失职行为。

2）对压力管道安装单位、防腐单位安全管理行为的检查：

——安装单位、防腐单位是否具备相应的安装资格和资质，安装单位资格应符合《压力管道安装许可规则》（TSG D3001—2009）要求；

——安装单位是否按规定办理备案手续；

——是否建立健全了质量管理体系，并能有效实施；

——项目经理、技术负责人、质量保证工程师、专业工程师等专业技术和管理人员是否配套，是否具备相应资格并与承担的工作相适应；

——在焊接管理制度、焊接检验工艺评定、焊接检验工艺、持证焊工及持证项目有效期等方面是否满足管理规定和安装要求；

——是否有经过批准的施工组织设计或施工方案并能贯彻执行，是否进行了施工技术交底和安全交底；

——是否按设计及标准要求对建设单位提供的材料、设备或本单位所购材料等进行检验；

——是否按有关规定和标准对压力管道安装工程进行各种检验与试验，对出现的安全质量问题是否按有关文件要求及时如实上报和认真处理；

——是否有违规分包、转包压力管道安装工程行为；

——是否有其他安全质量管理违法、违规、失职行为。

3）对监理单位安全管理行为的检查：

——是否监理单位资质等级许可的经营范围内承担监理业务，是否以其他监理单位的名义承担监理业务；

——是否按规定办理备案手续；

——监理机构的专业人员是否配套，是否责任落实，是否建立健全了质量管理体系，并能有效实施；

——是否全面、有效地履行监理责任；

——是否制定并认真实施监理计划；

——现场采用的监理方式是否合理可行，监理人员是否及时到位；

——是否按照国家强制标准或操作工艺进行分项（工序）验收；

——对现场发现使用不合格材料、元件、附属设施和设备的现象及发生的质量事故，是否及时督促和配合其他相关单位整改处理；

——监理单位有无转让监理业务的行为；

——是否有其他安全质量管理违法、违规、失职行为。

4）对无损检测单位安全管理行为的检查：

——是否按检测单位资格等级及核准的经营范围承揽任务，是否以其他检测单位的名义承担检测业务；

——是否建立健全了质量管理体系，并能有效实施；

——检测专业配套，结构合理，人员具备相应资格并与承担的工作相适应；

——按有关标准的要求，是否制定并认真实施检测计划；

——出具的检测结论应及时、准确；

——是否有其他安全质量管理违法、违规、失职行为。

（2）压力管道安装过程的安全质量监督检验主要内容和要求

压力管道安全性能监督检验的重点是在管道安装过程中对安全质量有影响的活动及其结果，是在受检单位自检合格基础上的监督验证。依据《压力管道安装安全质量监督检验规则》主要包括以下几方面。

1）管道元件及焊接材料的材质确认：

——审查材料、管件、焊接材料的质量证明书、出厂合格证及复验报告，管材、按《压力管道元件制造许可规则》（TSG D2001—2006）要求，管材、管件等产品应有制造许可标志，对已实施监督检验的管道元件，一般应有监督检验证明书。对于合金钢、含镍低温钢、含钼奥氏体不锈钢以镍基合金、钛和钛合金材料的管道组成件，应按GB/T 20801.4—2006要求抽样检查。

——审查管道元件材料变更或代用手续是否符合规范、标准要求；

——现场抽查管材标识、管配件标识、阀门标识、紧固件标识是否符合要求；

——审查阀门试验记录，必要时现场抽查。

2）管道焊接或其他固定连接和可拆卸连接装配质量：

监检员抽查阀门、补偿器、绝缘法兰等管道组成件的焊接、其他固定连接和可拆卸连接装配过程是否达到相关规范标准和工程设计要求，或核查相应的检查记录。

3）影响管道热补偿和热传导支承件的安装质量：

监检员对有影响管道热补偿和热传导支承件安装过程质量是否符合设计和规范要求。

4）管道防腐质量：

——检查、核对防腐人员资格、设备和防腐材料，以及防腐施工过程、施工质量是否符合设计、规范标准要求；

——检查防腐管的验收、存放是否符合规范标准要求，受检单位工作见证资料是否准确、及时。

5）管道焊接质量：

——审查焊接工艺评定报告和规程、焊接人员资格及焊接设备、工艺参数选用，检查焊接施工过程是否符合要求；

——审查焊缝返修的审批手续和返修工艺是符合要求；

——检查管道坡口、清管、组对和焊缝外观质量是否符合要求，焊缝检查记录是否及时、准确。

6）管道无损探伤及其质量：

——审查无损检测人员资格、检测方法、检测比例、验收标准是否符合设计文件和规范标准要求；

——射线底片抽查，抽查重点是可疑和返修部位，抽查比例应不少于检测比例的10%，并填写《射线底片抽查记录》。

7）管道附属设施和设备安装质量：管道安全保护装置及阴（阳）极保护装置和蠕胀测点的安装应符合设计文件和标准要求，监检员应核查有关记录，必要时应现场抽查。

8）管道穿跨越、隐蔽工程等重要项目安装质量：

——审查经建设单位认可的专业施工方案；

——审查管道穿跨越、隐蔽工程的焊接、防腐补口、火花检漏、试压记录，必要时现场抽查。

9）管道强度试验、严密性试验（工业管道为压力试验、泄漏性试验，下同）：

——审查专业方案是否得到建设单位批准，并符合设计文件、验收规范和标准要求，试验前的工序均已符合要求，受检单位应完成的各项工作均有工作见证；

——监检员必须现场检查，检查试验条件及准备工作，确认试验结果。

10）管道通球、扫线、干燥：

——审查专业方案是否符合设计文件、规范和标准要求，并得到建设单位批准；

——抽查管道通球、扫线、干燥的质量和检查记录。

11）管道的单体试验及整体试运行：审查管道的单体试验及整体试运行记录，是否符合设计文件、规范和标准要求。

12）管道安全保护装置及密封性能测试：监检员必须现场检查管道安全保护装置及密封性能测试，核对安全保护装置规格、型号、校验有效期，并对受检单位试验、检验结果进行监督检验。

上述所列内容是对压力管道安装监督检验的基本要求，如果不能满足实际需要时，可以根据现场实际情况进行适当的调整，经过技术负责人批准后实施。

（3）管道安装监督检验联络单和意见书的出具

监检人员在监督检验过程发现受检单位安全质量行为和管道安装安全质量出现违反安全技术规范及相应标准的一般问题时，应向受检单位发出《特种设备监督检验工作联络单》。

监检人员在监督检验过程发现受检单位安全质量行为和管道安装安全质量出现违反安全技术规范及相应标准的严重问题时，应向受检单位发出《特种设备监督检验意见通知书》。出现下列情况之一的为严重问题：

——受检单位安全质量行为严重违反国家有关法律法规和技术规程、标准，安全质量行为严重失控的；

——安装施工单位质量保证体系严重失控；

——监检人员发现安全质量出现严重问题时；

——受检单位对《特种设备监督检验工作联络单》提出的问题拒不整改；

——对涉及A类监检项目不及时通知监检人员，并可能造成严重后果的。

4.4 监检工作见证整理

监检过程中检验、检测、观察、确认质量记录、交谈等方法收集工作见证资料，监督检验人员应及时整理，并妥善保管，为出具监督检验报告提供正确的判定依据。

5 检验记录和报告

5.1 监检记录与报告

监检员按报检工程填写《压力管道安装安全质量监督检验记录》（以下简称《监检记录》），并对记录的真实性、准确性和完整性负责；经监检合格的工程，由监检员出具《压力管道安装安全质量监督检验报告》（以下简称《监检报告》）。监检报告的出具、审核、签发符合程序文件CX30《结果报告程序》。

形成的记录、报告应包括：

——压力管道安装安全质量监督检验报告；

——压力管道安装安全质量监督检验记录；

——检验检测技术质量问题审批卡；

——特种设备监督检验工作联络单；

——特种设备监督检验工作意见通知书。

其中《压力管道安装安全质量监督检验报告》主要内容应包括：

——工程概况；

——监督检验技术法规、标准依据；

——监督检验项目组人员名单、监督检验工作起止时间；

——监督检验工作情况；

——对建设、监理、安装、检测等单位的安全质量管理行为的评价报告；

——管道强度试验、严密性试验和安全保护装置及密封性能测试专项监督检验报告；

——安装竣工技术资料的核查意见；

——对遗留安全质量问题的处理意见；

——监督检验结论。

5.2 重大技术问题处理

对安装过程中发现的重大技术质量问题，监检员要填写“检验检测技术质量问题审批卡”，呈报逐级审批。

5.3 报告发送

压力管道竣工验收之前，将《压力管道安装安全质量监督检验报告》的正本1份交建设单位，并将该报告的副本报质量技术监督行政部门1份、抄送安装单位各1份。

5.4 资料归档

特种设备安装改造维修告知书、压力管道安装监检大纲、监检记录、监检报告、特种设备监督检验工作联络单及特种设备监督检验工作意见通知书等有关监检资料都应按规定归档。监检过程中检验、检测、观察、确认质量记录、交谈等方法收集工作见证资料，如认为有必要均应作为记录的一部分。

下列资料应予归档：

——监检中有关的来往文件、信函；

——监检工作日记；

——监督检验档案封面，注明工程名称、建设、设计、安装、监理、检测单位名称、开工日期及档案编号；

——档案目录；

——申报压力管道监督检验的有关资料，包括《压力管道安装安全质量监督检验申报书》，施工图设计文件审查意见，安装合同、监理合同、检测合同、防腐合同的编号及日期等；

——监督检验大纲或监督检验计划；

——受检单位的资格及有关人员资格审查记录；

——监督检验记录；

——管道强度试验、严密性试验和安全保护装置及密封性能测试记录；

——行政处罚决定及相关资料；

——安全质量事故报告；

——压力管道安装安全质量监督检验报告。

6　附录

6.1　压力管道安装安全质量监督检验流程见图1。

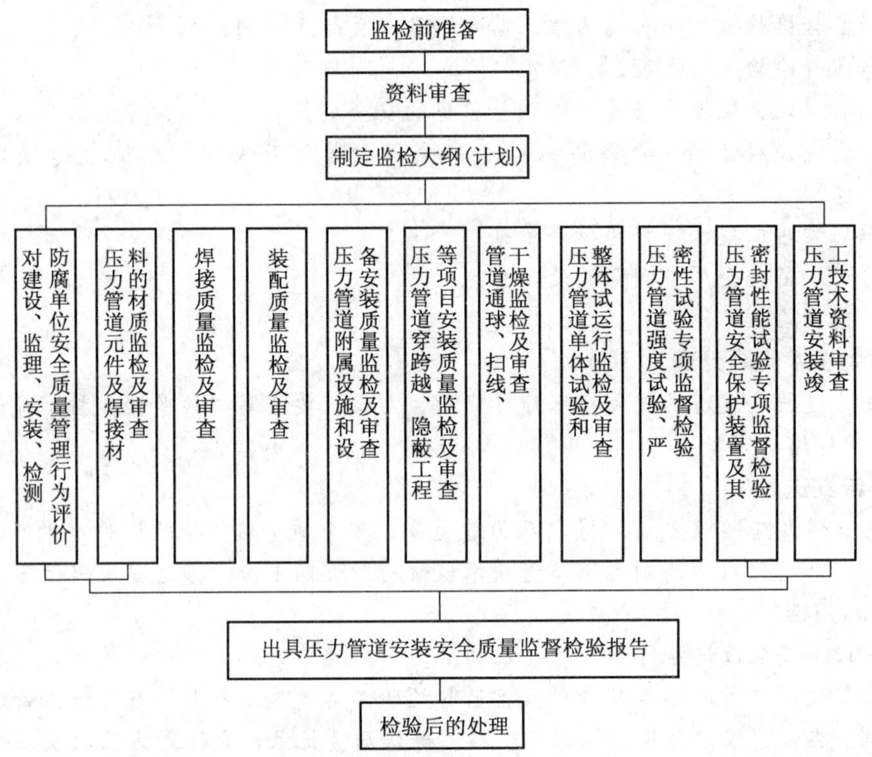

图1　压力管道安装安全质量监督检验流程

6.2　监检工艺程序图见图2。

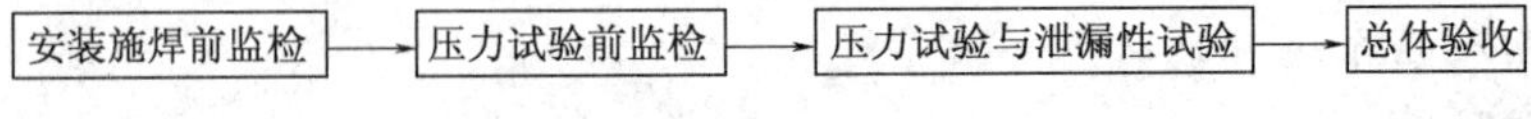

图2　监检流程

6.3　监检内容及要求见表1。

表1　监检内容及要求

程序	监督检验项目	标准及技术要求	检验方法	注
安装施焊前监检	1 安装告知	审查安装单位是否到压力管道安装所在地设区的市级质量技术监督管理部门办理告知手续	审查	
	2 技术资料	技术资料的审查包括设计文件、施工方案、安装工艺、焊接工艺（是否有焊评支持）等技术文件的审查及各施工单位资格的审核	审查	
	3 人员条件	查看人员名细表，核实安装单位持证人员情况及责任人员情况是否与安装工程匹配	检查	
	4 材料审查（含焊接材料）	审查材质证明书是否有效、其内容是否符合材料标准和合同的技术要求，数据是否齐全、正确和清晰，至少抽查一批管子和管件，检查其外观质量、材料标识及验收标识是否符合材料标准和相关规定	审查及抽查	
	5 材料复验	审查安装单位是否按规定进行了材料复验	审查	
	6 材料代用	审查材料代用是否经原设计同意并有相关代用手续	审查	
压力试验前监检	7 焊接工艺评定文件	审查安装单位焊接工艺评定文件是否有效，是否符合有关安全技术规范要求，是否能覆盖该安装工程。如果是新评定的焊评，监检人员应当对焊接工艺的评定过程进行监督	确认	
	8 焊工资格	检查焊接人员资格证件原件，至少抽查1道焊口，检查实际施焊人员是否具备相应资格	审查及抽查	
	9 焊接现场质量控制	审查焊接记录，至少抽查1道焊口，检查坡口加工及组对、焊缝外观、焊接设备、焊材保管、烘干、发放及回用、焊接工艺执行等情况是否符合相关规定	审查及抽查	
	10 无损检测报告	审查无损检测报告，核查无损检测人员资格、检测方法、检测标准、检测比例和结果是否符合符合设计、标准要求。必要时现场监督无损检测过程	审查	

续表

程序	监督检验项目	标准及技术要求	检验方法	注
压力试验前监检	11 射线底片	抽查射线检测底片，数量不少于检测底片的10%，抽查部位应包括返修部位	抽查	
	12 热处理及硬度测定	审查热处理报告，核查热处理记录曲线与热处理工艺是否一致。必要时现场抽查热处理工艺执行情况。热处理后是否按规定进行了硬度检测，检测数值是否符合要求	审查	
	13 管沟施工质量	检查是否符合相关标准及设计文件要求	抽查	
	14 管道加工及预制	审查管道加工预制记录，检查管道加工预制是否符合相关标准及设计文件规定	审查	
	15 管道敷设和安装	检查管道外观、走向、坡度、焊缝布置、静电接地等安装情况是否符合相关标准及设计文件规定	抽查	
	16 阀门及安全附件安装	审查安全附件的检定、校验报告，检查阀门及安全附件安装情况是否符合相关标准及设计文件规定	审查和抽查	
	17 补偿器安装	审查安装记录，检查补偿器安装情况是否符合相关标准及设计文件规定	审查和抽查	
	18 支、吊架的安装	审查安装记录，检查支、吊架安装情况是否符合相关标准及设计文件规定，需重点检查固定支、吊架的安装情况	审查和抽查	
	19 附属设施、设备、阴极保护及三桩安装	审查附属设施（如调压站等）、设备（如凝水缸、凝汽缸、过滤器等）、阴极保护及三桩（里程桩、转角桩、标志桩、锚固墩等）安装记录，其安装情况是否符合相关标准及设计文件规定	审查	
	20 管道穿（跨）越工程安装	审查管道穿（跨）越工程安装记录，单独的穿（跨）越工程还需审查管道穿（跨）越工程竣工图，检查其安装情况是否符合相关标准及设计文件规定	审查	

续表

程序	监督检验项目	标准及技术要求	检验方法	注
压力试验与泄漏性试验	21 压力试验	审查试验方案，检查试验压力、试验介质、保压时间、压力表数量、精度等是否符合规定并在有效期内，试验设备和试验条件是否符合要求	确认	
	22 泄漏性试验	审查试验方案，检查试验压力、试验介质、保压时间、压力表数量、精度等是否符合规定并在有效期内，试验设备和试验条件是否符合要求。若管线上带有安全阀，则应当在不大于安全阀密封试验压力下进行泄漏性试验	确认	
总体验收	23 管道吹扫、清洗、脱脂	审查管道吹扫、清洗、脱脂方案，形成的记录是否符合相关标准及设计文件规定	审查	
	24 管道通球、扫线、干燥	审查管道通球、扫线、干燥方案，形成的记录是否符合相关标准及设计文件规定	审查	
	25 管道防腐和绝热	审查管道防腐和绝热记录是否符合相关标准及设计文件规定。对于燃气和长输管道，应当采用电火花检测方法，至少抽查1处补口，检查其防腐质量是否符合要求	审查和抽查	
	26 隐蔽工程	审查隐蔽工程检查记录是否符合相关标准及设计文件规定	审查	
	27 静电接地测试	审查静电接地测试报告是否符合相关标准和设计文件规定	审查	
	28 管道单体试验和整体试运行	审查管道单体试验和整体试运行记录是否符合相关标准及设计文件规定	审查	
	29 工程交接验收	审查工程是否打了竣工验收报告，各工序之间是否有交接手续及验收证明	审查	

本工艺起草人：×××

本工艺审核人：×××

本工艺批准人：×××

××××年××月××日

第五节　工业压力管道安装监督检验工艺案例（一）

安装单位：　　　　　　　　　工程名称：

<table>
<tr><td rowspan="4">监检前准备工作</td><td colspan="3">受检单位准备工作</td><td colspan="2">监检单位准备工作</td></tr>
<tr><td>1</td><td colspan="2">建设单位填写《工程概括》附表1，并提供图纸，有关资料及合同</td><td>1</td><td>针对本次监检，查阅《管规》、《管监规》和有关法律、法规、强制性标准</td></tr>
<tr><td>2</td><td colspan="2">安装单位提供《锅炉压力容器压力管道安全改造维修告知书》及施工组织设计，填写《压力管道基本情况表》附表2</td><td>2</td><td>针对工程配备相应持证检验检测人员和必要的检验检测工具和设备</td></tr>
<tr><td>3</td><td colspan="2">为监检而搭设的脚手架，轻便梯等设施，必须安全牢固，便于进行监检工作，所用灯具和工具的电源应符合现行国家标准的规定：当检测单位进行无损检测时，应设置安全范围</td><td>3</td><td>准备好工作服、安全帽、安全带，并遵守本单位规定的《安全操作规程》</td></tr>
<tr><td rowspan="22">实施监检</td><td colspan="5">1 工程概括</td></tr>
<tr><td colspan="5">详见《工程概括》附表1</td></tr>
<tr><td colspan="5">2 对各单位安全质量管理行为的评价</td></tr>
<tr><td>序号</td><td colspan="2">评价项目</td><td colspan="2">工作内容</td></tr>
<tr><td colspan="5">2.1 对建设单位安全质量管理行为的评价</td></tr>
<tr><td>1）</td><td colspan="2">技术准备</td><td colspan="2">查看工艺文件</td></tr>
<tr><td>2）</td><td colspan="2">施工管理</td><td colspan="2">查看管理文件</td></tr>
<tr><td>3）</td><td colspan="2">分承包方资格</td><td colspan="2">查看分承包资格证书</td></tr>
<tr><td rowspan="3">4）</td><td rowspan="3">物资采购</td><td>材料</td><td colspan="2">查看材质质量证明书</td></tr>
<tr><td>元件</td><td colspan="2">查看合格证、质量证明书</td></tr>
<tr><td>附属设施</td><td colspan="2">查看合格证</td></tr>
<tr><td colspan="5">2.2 对监理单位安全质量管理行为的评价</td></tr>
<tr><td>1）</td><td colspan="2">监理资质</td><td colspan="2">查看监理资质证书及专业人员是否配套</td></tr>
<tr><td>2）</td><td colspan="2">监理过程</td><td colspan="2">查看监理过程见证文件</td></tr>
<tr><td>3）</td><td colspan="2">工程验收</td><td colspan="2">查看工程验收报告</td></tr>
<tr><td colspan="5">2.3 对安装单位安全质量管理行为的评价</td></tr>
<tr><td>1）</td><td colspan="2">安装资质</td><td colspan="2">查看安装资质证书</td></tr>
<tr><td>2）</td><td colspan="2">技术准备</td><td colspan="2">查看施工组织设计</td></tr>
<tr><td rowspan="3">3）</td><td rowspan="3">材料验收</td><td>管材</td><td colspan="2">查看管材验收记录</td></tr>
<tr><td>元件</td><td colspan="2">查看元件验收记录</td></tr>
<tr><td>附属设施</td><td colspan="2">查看附属设施验收记录</td></tr>
</table>

续表

实施监检	序号		审查项目	监检类别	工作内容
	4）		安装过程的检验试验		查看检验试验记录是否齐全、准确
	2.4 对检测单位安全质量管理行为的评价				
	1）		检测资质		查看检测资质证书，人员是否具备相应资格
	2）		检测准备		查看检测方案是否符合有关标准
	3）		检测结论		查看检测结论报告是否及时、准确
	2.5 对防腐单位安全质量管理行为的评价				
	1）		施工资质		查看施工资质证
	2）		技术准备		查看施工方案
	3）		材料验收		查看合格证、质量证明书
	3 压力管道元件及焊接材料的材质审查				
	序号		审查项目	监检类别	工作内容
	1）	管材	材质质量证明书	A	查看材质证书及现场确认
	2）	管材	材料复验	A	查看管材复验报告
	3）	管材	材料代用	A	查看管材代用报告
	4）	阀门	质量证明书及合格证	B	查看质量证明书或合格证
	5）	阀门	材质复验	B	查看阀门复验报告
	6）	阀门	材料代用	B	查看阀门代用报告
	7）	阀门	耐压及密封试验	B	查看试验报告及现场抽检
	8）	管件	质量证明书及合格证	B	查看质量证明书及合格证
	9）	管件	材质复验	B	查看管件复验报告
	10）	管件	材料代用	B	查看管件代用报告
	11）	焊材	质量证明书	A	查看质量证明书
	12）	焊材	材质复验	A	查看焊材复验报告
	13）	焊材	材料代用	A	查看焊材代用报告
	14）		材料标识	C	查看检查记录及现场抽检
	4 压力管道安装过程监督检验				
	序号		审查项目	监检类别	工作内容
	4.1 压力管道焊接、装配和防腐质量审查				

续表

实施监检	1）	焊接质量审查	焊接工艺评定	A	查看焊接工艺评定
	2）		焊工资格	B	查看焊工证
	3）		焊接现场质量控制	B	查看焊接检查记录、焊条的发放及保管、焊接工艺的落实情况
	4）		焊缝布置	C	查看检查记录及现场抽检
	5）		焊缝坡口及焊口组对	C	查看检查记录及现场抽检
	6）		管道外观检查	C	查看检查记录及现场抽检
	7）		射线检测	B	查看检测报告及底片抽查，抽查比例为射线检测焊口总数的30%
	8）		超声波检测	B	查看检测报告
	9）		渗透检测	B	查看检测报告
	10）		磁粉检测	B	查看检测报告
	11）		热处理	B	查看检测报告及曲线图
	12）		硬度测定	B	查看检测报告
	13）		光谱检测	B	查看检测报告
	14）	装配质量审查	管道加工及预制	C	查看管道加工预制记录
	15）		管沟位置及施工质量	C	查看检查记录及现场抽检
	16）		管道敷设和安装	B	查看检查记录及现场抽检
	17）		阀门与安全附件安装	C	查看检查记录及现场抽检
	18）		补偿装置安装	C	查看检查记录及现场抽检
	19）		支吊架安装	C	查看检查记录及现场抽检
	20）	绝热、防腐质量审查		C	查看检查绝热、防腐记录
	4.2 压力管道附属设施和设备安装质量审查				
	1）	附属设施和设备安装质量审查		C	查看安装检查记录
	4.3 压力管道穿跨越、隐蔽工程等项目安装质量审查				
	1）	穿跨越工程安装质量审查		A	查看安装检查记录及现场确认
	2）	隐蔽工程安装质量审查		B	查看隐蔽工程检查记录及现场抽检
	4.4 管道通球、扫线、干燥审查				
	1）	管道吹扫、清洗、脱脂审查		C	查看检查记录
	2）	管道通球、扫线、干燥审查		C	查看检查记录
	4.5 压力管道单体试验和整体试运行审查				
	1）	单体试验审查		C	查看试验记录
	2）	整体试运行审查		C	查看试运行记录

续表

<table>
<tr><td rowspan="17">实施监检</td><td colspan="4">5 压力管道强度试验、严密性试验专项监督检验</td></tr>
<tr><td>序号</td><td>审查项目</td><td>监检类别</td><td>工作内容</td></tr>
<tr><td>1）</td><td>强度试验</td><td>A</td><td>现场确认</td></tr>
<tr><td>2）</td><td>严密性试验</td><td>A</td><td>现场确认</td></tr>
<tr><td colspan="4">6 压力管道安全保护装置及其密封性能试验专项监督检验</td></tr>
<tr><td>序号</td><td>审查项目</td><td>监检类别</td><td>工作内容</td></tr>
<tr><td>1）</td><td>安全保护装置监督检验</td><td>A</td><td>现场确认</td></tr>
<tr><td>2）</td><td>密封性能试验监督检验</td><td>A</td><td>现场确认</td></tr>
<tr><td colspan="4">7 压力管道安装竣工技术资料审查</td></tr>
<tr><td>序号</td><td>审查项目</td><td>监检类别</td><td>工作内容</td></tr>
<tr><td>1）</td><td>竣工技术资料审查</td><td>B</td><td>抽查</td></tr>
<tr><td colspan="4">8 监督检验意见通知书</td></tr>
<tr><td colspan="4">监检人员在监检过程中发现严重质量问题时向受检单位发出《监督检验意见通知书》，受检单位对所列出的质量问题采取措施，整改存在的问题。整改完毕后，将有关见证材料报监督检验单位。</td></tr>
<tr><td>出具监检报告</td><td colspan="4">压力管道安装完工后，监督检验人员应及时出具《压力管道安装安全质量监督检验报告》。</td></tr>
</table>

备注：1）本监检工艺所列的监检类别 A 为“停检点”，B 为“必检点”，C 为“巡检点”。

2）本监检工艺由监检员制定，表中没有实施监检的项目划去。

监检员：　　　　责任师：　　　　年　　月　　日

第六节　工业压力管道安装监督检验工艺案例（二）

压力管道监督检验单位的工业压力管道安装监督检验工艺，往往存在执行的法律法规标准特种设备安全技术规范过期，或者检验内容、检验方法、检验设备、安全防护等不完善，在编写中要特别注意。以下是某市检验机构正在使用，经过修改的工业安装安全质量监督检验工艺。

压力管道安装质量监督检验工艺

1　总则

1）本工艺适用于《压力管道安全管理与监察规定》管辖范围内的压力管道安装、改造、维修安全质量的监督检验（以下简称监检）；监督检验应在安装单位自检合格的基础上进行。

2）安装单位应当按照《压力管道安装许可规则》的要求取得相应资格的压力管道安装许可证。

3）监检人员（以下简称监检员）必须持有与安装的压力管道相应级别的压力管道检验员及以上资格证书。

4）监检员的职责是遵照《特种设备安全监察条例》、《压力管道安全管理与监察规定》、TSG D0001《压力管道安全技术监察规程》（工业管道）、《压力管道安装安全质量监督检验规则》等法规、安全技术规范、标准规定，按工艺要求对安装质量进行监督检查，对监检合格的工程及时汇总并审核见证材料，签发“压力管道安装安全质量监督检验证书”。监检员对监检项目的质量有怀疑或抽查结论为不合格时有权要求受监督检验单位进行复验或补充检验，有权向上级反映安装质量情况。监检员对安装监检工作质量负责。

2　监检工作的主要依据

本工艺引用法规、安全技术规范、标准未注年号的，应使用最新版本。

依据的法规和标准如下：

——特种设备安全监察条例

——《压力管道安全管理与监察规定》

——《压力管道安全技术监察规程（工业管道）》（TSG D0001）

——《压力管道安装安全质量监督检验规则》

——《特种设备焊接操作人员考核细则》（TSG Z6002－2010）

——《工业金属管道设计规范》（GB 50316）

——《城镇燃气设计规范》（GB 50028）

——《城镇供热管网设计规范》（CJJ34）

——《输气管道工程设计规范》（GB 50251－2003）

——《输油管道工程设计规范》（GB 50253－2003）

——《压力管道规范——工业管道》（GBT 20801. 1～20801. 6）

——《工业金属管道工程施工及验收规范》（GB 50235）

——《现场设备、工业管道焊接工程施工及验收规范》（GB 50236）

——《石油化工剧毒、可燃介质管道工程施工及验收规范》（SH3501）

——《城镇燃气输配工程施工及验收规范》（CJJ33）

——《聚乙烯管道工程技术规程》（CJJ63）

——《城镇供热管网工程施工及验收规范》（CJJ28）

——《油气长输管道工程施工及验收规范》（GB 50369）

——《电力建设施工及验收技术规范（管道篇）》（DL5031）

——《其他相关行业的现行设计规范和工程施工及验收规范》

3　监检前的准备工作

（1）提供的资料

受检单位必须提供下列资料：

——经当地市特种设备安全监察机构认可的特种设备安装改造维修告知书；

——安装单位施工方案或施工组织设计；

——相关工艺——安装工艺、焊接工艺（有焊评支持）等技术文件；

——各有关单位（包括设计单位、安装单位、防腐单位、无损检测单位）资质证书复印件。人员资格证原件，包括焊工资格证、无损检测人员资格证及该项目质量保证体系责任人员任命情况；若有分包，需提供分包协议资料和从事相应分包项目的人员资格证原件；

——压力管道主要设计文件有单线图、设计方案、设计计算书等。

（2）监检仪器及工具

钢卷尺、焊缝检验尺、焊口检测器、超声波测厚仪、布氏或维氏硬度计、游标卡尺、电火花检测仪等。

4　监检工艺程序

1）监检是在安装单位对其安装质量自检合格的基础上，对压力管道安装质量进行的监督验证，监检工作应当符合有关安全技术规范及相应产品标准、设计文件和订货合同的要求。监检项目分为A、B两类。对A类监检项目监检员必须到现场进行监检，并在受检单位自检合格的基础上，经监检确认后，在受检单位提供的相应见证文件［检验（试验）报告、表卡、记录等，下同］上签字，未经监检确认或监检确认不符合相关规定的，不得流转至下一道工序；对B类监检项目监检员可以到现场进行监检，并在相应的见证文件上签字，如监检人员不能到现场，则应对受检单位提供的工作见证文件进行审查并签字确认。

2）监检工作内容包括对安装单位质量保证体系运转情况的检查及安装单位安装过程中涉及安全性能的项目的核实确认。监检员在监检过程中发现一般技术质量问题，要及时填写《特种设备监督检验工作联络单》；发现重大技术质量问题，下发《特种设备监督检验工作意见通知书》。

3）压力管道安装安全质量监督检验可分成以下四个阶段：安装施焊前监检、压力试验前监检、压力试验与泄漏性试验、总体验收。

第七节　长输压力管道安装监督检验大纲案例

某检验机构正在使用的长输压力管道安装监督检验大纲（有作修改）如下。

工程名称：　　×××煤制天然气管道输送工程

0	—				
版号：	修改处数：	日期：	编制：	审核：	批准：

××市锅炉压力容器检验研究所

目　录

1　概述
2　监检依据
3　监检内容与方法
4　结果的处理
5　监督检验报告

1　概述

××××煤制天然气管道长输输送工程，我所承担××市至××市段管线的监督检验工作。为了做好监检工作，特制订本监检大钢，对该工程监检工作作出统一要求。本工程为××市至××市支线的线路工程，管线穿越万泉河后进入××市经东孤家子到达东孤家子阀室，管线出东孤家子阀室后向东敷设，经杨士屯、下未台冲、腰未台后，而后转向南敷设，经上××段后管线继续向南敷设，在下石碑山附近进入A阀室；管线出A阀室后向南继续敷设，经B和C，在上D沿上马线敷设，而后经以上段南进入××末站，输送介质为煤制天然气，管径DN450mm，材质为L415，设计压力6.3MPa，压力管道等级划分GA1，管道沿线设置2座线路截断阀室，沿线共穿越高等级公路2次，乡村道路1次，小型水域5次，具体见后附图1。

本所承担××至××段监督检验，工程各参建单位主要包括：

建设单位：×××煤制天然气有限责任公司

设计单位：××设计研究院有限公司

施工单位：×××石油化工建设有限责任公司

监理单位：××××工程监理有限公司

检测单位：×××工程检测有限责任公司

2　监检依据

——压力管道安全管理与监察规定

——压力管道安装安全质量监督检验规则

——××锅检院压力管道安装安全质量监督检验工艺

——GB 50251—2003 输气管道工程设计规范

——GB 50369—2006 油气长输管道工程施工及验收规范

——SY/T 4109—2005 石油天然气钢制管道无损检测

——SY/T 0413—2002 埋地钢制管道聚乙烯防腐层技术标准

——SY/T 4079—1995 石油天然气管道穿越工程施工及验收规范

——SY/T 0470—2000 石油天然气管道跨越工程施工及验收规范

——Q/CNPC78—2002 管道下向焊接工艺规程

——SY/T 4103—2006 钢质管道焊接及验收

——其他相关标准、设计文件及合同有关技术要求等

3　监检内容与方法

监检是在安装单位对其工程安装质量自检合格的基础上，对压力管道安装质量进行的

监督验证，监检工作应当符合有关安全技术规范及相应产品标准、设计文件和订货合同的要求。长输管道安全性能监督检验重点是在长输管道安装过程中对安全质量有影响的活动及其结果。监检项目分为A、B两类。对A类监检项目监检员必须到现场进行监检，并在受检单位自检合格的基础上，经监检确认后，在受检单位提供的相应见证文件[检验（试验）报告、表卡、记录等，下同]上签字，未经监检确认或监检确认不符合相关规定的，不得流转至下一道工序；对B类监检项目监检员可以到现场进行监检，并在相应的见证文件上签字，如监检人员不能到现场，则应对受检单位提供的工作见证文件进行审查并签字确认。主要内容如下。

(1) 资料审查（B类）

1）安装告知：审查安装单位是否到××省质量技术监督局特设处办理告知手续；

2）技术资料审查：技术资料的审查包括设计文件、施工方案、安装工艺、焊接工艺（是否有焊评支持）等技术文件的审查及各单位资格的审核；

3）人员条件：查看人员明细表，核实安装单位持证人员情况及责任人员情况是否与安装工程匹配；

4）分包审查：安装单位如有分包行为，应选择合格的分包方并提供已评定合格的分包方合同。

(2) 焊接工艺评定文件（A类）

审查安装单位提供的焊评是否有效、是否能覆盖该工程，如果是新评定的焊评，监检人员应当对焊接工艺评定过程进行监督，且该焊评应在工程施焊前完成。焊接工艺评定应符合《钢质管道焊接及验收》SY/T4103的有关规定，其内容应参照本标准附录C。根据评定合格的焊接工艺，编制焊接工艺规程，其内容应参照本标准附录B。管道连头采用与主干线不同的焊接方法、焊接材料时，应进行焊接工艺评定。

(3) 材料审查及抽查（B类）

所用材料、管道附件的材质、规格和型号必须符合设计要求，且应具有出厂合格证、质量证明书以及材质证明书或使用说明书。主要审查材质证明书是否有效，其内容是否符国家或行业现行有关标准和合同的技术要求。现场至少抽查一批管子和管件，检查其外观质量、材料标识、检验标识等是否符合产品标准和相关规定。必要时，可对材料进行复验。所有管道元件必须从取得压力管道元件制造许可的单位采购，其中螺旋焊管还必须有当地检验机构出具的监检证书。如果材料有代用，还要审查材料代用是否经原设计同意并有相关代用手续。

(4) 管道安装现场质量检查及抽查（B类）

1）焊接质量

现场检查焊接人员资格证件原件，并应至少抽查此焊工一道焊接接头。对其焊接质量进行检查：检查该接头施焊焊工持证情况、坡口加工、组对及焊接外观质量、焊接设备完好情况、遇到特殊天气焊接时是否采取有效防护措施（防风棚法、防风保温棚法、密闭防风棚法、折叠防风棚法，明火加热法、电加热法等）、是否采取焊材保管、烘干、发放及回收以及焊接工艺执行情况等是否符合相关规定。焊缝返修：焊道中出现的非裂纹性缺陷，可直接返修。若返修工艺不同于原始焊道的焊接工艺，或返修是在原来的返修位置进行时，必须使用评定合格的返修焊接工艺规程。当裂纹长度小于焊缝长度的8%时，应使用评定合格的返修焊接规程进行返修。当裂纹长度大于8%时所有带裂纹的焊缝必须从管线上切除。焊缝在同一部位的返修，不得超过2次。根部只允许返修一次，否则应将该焊缝切除。对于返修部位，应到现场确认。

2）安装质量

现场应对管沟施工质量、管道敷设和安装（包括外观、走向、坡度和焊缝布置）、阀门、法兰、安全附件、补偿器、支吊架、附属设施及设备、阴极保护及三桩（里程桩、转角桩、标志桩、锚固墩等）、管道穿跨越等安装情况进行随机抽查。尤其要注意：绝缘接头或绝缘法兰安装前，应进行水压试验。试验压力为设计压力的1.5倍，稳压时间为5min，以无泄漏为合格。试压后应擦干残余水，进行绝缘检测。检测应采用500V兆欧表测量，其绝缘电阻应大于2MΩ；管道穿越、跨越工程的施工及验收应分别符合《石油天然气管道穿越工程施工及验收规范》SY/T4079和《石油天然气管道跨越工程施工及验收规范》SY0470的规定。采用套管穿越的管道，应抽查在输送管穿入套管前，是否按设计要求安装牺牲阳极；安装后，测量管道电位是否达到保护电位要求。主要穿跨越工程见表1和表2。

表1　主要公路穿越一览表

序号	公路名称	穿越位置	穿越长度	穿越方式	是否单独试压
1	省道×	×村附近	26m	顶管	是
2	××线	康乐村北	18m	大开挖	是

表2　地下管道穿越一览表

序号	管道名称	穿越处线路里程	穿越位置	备注
1	已建管线	11km+76m	××家子	
2	已建水管线	34km+625m	××市三道沟	

（5）无损检测质量审查及抽查（B类）

审查无损检测报告、检查无损检测人员资格、检验方法、检验标准、检测比例和结果是否符合设计及标准要求。RT无损检测还需对射线底片进行复评抽查，底片复评抽查数量不少于RT无损检测焊口数的10%，且抽查部位应包括返修部位。尤其要注意：穿越、跨越水域、公路、铁路的管道焊缝，弯头与直管段焊缝以及未经试压的管道碰死口焊缝，均应进行100%超声波检测和射线检测。对于分包的无损检测报告，安装单位无损检测责任人员是否对分包结果进行了确认。如果监督检验人员对无损检测结果有怀疑时，监督检验项目组有权要求受监督检验单位进行复验。

（6）强度试验及严密性试验确认（A类）

试压时，监检人员需到现场对强度试验及严密性试验进行确认。审查试验方案、检查试验压力、试验介质、保压时间、试验用压力表数量、精度等是否符合规定并在有效期内。试验设备和试验条件是否符合要求。对于穿跨越大中型河流、铁路、二级及以上公路，高速公路的管段应单独进行试压（本工程单独试压的管段见表1）。

（7）管道清管、干燥（B类）

审查管道清管、干燥记录是否符合设计和相关标准要求。

（8）管道防腐质量审查（B类）

审查埋地管道防腐层地面检测报告。重点检查补口、补伤及附属设备等部位的防腐质量，下沟回填前应至少抽查1道补口处进行电火花检漏测试。此外，还要重点审查阀室内埋地管道和阀门在回填土前进行的电火花检漏和防腐绝缘的相关报告，合格后方可回填。

（9）竣工资料审查（B类）

竣工资料应至少包括以下内容：

—— 压力管道安装告知书；

——开、竣工报告；

——图纸会审记录；

——设计修改及材料代用文件；

——施工方案；

——材料质量证明书；

——管沟开挖检查验收记录；

——管道埋深抽查记录；

——管道焊接工作记录；

——管道无损检测报告；

——管道防腐保温工程检验报告；

——隐蔽工程记录；

——管道清管、测径报告；

——管道试压报告；

——输气管道干燥报告；

——阴极保护装置验收报告；

——穿（跨）越河流、铁路、公路工程验收报告；

——阀门试验记录；

——三桩埋设统计表；

——埋地管道防腐层地面检漏报告；

——管道竣工测量成果表；

——工程质量评定报告；

——管道单线图；

——竣工图 、单独的穿（跨）越工程竣工图。

长输管道工程质量监督检验具体内容及要求见表3。

表3　长输管道工程质量监督检验具体内容

程序	监督检验项目	监检类别	抽查数量及要求	备注
安装施焊前监检	1 安装告知	B	审查安装单位是否到省级质量技术监督管理部门办理告知手续	
	2 技术资料	B	技术资料的审查包括设计文件、施工方案、安装工艺、焊接工艺（是否有焊评支持）等技术文件的审查及各施工单位资格的审核	
	3 人员条件	B	查看人员明细表，核实安装单位持证人员情况及责任人员情况是否与安装工程匹配	
	4 材料审查（含焊接材料）	B	至少抽查一批管子和管件，检查其外观质量、材料标识及验收标识是否符合材料标准和相关规定	
	5 材料复验	B	审查安装单位是否按规定进行了材料复验	
	6 材料代用	B	审查材料代用是否经原设计同意并有相关代用手续	
压力试验前监检	7 焊接工艺评定文件	A	审查安装单位焊接工艺评定文件是否有效，是否符合有关安全技术规范要求，是否能覆盖该安装工程	
	8 焊工资格	B	检查焊接人员资格证件原件，每个检验员至少抽查1道焊口，检查实际施焊人员是否具备相应资格	
	9 焊接现场质量控制	B	审查焊接记录，每个检验员现场至少抽查1道焊口，检查坡口加工及组对、焊缝外观、焊接设备、焊材保管、烘干、发放及回用、焊接工艺执行等情况是否符合相关规定	
	10 无损检测报告	B	审查无损检测报告，核查无损检测人员资格、检测方法、检测标准、检测比例和结果是否符合符合设计、标准要求。必要时现场监督无损检测过程	
	11 射线底片	B	抽查射线检测底片，数量不少于检测底片的10%，抽查部位应包括返修部位	
	12 热处理	B	审查热处理报告，核查热处理记录曲线与热处理工艺是否一致。热处理后是否按规定进行了硬度检测，检测数值是否符合要求	
	13 管沟施工质量	B	检查是否符合相关标准及设计文件要求	

续表

程序	监督检验项目	监检类别	抽查数量及要求	备注
压力试验前监检	14 管道加工及预制	B	审查管道加工预制记录，检查管道加工预制是否符合相关标准及设计文件规定	
	15 管道敷设和安装	B	检查管道外观、走向、坡度、焊缝布置等安装情况是否符合相关标准及设计文件规定	
	16 阀门及安全附件安装	B	审查安全附件的校验报告，检查阀门及安全附件安装情况是否符合相关标准及设计文件规定	
	17 补偿器安装	B	审查安装记录	
	18 支、吊架的安装	B	审查安装记录	
	19 附属设施、设备、阴极保护及三桩安装	B	审查附属设施（如阀室等）、设备（如凝水缸、凝汽缸、过滤器等）、阴极保护及三桩（里程桩、转角桩、标志桩、锚固墩等）安装记录，其安装情况是否符合相关标准及设计文件规定	
	20 管道穿越工程安装	B	审查管道穿越工程安装安装记录，单独的穿越工程还需审查管道穿越工程竣工图，检查其安装情况是否符合相关标准及设计文件规定	
压力试验与泄漏性试验	21 压力试验	A	审查试验方案，现场检查试验压力、试验介质、保压时间、压力表数量、精度等是否符合规定并在有效期内，试验设备和试验条件是否符合要求	
	22 泄漏性试验	A	审查试验方案，现场检查试验压力、试验介质、保压时间、压力表数量、精度等是否符合规定并在有效期内，试验设备和试验条件是否符合要求	
总体验收	23 管道吹扫	B	审查管道吹扫、清洗方案，形成的记录是否符合相关标准及设计文件规定	
	24 管道通球、扫线、干燥	B	审查管道通球、扫线、干燥方案，形成的记录是否符合相关标准及设计文件规定	
	25 管道防腐及防腐检测	B	每个检验员至少用电火花抽查1处补口，检查其防腐质量是否符合要求	
	26 隐蔽工程	B	审查隐蔽工程检查记录	

续表

程序	监督检验项目	监检类别	抽查数量及要求	备注
总体验收	27 静电接地测试	B	审查静电接地测试报告是否符合相关标准和设计文件规定	
	28 管道单体试验和整体试运行	B	审查管道单体试验和整体试运行记录是否符合相关标准及设计文件规定	
	29 工程交接验收	B	审查工程是否打了竣工验收报告，各工序之间是否有交接手续及验收证明，如进行了试运行，是否形成有关记录	

4 结果的处理

1）监检人员在监督检验过程中发现一般性技术质量问题时，应该向受检单位发出《特种设备监督检验工作联络单》要求受检单位进行及时整改，并对纠正情况进行跟踪检查，直至问题得到彻底解决。

2）监检人员在监督检验过程中发现严重性技术质量问题时，应该及时报告监督检验项目组负责人，并由本所向受检单位发出《特种设备监督检验意见通知书》同时上报当地质量技术监督监察部门。

3）接到《特种设备监督检验工作联络单》/《特种设备监督检验意见通知书》后，受检单位应该对《特种设备监督检验工作联络单》/《特种设备监督检验意见通知书》所提出的技术质量问题，限期采取措施予以整改。整改完毕后，将有关见证材料报监督检验组/本院。

4）监检人员对检验结果有怀疑或抽查结论为不合格时，监督检验项目组有权要求受检单位进行复验或补充试验。

5 监督检验报告

工程结束后，安装单位应按要求整理竣工资料，监检人员在收到安装单位报送的竣工资料后及时审查，发现问题尽快通知安装单位。有关人员整改，确认无问题后在10天内出具《压力管道安装安全质量监督检验报告》。

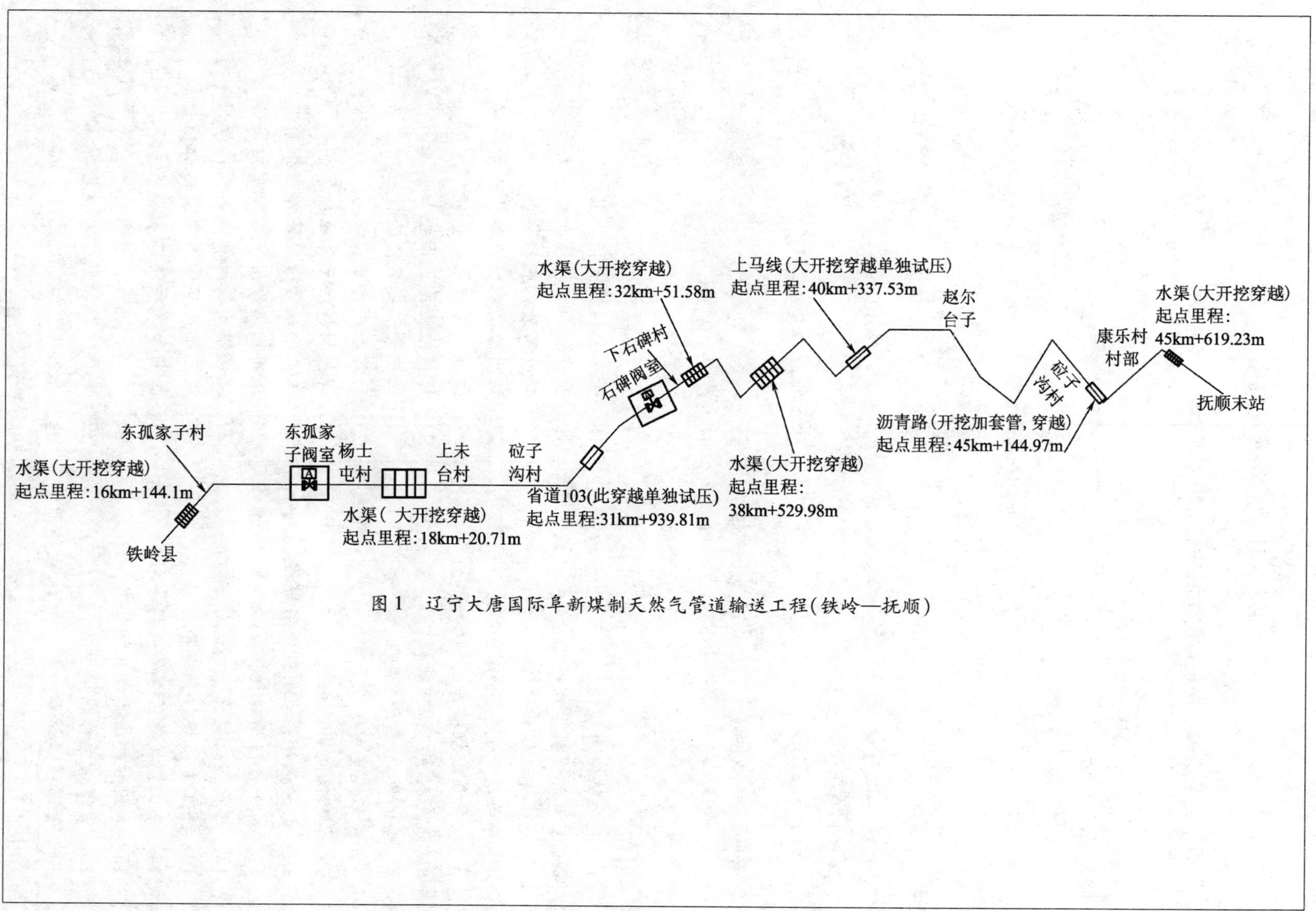

图1 辽宁大唐国际阜新煤制天然气管道输送工程(铁岭—抚顺)

第八节　压力管道安装工艺案例

以下是某检验结构正在使用的压力管道安装工艺，经修改如下。

××××工程有限公司

程序文件

2012－×－×发布　　2012－×－×实施

×××有限公司　发布

目　录

1　无齿锯使用规程

2　交流电焊机操作规程

3　氩弧焊机操作规程

4　焊条烘干设备操作规程

5　空气压缩机操作规程

6　汽车起重机操作规程

7　柴油发电机操作规程

8　经纬仪使用规程

9　水准仪使用规程

10　电火花针孔检测仪使用规程

11　水平仪使用规程

12　起重作业规程

13　手工电弧焊作业指导书

14　手工钨极氩弧焊作业指导书

15　阀门管件试验作业指导书

16　管道清洗作业指导书

17　管道强度试验、气密性试验作业指导书

18　管道吹扫作业指导书

19　管子切割下料作业指导书

20　管道吊装作业指导书

21　压力管道材料检验作业指导书

22　管道加工作业指导书

23　焊接检验作业指导书

24　工业管道安装检验作业指导书

25　防腐检验作业指导书

26　焊接材料烘干作业指导书

27　工业金属管道安装作业指导书

28　城市供热管网安装作业指导书

29　城镇燃气输配管道工程作业指导书

30　聚乙烯燃气管道安装作业指导书

31　工业金属管道工程质量检验评定作业指导书

32　城市供热管网工程质量检验评定作业指导书

33　城镇燃气管道工程质量检验评定作业指导书
34　管道防腐施工作业指导书
35　管道绝热施工作业指导书
36　焊接工艺评定作业指导书
37　脱脂作业指导书

1　无齿锯使用规程

1.1　概述

本规程对使用无齿锯的使用规则作了规定，以确保人身安全。

1.2　适用范围

本规程适用无齿锯及与其类似的固定式或移动式型材切割机。

1.3　总则

使用无齿锯及与其类似的型材切割机必须严格执行本规定。

1.4　实施步骤

1.4.1　使用场所要求

1）设备的安装方位应使砂轮旋转方向尽量避开附近的工作人员。并应尽可能用防护屏等将型材切割机隔离。

2）设备的安装位置应有足够的供应及加工最长工件的场地，并保证最长工件不伸入人行道。

3）型材切割机不宜安装在有腐蚀性气体的场所，不允许安装在有爆炸性粉尘的场所。

1.4.2　使用前的检查与调整

1）供杠杆移动的导轨应平整，光滑，腰圆孔应完好。

2）夹紧装置应操纵灵活，夹紧可靠，手轮，丝杠，螺母等应完好，螺杠的螺纹不得有滑丝，乱扣现象。

3）严禁在手轮或丝杆上，使用套管等加长动力臂来夹紧或松开被切割的工件。

4）夹钳对安装砂轮切割片的主轴可调整或0°、15°、30°、45°的夹角，每调整一次后，必须拧紧螺钉并插入定位销。

5）杠杆转轴应完好，转动灵活可靠。杠杆机构下部的导向面应平整光滑，与底垫配合良好，每调整一次后，必须拧紧螺钉，固定牢靠。

6）安装砂轮片的轴，在运转时应无明显的径向跳动和轴向位移。轴向螺纹和夹紧螺母均应保持完好，不得有滑移，乱扣现象。螺母旋合应松紧适度。

7）砂轮片卡盘直径不得小于砂轮切割片名义直径的三分之一。卡盘尺寸应精确，平衡良好，不得有毛糙的表面和锐边。卡盘必须具有良好的砂轮支承面，且不得有径向沟槽。

8）防护罩应牢固地安装在机头上。罩与砂轮切割片之间隙以下列数值为宜：

——砂轮切割片正面与罩板之间的间隙：（20～30）mm。

——砂轮切割片侧面与罩板的间隙：（10～15）mm。

1.4.3　砂轮切割片的选择与安装

1）根据被切割工件的材质，合理选用不同磨料制成的砂轮切割片。严禁使用受潮，受冻或有裂纹的砂轮切割片。

2）砂轮切割片的额线速度应符合该设备的要求。一般采用额定线速度≥60m/s 的砂轮切割片。

3）在更换砂轮切割片时，必须切断电源，卡盘与砂轮切割片之间应垫入 1mm～2mm 厚的软垫，如橡胶石棉板。严禁不加软垫而强行扳紧螺母与夹紧砂轮切割片，以免造成砂轮割片破裂引起事故。

4）为减少砂轮切割片破碎，崩裂的可能性应尽量采用增强树脂切割片。

1.4.4　运行

1）电动机接上电源后，应先试车检查机头主轴转向。在磨材部位，切向为必须向下，并与防罩端部移板上的箭头方向一致。

2）更换砂轮切割片后，应先点动试运转，若无明显振动，再启动运转 10min，确认运转正常后才能使用。工作时人员应站在型材切割机的侧位。

3）操作人员操纵手柄作切割运动时，用力应均匀，平稳，切勿用力过猛，以免过载，使砂轮切割片崩裂。

4）砂轮片在使用一段时间后，其直径逐渐减少，因此，最大允许切割直径及切割时的进给量都要相应减少，操作时应特别注意。

5）工件必须夹紧，严防“假夹紧”而引起事故。

2　交流电焊机操作规程

2.1　概述

本规程对使用一般用途的单机单头弧焊变压器或 BX 系列交流火弧焊机时所必须遵守的规则作了具体规定，以确保弧焊质量及人身安全。

2.2　适用范围

本规程适用于一般用途的单相单头弧焊变压器 BX 系列交流弧焊机。

2.3　总则

使用单相单头弧焊变压器或 BX 系列交流弧焊机的必须严格遵循本规程及 JB669—1973 和 JB807—1974 标准要求。

2.4　实施步骤（略）

3　氩弧焊机操作规程

3.1　概述

本规程适用于氩弧焊机必须遵循的规则作了具体的规定，以确保氩弧焊的质量及人身安全。

3.2　适用范围

本规程适用于手工氩弧焊机及类似氩弧焊机。

3.3　总则

使用 WSW－400 型手工氩弧焊机时必须严格遵守本规定。

3.4　实施步骤（略）。

4　焊条烘干设备操作规程

4.1　概述

本规程对自控远红外焊条烘干炉必须遵循的规则作了具体的规定，以确保焊条的烘干，保证焊缝质量。

4.2　适用范围

本规程适用于自控远红外焊条烘干炉及类似焊条烘干炉。

4.3　总则

使用自控远红外焊条烘干炉必须严格遵守本规程及“焊接材料保管烘焙发放管理办法”的规定。

4.4　实施步骤

1）烘干箱的设置（略）。

2）使用前的检查（略）。

3）焊条的焊干要求在施焊前 6h 进行（略）。

5　空气压缩机操作规程

5.1　概述

对使用小型移动式空气压缩机所必须遵守的规则作了具体的规定，以确保空气压缩机正常运行和人员安全。

5.2　适用范围

本规程适用于小型移动式空气压缩机，在其允许的范围内运行操作。

5.3　总则

使用小型移动式空气压缩机必须严格本规程规定。

5.4　实施步骤

1）操作场所要求（略）。

2）操作准备（略）。

3）操作步骤（略）。

6　汽车起重机操作规程

6.1　概述

本规程对汽车起重机的使用所必须遵守的操作规程作了具体规定，以保证汽车吊的安全和作业安全。

6.2　适用范围

本规程适用汽车起重机及轮胎起重机。

6.3　总则

使用汽车起重机和轮胎起重机时，必须执行本规程的规定和有关要求。

6.4　实施步骤

1）使用一般要求（略）。

2）使用技术要求（略）。

3）使用的安全要求（略）。

4）操作规程（略）。

7　柴油发电机操作规程

7.1　概述

本规程对移动式柴油发电机运行所必须遵守的规则作了具体的规定，以确保移动式柴油发电机的安全运行。

7.2　适用范围

本规程适用于小型移动式柴油发电机组。

7.3　总则

小型移运式柴油发电机运行时必须严格执行本规定。

7.4　实施步骤

1）运行前的检查（略）。

2）运行（略）。

3）机组停车（略）。

8　经纬仪使用规程

8.1　概述

经纬仪是一种高精度的测量仪器，因而本规程对经纬仪的使用所必须遵循的规则作了具体的规定，以确保经纬仪在良好状态中，保证测量结果的精确性。

8.2　适用范围

本规程适用于各类经纬仪的使用、维护。

8.3　总则

使用经纬仪进行工程测量时必须严格执行本规定。

8.4　实施步骤

1）经纬仪的使用方法（略）。

2）经纬仪的校验和校正（略）。

9　水准仪使用规程

9.1　概述

本规程对水准仪的使用必须遵守的规则作了具体的规定，以确保水准仪的正确使用和测量结果的精确度。

9.2 适用范围

本规程适用于各类水准仪。

9.3 总则

使用水准仪进行工程测量时必须严格执行本规定。

9.4 实施步骤

1）水准仪的使用。

2）水准仪测定设备基础标高的方法。根据设备基础安装图，在设备安装就位之前，就对设备基础标高进行测定，现将水准仪测定设备基础的方法叙述如下：把水准仪安放在大致水平的三角架上，调整水平仪使圆气泡和长水准管的气泡居中，望远镜的视线基本处于水平位置，扳松望远镜制动扳手，使水准仪目镜能水平转动。在设备垫铁上立放一根长标尺，及望远镜瞄准长标尺转动微倾螺旋，使观察孔中两个气泡头的像吻合，指挥立放长标尺的人在标尺上用红铅笔画一条与望远镜中十字丝重合的水平线。然后分别测定基础上垫铁标高相差（1~2）mm，待设备就位之前，使垫铁有可调高可调低的余量。

3）水准仪的检验与校正。设仪器的纵轴为 V，圆水准器中心的切面为 L′，长水准管的轴为 L，望远镜的视准轴为 C。如仪器正常，各轴线应满足 L′⊥V 和 C″L。

10 电火花针孔检测仪使用规程

10.1 概述

电火花针孔检测仪是检测防腐涂层缺陷的一种仪器，为提高防腐质量，加强防腐检测，必须正确使用电火花针孔检测仪。

10.2 适用范围

电火花针孔检测仪。

10.3 总则

使用电火花针孔检测仪必须遵循本使用方法。

10.4 实施步骤

1）针孔检测仪是借助于导电的金属体，与涂层绝缘体间导电差的原理制成的。

2）电火花针孔检测仪的使用（略）。

11 水平仪使用规程

11.1 概述

本规程对框式水平仪的使用所必须遵循的规则作了具体的规定，以确保水平仪的正确使用和测量精度。

11.2 适用范围

本规程适用于框式水平仪及条式的水平测量器具。

11.3 总则

使用框式水平仪及条式水平仪必须严格执行本规定。

11.4　实施步骤

1）框式水平仪的使用（略）。

2）水平仪使用维护注意事项（略）。

12　起重作业规程

12.1　概述

本规程对使用起重机进行吊运作业所必须遵守的规则作了具体规定，以确保起重机械设备及操作人员的人身安全。

12.2　适用范围

本规程适用于通用的起重机的吊运作业。

12.3　总则

使用一般通用起重机械进行吊运作业，必须严格执行本规程。

12.4　实施步骤

1）起重机安全技术规程（略）。

2）起重机操作规程（略）。

13　手工电弧焊作业指导书

13.1　主题内容及适用范围

为提高手工电弧焊接工艺水平，保证焊接质量，特制定本作业指导书。本规程适用于碳素钢，合金钢管道的手工电弧焊。

13.2　引用标准

《特种设备焊接操作人员考核细则》（TSG Z6002）、《燃气用聚乙烯管道焊接技术规则》（TSG D2002）、国家能源部最新颁发的标准《承压设备焊接工艺评定》NB/T 47014、《压力容器焊接规程》NB/T 47015、《承压设备产品焊接试件的力学性能检验》NB/T 47016、《工业金属管道工程施工及验收规范》GB 50235、《现场设备、工业管道焊接工程施工及验收规范》GB 50236 等。

13.3　工艺过程（略）

14　手工钨极氩弧焊作业指导书

14.1　主题内容与适用范围

本规程对其焊接规范及焊接工艺作了具体规定，以保证和氩弧焊在作业中质量及安全。

本规程适用于碳钢、合金钢、不锈钢等金属的全位置焊接。

14.2　采用标准

《特种设备焊接操作人员考核细则》（TSG Z6002）

《燃气用聚乙烯管道焊接技术规则》（TSG D2002）

《承压设备焊接工艺评定》NB/T 47014

《压力容器焊接规程》NB/T 47015

《承压设备产品焊接试件的力学性能检验》NB/T 47016

《工业金属管道工程施工及验收规范》GB 50235

《现场设备、工业管道焊接工程施工及验收规范》GB 50236

14.3 工艺过程（略）

15 阀门管件试验作业指导书

15.1 主题内容与适用范围

本规程对于阀门的试验标准及方法作了具体规定，为保证管道安装质量，提高管道安装一次输运成功率特别作出作业指导书。本规程适用于阀门管件的安装前试验。

15.2 采用标准

《工业金属管道工程施工及验收规范》GB 50235。

15.3 工艺过程

1）电极。

2）钨极氩弧焊的规范选择。

3）试验方法（略）。

16 管道清洗作业指导书

16.1 主题内容与适用范围

本规程适用于工业金属管道的清洗。本指导书对工作介质为液体的管道的水清洗所遵循的工艺原则作了具体的规定，以确保管道系统的清洗质量。

16.2 采用标准和参考资料

《工业金属管道工程施工及验收规范》GB 50235。

《生活引用水标准》TJ 20。

16.3 工艺过程

1）一般规定按 GB 50235。

2）水冲洗（略）。

17 管道强度试验、气密性试验作业指导书

17.1 主题内容与适用范围

本指导书适用于工业金属管道系统的强度试验，气密性试验过程中所必须遵循的工艺规则作了具体规定，以确保压力管道的强度、气密性试验的安全，确保试验质量。

17.2 采用标准

《工业金属管道工程施工及验收规范》GB 50235。

《现场设备、工业管道焊接工程施工及验收规范》GB 50236。

17.3 工艺过程

1）一般规定（略）。

2）水压试验（略）。

3）气压试验（略）。

18 管道吹扫作业指导书

18.1 主题内容与适用范围

本规定适用于工业金属管道的吹扫。本指导书对压力管道的吹扫过程所必须遵循的工艺规则作了具体的规定。以确保管道系统的吹扫质量。

18.2 采用标准及参考资料

《工业金属管道工程施工及验收规范》GB 50235。

18.3 工艺过程

1）一般规定（略）。

2）蒸汽吹扫（略）。

3）气体吹扫（略）。

19 管子切割下料作业指导书

19.1 主题内容与适用范围

本指导书适用于工业金属管道的切割下料。本指导书对压力管道的切割下料过程所必须遵循的工艺规则作了具体的规定，以确保管道系统的切割质量。

19.2 引用标准及参考资料

《工业金属管道工程施工及验收规范》GB 50235。

19.3 工艺过程

1）一般规定（略）。

2）切割方法（略）。

20 管道吊装作业指导书

20.1 主题内容与适用范围

本指导书适用于沟槽下管、架空管道的吊装施工作业。对于管道吊装的工艺规则作了具体规定。

20.2 引用标准

SHJ 515－90《大型设备吊装工程施工工艺标准》。

20.3 工艺过程

1）管道下沟吊装。管子下放到沟槽内的方法，可根据管子口径、种类、沟槽情况和施工机具装具情况来确定。可采用汽车式和履带式起重机进行下管，可采用人力辅以小型机具的方法进行下管。主要采用的下管形式及方法有以下几种（略）。

2）架空管道吊装（略）。

21 压力管道材料检验作业指导书

21.1 主题内容与适用范围

为提高压力管道的安装质量确保压力管道的安全运行，特制定本指导书，它对铁管及钢管件、铸铁管的检验作业所必须遵循的规则作了具体规定，以确保压力管道材料的质量。

21.2　采用标准

《工业金属管道工程质量检验评定标准》GB 50184。

21.3　工艺过程

1）一般规定（略）。

2）钢管检验（略）。

3）钢管件检验（略）。

4）高压管材检验（略）。

5）高压管件、紧固件及阀体的验收（略）。

6）铸铁检验（略）。

22　管道加工作业指导书

22.1　主题内容与适用范围

为提高管道加工质量控制由管道加工质量特制作业指导书，对管工加工检验的规则作了具体的规定。

本作业指导书适用于碳素钢、合金钢、不锈钢的管道加工检验，其管道的设计压力为400Pa（ata）－100，101MPa（ata）。设计温度为200℃～850℃。

22.2　采用标准

《压力钢管制造安装及验收规范》DL 5017。

《工业金属管道工程质量检验评定标准》GB 50184。

《工业金属管道工程施工及验收规范》GB 50235。

22.3　工艺过程

1）检验的准备工作（略）。

2）检验工艺程序。

3）检验工艺：

——管子切割检验；

——高压管螺纹及密封面加工检验；

——弯管制作检验；

——卷管加工检验；

——夹套管加工检验；

——焊制中，低压管件加工检验；

——补偿器加工检验；

——管道支、吊架制作检验。

23　焊接检验作业指导书

23.1　主题内容与适用范围

为提高焊接质量保证压力管道的施工质量特制焊接检验作业指导书，对应焊接质量检验所遵循的检验标准及方针作了具体规定。

本指导书适用于所有金属管道焊接工程的检验。

23.2　采用标准

《工业金属管道工程施工及验收规范》GB50235。

《现场设备工业管道焊接工程及施工验收规范》GB50236。

23.3　工艺过程（内容略）

24　工业管道安装检验作业指导书

24.1　主题内容及适用范围

本作业指导书规定了管道安装质量检验所必须遵循的规则，提高检验质量。本作业指导书适用于设计压力不大于42MPa，设计温度不超过材料允许的使用温度的工业金属管道工程的安装检验。

24.2　采用标准

《工业金属管道工程施工及验收规范》GB 50235。

《工业金属管道工程质量检验评定标准》GB 50184。

《现场设备，工业管道焊接工艺及施工验收规范》GB 50236。

24.3　工艺过程

检验程序（略）。

25　防腐检验作业指导书

25.1　主题内容与适用范围

本规程适用于工业管道的防腐工程的施工质量检验作业，并对防腐检验的标准、手段、检验方法，分项内容作了具体的规定。以保证和提高防腐工程的质量。

25.2　采用标准

《工业金属管道工程施工及验收规范》GB 50235。

《工业金属管道工程质量检验评定标准》GB 501843。

《建筑防腐蚀工程施工及验收规范》GB 50212。

25.3　工艺过程

1）质量标准及检验方法。

2）应具备的技术资料：

——油漆、涂料材料质量保证书或产品合格证；

——防腐施工记录表；

——防腐分项工程质量检验评定表。

26　焊接材料烘干作业指导书

26.1　主题内容与适宜和范围

本作业指导书适用于焊接材料的烘干及保管，并对烘干、保管的方法及要求作了具体规定，以保证在施焊作业中的焊接质量。

26.2　采用标准

《现场设备、工业管道 焊接工程施工及验收规范》GB 50236。

26.3　工艺过程（略）

27　工业金属管道安装作业指导书

27.1　主题内容与适宜和范围

本作业指导书规定了在压力管道施工中应该遵守的作业规则、技术要求及检验标准。适用于石油化工、机械、电力、冶金轻工等行业的碳素钢、合金钢、不锈钢、铸铁、有色金属工业管道的新建、改建、扩建工程的安装施工。其设计压力不大于42MPa，设计温度不超过材料的允许的使用温度。

本作业指导书不包括焊接及焊接检验、试验方面的内容，施工时请参阅焊接作业指导书。但在竣工资料中列出，应注意收集。

27.2　施工依据

设计图纸要求的技术条件：

《压力管道安全管理与监察规定》

《工业金属管道工程施工及验收规范》GB 50235

《现场设备、工业管道焊接施工及验收规范》GB 50236

《手工电弧焊、焊接接头基本型式和尺寸》GB 985

27.3　施工准备（略）

27.4　施工方法（略）

27.5　安全技术措施（略）

27.6　冬、雨季施工措施（略）

27.7　应交付的竣工技术资料（略）

28　城市供热管网安装作业指导书

28.1　概述

本作业指导书规定了在城市供热翻案网安装中应该遵守的作业规则、技术要求及检验标准。适用于新建、改建、扩建的城市供热管网工程的施工。供热管网分为：

——热水热力网：压力≤2.5MPa，温度≤200℃；

——蒸汽热力网：压力≤1.6MPa，温度≤350℃；

28.2　采用标准

——《压力管道安全管理与监察规定》

——《城市供热管网工程施工及验收规范》CJJ 28

——《工业金属管道工程施工及验收规范》GB 50235

——《现场设备、工业管道焊接施工及验收规范》GB 50236

——《手工电弧焊、焊接接头基本型式和尺寸》GB 985

——《土方和爆破工程施工及验收规范》GBJ 201

28.3　施工准备（略）

28.4　施工工序和施工方法（略）

28.5　安全技术措施（略）

28.6 冬、雨季施工措施（略）

28.7 应交付的竣工技术资料（略）

29 城镇燃气输配管道工程作业指导书

29.1 概述

本作业指导书规定了在城镇燃气输配管道安装中应该遵守的作业规则、技术要求及检验标准。

29.2 适用范围

本作业指导书适用于压力不大于0.8MPa的城镇燃气（不包括液态输送的液化石油气）输配工程的新建、改建、扩建的施工及验收。

29.3 采用文件

《压力管道安全管理与监察规定》

《城镇燃气输配工程施工及验收规范》CJJ 33

《现场设备、工业管道焊接施工及验收规范》GB 502368

29.4 施工内容与要求（略）

29.5 安全技术措施（略）

29.6 冬季施工措施（略）

29.7 工程验收（略）

30 聚乙烯燃气管道安装作业指导书

30.1 概述

本作业指导书规定了聚乙烯燃气管道工程施工和验收的技术要求，确保工程质量和安全供气。

本作业指导书适用于最大允许工作压力不大于0.4MPa（表压），工作温度在(－20～40)℃的埋地聚乙烯燃气管道新建、改建、扩建工程的设计施工和验收。

30.2 采用标准

《压力管道安全管理与监察规定》

《城镇燃气输配工程施工及验收规范》CJJ 33

《聚乙烯燃气管道工程技术规程》CJJ 63

《工业金属管道工程施工及验收规范》GB 50235

《现场设备、工业管道焊接施工及验收规范》GB 50236

《手工电弧焊、焊接接头基本型式和尺寸》GB 985

《土方和爆破工程施工及验收规范》GBJ 201

30.3 施工准备

1）在管道安装前，填写《压力管道安装申请书》，长输管道到国家质检总局办备案手续，工业管道和公用管道到所在地的地（市）级以上质量技术监督行政部门办理审批备案手续。

2）设计施工图及其他技术标准、规范齐全，施工图纸专业会审完毕（略）。

30.4　施工方法：材料验收、存放、搬运和运输（略）

30.5　安全技术措施（略）

30.6　冬、雨季施工措施（略）

30.7　应交付的竣工技术资料（略）

31　工业金属管道工程质量检验评定作业指导书

31.1　概述

本作业指导书规定了在工业金属管道工程施工中应该遵守的检验及试验标准。工业金属管道的施工除应执行本作业指导书的规定外，应执行国家现行的有关标准、规范的规定。

本作业指导书不包括焊接及焊接检验、试验方面的内容，施工时请参阅焊接作业指导书。但在竣工资料中列出，应注意收集。

31.2　适用范围

本作业指导书适用于电力、石油化工、机械、冶金轻工等行业的碳素钢、合金钢、不锈钢压力管道新建、改建、扩建工程的安装施工。其设计压力不大于42MPa，设计温度不超过材料允许的使用温度。

31.3　检验程序及人员配置（略）

编制及检验依据：除按设计图纸中要求的技术条件还应遵守下列规范、标准：

《工业金属管道工程施工及验收规范》GB 50235

《工业金属管道工程质量检验评定标准》GB 50184

《电力建设施工及验收技术规范（管道篇）》DL 5031

《火电施工质量检验及评定标准（管道篇）》

31.4　主要检验工器具

31.5　控制内容与要求（略）

31.6　安全措施（略）

31.7　应交付的竣工技术资料（略）

32　城市供热管网工程质量检验评定作业指导书

32.1　概述

本作业指导书规定了城市供热管网的施工及施工质量检验方法。

32.2　适用范围

本作业指导书适用于新建、改建、扩建的城市供热管网工程的施工及施工质量检验。供热管网分以下两类：

——热水热力网：压力小于或等于2.5MPa，温度小于或等于200℃。

——蒸汽热力网：压力小于或等于1.6MPa，温度小于或等于350℃。

本作业指导书不包括焊接及焊接检验、试验的内容，施工检验时按焊接及焊接检验、试验的作业指导书执行。

32.3　检验程序及人员配置

1）严格执行公司内部三级质量验收制度，即班组自检、施工队复查初评、工地工程部验收评定的管理体制。加强与监检单位、业主及现场监理工程师的联系，服从监督检查。

2）建立以项目经理为首的质量管理网络；公司设工程部，工程部配置专业质检责任工程师，项目工地配置检验负责人及专职质检员，各施工处专职质检员，各班组设专职（或兼职）质检员。

3）编制及检验依据：除按设计图纸中要求的技术条件外还应遵守下列规范、标准：

——《城市供热管网工程施工及验收规范》CJJ 28

——《城市供热管网工程质量检验评定标准》CJJ 38

——《工业金属管道工程施工及验收规范》GB 50235

——《工业金属管道工程质量检验评定标准》GB 50184

——《电力建设施工及验收技术规范（管道篇）》DL 5031

——《火电施工质量检验及评定标准（管道篇）》

32.4　主要检验工器具（略）

32.5　施工质量检验

1）阀门安装的检验；

2）法兰连接的检验；

3）补偿装置安装的检验；

4）支、吊架安装；

5）管道压力试验；

6）管道清洗检验；

7）管道涂漆等。

32.6　安全措施（略）

32.7　应交付的竣工技术资料（略）

33　城镇燃气管道工程质量检验评定作业指导书

33.1　概述

本作业指导书规定了在城镇燃气输配工程施工中应该遵守的检验及试验标准。城镇燃气输配管道的施工除应执行本作业指导书的规定外，尚应执行国家现行的有关标准、规范的规定。

本作业指导书不包括焊接及焊接检验、试验方面的内容，施工时请参阅焊接作业指导书。但在竣工资料中列出，应注意收集。

33.2　适用范围

本作业指导书适用于压力不大于0.8MPa的城镇燃气（不包括液态输送的液化石油气）输配工程的新建、改建和扩建的施工及验收。

33.3 检验程序及人员配置

1）严格执行公司内部三级质量验收制度，即班组自检、施工队复量初评、工程部验收评定的管理体制。加强与监检单位、业主及现场监理工程师的联系，服从监督检查。

2）建立以项目经理为首的质量管理网络；公司设工程部，工程部配置专业质检责任工程师，项目工地配置检验负责人及专职质检员，各施工处设专职质检员，各班组设专职（或兼职）质检员。

3）采用标准：

——《城镇燃气输配工程施工及验收规范》CJJ 33

——《建筑采暖卫生与煤气工程质量检验评定标准》GBJ 302

——《工业金属管道工程施工及验收规范》GB 50235

——《工业金属管道工程质量检验评定标准》GB 50184

33.4 主要检验工器具（略）

33.5 控制内容与要求（略）

33.6 安全措施（略）

34 管道防腐施工作业指导书

34.1 概述

用于指导工业金属管道的防腐施工，确保质量符合设计和有关规范规定。

34.2 腐蚀的分类

所谓腐蚀，是指金属管道在所处的环境因化学或电化学反应，引起金属管道表面耗损现象的总称。腐蚀可分为干蚀和湿蚀两种，干蚀是气体所产生的化学反应，湿蚀是在水存在的条件下，金属发生离子化的现象。

从腐蚀的表面现象来看，腐蚀又可分为全面腐蚀和局部腐蚀，局部腐蚀又有点蚀、孔蚀、间隙腐蚀、晶间腐蚀、应力腐蚀等。

34.3 防腐施工的目的（略）

34.4 管道防腐施工质量控制点（略）

34.5 管道的防腐施工（略）

1）管道防腐施工程序：各层施工均应按设计规定的涂料类型施工，在管道试验前施工防腐底漆时，所有试验检查的部位都应暂缓施工。

2）表面准备。涂料施工前，所有的表面应根据设计规定进行处理。表面准备的类型有喷砂处理、电动工具处理、手工处理、溶剂清洗等。当环境温度低于5℃，相对湿度大于85%，不得进行喷砂处理。使用电动工具处理时不能产生不适合涂漆的光滑表面。

3）防腐施工方法。

34.6 管道防腐工程的检查验收（略）

1）DFT 检查。

2）工程交工。

以上两项检查合格后，施工单位应提交完整的交工资料，内容包括：《防腐施工记录》、《隐蔽工程记录》等。

34.7　质量保证措施（略）

34.8　管道防腐施工的安全技术措施（略）

35　管道绝热施工作业指导书

35.1　概述

用于指导管道绝热工程的施工作业，确保施工质量符合设计及有关规范规定。

35.2　适用范围

本指导书适用于介质温度≥－196℃的工业管道的绝热施工。

35.3　施工总则（略）

35.4　绝热工程施工的程序（略）

35.5　绝热工程施工质量控制点

检查项目：管道交接检查、材料交接检查、基层表面检查、绝热层检查、防潮层检查、保护层安装检查。

35.6　管道保温工程的施工

1）直管和弯头的保温（略）

2）蒸汽供热管道保温：保温层施工前应用 $\sigma=0.1\text{mm}$ 的铝铂缠绕于管道周围，从而在管道和伴管间形成一个气压室，然后按上述方法安装保温材料。

35.7　管道保冷工程的施工（略）

35.8　绝热结构金属保温层的安装（略）

35.9　绝热工程的质量检查（略）

35.10　质量保证措施（略）

35.11　安全技术措施（略）

36　焊接工艺评定作业指导书

36.1　主题内容及适用范围

本作业指导书对压力管道焊接工艺评定作了具体的规定，本作业指导书适用于压力管焊接工艺评定工作。

36.2　采用标准（略）

36.3　总则

1）焊接工艺评定应以可靠的钢材焊接性能为依据，并在产品焊接前完成。

2）焊接工艺评定的一般过程是：拟定焊接工艺指导书，施焊试件和制取试样，检验试件管试样，测定焊接接头是否有所要求的使用性能，提出焊接工艺评定报告对拟定的焊接工艺指导书进行评定。验证拟定的焊接工艺的正确性。

3）焊接工艺评定所用的设备、仪表应处于正常工作状态，钢材焊接材料必须符相应标准，由技能熟练的焊接人员进行施焊。

36.4　对接焊缝、角焊缝焊接工艺评定规则（略）

36.5　试验要求和结果评价（略）

37　脱脂作业指导书

37.1　主题内容与适和范围

本指导书对压力管道的脱脂过程所必须遵循的工艺规则作出了具体的规定，以确保脱脂作业的质量。本指导书适用于压力管道安装脱脂作业。

37.2　参考资料

《安装工程分项施工工艺手册》第一分册

37.3　工艺过程（略）

第六章　压力管道年度性检验工艺

压力管道一年一次的监督检验有：在线检验、一般性检验、年度性检验。在线检验：是指对工业压力管道一年一次的检验；一般性检验：是指对在用公用燃气（热力）压力管道一年一次的检验；年度性检验是指对在用长输（油气）压力管道一年一次的检验。

由于目前在用压力管道的安全状况差别很大，就压力管道而言，大型的企业，由于设计、制造、安装等先天条件较好，其中一些使用单位能够按照国家和行业的要求管理，坚持进行定期检验，安全状况较好；多数中小企业，特别是老企业，由于制造、安装质量差，压力管道遗留下许多缺陷，如材料本身缺陷、焊接缺陷等，在长期使用中又产生腐蚀损伤和材料老化等会影响安全运行的缺陷，因而安全隐患较多。有些压力管道至今还未见到有关运行管理中维护、检验规定或办法，也从未检验过，甚至管道埋深、走向等最基本的参数从未进行记录和登记。因此，给压力管道的在线检验带来困难。

为了文字简练和方便记忆，本书将“在线检验、一般性检验、年度性”统称为：“年度检验”。年度检验在国家质检总局的有关要求中有明确规定如：《压力管道安全技术监察规程——工业管道》（TSG D0001）、《压力管道定期检验规则——公用管道》（TSG D7004）、《压力管道定期检验规则——长输（油气）管道》（TSG D7003）等规范标准。在用压力管道年度检验工作应由国家质检总局认可的监督检验机构或使用单位，承担在用压力管道的检验。从事在用压力管道年度检验的检验人员应按照《特种设备检验人员资格考核规则》的要求经培训考核合格，取得相应的检验条件（具备年度检验人员资格或具备使用单位要求的检验人员条件）方可从事在用压力管道年度检验。

从年度检验对使用单位、检验机构以及检验人员的要求来看，三者都有明确的职责和任务划分，这是国家对压力管道进行安全监督检验的具体规定。

年度检验是在压力管道运行时进行的宏观检验，检验项目直观。年度检验也是全面检验不可替代的检验，如在线检验中的振动检查、渗漏检查等，因为只有在压力管道运行状态下才能进行振动检查，在运行状态下进行泄漏检查才更具可信性。

第一节　年度性检验要求

年度检验是国家质检总局特种设备安全监察局规定的在运行状态条件下对在用压力管道进行的检验，有别于中石油、中石化的巡检，检验项目、检验条件、检验周期都有严格要求。检验周期每年至少一次，检验项目包括泄漏检查、绝热层检查、防腐层检查、振动检查、位置与变形情况检查、支吊架检查、阀门检查、法兰检查、膨胀节检查、阴极保护装置检查、膨胀测点检查、管道标识检查和安全保护装置检查，必要时进行测厚检查和电阻值测量以及检验人员认为有必要进行的其他检查。

压力管道年度检验周期每年至少一次，是对压力管道检验提出的最低要求，无论管道实际安全状况如何一般每年进行一次。在实际检验中，往往大于一次，根据压力管道的安全运行状况，适当地缩短检验周期即增加检验的次数。通常，对于新投用的管道、年度检验中发现存有问题的管道、承受交变载荷可能导致疲劳失效的管道，曾经发生过事故的管道等，都应考虑增加检验次数，以确保压力管道的安全运行。

年度检验所列项目也是对压力管道的检验最基本规定，在实际检查中，由于压力管道布局和使用状况千差万别，所列项目在具体的管道中可能没有，没有列入的可能还存在，因此，年度检验项目亦应根据压力管道的具体情况进行灵活地取舍，不可教条，绝不可以因没有列入而实际管道又存在项目不进行年度检验，通常，只要是可能引起压力管道安全事故的一切因素，且能够通过年度检验方法进行的检验项目，均应包括在年度检验的范围内。

压力管道检验目的就是通过在压力管道运行状态下的年度检验对压力管道的安全状况做以全面的了解，进而做出安全状况可靠性判断，即能否确保其在此安全运行状况下一次检验。那么，在年度检验的检验依照什么程序开展工作，在实施检验前应做哪些工作，重点检验项目和要求是哪些，本节将做出解释。

年度检验是在运行条件下对在用管道进行的检验工作，也可由使用单位进行，使用单位也可将检验工作委托给具有压力管道检验资格的单位进行检验。使用单位应制定检验管理制度，从事检验工作的检验人员须经专业培训，并报省级或其授权的地（市）级质量技术监督部门备案，使用单位根据具体情况制定检验计划和方案，安排检验工作。

一、对检验单位的规定、要求

在用压力管道的年度检验工作承担单位可以是使用单位自己，也可将其委托给具有压力管道检验资格的检验机构。之所以这样规定是由于检验是在运行状态下进行的检验，对压力管道状况最为熟悉的是使用单位自己。

压力管道使用单位应制定检验管理制度，并根据具体情况制定检验计划和方案，安排检验工作。由于使用单位是管道的直接使用者、管理者，也是管道安全的最大受益者，理所当然地应该承担起年度检验的责任。

二、对检验人员的规定、要求

使用单位应对从事检验工作的检验人员进行专业培训和考核，达到相应条件，并报省级或其授权的地（市）级质量技术监督部门备案方可从事规定项目的检验工作。并且接受管道所在地质量技术监督部门的监督，检验人员对压力管道年度检验工作负责。

本节所提出的年度检验项目是检验的一般要求，检验人员可根据实际情况确定实际检验项目和内容，并进行检验工作。主要在检验开始前，使用单位应准备好与检验有关的管道平面布置图、管道工艺流程图、单线图、历次年度检验及定期检验报告、运行参数等技术资料，检验人员应在了解这些资料的基础上对管道运行记录、开停车记录、管道隐患监护措施实施情况记录、管道改造施工记录、检修报告、管道故障处理记录等进行检查，并根据实际情况制定检验方案。

（1）在用工业压力管道在线检验

在线检验是在运行条件下对在用工业管道进行的检验，在线检验每年至少一次。

（2）在用公用燃气压力管道一般性检验

在用公用燃气压力管道一般性检验，是指为了确保城镇燃气压力管道在检验周期内的安全运行而实施的在运行过程中的一般性检验，需要进行专业性检验时，则该年度无需进行一般性检查。

(3) 在用长输（油气）压力管道年度检验

长输管道年度检验，是指为了确保长输管道在检验周期内的安全运行而实施的在运行过程中的在线检查，一般性检查次数每年不得少于1次，但需要进行专业性检验时，则该年度不需要进行一般性检查。

第二节　年度性检验工作程序

工业压力管道在线检验工作程序、公用管道在线检验与长输压力管道年度检验工作程序基本相同，现以工业管道在线检验工作程序为介绍对象。其在用公用燃气压力管道一般性检验工作程序、在用长输（油气）压力管道一般性检验工作程序可以参考。

为使检验规范化，杜绝随意性，在工业管道检验规程中，对压力管道在线检验的工作程序作了明确的规定，如图6－1所示。检验时应认真遵守。

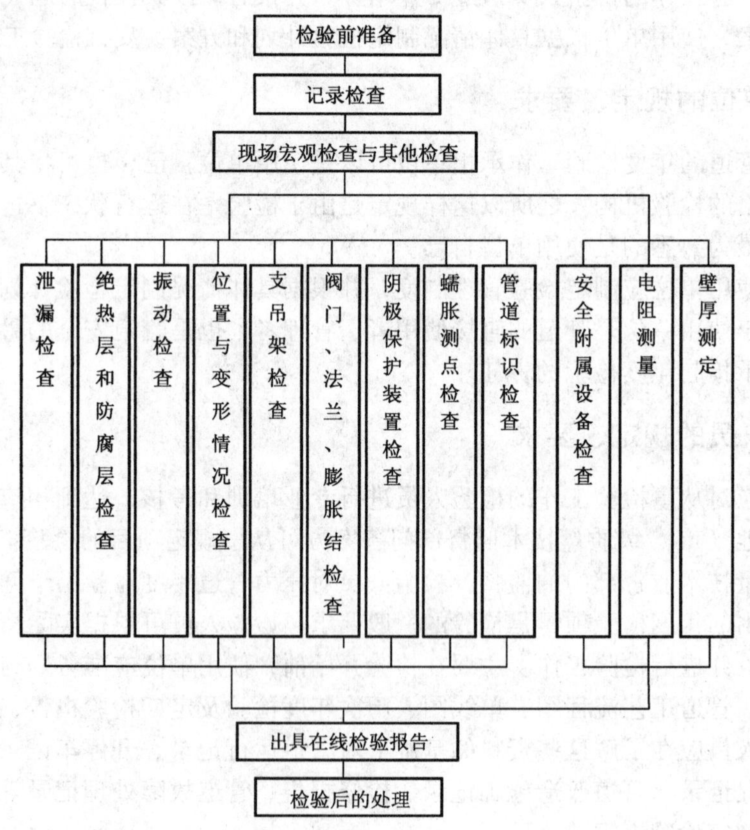

图6－1　在线检验一般工作程序

由图6－1可以清楚地看到在线检验的工作项目、程序和步骤。

1）检验前的准备阶段。制定压力管道的在线检验计划、组织检验人员或委托具有压力管道检验资格的检验单位、收集或索取受检压力管道的有关资料。

2）有关资料的检验。在检验中要依据具体压力管道的特点确定检验重点，并拟定检验方案，做好方案中要求的有关事项。

3）依据检验方案，具体实施现场宏观检查及其他检验。方框图中列出的宏观检查及其他检查各项是并列关系，在实际检验中可以不分先后，有些项目可同时进行检查。此外，所列项目中的个别项目在具体压力管道中可能没有，反过来也可能在具体管道中应进行检验的项目而没有列入。对于没有列入的且应该进行检验的项目，检验人员应根据具体情况进行确定，这一点在检验中也是至关重要的。

4）根据检验结果出具在线检验、一般性、年度性的检验报告。检验报告应按项相应的质量管理文件中的规定和程序要求填写、审批。

5）对检验中发现问题后要及时处理。

第三节　年度检验资料的准备与检验

一、工业管道在线检验资料的准备与检验

工业管道在线检验开始前，使用单位应准备好与检验有关的全部资料，提供管道的技术档案，档案内容的要求至少包括：管道平面图、管道工艺流程图、单线图、管道安装记录、管道运行检录、开停车记录、管道隐患监护措施实施记录、管道安装改造施工记录、检修报告记录、监督检验报告、管道故障处理记录以及历次在线检验以及全面检验的报告、运行参数等技术资料。

压力管道的档案资料，由于压力管道的设计、安装、维修、使用、管理部门使用的标准、管理方式的不同，致使一些资料的名称、归类和管理方法也可能不同，只要是与被检验管道有关的资料，都应是检验前的准备范围。其中有些资料甚至不是很完整，记录方法、内容、项目等缺陷，能够在检验前提供出来已经是难能可贵的了，因此，管道使用单位、检验单位或检验人员应尽最大能力进行收取。

此外，也可以通过与使用单位检验人员或知情人谈话的方式调查了解管道历史状况，必要时也可将经核实后的重要情况记录在案，这一点对于资料不全的管道，尤为重要。

管道资料的检验：在线检验人员应在认真查看管道平面图、管道工艺流程图、单线图、在线检验、全面检验的报告以及对管道的运行参数等技术资料的基础上，检查管道运行检录、开停车记录、管道隐患监护措施实施记录、管道改造施工记录、检修报告记录、管道故障处理记录，重点查看在这些记录中有问题记载的地方。

在检验背景资料时应仔细认真，至少要了解压力管道的状况，包括设计、安装、使用、维修、改造、使用的材料、防腐、绝热、支吊架的设置、补偿器的设置、管道的工艺性能的要求、介质压力和温度、附属装置、管道的弯管、大小径、各种阀门、焊缝接头、法兰接头（法兰、垫片、紧固件）或其他形式的接头、安全保护措施以及使用的标准和法规等，对管道背景材料了解得越多，对于确定在线检验方案以及其后的检验越有利，才能

拟定好符合实际有针对性的检验方案。

二、在用公用燃气压力管道一般性检验资料的准备与检验

在用公用燃气压力管道一般性检查前，使用单位应作好相关准备工作。

1）一般性检查开始前的资料的准备，使用单位应当准备与检查有关的压力管道平面（纵断面）图、单线图、历次一般性检查和专业性检验报告、运行参数等技术资料。检验人员对管道运行记录、开停车记录、管道隐患监护措施实施情况记录、管道与调压站改造施工记录、检修报告、管道故障处理记录进行检查，记录检查情况。

2）检查人员应当根据相关的数据进行综合评价，确定事故容易发生的位置以及发生事故造成严重后果的位置，重点对下列压力管道进行检查：

——穿跨越管道；

——管道出土、入土点、管道分叉处、管道敷设时位置较低点、位于排污管下或其他液体管道下的燃气管道；

——影响管道安全运行，曾经发生过严重泄漏和严重事故的管道；

——工作条件苛刻及承受交变载荷的管道；

——存在第三方破坏的管道；

——曾经为非机动车道或者绿化带改为机动车道的、经过空穴（地下室）的管道。

三、在用长输压力管道年度检验资料的准备与检验

在用长输压力管道年度检验，压力管道使用单位应作好相关准备工作。

检验人员应当在全面了解被检管道的使用情况、管理情况，并认真调阅管道技术资料和管理资料的基础上，对管道运行记录、管道隐患监护措施实施情况记录、管道改造施工记录、检修报告、管道故障处理记录进行检查，记录审查情况。

第四节　年度性检验重点

压力管道实际生产运行中的压力管道由于压力、温度、介质、使用环境、结构形式及其构成的不同，决定了压力管道的多样性，甚至说没有一条绝对一样的管道，对于具体的压力管道有各自的特点，出现不安全因素的地方也不相同，但从研究管道发生事故的可能性出发，其中的规律性依然可见。如：压力管道输送介质状态变化的部位、管道支撑部位、工作条件苛刻部位、处于流程要害部位与重要设备相连接的管段以及处于恶劣环境下工作的管段等，这些都是管道易发生事故的部位，当然也是年度检验的重点部位。

一、工业压力管道在线检验重点部位

工业压力管道在线检验是在运行条件下对在用工业管道进行的检验，检验单位根据具体情况制定检验计划和方案，安排检验工作。

1）在线检验一般以宏观检查和安全保护装置检验为主，必要时进行测厚检查和电阻值测量。压力管道的下述部位一般为重点检查部位：

——压缩机、泵的出口部位；

——补偿器、三通、弯头（弯管）、大小头、支管连接及介质流动的死角等部位；

——支吊架损坏部位附近的管道组成件以及焊接接头；

——曾经出现过影响管道安全运行的问题部位；

——处于生产流程要害部位的管段以及与重要装置或设备相连接的管段；

——工作条件苛刻及承受交变载荷的管段。

2）在线检验项目是在线检验的一般要求，检验人员可根据实际情况确定实际检验项目和内容，并进行检验工作。

二、公用管道一般性检验重点部位

一般性检查包括有：宏观检查、防腐层检查、电性能测试、阴极保护系统测试、壁厚检查、介质腐蚀性调查、安全保护装置检验，必要时进行腐蚀防护系统检查，部分项目可结合日常巡线进行。

1）宏观检查的主要项目和内容如下：

——泄漏检查。主要检查管道穿跨越段、阀门、阀井、法兰、凝水缸、补偿器、调压器、套管等组成件，铸铁管连接接口、非金属管道熔接接口的泄漏情况，采用相应的泄漏检测仪进行泄漏点检测或地面钻孔检测，必要时对燃气可能泄漏扩散到的地沟、窨井、地下构筑物内进行检查；对于次高压燃气压力管道，必要时，可采用声学泄漏检测方法进行远距离泄漏监测。

——位置与走向检查。

——地面标志检查。

——管道沿线地表环境调查。

——穿跨越管道检查，主要检查穿越管道锚固墩、套管检查孔的完好情况以及水流冲刷侵蚀情况，跨越管道防腐层、补偿器完好情况，吊索、支架、管子墩架的变形、腐蚀情况。

——凝水缸检查。主要检查定期排放积水情况，护盖、排水装置的泄漏、腐蚀和堵塞情况。

——线路阀门、法兰、补偿器等管道元件的检查。

——检查人员认为有必要的其他检查。

2）防腐层检查。主要检查入土端与出土端、露管段、阀井内、阀室内管道防腐层的完好情况。检验人员认为有必要时可对风险较高地段管道检测设备进行地面非开挖检测。

3）电性能测试的主要项目和内容如下：

——绝缘法兰、绝缘接头、绝缘短管、绝缘套、绝缘固定支墩和绝缘垫块等电绝缘装置的绝缘性能；

——对采用法兰和螺纹等非焊接件连接的阀门等管道附件的跨接电缆或其他电连接设施的电连续性；

——辅助阳极和牺牲阳极的接地电阻。

4）对有阴极保护的城镇燃气压力管道，应当进行阴极保护系统测试。测试项目和内容如下：

——测试管道沿线保护电位，测量时应考虑IR降的影响；

——有条件的情况下，应当测试牺牲阳极输出电流、开路电位；

——当管道保护电位异常时，测试管内电流；

——检查阴极保护系统运行状况，管道阴极保护率和运行率、排流效果、阴保系统。

5）利用在用城镇燃气压力管道的阀井或新挖探坑，对重要管道或有明显腐蚀和冲刷减薄的弯头、三通、盲管、管径突变部位及相邻直管部位进行壁厚抽样检测。

6）对管输介质成分测试报告进行分析，开展介质腐蚀性调查。

7）安全保护装置检验，一般执行《在用工业管道定期检验规则》和《安全阀安全技术监察规则》的相关规定，特殊的安全保护装置参照现行相关国家或行业标准的规定执行。

三、长输压力管道年度检验重点部位

1）年度检验的检验重点项目：

——穿跨越管道；

——管道出土、入土点，管道阀室、分输点，管道敷设时位置较低点；后果严重区内的管道；

——工作条件苛刻及承受交变载荷的管道，如原油热泵站、成品油与天然气加压站等进口处的管道；

——曾经发生过泄漏以及抢险抢修过的管道，地质灾害发生比较频繁地区的管道。

2）年度检查的主要内容，包括宏观检查、防腐保温层检查、电性能测试、阴极保护系统测试、地质条件调查、安全保护装置检验。

年度检查以宏观检验和安全保护装置检验为主，必要时进行腐蚀防护系统检验，其他项目可结合日常巡线进行。

3）宏观检验的主要项目和内容如下：

——位置与走向确认，主要检验压力管道位置、埋深和走向；

——地面装置检查，主要检查标志桩、测试桩、里程桩、标志牌、锚固礅、围栏等外观完好情况、丢失情况；

——压力管道沿线防护带调查；

——地面泄漏检查；

——跨越管段检查，检查跨越段管道防腐保温层、伸缩器、补偿器、锚固礅的完好情况，钢结构及基础、钢丝绳、索具及其连接件等腐蚀损伤情况；

——穿越段检查，检查管道穿越处保护工程的稳固性及河道变迁等情况；

——水工保护设施完好情况检查；

——检查人员认为有必要的其他检查。

4）防腐保温层检查，主要是检查入土端与出土端、露管段、阀室内管道防腐保温层的完好情况。检查人员认为有必要时可对后果严重区管道采用检测设备进行地面非开挖检测。

5）电性能测试的主要内容如下：

——绝缘法兰、绝缘接头、绝缘短管、绝缘套、绝缘固定支墩和绝缘垫块等电绝缘装置的绝缘性能；

——对采用法兰和螺纹等非焊接件连接的阀门等管道附件的跨接电缆或其他电连接设施的电连续性；

——辅助阳极和牺牲阳极的接地电阻。

6）对有阴极保护的长输管道，应当进行阴极保护系统测试。测试内容如下：

——测试管道沿线保护电位，测量时应考虑IR降的影响；

——有条件的情况下，应当测试牺牲阳极输出电流、开路电位；

——当管道保护电位异常时，测试管内电流；

——阴极保护系统运行状况检查，检查管道阴极保护率和运行率、排流效果、阴保系统。

四、具体年度检验的重点部位

1. 介质状态变化部位

1）介质密度急剧变化的部位，如：压缩机、泵的进口（出口）部位。因在这些部位：首先是介质在通过压缩机或泵出口时，获得流动的动力或卸去动力，密度上发生了改变，这种改变的结果是冲击管件，耗损管件；其次是压缩机或泵的旋转件的振动传入的初始点，往往也是震动较为严重的部位，承受着振动带来的破坏。

2）介质流向发生改变的部位，如：补偿器、各种阀门、三通、弯头（弯管）、大小头、支管连接及介质流动的死角等部位。一是介质在通过这些管件时，在介质的流向或者流动状态发生改变的同时，对管件产生反冲力，或因没有参与管道系统的循环，热交换失衡，引起结垢、腐蚀等，易造成对管件的耗损与破坏。二是这些管件的与管子的连接，使密封面积聚，密封及其安装质量不易控制，往往藏有隐患。三是这些管件的制造质量保证困难，这一点对于使用年限较长的管道尤为突出。因此，这些管件及所在的部位就是重点检查部位。事实上，这些部位也都是经使用经验证明容易出现损坏的部位。

2. 管道支撑部

管道支撑部位这里主要指各种支吊架，它们是管道介质、管道的自身结构重量及其各种应力的支撑工作点。支吊架常因使用环境的影响或设计布置不当，或安装质量失控或支吊架本身质量不足等也因而失效，如：导向支架的导轨的腐蚀，吊拉杆因撞击断裂等，造成管道支撑的损坏而未能发挥其功能，改变了压力管道的应力分布状态，使支吊架损坏部位附近的压力管道组成件以及主要受力焊接接头，实际承受的应力往往大于设计值，甚至超过了材料的屈服强度，从而引发压力管道事故。在实际在线检验中，亦应将这些部位列入重点检查部位。

3. 高温、高压等工作条件苛刻和承受交变载荷的管段

由于压力管道中，高温、高压、腐蚀以及载荷的交变等条件，或单一作用或几项组合

或各项共同发生作用，从材料力学及管道应力分析的角度，显而易见地就可直接判定这些部位的材料易发生蠕变和疲劳失效，发生事故的可能性较大。凡是在受检压力管道中，有这样的管段，都应列为重点检查部位，不能忽视。

4. 处于生产流程要害部位的管段以及与重要装置或设备相连接的管段

这是从该类管段发生事故的后果的角度来考虑的。由于是工艺流程的重要管道，或是与重要装置设备相连，该管段由此也变得很重要，无论是从经济和安全角度都不允许该类管段发生事故，否则其后果比较严重或者是不堪设想。

5. 处于恶劣环境下工作的管段

这一点在实际检验中不能忽视，原因是管道本身可能完好，检查中没有发现问题，但环境可能不好或可能在未来的压力管道的运行中环境变得不好，如：地面塌陷、水土流失等诸类的情况。在做在线检验时应当给予认真地关注，并要求灵活分析或预见环境情况的变化。

6. 曾经出现过影响管道安全运行问题的部位

因为这些部位曾发生过安全事故，这就表明这些部位承受的应力较大或者是较易腐蚀或其他因素遭到过破坏，故此再次发生事故的可能性亦较大。检查时亦应重点核查引发上次事故的原因消除情况。在线检验一般以宏观检查和安全保护装置检验为主，必要时进行测厚检查和电阻值测量。管道的下述部位一般为重点检查部位：

——压缩机、泵的出口部位；

——补偿器、三通、弯头（弯管）、大小头、支管连接及介质流动的死角等部位；

——支吊架损坏部位附近的管道组成件以及焊接接头；

——曾经出现过影响管道安全运行的问题的部位；

——处于生产流程要害部位的管段以及与重要装置或设备相连接的管段；

——工作条件苛刻及承受交变载荷的管段。

按照《在用工业管道检验规程》规定的在线检验项目是在线检验的一般要求，检验人员可根据实际情况确定实际检验项目和内容，并进行检验工作。

上述重点检查部位，只是就一般情况而言，检验人员可在实际检验中，根据压力管道的具体确定检验重点和内容，并进行检验工作。在具体压力管道中，可能也存在一些没有列入上述范围的重点检验部位或管件，这些一般也应在检验方案中做出详细检验计划和规定。

第五节　年度性检验方法和安全技术要求

1）压力管道年度检验方法较为简单，其检验的结果也较为直接可靠，是定期检验前的最为基础的检查。这是因为，在定期检验中即便作密封性能试验检查，也不如在线检验的泄漏检查来的直观；而振动检查在全面检验中更是不可能做到，绝不可能仅为了做管道振动检查，人为地模仿管道的运行状态，给管道设置试验振动源，即便设置也绝不是管道实际运行中的振动状态。可见这些检查只有在管道的运行状态下进行才最为有效。

2）压力管道年度检验的工具，主要用必要器具和试剂，依照在线检验的要求，在管道运行的情况下进行的以眼观、耳闻、鼻嗅以及触摸——人体的直接感知而进行的检查。以宏观检查和安全保护装置检验为主，也用超声波测厚检查和电阻值测量。检验中使用的器具，常用的如下：

——长度测量类：有直尺、深度尺、卷尺、角尺、水平尺、焊接检验尺、游标卡尺等；

——辅助工具类：有放大镜、反光镜、望远镜、检验锤、外卡钳、钢针、尼龙线、手电筒；

——试剂类：测试试剂、发泡剂、显色剂等；

——仪器仪表类：有接地电阻测试仪、万用表、经纬仪、水准仪等。

检验中要进行必要的准备。

3）年度检验安全技术要求。压力管道年度检验中另一方面注意的问题就是对检验安全的要求，虽是在运行状态下的检验，且都已宏观外部观察检验为主，不进行拆挖以及不进入管道内部检验，但对于检验安全的要求却有着特殊要求，特别是检验中检验人员接近管道进行检查，极易接触管道泄漏介质，有时会远远超过定期检验。因此，检验中对于安全的要求应满足：

——检验人员应当有管道检验安全的防护知识，检验开始前需要进行专项培训；

——检验人员应熟悉、和认真执行安全操作规程和事故处理应急预案；

——应有符合安全要求的工作服具，包括衣裤鞋帽（头盔）、手套、呼吸面罩或护镜等；

——为检验搭设的脚手架、轻便扶梯等，必须安全牢固；

——对于输送易燃、易爆、助燃、毒性或窒息性介质的管道，在进入窨井、暗道、沟渠等狭小空间工作前，应进行必要的置换、中和、消毒和清洗；

——进入狭小空间工作时，外部要留有安全监护人，并保持通信联络的畅通；

——对于高温或低温运行的管道，要做好防烫伤和冻伤保护；

——使用手锤检查时，要特别注意锤击的力度，以能刚好达到检验需要为好，检查时尽量避免锤击；

——对检验时使用的照明或工具的电源电压应符合现行国家标准《GB 3805 安全电压》的规定；

——检验方案中提出的其他特殊要求；

——应有可行的抢救工具和防护措施。

对于检验中的安全要求，在检验方案中也应列出，并做好充分的准备。

第六节　工业压力管道在线检验工艺案例

某市检验机构正在使用的工业压力管道年度检验工艺。

工业压力管道年度检验工艺

使用单位：　　　　　　　　　　　　　　管道名称：

	使用单位准备工作		检验单位准备工作	
验前准备	1	准备受检管道设计、安装、制造、使用登记、档案及运行记录、单线图、历次年度检查及全面检验报告、修理改造文件。	1	核对检验计划，查阅设计、安装、制造、使用登记、运行记录；查阅历次年度检查及全面检验提出的问题，配备相应持证检验检测人员。
	2	切断电源，隔断介质来源，有毒易燃介质置换、中和。	2	针对本次检验查阅《管规》、《管检规》和相关行业技术标准有关条款。
	3	拆除影响检验的附件及物体，搭设脚手架，清理打磨受检表面，露出母材金属本体或见光泽。	3	准备直、卷尺、焊缝检测尺、测厚仪、内窥镜、无损检测、硬度、化学分析、金相检验等仪器设备。
	4	设置隔断、隔离等安全标志，进入管道内部检验所用灯具和工具的电源符合现行国家标准的规定，隔离射线透照区，配监护人。	4	准备工作服、安全帽、安全带；确认使用单位安全措施落实情况。
实施检验	1	宏观检查的主要检查项目和内容： 1）泄漏检查，主要检查管道穿跨越段、阀门、阀井、法兰、凝水缸、补偿器、调压器、套管等组成件，铸铁管连接接口、非金属管道熔接接口（含钢塑转换接口）的泄漏情况（对管道采用相应的泄漏检测仪进行泄漏点检测或者地面钻孔检测，必要时对燃气可能泄漏扩散到的地沟、窨井、地下构筑物内进行检查；对次高压燃气压力管道，必要时可以采用声学泄漏检测方法进行远距离泄漏检测）； 2）位置与走向检查（如果管线周围地表环境无较大变动、管道无沉降等情况，可以不要求）； 3）地面标志检查； 4）管道沿线地表环境调查，主要检查管道与其他建（构）筑物或者管道的净距、占压状况、管道裸露、土壤扰动情况等； 5）穿、跨越管段检查，主要检查穿越管道锚固墩、套管检查孔的完好情况以及河流冲刷侵蚀情况，跨越管道防腐（保温）层、补偿器完好情况，吊索、支架、管子墩架的变形、腐蚀情况； 6）凝水缸检查，主要检查定期排放积水情况，护盖、排水装置的泄漏、腐蚀和堵塞情况； 7）线路阀门、法兰、补偿器等管道元件的检查； 8）检查人员认为有必要的其他检查。		

续表

<table>
<tr><th></th><th colspan="2">使用单位准备工作</th><th>检验单位准备工作</th></tr>
<tr><td rowspan="6">实施检验</td><td>2</td><td colspan="2">防腐（保温）层检查的主要检查项目和内容：
主要适用于钢质管道，主要检查入土端与出土端、露管段、阀井内、阀室内管道防腐（保温）层的完好情况。检查人员认为有必要时，可以对风险较高地段管道采用检测设备进行地面不开挖检测</td></tr>
<tr><td>3</td><td colspan="2">电性能测试的主要检查项目和内容：
主要适用于有阴极保护的钢质管道。
1）测试绝缘法兰、绝缘接头、绝缘短管、绝缘套、绝缘固定支墩和绝缘垫块等电绝缘装置的绝缘性能；
2）对采用法兰和螺纹等非焊接件连接的阀门等管道附件的跨接电缆或者其他电连接设施，测试其电连续性</td></tr>
<tr><td>4</td><td colspan="2">阴极保护系统测试的主要检查项目和内容：
主要适用于有阴极保护的钢质管道。
1）管道沿线保护电位，测量时应考虑IR降的影响；
2）牺牲阳极输出电流、开路电位（当管道保护电位异常时测试）；
3）管内电流（当管道保护电位异常时测试）；
4）辅助阳极床和牺牲阳极接地电阻（牺牲阳极接地电阻应当在管道保护电位异常时测试）；
5）阴极保护系统运行状况，检查管道阴极保护率和运行率、排流效果，阴极保护系统设备及其排流设施</td></tr>
<tr><td>5</td><td colspan="2">壁厚测定的主要检查项目和内容：
利用阀井或者探坑，对重要压力管道或者有明显腐蚀和冲刷减薄的弯头、三通、盲管、管径突变部位以及相邻直管部位进行壁厚抽样测定</td></tr>
<tr><td>6</td><td colspan="2">安全保护装置检验的主要检查项目和内容：
1）压力表检查：检查设计规定数、实际安装数、安装位置、有效期、量程、精度、表盘直径、外观质量等。
2）测温仪表检查：检查设计规定数、实际安装数、安装位置、有效期、量程、精度、外观质量等。
3）安全阀检查：检查数量、型号、公称压力、公称通径、开启压力、工作温度、工作介质、外观质量、有效期、铅封、安装位置、合格证编号、制造许可证。
4）爆破片装置检查：检查数量、型号、规格、公称压力、材料、外观质量、有效期、安装位置、合格证编号、制造许可证。
5）紧急切断阀检查：检查制造厂家、制造许可证号、合格证编号、型式及规格、切断时间、有效期、耐压试验、密封压力试验、铅封</td></tr>
<tr><td>7</td><td colspan="2">介质腐蚀性调查的主要检查项目和内容：
主要适用于燃气压力管道。对管输介质成分测试报告进行分析，开展介质腐蚀性调查</td></tr>
</table>

续表

	使用单位准备工作		检验单位准备工作
实施检验	8	缺陷处理的主要检查项目和内容： 1）修复处理消除缺陷； 2）采用安全评定的方法，确认缺陷是否影响管道安全运行到一下检验周期	
检验报告：年度（在线检验）检查工作结束后，检验人员应根据检验情况和所进行的检验项目，填写《公用管道年度（在线检验）检查报告书》，同时确定管道继续使用的使用参数，给出检验结论，检验报告一般在公用管道投入使用前递交使用单位			
检验员签名：	责任师签名：		年　月　日

第七节　在用公用燃气压力管道一般性检验工艺案例

某市检验机构制定并运行的压力管道一般性检验工艺。

公用压力管道一般性检验工艺（公用燃气管道检验工艺案例）

1　总则

1）本工艺适用于公用管道定期检验规则中规定的GB1－Ⅲ级和GB1－Ⅳ级次高压燃气管道、GB1－Ⅴ级和GB1－Ⅵ级中压燃气管道以及GB2级直埋敷设管道的一般性检验。

2）检验人员（以下简称检验员）可以由持有经国家和省质量技术监督局颁发，有与压力管道相适应级别和项目的压力管道检验员及以上资格证书的人员，也可以是经过质量技术监督培训考核合格的人员进行。无损检测人员应持有经国家和省质量技术监督局颁发相应检测项目的资格证书。

3）检验人员的职责是遵照《特种设备安全监察条例》、《压力管道安全管理与监察规定》、《压力管道定期检验规则——公用管道》等法规、安全技术规范规定进行检验，并有能力出具检验报告。检验员对检验工作质量负责。

4）适用范围内是公用管道的一般性检验单位进行。

2　检验工作的主要依据

本工艺引用法规、安全技术规范、标准未注年号的，应使用最新版本。

《特种设备安全监察条例》

《压力管道安全管理与监察规定》（以下简称管规）

《压力管道定期检验规则——公用管道》（TSG D7004）

《承压设备无损检测》

《城市燃气设计规范》

3　检验前的准备工作

3.1　年度检验时检验员应对以下资料进行了解审查

检验员应当在全面了解被检管道的使用、管理情况，并且在认真审查管道技术资料和管理资料的基础上，对管道运行记录、管道隐患监护措施实施情况记录、管道改造施工记录、检修报告、管道故障处理记录进行审查，并记录审查情况。

3.2　检验前，检验机构应当对提交和收集的以下资料进行分析

1）设计图纸、文件及有关强度计算书等；

2）压力管道元件产品质量证明书；

3）安装监督检验证明文件，安装及其竣工验收资料；

4）压力管道使用登记证；

5）压力管道运行记录，包括输送介质压力、电法保护运行记录、阴极保护系统故障记录，管道修理或改造的资料，管道事故或失效资料，管道的各类保护措施的使用记录，管线周围的其他施工活动，管道的电法保护日常检查记录，输送介质分析报告（特别是含硫化氢、二氧化碳和游离水的介质要有特殊要求）；

6）运行周期内的有关检验报告；

7）上一次一般性检验报告、全面检验报告、合于使用评价报告；

8）检验人员认为一般性检验所需要的其他资料。

上述1）～3）在管道投用后首次全面检验时必须审查，在以后的检验中可以根据需要查阅。

3.3　检验工作所需的工具与仪器设备

1）钢卷尺、钢板尺、焊口检测器、检验锤、5～10倍放大镜、超声波测厚仪（带标准试块）、手电筒（三节以上电池）、记号笔等；

2）防腐层检测仪器、设备：防腐层电火花检测仪、埋地管道外防腐层状况检测仪、阴极保护系统检测仪等；

3）无损检测仪器设备：超声波测厚仪等标准试块以及各种超声波探伤用品，以及各种磁粉探伤用品、渗透探伤标准试块以及各种渗透探伤用品、角磨砂轮、评片灯、安全电压行灯等；

4）理化检验仪器设备：金相、硬度仪、光谱、气体等仪器设备及角磨砂轮等辅助设备。

检验用的设备和器具应当在有效的检定或者校准期内，且应当采用防爆、防火花型设备、器具。

4　检验工艺程序

1）检验员应如实按管线填写相应检验项目的检验记录，并对记录的真实性和完整性负责。

2）年度检验工艺程序图见前文图6－1。

第八节　在用油气长输压力管道年度检验工艺

第一章　总　　则

第一条　为了加强压力管道的安全监察，规范在用油气长输管道检验工作，确保在用油气长输管道处于安全可靠的受控状态，保障公民生命和财产的安全，根据《特种设备安全监察条例》、《压力管道安全管理与监察规定》的有关规定，特制定本工艺。

第二条　本工艺适用范围为《特种设备安全监察条例》、《压力管道安全管理与监察规定》、《压力管道安装单位资格认可实施细则》所规定的GA类陆上原油、成品油、液态液化石油气（LPG）、天然气、以及其他气态或液态介质等油气长输管道（含集输管道）的年度检验工艺。本细则不适用于输油（气）首站、中间站、末站等站场内的管线和设施，站场内外一般以电绝缘装置为分界线。

第三条　油气长输管道使用单位在开展年度检查工艺检测时，应当充分采用完整性管理理念中的完整性检验检测评价技术，开展基于风险的检验检测。已开展专业性（全面）检验与完整性评价的管道，可由国家质量监督检验检疫总局（以下简称国家质检总局）核准的专业机构为管道企业开展的完整性管理提供技术咨询。

第四条　在开展基于风险的完整性检验检测时，应由国家质检总局核准的专业机构确定管道的事故后果严重区。事故后果严重区的确定原则符合《压力管道定期检验规则—长输（油气）管道》（TSG D7003－2010）的规定，具体如下：

输油管道事故后果严重区的确定原则：

（一）城市人口密集区；

（二）乡镇、居民与商业区等人口密集区；

（三）商业航运水道；

（四）油品泄漏的敏感区域，如饮用水源、自然保护、文物保护、军事设施等地区。

输气管道事故后果严重区的确定原则：

符合以下条件之一的，确定为输气管道事故后果严重区：

（一）一类、二类地区内，当管道潜在影响半径超过200m时，并且潜在影响半径内居民户数不小于20户；

（二）三类地区；

（三）四类地区；

（四）潜在影响半径内有医院、学院、托儿所、养老院、监狱或其他具有难以迁移或难以疏散人群的建筑设施的区域。

注1：潜在影响半径计算方法如下：

$$r = 0.1d\sqrt{p}$$

式中：d——管道外径，mm；

p——管段最大允许操作压力（MAOP），MPa；

r——影响半径，m；

系数0.1仅适用于输送介质为天然气的管线，其他气体介质应根据燃烧值等参数采用不同的系数。

注2：地区等级划分按以下：

沿管道中心线两侧各200m范围内，任意划分成长度为2km并能包括最大聚居户数的若干地段，按划定地段内的户数划分为四个等级。在农村人口聚集的村庄、大院、住宅楼，应以每一独立户作为一个供人居住的建筑物计算。

① 一级地区：户数在15户或以下的区段；

② 二级地区：户数在15户以上、100户以下的区段；

③ 三级地区：户数在100户或以上的区段，包括市郊居住区、商业区、工业区、发展区以及不够四级地区条件的人口稠密区；在一、二级地区内的学校、医院以及其他公共场所等人群聚集的地方。

④ 四级地区：系指四层及四层以上楼房（不计地下室层数）普遍集中、交通频繁、地下设施多的区段。

注3：液态液化石油气（LPG）的事故后果严重区的确定原则参照输气管道事故后果严重区的确定原则。

第五条　年度检验是指为了确保油气长输管道在检验周期内的安全运行而实施的在运行过程中的在线检验，年度检查次数每年不得少于1次，但当需要进行全面检验时，则该年度无需进行年度检验。年度检查可以由使用单位的具有国家质检总局核准的机构培训考核合格的专业人员进行，也可以由国家质检总局核准的检验检测机构（以下简称检验机构）持证的压力管道检验人员进行。

第六条　从事油气长输管道年度检查工作的检验机构和检验人员，必须严格按照核准的检验范围从事检验工作。检验机构和检验人员的工作必须根据管道安全监察权限接受国家质检总局或管道所在地的省、自治区、直辖市质量技术监督部门的监督，并且对长输管道年度检查的结果负责。

第七条　检验前，检验机构应当制定检验方案，检验安全措施和应急预案。检验方案由检验机构授权的技术负责人审查批准，检验人员应当严格按照批准后的检验方案进行检验工作。管道使用单位应当做好检验前的各项准备工作，使长输管道处于适宜的待检验状态。

第二章　年度检验

第八条　年度检验的基本要求，检验人员可根据实际情况确定实际检验项目和内容，并进行检验工作。

第九条　年度检验前，使用单位应作好以下各项准备工作：

（一）准备好与检验有关的管道技术档案资料、运行记录、介质组分记录、历次年度检验和全面检验报告；

（二）准备好压力管道安全管理规章制度和安全操作规范，安全管理与操作人员资格证；

（三）检验时，使用单位压力管道安全管理人员和相关人员到场配合，协助检查工作，及时提供检验人员需要的其他资料。

第十条 检验前检验人员应当在全面了解被检验压力管道的使用情况、管理情况，并认真调阅压力管道技术资料和管理资料的基础上，对管道运行记录、管道隐患监护措施实施情况记录、管道改造施工记录、检修报告、管道故障处理记录进行检查，记录审查情况，并制定检验方案。

第十一条 根据收集的数据进行综合评价，确定事故容易发生的位置以及发生事故造成严重后果的位置，并重点对下列管道进行检查：

（一）穿跨越管道；

（二）管道出土、入土点，管道阀室、分输点，管道敷设时位置较低点；

（三）事故后果严重区内的管道；

（四）工作条件苛刻及承受交变载荷的管道，如原油热泵站、成品油与天然气加压站等进出口处的管道；

（五）曾经发生过泄漏以及抢险抢修过的部位，地质灾害发生比较频繁的地区的管道。

第十二条 年度检验的主要内容包括：宏观检查、防腐保温层检查、电性能测试、阴极保护系统测试、环境腐蚀性调查、地质条件调查、安全保护装置检验。年度检查以宏观检查和安全保护装置检验为主，必要时进行腐蚀防护系统检查，部分项目可结合日常巡线内容进行。

第十三条 宏观检验的主要项目和内容如下：

（一）位置与走向确认，主要检查管道位置、埋深和走向；

（二）地面装置检查，主要检查标志桩、测试桩、里程桩、标志牌、推力礅的外观完好情况、丢失情况检查；

（三）管道沿线防护带调查；

（四）地面泄漏检查；

（五）跨越管段检验，检验跨越段管道防腐保温层、伸缩器、补偿器、锚固礅的完好情况，钢结构及基础、钢丝绳、索具及其连接件等腐蚀损伤情况；

（六）穿越段检验，检验管道穿越处保护工程的稳固性及河道变迁等情况；

（七）水工保护设施完好情况检查；

（八）检验人员认为有必要的其他检验。

第十四条 防腐保温层检查主要检查入土端与出土端、露管段、阀室内管道防腐保温层的完好情况。检验单位认为有必要时可对事故后果严重区管线采用检测设备进行地面非开挖检测。

第十五条 电性能测试的主要内容如下：

（一）绝缘法兰、绝缘接头、绝缘短管、绝缘套、绝缘固定支墩和绝缘垫块等电绝缘装置的绝缘性能；

（二）对采用法兰和螺纹等非焊接件连接的阀门等管道附件的跨接电缆或其他电连接设施的电连续性；

（三）辅助阳极和牺牲阳极的接地电阻。

第十六条　对有阴极保护的长输管道，应当进行阴极保护系统测试。测试内容如下：

（一）测试管道沿线保护电位，测量时应考虑IR降的影响；

（二）有条件的情况下，应当测试牺牲阳极输出电流、开路电位；

（三）当管道保护电位异常时，测试管内电流；

（四）阴极保护系统运行状况检查，检查管道阴极保护率和运行率、排流效果、阴保系统。

第十七条　环境腐蚀性调查应当每公里测试一处土壤腐蚀性能。当含跨越段的露管段经过有酸性腐蚀大气的地区，应当进行以分析大气SO_2含量为主的大气腐蚀环境调查。

第十八条　地质条件调查应当按现行法规与标准的要求，对有危险的矿产地下采空区、黄土湿陷区、潜在崩塌滑坡区、泥石流区、地质沉降区、风蚀沙埋区、膨胀土和盐渍土、活动断层等地质灾害进行地质条件调查。

第十九条　安全保护装置检验一般执行《在用工业管道在线检验工艺》和《安全阀安全技术监察规程》的相关规定，特殊的安全保护装置参照现行相关国家或行业标准的规定执行。

第二十条　年度检验的现场工作结束后，检验人员应根据检验情况出具年度检查报告，做出下述检验结论：

（一）允许使用：检验结果符合现行法规与标准要求；

（二）监控使用：检查结果虽然发现有超出现行国家法规与标准规定的缺陷，但能满足安全使用要求的；

（三）进行全面检验或合于使用评价：检验结果发现存在多处超出国家法规与标准规定的缺陷，且不能全部满足安全使用要求。

第二十一条　有条件的长输管道使用单位应将年度检查及其结论录入长输管道腐蚀防护地理信息系统、管道完整性管理信息系统。

第三章　附　　则

第二十二条　长输管道工程中的输气输油站场、地下储气库中的管道与设施、通用阀门、阴极保护设施按照《在用工业管道在线检验工艺》、《安全阀安全技术监察规程》以及其他相关规定执行；通用阀门的有关年度检查工艺按照SY/T 6470－2000《输油气管道操作、维护、检修规程》细则的规定执行。

第二十三条　在用长输管道检验过程中，使用单位与检验单位之间发生争议时，可以向负责压力管道使用登记的质量技术监督部门申请仲裁。对质量技术监督部门的仲裁仍有异议时，可以申请行政终局裁决。

第七章　压力管道在用定期检验

在用压力管道定期检验包括工业、公用（热力和燃气）管道、动力（电站锅炉中的压力管道）管道、长输（油气）压力管道，定期检验工作的主要依据《特种设备检验检测机构管理规定》（国质检锅［2003］249 号）、《在用工业管道定期检验规程》（试行）（国质检锅［2003］108 号）、《压力管道安全技术监察规程——工业管道》（TSG D0001）、《压力管道定期检验规则——公用管道》（TSG D7003）《压力管道定期检验规则—长输（油气）管道》（TSG D7004）等规范标准。在用公用、长输压力管道专业性检验、工业压力管道全面检验（本书统称：定期检验），定期检验工作由获得国家质检总局批准的检验检测机构（取得在用压力管道自检资格的使用单位可以检验本单位自有的在用年度压力管道）进行。从事在用压力管道定期检验的检验人员应按《特种设备检验人员资格考核规则》的要求经培训考核合格，取得相应项目的压力管道检验资格证书（具备定期检验人员资格）的检验人员方可从事压力管道定期检验工作。

第一节　在用压力管道定期检验要求

在用压力管道定期检验工作中，为了确保在用压力管道的安全运行，保障公民生命和财产的安全，加强压力管道安全监督检验，对压力管道安全监察规定适用范围的在用压力管道及附属设施开展定期检验，是按一定的检验周期在用压力管道停车期间进行的较为全面的检验。压力管道使用单位在开展定期检验时，应当充分采用完整性管理理念中的检验技术，按照“合乎使用的原则”进行检验和开展基于风险的检验与安全性评价。

一、在用工业压力管道定期检验等级及周期

在用压力管道安全状况等级为 1 级、2 级和 3 级。安全状况等级为 1 级和 2 级的在用压力管道检验周期一般不超过 6 年；安全状况等级为 3 级的在用压力管道，其检验周期一般不超过 3 年。对经使用检验和检验证明可以长期安全运行的管道，使用单位向省级或其委托的地（市）级质量技术监督部门安全监察机构提出申请，经受理申请的安全监察机构委托的检验单位检验确认，检验周期可适当延长，但最长不得超过 9 年。定期检验是按一定的检验周期在管道停车期间进行的较为全面的检验。

1）GC1、GC2 级压力管道的定期检验周期按照以下原则之一确定：

——检验周期一般不超过 6 年；

——按照基于风险检验（RBI）的结果确定的检验周期，一般不超过 9 年；

——GC3 级管道的定期检验周期一般不超过 9 年。

2）属于下列情况之一的管道，应当适当缩短检验周期：

——新投用的 GC1、GC2 级的（首次检验周期一般不超过 3 年）；

——发现应力腐蚀或者严重局部腐蚀的；

——承受交变载荷，可能导致疲劳失效的；

——材质产生劣化的；

——在线检验中发现严重问题的；

——检验人员和使用单位认为需要缩短检验周期的。

3）属于下列情况之一的管道，应适当缩短检验周期：

——新压力管道投用后的首次检验。

——发现应力腐蚀的压力管道。应力腐蚀是一种危害性很大的腐蚀形式，又难以检测。往往出现应力腐蚀裂纹后，才能发现压力管道存在应力腐蚀，此时，裂纹的扩展速率很快，目前还没有足够的数据估算各种情况下的应力腐蚀扩展速率，因此，应该缩短检验周期。

——严重局部腐蚀的压力管道。压力管道局部腐蚀的定量规律往往很难确定，其腐蚀程度不能用称重法来确定，通常用“轻微”、“较严重”、“严重”等模糊用语来描述，其具体含义必须根据实际情况确定。因此，当压力管道发生严重局部腐蚀时，应该缩短检验周期。

——承受交变载荷，可能导致疲劳失效的压力管道。疲劳是压力管道的一种很重要的破坏模式。当发现疲劳裂纹时，疲劳寿命已经消耗了将近90%。

——材料产生劣化的压力管道。

——在线检验中发现存在严重问题的管道。

——检验人员和使用单位认为应该缩短检验周期的压力管道。

二、在用城镇燃气公用压力管道的定期检验及检验周期

1. 城镇燃气压力管道的定期检验分类

城镇燃气管道的分类见表7－1。

表7－1　城镇燃气管道压力（表压）分级表

名　称		压力/MPa
高压燃气管道	GB1－A	$2.5<P\leqslant4.0$
	GB1－B	$1.6<P\leqslant2.5$
次高压燃气管道	GB1－C	$0.8<P\leqslant1.6$
	GB1－D	$0.4<P\leqslant0.8$
中压燃气管道	GB1－E	$0.1<P\leqslant0.4$

表7－1中的GB1－C级次高压燃气管道定期检验包括一般性检查、专业性检验和安全性评价；GB1－D级次高压燃气管道、中压燃气管道定期检验包括一般性检查、专业性检验；表7－1中的高压燃气管道定期检验参照《长输（油气）管道定期检验规则》执行。

城镇燃气输配系统中的门站、调压站（器）管道及其部分安全保护装置、储存设备、附属设施的检验参照《在用工业管道定期检验规则》执行。

2. 城镇燃气压力管道的定期检验

规范在用城镇燃气压力管道定期检验工作，是确保在用城镇燃气压力管道处于安全可

靠的受控状态，保障公民生命和财产安全的重要办法，城镇燃气压力管道使用单位在开展定期检验时，应当充分采用完整性管理理念中的检验技术，开展基于风险的检验与安全性评价。

在用城镇燃气公用压力管道的定期检验，是指按一定的检验周期对在用城镇燃气压力管道进行的基于风险的定期检验。从事定期检验的检验检测机构除应当满足《特种设备检验检测机构核准规则》（TSG Z7001—2004）中相应项目的条件外，还应满足《压力管道定期检验规则—公用管道》（TSG D7003）附件 A 的要求。城镇燃气压力管道投用后 3 年内应当进行首次专业性检验。

公用在用城镇燃气压力管道属于下列情况之一的城镇燃气管道，定期检验周期应适当缩短：

——多次发生严重泄漏、爆管等事故的管道以及受到第三方破坏的管道；

——发现应力腐蚀、严重局部腐蚀或者全面腐蚀的管道；

——防腐层损坏严重的管道；

——风险评估发现风险值较高的管道；

——一般性检查中发现严重问题的管道；

——检验人员和使用单位认为应该缩短检验周期的管道；

公用在用城镇燃气压力管道属于下列情况之一的管道，应当立即进行定期检验：

——管道运行工况发生显著改变从而导致运行风险提高的管道；

——输送介质种类发生重大变化，改变为更危险介质的管道；

——城镇燃气压力管道停用超过一年后再启用的封存管道；

——有重大改造修理的管道。

3. 长输管道的定期检验及检验周期

长输管道的定期检验的 GA 类陆上原油、成品油、液态液化石油气（LPG）、天然气等长输（油气）管道（以下简称长输管道）的检验。长输（油气）管道检验规则不适用于输油（气）首站、中间站、末站等站场和储库内的管线和设施。长输管道的定期检验中的专业性检验和安全性评价，应当充分采用完整性管理理念中的检验检测评价技术，开展基于风险的检验检测，并且确定管道的后果严重区，后果严重区的确定原则按照《压力管道定期检验规则—长输（油气）管道》（TSG D7004）要求执行。

长输管道定期检验是指按一定的检验周期对在用长输管道进行的基于风险的全面检验。从事定期检验的检验机构除应满足《特种设备检验检测机构核准规则》（TSG Z7001—2004）中相应项目的条件外，还应满足附件 B 的要求。长输管道应于投用后 3 年内进行首次定期检验。

长输管道属于下列情况之一的，应适当缩短定期检验周期：

——位于后果严重区内的管道；

——多次发生泄漏、爆管等事故的管道以及受自然灾害、第三方破坏严重的管道；

——发现应力腐蚀、严重局部腐蚀或全面腐蚀的管道；

——承受交变载荷，可能导致疲劳失效的管道；

——防腐保温层损坏严重或无有效阴保的管道；

——风险评估发现风险值较高的管道；

——一般性检查中发现严重问题的管道；

——检验人员和管道使用单位认为应该缩短检验周期的管道。

长输管道属于下列情况之一的管道，应当立即进行专业性检验：

——管道运行工况发生显著改变从而导致运行风险提高的管道；

——输送介质种类发生重大变化，改变为更危险介质的管道；

——长输管道停用超过一年后再启用的封存管道；

——有重大修理改造的管道；

——所在地发生地震、海啸、泥石流等重大地质灾害的管道。

第二节 在用压力管道定期检验程序

一、工业在用压力管道定期检验

工业在用压力管道定期检验，也称全面检验，有：外观检验、壁厚测定、耐压试验和泄漏试验。根据管道的具体情况，采取无损检测、理化检验、应力分析、强度校核、电阻值测量等方法。

定期检验时，检验机构还应当对使用单位的管道安全管理情况进行检查和评价。检验工作完成后，检验机构应当及时向使用单位出具定期检验报告。

在定期检验所发现的管道严重缺陷，使用单位应制定修复方案。修复后，检验机构应当对修复部位进行检查确认；对不易修复的严重缺陷，也可采用安全评定的方法，确认缺陷是否影响管道安全运行到下一全面检验周期。

管道的缺陷安全评定由国家质检总局批准的技术机构进行，负责进行安全评定的机构，应当根据与使用单位签订的在用管道缺陷安全评定合同和检验机构的检验报告进行评定。

在用管道的定期检验，按照工业管道定期检验的要求进行。使用单位应当将检验报告、评定报告存入压力管道档案，长期保存，直至管道报废。

二、公用在用城镇燃气压力管道定期检验

《公用管道定期检验规则——燃气管道》中所指的专业性检验，本书统称“定期检验”。专业性检验是指按一定的检验周期对在用城镇燃气压力管道进行的基于风险的全面检验。从事专业性检验的检验检测机构除应当满足《特种设备检验检测机构核准规则》（TSG Z7001—2004）中的规定。

城镇燃气压力管道投用后3年内应当进行首次专业性检验。

公用在用城镇燃气压力管道定期检验项目由检验机构根据风险预评估确定的结果，选择合适的检测方法。专业性检验分为直接检测和压力试验。直接检测方法包括管道内腐蚀直接检测和外腐蚀直接检测。重点在凝析烃、凝析水、沉淀物最有可能聚集之处进行局部内腐蚀检测，可采用多相流计算等方法确定检测位置。对管道进行内腐蚀检测时，一般在开挖后采用超声波壁厚测定法进行直接检查，确定内腐蚀状况；也可采用腐蚀监测方法或

其他认可的检测手段。

专业性具体项目一般有：

1）外腐蚀检测的具体项目一般包括管线敷设环境调查、防腐保温层状况非开挖检测、管道阴极保护有效性检测、开挖直接检验。根据检测结果，对外腐蚀防护系统进行分级，原则上分为好、可、差、劣四个等级。

2）管线敷设环境调查一般应包括环境腐蚀性能检测和大气腐蚀性调查。进行环境腐蚀性能检测时，应对土壤腐蚀性以及杂散电流进行测试，次高压燃气管道一般每公里测试一处，中压燃气管道一般每两千米测试一处。在进行杂散电流测试时，应特别注意有轨道交通、并行电缆线和其他易导致产生杂散电流的地方。

进行大气腐蚀性调查时，对可能存在大气腐蚀的跨越段与露管段，应当按照现行国家和行业标准的规定进行大气腐蚀性调查。

3）检验机构应采用非开挖检测方法对防腐保温层及腐蚀活性区域进行检测，选择合适的检测方法与检测设备。非开挖检测方法主要包括直流（交流）电位梯度法、直流电压（交流电流）衰减法。检验机构至少应当选择两种相互补充的非开挖检测方法。

4）对外加电流阴极保护或牺牲阳极阴极保护的城镇燃气压力管道，应采用相应技术手段测试管道的真实阴极保护极化电位。对阴极保护效果较差的管道，应采用加密间距测试。

5）根据直接检测结果，按照一定比例选择开挖检测点，高压燃气管道每千米1处，次高压燃气管道每2km1处，中压燃气管道为（3~5）km1处。开挖点的选取还应当结合资料调查中的错边、咬边严重的焊接接头，使用中发生过泄漏、第三方破坏的管道情况。

6）开挖检测的内容一般应当包括：

——土壤腐蚀性检测，检查土壤剖面分层情况以及土壤干湿度，必要时可对探坑处的土壤样品进行理化性质分析；

——防腐层检查和探坑处管地电位测试，检查防腐保温层的物理性能以及探坑处管地电位，必要时收集防腐层样本，按相关国家和行业标准进行防腐层性能分析；

——管道腐蚀状况检测，包括金属腐蚀部位外观检查、腐蚀产物分析、管道壁厚测量、腐蚀区域的描述；

——阀井（室）内管道以及调压站（室）内的管道以及阀体检查；

——管道焊缝无损检测，应对开挖处的管道对接环焊缝、管道螺旋焊缝或对接直焊缝进行无损检测，一般应采用射线或超声波检测，也可采用国家质检总局认可的其他无损检测方法对管道缺陷状况进行检测；

——宏观检查存在裂纹或者可疑情况的管道以及检验人员认为有必要时，可结合开挖点对管道对接环焊缝、管道连头、管道螺旋焊缝或对接直焊缝以及焊缝返修处等部位进行表面无损检测；

——应对穿越段进行重点检查或检测；

——应按《在用工业管道定期检验规则》的规定对跨越段进行检验，同时，按照现行国家或行业标准对跨越段的附属设施进行检验；

——次高压燃气管道的无损检测。

7）除对开挖检测处进行无损探伤外，对下述位置裸露的次高压燃气管道，需进行无损检测：

——调压站、分水器、膨胀器、闸井（室）连接的第一道焊接接头或相近的焊接接头；

——跨越部位、出土与入土端的焊接接头；

——使用中发生泄漏、第三方破坏管道的焊接接头；

——检验人员和使用单位认为需要抽查的其他焊接接头。

8）对有可能发生 H_2S 腐蚀、材质劣化的管道、使用时间已超过 15 年并进行过维修的 GB1－C 级次高压燃气压力管道，应当进行管道理化性能测试。一般包括化学成分分析、力学性能试验、金相分析。

9）对材料状况不明的管道，应测试其化学成分，测试部位应包括管道母材和焊缝。

10）对输送含 H_2S 介质的管道，应进行焊接接头的硬度测试。测试部位包括管道母材、焊缝及热影响区，其母材、焊缝及热影响区的维氏硬度均应小于 $250HV_{10}$。

当焊接接头的硬度超标时，检验人员视具体情况扩大焊接接头内外部无损检测抽查。

11）拉伸性能应当测试管道母材横向、纵向及焊缝的屈服强度、抗拉强度和延伸率，测试方法应符合国家或行业相应标准的规定。冲击性能测试在不同温度下管道母材和焊缝的夏比冲击功，测试包括管道最低运行温度和最低运行温度减 10℃，测试方法应符合国家或行业相应标准的规定。

12）应对管道母材和焊缝的显微组织、夹杂物进行金相分析。

13）对铸铁管的腐蚀状况检测，应通过阀井（室）、露管段或开挖等方式进行直接检查。开挖抽查检测的比例为 1 处/5km，并根据实际检测结论以确定是否需进一步增加抽查检测数量。检查的主要内容有：铸铁管表面损伤、腐蚀情况，并测试管道壁厚；当有承插口时，应对承插口状况进行检查。

14）聚乙烯管和钢骨架聚乙烯复合管检查，应当通过阀井（室）、露管段或开挖等方式进行直接检查。抽查检测的比例为 1 处/5km，并根据实际检测结论以确定是否需进一步增加抽查检测数量。检查主要内容，有管道表面应无槽痕、凿痕或凹痕等缺陷，管道无老化降解迹象。

三、长输压力管道定期检验

长输压力管道使用单位负责制定长输管道定期检验计划，安排定期检验工作，按时向负责压力管道使用登记的检验机构申报定期检验计划，约请具备相应资格的检验机构开展专业性检验。做好定期检验的现场准备工作，确保所检验的长输管道处于适宜的待检验状态，提供安全的检验环境，负责检验所需要的辅助工作，协助检验机构进行专业性检验。检验人员应自觉执行管道使用单位的有关特殊安全管理规定。

检验机构应当根据风险预评估确定的结果，选择合适的检测方法。定期检验分为内检测、直接检测和压力试验。对具备内检测条件的管道，可采用管道内检测器对管道内外腐蚀状况、几何形状及缺陷进行检测。管道内检测发现严重管道缺陷点时，应当进行开挖验证。直接检测方法包括管道内腐蚀直接检测、应力腐蚀开裂直接检测、外腐蚀直接检测。

1）管道内腐蚀直接检测应在凝析烃、凝析水、沉淀物最有可能聚集之处进行，可采用多相流计算的方法确定检测位置。对管道进行内腐蚀检测时，一般在开挖后采用超声波壁厚测定法进行直接检查，确定内腐蚀状况，也可采用腐蚀监测方法或者其他认可的检测手段。

2）对有应力腐蚀开裂严重倾向的输气管道，一般采用直接对管道进行无损检测的方法或其他适宜的方法进行检查。满足下列所有条件的管道一般具有应力腐蚀开裂倾向：

——操作应力大于60%SMYS（注：SMYS为管道材料规定的最小屈服强度）；

——操作温度大于122℃；

——与压缩机站的距离小于或等于32.2km；

——使用年限大于或等于10年；

——除熔结环氧粉末（FBE）外的所有防腐涂层。

3）外腐蚀检测的具体项目一般包括管线敷设环境调查、防腐保温层状况非开挖检测、管道阴极保护有效性检测、开挖直接检验。根据检测结果，对外腐蚀防护系统进行分级，原则上分为好、可、差、劣四个等级。

4）管线敷设环境调查一般包括环境腐蚀性能检测和大气腐蚀性调查。进行环境腐蚀性能检测时，应对土壤腐蚀性以及杂散电流进行测试。土壤腐蚀性数据也可采用工程设计或历次检验报告的数据。

进行大气腐蚀性调查时，对经过可能存在大气腐蚀的跨越段与露管段，应按照现行国家和行业标准的规定进行大气腐蚀性调查。

5）检验机构应采用非开挖检测方法对防腐保温层及腐蚀活性区域进行检测，选择合适的检测方法与检测设备。非开挖检测方法主要包括直流（交流）电位梯度法、直流电压（交流电流）衰减法。检验机构至少应当选择两种相互补充的非开挖检测方法。

6）对外加电流阴极保护或可断电的牺牲阳极阴极保护的长输管道，应当采用相应技术手段测试管道的真实阴极保护极化电位；对阴极保护效果较差的管道，应当采用加密间距测试。

7）根据直接检测的结果，按照一定比例选择开挖检测点。输气管道一般每1km一处，输油管道每（1~2）km一处。开挖点的选取还应结合资料调查中的错边、咬边严重的焊接接头，使用中发生过泄漏、第三方破坏的管道。开挖检测的内容一般应当包括：

——土壤腐蚀性检测，检查土壤剖面分层情况以及土壤干湿度，必要时可对探坑处的土壤样品进行理化性质分析；

——防腐层检查和探坑处管地电位检测，应检查防腐保温层的物理性能以及探坑处管地电位，必要时收集防腐层样本，按相关国家和行业标准进行防腐层性能分析；

——管道腐蚀状况检测，包括金属腐蚀部位外观检查、腐蚀产物分析、管道壁厚测量、腐蚀区域的描述；

——管道焊缝无损检测，应对开挖处的管道对接环焊缝、管道螺旋焊缝或对接直焊缝进行无损检测，一般应采用射线或超声波检测，也可采用国家质检总局许可的其他无损检测方法对管道缺陷状况进行检测。

对于宏观检查存在裂纹或者可疑情况的管道、处于有应力腐蚀开裂严重倾向的管段以及检验人员认为有必要时，可结合开挖点对管道对接环焊缝、管道螺旋焊缝或对接直焊缝、焊缝返修处等部位对接环焊缝进行表面无损检测。

8）应对穿越段进行重点检查或检测。

9）应按《在用工业管道定期检验规则》的规定对跨越段进行定期检验，并且按照现行国家或行业标准对跨越段的附属设施进行检验。

10）除对开挖检测处进行无损检测外，对下述位置的裸露管道也需进行无损检测：

——阀门、膨胀器连接的第一道焊接接头；

——跨越部位、出土与入土端的焊接接头；

——检验人员和管道使用单位认为需要抽查的其他焊接接头。

11）对有可能发生应力腐蚀开裂、氢致开裂、材质劣化的管道、使用时间已超过15年并进行修理的管道，应当进行管道理化性能测试。一般包括化学成分分析、硬度测试、力学性能试验、金相分析。

12）对材料状况不明的管道，应测试其化学成分，测试部位应包括母材和焊缝。

13）对于在应力腐蚀敏感介质中使用的管道，应进行焊接接头的硬度测试，判定管道的应力腐蚀破裂倾向的大小。硬度测试部位包括母材、焊缝及热影响区，硬度测试应当符合以下规定：

——对输送含 H_2S 介质的管道，其母材、焊缝及热影响区的维氏硬度均应小于 $250HV_{10}$；

——碳钢管的焊缝硬度值不应超过母材最高硬度的120%，对合金钢管的焊缝硬度不应超过母材最高硬度的125%。

当焊接接头的硬度超标时，检验人员视具体情况扩大焊接接头内外部无损检测抽查。

14）拉伸性能应当测试管道母材横向、纵向及焊缝的屈服强度、抗拉强度和延伸率，测试方法应符合国家或行业相应标准的规定。冲击性能应当测试在不同温度下管道母材和焊缝的夏比冲击功，测试包括管道最低运行温度和最低运行温度减10℃，测试方法应符合国家或行业相应标准的规定。

15）应对管道母材和焊缝的显微组织、夹杂物进行金相分析。

16）当内检测或直接检测不可实施或者效果不好时，可采用压力试验的方法进行专业检验。压力试验应当符合国家或行业相应标准的规定。

第三节　压力管道检验单位

一、特种设备检验检测机构的监督管理

特种设备检验检测机构应按照《特种设备检验检测机构核准规则》（TSG Z7001）和《特种设备检验检测机构鉴定评审细则》（TSG Z7002）、还有《特种设备检验检测机构核准规则》第1、2、3版的修改单要求提出申请，经国家质检总局核准，取得《特种设备检验检测机构核准证》（以下简称《核准证》）后，方可在核准的项目范围内从事特种设备检验检测活动。按照《特种设备安全监察条例》的有关规定，从事《特种设备安全监察条例》及相关法规、规章规定的特种设备检验检测活动，是指从事特种设备定期检验、监督检验、型式试验、无损检测等检验检测活动的技术机构，包括综合检验机构、型式试验机构、无损检测机构、气瓶检验机构（以下统称检验检测机构）。

申请核准的特种设备检验检测机构（以下简称申请机构）应当同时具备以下条件：

——有独立法人资格（特种设备使用单位设立的检验机构除外）；从事监督检验的机

构应当具有不以营利为目的的公益性事业法人资格；

——有与其承担的检验检测工作相适应的检验检测人员、专业技术人员，技术负责人具有特种设备检验师（或相关专业工程师）及以上资格；

——有与其承担的检验检测工作相适应的场地、装备和检测试验手段；

——有健全的质量管理体系和各项管理制度，并且有效运转；

——有与其承担的检验检测工作相适应的法律、法规、规章、安全技术规范及标准，并且认真执行；

——具有一定的规模：专职人员不少于 8 人；检验仪器装备总值不低于 50 万元（人民币）。

二、基本条件

检验检测机构应当具备以下基本条件：

——必须是独立承担民事责任的法人实体（特种设备使用单位设立的检验机构除外），能够独立公正地开展检验检测工作；

——单位负责人应当是专业工程技术人员，技术负责人应当具有检验师（或者工程师）及以上持证资格，熟悉业务，具有适应岗位需要的政策水平和组织能力；

——具有与其承担的检验检测项目相适应的技术力量，持证检验检测人员、专业工程技术人员数量应当满足相应规定要求；

——具有与其承担的检验检测项目相适应的检验检测仪器、设备和设施；

——具有与其承担的检验检测项目相适应的检验检测、试验、办公场地和环境条件；

——建立质量保证体系，并能有效实施；

——具有检验检测工作所需的法规、安全技术规范和有关技术标准；按照检验检测机构申请从事特种设备定期检验时，其申请项目对应的在用设备数量（已落实任务的）应当符合有关核准项目规定的最低要求；

——具体条件和要求按照《特种设备检验机构核准规则》、《特种设备无损检测机构核准规则》、《特种设备型式试验机构核准规则》等规定执行。

三、检验检测核准证

1）《核准证》有效期为 4 年。持有《核准证》的检验检测机构，应当在有效期满前 6 个月内向国家质检总局提出复核准申请（其中气瓶检验机构向省级质量技术监督部门提出复核准申请）。复核准具体程序按本规定第十一条、第十二条、第十三条规定执行。

2）持有《核准证》的检验检测机构，在有效期内，变更核准检验检测项目，其变更核准程序按本规定有关要求执行。

3）持有《核准证》的检验检测机构，在有效期内，机构名称、负责人、地址、所有制及隶属关系变更时，应当在变更后 15 日内向原受理机构备案并办理变更换证，同时告知检验检测机构所在地质量技术监督部门。

4）取得《核准证》的检验检测机构，由国家质检总局统一向社会公告。

四、特种设备检验检测机构的检验活动要求

1）特种设备安全监察职能的政府部门设立的专门从事特种设备检验检测活动、具有事业法人地位且不以营利为目的的公益性检验检测机构，可以从事特种设备监督检验、定期检验和型式试验等工作。

2）在特定领域或者范围内从事特种设备检验检测活动的检验检测机构，可以从事特种设备型式试验、无损检测和定期检验工作。

3）特种设备使用单位设立的检验机构，负责本单位一定范围内的特种设备定期检验工作。

4）按照规模化、专业化、社会化发展要求，鼓励检验检测机构联合重组，促进资源优化配置，采用先进技术，推行科学的管理方法，向社会提供优质、可靠、便捷的服务。检验检测机构按照其规模、性质、能力、管理水平等核定为A级、B级、C级，具体级别核定条件等按《特种设备检验检测机构鉴定评审规则》执行。

5）检验检测机构应当及时安排特种设备生产、使用单位报检的检验检测工作，落实检验检测任务计划，高效率、高质量地完成检验检测工作。

6）检验检测机构应当严格按照国家有关法律、法规、规章及安全技术规范，依法实施检验检测，为特种设备的安全、经济运行提供技术服务，保证检验检测结论真实、可靠。

检验检测机构应当客观、公正、及时地出具检验检测结果、鉴定结论，并对检验检测结果、鉴定结论负责。检验检测结果、鉴定结论应经检验检测机构授权的技术负责人签署。

检验检测机构应当指派持有检验检测人员证的人员从事相应的检验检测工作。检验检测机构对涉及的受检单位的商业秘密，负有保密义务。

7）经核准的检验检测机构，在从事检验检测工作中，不得将所承担检验检测工作转包给其他检验检测机构。特种设备使用单位的检验机构，不能如期完成本单位经核准的特定范围的检验检测工作时，应当及时告知当地质量技术监督部门。

8）检验检测机构在分包无损检测等专项检验检测项目时，应当选择经核准的专项检验检测机构（材料检测、金属监督等未设立专项检测核准要求的除外），并对检验检测的最终结果负责。

9）检验检测机构跨地区从事检验检测工作时，应当在检验检测前书面告知负责设备注册登记的质量技术监督部门。检验检测机构应当按照有关规定将检验检测结果报负责设备注册登记的质量技术监督部门。

10）检验检测机构在检验检测工作中，发现被检设备存在严重事故隐患，应当及时告知设备使用单位，并立即向负责设备注册登记的质量技术监督部门报告，同时按照有关规定填报检验案例。

11）检验检测机构应当加强信息化建设，建立科学可靠的检验检测数据档案，按照国家质检总局有关特种设备动态监督管理的要求，实现检验检测与安全监察之间的网络数据传输和共享。

12）检验检测机构在核准的检验检测项目内开展的检验检测工作，应当严格执行国家和地方有关部门规定的收费标准。

13）检验检测机构不得从事特种设备的生产、销售，不得进行推荐或者监制、监销特种设备等影响公正性的活动。

14）检验检测机构应当加强内部管理，确保检验检测质量管理体系有效运行，严格按照安全技术规范规定的检验检测项目、周期、方法、程序和质量控制要求进行检验检测。检验检测机构应当建立并实施检验检测质量管理体系、检验检测工作质量和工作人员行为等检查制约制度。

15）检验检测机构应当建立健全现场检验检测安全制度，落实安全责任，加强检验检测人员安全教育，督促检验检测人员遵章守纪，严格按照操作规程实施检验检测，保证检验检测人员自身安全与健康。

16）检验检测机构必须接受各级质量技术监督部门的监督检查，并按照规定报送有关材料。

五、检验检测监督管理

1）市（地）级质量技术监督部门负责组织对本行政区域内检验检测机构的检验检测工作质量进行日常监督检查，每年至少进行 1 次常规性监督检查，并将监督检查结果报省级质量技术监督部门。

2）省级质量技术监督部门负责组织或者委托有关机构对本行政区域的检验检测机构的检验检测工作质量进行监督抽查，每年抽查数量不少于检验检测机构总数的 25%，4 年中至少应当对每个检验检测机构抽查 1 次。同时将监督抽查结果报国家质检总局。

3）国家质检总局组织或者委托有关机构对检验检测机构的检验检测工作质量进行抽查考核。抽查考核有：常规性监督检查、监督抽查、抽查考核。并将定期对检验检测机构监督抽查、抽查考核结果进行通报。常规性监督检查不合格的，由实施检查的市级质量技术监督部门责令改正。常规性监督抽查连续 2 次不合格，或者监督抽查、抽查考核不合格，由省级质量技术监督部门或国家质检总局暂停其核准项目的检验检测工作；情节严重的，由国家质检总局吊销《核准证》。

4）检验检测机构有下列情形之一的，由市级及以上质量技术监督部门责令改正；逾期未改，情节严重的，由市级及以上质量技术监督部门暂停其核准项目的检验检测工作：

——机构名称、主要负责人、地址、所有制及隶属关系发生变更，未在 15 日内向原受理机构备案并办理变更换证，并告知其所在地质量技术监督部门的；

——无正当理由，拒不接受使用单位报检，或者未完成已落实任务范围内特种设备检验检测工作的；

——将所承担检验检测工作转包给其他检验检测机构的；

——检验检测机构分包无损检测等专项检验检测项目时选择未经核准的专项检验检测机构的；

——跨地区检验检测前，未书面告知负责设备注册登记的质量技术监督部门，或者未按有关规定向其报告检验检测结果的；

——发现被检设备存在严重事故隐患未及时告知设备使用单位，并立即向负责设备注册登记的质量技术监督部门报告的；

——违章操作，造成检验检测人员人身或健康伤害的；

——未按规定填报检验案例、有关材料的；

——未按国家和地方有关部门制定的标准收费的。

5）检验检测机构有其他违法行为的，按照《特种设备安全监察条例》等有关法律法规的规定查处。违法行为的查处有：

——暂停核准项目的检验检测工作期限为30日；

——停检期间，检验检测机构不得从事核准项目的检验检测工作；

——其承担的检验检测任务由当地质量技术监督部门安排其他经核准的检验检测机构完成；

——停检期满，由做出停检决定的部门视其整改情况决定，整改合格的，恢复检验检测；

——整改不合格的，报国家质检总局吊销《核准证》；被吊销《核准证》的检验检测机构，2年内其重新申请不予受理。

6）特种设备使用单位对检验检测机构出具的检验检测结果、鉴定结论有异议的，可向当地质量技术监督部门提出申诉。检验检测机构对鉴定评审结果有异议的，可向国家质检总局提出申诉。检验检测机构对监督检查、监督抽查、抽查考核结果或者相关处理决定有异议的，可向组织监督检查、监督抽查、抽查考核或者做出相关处理决定的上一级质量技术监督部门提出申诉。

六、具有一定的场地、设施要求

1）使用面积不少于100m^2的固定办公场所；

2）使用面积分别不少于10m^2的档案室、图书资料室；

3）满足存放要求的专用仪器设备室；

4）每5人至少拥有1台计算机，并且满足出具检验报告的需要；

5）建立了符合设备登记所在地质量技术监督部门要求的定期检验数据交换系统；

6）与申请核准项目相适应的法律、法规、规章、安全技术规范、标准及图书资料，安全技术规范、标准应当有颁布的正式版本；

7）必要的通信工具及办公设施。

七、特种设备压力管道检验检测核准项目（见表7－2）

表7－2　特种设备压力管道检验检测核准项目分类表

核准项目代码	核准项目		
DJ1	压力管道	长输（油气）管道	监督检验
DD1			定期检验
DJ2		公用管道	监督检验
DD2			定期检验
DJ3		工业管道	监督检验
DD3			定期检验
DJ4		管道元件	监督检验

第四节 检验检测机构人员要求

特种设备检验检测机构人员应按照《特种设备检验检测机构核准规则》（TSG Z7001）、《特种设备检验检测机构鉴定评审细则》（TSG Z7002）和《特种设备检验检测机构核准规则》第1、2、3版的修改单要求配备相关人员。

1. 定期检验人员

从事定期检验工作的检验人员应按《特种设备检验人员资格考核规则》的要求考核合格，取得相应的定期检验人员资格证书，方可进行压力管道的定期检验，其要求较为严格。

2. 无损检测人员

从事压力管道元件制造和管道安装、改造、维修及其定期检验的无损检测人员应当取得特种设备无损检测人员资格证书，并且在资格允许范围内从事无损检测工作。从事压力管道元件制造和管道安装、改造、维修及其定期检验的无损检测机构应当取得国家质检总局颁布的《特种设备检验检测机构核准证》。从事压力管道元件制造和管道安装、改造、维修焊接的焊接人员（以下简称焊工），必须取得《特种设备作业人员证》焊工相应级别的《特种设备作业人员证》后，方可在有效期内承担合格项目范围内的焊接操作施工。

3. 检验检测机构人员要求

1）机构负责人，有其所属法人单位所授予的工作范围与责任说明书和正式授权书（任命书），有较强的管理水平和组织领导能力，熟悉相应特种设备的法律、法规和检验业务。

2）技术负责人，有相关项目检验师及以上资格，从事特种设备相关工作5年及以上，熟悉特种设备法律法规和检验业务，有岗位需要的业务水平和组织能力。

3）质量负责人，有相关项目检验师及以上资格，从事特种设备相关工作5年及以上，熟悉质量管理工作，有岗位需要的业务水平和组织能力。

4）检验责任师，有相应项目的检验师及以上资格，有岗位需要的技术业务水平。

5）各类人员配备与申请核准项目具有与申请核准项目相适应的人员条件，具体要求见表7-3。

表7-3 特种设备检验检测机构人员资源条件表

核准项目代码	检验人员资格及数量
DJ1/DD1	1）特种设备高级检验师1名（承压类）； 2）压力管道检验师4名； 3）Ⅲ级射线、超声波、磁粉、渗透无损检测人员各1人项； 4）Ⅱ级射线、超声波、磁粉、渗透无损检测人员各2人项； 5）焊接、材料专业本科（中级以上技术职称）技术人员各1名
DJ2/DD2	1）压力管道检验师3名； 2）Ⅲ级射线或超声波、磁粉或渗透无损检测人员各1人项； 3）Ⅱ级射线、超声波、磁粉、渗透无损检测人员各2人项； 4）焊接、材料专业本科（中级以上技术职称）技术人员各1名

续表

核准项目代码	检验人员资格及数量
DJ3/DD3	1）压力管道检验师2名； 2）Ⅲ级射线、超声波检测人员各1人项； 3）Ⅱ级射线、超声波、磁粉、渗透无损检测人员各2人项； 4）焊接、材料专业大专以上技术人员各1名
DJ4	1）压力管道检验师2名； 2）压力管道检验员2名； 3）Ⅲ级射线或超声波、磁粉或渗透无损检测人员各1人项； 4）Ⅱ级射线、超声波、磁粉、渗透无损检测人员各2人项

第五节　压力管道检验方法和工具

特种设备检验检测机构人员应按照《特种设备检验检测机构核准规则》（TSG Z7001）、《特种设备检验检测机构鉴定评审细则》和《特种设备检验检测机构核准规则》第1、2、3版的修改单要求配备相关的检验检测设备。

压力管道检验单位必须具备基本的检验检测设备有：

——超声波探伤仪；
——便携式定量光谱仪（24元素）；
——埋地管道外防腐层状况探测检漏仪；
——埋地管道泄漏检测仪；
——力学性能试验设备；
——超声波测厚仪（两台）；
——红外线测距仪；
——接触电阻测试仪；
——X射线探伤机；
——X射线个人剂量报警仪；
——金相显微镜（带数码图像处理功能）；
——全站仪；
——可燃气体分析仪；
——接地电阻测试仪；
——静电阻测量仪；
——便携式硬度计；
——防腐层绝缘电阻测量仪；
——电火花检测仪；
——涂层测厚仪；
——杂散电流检测仪；
——土壤电阻率测试仪；

——数字万用电表；
——密间隔管地电位检测仪；
——直流电压梯度检测系统；
——硫酸铜参比电极；
——手持型 GPS 定位仪；
——拉力计；
——便携式测温仪；
——埋地管线外防腐层状况综合检测评估系统（软件）；
——柴油发电机；
——空气压缩机；
——工程汽车；
——对讲机；
——其他设备（电缆线、各种尺、组合工具、无损检测相关用品等若干）；
——个人防护用具（防爆手电、安全帽、工作服、手套、绝缘鞋、雨具等若干）；
——其他消耗材料（耦合剂、砂纸、记号笔等若干）。

除上述压力管道检验设备，还应具备表 7-4 中设备：

表 7-4　除承压类基本配备外的其他设备

DJ1/DD1	1）X 射线机（大于或等于 300kV）； 2）γ 射线机； 3）视频内窥镜（大于等于 10m）； 4）便携式定量光谱仪（16 元素）； 5）便携式金相仪（具有数码图像处理功能）； 6）全站仪； 7）接地电阻测量仪； 8）燃气泄漏检测仪； 9）管道爬行器； 10）埋地管道外防腐层检测仪； 11）检测工具车
DJ2/DD2	1）X 射线机（大于或等于 300kV）； 2）γ 射线机； 3）视频内窥镜（大于或等于 10m）； 4）便携式定量光谱仪（16 元素）； 5）便携式金相仪（具有数码图像处理功能）； 6）全站仪； 7）接地电阻测量仪； 8）燃气泄漏检测仪； 9）管道爬行器； 10）埋地管道外防腐层检测仪； 11）检测工具车

续表

DJ3/DD3	1）高温测厚仪； 2）X射线机（大于或等于300kV）； 3）γ射线机； 4）经纬仪； 5）水准仪； 6）接地电阻测量仪； 7）可燃气体分析设备； 8）埋地管道外防腐层检测仪
DJ4	承压类的基本配备
注：上述压力管道检验设备数量满足检验需要。	

第六节 在用压力管道的定期检验资料准备

工业压力管道、公用压力管道和长输管道定期检验单位和检验人员在检验前应做好资料审查工作应达到以下要求。

1）对以下资料和资格证明进行检验：

——压力管道设计单位设计资格及许可项目、设计图纸、安装施工图及有关计算书等；

——压力管道安装单位资格、竣工验收资料（含安装竣工资料、材料检验）等；

——管道组成件、管道支承件的质量证明文件；

——在线检验要求检验的各种记录；

——该检验周期内的历次在线检验报告；

——检验人员认为检验所需要的其他资料。

2）检验单位和检验人员应根据资料审查情况制定检验方案，并在检验前与使用单位落实检验方案。

3）压力管道检验前，检验机构应当对使用单位提供的资料进行审查。审查的资料一般应包括以下内容：

——压力管道设计单位资格，设计图纸、文件及有关强度计算书等；

——压力管道及其元件产品质量证明书；

——压力管道安装单位资格、安装监督检验证书、安装及竣工验收文件和资料；

——压力管道使用登记证；

——压力管道走向图与纵断面图；

——压力管道运行记录，包括输送介质压力、流量记录、压力异常波动记录、电法保护运行记录、阴极保护系统故障记录、压力管道修理或改造的资料、管道事故或失效资料、管道的各类保护措施的使用记录、管道的电法保护日常检查记录、输送介质分析报告（特别是含硫化氢、二氧化碳、氧气、游离水和氯化物）；

——运行周期内的一般性检查报告；

——历次专业性检验报告；

——检验人员认为检验所需要的其他资料。

本条前三款在管道投用后首次专业性检验时必须审查，在以后的检验中可以视需要查阅。

4）在进行专业性检验前，应根据资料分析识别所有危害管道完整性的潜在危险。这些潜在危险主要分为：

——与时间有关的危险，如内腐蚀、外腐蚀、应力腐蚀开裂等；

——固有的危险，如制造、施工过程中产生的缺陷；

——与时间无关的危险，如第三方破坏、外力破坏等；

——其他危害管道安全的潜在危险。

5）资料分析完成后，检验机构应当进行风险预评估，充分了解每种风险评估方法的优缺点，选择最优的风险评估方法。

第七节 在用压力管道定期检验安全注意事项

在用压力管道检验中检验人员应注意以下安全技术要求，并对无绝热层的非埋地管道一般应对整条管线进行外部宏观检查；有绝热层的非埋地管道应按一定的比例进行抽查；埋地敷设的管道应选择易发生损坏部位开挖抽查（如有证据表明防腐情况良好，可免于开挖抽查）。抽查的比例由检验人员和使用单位结合管道运行经验协商确定后进行检验工作。检验中的安全事项应达到以下要求：

——影响管道全面检验的附设部件或其他物体，应按检验要求进行清理或拆除；

——为检验而搭设的脚手架、轻便梯等设施，必须安全牢固，便于进行检验和检测工作；

——高温或低温条件下运行的压力管道，应按照操作规程的要求缓慢地降温或升温，防止造成损伤；

——检验前，必须切断与管道或相邻设备有关的电源，拆除保险丝，并设置明显的安全标志；

——如需现场射线检验时，应隔离出透照区，设置安全标志；

——定期检验时，应符合下列条件：

·将管道内部介质排除干净，用盲板隔断所有液体、气体或蒸汽的来源，设置明显的隔离标志；

·对输送易燃、助燃、毒性或窒息性介质的管道，应进行置换、中和、消毒，清洗。对于输送易燃介质的管道，严禁用空气置换；

·进入管道内部检验所用的灯具和工具的电源电压应符合 GB/T 3805—2008《特低电压（ELV）限值》的规定；检验用的设备和器具，应在有效的检定期内，经检验和校验合格后方可使用。

在检验工作中，检验单位和检验人员应做好检验的安全防护工作，严格遵守使用单位的安全生产制度。

关于检验单位的责任有如下规定，由于压力管道检验漏检、错检、误判的原因发生事故的，由特种设备安全监察部门责令其整改，并可处于罚款，情节严重的可暂扣或吊销其资格证书。给使用单位或其他单位造成经济损失的应承担相应的经济赔偿责任，构成犯罪的依法追究刑事责任。

第八节　在用压力管道安全性评价

在用压力管道安全性评价的检验，是对在专业性检验的基础上开展的评价工作的检验，对管道进行的应力分析计算，对危害管道结构完整性的缺陷进行的剩余强度评估与超标缺陷安全评定，对危害管道安全的主要潜在危险因素进行的管道剩余寿命预测，以及在一定条件下开展的材料适用性评价。

在用城镇燃气公用压力管道的安全性评价，是在专业性检验的基础上开展的评价工作，对管道进行的应力分析计算，对危害管道结构完整性的缺陷进行的剩余强度评估与超标缺陷安全评定，对危害管道安全的主要潜在危险因素进行的管道剩余寿命预测，以及在一定条件下开展的材料适用性评价。安全性评价应当由国家质检总局核准的机构进行，其核准要求除应满足国家质检总局的现行技术规范外，还应满足《压力管道定期检验规则——公用管道》（TSG D7003）的要求。

公用压力管道的安全性评价是在定期检验完成后进行，应对 GB1－C 级次高压燃气管道进行安全性评价，并确定检验周期。

1）耐压强度校核的要求，有下列情况之一者，应对 GB1－C 级次高压燃气压力管道按最高运行压力进行耐压强度校核：

——管道全面腐蚀减薄超过公称厚度的 10% 时；

——操作参数，如压力、温度发生增大的管道；

——输送介质种类发生重大变化，改变为更危险介质的管道。

耐压强度校核应按 GB 50028《城镇燃气设计规范》的相关规定进行。

2）应力分析校核的要求，有下列情况之一者，应对 GB1－C 级次高压燃气压力管道的关键管段进行应力分析校核：

——检验中发现管道存在较大变形、挠曲、破坏，以及支撑件损坏等现象时；

——管道全面腐蚀量超过管道公称壁厚的 20% 时；

——管段应设而未设置补偿器或补偿器失效；

——无强度计算书的管道；

——需要确定管道缺陷处截面的受力情况时；

——检验人员或使用单位认为有必要时。

3）在开挖检测完成后，针对 GB1－C 级次高压燃气管道，应及时对检测中发现的危害管道完整性的缺陷进行剩余强度评估与超标缺陷安全评定，评价过程中应考虑缺陷发展的影响，并根据评估的结果提出维护意见。

4）对 GB1－C 级次高压燃气管道，应根据危害管道安全的主要潜在危险因素选择管道剩余寿命预测的方法。管道的剩余寿命预测主要包括腐蚀寿命、裂纹扩展寿命、损伤寿命等。

管道腐蚀剩余寿命预测一般可采用式（7－1）进行计算。

$$RL = C \times SM \frac{t}{GR} \tag{7-1}$$

式中：C——校正系数，$C=0.85$；

RL——剩余寿命，年；

GR——腐蚀速率，mm/a；

t——名义壁厚，mm。

SM——安全裕量，$SM = \frac{计算失效压力}{最大允许操作压力}$。

5）有下列情形之一的管道，应当进行城镇燃气管道的材料适用性评价：

——对于材质劣化的管道；

——输送介质种类发生重大变化，改变为更危险介质的管道。

6）GB1－C级次高压燃气管道应结合定期检验结果和安全性评价结果，确定管道下一次定期检验周期，检验周期不能大于按照表7－5确定的时间间隔，且最长不能超过预测剩余寿命的一半。

其他类型的城镇燃气管道应结合定期检验结果确定管道下一检验周期，检验周期不能大于按照表7－5确定的时间间隔。

表7－5　定期检验最大时间间隔

管道级别	GB1－C级次高压燃气压力管道	GB1－D级次高压燃气压力管道、GB1－E级中压燃气压力管道
最大专业性检测时间间隔/年	5	7

第九节　在用工业压力管道定期检验工艺

为了检验机构和检验人员的方便，按照国家质检总局颁发的《在用工业管道定期检验规程》，针对在用工业管道定期检验要求，将某市特检所正在使用的在用工业管道定期检验工艺进行修改后提供大家参考。

在用工业管道定期检验工艺

1　总则

1.1　本工艺适用于《在用工业管道定期检验规程》中规定的压力管道的定期检验。

1.2　检验人员（以下简称检验员）必须持有经国家和省质量技术监督局颁发，并与压力管道相适应级别的压力管道检验员及以上资格证书；无损检测人员应具有相应检测项目的资格证书。

1.3　检验员的职责是遵照《特种设备安全监察条例》、《压力管道安全管理与监察规定》、《压力管道安全技术监察规程》（工业管道）、《在用工业管道定期检验规程》（试行）

等法规、安全技术规范规定进行检验，并出具检验报告。检验员对检验工作质量负责。

1.4　压力管道的定期检验包括在线检验和全面检验。

2　检验工作的主要依据

本工艺引用法规、安全技术规范、标准未注年号的，应使用最新版本。

《特种设备安全监察条例》

《压力管道安全管理与监察规定》（以下简称《管规》）

《压力管道安全管理与监察规定（工业管道）》TSG D0001

《在用工业管道定期检验规程（试行）》（以下简称《检规》）

《承压设备无损检测》NB/T 4730

3　检验前的准备工作

3.1　审查原始资料

1）设计资料：压力管道设计单位资格、设计文件（设计方案、管段设计特性表、材料表、管道单线图、管道平面布置图、管道工艺流程图）及有关计算书等；

2）安装资料：压力管道安装单位资格、安装竣工资料、管道组成件、管道支承件的质量证明文件、竣工图、单线图等；

3）《压力管道使用登记证》和《压力管道普查登记表》等；

4）运行记录、开停车记录、管道隐患监护措施实施情况记录等；

5）检验资料：运行周期内在线检验报告及历次全面检验报告；

6）维修改造资料重大维修改造方案、告知文件、竣工资料、维修改造监督检验证书等。

上述1）～3）款的资料在压力管道投用后首次检验时必须审查，在以后的检验中可以视需要查阅。

3.2　检验工作所需的工具与仪器设备

钢卷尺、150mm钢板尺、焊缝检验尺、检验锤、5～10倍放大镜、超声波测厚仪（带标准试块）、里氏或布氏硬度计（带标准硬度试块）、手电筒（三节以上电池）、评片灯、记号笔等。

无损检测仪器设备：X射线探伤仪、超声波探伤仪、标准试块以及各种超声波探伤用品、马蹄形或旋转磁场磁力线探伤机、标准试块以及各种磁粉探伤用品、渗透探伤标准试块以及各种渗透探伤用品、角磨砂轮、安全电压行灯等。

理化检验仪器设备：金相、硬度、光谱等仪器设备及角磨砂轮、安全电压行灯等辅助设备。

检验用的设备和器具应当在有效的检定或者校准期内。在易燃、易爆场所进行检验时，应当采用防爆、防火花型设备、器具。

3.3　检验前的准备与要求

3.3.1　检验中的安全事项应达到以下要求：

——影响管道定期检验的附设部件或其他物体，应按检验要求进行清理或拆除；

——为检验而搭设的脚手架、轻便梯等设施，必须安全牢固，便于进行检验和检测工作；

——高温或低温条件下运行的压力管道，应按照操作规程的要求缓慢地降温或升温，防止造成损伤；

——检验前，必须切断与管道或相邻设备有关的电源，拆除保险丝，并设置明显的安全标志。

——如需现场射线检验时，应隔离出透照区，设置安全标志。

3.3.2　全面检验时，应符合下列条件

——将管道内部介质排除干净，用盲板隔断所有液体、气体或蒸汽的来源，设置明显的隔离标志；

——对输送易燃、助燃、毒性或窒息性介质的管道，应进行置换、中和、消毒，清洗；对于输送易燃介质的管道，严禁用空气置换；

——进入管道内部检验所用的灯具和工具的电源电压应符合《安全电压》GB 3805的规定；检验用的设备和器具，应在有效的检定期内，经检查和校验合格后方可使用；

——内部检验时，应有专人监护，并有可靠的联络措施。

3.3.3　需要进行检验的表面，特别是腐蚀部位和可能产生裂纹性缺陷部位，应彻底清理打磨。

4　检验工艺程序

4.1　检验员应如实按管线填写相应检验项目的检验记录，并对记录的真实性和完整性负责。

4.2　检验工艺程序图（见图1，略）

4.3　检验内容及要求（见表1）

表1　检验内容及要求一览表

使用单位：　　　　管道名称：

	使用单位准备工作		检验单位准备工作	
验前准备	1	准备受检管道设计、安装、制造、使用登记、档案及运行记录、单线图、历次在线检验及全面检验报告、修理改造文件。	1	核对检验计划，查阅设计、安装、制造、使用登记、运行记录；查阅历次在线检验及全面检验提出的问题，配备相应持证检验检测人员。
	2	切断电源，隔断介质来源，有毒易燃介质置换、中和。	2	针对本次检验查阅《管规》、《管检规》和相关行业技术标准有关条款。
	3	拆除影响检验的附件及物体，搭设脚手架，清理打磨受检表面，露出母材金属本体或见光泽。	3	准备直、卷尺、焊缝检测尺、测厚仪、内窥镜、无损检测、硬度、化学分析、金相检验等仪器设备。
	4	设置隔断、隔离等安全标志，进入管道内部检验所用灯具和工具的电源符合现行国家标准的规定，隔离射线透照区，配监护人。	4	准备工作服、安全帽、安全带；确认使用单位安全措施落实情况。

续表

<table>
<tr><td rowspan="2">实施检验</td><td>1</td><td>外部宏观检验：无绝热层非埋地管道应对整条管线进行外部宏观检验；有绝热层的非埋地管道应按一定的比例进行抽查；埋地敷设的管道应选择易发生损坏部位开挖抽查。
1）泄漏检查。
2）管道位置：有无碰撞及摩擦。
3）管道结构是否存在挠曲、下沉、异常变形。
4）绝热层及防腐层：有无破损、脱落、跑冷。
5）振动检查。
6）支吊架：
——是否存在间距不合理、脱落、变形、腐蚀、与管道接触处积水；
——恒力弹簧支吊架转体位移指示越限；
——变力弹簧支吊架偏斜或失载；
——刚性支吊架状态异常；
——吊杆及连接配件损坏或异常；
——转导向支架卡涩；
——承载结构与支撑辅助钢结构变形及主要受力焊接接头存在裂纹。
7）阻尼器：是否存在位移异常、液压阻尼器液位异常。
8）减振器：是否存在位移异常。
9）补偿器：是否存在损坏及有无必要设补偿器结构。
10）阀门：是否存在腐蚀、裂纹、缩孔、连接螺栓松动、操作不灵活。
11）法兰：是否存在偏口、紧固件不齐全及不符合要求；紧固件松动及腐蚀。
12）膨胀节：
——波纹管膨胀节有无划痕及凹痕及腐蚀及开裂；波纹管波间中是否正常及有无失稳；
——铰链型膨胀节铰链、销轴有无变形及脱落。
13）阴极保护装置：其保护装置是否完好。
14）蠕胀测点：检查其蠕胀测点是否完好。
15）法兰间接触电阻：应小于0.03Ω。
16）对地电阻：不得大于100Ω。
17）管道标识：是否存在标识错误及不清或无标识。
18）管道组成件：有无损坏、变形、表面有无裂纹、皱褶、重皮、碰伤、腐蚀。
19）焊接接头：是否存在裂纹、检查咬边和错边量。</td></tr>
<tr><td>2</td><td>材质检验：管道材料的种类和牌号一般应查明，材质不明的，可以根据具体情况，采用化学分析、光谱分析等方法予以确定。</td></tr>
</table>

续表

<table>
<tr><td rowspan="4">实施检验</td><td>3</td><td>壁厚测定：
1）弯头、三通和直径突变处的抽查比例为：a）GC1 为≥50%；b）GC2 为≥20%；c）GC3 为≥5%。对上述被抽查的每个管件，测厚位置不得少于 3 处；上述被抽查管件与直管段相连的焊接接头的直管段一侧进行测厚，测厚位置不得少于 3 处。
2）发现管道壁厚有异常情况时，应在附近增加测点。有异常的测厚点做详细标记。</td></tr>
<tr><td>4</td><td>表面无损检测：
1）宏观检查中发现裂纹或可疑情况的管道，应在相应部位进行表面无损检测。
2）绝热层破损或可能渗入雨水的奥氏体不锈钢管道，应在相应部位进行外表面渗透检测。
3）处于应力腐蚀环境中的管道，应进行表面无损检测抽查。
4）长期承受明显载荷的管道，应在焊接接头和容易造成应力集中的部位进行表面无损检测。
5）检验人认为必要时，应对支管角焊缝等部位进行表面无损检测抽查。</td></tr>
<tr><td>5</td><td>超声波或射线检测：
1）GC1 的检测抽查比例为焊接接头的数量的 15%，且不少于 2 个。
2）GC2 的检测抽查比例为焊接接头的数量的 10%，且不少于 2 个。
3）抽查的部位应从下述重点检查部位中选定：
——制造、安装中的返修过的焊接接头和安装时固定口的焊接接头；
——错边、咬边严重超标的焊接接头；
——表面检测发现裂纹的焊接接头；
——泵、压缩机进出口第一道焊接接头或相近的焊接接头；
——支吊架损坏部位附近和管道焊接接头；
——异种钢焊接接头；
——硬度检验中发现的硬度异常的焊接接头；
——使用中发生泄漏的部位附近的焊接接头；
——检查人员和使用单位认为需要抽查的其他焊接接头。</td></tr>
<tr><td>6</td><td>理化检验：
1）下列管道一般应选择有代表性的部位进行金相和硬度检验抽查：
——工作温度大于 370℃的碳素钢和铁素体不锈钢管道；
——工作温度大于 450℃的钼钢和铬钼钢管道；
——工作温度大于 430℃的低合金钢和奥氏体不锈钢管道；
——工作温度大于 220℃的输送临氢介质的碳钢和低合金钢管道。
2）对于工作介质含湿 H_2S 或介质可能引起应力腐蚀的碳钢和低合金钢管道，一般应选择有代表性的部位进行硬度检验。当焊接接头的硬度值超过 HB200 时，检验人员视具体情况扩大焊接接头内外部无损检测抽查比例。
3）对于使用寿命接近或已经超过设计寿命的管道，检验时应进行金相检验或硬度检验，必要时应取样进行力学性能试验或化学成分分析。</td></tr>
</table>

续表

<table>
<tr><td rowspan="5">实施检验</td><td>7</td><td>安全保护装置检验：
1）压力表检查：检查设计规定数、实际安装数、安装位置、有效期、量程、精度、表盘直径、外观质量等。
2）测温仪表检查：检查设计规定数、实际安装数、安装位置、有效期、量程、精度、外观质量等。
3）安全阀检查：检查数量、型号、公称压力、公称通径、开启压力、工作温度、工作介质、外观质量、有效期、铅封、安装位置、合格证编号、制造许可证。
4）爆破片装置检查：检查数量、型号、规格、公称压力、材料、外观质量、有效期、安装位置、合格证编号、制造许可证。
5）紧急切断阀检查：检查制造厂家、制造许可证号、合格证编号、型式及规格、切断时间、有效期、耐压试验、密封压力试验、铅封。</td></tr>
<tr><td>8</td><td>耐压强度校验：
管道的全面减薄量超过公称厚度的10%应进行耐压强度校验。</td></tr>
<tr><td>9</td><td>管道应力分析：
检验人员和使用单位认为必要时，对下列情况之一者，应进行管系应力分析。
1）无强度计算书，并且 $t_o \geq D_o/6$ 或 $Po/[\sigma]^t > 0.385$ 的管道；
2）存在下列情况之一的管道：
——有较大变形、挠曲；
——法兰经常性泄漏、破坏；
——管道应设而未设置补偿器或补偿器失效；
——支吊架异常损坏；
——严重的全面减薄。</td></tr>
<tr><td>10</td><td>压力试验：
1）经全面检验的管道一般应进行压力试验。
2）经重大修理改造的。
3）使用条件变更的。
4）停用2年以上重新投用的。当进行压力试验时，现场应有安全措施。</td></tr>
<tr><td>11</td><td>缺陷处理：
1）修复处理消除缺陷；
2）采用安全评定的方法，确认缺陷是否影响管道安全运行到一下检验周期。</td></tr>
<tr><td>检验报告</td><td colspan="2">检验报告：
全面检验工作结束后，检验人员应根据检验情况和所进行的检验项目，填写《在用工业管道全面检验报告书》，并评定安全状况等级，同时确定管道继续使用参数及下次检验日期。检验报告一般在工业管道投入使用前递交使用单位。</td></tr>
</table>

注　1：本检验方案由检验员制订，表中没有涉及的检验项目划去。

注　2：本检验方案经责任师审核签署生效。

检验员　　　　　　　　责任师　　　　　　　　年　月　日

4.4　具体检验工艺性内容及要求见表2。

表2　检验内容及要求一览表

程序	检验项目	标准及技术要求	检验方法	备注
验前准备	设计资料	压力管道设计单位资格、设计文件（设计说明、管段设计特性表、材料表、管道平面布置图、管道工艺流程图）及有关计算书等	审查	重点审查设计变更、材料代用情况
	安装资料	压力管道安装单位资格、安装竣工资料、管道组成件、管道支承件的质量证明文件、竣工图、单线图等	审查	重点审查超次返修部位、安装存在问题
	注册登记	压力管道使用登记证和压力管道注册登记表等	审查	
	运行资料	运行记录、开停车记录、管道隐患监护措施实施情况记录等	审查	审查运行参数、介质成分、载荷变化、异常情况等
	检验资料	运行周期内在线检验报告及历次全面检验报告	审查	审查上次检验中发现问题的处理情况
	维修改造资料	重大维修改造方案，告知文件，竣工资料，维修改造监督检验证书等	审查	着重查修理改造原因及部位
实施检验	泄漏检查	主要检查管子及其他组成件泄漏情况	目视检查	
	绝热层和防腐层检查	主要检查管道绝热层有无破损、脱落、跑冷等情况；防腐层是否完好	目视检查	
	振动检查	主要检查管道有无异常振动情况	目视检查	
	位置与变形情况检查	1）管道位置是否符合安全技术规范和现行国家标准的要求。 2）管道与管道、管道与相邻设备之间有无相互碰撞及摩擦情况。 3）管道是否存在挠曲、下沉以及异常变形等	目视检查	
	支吊架检查	1）支吊架是否脱落、变形、腐蚀损坏或焊接接头开裂。 2）支架与管道接触处有无积水现象。 3）恒力弹簧支吊架转体位移指示是否越限。 4）变力弹簧支吊架是否异常变形、偏斜或失载。 5）刚性支吊架状态是否异常。 6）吊杆及连接配件是否损坏或异常。 7）转导向支架间隙是否合适，有无卡涩现象。 8）阻尼器、减振器位移是否异常，液压阻尼器液位是否正常。 9）承载结构与支撑辅助钢结构是否明显变形，主要受力焊接接头是否有宏观裂纹	目视检查	

续表

程序	检验项目	标准及技术要求	检验方法	备注
实施检验	阀门检查	1）阀门表面是否存在腐蚀现象。 2）阀体表面是否有裂纹、严重缩孔等缺陷。 3）阀门连接螺栓是否松动。 4）阀门操作是否灵活	目视检查	
	法兰检查	1）法兰是否偏口，紧固件是否齐全并符合要求，有无松动和腐蚀现象。 2）法兰面是否发生异常翘曲、变形	目视检查	
	膨胀节检查	1）波纹管膨胀节表面有无划痕、凹痕、腐蚀穿孔、开裂等现象。 2）波纹管波间距是否正常、有无失稳现象。 3）铰链型膨胀节的铰链、销轴有无变形、脱落等损坏现象。 4）拉杆式膨胀节的拉杆、螺栓、连接支座有无	目视检查	
	阴极保护装置检查	对有阴极保护装置的管道应检查其保护装置是否完好	目视检查	
	蠕胀测点检查	对有蠕胀测点的管道应检查其蠕胀测点是否完好	目视检查	
	管道标识检查	检查管道标识是否符合现行国家标准的规定。	目视检查	
	电阻测量	对输送易燃、易爆介质的管道采取抽查的方式进行防静电接地电阻和法兰间的接触电阻值的测定。管道对地电阻不得大于100Ω，法兰间的接触电阻值应小于0.03Ω	由相关专业人员检测	
	结构检查	1）支吊架的间距是否合理。 2）对有柔性设计要求的管道，管道固定点或固定支吊架之间是否采用自然补偿或其他类型的补偿器结构	目视检查或实测	
	管道组成件检查	检查管道组成件有无损坏，有无变形，表面有无裂纹、皱褶、重皮、碰伤等缺陷；	目视、5~10倍放大镜	

续表

程序	检验项目	标准及技术要求	检验方法	备注
实施检验	焊接接头检查	检查焊接接头（包括热影响区）是否存在宏观的表面裂纹；检查焊接接头的咬边和错边量	目测、5~10倍放大镜、焊缝检测尺	
	腐蚀检查	检查管道是否存在明显的腐蚀，管道与管架接触处等部位有无局部腐蚀	目视检查	
	材质检验	明确管道材料的种类和牌号	化学分析、光谱分析	
	壁厚测定	1）弯头、三通和直径突变处的抽查比例见表1，对于上述被抽查的每个管件，测厚位置不得少于3处；上述被抽查管件与直管段相连的焊接接头的直管段一侧应进行厚度测量，测厚位置不得少于3处；检验人员认为必要时，对其余直管段进行厚度抽查。 2）发现管道壁厚有异常情况时，应在附近增加测点，并确定异常区域大小，必要时，可适当提高整条管线的厚度抽查比例。弯头、三通和直径突变处测厚抽查比例 注：不锈钢管道、介质无腐蚀性的管道可适当减少测厚抽查比例。	超声波测厚仪	应明确检测部位及测点方位
	表面无损检测	1）宏观检查中发现裂纹或可疑情况的管道，应在相应部位进行表面无损检测。 2）绝热层破损或可能渗入雨水的奥氏体不锈钢管道，应在相应部位进行外表面渗透检测。 3）处于应力腐蚀环境中的管道，应进行表面无损检测抽查。 4）长期承受明显交变载荷的管道，应在焊接接头和容易造成应力集中的部位进行表面无损检测。 5）检验人员认为有必要时，应对支管角焊缝等部位进行表面无损检测抽查	按相应标准进行MT、PT	应明确检测部位

续表

<table>
<tr><th>程序</th><th>检验项目</th><th>标准及技术要求</th><th>检验方法</th><th>备注</th></tr>
<tr><td>实施检验</td><td>超声波或射线检测</td><td>GC1、GC2级管道的焊接接头一般应进行超声波或射线检测抽查。GC3级管道如未发现异常情况，一般不进行其焊接接头的超声波或射线检测抽查。超声波或射线检测抽查的比例与重点检测部位按下述原则确定：
1）GC1、GC2级管道焊接接头的超声波或射线检测抽查比例见下表。
<table><tr><th>管道级别</th><th>超声波或射线检测比例</th></tr><tr><td>GC1</td><td>焊接接头数量的15%且不少于2个</td></tr><tr><td>GC2</td><td>焊接接头数量的10%且不少于2个</td></tr></table>注1：温度、压力循环变化和振动较大的管道的抽查比例应为表中数值的2倍。
注2：耐热钢管道的抽查比例应为表中数值的2倍。
注3：抽查的焊接接头进行全长度无损检测。
抽查时若发现安全状况等级3级或4级的缺陷，应增加检查比例，增加量由检验人员与使用单位结合管道运行参数和运行经验协商确定。
2）抽查的部位应从下述重点检查部位中选定：
——制造、安装中返修过的焊接接头和安装时固定口的焊接接头；
——错边、咬边严重超标的焊接接头；
——表面检测发现裂纹的焊接接头；
——泵、压缩机进出口第一道焊接接头或相近的焊接接头；
——支吊架损坏部位附近的管道焊接接头；
——异种钢焊接接头；
——硬度检验中发现的硬度异常的焊接接头；
——使用中发生泄漏的部位附近的焊接接头；
——检验人员和使用单位认为需要抽查的其他焊接接头。
当重点检查部位确需进行无损检测抽查，而表中所规定的抽查比例不能适应检查需要时，检验人员应与使用单位协商确定具体抽查比例</td><td>按相应标准进行UT、RT</td><td>应明确检测部位</td></tr>
</table>

续表

程序	检验项目	标准及技术要求	检验方法	备注
实施检验	金相和硬度检验	1）下列管道一般应选择有代表性的部位进行金相和硬度检验抽查。 ——工作温度大于370℃的碳素钢和铁素体不锈钢管道； ——工作温度大于450℃的钼钢和铬钼钢管道； ——工作温度大于430℃的低合金钢和奥氏体不锈钢管道； ——工作温度大于220℃的输送临氢介质的碳钢和低合金钢管道。 2）对于工作介质含湿 H_2S 或介质可能引起应力腐蚀的碳钢和低合金钢管道，一般应选择有代表性的部位进行硬度检验。当焊接接头的硬度值超过HB200时，检验人员视具体情况扩大焊接接头内外部无损检测抽查比例。 3）对于使用寿命接近或已经超过设计寿命的管道，检验时应进行金相检验或硬度检验，必要时应取样进行力学性能试验或化学成分分析	硬度检验选用便携式超声波硬度计。 金相检验 1）直接法 2）覆膜法	应明确检测部位及测点方位
安全附件检验	压力表	1）无压力时，压力表指针是否回到限止钉处或者是否回到零位数值。 2）检查压力表的精度等级、表盘直径、量程、安装位置、数量、有效期、外观质量等是否符合有关规程、标准的要求	目视检查	确认检定报告
	测温仪表	检查测温仪表的精度等级、量程、安装位置等是否符合有关规程、标准的要求	目视检查	认可校验记录
	安全阀	检查安全阀的型号、公称压力、公称通径、开启压力、安装位置、数量、有效期、铅封、外观质量等是否符合有关规程、标准的要求	目视检查	确认校验报告
	爆破片	应按有关规定，定期更换	目视检查	认可更换记录
	紧急切断装置	对拆下来的紧急切断装置，应解体、检验、修理和调整；进行耐压、密封、紧急切断等性能试验。具体要求应符合相关规程、标准的规定。检验合格后，重新铅封并出具合格证	目视检查	认可检验记录

续表

<table>
<tr><th>程序</th><th>检验项目</th><th>标准及技术要求</th><th>检验方法</th><th>备注</th></tr>
<tr><td rowspan="3">耐压强度校验和应力分析</td><td>耐压强度校验</td><td>管道的全面减薄量超过公称厚度的10%时应进行耐压强度校验。耐压强度校验参照《工业金属管道设计规范》GB 50316的相关要求进行</td><td>计算</td><td></td></tr>
<tr><td>应力分析</td><td>检验人员和使用单位认为必要时，对下列情况之一，应进行管系应力分析。
1）无强度计算书，并且$t_0 \geqslant \frac{D_0}{6}$或$\frac{P_0}{[\sigma]^t}>0.385$的管道；式中$t_0$为管道设计壁厚（mm），$D_0$为管道设计外径（mm），$P_0$为设计压力（MPa），$[\sigma]^t$为设计温度下材料的许用应力（MPa）；
2）存在下列情况之一的管道：
有较大变形、挠曲；法兰经常性泄漏、破坏；管段应设而未设置补偿器或补偿器失效；支吊架异常损坏；严重的全面减薄</td><td>计算</td><td></td></tr>
<tr><td>压力试验和泄漏性试验</td><td>1）经全面检验的管道一般应进行压力试验。
2）管道有下列情况之一时，应进行压力试验：
——经重大修理改造的；
——使用条件变更的；
——停用2年以上重新投用的。
对因使用条件变更而进行压力试验的管道，在压力试验前应经强度校核合格。
3）本条2）款所述的管道，如果现场条件不允许使用液体或气体进行压力试验，经使用单位和检验单位同意，可同时采用下列方法代替：
——所有焊接接头和角焊缝（包括附着件上的焊接接头和角焊缝），用液体渗透法或磁粉法进行表面无损检测；
——焊接接头用100%射线或超声检测；
——泄漏性试验。
4）不属于本条2）款所述的管道，如果现场条件不允许使用液体或气体进行压力试验，经使用单位和检验单位同意，通过泄漏性试验的可以不进行压力试验</td><td>压力试验和泄漏性试验的具体规定按《工业金属管道工程施工及验收规范》GB 50235执行，其中试验压力计算公式中的设计压力在此可以用最高工作压力代替</td><td>现场确认</td></tr>
</table>

续表

程序	检验项目	标准及技术要求	检验方法	备注
耐压强度校验和应力分析	检验结论报告	根据各单项检验报告，进行综合分析，汇总成检验报告。按《检规》要求，填写检验结论报告，应注明：安全状况等级；允许继续使用的参数；监控使用的限制性条件；下次检验日期；判废依据等。	按《检规》要求填写和签发检验报告，并按检验所内审批程序进行报告审批签章	
检验后的处理	缺陷处理	1）修复处理消除缺陷。 2）采用安全评定的方法，确认缺陷是否影响管道安全运行到下一检验周期。	修复或安全评定	

5　形成的记录、报告

5.1　在用工业管道在线检验报告

5.2　在用工业管道全面检验报告

5.3　在用工业管道在线检验记录

5.4　在用工业管道全面检验记录

5.5　压力管道无损检测委托单

5.6　理化检测委托单

5.7　特种设备检验意见通知书（1）

5.8　特种设备检验意见通知书（2）

本工艺起草人：×××

本工艺审核人：×××

本工艺批准人：×××

时间：

第十节　在用公用压力管道定期检验工艺

公用管道定期检验工艺

使用单位：　　　　　　　　　　　　　　　　管道名称：

	使用单位准备工作		检验单位准备工作	
验前准备	1	准备受检管道设计、安装、制造、使用登记、档案及运行记录、单线图、历次年度检查及全面检验报告、修理改造文件	1	核对检验计划，查阅设计、安装、制造、使用登记、运行记录；查阅历次年度检查及全面检验提出的问题，配备相应持证检验检测人员

续表

<table>
<tr><td rowspan="4">验前准备</td><td colspan="2">使用单位准备工作</td><td colspan="2">检验单位准备工作</td></tr>
<tr><td>2</td><td>切断电源，隔断介质来源，有毒易燃介质置换、中和</td><td>2</td><td>针对本次检验查阅《管规》《管检规》和相关行业技术标准有关条款</td></tr>
<tr><td>3</td><td>拆除影响检验的附件及物体，搭设脚手架，清理打磨受检表面，露出母材金属本体或见光泽</td><td>3</td><td>准备直、卷尺、焊缝检测尺、测厚仪、内窥镜、无损检测、硬度、化学分析、金相检验等仪器设备</td></tr>
<tr><td>4</td><td>设置隔断、隔离等安全标志，进入管道内部检验所用灯具和工具的电源符合现行国家标准的规定，隔离射线透照区，配监护人</td><td>4</td><td>准备工作服、安全帽、安全带；确认使用单位安全措施落实情况</td></tr>
<tr><td rowspan="3">实施检验</td><td>1</td><td colspan="3">内腐蚀直接检测：
管道内腐蚀直接检测应当在凝析烃、凝析水、沉淀物最有可能聚集之处进行局部内腐蚀检测，可以采用多相流计算、高程点分布等方法确定检测位置。对管道进行内腐蚀直接检测时，一般在开挖后采用超声壁厚测定等方法进行直接检测，确定内腐蚀状况；也可采用腐蚀监测方法或者其他认可的检测手段。内腐蚀直接检测方法的步骤主要包括预评价、间接检测、直接检查、后期评价四个步骤</td></tr>
<tr><td>2</td><td colspan="3">外腐蚀直接检测：
1）管线敷设环境调查：
——环境腐蚀性检测，包括土壤腐蚀性测试和杂散电流测试；
——大气腐蚀性调查。
2）防腐（保温）层状况不开挖检测。
3）管道阴极保护有效性检测</td></tr>
<tr><td>3</td><td colspan="3">开挖直接检验：
——土壤腐蚀性检测，检查土壤剖面分层情况以及土壤干湿度，必要时可以对探坑处的土壤样品进行理化检验；
——防腐（保温）层检查和探坑处管地电位测试，检查防腐（保温）层的物理性能以及探坑处管地电位，必要时收集防腐（保温）层样本，按照相应国家标准或者行业标准的要求进行防腐（保温）层性能分析；
——管道腐蚀状况检测，包括金属腐蚀部位外观检查、腐蚀产物分析、管道壁厚测定、腐蚀区域的描述；
——阀井（室）、调压站（室）内管道以及阀体检查；
——管道焊缝无损检测，对开挖处的管道对接环焊缝进行无损检测，必要时还应对焊接钢管焊缝进行无损检测。无损检测一般采用射线或者超声方法，也可采用国家质检总局认可的其他无损检测方法。
对于宏观检查存在裂纹或者可疑情况的管道，以及检验人员认为有必要时，可以对管道对接环焊缝、管道连头与碰口、管道螺旋焊缝或者对接直焊缝以及焊缝返修处等部位进行无损检测。除对规定的检测位置进行无损检测外，必要时对下述</td></tr>
</table>

续表

实施检验	3	位置的裸露管段也应当进行无损检测抽查： ——阀门、膨胀器连接的第一道焊接接头； ——跨越部位、出土与入土端的焊接接头； ——检验人员和使用单位认为需要抽查的其他焊接接头
	4	穿、跨越段检查： 应当对穿越段进行重点检查或者检测
	5	理化检验： 对有可能发生 H_2S 腐蚀、材质劣化、材料状况不明的管道，一般应当进行管道理化检验。理化检验包括化学成分分析、硬度测试、力学性能测试、金相分析
	6	非钢质材料的检验： ——铸铁管的检测 ——非金属管的检查
	7	耐压（压力）试验： 当直接检测不可实施时，可以采用耐压（压力）试验的方法进行检验。耐压（压力）试验按照相应国家标准或者行业标准的规定
	8	其他要求： 进行全面检验时，应当包括年度检查内容，具体检查项目和方法参照《公用管道年度检查方案》
	9	缺陷处理： ——修复处理消除缺陷； ——采用安全评定的方法，确认缺陷是否影响管道安全运行到下一检验周期
出具检验报告	检验报告： 全面检验工作结束后，检验人员应根据检验情况和所进行的检验项目，填写《公用管道全面检验报告书》，同时确定管道继续使用的使用参数，给出检验结论，检验报告一般在公用管道投入使用前递交使用单位	

注　1：本检验方案由检验员制订，表中没有涉及的检验项目划去。

注　2：本检验方案经责任师审核签署生效。

检验员　　　　　　　　　　责任师

年　月　日

第十一节 长输（油气）压力管道定期检验方案

本长输（油气）压力管道定期检验方案主要是适用于在用埋地长输（油气）压力管道定期检验方案。

1 适用范围及专业人员资质

1.1 本检验方案适用于油田在用埋地长输（油气）压力管道的检验。

1.2 检验人员必须持有省级以上技术监督部门颁发的相应级别的压力管道检验资质证书。

1.3 无损检测人员必须持有省级以上技术监督部门颁发的无损检测人员资质证书。

2 检验依据

《特种设备安全监察条例》

《压力管道安全管理与监察规定》

《中华人民共和国石油天然气管道保护法》

《压力管道安全技术监察规程—工业管道》TSG D0001－2009

《压力管道定期检验规则—长输（油气）管道》TSG D7003－2010

《在用工业管道定期检验规程》（试行）

《天然气管道检验规程》Q/SY 93－2004

《输气管道工程设计规范》GB 50251－2003

《输油管道工程设计规范》GB 50253－2003

《埋地钢质管道腐蚀防护工程检验》GB/T 19285－2003

《埋地钢质管道阴极保护保护参数测量方法》GB 21246－2007

《石油天然气管道安全规程》SY 6186

《埋地钢质管道外防腐层修复技术规范》SY/T 5918

《钢质管道腐蚀损伤评价方法》SY/T 6151

《埋地钢质管道直流排流保护技术标准》SY/T 0017

《埋地钢质管道交流排流保护技术标准》SY/T 0032

《钢质管道及储罐腐蚀与防护调查方法标准》SY/T 0087

《承压类无损检测》JB 4730－2005

3 检验前准备

3.1 压力管道使用单位应当做好定期检验前的各项准备工作，确保所检验的油气管道处于适宜的待检验状态，提供安全的检验环境，负责检验所需要的辅助工作，协助检验机构进行定期检验。检验人员应认真执行管道使用单位的安全管理规定。

3.2 检验工具、仪器与设备

——变频选频绝缘电阻测量仪；

——多频管中电流测试仪；

——人体电容法埋地管道外防腐层检漏仪；
——土壤腐蚀性测试仪、杂散电流测试仪；
——密间隔电位测试仪 CIPS；
——直流电位梯度法 DCVG；
——全站仪、可燃气体分析设备；
——GPS 定位仪、对讲机；
——无损探伤设备、便携式里氏硬度计、及其他理化检验设备；
——卡尺、直板尺、卷尺、超声波测厚仪、千分表；
——接地电阻测量仪、绝缘电阻测量仪、防腐层测厚仪、电火花检漏仪；
——数字万用表、兆欧表、直流电压表 、直流电流表、铜－饱和硫酸铜参比电极（CSE）。

4 检验前的准备工作

4.1 原始资料审查

检验人员对以下资料进行检验、分析：
——设计图纸、文件与有关强度计算书；
——压力管道元件产品质量证明资料；
——安装监督检验证明文件、安装及其竣工验收资料；
——管道运行记录，包括输送介质压力、流量记录、压力异常波动记录、电法保护；
——运行记录、阴极保护系统故障记录，管道修理或改造的资料，管道事故或失效资料，管道的各类保护措施的使用记录，管道电法保护日常检查记录等；
——历次检验报告；
——检验人员认为检验所需要的其他资料。

本条前 2 款在管道投用后首次全面检验时必须审查，在以后的检验中可以视需要查阅。

4.2 分析管道结构完整性的潜在危险

检验前，检验员应当根据资料分析辨识所有危害管道结构完整性的潜在危险。主要分为以下几种：
——固有危险：如制造与安装、改造、维修施工过程中产生的缺陷；
——运行过程中与时间有关的危险，如内腐蚀、外腐蚀、应力腐蚀；
——运行过程中与时间无关的危险，如第三方破坏、外力破坏、误操作；
——其他危害管道安全的潜在危险。

5 主要检验工序

1）走线调查；了解管道现状、所处环境及沿线相关情况；
2）外腐蚀检测：包括管线敷设环境调查、状况不开挖检测、管道阴极保护有效性检测、开挖直接检验；

3）管线敷设环境调查：包括环境腐蚀性能检测（土壤腐蚀性及杂散电流测试）

4）管道内外壁缺陷检测；

5）电法保护参数测试；

6）特定情况的检测：如管材性能、管道承压能力、管道焊缝质量等；

7）收集完整检测数据；

8）处理检测数据；

9）出具检测报告。

6　具体检验内容

6.1　全面检验项目

有内检测、直接检测和耐压试验。

6.2　内检测

具备内检测条件的管道，可采用管道内检测设备对管道内外壁腐蚀状况、几何形状进行检测。当内检测发现管道有严重缺陷点时，应当进行开挖直接检验。

内检测完成后，必要时，还应进行埋地与裸露管段焊缝无损检测。

对不具备内检测条件的管道，或以内腐蚀、应力腐蚀、外腐蚀为主要失效模式的管道，应当采用直接检测方法进行全面检验。

6.3　直接检测

直接检测方法主要包括管道内腐蚀、外腐蚀直接检测。

6.3.1　内腐蚀直接检测

对管道进行内腐蚀直接检测时，一般在开挖后采用超声波壁厚测定法进行直接检测，确定内腐蚀状况。

内腐蚀直接检测部位应当在凝析烃、凝析水、沉淀物最有可能聚集之处，以及油、水、气界面进行。

在条件许可时，按照一定比例开挖后用壁厚测定等检测技术进行直接检测。测定数量，对于输油管道，0.6 处/km～1.5 处/km；输气管道，1.0 处/km～1.2 处/km。

6.3.2　外腐蚀直接检测

外腐蚀直接检测项目，包括管线敷设环境调查、防腐（保温）层状况不开挖检测、管道阴极保护有效性检测、开挖直接检验。根据检测、检验结果，对腐蚀防护系统进行分级，分为四个等级。

6.3.2.1　穿（跨）越管段的检查

（1）穿越段的检查内容

检查穿越管道保护工程的稳固性情况，如果有套管检查孔，则要检测套管检查孔的完好情况。同时，应重点检验穿越两端的阴极保护状况、穿越两端的管道腐蚀状况。

（2）跨越压力管道的检验内容

分为压力管道与钢结构的检测：

——压力管道部分的检测主要内容按照《在用工业管道定期检验规则》的规定要求进行；

——检查跨越段管道防腐（保温）层、锚固礅、伸缩器、补偿器等完好情况；钢结构及基础、钢丝绳、索具及连接件等腐蚀损伤情况；

——钢结构的检验以宏观检验为主，主要是检查钢结构本身的锈蚀情况，以及节点、重要构件及钢结构是否有锈蚀、变形和倾斜，如支（墩）架、吊架、垫块、卡箍等构件的完好情况、腐蚀损坏及变形等。

6.3.2.2　防腐（保温）层状况不开挖检测

1）埋深、位置和走向的检测与调查

主要检查管道位置、埋深和走向。

确认压力管道埋深是否符合 GB 50251 及 GB 50253 等管道设计标准的规定。

2）管道外防腐层状况不开挖检测

①应采用不开挖检测方法对防腐（保温）层及腐蚀活性区域进行检测，选择合适的检测方法与检测设备。至少应当选择两种相互补充的不开挖检测方法。

②防腐层地面检漏

采用管道防腐（保温）层检漏设备在地面对防腐层进行连续性、完好性检验，找出防腐（保温）层破损、漏电点。

防腐（保温）层地面检漏或绝缘性能测试时，对发现管道防腐（保温）层漏电点较多或绝缘性能严重下降时，应对防腐（保温）层进行进一步的检验。

判定为破损、漏电点后，应进行选择性开挖验证；若通过开挖发现为非破损点缺陷的，应分析产生电信号异常变化的原因，并做好详细记录。

6.3.2.3　管道阴极保护有效性检测

（1）对采用外加电流阴极保护或可断电的牺牲阳极阴极保护的管道，应采用相应技术手段测试管道的真实阴极保护极化电位，对阴极保护效果较差的管道，应采用密间隔电位测试（如 CIPS），确定未能达到有效阴极保护的具体管段（CIPS 测试参见 SY/T5918附录 D 规定）。

在不具备加密间距测试设备情况下，用参比电极测试时，应保证有足够的测试点。除了对全部测试桩及开挖探坑处进行管地电位测试外，根据需要可适当加设测试点。测试数据要进行定位并详细记录。

（2）管地电位测试

详细测试方法见《埋地钢质管道阴极保护参数测量方法》（GB 21246）的规定。

6.3.2.4　管线敷设环境调查

（1）宏观检验项目及要求如下：

1）地面标识检查。主要检查三桩一牌（标志桩、测试桩、里程桩和标志牌）等外观完好、丢失情况。

2）管道沿线防护带与沿线环境调查：

——管道是否存在覆土塌陷、裸露、施工开挖、下沉、人工取土，搭建（构）筑物、占压状况等现象；

——在管道附近区域内有无种植果树（林）及其他根深作物、打桩、堆放物质及其他影响管道巡线和管道维护的物体；

——管道与其他管道、通信电缆、高压电线、公路、铁路距离进行调查；

——统计输气管道沿线的地区等级（按 GB 50251 划分）；

——地面泄漏检查，通过目视或专用仪器检查管道漏气或漏油情况；

——露管段的检测。

对于由于土壤流失导致管道裸露的管段，特别是浸泡在水中的管段，应重点检查水与空气界面的管道外观、腐蚀状况。

（2）环境腐蚀性检测包括土壤腐蚀性以及杂散电流测试两部分。

1）土壤腐蚀性测定：

土壤电阻率是土壤腐蚀性的一项基本指标。土壤电阻率测试位置主要包括沿线加电点、开挖坑检点、可能具有腐蚀倾向的重要地段等，并保证足够的测试数据，测试点应进行定位和详细记录。

——一般地区土壤电阻率可采用接地电阻仪进行测量，测试方法见 GB 21246 中“11 土壤电阻率”规定，按 GB/T 19258 中规定划分腐蚀等级。测点数量要求：保证每 2km 至少测试一点，对于长度小于 2km 的管线，测试点数不应少于 2 点；

——对于芦苇地带和细菌腐蚀性较强的地区，应对土壤进行氧化还原电位测试，执行 SY/T 0007 中表 4.0.9“土壤细菌腐蚀评价指标”规定（只有在厌氧菌腐蚀可能产生的地区进行土壤氧化还原电位测量）；

——结合实际情况，对土壤腐蚀性分析还可采用土壤腐蚀速率快速测试、管地电位测试等方法。

2）杂散电流的测定：

——对于有明显干扰源的区域，如变压器入地点、高压线跨越处（10 kV 及以上）、有管道交叉的区域等，结合防腐（保温）层漏电检测情况，进行杂散电流测试。监测杂散电流干扰的方法有管地电位测量、管地电位梯度测量及 SCM 设备测试杂散电流等。

——直流、交流干扰腐蚀测试。根据腐蚀干扰源的不同，杂散电流可分为直流干扰和交流干扰：

· 直流干扰是由于大地中直流杂散电流的作用而引起的埋地金属管道腐蚀电位的变化。直流电干扰的测试应按 SY/T 0017－2006 中 6.1.1 及附录 A“埋地钢质管道直流电干扰测试方法的规定”的要求进行；

· 交流干扰是交流电通过阻性、感性或容性耦合在邻近管道上产生的电效应。管道交流电干扰的测试主要是干扰电压的测试，应按 SY/T 0032 中“4”及附录 A“交流电干扰对埋地钢质管道交流电干扰测试方法”的规定；

当地物地貌环境和土壤无较大变化时，土壤腐蚀性数据可采用工程勘察或上次全面检验报告的数据。

（3）管道与电力、通信电缆以及其他管道有平行敷设或发生交叉时，应按 GB 50251规定调查相邻间距。

6.3.2.5 开挖直接检验

(1) 选择原则

根据防腐（保温）层不开挖检验检测 、管道阴极保护有效性检测、管线敷设环境调查的检测结果，确定一定比例挖坑检验点。开挖点数量的确定原则见下表：

管道类别	腐蚀防护系统质量等级			
	1	2	3	4
油管道/（处/km）	不开挖	0.1	0.6～0.8	1.2～1.5
气管道（处/km）	不开挖	0.1	1.0～1.2	1.8～2.0

同时探坑开挖点选取结合以下几点：

——资料审查中的发现错边、咬边严重的焊接接头、碰口与连头焊口、风险较高的管段、使用中发生泄漏、弯头（管道变向点、拐点）、变坡点、三通等管件位置、管道埋设地势低洼处、环境腐蚀性较强的地段、第三方破坏的位置；

——在检测过程中，如果发现某一区域管体腐蚀现象较严重或焊接质量较差，防腐层总体状况、环境腐蚀性或杂散电流干扰较强等现象，应在该区域进行以探坑扩探为主的重点检验；

——根据管道使用年限、管道运行过程中发生事故地点及原因等信息选择开挖点。

(2) 开挖坑的要求

直接开挖时，探坑中暴露管段的悬空裸露长度不得小于2m。当开挖探坑中的管段出现缺陷时，应将缺陷完整的暴露出来或暴露到能够准确判断缺陷的性质和范围为止，其悬空长度应符合管道运行安全的要求。开挖时应保持土壤顺序不混乱，检查后按土层顺序分层回填。

(3) 开挖直接检验的方法和内容

1) 土壤腐蚀性检测。检查土壤剖面分层情况以及土壤干湿度，必要时可以对探坑处的土壤样品进行理化检验。

2) 外覆盖层性能检测和探坑处管道电位测试。应检查防腐（保温）层的物理性能（如表面有无气泡、坑蚀、破损、裂纹、剥离等现象）及探坑处的保护电位。防腐（保温）层测试及评价指标应符合 SY/T 0087.1 中“5.5 防腐层保护效果检测项目和方法”的规定。

3) 包括金属腐蚀部位外观检查、腐蚀产物分析、腐蚀区域的描述、管体壁厚测定。

——对管道金属表面已发生腐蚀的，应对腐蚀产物、金属腐蚀状况进行检测和记录。详细描述金属腐蚀的部位，腐蚀产物分布（均匀、非均匀）、厚度、颜色、结构（分层状、粉末状或多孔）、紧实度（松散、紧实、坚硬），绘制腐蚀形状图，拍彩色照片，并对腐蚀产物成分进行初步鉴定；

——清除腐蚀产物后，记录腐蚀形状、面积、位置，判断腐蚀类型，对腐蚀坑的部位、长度、宽度以及深度进行测量记录。腐蚀坑深和腐蚀面积测量方法参见SY/T 0087.1－2006 中“附录 B——管道腐蚀深坑和腐蚀面积的测量方法”的规定；

——对管体外壁、腐蚀部位及附近区域的管体采用超声波测厚方法进行管道剩余壁厚测定，对测厚发现管道壁厚有异常情况的，应在附近增加测点，并确定异常区域大小。必要时，可适当提高整条管线的厚度抽查比例。

测厚点选择原则：易受介质腐蚀和冲蚀的弯头部位、三通部位、穿跨越管段部位、直径突变的管段部位、低洼点以及部分焊缝两侧。在选择测厚点时，还应注意防腐（保温）层下腐蚀、土壤－空气界面腐蚀、其他潜在局部腐蚀部位等 。

4）硬度测试。对于在应力腐蚀敏感介质中使用的管道，应进行焊接接头的硬度测试，检查部位为对接环焊缝两侧及角焊缝周围。当焊接接头的硬度超标时，检验人员视具体情况扩大焊接接头内外部无损检测抽查。

5）管道焊缝无损检测，对开挖处的管道有遇到对接环焊缝、管道螺旋焊缝或对接直焊缝的，应进行无损检测，一般应采用射线或超声波检测方法。

对于宏观检查存在裂纹或者可疑情况的管道、处于有应力腐蚀开裂严重倾向的管段及检验人员认为有必要时，可结合开挖点对管道对接环焊缝、管道碰口与连头、管道螺旋焊缝及对接直焊缝返修处等部位进行表面无损检测。

6.3.2.6　裸露管道无损检测

除对6.3.2.5规定的开挖检测处进行无损检测外，必要时对下述位置的裸露管道也需进行无损检测抽查：

——阀门、膨胀器连接的第一道焊接接头或相近的焊接接头；

——跨越部位、出土与入土端的焊接接头；

——检验人员和管道使用单位认为需要抽查的其他焊接接头。

6.4　耐压试验

当内检测或直接检测不可实施时，可以采用耐压试验的方法进行检验。

耐压试验按照相应国家标准或行业标准的规定。

6.5　检验发现异常问题的处理

检查中发现保温层有管道有泄漏、严重变形及机械损伤、管道壁厚减薄量超标、腐蚀超标及其他严重影响管道安全运行问题的，检验人员要将情况立即告知使用单位及主管部门，并及时出具“检验意见通知书”。

6.6　保温层修复

检测完成后对因检验而破坏的防腐层应采取修补等措施予以修复，其质量指标不低于管道原有水平。保温层修复质量由检验人员确认。

6.7　安全保护装置检验

执行《压力管道安全技术监察规程——工业管道》、《在用工业管道定期检验规则》（试行）的相关规定，对压力管道的安全保护装置进行检验。

7　管道综合评价

根据上述检测结果，对管道安全状况等级进行综合评价，确定出该管道的安全状况等级。

7.1　管道分段评定

根据管道检测的管体状况、防腐层检测分析等级不同地段、施加阴极保护和未施加阴极保护管段、土壤腐蚀性检测等级不同地段、存在干扰腐蚀地段、管道埋深差异大的管段、管道施工质量差异大的管段、管道腐蚀泄漏事故发生管段等几方面的检测结果，进行自然分段，即属于同一状况的管道划分到同一评级段，分别评价出管体等级状况、防腐层等级、阴极保护系统有效性、土壤腐蚀等级、杂散电流干扰影响等。

7.2　管道综合评价

7.2.1　对整条埋地管道进行评级

根据分段评定测试情况对整条管道安全状况等级、管道附属设施、防腐（保温）层、阴极保护系统分别进行安全状况等级评级，然后进行安全状况等级综合总评级。

7.2.2　埋地管道安全状况等级划分，同时结合以下行业标准进行：

——埋地钢质管道防腐层等级分为四个等级。划分方法参照GB/T 19285《埋地钢质管道腐蚀防护工程检验》规定进行；

——管道本体检查中发现有缺陷问题的，按《在用工业管道定期检验规程（试行)》进行安全状况等级的确定（比如，对存在的局部减薄，安全状况等级的确定方法按《在用工业管道定期检验规程（试行)》第四十七条规定执行)。

7.3　管道单线图

管道单线图中至少包含如下信息：管道走向；介质流向；管道长度标识；起止点；拐点；检测加信号点；被占压处；并行管线；发现问题异常点；管道开挖点；管道壁厚测定位置；阴极保护分布及失效段；防腐层破损位置、破损长度；泄漏、变形等异常问题位置；穿跨越或邻近铁路、公路、河流位置；邻近变压器、高压线、通信电缆等位置。

8　检验周期

埋地管道全面检验检验周期按《在用工业管道定期检验规程》规定进行，有下列情况之一的管道，全面检验周期应予以缩短：

——位于后果严重区内的管道；

——1年内多次发生泄漏事故以及受自然灾害、第三方破坏严重的管道；

——发生应力腐蚀、严重局部腐蚀或全面腐蚀的管道；

——承受交变载荷，可能导致疲劳实效的管道；

——防腐（保温）层破损严重或无有效阴保的管道；

——检验人员和管道使用单位认为应该缩短检验周期的管道。

9　检验结论报告

根据地面和地下管道检验情况的综合分析，出具检验报告。给出允许继续使用参数或监控使用的限制性条件、下次检验日期，同时埋地钢质管道各项检测数据应附在检验报告书中。

第八章　在用压力管道使用单位检验

对在用压力管道使用单位的检验通常有设计、制造、安装修理改造、使用单位、检验检测机构等几个方面。本章将着重介绍压力管道的使用单位的监督检验内容和有关要求。

按《条例》、《压力管道使用登记管理规则》（TAG D5001）要求，压力管道使用单位必须保证压力管道的安全运行，应当建立健全安全管理制度和岗位安全责任制度及有关压力管道安全质量管理行为的技术管理等文件，压力管道使用单位应主动接受特种设备安全监督管理部门依法进行的特种设备安全监察和接受监督检验单位进行的监督检验。使用单位的主要负责人应对本单位的压力管道的安全运行技术管理全面负责。管道的使用单位负责本单位管道的安全工作，使用单位应当按照本规程及其标准的有关规定，配备必要的资源和具备相应资格的人员从事压力管道安全运行技术管理、安全检查、操作、维护保养和一般改造、维修工作，保证管道的安全使用。

第一节　压力管道使用登记报废注销制度

压力管道使用单位应建立压力管道的使用登记（报废注销）制度，制度中应明确规定使用符合安全技术要求的压力管道，规定登记的责任人员和单位内部进行登记的工作程序、工作要求、具体办理登记所需资料以及报废注销程序等。登记（报废注销）制度应符合《压力管道使用登记管理规则》及其相关法规标准的规定，未经登记的压力管道不得使用。

一、使用登记程序

使用登记程序包括申请、受理、审核和发证。

二、申请使用登记、报废和注销使用单位应携带资料

使用单位应在规定的期限携带下列资料向安全监察机构申请：

——压力管道使用申请书；

——压力管道使用登记汇总表；

——压力管道安装竣工图（单线图在 GB 50235 中有规定）；

——监督检验机构出具的《压力管道安装安全质量监督检验报告》；

——监督检验单位出具的《压力管道安装安全质量监督检验报告》；

——压力管道使用单位的安全管理制度、预防事故方案（包括应急措施和救援方案）、管理和操作人员名单；

——安全附件（安全阀、压力表等）校验报告；

——重要压力管道用注册登记表。

三、对办理登记单位的要求

1）压力管道使用证发放。压力管道使用登记对象以使用单位为对象发放压力管道使用证的办法，考虑了压力管道量大面广，按装置、按区域、按用途布置或分布的特点，不同于锅炉和压力容器按台发使用登记证的方法，是通过“使用单位→使用登记证→使用登记汇总表→使用登记单元→重要压力管道使用登记表”的途径实现所有压力管道的使用登记。

2）办理使用登记时，应填写压力管道使用注册登记汇总表，汇总表内容有：公称直径大于50mm 的 GC1 级管道；安全状况等级为 3 级和安全评定或者风险评估应监督使用的管道为重要压力管道，应当填写重要压力管道用注册登记表，进行重点监督管理。压力管道用注册登记表还规定了需进行使用登记的管道范围和填报压力管道使用注册登记汇总表的要求及汇总表的格式；该条明确了除应填入使用登记汇总表外，还需填写重要压力管道使用登记表的管道范围。

3）压力管道因其管辖部门（指企业内部部门设置）或装置不同的，应分别进行使用登记。至少应有压力管道注册代码和使用登记证编号编制规则、使用注册登记表填写说明等，以使用单位或装置为对象办理压力管道使用登记证。

4）在用压力管道使用单位办理报废和注销的要求。对于存在严重隐患，无改造或维修价值，或超过安全技术使用年限的压力管道，应及时予以报废，并到原登记安全监督管理部门办理注销。同时提供规定使用登记（报废注销）工作的责任人员；规定使用登记（报废注销）资料准备的工作程序；规定使用登记（报废注销）资料的归档程序和方法。

四、具体使用登记的受理、核查、发证

1. 受理

安全监察机构在收到使用单位的申请资料后，应当在 15 个工作日内对申请资料进行初审，并将是否受理的结论书面通知使用单位。不予受理的要说明理由。

2. 不受理

有下列情况之一的，不予受理：

——申报资料不齐全的；

——安全状况等级不明的，或新建、扩建、改建压力管道安全状况等级达不到 1 级或 2 级的，或在用压力管道安全状况等级达不到 3 级且又未经安全评定或者风险评估的；

——无设计、安装资格的单位所设计、安装的新建、扩建、改建压力管道的；

——使用单位未建立安全管理体系和管理制度的；

——使用单位压力管道安全管理人员和操作人员未进行培训的。

3. 核查

使用单位应当对提供的申报资料的真实性、准确性和可实施性负责，必要时安全监察机构组织核查组进行核查。核查组由安全监察人员、有压力管道安全管理经验的专家和具有压力管道检验资格的人员组成。使用单位应当配合核查组作好核查工作。核查工作主要

内容包括：对申报资料的核查；对使用单位压力管道使用安全管理情况（包括压力管道安全管理体系、管理制度、事故预防方案、压力管道档案等）的检查；对管理和操作人员资格的检查；压力管道使用注册登记汇总表、重要压力管道使用注册登记表，检验报告、校验报告、单线图与压力管道实物的核对；其他必要的检查。核查后，核查组应当出具核查报告。核查报告应当送使用单位和报送安全监察机构。

4. 登记、发证

安全监察机构对使用单位上报的资料或者核查组的核查结果进行审核，审核结果符合要求的，予以办理使用登记。安全监察机构应当自受理之日起在30个工作日之内办理发证或注册手续。

对于安全状况等级为1级和2级的压力管道，安全监察机构应当对压力管道使用注册登记汇总表中的每条压力管道填写注册代码，在汇总表右上角盖“准予登记发证”章；然后填写压力管道使用登记证，同时注明使用登记证所包含的压力管道使用注册登记汇总表编号。上述工作完成且经发证部门行印后，由安全监察机构将《压力管道使用登记证》和盖章的压力管道使用注册登记汇总表的正本交使用单位，副本由安全监察机构存档。

对于安全状况等级为3级的压力管道和安全评定或者风险评估结论为可以使用的压力管道，安全监察机构应当对压力管道使用注册登记汇总表中的每条压力管道填写注册代码，在汇总表右上角盖“准予登记注册”章。盖章的压力管道使用注册登记汇总表1份交使用单位，1份由安全监察机构存档。此类压力管道应当严格在限制条件下监督使用，暂不发放《压力管道使用登记证》。

对未达到使用登记条件的压力管道或者使用单位申请材料与检查结果不符而未及时改进的压力管道，安全监察机构不予发证或者注册。

5. 使用登记变更、复核及换证

（1）变更

发生下列情况之一的，使用单位应当及时到安全监察机构办理使用登记变更：

——因租赁、转让或承包等原因更换压力管道的业主或使用单位的，新业主或使用单位应在租赁、转让或承包生效后的15日内向受理使用登记的安全监察机构备案并办理使用登记变更；

——停用或者报废压力管道的，在停用或者报废后的30日内向受理登记的安全监察机构备案并办理停用或者注销使用登记手续；

——修理改造或者定期检验后安全状况等级有变化的，应当在修理改造或者定期检验后的30日内办理使用登记变更。

（2）复核

使用重要压力管道的单位应当每年定期到办理使用登记的安全监察机构办理重要压力管道使用登记复核。

（3）换证

使用单位在使用登记证有效期到期前90天提交换证申请，安全监察机构按照《规则》第五章使用登记程序办理换证手续。

6. 使用登记的实施方法及步骤

有条件的使用单位应当建立压力管道使用登记信息化管理系统。地市级以上的质量技术监督部门对所辖行政区域内的压力管道实施动态监督管理。

在《在用压力管道使用登记管理规则（试行)》实施前已经使用的压力管道，使用单位应当在规则施行后1年内，按照国家有关规定进行在线检验，提交规定资料和在线检验报告，安全监察机构按照规定程序办理登记注册。在6年内完成全面检验或者安全评定，核定安全状况等级，换发使用登记证。

7. 处罚

对发生下列情况之一的使用单位，安全监察机构有权要求其限期改正或者按国家的有关规定予以处理；对导致发生压力管道事故或者造成重大经济损失的，应当按照有关法律、法规的规定追究使用单位、有关责任人的法律责任。

——新建、扩建、改建压力管道在投用前或者使用后30个工作日内，未及时办理使用登记的；

——未在规定的期限内办理在用压力管道的使用登记的；

——使用不符合使用登记条件的压力管道的；

——已办理使用登记的在用压力管道，未按时进行定期检验的；

——未按照本规则第六章的要求及时办理使用登记变更、换证和复核的。

第二节　压力管道使用单位质量管理要求

按照《特种设备制造安装改造维修质量保证体系基本要求》（TSG Z0004）要求，在用压力管道使用单位应有建立健全质量保证体系，确保质量保证体系正常运行。其内容至少应符合下列条件：

1）使用单位应当贯彻执行压力管道的有关法律、法规、国家安全技术规范和国家现行标准；建立健全质量保证体系；配备具备相应资格的人员从事压力管道质量保证体系所需求的条件（部门、人力、设备）；负责压力管道的安全管理、操作和维修工作；负责建立健全安全管理制度的制订及实施；负责建立健全压力管道技术档案和相关人员遵章守纪等制度。使用单位的压力管道安全管理人员和操作人员，能够严格遵守有关安全法律、法规、技术规程、标准和企业的安全生产制度。

2）压力管道使用管理人员培训制度。压力管道使用单位，应建立压力管道使用人员及其管理人员培训考核制度，对压力管道安全管理人员和操作人员应经安全技术培训和考核。管道数量较多的使用单位，应当设置安全管理机构或者配备专职的安全管理人员，在使用管道的车间（分厂）、装置均应当有管道的专职或者兼职安全管理人员或操作人员；其他使用单位，应当根据情况设置压力管道安全管理机构或者配备专职、兼职的安全管理人员。管道的安全管理人员应当具备管道的专业知识，熟悉国家相关法规、标准，取得《特种设备作业人员证》后，方可从事管道的安全管理工作。管道操作人员在作业中应当严格执行压力管道的操作规程和有关的安全规章制度。操作人员在作业过程中发现事故隐患或者其他不安全因素，应当及时向现场安全管理人员和单位有关负责人报告。

压力管道使用单位的管理人员培训制度中应规定培训对象、方式方法、内容、培训管理的责任人员、考核要求等。其要点为：

——规定培训的对象：一般是压力管道操作或使用人员，包括巡检及其在线检验人员和压力管道的管理人员；

——规定培训的方式方法：一般是使用单位定期自行组织培训和安排参加特种设备安全监督管理部门的专业培训；

——规定培训内容：一般是压力管道作业人员具备的必要安全作业知识，如：安全操作规程和有关的安全规章制度等；

——规定培训管理的责任人员：由压力管道的使用单位的负责技术或人事工作的部门及其人员承担；

——规定培训合格标准：一般应当通过特种设备监督管理部门考核合格，取得压力管道作业人员证书。

第三节 压力管道安全技术管理制度

压力管道安全技术管理制度的内容至少包括以下内容：

——压力管道安全管理机构以及安全管理人员的管理；

——压力管道元件订购、进厂验收和使用的管理；

——压力管道安装、试运行以及竣工验收的管理；

——压力管道运行中的日常检查、维修和安全保护装置校验的管理；

——压力管道的检验（包括制订年度定期检验计划以及组织实施的方法、在线检验的组织方法）、修理、改造和报废的管理；

——向负责压力管道使用登记的登记机关报送年度定期检验计划以及实施情况、存在的主要问题以及处理；

——压力管道事故的抢救、报告、协助调查和善后处理；

——检验、操作人员的安全技术培训管理；

——压力管道技术档案的管理；

——压力管道使用登记、使用登记变更的管理。

第四节 压力管道安全技术操作规程

压力管道使用单位应当根据压力管道的生产工艺和技术性能，建立工艺操作规程和岗位操作规程，并在工艺操作规程和岗位操作规程中，明确提出管道的安全技术操作要求。压力管道的安全技术操作要求中至少包括以下内容：

——压力管道操作工艺指标，包括最高工作压力、最高工作温度或者最低工作温度；

——压力及温度波动控制范围，介质成分，尤其是腐蚀性或爆炸极限等介质成分的控制值；

——压力管道操作方法，包括开、停车的操作方法和注意事项；

——压力管道运行中重点检查的项目和部位，运行中可能出现的异常现象和防止措施，以及紧急情况的处置和报告程序；

——修理改造方案，在用压力管道需要进行一般修理、改造时，压力管道修理改造单位应具备一定的条件，对压力管道进行重大改造时，其技术和管理要求应与新建压力管道的要求一致。其修理、改造方案由使用单位技术负责人批准；在用压力管道需要进行重大修理、改造时，向负责使用登记部门的安全监察机构申报，并由经核准的监检机构进行监督检验；明确在修理改造使用有安全标记的压力管道元件；在修理改造中提出按照国家质检总局颁发《压力管道安全技术监察规则－工业管道》（TSG D0001）进行检验；

——压力管道安全附件的运行检查。包括：压力表、安全阀、爆破片、液位计、阀门等；

——停用时的封存和保养方法。

第五节　压力管道技术档案管理制度

压力管道使用单位应建立压力管道的技术档案管理制度，制度中应规定档案管理的责任人员、单位内部进行档案管理的工作程序和要求以及具体档案资料类别或明细，如证书、汇总表、图纸、质量体系等。档案管理制度应符合相关法规标准的规定，其应归档的资料有：

——压力管道的使用登记证；

——压力管道使用登记汇总表；

——原始设计资料（包括压力管道的设计计算书、系统图、平面布置图、工艺流程图、轴侧图等）；

——管道制造安装资料（包括压力管道竣工图、竣工验收资料、管道材质证明书、管道元件明细表和出厂合格证和质量证明、管道安装工艺文件、压力管道安装质量证明书及监督检验报告、使用维护说明等文件等）；

——运行资料：

·压力管道的运行记录（包括生产周期、累计运行时间、主要工艺参数工作压力、工作温度波动范围等）；

·管道日常维护保养或巡检记录；

·管道的定期检验报告；

·管道变更记录（包括修理和改造记录）；

·安全附件校验、修理和更换记录；

·管道事故记录和事故分析报告；

·其他技术资料和记录；

·管道安全保护装置、测量调控装置以及相关附属仪器仪表的日常维护保养记录；

·管道运行故障和事故记录；

·做好管道使用登记，登记标志置于或者附着于管道的显著位置。

——档案管理的责任人员管理。

——档案建立、存入、借阅以及销毁管理程序。

——修理改造资料。

第六节　压力管道修理改造要求

1. 压力管道的修理改造前的准备工作

1）管道系统的降温、卸压、放料和置换：管道系统停车后，应按操作规程把管道温度降至45℃以下，卸压至大气压，放料应彻底。介质为易然、易爆和有害气体的管道，应采用惰性气体进行置换。

2）用盲板将待修管道与不修的管道隔离。

3）清洗和吹扫：清洗一般采用蒸汽、水或惰性气体。酸性液体可用弱碱洗涤、清水冲洗，强碱性介质用大量水冲洗。系统不宜夹带水分的一般用空气或惰性气体（通常用氮气）吹扫。

4）气体取样分析，确认合格后方能交付检修。

2. 压力管道的修理改造过程中的要求

1）结构合理，保证管系的强度能满足最高工作压力的要求。

2）管道的补焊、更换管段、管及热处理等技术要求，应按现行的技术规范，制定施工方案和工艺要求、必要时进行强度校核。

3）修理改造的焊接必须作焊接工艺评定，焊接材料必须符合规范要求。

3. 压力管道的修理改造工作范围

压力管道的修理改造一般指：

——较大数量的更换原有管线（国外有规定更换599m 以上）；

——改变管道公称直径，公称直径的改变将导致介质流速、流量，管道的应力等技术参数变化；

——提高工作压力；

——提高工作温度；

——改变输送介质；

——管道控制系统的变更等。

第七节　压力管道日常维护保养制度

压力管道的日常维护保养和巡检是保证和延长使用寿命的重要基础。压力管道的检验人员必须认真做好压力管道的日常维护保养和巡检工作，并且做出记录，存入管道技术档案。发现情况异常应当及时处理。管道的维修分为重大维修和一般维修：

1）重大维修是指对管道不可机械拆卸部分受压元件的维修，以及采用焊接方法更换管段及阀门、管子矫形、受压元件挖补与焊补、带压密封堵漏等。带压密封堵漏还应当符合本规程的规定；

2）除重大维修外的其他维修为一般维修。

管道的重大维修应当由有资格的安装单位进行施工。使用单位和安装单位在施工前应当制订重大维修方案，重大维修方案应当经过使用单位技术负责人批准。对于GC1 级管道采用焊接方法更换管段与阀门时，安装单位应当在施工前，将拟进行的维修情况书面告知管道使用登记机关，并且向监督检验机构申请监督检验后，方可进行重大维修施工。

3）重大维修施工结束后，安装单位应当向使用单位提供施工质量证明文件；监督检验机构在监督检验后，应当提供监督检验报告。压力管道的维修应当根据相关国家法规标准进行，维修后的管道安全性能必须满足安全使用要求。

4）管道内部有压力时，一般不得对受压元件进行重大维修。如果对于生产工艺过程特殊，需要带温度带压力紧固螺栓或者易燃易爆管道需要作业或者出现紧急情况需要采用带压密封堵漏作业时，使用单位应当制定有效的操作要求和防护措施，经技术负责人批准后，在安全管理人员现场监督下实施。实施带压密封堵漏的操作人员应当经过专业培训，持有相应项目的《特种设备作业人员证》。

5）使用单位应当严格控制带压密封堵漏技术的使用频次，每条管道上使用带压密封堵漏的部位不得超过2处。管道停机检修时，带压密封堵漏的卡具应予拆除，必要时重新进行维修。

第八节　压力管道巡检技术安全要求

压力管道在检修前应该制定技术安全管理制度，提出巡检的技术要求，日常巡检的主要内容有以下方面：

——经常检查压力管道的防护措施，保证其完好无损，减少管道表面腐蚀；

——阀门的操作机构要经常除锈上油，定期进行操作，保证其操纵灵活；

——安全阀和压力表要经常擦拭，确保其灵敏准确，并按时进行校验；

——定期检查紧固螺栓的完好状况，做到齐全、不锈蚀、丝扣完整、联结可靠；

——注意管道的振动情况，发现异常振动应采取隔断振源，加强支撑等减振措施，发现摩擦应及时采取措施；

——静电跨接、接地装置要保持良好完整，发现损坏及时修复；

——停用的压力管道应排除内部介质，并进行置换、清洗和干燥，必要时作惰性气体保护。外表面应进行油漆防护，有保温的管道注意保温材料完好；

——检查管道和支架接触处等容易发生腐蚀和磨损的部位，发现问题及时采取措施。

——及时消除管道系统存在的跑、冒、滴、漏现象；

——对高温管道，在开工升温过程中需对管道法兰联结螺栓进行热紧；对低温管道，在降温过程中进行冷紧；

——禁止将管道及支架作为电焊零线和其他工具的锚点、撬抬重物的支撑点；

——配合压力管道检验人员对管道进行定期检验；

——对生产流程的重要部位的压力管道、穿越公路、桥梁、铁路、河流、居民点的压力管道、输送易然、易爆、有毒和腐蚀性介质的压力管道、工作条件苛刻的管道、存在交变载荷的管道应重点进行维护和检查；

——当操作中遇到下列情况时，应立即采取紧急措施并及时报告有关管理部门和管理人员：

- 介质压力、温度超过允许的范围且采取措施后仍不见效；

• 管道及组成件发生裂纹、鼓瘪变形、泄漏；
• 压力管道发生冻堵；
• 压力管道发生异常振动、响声，危及安全运行；
• 安全保护装置失效；
• 发生火灾事故且直接威胁正常安全运行；
• 压力管道的阀门及监控装置失灵，危及安全运行。

第九节　压力管道的新建、扩建、改建管理制度

对于新建、改建、扩建的压力管道在投入使用前，压力管道使用单位应当使用符合本规程要求的压力管道元件及配件。管道操作工况超过设计条件时，应当符合 GB/T 20801 关于允许超压的规定。新压力管道投入使用前，使用单位应当核对是否具有国家有关规程标准及安装质量证明文件。并按照《压力管道安装安全质量监督检验规则》的规定及时向压力管道安全监察部门申报监检。

——压力管道项目报建审批及备案手续必须齐全；

——按规定组织设计交底和施工图审查；

——对压力管道安装施工进行必要的管理，包括设置管理机构，配备专职、兼职管理人员，建立质量管理体系，明确安全质量管理责任等内容；

——所选择的设计单位、监理单位、压力管道安装单位、检测单位、防腐单位和相应的材料、元件、附属设施制造单位必须具备相应的资格；

——采购的材料、元件、附属设施和设备必须符合设计文件及质量要求；

——压力管道的修理与技术改造的基本要求：

• 压力管道的修理与技术改造单位必须具备一定的能力和资格；
• 必须具有完整的质量保证体系；
• 具有与之相应的技术力量、设备和检测手段；
• 对压力管道进行重大的技术改造时，其技术和管理要求应与新建的压力管道要求一致。

第十节　压力管道定期检验制度

压力管道使用单位须负责制定在用管道检验计划，安排定期检验工作，按时向负责对其发放压力管道使用登记的安全监察机构或其委托检验机构申报定期检验计划和向检验单位申报检验。并协助检验检测机构进行检验工作。此外，使用单位应进行定期检验的现场准备工作，确保所提供的管道处于适宜的带检状态，提供安全检验环境，负责检验所必需的辅助工作，如：拆保温、搭脚手架、打磨除锈、提供检验用电、水、气等，并协助检验单位进行全面检验。使用单位的义务核心是制定定期检验计划并申请报检并配合检验。

压力管道检验工作制度中应规检验责任人员和单位内部进行维护保养的工作程序和要求以及具体措施等。检验制度应符合相关法规标准的规定。其要点为：

——确定压力管道的检验的检验标准；

——规定检验的分类及检验周期；
——规定检验项目；
——规定提出检验计划的时间；
——指定申请检验的责任人员；
——规定检验申请审批程序；
——规定检验实施方式方法；
——检验人员资格的认定；
——检验记录格式及其记录的填写要求；
——检验报告的出具要求；
——检验各种资料的归档要求；
——其他。

使用单位应当建立定期自行检查制度，检查后应当做出书面记录，书面记录至少保存 3 年。发现异常情况时，应当及时报告使用单位有关部门处理。在用管道发生故障、异常情况，使用单位应当查明原因。对故障、异常情况以及检查、定期检验中发现的事故隐患或者缺陷，应当及时采取措施，消除隐患后，方可重新投入使用。不能达到合乎使用要求的管道，使用单位应当及时予以报废，并且及时办理管道使用登记注销手续。使用单位应当对停用或者报废的管道采取必要的安全措施。管道发生事故时，使用单位应当按照《特种设备事故报告和调查处理规定》及时向质检部门等有关部门报告。

第十一节　压力管道安全附件检验制度

压力管道安全附件应符合有关压力管道检验规定，以及有关法规和标准的规定。不符合规定的，不准继续使用。

——安全阀一般每年至少校验 1 次；
——从事安全阀校验的检验单位和检验人员要具备相应的检验资格；
——属于下列情况之一的，不得使用：
- 无产品合格证和铭牌的；
- 性能不符合要求的；
- 逾期不检查、不校验的；
- 爆破片已超过使用期限的。

——安全附件的检验分为两种：
- 运行检查：指在运行状态下对安全附件的检查；
- 停机检查，指在停止运行状态下对安全附件的检查。

运行检查可与在线检验同时进行，停机检查可与全面检验同步进行，也可单独进行。

第十二节　压力管道事故分析和应急处理制度

压力管道使用单位，应建立压力管道的事故应急处理工作制度，制度中应规定事故应急处理的组织机构、责任人员、事故报告程序以及事故发生后采取的应急措施等。对于事故隐患应及时采取措施消除隐患，对于重大事故隐患除及时采取措施进行处理外，对于特别重大事故、特大事故、重大事故和严重事故，必须立即报告安全生产管理委员会和主管部门及质量技术监督行政部门。其中对于特别重大事故或特大事故还必须直接报告国家质量监督检验捡检疫总局。

一、事故处理依据

依照相应的法律、法规及部门规章对压力管道事故进行处理是压力管道安全监督检验的重要组成部分。本节为方便检验人员处理压力管道事故的需要，列出了压力管道事故处理的相关法律、法规及部门规章目录，以期使检验人员在法律法规及部门规章方面有一个较为全面的了解。

1. 相关法律法规

1）《生产安全事故报告和调查处理条例》（中华人民共和国国务院令第493号）2007年3月28日国务院第172次常务会议通过，现予公布，自2007年6月1日起施行。

2）《特种设备安全监察条例》（中华人民共和国国务院令第549号）《国务院关于修改〈特种设备安全监察条例〉的决定》2009年1月14日国务院第46次常务会议通过，现予公布，自2009年5月1日起施行。

3）《国务院对确需保留的行政审批项目设定行政许可的决定》（中华人民共和国国务院令第412号）自2004年7月1日起施行。

4）《中华人民共和国安全生产法》）（2002年6月20日第九届全国人民代表大会第二十八次会议通过）。

5）《中华人民共和国劳动法》（1994年7月5日第八届全国人民代表大会第八次会议通过1994年7月5日中华人民共和国主席令28号公布）。

6）《中华人民共和国产品质量法》（1993年2月22日第七届全国人民代表大会第三十次会议通过：根据2000年7月8日第九届全国人民代表大会常务委员会第十六次会议《关于修改〈中华人民共和国产品质量法〉的决定的修正发布》）。

2. 行政法规

1）国务院对确需保留的行政审批项目设定行政许可的决定》（国务院令第412号，2004年6月29日公布）。

2）《国务院关于修改〈特种设备安全监察条例〉的决定》已经2009年1月14日国务院第46次常务会议通过，中华人民共和国国务院令第549号，自2009年5月1日起施行。

3）《国务院关于特大安全事故行政责任追究的规定》（2001年4月21日中华人民共和国国务院令第302号公布，自公布之日起执行）。

4）《危险化学品安全管理条例》（2002年1月9日国务院第52次常务会议通过，2002年1月26日中华人民共和国国务院令第344号公布，自2002年3月15日起执行）。

5）《行政执法机关移送涉嫌犯罪案件的规定》（2001年7月4日国务院第42次常务会议通过2001年7月9日中华人民共和国国务院令第310号公布自公布之日起执行）。

6）企业职工安全事故报告和处理程序（1991年2月22日中华人民共和国国务院令

第 75 号发布)。

7) 特别重大事故调查程序暂行规定(1989 年 1 月 3 日国务院第 31 次常务会议通过，1989 年 3 月 29 日中华人民共和国国务院令第 44 号发布，自公布之日起执行)。

8)《建设工程质量管理条例》(2000 年 1 月 10 日国务院第 25 次常务会议通过，2000 年 1 月 30 日中华人民共和国国务院令第 279 号发布，自发布之日起施行)。

3. 部门规章

1)《锅炉压力容器压力管道特种设备事故处理规定》(2009 年 7 月 3 日中华人民共和国国家质量监督检验检疫总局令第 115 号发布)。

2)《压力管道与安全管理与监察规定》(1996 年 4 月 23 日原劳动部发［1996］140 号发布)。

二、事故分类

国家质量监督检验检疫总局令［2009］第 115 号颁布了《锅炉压力容器压力管道特种设备事故处理规定》，对压力管道事故，按照所造成的人员伤亡和破坏程度，分为特别重大事故、特大事故、重大事故、严重事故和一般事故。

(1) 特别重大事故

特别重大事故是指造成死亡 30 人(含 30 人)以上，或者受伤(包括急性中毒，下同)100 人(含 100 人)以上，或者直接经济损失 1000 万元(含 1000 万元)以上的设备事故。

(2) 特大事故

特大事故是指造成死亡 10~29 人，或者受伤 50~199 人，或者直接经济损失 500 万元(含 500 万元)以上 1000 万元以下的设备事故。

(3) 重大事故

重大事故是指造成死亡 3~9 人，或者受伤 20~49 人，或者直接经济损失 100 万元(含 100 万元)以上 500 万元以下的设备事故。

(4) 严重事故

严重事故是指造成死亡 1~2 人，或者受伤 19 人(含 19 人)以下，或者直接经济损失 50 万元(含 50 万元)以上 100 万元以下，以及无人员伤亡的设备爆炸事故。

(5) 一般事故

一般事故是指无人员伤亡，设备损坏不能正常运行，且直接经济损失 50 万元以下的设备事故。

三、事故处理

《锅炉压力容器压力管道特种设备事故处理规定》中对于现场保护、事故报告、事故调查及事故处理等均做了明确的规定，压力管道事故亦应当按着此规定进行处理。对于压力管道事故一般应做如下工作：

1. 事故现场抢救、保护及报告

当发生压力管道发生特别重大事故、特大事故、重大事故和严重事故后，事故发生单位或业主，应同时做好三个方面的工作：

（1）采取紧急措施，全力抢救受害人员和防止事故的扩大

采取紧急措施，全力抢救受害人员，防止事故的继续扩大，是压力管道使用单位及业主不可推卸的法律责任和义务，也是道德上的要求和规定，同时也是减少经济损失的需要。事故发生后一定要积极地采取紧急措施，进行抢救，绝不可以隔岸观火。

（2）要严格保护现场

保护现场是指妥善保存现场相关物件和重要痕迹等各种物证，事故现场保护的好坏对于事故的调查和研究分析事故的起因以及总结经验教训等，都有着极为重要的作用。因此，在做现场抢救工作的同时，要合理地开通疏通通道，注意保护现场。现场需要移动的物件、设施，也都必须做出标志，绘制现场简图并做书面记录，见证人员也应当签字确认。必要时也可进行录像或拍照，记录事故最初的实际状态。绝不可以为逃避责任而有意的销毁现场证据或假造现场。

（3）必须立即向主管部门和当地质量技术监督行政部门报告

事故发生后向主管部门和当地质量技术监督行政部门报告是压力管道事故处理的一种制度。在发生严重事故以上各类事故以后，必须立即向当地质量技术监督行政部门报告。有关部门在接到事故报告后应当立即逐级上报，直至国家质量监督检验检疫总局。其中，发生特别重大事故或者特大事故后，事故发生单位或者业主还应当直接报告国家质量监督检验检疫总局。

对压力管道事故施行报告制度，一是体现国家对于劳动者及环境安全的重视，二是为及时处理事故得到政府的支持。事实上，对于一些事故的处理及防止事故的继续扩大，由于压力管道的特殊性，使用单位及业主往往已经没有能力控制事态的发展，而此时只有政府才能进行强有力的控制。如：调集灭火、防化、医疗救助以及必要的救灾物资等人力和物力，控制道路、组织疏散人员等，这些都是使用单位和业主不能做到的，而必须由政府主管部门组织和实施。由此也可以看到施行压力管道事故报告制度的必要性和重要性。

2. 事故调查

压力管道事故调查是事故发生并经过紧急处理阶段以后，对事故的原因进行的调查。事故调查通常要做如下的组织和调查：

（1）事故调查组的组成

依照压力管道相关的规定，各类事故要组织相应级别的调查组进行，其中，特别重大事故由国务院或国务院授权的部门组织；特大事故由国家质检总局会同事故发生的省级人民政府组织；重大事故由省级质检部门会同事故发生地的市（地、洲）人民政府组织；严重事故由市（地、洲）质检部门会同事故发生地的县（市、区）人民政府组织；一般事故由事故发生单位组织调查组，调查组的成员应当有相应级别的工程技术人员或技术专家参加。

（2）事故的现场调查和技术鉴定

事故现场的调查主要包括：

——对管道内外表面的情况的检查，如腐蚀、壁厚等。

——对安全保护装置检查，如：对安全阀、爆破片、压力表及测温装置的检查，如有

必要或怀疑，应做试验进行验证。

——对有关管道元件的检查，如质量与合法性等。

——对管道破裂情况的检查与分析，如对断口的外貌形状进行检查、测量并进行相应的分析和技术鉴定等。通常断口分析由宏观分析与显微分析二部分组成。宏观分析用以确定断裂的性态，即属于脆性断裂还是韧性断裂，可通过观察断口边缘材料变形或撕裂状态进行辨别；显微分析用以判别断裂的微观机理。两种方法相辅相成，加之其他手段，一般便可确定管道断裂事故的基本原因。

——材料检查。检验或校核管道材料原有的化学成分或性能，检查管道在使用过程中材料成分性能所发生的变化，亦即对管道及相关的管件使用的材料进行技术鉴定。

（3）事故过程调查

主要调查事故前管道系统运行情况，主要调查事故前实际操作温度、压力、流量、介质成分和性质等。

（4）管道历史情况的调查

事故的原因往往涉及从设计、选材、安装、使用、维修和检验等的历史情况，因此必须做详细的调查摸底。

1）制造和安装情况：管材、管件的制造厂、出厂年月、产品合格证；管材质保书或复验单、代用情况；系统的设计、竣工资料图纸；焊接材料及试验资料、焊接工艺、无损检测资料。热处理记录、压力试验记录；起爆部位原来的错边、咬边、未焊透、夹渣等焊接工艺情况、检验记录资料等。

2）管道运行情况：历年运行的工艺指标及其变更情况；使用年数、周期、累计运行时间；历次检验及最近一次检验检修的时问和内容，曾经出现的问题，采取的措施；要注意了解介质对材料的腐蚀，特别是应力腐蚀和晶间腐蚀的倾向；要了解温度与压力的交变波动范围和周期。

3）安全保护装置情况包括其型式、规格、使用时间、日常维护检修及定期校验的情况。

4）单位质量手册、程序文件、施工方案及规章制度等情况。

（5）事故报告内容

——事故发生单位（或者业主）名称、联系人、联系电话；

——事故发生地点、时间（年、月、日、时、分）；

——事故设备名称；

——事故类别以及事故概况；

——人员伤亡、经济损失。

3. 事故综合分析

事故综合分析的目的是最终对事故的过程、性质、破坏型式及性态、事故的原因提出科学的结论。综合分析的基础和依据是事故调查及技术鉴定，调查及技术鉴定的资料须经仔细分析研究、去伪存真、由表及里，才能最终准确判断事故发展过程及失效原因。最后，还要根据理化机制分析的结论进行管理机制的分析，提出改进建议和采取的相应措施。在综合分析之后，应明确指出事故原因的种类。在此基础上出具事故调查报告。

4. 事故行政处理

1）构成犯罪的，由司法机关依法追究刑事责任。行政处分或者行政处罚的决定应当在接到事故调查报告书之日起30日内完成，并告知组织该起事故调查的行政部门。

2）有关人员在事故报告、调查、处理以及统计、分析、技术检验、技术鉴定、档案资料保管等过程中，因主观故意违反法律、法规和规章的规定，违反法定程序、适用法律不当、认定事实错误造成行政执法过错的，或者行政部门公务员不履行职责的，依据国家有关规定追究其责任；构成犯罪的，依法追究刑事责任。

3）事故发生部门及有关人员，必须实事求是地向事故调查组提供有关设备及事故的情况，如实回答事故调查组的询问，并对所提供情况的真实性负责。

4）按有关规定及时如实向主管部门和质量技术监督行政部门报告压力管道事故，并协助做好事故调查和善后处理工作。

5）认真总结经验教训，做到事故发生原因不查清不放过、有关人员没有接受教育不放过、没有采取措施不放过，以防止事故的再次发生。

第九章　压力管道检验报告填写要求及报告书案例

本章依照国家质检总局颁发的《压力管道安全技术监察规程——工业管道》(TSG D0001)、《压力管道定期检验规则——公用管道》(TSG D7004)、《压力管道定期检验规则——长输（油气）管道》(TSG D7003)、《在用工业管道定期检验规程》(国质检锅［2003］108号）的规定，对检验报告格式和压力管道检验的要求、填写要求以及检验结论填写原则进行详细介绍，并举列了有关压力管道检验机构正式出具的压力管道检验报告，这对于任何一个检验机构和使用单位从事压力管道检验监督都是极其重要的。

到目前为止，实践工业、公用、长输压力管道的检验工作已经开展几十年时间了，但由于国家质检总局尚未出台如何填写检验报告的细则和方法，各地检验机构存在不规范不统一的现象。检验报告是检验机构的产品，为规范压力管道检验报告的填写，提高检验报告的质量，可参考本章的案例。

第一节　压力管道检验报告填写要求

1. 原始资料登记表的填写

在初次压力管道检验完成后，要填写资料登记表，此外不须每次填写。对于在用管道特别是对于使用年限较长的管道，一些项目可能已没有原始资料，但也要本着实事求是原则进行填写，可填“不清”，不可空项。这里需要提醒的是在填写“不清”后，要注意该项目对管道检验的影响，在检验方案中应有相应的检验措施，不影响检验的质量。特别注意如果有危险性的不清楚的项目，一定要通过权威技术部门或者有压力管道检验资格的单位确定缺陷的性质后，方可在采取措施后判定检验合格。

2. 在用压力管道单线图说明

单线图要依照实际检验时的管道状况画出（详见第三章压力管道设计检验）。但对于与实际不符的地方应以实际情况为准，进行更正。这种情况在实际检验中常有，要特别注意。单线图的画法要按规范标准要求画出，单线图上主要有起点终点尺寸标注、焊口、阀门、膨胀节、测温计、弯头、紧固件、法兰、水压试验、无损检测要求等。

3. 在用压力管道检验测厚记录的填写

在用压力管道检验测厚记录填写时要注意管道编号，此外注明测厚点的管道具体位置，如管段位置等，便于核对查找。在编号栏不能注明的情况下，也可在测厚点部位图或备注栏上注明，做到测厚记录与实际管道测厚一一对应。在测厚中发现的其他问题，可在备注栏内详细记录。

4. 在用压力管道检验报告的结论填写

在用压力管道检验报告的资料准备、记录审查栏用打对勾的方式填写，两栏中发现问题时，在问题记录栏内填写具体问题。检查项目和检验结果栏的填写需要注意的是，栏中的管道表面、焊接接头及管道结构三项，在在线检验规定项目的检验中没有，因此，在检验时应相应地增加检验项目或在做规定的检验项目时，合并检查。对没有检查的项目应填“没有检查”，不能空项。规定的检查项目，如位置及变形检查在该栏中没有体现，可归到管道结构栏中。

5. 缺陷说明栏的填写

应简明扼要地对检验中发现的问题进行描述，描述的对象应当是缺陷最为严重的。如无缺陷，应填“未发现缺陷”。

6. 检验结论栏的填写

1）应填写“允许运行”、“监督运行”和“停止运行”三种当中的一种。写明下次检验日期。检验人员以及审核人员，应按《特种设备安全监察条例》要求，应以签字为有效，并注明日期。在实际出具报告时为保持检验报告在字面上的整齐以及考虑传统习惯，可以签字加个人检验员专用章，并注明日期，但不能用个人的检验用章代替签字。这样做体现了检验报告责任性、严肃性和法律上的有效性。

2）缺陷处理情况说明栏的填写。应依照实际状况填写，即检验中未发现问题，应填写“未发现问题”；若检查中发现问题，且问题已经得到处理时填“发现问题已处理”。未处理时，对自检单位填“发现问题报给上级”；对检验单位填“发现问题已通知使用单位”。这里的“报”和“通知”均以填写的本报告为准。对于自检单位只要有确认人和审核人签字或签字加盖章即可认为报给了上级；对于年度性检验单位给使用单位出据了检验报告即为通知了使用单位。确认和审核两项应按上述有关要求填写。

检验单位章一栏，使用单位委托检验单位进行检验时，须加盖检验单位章。检验单位章在刻制时应在上级主管部门以及当地公安机关留印或拓印备案。

此外，检验报告应由使用单位依照有关规定存档，以便备查。

第二节 在用工业管道安装监督检验报告实际案例

在用工业压力管道安装的现场检验工作结束后，检验人员应根据检验情况，填写《在用工业压力管道安装监督检验报告书》，实际案例如下。

报告编号：

工业压力管道安装安全质量监督检验报告

项目名称：××市化工厂房配套工程

建设单位：××市集团有限公司

监督检验单位：××市锅炉压力容器检验研究所

监督检验时间：2011－××－××至2011－××－××

注意事项：

1）压力管道安装安全质量监督检验具有法定检验性质，监督检验单位对检验的公正性和抽样的真实性及检验工作质量负责。

2）监督检验单位检验资格核准编号为：TS7110000；检验资格项目中包括GA、GB、GC和GD类别中各种级别的压力管道安装安全质量的监督检验。

3）本检验报告一式三份：一份交建设单位；一份交安装单位；一份监检单位存档。

4）本检验报告书无检验、审核、批准的人员签章和检验机构的检验专用章无效。

5）受检单位对检验结论如有异议，应在收到本检验报告之日15日内，以书面形式向监督检验单位提出。

压力管道安装安全质量监督检验项目目录

报告编号：

1　压力管道安装安全质量监督检验结论报告　√

2　监督检验的压力管道基本情况　√

3　监督检验工作内容及工作基本情况　√

4　对各相关单位安全质量管理行为的评价

4.1　对建设单位安全质量管理行为的评价　√

4.2　对监理单位安全质量管理行为的评价 √
4.3　对安装单位安全质量管理行为的评价 √
4.4　对检测单位安全质量管理行为的评价 √
4.5　对防腐单位安全质量管理行为的评价 √
5　压力管道元件及焊接材料的材质审查报告 √
6　压力管道安装过程监督检验报告
6.1　压力管道焊接、装配质量审查报告 √
6.2　压力管道附属设施和设备安装质量审查报告 ×
6.3　压力管道防腐、绝热质量审查报告 √
6.4　压力管道穿跨越、隐蔽工程等项目安装质量审查报告 √
6.5　压力管道通球、扫线、干燥审查报告 √
6.6　压力管道静电接地测试审查报告 √
6.7　压力管道单体试验和整体试运行审查报告 ×
7　压力管道压力试验专项监督检验报告 √
8　压力管道泄漏性试验专项监督检验报告 √
9　压力管道安全保护装置及其密封性能试验专项监督检验报告 √
10　压力管道安装竣工技术资料审查报告 √
11　对遗留质量问题的处理意见 ×
12　附页 ×

注：序号栏中有“√”标示检验报告有此项内容

1　压力管道安装安全质量监督检验结论报告

报告编号：

工　程　概　括			
工程名称	市化工厂房配套工程	工程地址	×××
工程规模	××万元	压力管道级别	GC2、GC3
设计压力	（0.3～1.2）MPa	输送介质	丙烷、压缩空气、氧气
开工时间	××××年××月××日	竣工时间	××××年××月××日
建设单位	×××公司	工程规划许可证号	无此项
管道设计单位	×××设计研究总院	设计证书编号	TS181000－2015
安装单位	××××工程有限公司	安装许可证编号	TS3821088－2011
防腐施工单位	××工程有限公司	防腐资质证书编号	无此项
监理单位	××化工工程监理有限公司	监理资质证书号	［×］工监企第（××）号
检测单位	××有限公司	资格证书编号	TS7310××－2012
授权监督检验文号	TS711000－2014	监督检验起止日期	××××－××－××至××××－××－××

续表

监督检验结论报告：

根据《压力管道安全管理与监察规定》、《压力管道安装安全质量监督检验规则》和《压力管道安全技术监察规程》（工业管道）的规定，依据GB50028、GB50235、GB50236标准及设计文件要求，经过监督检验，该压力管道安装安全质量监督检验结论为 合格 。

检验人员	签　字		监督检验单位 （检验专用章） ××××年××月××日
项目监督检验负责人	证书编号	TS82810000－2011	
	日　期	××××年××月××日	
审核	签　字		
	日　期	××××年××月××日	
批准	签　字		
	日　期	××××年××月××日	

2　监督检验的压力管道基本情况

报告编号：

序号	管道编号	管道起止点	规格	材质	设计压力/MPa	设计温度/℃	介质	管道级别	对接焊口数（其中固定焊口数）	要求探伤比例	安全状况等级	长度/m
1	BW101	阀门组至各分气包	ϕ89×4.0 ϕ57×4.0	20#	0.3	常温	丙烷	GC2	80/32	10%	1	380
2	OX101	气缸至各分气包	ϕ57×4.0	20#	1.2	常温	氧气	GC2	73/26	5%	1	330
3	CA101	C101 至 F101	ϕ76×4.0	20#	0.88	常温	压缩空气	GC3	6/1	–	1	5
4	CA102	F101 至 D101	ϕ76×4.0	20#	0.88	常温	压缩空气	GC3	0	–	1	2
5	CA103	D101 至 F102	ϕ76×4.0	20#	0.88	常温	压缩空气	GC3	0	–	1	2
6	CA104	F102 至 V101	ϕ76×4.0	20#	0.88	常温	压缩空气	GC3	0	–	1	3
7	CA105	V101 至各分气包	ϕ76×4.0	20#	0.88	常温	压缩空气	GC3	43/19	–	1	153

3 监督检验工作内容及工作基本情况

报告编号：

安装单位	×××工程有限公司		
工程名称	××房配套工程		
序号	监督检验工作内容	工作基本情况	备　注
1	管道元件及焊接材料的材质审查	审核及抽查	抽查：管子的厂内编号××，管件的厂内编号××
2	管道焊接和装配质量	审核及抽查	焊缝编号：BWX 焊工钢印：HSX、HSX
3	管道附属设施和设备安装质量	无此项	凝水缸
4	管道防腐、绝热质量	审查	
5	管道穿跨越、隐蔽工程等重要项目安装质量	审查	
6	管道压力试验	确认	
7	管道泄漏性试验	确认	
8	管道安全保护装置及密封性能试验	确认	
9	管道通球、扫线、干燥	审查	
10	管道静电接地测试	审查	
11	管道的单体试验及整体试运行	无此项	
12	竣工资料审查	审查	

其他情况的说明：

无此项

检验人员：　　　　　日期：××××年××月××日

4 对各相关单位安全质量管理行为的评价

报告编号：

安装单位	××工程有限公司					
工程名称	××					
序号	评价项目		评价结果	工作见证	监检员	日期
4.1 对建设单位安全质量管理行为的评价						
1	技术准备		符合要求	工艺文件		
2	施工管理		符合要求	管理文件		
3	分承包方资格		符合要求	分承包方资格证书		
4	物资采购	元件（含焊接材料）	无此项	材质证明书		
		安全保护装置	无此项	合格证、质量证明书		
		附属设施和设备	无此项	合格证、质量证明书		

续表

序号	评价项目		评价结果	工作见证	监检员	日期
4.2 对监理单位安全质量管理行为的评价						
1	监理资质		符合要求	监理资质证书		
2	监理过程		符合要求	监理过程见证文件		
3	工程验收		符合要求	工程验收报告		
4.3 对安装单位安全质量管理行为的评价						
1	安装资质		符合要求	安装资质证书		
2	技术准备		符合要求	施工方案		
3	材料验收	元件（含焊接材料）	符合要求	材料验收单		
		安全保护装置	符合要求	材料验收单		
		附属设施和设备	无此项	材料验收单		
4	安装过程的检验试验		符合要求	检验试验记录		
4.4 对检测单位安全质量管理行为的评价						
1	检测资质		符合要求	检测资质证书		
2	检测准备		符合要求	检测工艺		
3	检测结论		符合要求	检测结论报告		
4.5 对防腐单位安全质量管理行为的评价						
1	施工资质		无此项	安装资质证书		
2	技术准备		符合要求	施工方案		
3	材料验收		符合要求	合格证、质量证明书		
对压力管道安装过程中出现的安全质量问题的处理： 无此项						
其他违法、违规、失职行为： 无此项						
评价结论：合格 检验人员：　　　　日期：××××年××月××日						

5　压力管道元件及焊接材料的材质审查报告

报告编号：

安装单位	××工程有限公司						
工程名称	×××						
序号	审查项目		监检类别	审查结果	工作见证	监检员	日　期
1	管材	材料质量证明书	B	符合要求	材质证书及现场抽检		××××年××月××日
2		材料复验	B	无此项	管材复验报告		××××年××月××日
3		材料代用	B	无此项	管材代用报告		××××年××月××日

续表

序号	审查项目		监检类别	审查结果	工作见证	监检员	日　期
4	阀门	证明书	B	符合要求	质量证明书		××××年××月××日
5		材质复验	B	无此项	阀门复验报告		××××年××月××日
6		材料代用	B	无此项	阀门代用报告		××××年××月××日
7		耐压及密封试验	B	符合要求	试验报告及现场抽检		××××年××月××日
8	管件	质量证明书	B	符合要求	质量证明书		××××年××月××日
9		材质复验	B	无此项	管件复验报告		××××年××月××日
10		材料代用	B	无此项	管件代用报告		××××年××月××日
11	焊材	质量证明书	B	符合要求	质量证明书		××××年××月××日
12		材质复验	B	无此项	管件复验报告		××××年××月××日
13		材料代用	B	无此项	焊材代用报告		××××年××月××日
14	材料标识		B	符合要求	检查记录及现场抽检		××××年××月××日
审查结论：合格							
检验人员：　　　　日期：××××年××月××日							

6　压力管道安装过程监督检验报告

报告编号：

安装单位	××工程有限公司
工程名称	××

序号	审查项目		监检类别	审查结果	工作见证	监检员	日　期
6.1 压力管道焊接、装配和防腐质量审查报告							
1	焊接质量审查	焊接工艺评定	A	合格	焊接工艺评定文件		××××年××月××日
2		焊工资格	B	合格	焊工证		××××年××月××日
3		焊接现场质量控制	B	合格	焊接检查记录及现场抽检		××××年××月××日
4		射线检测	B	合格	检测报告及底片抽查		××××年××月××日
5		超声波检测	B	无此项	检测报告		××××年××月××日
6		渗透检测	B	无此项	检测报告		××××年××月××日
7		磁粉检测	B	无此项	检测报告		××××年××月××日
8		热处理	B	无此项	检测报告及曲线图		××××年××月××日
9		硬度测定	B	无此项	检测报告		××××年××月××日

续表

<table>
<tr><th>序号</th><th colspan="2">审查项目</th><th>监检类别</th><th>审查结果</th><th>工作见证</th><th>监检员</th><th>日　期</th></tr>
<tr><td>10</td><td rowspan="6">装配质量审查</td><td>管沟施工质量</td><td>B</td><td>合格</td><td>检查记录及现场抽检</td><td></td><td>××××年××月××日</td></tr>
<tr><td>11</td><td>管道加工及预制</td><td>B</td><td>无此项</td><td>管道加工预制记录</td><td></td><td>××××年××月××日</td></tr>
<tr><td>12</td><td>管道敷设和安装</td><td>B</td><td>合格</td><td>检查记录及现场抽检</td><td></td><td>××××年××月××日</td></tr>
<tr><td>13</td><td>阀门与安全附件安装</td><td>B</td><td>合格</td><td>检查记录及现场抽检</td><td></td><td>××××年××月××日</td></tr>
<tr><td>14</td><td>补偿装置安装</td><td>B</td><td>无此项</td><td>检查记录及现场抽检</td><td></td><td>××××年××月××日</td></tr>
<tr><td>15</td><td>支吊架安装</td><td>B</td><td>合格</td><td>检查记录及现场抽检</td><td></td><td>××××年××月××日</td></tr>
<tr><td colspan="8">6.2 压力管道附属设施和设备安装质量审查报告</td></tr>
<tr><td>1</td><td colspan="2">附属设施和设备安装质量审查</td><td>B</td><td>无此项</td><td>安装检查记录</td><td></td><td>××××年××月××日</td></tr>
<tr><td colspan="8">6.3 压力管道防腐、绝热质量审查报告</td></tr>
<tr><td>1</td><td colspan="2">防腐质量审查</td><td>B</td><td>合格</td><td>防腐记录</td><td></td><td>××××年××月××日</td></tr>
<tr><td>2</td><td colspan="2">绝热质量审查</td><td>B</td><td>无此项</td><td>绝热记录</td><td></td><td>××××年××月××日</td></tr>
<tr><td colspan="8">6.4 压力管道穿跨越、隐蔽工程等项目安装质量审查报告</td></tr>
<tr><td>1</td><td colspan="2">穿跨越工程安装质量审查</td><td>B</td><td>无此项</td><td>安装检查记录</td><td></td><td>××××年××月××日</td></tr>
<tr><td>2</td><td colspan="2">隐蔽工程安装质量审查</td><td>B</td><td>合格</td><td>隐蔽工程检查记录</td><td></td><td>××××年××月××日</td></tr>
<tr><td colspan="8">6.5 管道通球、扫线、干燥审查报告</td></tr>
<tr><td>1</td><td colspan="2">管道吹扫、清洗、脱脂审查</td><td>B</td><td>合格</td><td>检查记录</td><td></td><td>××××年××月××日</td></tr>
<tr><td>2</td><td colspan="2">管道通球、扫线、干燥审查</td><td>B</td><td>无此项</td><td>检查记录</td><td></td><td>××××年××月××日</td></tr>
<tr><td colspan="8">6.6 压力管道静电接地测试审查报告</td></tr>
<tr><td>1</td><td colspan="2">静电接地测试审查</td><td>B</td><td>合格</td><td>测试报告</td><td></td><td>××××年××月××日</td></tr>
<tr><td colspan="8">6.7 压力管道单体试验和整体试运行审查报告</td></tr>
<tr><td>1</td><td colspan="2">单体试验审查</td><td>B</td><td>无此项</td><td>试验记录</td><td></td><td>××××年××月××日</td></tr>
<tr><td>2</td><td colspan="2">整体试运行审查</td><td>B</td><td>无此项</td><td>试运记录</td><td></td><td>××××年××月××日</td></tr>
<tr><td colspan="2">射线检测焊口总数</td><td>12</td><td rowspan="2" colspan="2">复评焊口数</td><td rowspan="2">2</td><td rowspan="2">抽查比例</td><td rowspan="2">16%</td></tr>
<tr><td colspan="2">其中固定焊口数</td><td>6</td></tr>
<tr><td colspan="8">审查结论：合格。RT底片复评焊缝编号：BW00、BW0
检验人员：　　　　日期：××××年××月××日</td></tr>
</table>

7　压力管道压力试验专项监督检验报告

监检类别：A　　　　　　　　　　　报告编号：

安装单位		××工程有限公司				
工程名称		×				
序号	管道编号	压力试验		监督检验形式	监检员	日期
		压力/MPa	介质			
1	BW01	0.4	无油空气＋氮气	现场确认		
2	OX101	1.8	无油空气＋氮气	现场确认		
3	CA101	1.1	无油空气＋氮气	现场确认		
4	CA102	1.1	无油空气＋氮气	现场确认		
5	CA103	1.1	无油空气＋氮气	现场确认		
6	CA104	1.1	无油空气＋氮气	现场确认		
7	CA105	1.1	无油空气＋氮气	现场确认		

结论及说明：

合格

检验人员：　　　　　　　日期：××××年××月××日

8　压力管道泄漏性试验专项监督检验报告

监检类别：A　　　　　　　　　　　报告编号：

安装单位		××工程有限公司				
工程名称		××				
序号	管道编号	泄漏性试验		监督检验形式	监检员	日期
		压力/MPa	介质			
1	BW101	0.4	无油空气＋氮气	现场确认		
2	OX101	1.8	无油空气＋氮气	现场确认		
3	CA101	1.1	无油空气＋氮气	现场确认		
4	CA102	1.1	无油空气＋氮气	现场确认		
5	CA103	1.1	无油空气＋氮气	现场确认		
6	CA104	1.1	无油空气＋氮气	现场确认		
7	CA105	1.1	无油空气＋氮气	现场确认		

结论及说明：

合格

检验人员：　　　　　　　日期：××××年××月××日

9　压力管道安全保护装置及其密封性能试验专项监督检验报告

监检类别：A　　　　报告编号：

安装单位	××工程有限公司					
工程名称	××					
序号	管道编号	安全保护装置监督检验	密封性能试验监督检验	监督检验形式	监检员	日期
1	BW01	压力表	合格	现场确认		
2	OX101	压力表	合格	现场确认		
3	CA101	压力表	合格	现场确认		
4	CA104	压力表	合格	现场确认		
5	CA105	压力表	合格	现场确认		

结论及说明：合格

检验人员：　　　　日期：××××年××月××日

10　压力管道安装竣工技术资料审查报告

监检类别：　　　　报告编号：

安装单位	××安装工程有限公司				
工程名称	××××年新建中压煤气安装工程				
压力管道安装竣工技术资料审查					
序号	审查项目	审查结果	序号	审查项目	审查结果
1	压力管道安装告知书	符合要求	19	射线照相检验报告	符合要求
2	工程开工报告	符合要求	20	超声波检验报告	无此项
3	工程竣工验收报告	符合要求	21	磁粉检验报告	无此项
4	工程质量综合评定表	符合要求	22	渗透检验报告	无此项
5	图纸会审记录	无此项	23	热处理报告	无此项
6	施工方案	符合要求	24	安全附件校验、检定报告	符合要求
7	管道组成件质量证明书	符合要求	25	管道系统压力试验记录	符合要求
8	管道焊材质量证明书	符合要求	26	管道系统泄漏性试验记录	符合要求
9	阀门试验记录	符合要求	27	管道系统吹扫清洗试验记录	符合要求
10	材料、元件复验记录	无此项	28	管道防腐及阴极保护施工记录	符合要求
11	管道敷设	符合要求	29	管道隔热工程施工记录	无此项
12	管道焊接工作记录	符合要求	30	管道单线图及标识	符合要求
13	设计变更及材料代用文件	无此项	31	静电接地测试记录	符合要求

续表

序号	审查项目	审查结果	序号	审查项目	审查结果
14	膨胀指示器、监察管段、管道蠕胀测点安装记录	无此项	32	竣工图	符合要求
15	补偿装置安装	无此项	33		
16	支、吊架安装	符合要求	34		
17	附属设施和设备安装记录	无此项	35		
18	隐蔽工程记录	符合要求	36		

审查结论：合格

检验人员：　　　　　　日期：××××年××月××日

第三节　在用公用压力管道安装监督检验报告案例

报告编号：××××

在用公用压力管道安装安全质量监督检验报告

项目名称：×××中压煤气管网安装工程

建设单位：××市煤气管网改造部

监督检验单位：××市锅炉压力容器检验研究所

监督检验时间：××××－××－××至××××－××－××

注意事项：

1）压力管道安装安全质量监督检验具有法定检验性质，监督检验单位对检验的公正性和抽样的真实性及检验工作质量负责。

2）监督检验单位检验资格核准编号为：TS7110000；检验资格项目中包括 GA、GB、GC 和 GD 类别中各种级别的压力管道安装安全质量的监督检验。

3）本检验报告一式三份：一份交建设单位；一份交安装单位；一份监检单位存档。

4）本检验报告书无检验、审核、批准的人员签章和检验机构的检验专用章无效。

5）受检单位对检验结论如有异议，应在收到本检验报告之日 15 日内，以书面形式向监督检验单位提出。

压力管道安装安全质量监督检验项目目录

报告编号：

1　压力管道安装安全质量监督检验结论报告 √
2　监督检验的压力管道基本情况 √
3　监督检验工作内容及工作基本情况 √
4　对各相关单位安全质量管理行为的评价
4.1　对建设单位安全质量管理行为的评价 √
4.2　对监理单位安全质量管理行为的评价 √
4.3　对安装单位安全质量管理行为的评价 √
4.4　对检测单位安全质量管理行为的评价 √
4.5　对防腐单位安全质量管理行为的评价 √
5　压力管道元件及焊接材料的材质审查报告 √
6　压力管道安装过程监督检验报告
6.1　压力管道焊接、装配质量审查报告 √
6.2　压力管道附属设施和设备安装质量审查报告 √
6.3　压力管道防腐、绝热质量审查报告 √
6.4　压力管道穿跨越、隐蔽工程等项目安装质量审查报告 √
6.5　压力管道通球、扫线、干燥审查报告 √
6.6　压力管道静电接地测试审查报告 ×
6.7　压力管道单体试验和整体试运行审查报告 ×
7　压力管道压力试验专项监督检验报告 √
8　压力管道泄漏性试验专项监督检验报告 √
9　压力管道安全保护装置及其密封性能试验专项监督检验报告 ×
10　压力管道安装竣工技术资料审查报告 √
11　对遗留质量问题的处理意见 ×
12　附页 ×

注：序号栏中有“√”标示检验报告有此项内容

1　压力管道安装安全质量监督检验结论报告

报告编号：

工　程　概　括			
工程名称	×××中压煤气管道安装工程	工程地址	×××
工程规模	不详	压力管道级别	GB1
设计压力	0.4 MPa	输送介质	煤气
开工时间	××××年××月××日	竣工时间	××××年××月××日
建设单位	×××指挥部	工程规划许可证号	无此项
管道设计单位	×××设计研究有限公司	设计证书编号	TS182100－2012
安装单位	××安装工程有限公司	安装许可证编号	TS38210000－2012
防腐施工单位	××防腐工程有限公司	防腐资质证书编号	无此项
监理单位	×××有限公司	监理资质证书号	建工监企第××号
检测单位	××无损检测有限公司	资格证书编号	TS7310XX－2011
授权监督检验文号	TS7110××－20××	监督检验起止日期	××××年××月××日 至××××年××月××日

监督检验结论报告：

根据《压力管道安全管理与监察规定》、《压力管道安装安全质量监督检验规则》和《压力管道定期检验规程》（公用管道）的规定，依据GB50028、CJJ33及设计文件要求，经过监督检验，该压力管道安装安全质量监督检验结论为　合格　。

检验人员	签　字		监督检验单位 （检验专用章）
	证书编号	TS82810000－2011	
	日　期	××××年××月××日	
项目监督检验负责人	签　字		
	日　期	××××年××月××日	
审核	签　字		××××年××月××日
	日　期	××××年××月××日	
批准	签　字		
	日　期	××××年××月××日	

2　监督检验的压力管道基本情况

报告编号：

序号	管道编号	管道起止点	规格	材质	设计压力/MPa	设计温度/℃	介质	管道级别	对接焊口数（其中固定焊口数）	要求探伤比例	安全状况等级	长度/m
1	BW101	阀门组至各分气包	ϕ89×4.0 ϕ57×4.0	20#	0.3	常温	丙烷	GC2	80/32	10%	1	380

续表

序号	管道编号	管道起止点	规格	材质	设计压力/MPa	设计温度/℃	介质	管道级别	对接焊口数（其中固定焊口数）	要求探伤比例	安全状况等级	长度/m
2	OX101	气缸至各分气包	$\phi57\times4.0$	20#	1.2	常温	氧气	GC2	73/26	5%	1	330
3	CA101	C101 至 F101	$\phi76\times4.0$	20#	0.88	常温	压缩空气	GC3	6/1	—	1	5
4	CA102	F101 至 D101	$\phi76\times4.0$	20#	0.88	常温	压缩空气	GC3	0	—	1	2
5	CA103	D101 至 F102	$\phi76\times4.0$	20#	0.88	常温	压缩空气	GC3	0	—	1	2
6	CA104	F102 至 V101	$\phi76\times4.0$	20#	0.88	常温	压缩空气	GC3	0	—	1	3
7	CA105	V101 至各分气包	$\phi76\times4.0$	20#	0.88	常温	压缩空气	GC3	43/19	—	1	153

3　监督检验工作内容及工作基本情况

报告编号：

安装单位	×××安装工程有限公司		
工程名称	××中压煤气管网钢管安装工程		
序号	监督检验工作内容	工作基本情况	备　注
1	管道元件及焊接材料的材质审查	审核及抽查	抽查：管子的厂内编号 G-0006-2000-00，管件的厂内编号 WT-0006-200-01
2	管道焊接和装配质量	审核及抽查	焊缝编号：G1 焊工钢印：A107、A13
3	管道附属设施和设备安装质量	审查	凝水缸
4	管道防腐、绝热质量	审查	
5	管道穿跨越、隐蔽工程等重要项目安装质量	审查	
6	管道压力试验	确认	
7	管道泄漏性试验	确认	
8	管道安全保护装置及密封性能试验	无此项	
9	管道通球、扫线、干燥	审查	

续表

序号	监督检验工作内容	工作基本情况	备注
10	管道静电接地测试	无此项	
11	管道的单体试验及整体试运行	无此项	
12	竣工资料审查	审查	
其他情况的说明： 无此项 检验人员： 日期：××××年××月××日			

4 对各相关单位安全质量管理行为的评价

报告编号：

安装单位	××安装工程有限公司					
工程名称	××中压煤气管网钢管安装工程					
序号	评价项目		评价结果	工作见证	监检员	日期
4.1 对建设单位安全质量管理行为的评价						
1	技术准备		符合要求	工艺文件		
2	施工管理		符合要求	管理文件		
3	分承包方资格		符合要求	分承包方资格证书		
4	物资采购	元件（含焊接材料）	符合要求	材质证明书		
		安全保护装置	无此项	合格证、质量证明书		
		附属设施和设备	符合要求	合格证、质量证明书		
4.2 对监理单位安全质量管理行为的评价						
1	监理资质		符合要求	监理资质证书		
2	监理过程		符合要求	监理过程见证文件		
3	工程验收		符合要求	工程验收报告		
4.3 对安装单位安全质量管理行为的评价						
1	安装资质		符合要求	安装资质证书		
2	技术准备		符合要求	施工方案		
3	材料验收	元件（含焊接材料）	符合要求	材料验收单		
		安全保护装置	无此项	材料验收单		
		附属设施和设备	符合要求	材料验收单		
4	安装过程的检验试验		符合要求	检验试验记录		
4.4 对检测单位安全质量管理行为的评价						
1	检测资质		符合要求	检测资质证书		
2	检测准备		符合要求	检测工艺		
3	检测结论		符合要求	检测结论报告		

续表

序号	评价项目	评价结果	工作见证	监检员	日期
4.5 对防腐单位安全质量管理行为的评价					
1	施工资质	无此项	安装资质证书		
2	技术准备	符合要求	施工方案		
3	材料验收	符合要求	合格证、质量证明书		
对压力管道安装过程中出现的安全质量问题的处理： 无此项					
其他违法、违规、失职行为： 无此项					
评价结论：合格 检验人员：　　　　日期：××××年××月××日					

5　压力管道元件及焊接材料的材质审查报告

报告编号：

安装单位	××安装工程有限公司						
工程名称	××中压煤气管网钢管安装工程						
序号	审查项目		监检类别	审查结果	工作见证	监检员	日期
1	管材	材质量证明书	B	符合要求	材质证书及现场抽检		
2		材料复验	B	无此项	管材复验报告		
3		材料代用	B	无此项	管材代用报告		
4	阀门	质量证明书	B	符合要求	质量证明书		
5		材质复验	B	无此项	阀门复验报告		
6		材料代用	B	无此项	阀门代用报告		
7		耐压及密封试验	B	无此项	试验报告及现场抽检		
8	管件	质量证明书	B	符合要求	质量证明书		
9		材质复验	B	符合要求	管件复验报告		
10		材料代用	B	无此项	管件代用报告		
11	焊材	质量证明书	B	符合要求	质量证明书		
12		材质复验	B	无此项	管件复验报告		
13		材料代用	B	无此项	焊材代用报告		
14	材料标识		B	符合要求	检查记录及现场抽检		
审查结论：合格 检验人员：　　　　日期：××××年××月××日							

6 压力管道安装过程监督检验报告

报告编号：

安装单位	××安装工程有限公司						
工程名称	××中压煤气管网钢管安装工程						
序号	审查项目		监检类别	审查结果	工作见证	监检员	日期
6.1 压力管道焊接、装配和防腐质量审查报告							
1	焊接质量审查	焊接工艺评定	A	合格	焊接工艺评定文件		
2		焊工资格	B	合格	焊工证		
3		焊接现场质量控制	B	合格	焊接检查记录及现场抽检		
4		射线检测	B	无此项	检测报告及底片抽查		
5		超声波检测	B	合格	检测报告		
6		渗透检测	B	无此项	检测报告		
7		磁粉检测	B	无此项	检测报告		
8		热处理	B	无此项	检测报告及曲线图		
9		硬度测定	B	无此项	检测报告		
10	装配质量审查	管沟施工质量	B	合格	检查记录及现场抽检		
11		管道加工及预制	B	无此项	管道加工预制记录		
12		管道敷设和安装	B	合格	检查记录及现场抽检		
13		阀门与安全附件安装	B	合格	检查记录及现场抽检		
14		补偿装置安装	B	无此项	检查记录及现场抽检		
15		支吊架安装	B	无此项	检查记录及现场抽检		
6.2 压力管道附属设施和设备安装质量审查报告							
1	附属设施和设备安装质量审查		B	合格	安装检查记录		
6.3 压力管道防腐、绝热质量审查报告							
1	防腐质量审查		B	合格	防腐记录		
2	绝热质量审查		B	无此项	绝热记录		
6.4 压力管道穿跨越、隐蔽工程等项目安装质量审查报告							
1	穿跨越工程安装质量审查		B	无此项	安装检查记录		
2	隐蔽工程安装质量审查		B	合格	隐蔽工程检查记录		
6.5 管道通球、扫线、干燥审查报告							
1	管道吹扫、清洗、脱脂审查		B	合格	检查记录		

续表

序号	审查项目	监检类别	审查结果	工作见证	监检员	日　期
2	管道通球、扫线、干燥审查	B	无此项	检查记录		
6.6 压力管道静电接地测试审查报告						
1	静电接地测试审查	B	无此项	测试报告		
6.7 压力管道单体试验和整体试运行审查报告						
1	单体试验审查	B	无此项	试验记录		
2	整体试运行审查	B	无此项	试运记录		
射线检测焊口总数	—	评焊口数	—	抽查比例/%		
其中固定焊口数	—					
审查结论：合格 检验人员：　　　日期：××××年××月××日						

7　压力管道压力试验专项监督检验报告

监检类别：A　　　　报告编号：

安装单位		××安装工程有限公司				
工程名称		××中压煤气管网钢管安装工程				
序号	管道编号	压力试验		监督检验形式	监检员	日期
		压力/MPa	介质			
1	MG	0.62	空气	现场确认		
结论及说明： 合格 检验人员：　　　日期：××××年××月××日						

8　压力管道泄漏性试验专项监督检验报告

监检类别：A　　　　报告编号：

安装单位		××安装工程有限公司				
工程名称		××中压煤气管网钢管安装工程				
序号	管道编号	泄漏性试验		监督检验形式	监检员	日期
		压力/MPa	介质			
1	MG	0.488	空气	现场确认		

续表

序号	管道编号	泄漏性试验		监督检验形式	监检员	日期
		压力/MPa	介质			

结论及说明：
合格
检验人员： 日期：××××年××月××日

10 压力管道安装竣工技术资料审查报告

监检类别： 报告编号：

安装单位	××安装工程有限公司				
工程名称	××中压煤气管网钢管安装工程（八标段）				
压力管道安装竣工技术资料审查					
序号	审查项目	审查结果	序号	审查项目	审查结果
1	压力管道安装告知书	符合要求	19	射线照相检验报告	无此项
2	工程开工报告	符合要求	20	超声波检验报告	符合要求
3	工程竣工验收报告	符合要求	21	磁粉检验报告	无此项
4	工程质量综合评定表	符合要求	22	渗透检验报告	无此项
5	图纸会审记录	符合要求	23	热处理报告	无此项
6	施工方案	符合要求	24	安全附件校验、检定报告	无此项
7	管道组成件质量证明书	符合要求	25	管道系统压力试验记录	符合要求
8	管道焊材质量证明书	符合要求	26	管道系统泄漏性试验记录	符合要求
9	阀门试验记录	符合要求	27	管道系统吹扫清洗验记录	符合要求
10	材料、元件复验记录	无此项	28	管道防腐及阴极保护施工记录	符合要求
11	管道敷设	符合要求	29	管道隔热工程施工记录	无此项
12	管道焊接工作记录	符合要求	30	管道单线图及标识	符合要求
13	设计变更及材料代用文件	符合要求	31	静电接地测试记录	无此项
14	膨胀指示器、监察管段、管道蠕胀测点安装记录	无此项	32	竣工图	符合要求
15	补偿装置安装	无此项	33		
16	支、吊架安装	无此项	34		
17	附属设施和设备安装记录	符合要求	35		
18	隐蔽工程记录	符合要求	36		

审查结论：合格
检验人员： 日期：××××年××月××日

第四节 在用压力管道定期检验报告书填写案例

压力管道检验报告书填写案例是根据有关检验机构正式使用的“压力管道定期检验报告书填写要求及说明”修改后，供参考。

压力管道定期检验报告书填写要求及说明

1 封面

1.1 使用登记证号、注册代码：按使用单位已有编号填写，否则填写未登记、未注册。

1.2 使用单位：按定期检验委托单填写。

1.3 装置名称、管道名称、管道编号：按《压力管道普查登记表》或者上次检验报告中的内容填写，对于未注册登记的管道按用户提供的管道报检明细填写。

1.4 使用登记证号、登记注册、管道编号比较复杂，在设计章节中也讲过，当前的管道是非常混乱的，由设计单位做出规定；对于老管道要由各市安全监察机构发文件进行强制性规定。

1.5 检验日期：进入现场开始定期检验的起止日期。

1.6 检验单位：填写××市特种设备检验研究所。

1.7 报告编号：按《质量管理体系文件、报告和记录编号规则》的要求填写。

2 在用管道定期检验结论报告有以下要求

2.1 安全状况等级：填写根据检验情况确定的安全状况等级。

2.2 允许继续使用的参数、监控使用的限制性条件：根据定期检验情况确定允许使用的参数。

2.3 下次检验日期：根据定期检验情况和安全状况等级来确定，该日期按进入现场开始检验的日期计算。

2.4 判废的依据：对安全状况等级评定为4级的压力管道说明判废依据。

2.5 证件编号：填写检验人员的资格证号。

2.6 签字：由检验人员签字，并签署日期，该日期为检验工作全部结束后检验人员出具报告的日期。

2.7 检验单位技术负责人签字：由质量保证体系规定的负责人员签字，并签署日期。

2.8 检验单位章：加盖检验单位检验专用章。

3 在用工业安全状况等级评定结果汇总

3.1 项目：对管道中存在的项目逐一检验。

3.2 情况概述：依据检验情况，对“项目”栏中检验项目中安全状况等级为1级的填写“合格”，其余级别的简述检验情况，说明原因。

3.3 由该项目确定的安全状况等级：对“项目”栏中已检项目，逐项确定安全状况等级。

3.4 检验人员：由该管道的检验人员签字，并签署日期，该日期为检验工作全部结束后检验人员出具报告的日期。

3.5　审核：由质量保证体系规定的负责人员签字，并签署日期。

4　在用管道原始资料审查

4.1　管道级别：按管道定期检验规程对管道的划分，填写 GC1、GC2 或 GC3。2009 年 8 月 1 日以后设计的管道，管道级别按 TSG D3001《压力管道安装许可规则》划分。

4.2　管道长度：按该管道的延长公里填写。

4.3　起止位置：填写该压力管道登记单元的起点和止点。

4.4　敷设方式：填写架空或埋地。

4.5　设计技术要求和技术参数如：设计压力、设计温度、设计检验要求、设计执行规范：按图纸或设计方案填写。

4.6　设计日期：图纸上签署的批准日期或审核日期。

4.7　压力管道元件材料的牌号、规格、安全性能等，按安装竣工资料中的记载或实际产品质量证明资料的情况（要有依据）填写。

4.8　安装单位、安装与验收规范、验收日期（按安装竣工资料中的记载填写）。

4.9　投用日期：填写实际投用日期。

4.10　实际使用时间：自投用日期至检验日期之间的时间。

4.11　工作压力、工作温度、工作介质（按设计文件填写，若设计没有规定，按用户提供的参数填写）。

4.12　腐蚀裕量：按设计文件规定填写。

4.13　绝热层材料、绝热层厚度、防腐层材料：按管道的实际情况填写。

4.14　上次全面检验日期、检验报告编号：按上次检验报告的“检验日期”和“报告编号”填写。

4.15　原始资料及记录审查问题记载：记载对压力管道安装资料、运行记录进行审查发现的问题。

4.16　上次检验及自上次检验以来历次检验问题记载：记录上次检验情况及自上次检验以来历次检验问题。

4.17　由检验人员签字，并签署日期，该日期填写资料实际审查日期。

4.18　压力管道元件、安装单位的特种设备许可证及许可范围；标志使用等情况。

5　在用管道宏观检查报告

5.1　检查项目：对管道中存在的“检查项目”逐一检查。

5.2　检查结果：对“检查项目”进行的检验，在对应栏中选择适当的检验结果，在“□”内划“√”。

5.3　备注：对“检查结果”栏中除选择“正常”、“完好”、“合格”者外，均在此栏中简述原因，对于不存在的项目在备注栏填写“无此项”。

5.4　由检验人员签字，并签署日期，该日期填写现场测厚结束日期。

6　在用管道测厚报告

6.1　测厚点部位图：画出检验的具体位置（如弯头、三通、直管段等），并标出检测的截面代号和测点方位。

6.2　表面状况：能正常测出厚度时填写“良好”，否则填写“腐蚀、严重腐蚀、差”等。

6.3　仪器型号/精度（填写测厚仪的型号和精度）。

6.4　管件测量比例：填写检测管件占管件总数的百分数及检测管件的个数。

6.5　管子测量比例：填写检测直管段占直管段总数的百分数及检测直管段的段数。

6.6　实测点数：填写对该管段测厚点的总数。

6.7　实测最小壁厚：填写该管道测厚点的最小值，必须按管段规格予以区分。

6.8　测点编号

按下述方法编写：

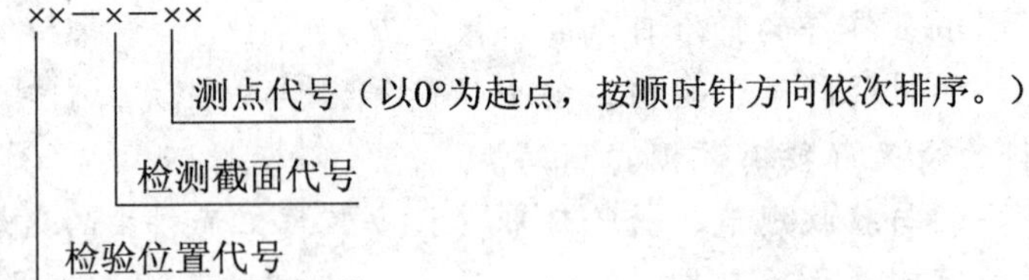

——检验位置代号：用检测点的顺序号（一个大写的英文字母+阿拉伯数字）表示；

——检测截面代号：对每个检测截面，用小写的英文字母表示；

——测点代号：按规定方向，依次用阿拉伯数字表示。

注1：“检验位置代号”如报告中能说明清楚，可省略；

注2：测定代号的0°起点，按本单位自行编写的《检验图绘制管理规则》的规定执行。

6.9　测点厚度：填写实测厚度。

6.10　评定意见：填写“合格”，否则需对减薄情况进行描述。

6.11　由检验人员签字，并签署日期，该日期填写现场测厚日期。

7　在用管道硬度测定报告

7.1　热处理状态：检测部位的热处理状态，如“消应、回火、正火、退火、淬火”等。

7.2　仪器型号：硬度计的型号。

7.3　测定部位：进行硬度测定部位的管件、管子的名称或测点部位代号。

7.4　评定标准：进行硬度评定的执行标准。

7.5　硬度值：对检测部位的实测值，每套装置或每条管道测量数值、每点测定三个数值。

7.6　硬度测定部位：填写具体测定是焊缝、母材及热影响区等。

7.7　评定意见：有评定标准填写“合格”或“不合格”，若无评定标准，则填写“无异常”或“有异常”。

8　在用管道压力试验报告

8.1　最高工作压力：填写该管道核定的最高工作压力。

8.2　试验介质：进行压力试验的介质。

8.3　试验压力：进行压力试验的试验压力。

8.4　介质温度：进行压力试验时的介质温度。

8.5　环境温度：进行压力试验时的周围环境温度。
8.6　机泵出口压力表规格、机泵出口压力表精度：进行压力试验时压缩机（空气或水）出口压力表的规格和精度。
8.7　管线压力表规格、管线压力表精度：进行压力试验时管线上压力表的规格和精度。
8.8　机泵型号：进行压力试验时所用压缩机（空气或水）的型号。
8.9　执行标准：填写的现行标准，如：《工业金属管道工程施工规范》（GB 50235—2010）；还有其他公用管道或者长输管道相关标准等。
8.10　实际试验曲线：按压力试验的实际过程绘出曲线图。
8.11　压力试验结论：填写“合格”或者“不合格”。
8.12　检验人员：由对压力试验进行现场确认的检验人员签字，并签署日期，该日期填写现场试压确认日期。

9　在用管道泄漏性试验报告

9.1　最高工作压力：填写该管道核定的最高工作压力。
9.2　试验介质：进行泄漏性试验的介质。
9.3　试验压力：进行泄漏性试验的试验压力。
9.4　介质温度：进行泄漏性试验的介质温度。
9.5　环境温度：进行泄漏性试验的介质温度。
9.6　压气设备出口压力表规格、压气设备出口压力表精度：进行泄漏性试验时压气设备出口压力表的规格和精度。
9.7　管线压力表规格、管线压力表精度：进行泄漏性试验时管线上压力表的规格和精度。
9.8　压气设备型号：进行压力试验或泄漏性试验时所用压缩机（空气或水）的型号。
9.9　执行标准：填写现行标准，如：《工业金属管道工程施工规范》（GB 50235—2010）。
9.10　实际试验曲线：按泄漏性试验的实际过程绘出曲线图。
9.11　泄漏性试验结论：填写“合格”或者“不合格”。
9.12　检验人员：由对泄漏性试验进行现场确认的检验人员签字，并签署日期，该日期填写现场试验确认日期。

10　在用管道安全附属装置检验报告

10.1　设计规定参数：设计文件中规定在该管线上需要安装的压力表、测温仪表的数量。
10.2　实际安装参数：在该管线上实际安装的压力表、测温仪表的数量。
10.3　量程、精度：在该管线上实际安装的压力表、测温仪表的量程和精度应符合要求。
10.4　安装位置：在该管线安装的压力表、测温仪表、安全阀、爆破片位置应符合要求。
10.5　表盘直径：填写在该管线安装的压力表、测温仪表的表盘直径。
10.6　有效期：填写在该管线安装的压力表、测温仪表、安全阀、爆破片的有效期。

10.7　外观质量：压力表、安全阀、爆破片和测温仪表的外观质量应符合要求，填写“良好”、“一般”、“差”或“锈蚀”。

10.8　数量：在该管线上安全阀、爆破片、补偿器等压力管道元件的要求数量和实际检查数量。

10.9　型号：在该管线上安全阀、爆破片、补偿器等压力管道元件的要求型号和实际检查型号。

10.10　公称压力、公称通径：按安全阀型号标注的的公称压力和公称通径填写。

10.11　开启压力：按安全阀校验报告的数值填写。

10.12　工作温度、工作介质：按核定的参数填写。

10.13　铅封：按现场实际情况填写“有”或“无”。

10.14　合格证编号、元件制造许可证：按安全阀、爆破片、膨胀节、弯头等的合格证或铭牌填写。

10.15　公称直径、规格：填写在该管线上爆破片等元件的要求规格和公称直径和实际检查规格和公称直径。

10.16　爆破应力、材料：按爆破片合格证或质量证明书填写。

10.17　制造厂家、制造许可证号：按紧急切断阀等元件合格证或质量证明书填写。

10.18　合格证：按检验情况填写“有”或“无”。

10.19　型式及规格、切断时间、耐压试验、密封压力试验：按紧急切断阀等质量证明书填写。

10.20　铅封：按现场实际检查情况填写“有”或“无”。

10.21　结论：填写“合格”或者“不合格”。

10.22　由检验人员签字，并签署日期，该日期填写全部安全附件确认日期。

11　在用压力管道单线图

11.1　按《管道工程施工图内容及识读》的规定执行。

11.2　管件的画法按有关设计标准要求。

12　说明：本报告中《在用管道磁粉检测报告》、《在用管道渗透检测报告》、《在用管道射线检测报告》、《在用管道超声波检测报告》、《在用管道化学成分分析报告》和《在用管道金相分析报告》见相应报告填写办法。

第五节　在用公用压力管道安全性评价

在用公用压力管道安全性评价实际案例是在专业性检验报告书安全性评价报告后进行的，主要内容有：

——专业性检测记录和检验报告。当专业性检验工作结束后，检验人员应当根据检验情况和所进行的检验项目，认真、准确填写检测记录，及时出具相应的专业性检验报告。GB1 – D 级次高压燃气管道、GB1 – E 级中压燃气压力管道应在专业性检验报告中明确使用压力、下一专业性检验时间、运行维护与监控措施等。

——评价报告。GB1 – C 级次高压燃气管道除出具专业性检验报告外，还应由安全评价人员根据检验报告和所进行评价项目，及时出具评价报告。安全性评价报告中至少应明确使用压力、下一专业性检验时间、运行维护与监控措施等。

——专业性检验报告、安全性评价报告的封面、目录、评价结论的格式见专业性检验、安全性评价项目报告的格式，检验机构自行制定。管道使用单位应按评价报告中需要立即修复的缺陷进行处理或采取降压运行的措施保障管线安全。缺陷修复前，使用单位应制订修复方案，相关文件记录应存档。缺陷的修复应按有关技术规范的要求进行。

——有条件的在用城镇燃气压力管道使用单位应将专业性检验结果与安全性评价录入埋地钢质管道地理信息系统（GIS）、完整性管理信息系统（MIS）。

——城镇燃气压力管道使用单位应将检验结果与评价结果归档，并由风险评估专业机构重新对风险预评估结果进行修正。

第六节　长输压力管道安装检验报告实际案例

以下是某市煤层气管线工程监督检验报告，因为跨市、路线长，所以确定为长输压力管道，其长输压力管道安装安全质量监督检验依据《压力管道定期检验规则——长输（油气）管道》（TSG D7003—2010）编写。

报告编号：DFA20××-0×-0×

压力管道安装安全质量监督检验报告

登记编号：sy0120

项目名称：×××市煤层气管线工程（GA2 级）

建设单位：×××市燃气有限公司

监督检验单位：××市特种设备检测研究所

监督检验时间：××××年××月××日至××××年××月××日

压力管道安装安全质量监督检验项目目录

报告编号：DFA200×－0×－00×

1　压力管道安装安全质量监督检验结论报告　√
2　监督检验的压力管道基本情况　√
3　监督检验工作内容及工作基本情况　√
4　对各相关单位安全质量管理行为的评价
4.1　对建设单位安全质量管理行为的评价　√
4.2　对监理单位安全质量管理行为的评价　√
4.3　对安装单位安全质量管理行为的评价　√
4.4　对检测单位安全质量管理行为的评价　√
4.5　对防腐单位安全质量管理行为的评价　√
5　压力管道元件及焊接材料的材质审查报告　√
6　压力管道安装过程监督检验报告
6.1　压力管道焊接、装配和防腐质量审查报告　√
6.2　压力管道附属设施和设备安装质量审查报告　√
6.3　压力管道穿跨越、隐蔽工程等项目安装质量审查报告　√
6.4　管道通球、扫线、干燥审查报告　√
6.5　压力管道单体试验和整体试行运行审查报告　√
7　压力管道强度试验、严密性试验专项监督检验报告　√
8　压力管道安全保护装置及其密封性能试验专项监督检验报告　√
9　压力管道安装竣工技术资料审查报告　√
10　对遗留质量问题的处理意见
11　附页

注：打“√”项为已出报告

1　压力管道安装安全质量监督检验结论报告

报告编号：DFA200×－0×－00×

工　程　概　括			
工程名称	×××市管线工程		
工程地址	×××市×××		
工程规模	详见管道基本情况表	压力管道级别	GA2
设计压力	0.6MPa	输送介质	煤层气
开工时间	××××年××月××日	竣工时间	××××年××月××日
建设单位	××××燃气有限公司	工程规划许可证号	×××【20××】××号
设计单位	建设部×××热力研究设计院	设计证书编号	0600××－SJ
安装单位	辽宁石油勘探局××工程	安装许可证编号	GZ－××－06

续表

防腐施工单位	辽宁××防腐保温工程有限公司	防腐资质证书编号	HZG0×-00×
监理单位	抚顺市诚信石化工程建设监理公司	监理资质证书号	2104051129668
检测单位	中国石油天然气×××建设有限公司	资格证书编号	GZ-××-0×
授权监督检验文号	××890×2401	监督检验起止日期	××××年××月××日-××××年××月××日

监督检验结论

根据《压力管道定期检验规则-长输管道》（TSG D7003）和《压力管道安全质量监督检验规则》的规定，依据设计文件及Y/××040×-×　　要求，经过监督检验，该压力管道安装安全质量监督检验结论为　合格　。下次检验日期：20××年××月××日

监督检验详细内容附后

监督检验员	签　　字	×××	监督检验单位（公章）
	证书编号	××0600××	
	日　　期	××××年××月××日	
项目监督检验负责人	签　　字	×××	
	日　　期	××××年××月××日	
审　　核	签　　字	×××	
	日　　期	××××年××月××日	
批　　准	签　　字	×××	
	日　　期	××××年××月××日	

2　监督检验的压力管道基本情况

报告编号：DFA200×-0×-00×

序号	管道编号	管道起止点	规格	材质	设计压力/MPa	设计温度/℃	介质	管道级别	对接焊口数	安全状况等级	长度/m
1	ADG1	×市政界政界-××站	ϕ377×7.0	Q235B	0.6	50	煤层气	GA2	731	1	9500
2	ADG2	××站-×××	ϕ325×6.0	Q235B	0.2	常温	煤层气	GA2	271	1	3286
3											
4											
…											

3　监督检验工作内容及工作基本情况

报告编号：DFA20××-0×-00×

安装单位	辽宁石油勘探局××工程			
工程名称	×××××管线工程			
序号	监督检验工作内容	工作基本情况	检验员	日　期
1	管道元件及焊接材料的材质确认	确认	×××	××××年××月××日
2	管道焊接或其他固定连接和可拆卸连接装配质量	抽查	×××	××××年××月××日
3	影响管道热补偿和热传导的支承件安装质量	无此项	×××	××××年××月××日
4	管道防腐质量	抽查	×××	××××年××月××日
5	管道焊接、防腐质量检验检测质量	抽查	×××	××××年××月××日
6	管道附属设施和设备安装质量	抽查	×××	××××年××月××日
7	管道穿跨越、隐蔽工程等重要项目安装质量	确认	×××	××××年××月××日
8	管道强度试验、严密性试验（工业管道为压力试验、泄露性试验，下同）	确认	×××	××××年××月××日
9	管道通球、扫线、干燥	抽查	×××	××××年××月××日
10	管道的单体试验及整体试运行	确认	×××	××××年××月××日
11	管道安全保护装置及密封性能测试	确认	×××	××××年××月××日
12	竣工资料审查	抽查	×××	××××年××月××日
其他情况的说明： 本次仅对×××境内压力管道进行了监督检验。 监检员：×××　　　　××××年××月××日				

4　对各相关单位安全质量管理行为的评价

报告编号：DFA20××-0×-00×

工程名称	市管线工程				
审批备案	××00×				
序号	评价项目	评价结果	工作见证	监检	日期
4.1 对建设单位安全质量管理行为的评价					
1	技术准备	合格	工艺文件	×××	××××年××月××日
2	施工管理	合格	管理文件	×××	××××年××月××日

续表

序号	评价项目		评价结果	工作见证	监检	日期
3	分承包方资格		合格	分承包方施工协议	××	××××年××月××日
4	物资采购	材料	无此项	无此项	××	××××年××月××日
		元件	无此项	无此项	××	××××年××月××日
		附属设施	合格	合格证	××	××××年××月××日
4.2 对监理单位安全质量管理行为的评价						
1	监理资质		合格	监理资质证书	××	××××年××月××日
2	监理过程		合格	过程见证文件	×	××××年××月××日
3	工程验收		合格	工程验收报告	×	××××年××月××日
4.3 对安装单位安全质量管理行为的评价						
1	安装资质		合格	安装资质证书	×	××××年××月××日
2	技术准备		合格	施工方案	×	××××年××月××日
3	材料验收	管材、焊材	合格	材料验收单	×	××××年××月××日
		元件	合格	材料验收单	×	××××年××月××日
		附属设施	合格	材料验收单	×	××××年××月××日
4	安装过程的检验试验		合格	检验试验记录	×	××××年××月××日
4.4 对检测单位安全质量管理行为的评价						
1	检测资质		合格	检测资质证书	×	××××年××月××日
2	检测准备		合格	检测方案	×	××××年××月××日
3	检测结论		合格	检测结论报告	×	××××年××月××日
4.5 对防腐单位安全质量管理行为的评价						
1	施工资质		合格	施工资质证	×	××××年××月××日
2	技术准备		合格	施工方案	×	××××年××月××日
3	材料验收		合格	质量证明文件	×	××××年××月××日
对压力管道安装过程中出现的安全质量问题的处理： 无。						
其他违法、违规、失职行为： 未发现。						
评价结论： 合格。 监检员：××　　××××年××月××日						

5 压力管道元件及焊接材料的材质审查报告

报告编号：DFA200×-0×-00×

安装单位	辽宁石油勘探局×××工程						
工程名称	×××市煤层气管线工程						
序号	审查项目		监检类别	审查结果	工作见证	监检员	日　期
1	管材	质量证明书	A	合格	材质证书及现场确认	×	××××年××月××日
2		材料复验	A	无此项	无此项	×	××××年××月××日
3		材料代用	A	无此项	无此项	×	××××年××月××日
4	阀	质量证明书及合格证	B	合格	质量证明书或合格证	×	××××年××月××日
5		材料复验	B	无此项	无此项	×	××××年××月××日
6		材料代用	B	无此项	无此项	×	××××年××月××日
7		耐压及密封试验	B	合格	试验报告及现场抽检	×	××××年××月××日
8	管件	质量证明书及合格证	B	合格	质量证明书或合格证	×	××××年××月××日
9		材料复验	B	无此项	无此项	×	××××年××月××日
10		材料代用	B	无此项	无此项	×	××××年××月××日
11	焊材	质量证明书	A	合格	质量证明书	×	××××年××月××日
12		材料复验	A	无此项	无此项	×	××××年××月××日
13		材料代用	A	无此项	无此项	×	××××年××月××日
14	材料标识		C	合格	检查记录及现场抽检	×	××××年××月××日

审查结论：
合格。

监检员：×××　　××××年××月××日

6　压力管道安装过程监督检验报告

报告编号：DFA200×-0×-00×

安装单位	辽宁石油勘探局×××工程						
工程名称	×××市煤层气管线工程						
序号	审查项目		监检类别	审查结果	工作见证	监检员	日　期
6.1 压力管道焊接、装配和防腐质量审查报告							
1	焊接质量审查	焊接工艺评定	A	合格	焊接工艺评定	×	××××年××月××日
2		焊工资格	B	合格	焊工证	×	××××年××月××日
3		焊接现场质量控制	B	合格	焊接检查记录及现场抽检	×	××××年××月××日
4		焊缝布置	C	合格	检查记录及现场抽查	×	××××年××月××日

7　压力管道强度试验、严密性试验专项监督检验报告

监检类别：A　　　　报告编号：DFA200×-0×-00×

安装单位		××石油勘探局×××工程						
工程名称		×××市煤层气管线工程						
序号	管道编号	强度试验		严密性试验		监督检验形式	监检员	日期
		压力/MPa	介质	压力/MPa	介质			
1	ADG1	0.9	空气	0.69	空气	确认	×××	
2	ADG1	0.3	空气	0.2	空气	确认	×××	
3								
4								
5								

检验结论：

合格。

监检员：×××　200×年××月××日

8　压力管道安全保护装置及其密封性能试验专用监督检验报告

监检类别：A　　　　报告编号：DFA200×－0×－00×

安装单位		辽宁石油勘探局×××工程				
工程名称		×××市煤层气管线工程				
序号	管道编号	安全保护装置监督检验	密封性能试验监督检验	监督检验形式	监检员	日期
1	ADG1/ADG2	紧急切断阀	管道	确认	×	
2	ADG1/ADG2	阳极	—	确认	×	
3						
4						
5						

审查结论：

合格。

监检员：×××　　　　××××年××月××日

9　压力管道安装竣工技术资料审查报告

监检类别：B　　　　报告编号：DFA200×－0×－00×

安装单位	辽宁石油勘探局×××工程				
工程名称	×××市煤层气管线工程				
序号	审查项目	审查结果	序号	审查项目	审查结果
1	压力管道安装申请书	合格	19	射线照相检验报告	合格
2	工程开工报告	合格	20	超声波检验报告	合格
3	工程竣工验收报告	合格	21	磁粉检验报告	无此项
4	工程质量综合评定表	合格	22	渗透检验报告	无此项
5	图纸会审记录	合格	23	热处理报告	无此项
6	施工方案	合格	24	安全阀最终调试报告	合格
7	管道组成件质量证明书	合格	25	管道系统压力试验记录	合格
8	管道焊材质量证明书	合格	26	管道系统严密性试验记录	合格
9	阀门试验记录	合格	27	管道系统泄漏试验记录	合格
10	材料、元件复验记录	无此项	28	管道系统吹扫清洗试验记录	合格
11	管道敷设	合格	29	管道防腐及电保护施工记录	合格
12	管道焊接工作记录	合格	30	管道隔热工程施工记录	无此项
13	设计变更及材料代用文件	合格	31	管道单线图及标识	合格
14	膨胀指示器、监察管段、管道蠕胀测点安装记录	无此项	32	静电接地测试记录	合格

续表

序号	审查项目	审查结果	序号	审查项目	审查结果
15	补偿装置安装记录	无此项			
16	支、吊架安装记录	合格			
17	附属设备安装记录	合格			
18	隐蔽工程记录	合格			
审查结论： 合格。 监检员：××× ××××年××月××日					

第七节　在用工业压力管道定期检验报告案例

在用工业管道全面检验报告书

使用单位：中国××石化公司
装置名称：烷基化
管道名称：E－19返塔×
管道编号：×（×）×
检验日期：××××年××月××日
报告编号：×××
检验单位：××市锅炉压力容器检验研究所

国家质量监督检验检疫总局印制

DBPVI/QSD－B1－36/8/0

目　录

1 在用工业管道全面检验结论报告
2 在用工业管道安全状况等级评定结果汇总
3 在用工业管道原始资料审查报告
4 在用工业管道宏观检验报告
5 在用工业管道测厚报告
× 在用工业管道磁粉检测报告
× 在用工业管道渗透检测报告
× 在用工业管道射线检测报告
9 在用工业管道超声波检测报告
× 在用工业管道化学成分分析报告
× 在用工业管道硬度测定报告
× 在用工业管道金相分析报告
× 在用工业管道压力试验报告
14 在用工业管道泄漏性试验报告
× 在用工业管道安全附属装置检验报告
16 在用工业管道单线图

注：出具报告时，从封面起必须按此序号顺序装订，未检验项目则空缺，并在此目录的序号上打×。

1 在用工业管道全面检验结论报告

装置名称：烷基化　　　　管道名称：××
管道编号：××　　　　报告编号：××

根据《在用工业管道定期检验规程》的规定，对本管道已完成如下检查和检验：
1、2、3、4、5、9、14、16
（目录中的序号），各项检验报告附后。结论如下：
一、安全状况等级为：
二、允许继续使用的参数为：最大工作压力 0.49MPa　工作温度 187 ℃，介质　原料
三、监控使用的限制性条件为：无
四、下次检验日期：××××年××月××日
五、判废的依据为：无
六、其他：无

本检验单位经国家质量监督检验检疫局核准的综合检验机构批准，具有法人地位，批准的检验工作范围是：
定期检验：GD2、GD3、4、RD5、RD7、DD2、DD3、JD1、JD2、PD1、PD2、PD3、PD5、FD1、FD2。
监督检验：GJ2、GJ3、GJ4、RJ2、RJ3、RJ4、RJ5、DJ1、DJ2、DJ3、DJ4、KJ1、KJ2。
检验许可证批准号：TS711000－2014

检验人员	证件编号	××××	检验单位章 ××××年××月××日
	签　字	2011 年××月××日	
审　核		2011 年××月××日	
批　准		2011 年××月××日	
注：此栏手续不全，结论报告无效。			

2　在用工业管道安全状况等级评定结果汇总

装置名称：烷基化　　　　　　　　　　　　管道名称：××

管道编号：××　　　　　　　　　　　　　报告编号：××

项　　目		情　况　概　述	由该项目确定的安全状况等级
管道位置及结构		合格	1
管道材料	与设计不符	合格	1
	材质不明	合格	1
	材料劣化和损伤	无此项	无此项
	硬度异常	无此项	无此项
管子及管件全面减薄		合格	1
管子及管件局部减薄		合格	1
管子焊接缺陷	裂纹	合格	1
	咬边	合格	1
	气孔	合格	1
	夹渣	合格	1
	未焊透	合格	1
	未熔合	合格	1
	错边	合格	1
组成件其他异常	裂纹、皱褶、重皮	合格	1
	碰伤	合格	1
	变形	合格	1
	损坏	合格	1
支吊架异常		未见异常	1
附属设施	安全附属装置	无此项	无此项
	其他附属设施	无此项	无此项
压力试验或泄漏性试验		合格	1
管道安全状况等级		1	
检验人员：　××××年××月××日		审核：　××××年××月××日	

3　在用工业管道原始资料审查报告

报告编号：

装置名称	烷基化	设计单位	中石××设计院
管道名称	×	设计日期	××××年××月××日
管道编号	19（2）1082	设计规范	不详

续表

管道级别	GC2	安装单位	中油××
管道长度/m	60	安装与验收规范	GB50235/SH3501
起始位置	E-19	验收日期	××××年××月××日
终止位置	塔V-2	投用日期	××××年××月××日
敷设方式	架空	实际使用时间	7年
设计压力/MPa	不详	工作压力/MPa	0.59
设计温度/℃	不详	工作温度/℃	177
管子材料牌号	20	工作介质	原料
管道规格（外径mm×壁厚mm）	ϕ89×6	绝热层材料	石棉
		绝热层厚度mm	50
腐蚀裕量/mm	不详	防腐层材料	油漆
上次全面检验日期	××××年××月××日	上次全面检验报告编号	××
原始资料及记录审查问题记载	以上压力管道特性参数摘自使用单位提供的《在用压力管道汇总表》		
上次全面检验及自上次全面检验以来历次在线检验问题记载	无		
检验人员：	××××年××月××日	审核：	××××年××月××日

4　在用工业管道宏观检查报告

报告编号：

管道名称	××	管道规格：（外径mm×壁厚mm）	ϕ89×6
管道编号	××		
管道级别	GC2	管道材质	20
检查项目	检查结果（选择合适的选项）		备注
管道位置	☑正常；□碰撞；□摩擦		
管道结构	☑正常；□翘曲；□下沉；□异常变形		
绝热层	☑完好；□破损；□脱落；□跑冷		
防腐层	☑完好；□破损；□脱落		

续表

支吊架	☑完好；□间距不合理；□脱落；□变形；□腐蚀；□与管道接触处积水；□恒力弹簧支吊架转体位移指示越限；□变力弹簧支吊架偏斜；□变力弹簧支吊架失载；□刚性支吊架状态异常；□吊杆损坏；□吊杆异常；□吊杆连接配件损坏；□吊杆连接配件异常；□转导向支架卡涩；□承载结构变形；□承载结构上主要受力焊接接头存在裂纹；□支撑辅助钢结构变形；□支撑辅助钢结构上主要受力焊接接头存在裂纹	
阻尼器	□完好；□位移异常；□液压阻尼器液位异常	无此项
减振器	□完好；□位移异常	无此项
补偿器	□完好；□损坏；□未采用补偿器；□不需要采用补偿器	无此项
阀门	☑完好；□腐蚀；□裂纹；□缩孔；□连接螺栓松动；□操作不灵活	
法兰	☑完好；□偏口；□紧固件不齐全；□紧固件不符合要求；□紧固件松动；□紧固件腐蚀	
膨胀节	□完好；□波纹管膨胀节划痕；□波纹管膨胀节凹痕；□波纹管膨胀节腐蚀；□波纹管膨胀节开裂；□波纹管膨胀节间距异常；□波纹管膨胀节失稳；□铰链型膨胀节铰链变形；□铰链型膨胀节铰链脱落；□铰链型膨胀节销轴变形；□铰链型膨胀节销轴脱落；□拉杆式膨胀节拉杆异常；□拉杆式膨胀节螺栓异常；□拉杆式膨胀节连接支座异常	无此项
阴极保护装置	□完好；□异常；□损坏	无此项
蠕胀测点	□完好；□损坏	无此项
法兰间接触电阻	☑合格；□大于0.03Ω	用户检测
对地电阻	☑合格；□大于100Ω	用户检测
管道标识	☑合格；□标识错误；□标识不清；□无标识	
管道组成件	☑完好；□裂纹；□皱褶；□重皮；□碰伤；□变形；□腐蚀	
焊接接头	☑完好；□裂纹；□错边（最大错边量　mm）；□咬边（最大咬量　mm）	
其他	无	

检验人员：　　××××年××月××日	审核：　　××××年××月××日

5 在用工业管道测厚报告①

报告编号：

管道名称	E19 返塔 V－2	管道规格（外径 mm×壁厚 mm）	ϕ89×6
管道编号	19（2）1082	管道材质	20
管道级别	GC2	表面状况	良好
测量仪器型号	DM5E	测量仪器精度/mm	±0.1
管件测量比例	22%　　2 个	管子测量比例	__%　__段
实测点数	18（J1）	实测最小壁厚/mm	5.8mm

测厚点部位图：a、b、c、和 g、h、I、截面间距均为 50mm；c、d、f、g 截面距焊缝中心均为 50mm；e 为弯头中心截面。

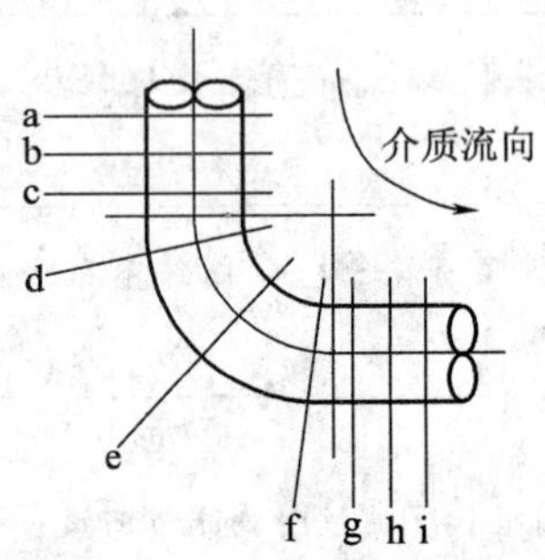

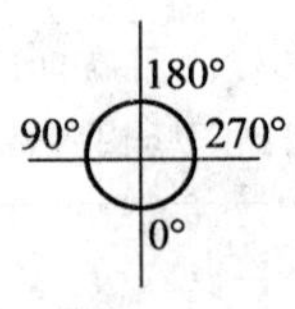

测点编号	测点厚度/mm	测点编号	测点厚度/mm	测点编号	测点厚度/mm	测点编号	测点厚度/mm
a－0°	6.3	a－90°	6.0	a－180°	—	a－270°	—
b－0°	6.2	b－90°	6.0	b－180°	—	b－270°	—
c－0°	6.2	c－90°	6.2	c－180°	—	c－270°	—
d－0°	6.0	d－90°	6.3	d－180°	—	d－270°	—
e－0°	5.8	e－90°	6.0	e－180°	—	e－270°	—
f－0°	5.9	f－90°	5.9	f－180°	—	f－270°	—
g－0°	5.8	g－90°	5.8	g－180°	—	g－270°	—
h－0°	6.2	h－90°	6.3	h－180°	—	h－270°	—
i－0°	6.2	i－90°	6.5	i－180°	—	i－270°	—

评定意见：

合格

检验人员：　　××××年××月××日	审核：　　××××年××月××日

5　在用工业管道测厚报告②

报告编号：

管道名称	××	管道规格（外径 mm×壁厚 mm）	ϕ89×6
管道编号	××	管道材质	20
管道级别	GC2	表面状况	良好
测量仪器型号	DM5E	测量仪器精度/mm	±0.1
管件测量比例	22%　　2 个	管子测量比例	___%　_段
实测点数	18（J2）	实测最小壁厚/mm	5.8mm

测厚点部位图：a、b、c、和 g、h、I 截面间距均为 50mm；c、d、f、g 截面距焊缝中心均为 50mm；e 为弯头中心截面。

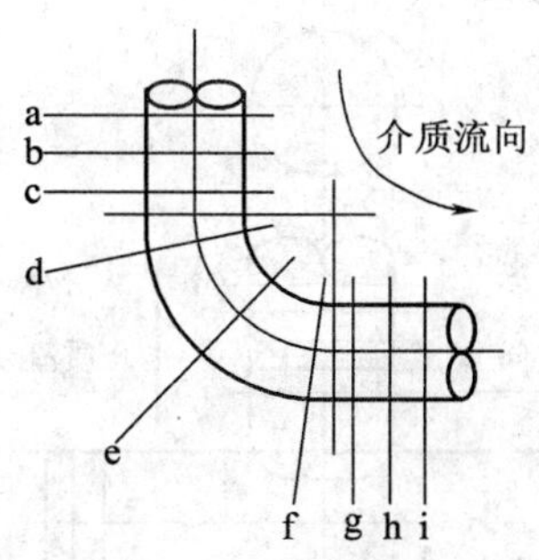

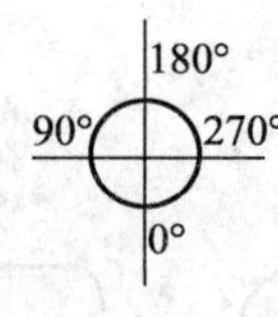

测点编号	测点厚度/mm	测点编号	测点厚度/mm	测点编号	测点厚度/mm	测点编号	测点厚度/mm
a－0°	6.3	a－90°	6.5	a－180°	—	a－270°	—
b－0°	6.0	b－90°	6.2	b－180°	—	b－270°	—
c－0°	6.0	c－90°	6.2	c－180°	—	c－270°	—
d－0°	6.0	d－90°	6.2	d－180°	—	d－270°	—
e－0°	5.8	e－90°	5.8	e－180°	—	e－270°	—
f－0°	6.2	f－90°	6.0	f－180°	—	f－270°	—
g－0°	6.0	g－90°	6.2	g－180°	—	g－270°	—
h－0°	6.2	h－90°	6.1	h－180°	—	h－270°	—
i－0°	6.5	i－90°	6.1	i－180°	—	i－270°	—

评定意见：
合格

检验人员：　　××××年××月××日	审核：　　××××年××月××日

5　在用工业管道测厚报告③

报告编号：

管道名称	××	管道规格（外径 mm×壁厚 mm）	ϕ89×6
管道编号	××	管道材质	20
管道级别	GC2	表面状况	良好
测量仪器型号	DM5E	测量仪器精度/mm	±0.1
管件测量比例	50%　1 个	管子测量比例	__%　__段
实测点数	17（J3）	实测最小壁厚/mm	5.8 mm

测厚点部位图：d、e、f、截面间距均为 50mm；a、c、d 截面距角焊缝中心均为 50mm；e 为三通中心截面。

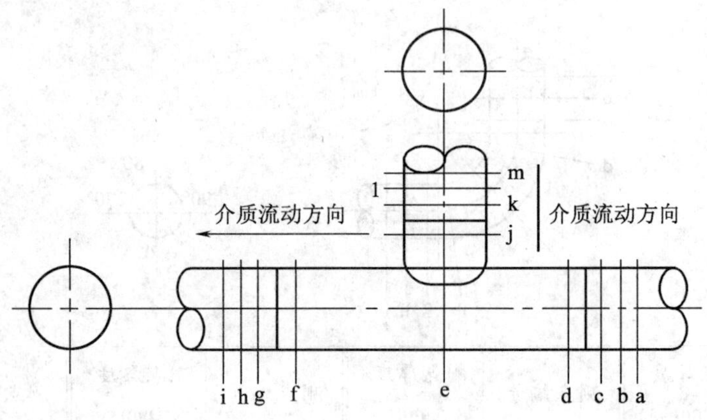

测点编号	测点厚度/mm	测点编号	测点厚度/mm	测点编号	测点厚度/mm	测点编号	测点厚度/mm
a-0°	6.0	a-90°	—	a-180°	5.9	a-270°	5.9
b-0°	—	b-90°	—	b-180°	5.8	b-270°	6.0
c-0°	6.0	c-90°	—	c-180°	6.0	c-270°	6.0
d-0°	6.0	d-90°	—	d-180°	6.2	d-270°	6.1
e-0°	6.2	e-90°	—	e-180°	6.2	e-270°	6.0
f-0°	6.2	f-90°	—	f-180°	6.1	f-270°	6.0
g-0°	—	g-90°	—	g-180°	—	g-270°	—
h-0°	—	h-90°	—	h-180°	—	h-270°	—
i-0°	—	i-90°	—	i-180°	—	i-270°	—

评定意见：

合格

检验人员：　××××年××月××日	审核：　××××年××月××日

9　在用工业管道超声波检测报告

报告编号：

管道名称	××	管道规格 （外径 mm×壁厚 mm）	ϕ89×6
管道编号	××	管道材质	20
管道级别	GC2	表面状态	打磨光滑
坡口型式	V 型坡口	检测部位	对接焊缝
测试仪器型号	FUT－650	探头类型	5Z 6×6 K2.8 L_0＝5mm
标准试块	GS 系列	灵敏度	ϕ2×20－16dB
耦合剂	工业浆糊	耦合补偿	4dB
检测比例	12%	执行标准	JB/T4730.3－2005

序号	缺陷位置	缺陷埋藏深度/mm	缺陷长度/mm	缺陷高度/mm	缺陷波反射区域	评定级别	备　注
W1－1						Ⅰ	
W1－2						Ⅰ	
W2－1						Ⅰ	
W2－2						Ⅰ	

评定意见：

依据 JB/T4730.3 标准，符合焊接接头质量分级Ⅰ级要求。

检测日期：		年　月　日至　　年　月　日
检测人员：　××××年××月××日	审	××××年××月××日

14　在用工业管道泄漏性试验报告

报告编号：

管道名称	××	管道规格 （外径 mm×壁厚 mm）	ϕ89×6
管道编号	×	管道材质	20
管道级别	GC2	最高工作压力	0.59MPa
试验介质	氮气	试验压力	MPa
介质温度	20℃	环境温度	20℃
压气设备出口压力表规格	（0～4.0）MPa	压气设备出口压力表精度	1.6 级
管线压力表规格	—MPa	管线压力表精度	—级
压气设备型号		执行标准	GB 50235－2010

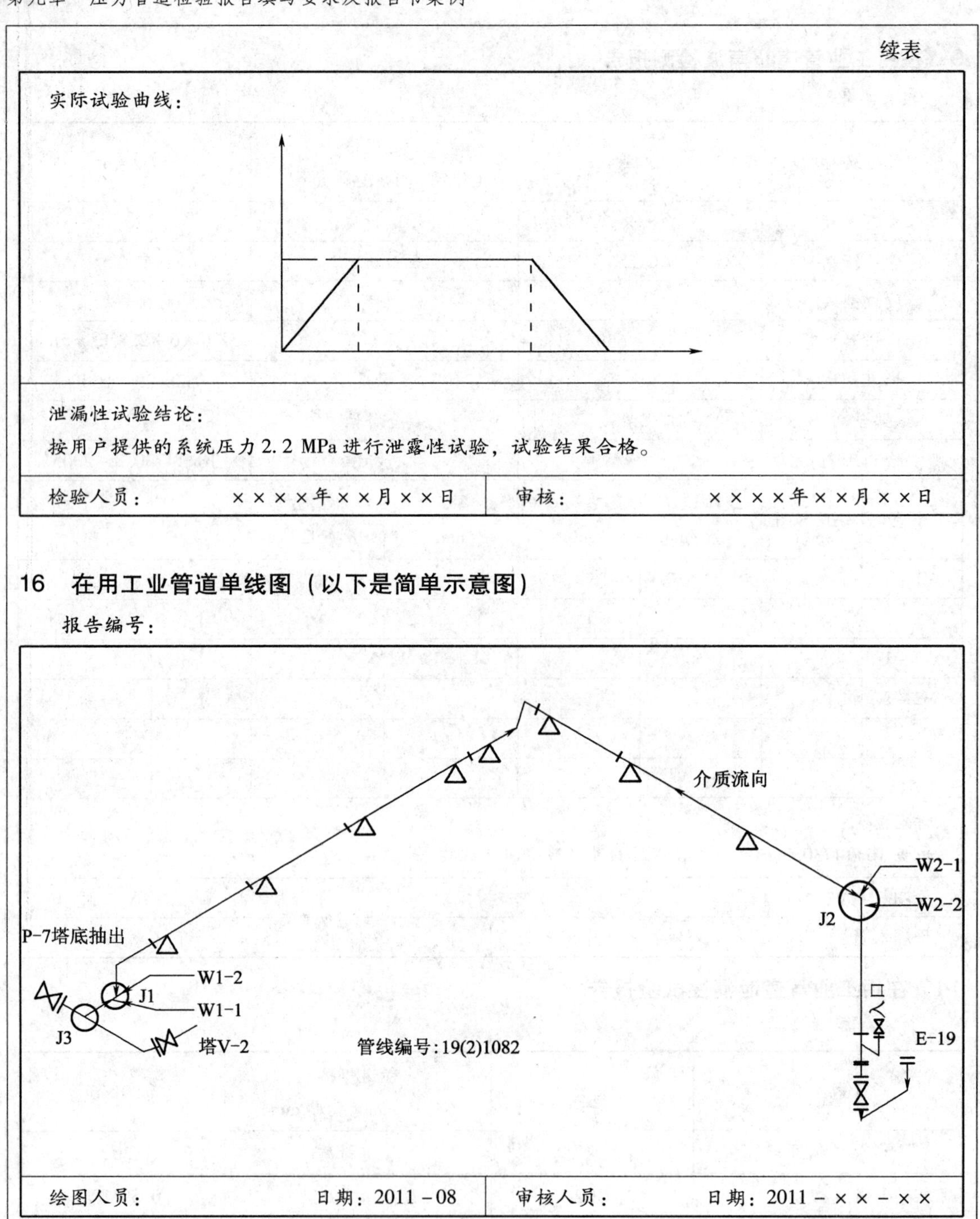

续表

实际试验曲线：

泄漏性试验结论：

按用户提供的系统压力 2.2 MPa 进行泄露性试验，试验结果合格。

检验人员：　　××××年××月××日	审核：　　××××年××月××日

16　在用工业管道单线图（以下是简单示意图）

报告编号：

绘图人员：　　日期：2011－08	审核人员：　　日期：2011－××－××

第八节　在用公用压力管道定期检验报告书样式

在全面检验时出具的在用公用压力管道全面检验报告书（蒸汽管道）样式如下。

在用公用压力管道全面检验报告书

使用单位：×××市热电公司
装置名称：蒸汽供热系统××－×
管道名称：蒸汽管道××－×
管道编号：5#
检验日期：××××年×月×日
报告编号：×××20×－×－0×
检验单位：××市特种设备检测研究所
××市特种设备检测研究所制

目　录

1　在用公用压力管道全面检验结论报告
2　在用公用压力管道安全状况等级评定结果汇总
3　在用公用压力管道原始资料审查报告
4　在用公用压力管道宏观检验报告
5　在用公用压力管道测厚报告
6　在用公用压力管道磁粉检测报告
7　在用公用压力管道渗透检测报告
8　在用公用压力管道射线检测报告
9　在用公用压力管道超声波检测报告
10　在用公用压力管道化学成分分析报告
11　在用公用压力管道硬度测定报告
12　在用工业管道金相分析报告
13　在用公用压力管道压力试验报告
14　在用公用压力管道泄露性试验报告
15　在用公用压力管道安全保护装置检验报告
16　在用公用压力管道单线图

注：出具报告时，从封面起必须按次序号顺序装订，未检验项目则空缺，并在此目录的页号上打×。

1　在用公用压力管道全面检验结论报告

装置名称：蒸汽供热系统××－×

管道名称：蒸汽管道××

管道编号：11#　　　　　　　　　　　　　报告编号：××2000－00－000

根据《压力管道定期检验规则－公用管道》（TSG D7004）和《城镇供热管网工程施工及验收规范》的规定，对本管道已完成如下检查和检验：

目录中的序号：1、2、3、4、5、13、16

各项检验报告附后。结论如下：

一、安全状况等级为：1级

二、允许继续使用的参数为：最大工作压力0.88MPa，工作温度280℃，介质：蒸汽

三、监控使用的限制性条件为：

四、下次检验日期：××××－×－××

五、判废的依据为：

六、其他：

机构核准证号：×××200×－0×－00×

检验人员	证件编号	TS818210××－201×	检验单位章 年　月　日
	签字		
日　期		年　月　日	
检验单位技术负责人签字			
日　期		年　月　日	
注：此栏手续不全，结论报告无效。			

2　在用公用压力管道安全状况等级评定结果汇总

装置名称：蒸汽供热系统－××

管道名称：蒸汽管道－××

管道编号：5#　　　　　报告编号：×××200×－0×－00×

项　目		情况概述	由该项目确定的安全状况等级
管道位置及结构		三通为插入式结构	1
管道材料	与设计不符	符合要求	1
	材质不明	符合要求	1
	材质劣化和损伤	未见异常	1
	硬度异常	无此项	—
管子及管件全面减薄		未见异常	1
管子局部减薄		未见异常	1

续表

项　　目		情况概述	由该项目确定的安全状况等级
管子焊接缺陷	裂纹	抽检部位未见	1
	咬边	符合规范要求	1
	气孔	无此项	—
	夹渣	无此项	—
	未焊透	无此项	—
	未熔合	无此项	—
	错边	合格	1
组成件其他异常	裂纹、皱褶、重皮	未见异常	1
	碰伤	未见异常	1
	变形	未见异常	1
	损坏	未见异常	1
支吊架异常		未见异常	1
附属设施	安全保护装置	无此项	—
	其他附属设施	无此项	—
压力试验或泄露性试验		合格	1
管道安全状况等级		1	
检验人员：　　　　年　月　日		审核：　　　　年　月　日	

3　在用公用压力管道原始资料审查报告

报告编号：×××200×－×－00×

装置名称	蒸汽供热系统××	管道名称	蒸汽管道－××
管道编号	5#	管道级别	GB2（2）
设计单位	辽宁××设计院		
设计日期	××年××月××日	设计规范	GBJ29
安装单位	辽宁×××安装公司		
安装与验收规范	GB 50235	验收日期	200×年×月
管道长度/m	4449	投用日期	200×年×月
起始位置	锅炉房	实际使用时间	200×年×月×日
终止位置	解放换热站	工作压力/MPa	0.88
敷设方式	架空/直埋	工作温度/℃	170
设计压力/MPa	1.0	工作介质	蒸汽
设计温度/℃	180	绝热层材料	岩棉管
管子材料牌号	Q235－B	绝热层厚度/mm	100

续表

管道规格 （外径 mm×壁厚 mm）	φ529×10.0 φ478×8.0 φ377×6.0	防腐层材料	防锈油漆
		上次全面检验报告编号	初检
腐蚀裕量/mm	不详	上次全面检验日期	—
原始资料及记录审查问题记载	资料基本齐全，记录审查无问题记载。		
上次全面检验及自上次全面检验以来历次在线检验问题记载	本次为初检，该企业未做过在线检验，无问题记载。		
检验日期：			年 月 日至 年 月 日
检验人员：	年 月 日	审核：	年 月 日

4 在用公用压力管道宏观检验报告

报告编号：××20××－0×－00×

管道名称	蒸汽管道－×	管道规格 （外径 mm×壁厚 mm）	φ529×10.0 φ478×8.0 φ377×6.0
管道编号	4#		
管道级别	GC3	管道材质	Q235－B

检验项目	检查结果（选择合适的选项）	备 注
管道位置	☑正常；☐碰撞；☐摩擦	
管道结构	☑正常；☐翘曲；☐下沉；☐异常变形	
绝热层	☑完好；☐破损；☐脱落；☐跑冷	
防腐层	☑完好；☐破损；☐脱落	
支吊架	☑完好；☐间距不合理；☐脱落；☐变形；☐腐蚀；☐与管道接触处积水；☐恒力弹簧支吊架转体位移指示越限；☐变力弹簧支吊架偏斜；☐变力弹簧支吊架失载；☐刚性支吊架状态异常；☐吊杆损坏；☐吊杆异常；☐吊杆连接配件损坏；☐吊杆连接配件异常；☐转导向支架卡涩；☐承载结构变形；☐承载结构上主要受力焊接接头存在裂纹；☐支撑辅助钢结构变形；☐支撑辅助钢结构上主要受力焊接接头存在裂纹	
阻尼器	☐完好；☐位移异常；☐液压阻尼器液位异常	无此项
减振器	☐完好；☐位移异常	无此项
补偿器	☐完好；☐损坏；☐未采用补偿器；☐不需要采用补偿器	无此项
阀门	☑完好；☐腐蚀；☐裂纹；☐缩孔；☐连接螺栓松动；☐操作不灵活	

续表

检验项目	检查结果（选择合适的选项）	备 注
法兰	☑完好；□偏口；□紧固件不齐全；□紧固件不符合要求；□紧固件松动；□紧固件腐蚀	
膨胀节	☑完好；□波纹管膨胀节划痕；□波纹管膨胀节凹痕；□波纹管膨胀节腐蚀；□波纹管膨胀节开裂；□波纹管膨胀节间距异常；□波纹管膨胀节失稳；□铰链型膨胀节铰链变形；□铰链型膨胀节铰链脱落；□铰链型膨胀节销轴变形；□铰链型膨胀节销轴脱落；□拉杆式膨胀节拉杆异常；□拉杆式膨胀节螺栓异常；□拉杆式膨胀节连接支座异常	
阴极保护装置	□完好；□异常；□损坏	无此项
蠕胀测点	□完好；□损坏	无此项
法兰间接触电阻	□合格；□大于0.03Ω	无此项
对地电阻	□合格；□大于100Ω	无此项
管道标识	☑合格；□标识错误；□标识不清；□无标识	
管道组成件	☑完好；□裂纹；□皱褶；□重皮；□碰伤；□变形；□腐蚀	
焊接接头	☑完好；□裂纹；□错边（最大错边量/ mm）；□咬边（最大咬边量/ mm）	
其他	—	—
检验日期：	年 月 日至 年 月 日	
检验人员： 年 月 日	审核： 年 月 日	

5 在用公用压力管道测厚报告

报告编号：DFA200×－0×－0×

管道名称	蒸汽管道－01	管道规格 （外径mm×壁厚mm）	ϕ529×10.0 ϕ478×8.0 ϕ377×6.0
管道编号	3#	管道材质	碳素钢钢管
管道级别	GB2（2）	表面状况	打磨
测量仪器型号	DC－2000B A3070	测量仪器精度/mm	±0.1%tmm
管件测量比例	5.2% 3个	管子测量比例	10% 6段
实测点数	27	实测最小壁厚/mm	9.7/7.7/5.8

续表

测厚点位置图：

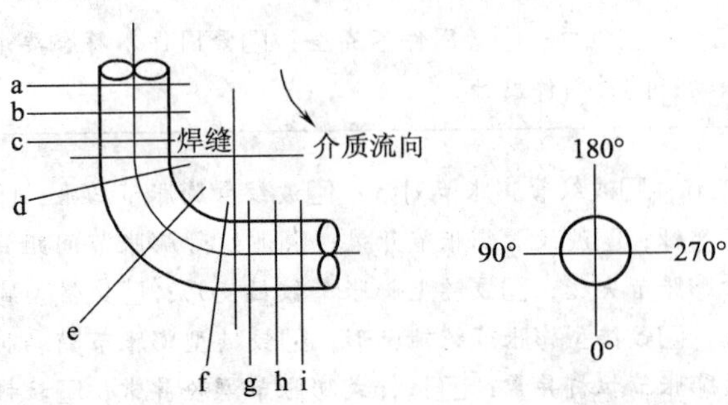

注：1#～3#为测厚部位。

a、b、c和g、h、i截面分别间隔50mm，c、d、f、g截面距焊缝中心50mm，e为弯头中心截面。

弯头外侧表面为坐标0°。

本弯头为90°弯头。

测点编号	测点厚度/mm	测点编号	测点厚度/mm	测点编号	测点厚度/mm	测点编号	测点厚度/mm
1-a-0°	9.8	1-e-0°	9.7	1-i-0°	9.8	2-d-0°	9.8
1-b-0°	9.7	1-f-0°	9.7	2-a-0°	9.8	2-e-0°	9.8
1-c-0°	9.7	1-g-0°	9.7	2-b-0°	9.7	2-f-0°	9.7
1-d-0°	9.7	1-h-0°	9.8	2-c-0°	9.7	2-g-0°	7.8
2-h-0°	7.7						
2-i-0°	7.7						
3-a-0°	5.9						
3-b-0°	5.8						
3-c-0°	5.9						
3-d-0°	5.8						
3-e-0°	5.8						
3-f-0°	5.8						
3-g-0°	5.8						
3-h-0°	5.9						
3-i-0°	5.8						

检验日期： 年 月 日至 年 月 日

检验人员：××× 年 月 日 审核：××× 年 月 日

壁厚测定　　部位示意图01

报告编号：××200×-0×-00×

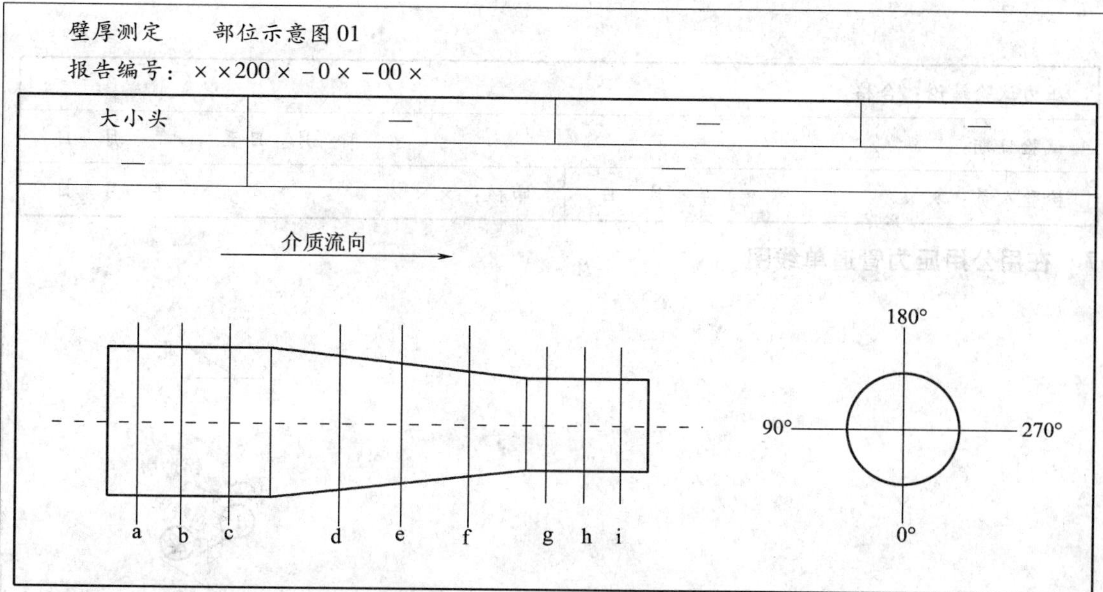

6　在用公用压力管道压力试验报告

报告编号：×××200×-0×-00×

管道名称	蒸汽管道-××		
管道编号	5#	管道规格 （外径 mm×壁厚 mm）	ϕ529×10.0 ϕ478×8.0 ϕ377×6.0
管道级别	GB（2）	管道材质	Q235-B
试验介质	水	试验压力	1.32MPa
介质温度	>15℃	环境温度	20℃
机泵出口压力表规格	0～2.5MPa	机泵出口压力表精度	1.5 级
管线压力表规格	0～2.5MPa	管线压力表精度	1.5 级
机泵型号	—	最高工作压力	0.88MPa
执行标准	GB 50235		

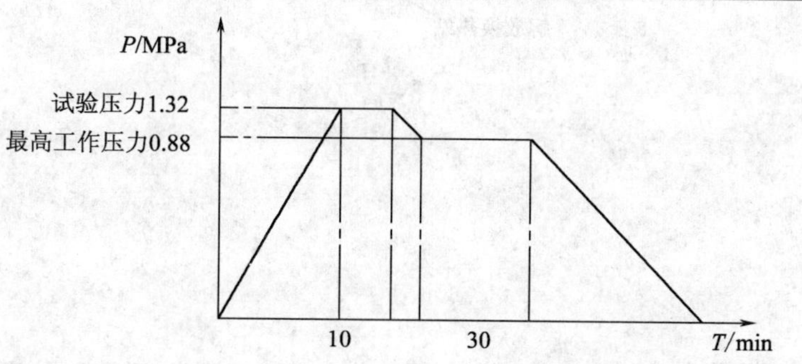

续表

压力试验结论：合格	
试验日期：　　　　　　　　　　　　　　　　年　月　日至　　年　月　日	
检验人员：××　　　　　　年　月　日	审核：×××　　　　　　年　月　日

7　在用公用压力管道单线图

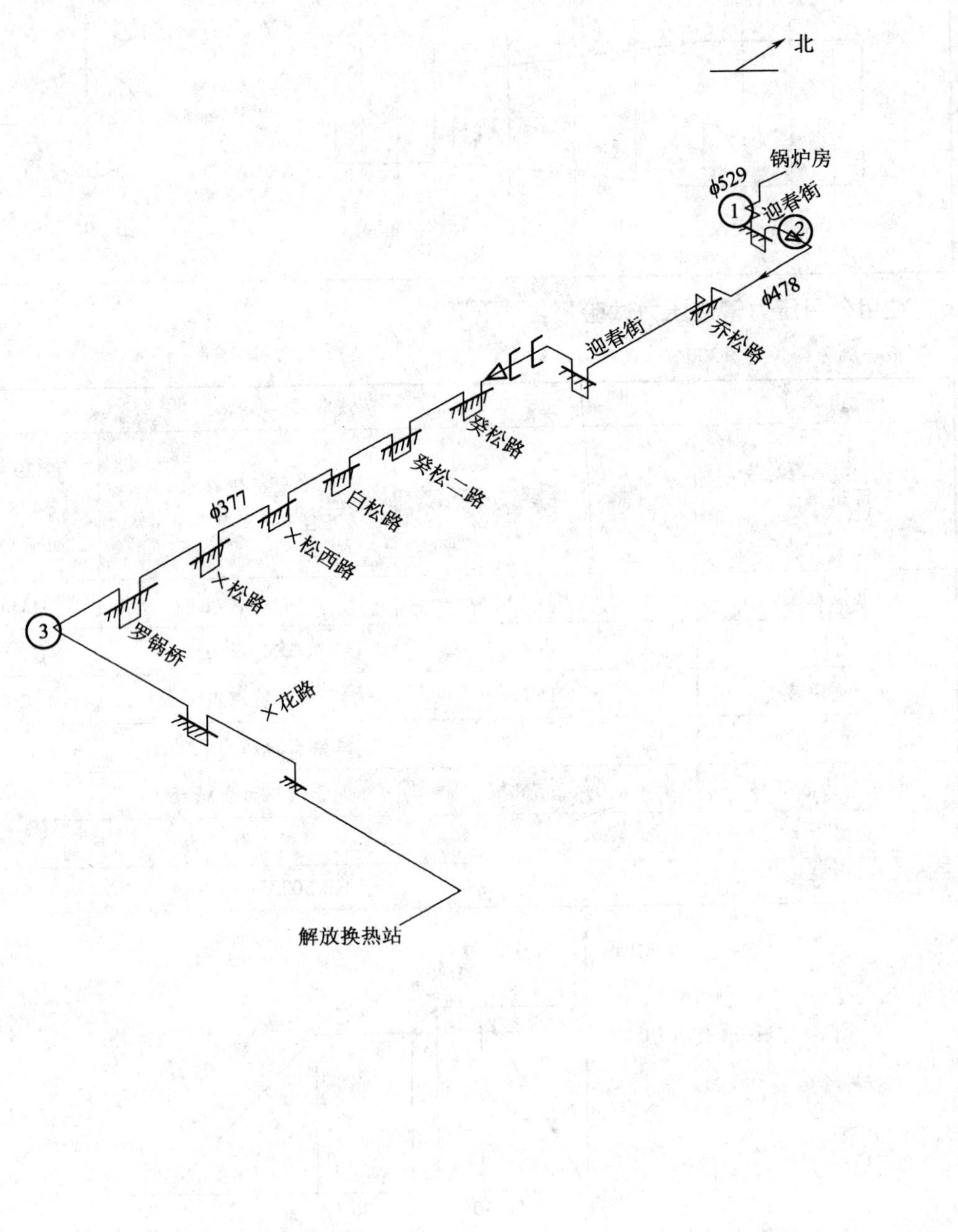

第九节　长输压力管道定期检验报告实际案例（GA2管道）

××市长输压力管道压力管道定期检验报告

——在用埋地煤层气（GA2管道）

下次全面检验日期：20××年××月×日　　　　使用登记证号：________

注册代码：________

报告编号：××-0××-00×

在用埋地压力管道全面检验报告

装置名称：××××煤层气工程

管道名称：×××煤层气管道

管道编号：××

使用单位：×××燃气有限公司

建档日期：200×年××月××日

××特种设备检测研究所制目录

1　在用埋地压力管道检验综述

2　原始资料审查报告

3-1　在用埋地压力管道敷设环境调查报告

3-2　在用埋地压力管道腐蚀速率检测报告

3-3　土壤理化检验报告

3-4　房屋占压统计报告

3-5　管道沿线杂散电流测绘报告

3-6　在用埋地压力管道附属设施外观检测报告

4－1 在用埋地压力管道外覆盖层检测报告
4－2 在用埋地管道外防腐层检漏报告
4－3 管地电位测量报告
4－4 阴极保护状况检测评价
4－5 压力管道法兰绝缘性测试报告
5－1 在用埋地管道挖坑检测报告分表一
5－2 在用埋地管道挖坑检测报告分表二（略）
5－3 防腐层厚度测试报告
5－4 管道元件几何尺寸与超声波测厚报告
5－5 硬度测试报告
5－6 管道磁粉检测报告
5－7 管道超声波检测报告

注：出具报告时，从封面起必须按此序号顺序装订。

20××年×月×日至20××年×月×0日，××市特种设备检测研究所受××市燃气有限公司委托，对××站到××市政界段管道进行了管道的在役全面性检验。管道总长度为70000m，介质为煤层气，设计/操作压力为0.6MPa/0.4MPa，设计温度50°C。通过对管道进行必要的检测以及安全性能评定，本条管线能安全使用。

本次检测工作内容主要有：一般性宏观检验，穿越管段检查，腐蚀防护系统非开挖检验检测，腐蚀环境调查与测试，管道外防腐层状况检测与评价，管道阴极保护系统检测与评价，杂散电流测试，管体缺陷检验检测，焊缝质量无损检测，超标缺陷安全评定，管道剩余强度评估、压力管道安全等级评定、整改建议。

本次执行的标准与依据有：

1.《压力管道使用登记管理规则》（试行）（国质检锅［2003］213号）
2.《在用工业管道定期检验规程》（试行）（国质检锅［2003］108号）
3.《压力管道定期检验规则－长输（油气）管道》（TSG D7004）
4.《输气管道工程设计规范》（GB 50251）
5.《埋地钢质管道阴极保护参数测试方法》（SY/T 0023）
6.《天然气管道检验规程》（Q/SY 93）
7. 本工程的合同、技术设计书及其他相关的国家和行业技术标准等

1 在用埋地压力管道检验综述

1.1 探查、检测、安全评定结论

通过对管道进行必要的检测以及安全性能评定，本条管线能安全使用，但应对所发现的问题进行必要的修复与改造。主要检测结论有：

1.1.1 管线定位、埋深探查与附属设施调查

对管线走向、埋深进行了全面探查。管道沿线设置了2m宽的隔离带，因此大多数管段管道的走向清晰明确，只有少数管道由于地上农作物和油松林的掩盖，辨认困难。

大部分管道埋深满足现行规范要求，只有少数地方埋深不足。

管道沿线共对18处附属设施（测试桩、警示牌、转角桩、护坡、标志桩等）进行了调查，保存完好，可继续使用。

1.1.2　敷设环境调查

（1）管道沿线环境

该管线起××站，至××市政界截止，全长6750m。管道沿线地貌多为平原地带，除局部地段位于丘陵地段外，其余基本上沿平、台地区敷设，沿线植物茂盛，主要植被以经济作物玉米为主。具体内容详见报告“3－1 在用埋地压力管道敷设环境调查报告”。

（2）部分管段施工工程中，未按标准进行开槽和回填。

个别管沟存在底部有石块，用大石块回填现象。

（3）占压状况

根据《石油天然气管道保护条例》进行统计，该管线共发现4处占压现象，分别是1#测试桩－19m 围墙占压，1#测试桩＋70m 房屋占压以及7#测试桩－10m 房屋占压，具体内容见“3－4 房屋占压统计报告”。

（4）土壤腐蚀性

土壤腐蚀性评价采用了土壤腐蚀速率快速测试和土壤理化分析两种方法。

管道沿线腐蚀速率共测试了15处，均处于中度腐蚀性以下。具体内容详见报告“3－2 在用埋地压力管道腐蚀速率检测报告”。

管道沿线共进行6处土壤理化分析，其中，pH 在4.5～8.3之间，管道沿线偏向中性，硫酸盐取值7.9mg/kg～539mg/kg，碳酸盐均小于0.5mg/kg，硫化物均小于0.01mg/kg，氯化物取值范围7.4mg/kg～189mg/kg，总碱度取值26mg/kg～177mg/kg。具体内容详见报告“3－3 土壤理化检验报告”。

1.1.3　法兰绝缘性测试

对管道沿线的5处法兰的绝缘性进行了测试，它们是1、2号阀室以××站与××市政站内的连接法兰。通过测试，5处绝缘法兰的绝缘性均较好。具体内容详见报告“4－5 压力管道法兰绝缘性测试报告”。

1.1.4　阴极保护状况检测

从××站—××市政界管道沿线共测量阴保电位17处，测量点全部低于－0.85V，满足阴极保护的要求，其中最小值－2.23V（4#测试桩＋100m），最大值－1.09V（10#测试桩＋110m）。具体内容详见报告“4－3 阴保电位测量报告”。

同时对管道沿线进行了 CIPS 测试，从测试结果来看，管道沿线的管地 OFF 电位均低于－0.85V，阴极保护率为100%。具体内容详见报告4－4“阴极保护状况检测评价”。

1.1.5　外防腐层状况检测

××站—××市政界管线共检测3.85km，发现漏点12处，平均每千米3.11处漏点；从开挖情况来看，防腐层破损的原因主要是：（1）施工质量控制不好，造成的防腐层损伤，如管道下沟时的石块划伤、运输过程中的损伤等；（2）第三方破坏造成的损伤。总体上看，尚未发现由于老化导致的防腐层破损。

按照电流衰减率对防腐层整体状况分级，结果为：一级2968m，占77%；二级312m，占8.1%；三级377m，占9.8%；四级193m，占5.1%。从整体上来看，管道沿线的外防腐层质量状况较好。

1.1.6　杂散电流测绘

在6个测试桩处进行了杂散电流干扰测试。总体上看，该条管道沿线杂散电流干扰明显，管地电位波动较大，多为持续性或间歇性干扰，无明显规律性。但由于时间与经费所限，尚缺少对杂散电流来源等方面的细致分析。详见报告“3－5管道沿线杂散电流测绘报告”。

1.1.7　低频超声导波管道缺陷检测

共对8处管段进行了低频超声导波管道缺陷检测，在所检测区域内，发现了一些信号有异常的地方，初步判断疑似管体缺陷。

1.1.8　挖坑检测

在管道沿线选择了9处开挖点进行探坑检测。这些点兼顾了防腐层破损情况、弯头等特点。详见表1。

表1　×××站—××市政界坑检结果

序号	开挖坑位置	规格	管件类型	检测结果	焊缝编号	咬边 错边	评级	备注
1	1＃测试桩＋5m	ϕ377×6	弯头与直管连接处	开挖坑处阴保电位有效，防腐层无破损，管体有划伤缺陷：1.18×11mm，深0.6mm；2.10×4mm，深0.3mm	—	错边：0.3mm；咬边：深0.2mm，长30mm	通过安全评定	
2	2＃测试桩＋10m	ϕ377×6	直管	开挖坑处阴保电位有效，防腐层有3处破损，管体表面破损点处有锈蚀和划伤：ϕ3.5×0.6mm	—	—	通过安全评定	
3	3＃测试桩－138m	ϕ377×6	直管	开挖坑处阴保电位有效，防腐层有1处破损，管体表面破损点处有锈蚀	—	—	满足规范要求	
4	4＃测试桩－131m	ϕ377×6	直管	开挖坑处阴保电位有效，防腐层有2处破损，管体表面破损点处有锈蚀	—	—	满足规范要求	
5	5＃测试桩－122m	ϕ377×6	直管	开挖坑处阴保电位有效，防腐层有1处破损，管体表面破损点处有锈蚀	—	—	满足规范要求	

续表

序号	开挖坑位置	规格	管件类型	检测结果	焊缝编号	咬边 错边	评级	备注
6	6#测试桩-111m	ϕ377×6	直管	开挖坑处阴保电位有效，防腐层有2处破损	—	—	满足规范要求	
7	7#测试桩-97m	ϕ377×6	直管	开挖坑处阴保电位有效，防腐层有1处破损，管体表面破损点处有锈蚀	—	—	满足规范要求	
8	8#测试桩-77m	ϕ377×6	直管	开挖坑处阴保电位有效，防腐层有2处破损，管体表面破损点处有锈蚀	—	—	满足规范要求	
9	9#测试桩-41m	ϕ377×6	弯管	开挖坑处阴保电位有效，防腐层有3处破损	—	—	满足规范要求	

检验人员	证件编号	TS82810××××-20××	检验单位章 年　月　日
	签　字		
日　期		年　月　日	
检验单位技术负责人签字			

1.2　管道运行、维护维修建议

通过开挖检测发现了管道整体质量良好，但个别桩处存在一些严重缺陷，应立即对检测发现的问题进行修复和改造，该公司除应按现行的国家法规标准的规定做好管道的安全管理与维护维修外，还需进一步采取以下措施：

1）对埋深不满足要求的地区，应加大埋深，并加强巡查，特别是大水过后，及时对发现的露管和覆土厚度减小处进行处理。

2）对占压的构筑物，应依据《石油天然气管道保护条例》予以清理。同时做好预防工作，尽量不产生新的占压。具体位置详见报告“3-4 管道沿线占压统计报告”。

3）由于管道有较多的机械损伤，且多数属于第三方破坏，因此，应在管道沿线，特别是管线地表有农场或农田的地方，增加管道标识的数量，增大巡查力度，并加强管道安全的宣传。

4）管道防腐层破损点处，产生的腐蚀主要是杂散电流引起的电化学。因此需开展杂散电流专项分析与测试，搞清杂散电流的来源与大小程度等，从而根据具体情况，确定需在管道沿线增加排流装置的地点，以有效降低杂散电流的影响。

5）开展完整性管理工作。为了有利于管道的安全管理，建议该公司开展压力管道的完整性管理，建立该条管线的地理信息系统，以便对检验检测中发现的缺陷进行动态管理，同时，以满足国家对压力管道的安全监察所提出的压力管道完整性管理和基于风险的检验检测的需求。

在当前的运行工况下，本条管线下次检验时间为：　　年　　月。

检验资格许可证注册编号为：TS711×××—20××

日　期	年　月　日	
注：此栏手续不全，结论报告无效。		

2　原始资料审查报告

管道名称：×××市煤层气管道　　　　管道级别：GA2

管道编号：×××　　　　报告编号：×××-0××-00×

管道名称	×××市煤层气工程输气管道	管道编号	××
管理单位	×××市燃气有限公司	起止位置	××站—××市政界
设计单位	建设部××研究设计院	长度/km	6.75
安装单位	××××公司	施工及验收规范	××-××××1-199×
设计规范	SY50251-××	竣工日期	200×.0×.×
设计压力/MPa	0.6MPa	投用日期	200×.0×.×
设计温度/℃	50	实际使用年限	×年
管道规格（外径mm×壁厚mm）	ϕ377×6	操作压力/MPa	最高工作压力0.4MPa
管道材质	Q235—B	上次检验日期	—
防腐层材料	普通三层PE	上次检验记录编号	—
工作介质	煤层气	工作温度/℃	常温
管道级别	GA2	绝热层材料	—
		绝热层厚度/mm	—
原始资料审查问题记载	资料基本齐全，记录审查无问题记载。		
历次定期检验问题记载	本次检验为首检		
检验日期：　年　月　日至　年　月　日			
检验：××　年　月　日		审核：　年　月　日	

3-1　在用埋地压力管道敷设环境调查报告

管道名称：×××煤层气管道　　　　报告编号：××-0×-00×

管理站名	×××燃气有限公司	管段（桩）	7#测试桩-6#	调查日期	200×.0×.××
管线长度	900m	地区级	Ⅳ类	环境条件	晴
穿、跨越河流情况		无			
露管情况		无			

续表

<table>
<tr><td colspan="2">地面活跃程度情况</td><td colspan="4">农业生产，7#测试桩 +428m 处有村落</td></tr>
<tr><td colspan="2">周围交流电线情况</td><td colspan="4">7#测试桩 +420m 处和 6#测试桩 +630m 处上方有民用高压线</td></tr>
<tr><td colspan="2">管道周围公路情况</td><td colspan="4">7#测试桩 +420m 处穿越水泥路，并穿越多条农耕道</td></tr>
<tr><td colspan="2">管道周围其他管道情况</td><td colspan="4">无</td></tr>
<tr><td colspan="2" rowspan="3">管道附属设施</td><td colspan="2">里程桩、转角桩</td><td colspan="2">6#测试桩 ~7#测试桩间有 1 处加密桩破坏</td></tr>
<tr><td colspan="2">测试桩损坏情况</td><td colspan="2">7#测试桩桩接线丢失</td></tr>
<tr><td colspan="2">警告标志</td><td colspan="2">7#测试桩 +120m 拐角损坏</td></tr>
<tr><td colspan="2">管道覆土层厚度</td><td colspan="2">管线防护带深根植物</td><td colspan="2">房屋压管等情况</td></tr>
<tr><td>序号</td><td>埋深/m</td><td>序号</td><td>情况描述</td><td>序号</td><td>情况描述</td></tr>
<tr><td>1</td><td>1. 19 ~4. 65</td><td>1</td><td>无</td><td>1</td><td>无</td></tr>
<tr><td></td><td></td><td></td><td></td><td></td><td></td></tr>
<tr><td></td><td></td><td></td><td></td><td></td><td></td></tr>
<tr><td></td><td></td><td></td><td></td><td></td><td></td></tr>
</table>

3 -2　在用埋地压力管道腐蚀速率检测报告

管道名称：×××煤层气管道　　　　　　报告编号：×××-××-0×

设备名称	腐蚀速率测量系统	设备编号	×××-0××	介质类型	土壤
电极材料	碳钢	管道规格/mm	ϕ377×6	极化方式	交替极化

序号	检测位置	极化电阻/（$\Omega \cdot cm^2$）	腐蚀密度电流/（$\mu A/cm^2$）	失重/（$g/dm^2 \cdot a$）	腐蚀速率/（mm/a）	等级	备　注
1	1#测试桩	14480. 81	1. 50	1. 37	0. 02	较轻	
2	1# +275m	9165. 14	2. 37	2. 16	0. 03	较轻	
3	2# +15 m	14710. 10	1. 48	1. 35	0. 02	较轻	
4	2# +89m	6238. 81	3. 48	3. 17	0. 04	轻	
5	3# +65m	9815. 62	2. 21	2. 02	0. 03	较轻	
6	3# +175m	4102. 40	5. 29	4. 83	0. 06	轻	
7	4# +180m	17310. 29	1. 25	1. 14	0. 01	较轻	
8	4# +285m	5820. 58	3. 73	3. 40	0. 04	轻	
9	5# +25m	18183. 41	1. 19	1. 09	0. 01	较轻	
10	5# +225m	18408. 28	1. 18	1. 08	0. 01	较轻	
11	6# +150m	43491. 12	0. 50	0. 46	0. 01	较轻	
12	6# +412m	7421. 48	2. 92	2. 67	0. 03	较轻	

续表

序号	检测位置	极化电阻/（Ω·cm²）	腐蚀密度电流/（μA/cm²）	失重/（g/dm²·a）	腐蚀速率/（mm/a）	等级	备　注
13	7#－41m	2590.84	8.38	7.64	0.10	中	
14	8#20m	4752.55	4.57	4.17	0.05	轻	
15	9#150m	9880.19	2.20	2.00	0.03	较轻	

腐蚀性为轻的占26.6%；腐蚀性为较轻的占66.7%；腐蚀性为中的占6.7%，管道沿线土壤整体腐蚀性为较轻。

3－3　土壤理化检验报告

管道名称：×××煤层气管道　　　　报告编号：×××－0××－00×

序号	位置	检验项目	检验结果
1	1#测试桩－15m	pH	8.2
		硫酸盐	35.4mg/kg
		碳酸盐	<0.5mg/kg
		硫化物	<0.01mg/kg
		氯化物	21.0mg/kg
		总碱度	135mg/kg
2	2#测试桩	pH	5.5
		硫酸盐	7.90mg/kg
		碳酸盐	<0.5mg/kg
		硫化物	<0.01mg/kg
		氯化物	7.40mg/kg
		总碱度	51.9mg/kg
3	5#测试桩	pH	6.5
		硫酸盐	9.00mg/kg
		碳酸盐	<0.5mg/kg
		硫化物	<0.01mg/kg
		氯化物	9.05mg/kg
		总碱度	46.7mg/kg
4	7#测试桩	pH	6.0
		硫酸盐	18.7mg/kg
		碳酸盐	<0.5mg/kg
		硫化物	<0.01mg/kg
		氯化物	22.2mg/kg
		总碱度	31.1mg/kg
检测时间		年　月　日至　　年　月　日	

3-4　房屋占压统计报告

管道名称：×××煤层气管道　　　　管道级别：GA2

管道编号：×××　　　　报告编号：×××-0××-00××

序号	位　　置	程　度
1	1#测试桩-19m 围墙	约 0.3m
2	1#测试桩+70m 房屋占压	约 50m
3	7#测试桩-10m 房屋占压	约 20m
结论：占压总长约 70.3m。		
检查：　　年　月　日	审核：　　年　月　日	

3-5　管道沿线杂散电流测绘报告

根据×××燃气有限公司管道检测技术方案要求，×××市特种设备检测研究所对××站—××市政界管线进行 6 处数据采集。本次检验采取管地电位来判断杂散电流，利用 DATA-LOGGER 数据记录仪，追踪管地电位随时间的波动情况。数据处理时，以电位为纵向坐标，以时间为横坐标绘制管地电位时间分布曲线。

该处共采集数据 2703 个，每 3s 采集一个数据。On 电位波动范围为（-1764，-1445）mV，平均电位-1635mV，管地电位随时间的变化情况见图 1，该处有较强连续杂散电流干扰。

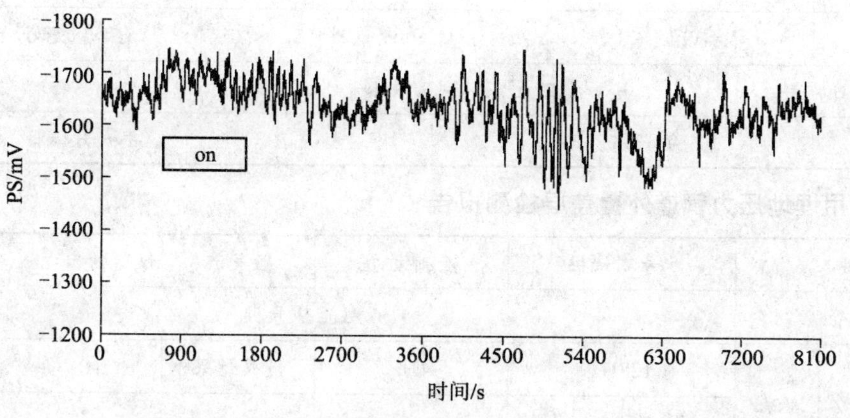

图 1　1#测试桩

3-6 在用埋地压力管道附属设施外观检测报告（测试桩、警示牌、标志桩及大中型挡土墙）

管道名称：×××煤层气管道　　　　报告编号：×××-0××-00××

序号	位置	类别	内容
1	1#	1#测试桩	完好
2	1#+10m	转角桩	完好
3	2#	2#测试桩	完好
4	3#	3#测试桩	完好
5	4#	4#测试桩	完好
6	5#	5#测试桩	完好
7	6#	6#测试桩	完好
8	7#	7#测试桩	完好
9	7#+90m	护坡	完好
10	8#	8#测试桩	完好
11	三叉路口	标志桩	破坏
14	三叉路口	警示牌	完好
15	路边	警示牌	完好
16	路边	警示牌	完好
17	东方高速出口	警示牌	完好
18	9#	9#测试桩	完好
检测日期	年 月 日至 年 月 日		
检验员	年 月 日	审 核	年 月 日

4-1 在用埋地压力管道外覆盖层检测报告

信号供入点			5号测试桩		检测方向		顺气流	仪器输出电流	1A
检测管段			6桩至9号桩						
序号	距离/m	埋深/m	128Hz		4Hz		计算结果	备 注	
			数据1/mA	数据2/mA	数据1/mA	数据2/mA	电流衰减率 Y		
1	0	1.72	476	475	654	653	0.0132	水田埂上	
2	52	1.39	433	440	566	565	0.0143	水田埂上	

续表

结论：质量为一级防腐层长度为2635m，占这段总长的85%；质量为二级防腐层长度为186m，占这段总长的6%；质量为三级防腐层长度为261m，占这段总长的8.42%；质量为四级防腐层长度为18m，占这段总长的0.58%。

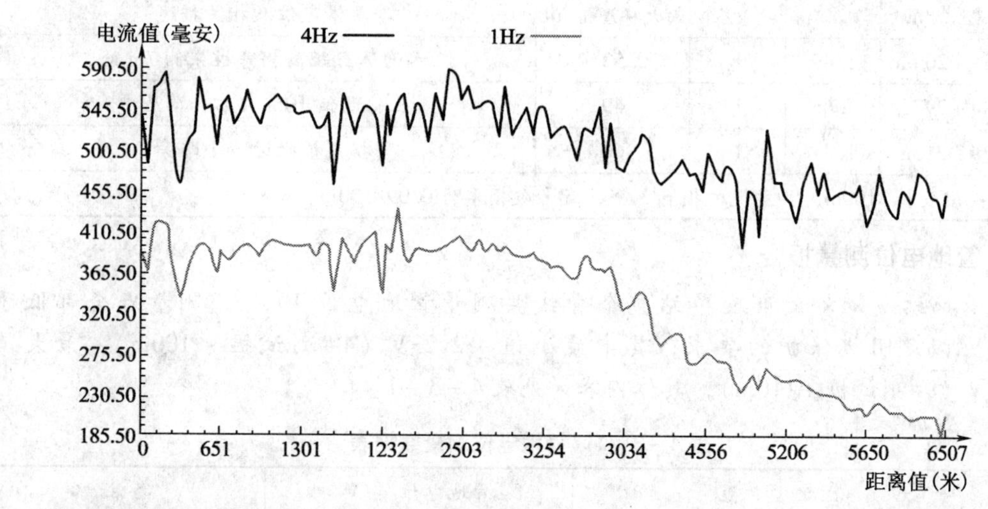

4-2　在用埋地压力管道外防腐层检漏报告

管道名称：××煤层气管道　　　　报告编号：××-0×-00×

(1)

管理单位		×燃气有限公司		设备名称	管道防腐层检测仪	设备编号	××-0××
供入信号值		1A		管道规格	ϕ377×6	环境条件	晴
信号供入点		5#测试桩		检测方向	顺气流	检测日期	20××.××
检测管段		4 桩至 1 桩			仪器输出电位	—	
序号	距离/m	埋深/m	数量/个	最大梯度值/dB	具体定位及相关描述		
1	1#+269m	1.64	1	64	杂草丛中，左侧有农家		
2	1#+323m	1.44	1	46	农家对面小路		
3	2#+452m	1.64	1	42	玉米地头，杂草丛		
4	2#+186m	1.48	1	46	2 号桩前 186m 水田中		
5	2#+54m	0.95	1	65	水坑中		
6	3#+219m	1.93	1	60	采石场		
7	3#+348m	1.38	1	67	加密桩前 100m		
结论：该段长 3650m，共发现破损点 7 个，百米破损率为 0.19/100m。							

（2）

供入信号值		1A		管道规格	ϕ377×6	环境条件	晴
信号供入点		5#测试桩		检测方向	顺气流	检测日期	20××.××
检测管段		6#～9#			仪器输出电位	—	
序号	距离/m	埋深/m	数量/个	最大梯度值/dB	具体定位及相关描述		
1	6#+203m	1.49	1	52	水沟边，距离拐弯桩东侧7m处		
2	8#+297m	1.66	1	49	土路西侧10m左右，草丛中		
3	9#－216m	1.41	1	60	拐角桩附近，小路旁		
结论：该段长3100m，共发现破损点3个，百米破损率为0.09/100m。							

4－3　管地电位测量报告

从××站—×××市政界站整个管线共测量管地电位19处，测量点全部低于－0.85V，满足阴极保护的要求，其中最小值－2.23V（4#测试桩＋100m），最大值－1.09V（9#测试桩＋110m），具体内容详见表4－3－1。

表4－3－1　管地电位测量数据表

序号	测量位置	管地电位/－V	备注
1	1#测试桩＋5m	1.647	近参比
2	1#测试桩＋10m	1.65	近参比
3	2#测试桩－131m	1.616	近参比
4	2#测试桩－122m	1.629	近参比
5	2#测试桩－111m	1.635	近参比
6	2#测试桩－97m	1.609	近参比
7	2#测试桩－77m	1.63	近参比
8	2#测试桩－41m	1.63	近参比
9	2#测试桩－34m	1.611	近参比
10	2#测试桩－15m	1.614	近参比
11	2#测试桩	1.672	近参比
12	3#测试桩－680m	1.638	近参比
13	4#测试桩＋100m	2.23	近参比
14	5#测试桩－15m	1.632	近参比
15	5#测试桩＋321m	1.641	近参比
16	7#测试桩＋990m	1.623	近参比
17	8#测试桩＋48m	1.501	近参比
18	8#测试桩＋210m	1.56	近参比
19	9#测试桩＋110m	1.09	近参比

4－4　阴极保护状况检测评价

报告编号：××－0×－00×

按照本次合同要求、方案以及相关法规和国内外相关标准，对×××燃气有限公司的××站—×××市政界管线进行了阴极保护系统的检测并进行效果分析。按照国际标准推荐做法，CIPS 是评价阴极保护系统是否达到有效保护的首选标准方法之一。其原理是在有阴极保护系统的管道上通过测量管道的通断管地电位及其变化来分析判断阴极保护系统是否有效。在此项工作中，有效的利用 GPS（全球卫星定位系统）在时间上的精确统一性对阴保电流进行同步中断，是确保测量数据同步性和准确性的关键。

①1#测试桩—2#测试桩

结论：此管段最高管地 ON 电位为－1438mV，最低管地 ON 电位为－1734mV，最高管地 OFF 电位为－1256mV，最低管地 OFF 电位为－1637mV。低于保护的管段为 0.0m。保护率为 100.00%。

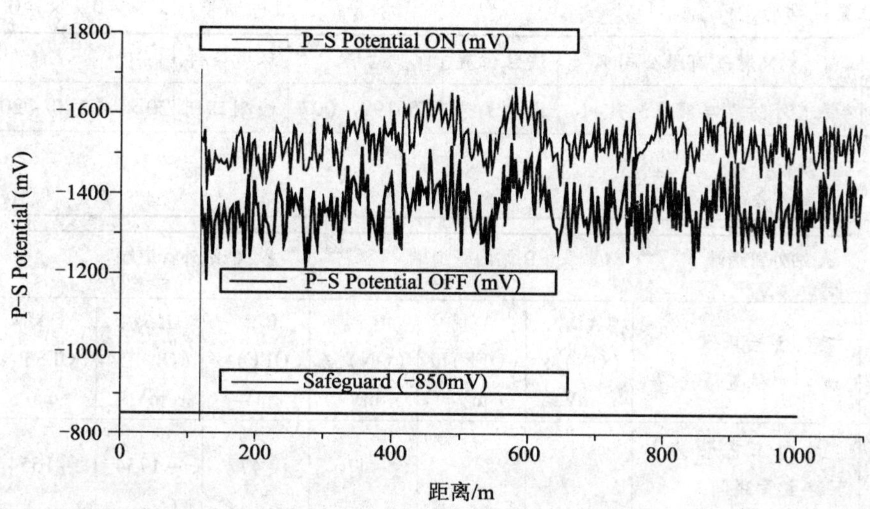

②2#测试桩－3#测试桩

结论：此管段最高管地 ON 电位为－1485mV，最低管地 ON 电位为－1646mV，最高管地 OFF 电位为－1333mV，最低管地 OFF 电位为－1563mV。低于保护的管段为 0.0m。保护率为 100.00%。

③3#测试桩－4#测试桩

④8#测试桩－9#测试桩

结论：此管段最高管地 ON 电位为－1355mV，最低管地 ON 电位为－1569mV，最高管地 OFF 电位为－1170mV，最低管地 OFF 电位为－1454mV。低于保护的管段为 0.0m。保护率为 100.00%。

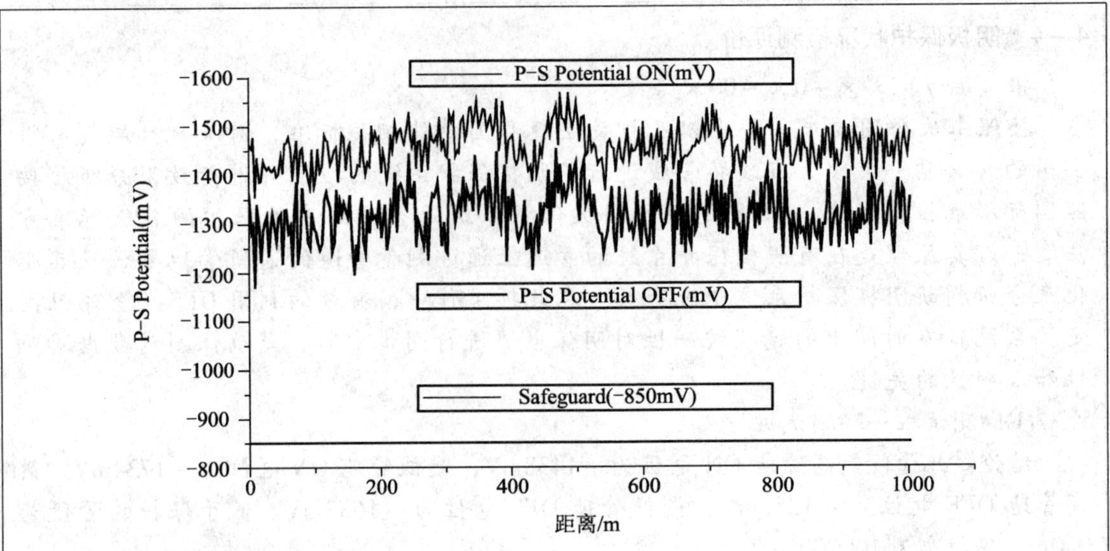

4-5　压力管道法兰绝缘性测试报告

法兰位置：站场　　　　　　　　　　　　　　报告编号：××-0××-00××

管理单位	××燃气有限公司	法兰位置	站场	环境条件	晴
测量工具	管道外防腐层漏点测试仪	设备编号	756199-007	检测日期	20××.1.0~20××.10.

法兰　法兰

气流方向

A:站外管道端　B:站内管道端　C:站外管道端

管段	法兰具体位置	A端（ON）/mV	A端（OFF）/mV	B端（ON）/mV	B端（OFF）/mV	C端（ON）/mV	C端（OFF）/mV	绝缘效果
××山站	站内工艺管线与下游主管线间			-476	-477	-1734	-1654	好
××市政界站	来气管线与站内管线之间	-1945	-1499	-251	-253			好

结论：绝缘法兰的绝缘效果均很好。

检验员：　　　　年　月　日　　审核：　　　　年　月　日

5-1　在用埋地管道挖坑检测报告分表一

探坑位置：×#+5m　　　　　　　　　　　　报告编号：××-0×-0×

管道规格/mm	ϕ377×6	管道埋深/m	1.20	检测日期	200×.×.×
编号	—	探坑规格/m	2.20×2.30×1.80	管理站名	××燃气有限公司
保护电位/-V	-1.600V	交流干扰/V	—	环境条件	晴

续表

<table>
<tr><td rowspan="7">腐蚀环境调查</td><td>地下水</td><td>有（　）无（√）时有时无（　）</td><td>pH</td><td colspan="2">—</td></tr>
<tr><td rowspan="2">地形、地貌、地物描述</td><td rowspan="2">工厂围墙边、小树林</td><td rowspan="2">土壤电阻率 $\rho = 2\pi aR$（Ω·m）</td><td>横向</td><td>$a =$ —　$R =$ —　$\rho =$ —</td></tr>
<tr><td>纵向</td><td>$a =$ —　$R =$ —　$\rho = 185$</td></tr>
<tr><td>植物根系</td><td>茂盛（　）中等（　）无或少（√）</td><td>土壤颜色</td><td colspan="2">黄</td></tr>
<tr><td>土壤松紧度</td><td colspan="4">疏松（　）松（　）稍紧（　）紧（√）很紧（　）</td></tr>
<tr><td>土壤粒组划分</td><td colspan="4">黏粒组（　）粉粒组（　）砂粒组（√）砾石组（　）卵（碎）石组（　）块石（　）</td></tr>
<tr><td>土壤分层描述</td><td colspan="4">无</td></tr>
<tr><td></td><td>土层干湿度</td><td colspan="4">干（√）润（　）潮（　）湿（　）水（　）</td></tr>
<tr><td rowspan="4">覆盖层检查</td><td>外观</td><td colspan="4">颜色、光泽变化情况［无（√）、有（　）、出现麻面及鼓泡、裂纹等（　）］有补口［√］</td></tr>
<tr><td>电火花检测</td><td>检测电压</td><td>—</td><td>漏点数</td><td>—</td></tr>
<tr><td>结构</td><td colspan="4">采用聚乙烯三层结构 + 热收缩套补口</td></tr>
<tr><td>黏附力</td><td colspan="2">无变化（√）　减少（　）剥落（　）</td><td>取样</td><td>—</td></tr>
</table>

5-3　防腐层厚度测试报告

检测位置：×# +5m　　　　报告编号：××-0×-00×

<table>
<tr><td>管道使用单位</td><td colspan="7">××××燃气有限公司</td></tr>
<tr><td>长度测量工具</td><td>卷尺</td><td colspan="2">长度测量精度</td><td colspan="2">1mm</td><td>设备编号</td><td>—</td></tr>
<tr><td>测厚仪器</td><td>涂层测厚仪</td><td colspan="2">测厚仪器精度</td><td colspan="2">0.01mm</td><td>设备编号</td><td>××-0×</td></tr>
<tr><td>管件位置编号</td><td colspan="5">1#焊缝</td><td>管件类型</td><td>弯管</td></tr>
<tr><td>测点编号</td><td>测点厚度/mm</td><td>测点编号</td><td>测点厚度/mm</td><td>测点编号</td><td>测点厚度/mm</td><td>测点编号</td><td>测点厚度/mm</td></tr>
<tr><td>L0C1</td><td>3.09</td><td>L3C1</td><td>2.82</td><td>L6C1</td><td>3.36</td><td>L9C1</td><td>2.92</td></tr>
<tr><td>L0C2</td><td>2.70</td><td>L3C2</td><td>2.76</td><td>L6C2</td><td>3.05</td><td>L9C2</td><td>2.94</td></tr>
<tr><td>L0C3</td><td>3.37</td><td>L3C3</td><td>3.69</td><td>L6C3</td><td>3.18</td><td>L9C3</td><td>2.97</td></tr>
<tr><td>L0C4</td><td>3.56</td><td>L3C4</td><td>3.43</td><td>L6C4</td><td>3.36</td><td>L9C4</td><td>3.63</td></tr>
<tr><td>L0C5</td><td>3.27</td><td>L3C5</td><td>3.64</td><td>L6C5</td><td>2.99</td><td>L9C5</td><td>3.12</td></tr>
<tr><td>L0C6</td><td>3.16</td><td>L3C6</td><td>3.57</td><td>L6C6</td><td>3.26</td><td>L9C6</td><td>3.39</td></tr>
</table>

续表

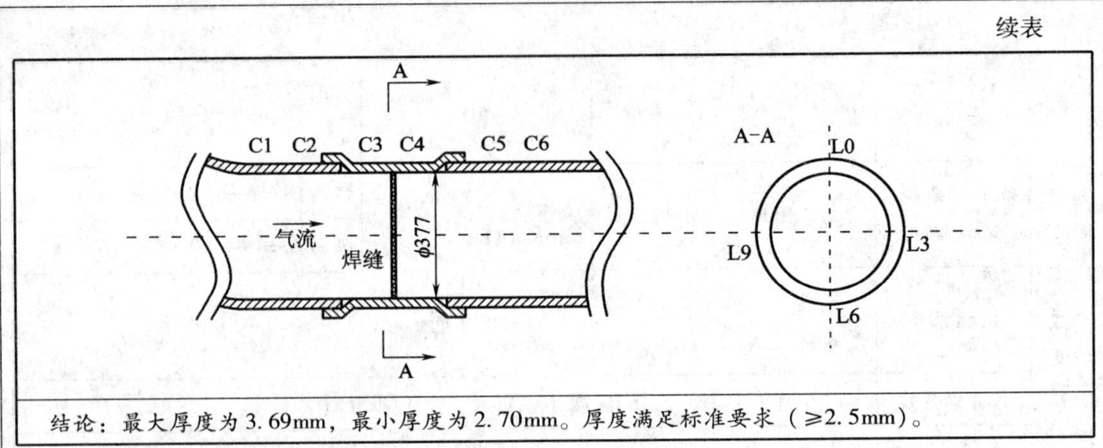

结论：最大厚度为3.69mm，最小厚度为2.70mm。厚度满足标准要求（≥2.5mm）。

5-4　管道元件几何尺寸与超声波测厚报告

检测位置：1#+5m　　　　报告编号：××-0×-00×

管道使用单位	×××燃气有限公司				
长度测量工具	游标卡尺	长度测量精度	0.01mm	设备编号	—
测厚仪器	测厚仪	测厚仪器精度	0.01mm	设备编号	778000-042
管件位置编号	1#焊缝			管件类型	弯头

测点编号	测点厚度/mm	测点编号	测点厚度/mm	测点编号	测点厚度/mm	测点编号	测点厚度/mm	测点编号	测点厚度/mm	测点编号	测点厚度/mm
L0C1	7.65	L2C1	7.36	L4C1	7.32	L6C1	7.03	L8C1	7.05	L10C1	6.95
L0C2	6.97	L2C2	7.06	L4C2	7.16	L6C2	7.15	L8C2	7.76	L10C2	7.23
L0C3	6.23	L2C3	6.21	L4C3	6.15	L6C3	6.41	L8C3	5.98	L10C3	5.95
L0C4	6.05	L2C4	6.12	L4C4	6.06	L6C4	5.96	L8C4	5.97	L10C4	5.96
L1C1	7.96	L3C1	7.65	L5C1	7.21	L7C1	7.24	L9C1	7.54	L11C1	7.35
L1C2	7.45	L3C2	7.56	L5C2	7.42	L7C2	7.78	L9C2	7.46	L11C2	7.24
L1C3	6.02	L3C3	5.99	L5C3	6.00	L7C3	6.21	L9C3	5.95	L11C3	5.98
L1C4	6.02	L3C4	5.94	L5C4	6.13	L7C4	6.12	L9C4	6.03	L11C4	5.98

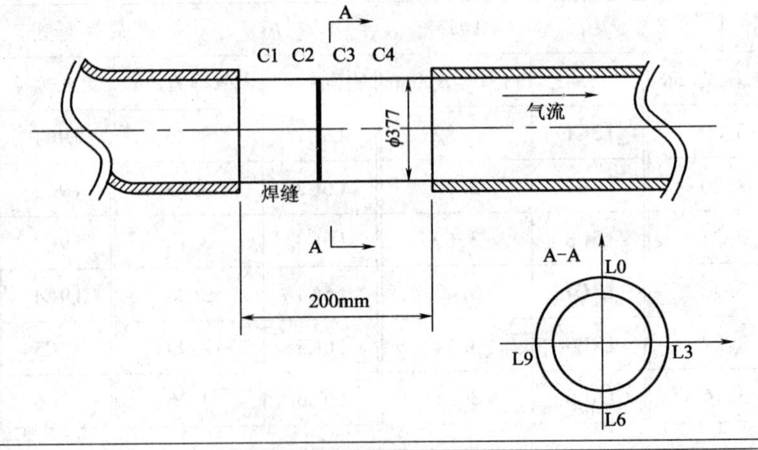

续表

结论：弯头最大厚度为 7.96mm，最小厚度为 6.95mm，直管最大厚度为 6.41mm，最小厚度为 5.94mm。参照《在用工业管道定期检验规程》（试行），实测最小壁厚的安全等级为 1 级。

5-5　硬度测试报告

检测位置：1#+5m　　　　报告编号：××-0×-00×

管件位置：1#焊缝		材料牌号：Q235-B
硬度类别：☑布氏　□洛氏　□维氏　□小负荷维氏　□显微维氏　□里氏		
热处理状态：□热轧　□冷轧　□正火　□调质　□淬火　□铸态　☑不详		
测量仪器型号：硬度计	测量仪器编号：745107-039	仪器精度：+/-4HL
表面状况：☑砂轮打磨　□化学清洗　□原始状态　□除锈		现场实测点数：20

测点位置（顺气流） 测点方位	母材	热影响区	焊缝	热影响区	母材
L0	170	173	154	160	167
L3	121	142	114	169	146
L6	164	177	121	152	136
L9	147	169	158	120	142

现场硬度测点分布示意图：

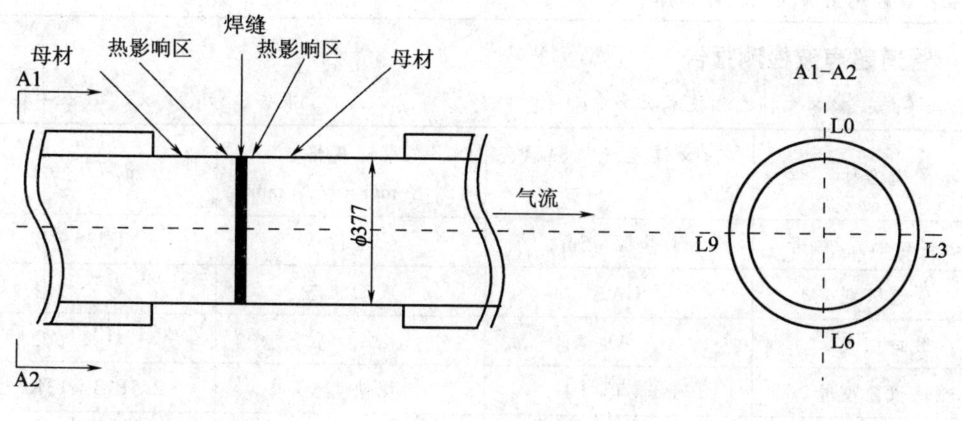

结论：未发现异常硬度值。

5－6 管道磁粉检测报告

委托单位：××无损检测技术××中心　　　　报告编号：×××－0××－00×

管道名称	××××煤层气工程输气管道	管道规格 （外径 mm×壁厚 mm）	ϕ377×6.0
管道焊口位置/编号	1号桩＋5m	管道材质	Q235－B
管道级别	GA2	表面状况	砂轮打磨
使用仪器	CD×－Ⅲ	检测部位	对接焊缝
检测比例	—	标准试块	A1－30/100
磁粉类型	Fe（黑）	提升力	≥45N
磁化时间	1s～3s	磁化方法	磁轭法
磁化电流	—	喷洒方式	浇
执行标准	JB/T 4730.4　Ⅰ级		

序号	缺陷位置	缺陷长度/mm	备注	序号	缺陷位置	缺陷长度/mm	备注
—	—	—	—				

探伤焊缝缺陷部位图：

评定意见：磁粉探伤检测未见超标缺陷。

备注：该检测由××无损检测技术××中心完成。

5－7 管道超声波检测报告

委托单位：××无损检测技术××中心　　　　报告编号：××7－0×－00×

管道名称	××煤层气工程输气管道	管道规格 （外径 mm×壁厚 mm）	ϕ377×6.0
管道焊口位置/编号	1号桩＋5m	管道材质	Q235－B
管道级别	GA2	表面状态	砂轮打磨
坡口型式	V	检测部位	对接焊缝
测试仪器型号	P×UT－U1	探头类型	2.5P13×13K2.5
标准试块	CSK－ⅠA、CSK－ⅢA	灵敏度	ϕ1×6－12dB
耦合剂	工业浆糊	耦合补偿	4dB
检测比例	—	执行标准	JB/T 4730.3 Ⅰ级

续表

序号	缺陷位置	缺陷埋藏深度/mm	缺陷长度/mm	缺陷高度/mm	缺陷波反射区域	评定级别	备注
探伤焊缝缺陷部位图：							
评定意见：超声波探伤检测未见超标缺陷。							
备注：该检测由×××无损检测技术开发服务中心完成。							

第十节 监督检验结论意见填写原则

压力管道检验结论在《压力管道安全技术监察规程——工业管道》、《压力管道定期检验规则——长输（油气）管道》、《压力管道定期检验规则——公用管道》、《在用工业压力管道定期检验规程》（国质检锅［2003］108号）规定中将其分为：可以使用、监控使用、停止使用三种。在填写检验报告结论时，应选择其中一种，而不应有其他的结论或形式，决不能随意创造或乱编。如：符合要求、基本符合要求或合格等类结论用语，之所以这样要求强调的是规范性和严肃性，这样符合法定的在线检验要求，绝不可以理解为在做文字游戏或在走形式。

对于在何种情况下使用那一种结论在以上检验规程中没有具体规定。事实上，对于如何下结论，由于压力管道的具体情况不同，很难给出统一的规定。下何种结论只有检验人员根据检验中发现的问题或经验判断压力管道的安全状况，给出具体的结论。因此要求检验人员要认真对待，不可掉以轻心。

那么，在填写检验报告时，对于检验结论的使用，具体应把握哪些要求或准则，本书为方便压力管道检验人员填写检验报告，做建议性的说明，仅供参考：

（1）可以使用

压力管道在本次检验中没有发现有影响安全使用的问题，而且在此以前的上一次检验到本次检验时间内没有进行过任何事故隐患处理，安全状况能够确保运行到下一次的定期检验，即压力管道处于完好状态的可以下“可以使用”结论。

（2）监控使用

压力管道在本次检验中发现问题较为严重，可以通过技术处理，如：采用带压密封技术止住泄漏等，使管道继续维持一定的安全状态，且通过增加可靠的安全监控措施，能够保证压力管道维持安全运行到下一次定期检验，即压力管道处于亚安全状态的可以下“监控使用”结论。监控使用一定要有可靠监控措施为前提，是在用压力管道工艺要求不能停止运行，以及压力管道停止运行后会带来巨大经济损失的情况下，不得已允许压力管道维持运行的权宜结论，绝不可以理解为有监控使用的结论压力管道就可以“无限期”的使用了。相反，对于处于监控使用条件下的压力管道应按照合乎使用的原则缩短检验周期。

在实际检验中，往往给出监控使用结论，但忽视允许运行的监控保证措施，这一点在压力管道检验及其管理中应尤为注意。为理清责任，可在正式提交检验报告时，将监控保证措施的有关要求以书面形式向压力管道管理责任人员予以说明。

（3）停止使用

压力管道在本次检验中发现问题严重，且不能通过有关技术处理得以解决，继续运行存有安全隐患的管道，应下“停止运行”的结论。在经济利益与安全要求矛盾时，应以侧重安全的处理为好。

上面关于检验报告结论的使用方法，是一般提示性理解，在实际检验中，检验人员也可按照自己的理解和检验水平进行妥善处理。

第十一节　检验记录填写原则

检验记录是检验最为原始的记录，对于确保在用压力管道的检验质量及检验后的质量管理有极为重要的作用，它是分析检验结果出具检验报告的依据之一。因此，无论是自检单位还是检验监测机构，均应对检验记录做出相应的规定。检验人员也应按要求认真记录。对检验记录的格式、记录内容及其管理要求等，到目前为止还没有统一的样式和要求。

（1）对检验记录的要求

在进行检验时，必须做好详细的检验记录。检验记录应是检验的全面真实记录，应能再现检验过程，其记录的内容应比检验报告的内容要丰富和全面。它是出具检验报告和检验复查的最为原始的依据。因此，压力管道检验人员应当认真仔细地做好记录，一般应做到：

1）即时进行记录，不可以在全部检验完毕之后，凭记忆进行补记，也决不可以枉自编写记录。

2）记录使用的文字语言要规范、准确、简略，应使用规范的技术符号、术语和文字，若有独创符号、术语或文字，应加以确切的定义，不能含糊不清模棱两可，叫人猜测。

3）记录时宜多为好，虽有简略的要求，但不能过分的简化。经验表明，往往在不经意的记录中，会发现较为重大的问题，或为问题的处理提供有价值的线索。

4）检验记录不可漏项，一定要全面，特别要按照检验规则规定的检验项目认真填写，若有遗漏，则直接影响检验结论和检验报告的质量。

5）检验记录与其他管道资料一样，也要归档管理。

（2）检验记录的格式

检验记录格式的确定，要依据检验项目和工作记录方便进行设置，至少应当包括压力管道检验的项目以及行业上的其他要求项目栏。应考虑检验的顺序、记录的方便以及其他发现问题的说明等。这里虽说可以自行设计检验记录的格式，但对于一个使用单位或检验监测机构应当是统一的格式，应当有相应的管理和使用规定，应纳入质量管理文件。

第十章　压力管道元件监督检验项目及检验方法

第一节　泄漏检验

压力管道的泄漏检验是检验中最为基本和重要的检查，目的就是要及时发现泄漏，并对泄漏进行处理，消除可能发生的事故，确保压力管道在运行的情况下没有泄漏，且能持续工作到规定的下一次检验。

一、泄漏概念和危害

泄漏是一个常见名词或概念，对于什么是泄漏，还没有一个权威和严格的定义。本书给出的定义是：压力管道的泄漏是管道的内部或外部物质在压力的作用下非预期地通过密封和压力管道的组成件以及附属设施的承压壳体的逸出和侵入。这里的内部物质是指压力管道的内部介质或流体，如：气体、液体等。外部物质是压力管道的使用环境物质，如：空气、水、泥沙等；非预期的通过是指在压力的作用下没有按照人们期望要求或意愿的通过，是“逆意志的行为”。逸出是指从内部到外部，侵入是指从外部到内部。本书所探讨的泄漏都是基于此概念上的泄漏。

泄漏是压力管道常见现象，往往是造成压力管道时效——引发重大爆炸、中毒或环境污染事故的直接因素。在压力管道的事故统计中，因泄漏造成的事故占有相当大的比例。因此，在压力管道的安全监察和检验中，对泄漏的检查给予相当的重视。从某种意义说，压力管道能否按预期要求安全运行，将取决于对泄漏的控制。

二、泄漏分类

对压力管道泄漏的分类，由于分析研究问题的角度和方法的不同有多种分类，常见的有：

（1）按介质的流向分类

可将泄漏分为内泄漏和外泄露。内泄漏是指设备内部的泄漏，如：在管道中的阀门，在关闭状态下由于密封不严所造成的泄漏。内泄漏不在本书的研究范围内。外泄露是内部泄漏以外的泄漏，包括正压泄漏和负压泄漏。正压泄漏即介质从设备的内部向外部泄漏；负压泄漏即其他介质从设备外部向设备内部侵入的泄漏，如：真空管道的泄漏。外部泄漏是压力管道最为常见的泄漏。

（2）按泄漏机理分类

可将泄漏分为缺损泄漏、界面泄漏和毛细泄漏。缺损泄漏可分为裂纹泄漏、腐蚀泄漏、砂眼泄漏（铸钢阀门阀体砂眼）等。界面泄漏是指在法兰与密封垫接触面间或填料与轴（阀杆、旋转轴）接触面间的泄漏，此种形式的泄漏也较为普遍。毛细泄漏是密封垫片或填料的材料如：植物纤维（棉、麻）、动物纤维（羊毛）、化学纤维（尼龙、聚四氟乙烯）、矿物纤维（石棉、玻璃纤维、石墨纤维）和膨胀石墨等因其致密性差，纤维间存有微小缝隙，很容易被介质浸润，在毛细管的作用下引起泄漏。

（3）按泄漏时部件的运动状态分类

可将泄漏分为动泄漏和静泄漏。动泄漏是指有相对运动的部件间在相互配合处所产生的泄漏，如：旋转运动的轴与填料间的泄漏。静泄漏是指无相对运动的部件结合处的泄漏，如：法兰、螺纹和止口结合面间的泄漏。

三、泄漏等级

压力管道存有泄漏，只表明了管道的内部或外部物质在压力的作用下非预期地通过密封和压力管道的组成件以及附属设施的承压壳体的逸出和侵入。没有说明逸出和侵入物质量的快慢，即没有说明泄漏的严重程度。事实上，在实际泄漏检查、评定泄漏严重程度时，已经自然地引进和使用了表述泄漏程度——泄漏等级的概念，如：无泄漏、渗漏、滴漏等。在泄漏等级的概念中已经包含了逸出或侵入量和时间两个要素。其严格的定义是：泄漏等级是单位时间内逸出或侵入物质量的大小或多少。关于对泄漏等级的划分，还没有见到较为权威和科学地划分。但在实际检查中，已经在实际应用一些分级的概念。

对于如何划分等级，一些资料中以管道介质是否液态或气态试图进行分类，本书认为这样进行分类不能准确表征管道泄漏特征，不是很科学。由于压力管道输送的介质往往在管道内有压力的情况下为液态，在释去压力后即泄漏后变为气态，如：液化石油气。因此，本书推荐依照泄漏后是否液态或气态进行等级分类，这样分类符合介质泄漏后的实际状态或接近真实。以此可将泄漏等级分为两大类，即泄漏后呈液态和气态的两类。其具体划分如下：

（1）呈液态的泄漏可划分为

1）无泄漏：不见介质泄漏，以试剂试验无反映。

2）渗漏：泄漏轻微，在泄漏部位可见到泄漏介质或痕迹，将泄漏介质擦去后，在5min 内再次出现泄漏介质或痕迹。

3）滴漏：中等程度的泄漏，泄漏部位泄漏的介质已经成滴，但在 1min 内未超过 3 滴。

4）严重滴漏：较为严重的泄漏，泄漏部位泄漏的介质已经能快速成滴，在 1min 内超过 3 滴。

5）流淌：泄漏严重，泄漏部位泄漏的介质成线状流淌。

（2）呈气态的泄漏可划分为

1）无泄漏：用发泡剂检查无气泡。

2）微漏：用发泡剂检查有气泡且形成缓慢。

3）泄漏：用发泡剂检查气泡成串；用小纸条检查纸条有拂动；若气体有颜色是能明显见到气体颜色或试纸很快变色。

4）严重泄漏：泄漏部位气体已经形成气流，甚至发生声响。泄漏气体在泄漏处呈浓雾或烟雾状。

四、泄漏检查

1. 宏观检查的主要项目和内容

1）泄漏检查，主要检查管道穿跨越段、阀门、阀井、法兰、凝水缸、补偿器、调压器、套管等组成件，铸铁管连接接口、非金属管道熔接接口的泄漏情况，采用相应的泄漏检测仪进行泄漏点检测或地面钻孔检测，必要时对燃气可能泄漏扩散到的地沟、窨井、地下构筑物内进行检查，对于次高压燃气压力管道，必要时，可采用声学泄漏检测方法进行远距离泄漏监测；

2）位置与走向检查；

3）地面标志检查；

4）管道沿线地表环境调查；

5）穿跨越管道检查，主要检查穿越管道锚固墩、套管检查孔的完好情况以及水流冲刷侵蚀情况，跨越管道防腐层、补偿器完好情况，吊索、支架、管子墩架的变形、腐蚀情况；

6）凝水缸检查，主要检查定期排放积水情况，护盖、排水装置的泄漏、腐蚀和堵塞情况；

7）线路阀门、法兰、补偿器等管道元件的检查；

8）检查人员认为有必要的其他检查。

2. 泄漏检查重点部位的确定

本章重点检查部位主要是泄漏多发部位，根据经验有：管道的法兰、接头、焊缝、阀门填料以及各种接口处等，如：压力表、测温仪表、安全阀、爆破片的接口。在制定检验方案时可依据管道的竣工图、单线图和空视图、修理记录、运行记录等对上述部位的数量、位置进行确定。但在检查时还要注意图样与实际情况的核对，因为，图样往往与实际情况不符。若在检查中发现不符的情况，在确认的基础上，在图样上予以注明。上述虽然列出部位较多，但不是所有管道，在制订方案时应灵活取舍。所谓的重点部位就是在检验时特别注意观察的地方。

3. 对介质泄漏后呈液态的管道的检查

对介质泄漏后呈液态状的管道的检查，一般情况下可巡线直接用肉眼观察，对架高不能仔细观察的管道，可是用望远镜进行观察，这样可以提高工作效率和减小检验时搭脚手架的费用。

由于泄漏是在管道长期工作中形成，即泄漏已经发生或存在很长时间，无论是渗漏、滴漏、严重泄漏或流淌，都会在泄漏处外表的下沿或地面观察到泄漏介质，甚至在管道地沟的低洼处有大量的聚积。对没有绝热层的可观察的压力管道可以直接确定泄漏位置。对有防腐层、保冷和保温层的管道，还要认真地观察泄漏介质在防腐层、保冷和保温层的流向以及下文绝热层检查中适用的针插法检查推断泄漏位置。对不能直接观察的，如：管道的拐角应用手逐段触摸感觉泄漏处或用干碎布或用试纸逐段按压观察碎布或试纸上的泄漏介质浸润情况，进而确定泄漏点。

有的检验是在管道运行状态下且不拆防腐层和绝热层的情况下检查，或因管道的具体环境的影响有时不能准确的确定泄漏位置的，但也应做出泄漏范围的判定。全面检验主要有以下项目可以做出泄漏等级的判定。

4. 对介质泄漏后呈气态的管道的检查

对介质泄漏后呈气态的管道的检查相对于泄漏后呈液态管道的检查要复杂和困难。其检验的主要方法有：

(1) 使用气体分子感测仪进行检验

在进行在线检验时可直接使用气体分子感测仪进行检查。方法是，按感测仪的使用要求，打开感测仪，将探头沿管道表面移动，上下左右都可，若发出报警，这说明有泄漏。需要指出的是感测仪检测的准确率决定于感测仪的灵敏度，即只有泄漏气体浓度达到感测仪测感浓度才有效。对于泄漏后气体有集聚的泄漏检测较为灵敏，但对于在泄漏的同时又有不断的散发，就显得有些失聪。特别是对微漏和泄漏，有时就无能为力了。

(2) 眼观检查

用肉眼进行观察，使用望远镜等，但是观察泄漏部位比较困难，需要仔细认真。一般的只要管道发生泄漏，由于气流的冲蚀或气体与环境的化学物理作用，总要在管道的表面或绝热层表面留下痕迹，如：锈斑、污渍等。

(3) 耳闻检查

耳闻检查对于严重泄漏较为有效，在检查时以静听方式进行检查，泄漏部位往往会发出嗤嗤的声音，自然会发现泄漏部位。

(4) 鼻嗅检查

对于无毒且有刺激味介质的管道，鼻嗅检查泄漏也不失为一种有效可靠的检查。需要注意的是检查时要注意安全性，以免伤害身体。

(5) 手感检查

由于气体的特性，泄漏气体（泄漏变为气体的）多有一定的刚度，有微小的冲击。即以手背在贴近泄漏处运动，会感到有小冷风吹拂的感觉，反复多试几次，就可体会到。检查时注意保护皮肤。若不能直接用手背皮肤感觉，则可用纸条或毛鬃，在泄漏处慢移，观察纸条或毛鬃的摆动，观察时否有风吹动迹象。

通过上述的检查，对于严重泄漏可直接确定泄漏位置，但对于微漏和泄漏有时只能大体确定泄漏位置，还不能准确确定泄漏位置以及泄漏等级。因此，最终还需要对怀疑部位用发泡剂和显色剂进行检验。即将发泡剂或显色剂涂抹在可凝部位，进行更具体的检查。

5. 对埋地管道泄漏的检查

与暴露在地表或架空管道相比，管道的埋地部分泄漏检查就更加困难了，原因是有填埋物的遮挡，不能准确地确定泄漏位置和级别。但在一定的条件下仍可以做一些检查，进而发现泄漏和判断泄漏等级。在实际检验中主要有以下方法：

(1) 眼观检查

观察管道覆盖层有无填埋物塌陷、下沉、滑坡、管道旁水面冒泡、草木枯萎或奇异徒长、土壤板结裂缝、在烈日下观察甚至有蒸腾的现象、人工取土、堆放垃圾和重物以及管道上搭建建筑物。因为这些地方都可能是埋地管道泄漏引起变化或引起管道的泄漏，当发现上述情况时，应需要做进一步检查，做更为准确地判断。

（2）耳闻检查。

（3）鼻嗅检查。

（4）用气体分子检测仪进行检查。

应当指出的是对附近的窨井、阀井或地沟等也应做上述检查，在实际检查中往往能发现管道的泄漏。

五、泄漏处理

对于压力管道运行使用中的压力管道，由于压力管道因其状况、使用环境、管理水平以及其他不确定因素的影响，发生泄漏是在所难免，换句话说压力管道发生泄漏也是极为平常的事。对于发生泄漏的压力管道，如果能及时发现，并允许在压力管道停止运行的情况下进行处理，在技术上一般地讲没有困难，处理起来的也较为方便和容易。但对于那些在工艺要求上不允许停车或停车会带来巨大损失的压力管道，就要求在不停车的状态下进行堵漏处理。由于泄漏的复杂性，如介质的温度、压力、腐蚀性、毒性程度、冲刷以及泄漏位置、泄漏形式等影响，就给实际操作中的泄漏处理带来相当的困难。

对于压力管道在不停车的状态下进行堵漏处理，世界各国在工业实践中经过不断的探索，广泛的研究，已经积累了丰富的经验，有着多种成熟的方法。下面仅对压力管道在不停车状态下堵漏（不停车带压密封技术或带压堵漏）处理方法做以简要的介绍。

1. 该技术的发展

不停车进行压力管道堵漏的方法很多，最简单和常见的方法是在泄漏部位打卡子或堵塞子，或使用强力有机胶粘剂加玻璃纤维布（橡胶带）缠裹，或用氯丁橡胶布带粘补，或带压补焊等。但上述方法只适用于常温、低压和少数几种介质，不适用于温度、压力较高以及介质较为危险的场合，使其应用受到相当大的局限。

进入20世纪70年代，世界发达国家针对压力管道的泄漏，发展了一种不停车带压密封（带压堵漏）技术，获得了较为满意的效果。我国从80年代起，对此也进行了研究和开发，做了大量的试验研究，并经石油、化工、冶金、电力等系统多年的实际应用，取得了良好的经济效益和社会效益，至1984年该技术首次通过了国家鉴定，使该技术成为处理压力管道泄漏的成熟技术。原中石化总公司生产部编制的《带压堵漏技术暂行规定》对该技术的管理及其技术细节如：管理部门职责、专用工具的正确使用、分级管理与合理操作的基本原则以及有关静电、易燃、易爆介质等进行了较为详尽的规定。国家质检总局特种设备检测中心有关带压封堵技术要求和安装许可制度，无压力管道安装许可证不得进行安装和堵漏。

2. 堵漏技术的原理

该技术基本原理是以热固性高分子材料作为密封剂，用强力将其注压到新建立的密封空腔内，在动态下快速形成新的密封结构，以堵住压力管道的泄漏。实际上注剂式密封只是带压堵漏技术里的一项技术工艺，因为注剂式密封技术只能在直管上带压堵漏，很有局限性，如果是三通、弯头、变径、法兰盘根部、大型容器罐等部位就无能为力了。现在带压堵漏行业有了不动火带压堵漏企业标准，带压堵漏的十项技术工艺的标准，堵漏防护，堵漏术语规范，堵漏现场组织管理，堵漏编写方法和技巧等。

3. 该技术实施过程

当管道泄漏并采用该技术进行堵漏时，先将卡箍状的中空夹具安装在泄漏管段上，利用管子外壁与夹具的空腔，在泄漏处的周围形成一个密封空间，然后用高压注入枪把密封剂强力注入并全部充满，在保持挤压力与泄漏介质压力平衡的条件下，给予一定的温度，使密封剂迅速固化，从而堵塞泄漏通道，在泄漏部位建立起一个新的牢固可靠可拆卸的密封结构。

由上述原理和实施过程就可以看到，该技术在实际应用中要解决密封空腔即带压堵漏的专用夹具和专用密封剂两个方面问题。

4. 夹具

对于专用夹具实质问题是壁厚的确定。壁厚可依据 GB 150《钢制压力容器》所规定的壁厚强度计算公式进行设计。公式中的压力值，还应考虑在向密封空腔注入密封剂时密封剂在空腔内的流动、填满、压实、固化时所产生挤压力，应与修正。经过多年的探索与实践，一些典型夹具已经系列化，使用时可根据具体情况进行选用。常用的法兰、直管及弯管夹具结构有：

法兰部位的夹具常做成两半结合嵌入式，使用时将其套在泄漏的法兰上。密封剂注入孔开在两个螺栓之间，数量与螺栓个数相等。法兰部位夹具也可以是非嵌入式的。用钢板做成包箍，以螺栓或铆接连接。优点是结构简单制作方便，缺点是两个法兰外径往往不完全一样，安装时有不同心现象，使包箍与法兰表面间隙过大，容易造成密封剂外溢。

直管段夹具一般做成剖分式，用螺栓连接，上面开两个注入孔，其孔径要大于泄漏孔直径 4 ~6 倍。

弯管段夹具因有弧度，比直管段夹具要复杂些，其连接形式与注入孔与直管相差无几。另外，对阀门阀杆填料密封泄漏的处理，也可以采用带压密封技术原理进行堵漏。

阀杆填料密封泄漏的一般由阀杆弯曲、光洁度过低、表面腐蚀、擦伤以及填料侵蚀、磨损、老化、松弛、烧损、安装不正、受力不均、错口、清洗不净等原因造成。一般可以通过调整填料压盖压紧程度、改进压盖形式、更换阀杆和填料得以解决，但是往往需要在停车的条件下进行（调紧压盖有时出外）。对于那些不能停车进行泄漏处理的管道系统，则也可利用不停车带压密封剂技术的原理，直接在填料盒上开一个密封剂注入孔，注入密封剂止漏。当对于阀门公称直径较小或填料盒壁较薄时，即小填料盒，则可制作一专用夹具，以固定密封剂注入枪。

5. 密封剂

专用密封剂应依据泄漏系统的温度和介质特性进行选用。由于密封剂是直接止住介质外泄而起密封作用的物质，因此密封剂除满足注入、填充和迅速固化要求外，同时还必须具有对介质的化学稳定性，能承受介质的高温，具有良好的不渗透性和固化后有一定强度的特性。也就是说，密封剂在一定的温度和压力作用下，具有流动性，以便能顺利地注入到密封腔里，同时又能在一定的温度和压力作用下，在密封腔内迅速固化，保证密封的可靠性和长期稳定性。为满足上述对密封剂的要求，各种型号的密封剂均应通过耐介质侵蚀试验和热失重试验。目前密封剂已经系列化，使用时可依据具体情况进行选用。

6. 该技术特点

1）在不停车情况下进行。消除泄漏的过程自始至终不影响管道的运行。

2）不破坏原有结构。对于泄漏部位及其周围不需要做改变原有密封结构的处理。

3）施工安全迅速。由于结构简单，操作上的方便，并采用防静电、防爆防燃以及液压等措施，使操作安全迅速，能在易燃易爆场合下应用。

4）使用寿命长。新建的密封结构牢固可靠，能够满足压力管道在一个大修周期内不损坏的要求。

①新建密封结构具有可拆卸性。

②适用范围广，可适用于各种压力管道的堵漏，不受介质性质和状态限制，凡是有泄漏的地方均可以考虑使用该技术进行处理。

第二节　绝热层和防腐层检验

压力管道的绝热层和防腐层是压力管道能够按照工艺要求运行的重要的结构保证。甚至可以说，压力管道如果没有良好的绝热层和防腐层，压力管道将失去应有的功能或导致事故的发生，绝热层和防腐层的检查由此可见其重要性。

一、绝热结构

1. 绝热

压力管道在运行时除有压力外，通常还伴有温度的要求，如：高温或低温，为了实现并提高管道的功效、满足工艺要求和安全生产及保护环境节约能源等需要还要对管道进行绝热处理。这里所说的绝热不同于热力学中的绝热，它是保温和保冷的统称。保温是为了减少管道及其附件向周围环境散热，在其外表采取的包裹措施；而保冷则相反，是为了减少周围环境的热量传入低温管道内部，防止管道外表面凝露在其表面采取的包裹措施。虽然同是采取包裹措施，绝热的方向——热的传导方向刚好相反。

2. 绝热结构

绝热结构是指管道外侧由绝热层、防潮层、保护层等组成的综合体。根据热传导方向功用的不同，又可分为保温结构和保冷结构。通常保温结构由绝热层和保护层组成，但对于埋地或地沟内的管道，其保温结构有的还设有防潮层；保冷结构由防锈层、绝热层、防潮层和保护层组成。一般地保冷结构相对于保温结构要复杂一些。

二、绝热层

1. 绝热层和其常用的材料及制品

绝热层是绝热结构当中的一个组成部分，无论是在保温结构还是保冷结构中，绝热层是控制热传导的主体。所谓的绝热层是指在实施保温或保冷的措施当中所使用的对维护介质温度稳定起主要作用的绝热材料及其制品。其常用的材料及制品有：硅酸钙、泡沫石棉、岩棉、矿渣棉、玻璃棉、硅酸铝棉、膨胀珍珠岩、硬质聚氨酯泡沫塑料、聚苯乙烯泡沫塑料、泡沫玻璃等。

2. 绝热层的实现形式

绝热层的实现形式一般有以下几种：

1）捆扎、拼砌式：适用于硬质、半硬质及软质材料。

2）缠绕式：适用于绝热绳、绝热带材料。

3）充填式：适用于纤维状和粒状材料。

4）粘贴式：适用于粘贴绝热材料。

5）浇注、喷涂式：适用于聚氨酯泡沫塑料和轻质粒料。

6）可拆卸式：绝热层一般不考虑可拆卸问题，但在管道观察孔、检查点、维修处则应采用可拆卸式绝热层。依具体情况，实现方法较多。

上述各种方法中的具体技术要求，在相应的规范和标准都有规定，如：GBJ 126《工业设备及管道绝热工程及验收规范》，使用时可查阅，在此不再赘述。

三、防腐层

1. 材料的防腐

材料的防腐（对金属管道也叫防锈）一直是科学技术研究的主要课题之一，对此人们已经进行了相当广泛和深入地研究。为了提高材料的使用寿命，采取多种防腐措施或方法，在压力管道上常见的有：

1）使用耐腐蚀或抗腐蚀材料。这是解决管道腐蚀问题的根本措施，在管道的设计安装中使用越来越多。

2）涂层防腐。使用涂层使金属表面与腐蚀介质隔绝，以阻止金属表面的腐蚀，是管道防腐的最重要的方法之一。涂层防腐又分为金属涂层、化学涂层防腐、非金属涂层三类。其中，金属涂层防腐有：热镀（浸镀）、化学镀、电镀、渗镀等；化学涂层，如：俗称的发蓝或发黑等；非金属涂层有涂料涂层、塑料涂层和硬橡胶涂层。

3）电化学防腐。电化学防腐是要对保护的金属管道通以电流，使之极化达到金属防腐的目的。电化学防腐又分为阴极防腐和阳极防腐两类。下文中的阴极保护装置的检查，就属于这个范畴。

4）缓蚀剂防腐。缓蚀剂的防腐是将能够阻止金属腐蚀或降低金属腐蚀速度的物质添加到腐蚀介质中的防腐方法。其机理一般认为是在金属表面上生成了连续的起隔离作用的吸附层保护膜，从而降低金属的腐蚀速度。工业上用于石油和天然气的采集输送系统、炼油装置的常减压系统等。

四、涂料

由于涂料涂层防腐在压力管道的防腐中应用也最为广泛，在在线检验中接触也最为频繁。

1. 涂料的组成

所谓涂料亦即俗称的防腐漆或油漆。是由天然漆和植物油为主体所组成的混合溶液。

随着化学工业的不断发展，油漆中的油料，部分或全部被合成树脂所取代，所以再叫油漆已不够十分确切，因此，现称为有机涂料，简称涂料，它是一种有机高分子胶体的混合物溶液。

涂料主要由液体材料、固体材料和辅助材料三部分组成。

（1）液体材料

液体材料有成膜物质、稀释剂（溶剂）；

成膜物质：也称为粘结剂、固着剂或漆料。它是经过加工的油料或树脂在溶剂中的溶液，它能将颜料和填料粘结在一起，形成牢固地附着在物体表面的漆膜。漆膜的性质主要取决于成膜物质的性能，所以成膜物质是涂料的基础。常用的成膜物质有天然树脂、酚醛树脂、过氯乙烯树脂、环氧树脂、沥青、干性植物油等。

稀释剂（溶剂）：也称为稀料，它是挥发性液体，能溶解和稀释涂料，在涂料中占一定的比例。当涂料固化成膜后，它全部挥发到大气中去，不残留在漆膜内，所以又称为挥发剂；它主要是用来调节涂料的黏度，便于施工；另外可增加涂料贮存的稳定性，被涂物件表面的湿润性，使涂层有较好的附着力，以及使漆膜有良好的平流性。常用的稀释剂有汽油、松节油、甲苯、二甲苯、丙酮、乙醇等。

（2）固体材料

固体材料有颜料和填料（体质颜料）；

颜料是一种微细粉末状有色物质，它不溶于水或油等液体介质中，而能均匀地分散在液体介质中。当涂于物体表面时，呈现一定的色层。颜料具有一定的遮盖力、着色力、可增强漆膜的强度、耐磨性、耐候性和耐久性等性能。根据用途不同，有防止金属生锈的耐腐蚀颜料（红丹、铁红、钛白、锌黄等）；耐高温颜料（铝粉、铝酸钙、锶黄等）；示温颜料（可逆性变色颜料）；发光和荧光颜料等。

填料与颜料不同，它不具备遮盖力和着色力，只增加漆膜的厚度和漆膜的体质，所以也称为体质颜料。它还能增加漆膜的耐磨性、耐水性、耐热性、耐腐蚀性和耐久性。有些填料比重小，悬浮力好，可以防止比重大的颜料沉淀，改进涂料的物理和化学性能。另外，在使用着色力和遮盖力很强的颜料时，可用部分填料来补充颜料应有的体积，从而可节约质量高的颜料。

颜料和填料种类很多，常用的无机颜料：铬黄、锌黄、铁红、铁蓝、铬绿、铁白、炭黑等。有机颜料：耐晒黄、甲苯胺红、酞菁蓝等。防锈颜料：红丹、锌铬黄、偏硼酸钡等。金属颜料：铝粉、铜粉。填料：硫酸钡、碳酸钙、滑石粉、石棉粉、铝粉、瓷粉、石英粉等。

（3）辅助材料

辅助材料有固化剂、增韧剂、催干剂、稳定剂、防潮剂、脱漆剂等。

涂料在使用中为加快漆膜的干燥时间，改善漆膜的性能，常加入一些催干剂等辅助材料（辅助剂）。

2. 涂料的分类、命名及型号

（1）涂料的分类

GB 2705《涂料的分类、命名与型号》对涂料以成膜物质为基础进行统一分类。若主要成膜物质由两种以上树脂组成，则按在成膜物质中起决定作用的一种树脂为分类依据，具体将涂料划分为17大类，见表10－1。

表10－1　涂料类别及代号

代号	涂料类别	代号	涂料类别	代号	涂料类别
Y	油脂漆类	Q	硝基漆类	H	环氧树脂漆类
T	天然树脂漆类	M	纤维素漆类	S	聚氨酯漆类
F	酚醛树脂漆类	G	过氧乙烯漆类	W	元素有机漆类
L	沥青漆类	X	烯树脂类漆	J	橡胶漆类
C	醇酸树脂漆类	B	丙烯酸漆类	E	其他
A	氨基酸树脂类	Z	聚酯漆类		

此外，对于涂层涂料依据使用的习惯、作用和特点等，还有许多分类方法。如根据其不同作用分为：管外涂料防腐层，耐大气涂层、防潮涂层、耐水涂层、耐油涂层等。

（2）涂料的命名

为了简化起见，在涂料命名时，除了粉末涂料外仍采用“漆”一词，在叙述时对具体涂料品种也称为某某漆，而在统称时用“涂料”。

涂料命名原则规定如下：

全名＝颜料或颜色名称＋成膜物质名称＋基本名称。

例如：灰过氯乙烯磁漆、锌黄酚醛防锈漆。

其中的灰、锌黄是指颜料名称，过氯乙烯、酚醛是指成膜物质的名称，磁漆、防锈漆是指涂料的基本名称。

（3）涂料的型号

涂料的型号分为三部分，第一部分指成膜物质，用汉语拼音字母表示，见表10－1涂料类别表；第二部分指基本名称，用两位阿拉伯数字表示见表10－2；第三部分是序号，用一位阿拉伯数字表示。序号表示同类品种间的组成、配比或用途的不同。这样，一个型号就表示一个涂料品种，而不会重复。

表10－2　涂料基本名代号

基本名称	基本名称	基本名称	基本名称
清油		耐酸漆、耐碱漆	
清漆	自行车漆		
厚漆	玩具漆	防腐漆	内墙涂料
调和漆	塑料用漆		外墙涂料
磁漆		耐油漆	屋面防水涂料
粉末涂料	（浸渍）绝缘漆	耐水漆	地板漆、地坪漆
底漆	（覆盖）绝缘漆		

续表

基本名称	基本名称	基本名称	基本名称
腻子	抗弧（磁）漆、互感器漆		锅炉漆
	（粘合）绝缘漆		烟囱漆
大漆	漆包线漆		黑板漆
	硅钢片漆	防火漆	
电泳漆	电容器漆	耐热漆	标志漆、路标漆、马路划线漆
乳胶漆	电阻漆、电位器漆	示温漆	汽漆（车身）
水溶（性）漆	半导体漆	涂布漆	汽车漆（底盘）
透明漆	电缆漆、其他电工漆	可剥漆	其他车漆
斑纹、裂纹、橘纹漆	防锈漆	卷材涂料	汽车修补漆
锤纹漆	水线漆	光固化涂料	
皱纹漆	甲板漆、甲板防滑漆	隔热涂料	
金属（效应）漆、闪光漆	船壳漆		集装箱漆
	船底漆		铁路车辆用漆
铅笔漆	饮水舱漆	机床漆	桥梁、输电塔、露天钢结构漆
	油舱漆	工程机械用漆	航空、航天用漆
木器漆	车间（预涂）底漆	农机用漆	
罐头漆		发电、输配电设备用漆	胶液
家电用漆			其他

举例：

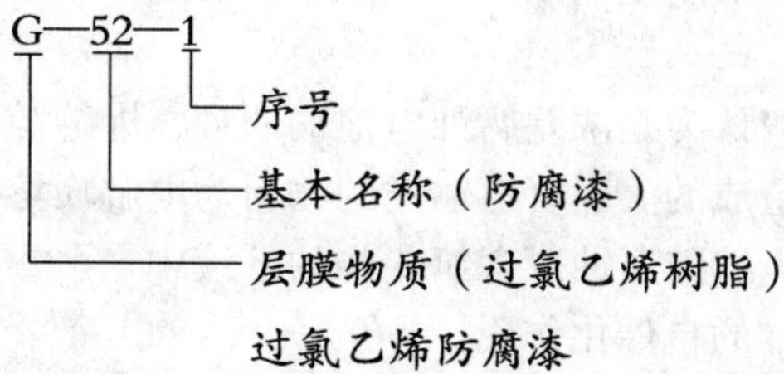

五、绝热管道涂料防腐层

没有绝热层的管道，管子外表面不直接与周围环境接触。一般在管壁金属表面涂刷防锈漆或底漆，在绝热保护层外表面涂刷色漆作防腐层。

对保温管道，在管壁外表面涂防锈漆的目的，是防止管道在绝热施工以前，周围环境和绝热层中的水分、湿气对管子的锈蚀。当通入介质投入运行以后，防锈漆层在较高温度作用下，液体成分蒸发，固体成分残留在管子表面上，此时防锈漆失去作用，管道的防腐则依靠使管子与周围环境隔开的保温层，保护管道金属表面不会遭受锈蚀。因此，对管道的防锈漆或底漆要求不严，但对保冷管道，因存有凝霜和结露的问题，其管子金属表面的防锈漆层，应选用具有一定防潮耐水性能的涂料，如：红丹酚醛防锈漆或沥青冷底油等，其要求较为严格。

绝热保护层外表面的涂料，应根据绝热层所用材料和所处环境不同进行正确选用。

六、金属管道腐蚀的主要形式及机理

1. 全面腐蚀

全面腐蚀也叫均匀腐蚀，其特点是在管道较大面积上产生的程度基本相同的腐蚀。管道内壁表面遭受输送物料的全面腐蚀；管道外壁裸露表面（或有涂料但已全面失效）遭受大气锈蚀。

有效防止全面腐蚀定期检验是十分必要的，通常通过定点测厚的办法，来掌握壁厚减薄的情况。

2. 局部腐蚀

（1）点蚀

点蚀，也叫孔蚀，是集中在金属表面个别小点上的深度较大的腐蚀。点蚀是管道最具有破坏性的和隐藏的腐蚀形态之一。它常常使得管道在整个失重很小的情况下就穿孔而产生泄漏。

不锈钢的点蚀过程可分为蚀孔的形成和蚀孔的发展两个阶段。敏化处理及冷加工会增加不锈钢点蚀的倾向，固溶处理能提高不锈钢耐点蚀的能力。奥氏体不锈钢管道在输送含氯离子或溴离子的介质时最容易产生点蚀。由于海水或天然水中含有一定的氯离子，因此不锈钢管道外壁如果常被海水或天然水润湿，就会产生点蚀。

钛的耐点蚀能力高于奥氏体不锈钢。

碳钢管道通常在蒸汽系统（特别低压蒸汽）和热水系统，遭受溶解氧的腐蚀，温度在80℃～250℃发生孔蚀最为严重。蒸汽系统除氧操作控制不严格，很难保证溶解氧量不超标，因此溶解氧造成碳钢管道产生点蚀的情况经常会发生。

（2）缝隙腐蚀

缝隙腐蚀的机理：一般认为是浓差腐蚀电池的原理，即缝隙内和周围溶液之间氧浓度或金属离子浓度存在差异造成的。当管道输送的物料为电解质溶液时，在管道内表面的缝隙处，均会产生缝隙腐蚀。缝隙腐蚀以含氯化物的溶液中最严重，其机理不仅是氧浓差电池的作用，还有像点蚀那样的自催化作用。

（3）焊接接头的腐蚀

通常发生在不锈钢管道，有三种腐蚀形式：

1）焊缝被腐蚀成海绵状，这是奥氏体不锈钢发生的铁素体选择性腐蚀。

2）热影响区腐蚀，造成这种腐蚀的原因，是焊接过程中的环境温度正好处在敏化区，有充分的时间析出碳化物，从而产生了晶间腐蚀。晶间腐蚀是腐蚀局限在晶界和晶界附近而晶粒本身腐蚀比较小的一种腐蚀形态，其结果将造成晶粒脱落或使材料机械强度降低。

晶间腐蚀的机理是“贫铬理论”，不锈钢因含铬而有很高的耐蚀性，其铬含量必须要超过12%，否则其耐蚀性能和普通碳钢差不多。不锈钢在敏化温度范围内（450℃～850℃），奥氏体中过饱和固溶的碳将和铬化合成 $Cr_{23}C_6$，沿晶界沉淀析出。由于奥氏体中铬的扩散速度比碳慢，这样，生成 $Cr_{23}C_6$ 所需的铬必然从晶界附近获取，从而造成晶界附近区域贫铬。如果铬含量降到12%（钝化所需极限铬含量）以下，则贫铬区处于活化状态，作为阳极，它和晶粒之间构成腐蚀原电池，贫铬区是阳极面积小，晶粒是阴极面积大，从而造成晶界附近贫铬区的严重腐蚀。

奥氏体不锈钢也可以由于 α 相的析出而产生晶间腐蚀。晶间腐蚀只产生于一部分工作介质中。对于不锈钢材料，晶间腐蚀通常产生于高温有机酸介质中。

3）第三种形态是熔合线处的刀口腐蚀，一般发生在用 Nb 及 Ti 稳定的不锈钢。刀口腐蚀大多发生在氧化性介质中。

（4）磨损腐蚀

也称冲刷腐蚀。当腐蚀性流体在弯头、三通等拐弯部位突然改变方向，它对金属及金属表面的钝化膜或腐蚀产物层产生机械冲刷破坏作用，同时又对不断露出的金属新鲜表面发生激烈的电化学腐蚀，从而造成比其他部位更为严重的腐蚀损伤。这种损伤是金属以其离子或腐蚀产物从金属表面脱离，而不是像纯粹的机械磨损那样以固体金属粉末脱落。如果流体中夹有气泡或固体悬浮物时，则最易发生磨损腐蚀。不锈钢的钝化膜耐磨损腐蚀性能较差，钛则较好。蒸汽系统 H_2S-H_2O 系统对碳钢管道弯头、三通的磨损腐蚀均较严重。

（5）冷凝淹腐蚀

对于含水蒸气的热腐蚀性气体管道，在保温层中上部或破损处之内壁，由于局部温度降至露点以下，将发生冷凝现象，从而造成冷凝液腐蚀，即露点腐蚀。

（6）涂层破损处的局部大气锈蚀

对于化工厂的碳钢管线，这种腐蚀有时会很严重，因为化工厂气体比自然大气的腐蚀性强得多。

3. 应力腐蚀破裂

金属材料在拉应力和特定腐蚀介质的共同作用下发生的断裂破坏，称为应力腐蚀破裂。应力腐蚀破裂通常有一个或长或短的孕育期。应力腐蚀裂纹呈枯树枝状，大体上沿着垂直于拉应力的方向发展。裂纹的微观形态有穿晶型、晶间型（沿晶型）和二者兼有的混合型。应力的来源，对于管道来说，焊接、冷加工及安装时残余应力是主要的。并不是任何的金属与介质的共同作用都引起应力腐蚀破裂。某种金属材料只有在某些特定的腐蚀环境中，才发生应力腐蚀破裂。

（1）碱脆

金属在碱液中的应力腐蚀破裂称为碱脆。碳钢、低合金钢、不锈钢等多种金属材料皆可发生碱脆。氢氧化钠浓度在5%以上的浓度范围内碳钢几乎都可能产生碱脆；碱脆的最低温度为50℃，所需碱液的浓度为40%～50%。以沸点附近的高温区最易发生。裂纹呈晶间型，氢氧化钠浓度在0.1%以上的浓度时，18－8型奥氏体不锈钢即可发生碱脆；

氢氧化钠浓度40%最危险，这时发生碱脆的温度为115℃左右。超低碳不锈钢的碱脆裂纹为穿晶型，含碳量高时，碱脆裂纹则为晶间型或混合型。当奥氏体不锈钢中加2%钼时，则可使其碱脆界限缩小，并向碱的高浓度区域移动。镍和镍基合金具有较高的耐应力腐蚀的性能，它的碱脆范围变得狭窄，而且位于高温浓碱区。

（2）不锈钢的氯离子应力腐蚀破裂

氯离子不但能引起不锈钢孔蚀，更能引起不锈钢的应力腐蚀破裂。发生应力腐蚀破裂的临界氯离子浓度随温度的上升而减小，高温下，氯离子浓度只要达到10ppm，即能引起破裂。发生氯离子应力腐蚀破裂的临界温度为70℃。具有氯离子浓缩的条件（反复蒸干、润湿）是最易发生破裂的。工业中发生不锈钢氯离子应力腐蚀破裂的情况相当普遍。

不锈钢氯离子应力腐蚀破裂不仅发生在管道的内壁，发生在管道外壁的事例也屡见不鲜。作为管外侧的腐蚀因素，被认为是保温材料的问题，对保温材料进行分析的结果，被检验出含有约0.5%的氯离子。这个数值可认为是保温材料中含有的杂质，或由于保温层破损、浸入的雨水中带入并经过浓缩的结果。

不锈钢氯离子应力腐蚀裂纹是典型的枯树枝状穿晶型裂纹，并常常以孔蚀为起源。

（3）不锈钢连多硫酸应力腐蚀破裂

在石油加工工业中，以加氢脱硫装置为典型，不锈钢连多硫酸（$H_2S_XO_6$，$X=3\sim5$）引起的应力腐蚀破裂颇为引人注目。

在Cr－Ni奥氏体不锈钢管道的残余应力较大的部位（焊缝热影响区，弯管部位等）产生应力腐蚀裂纹。不锈钢在连多硫酸中产生的应力腐蚀裂纹一般是晶间型的，但也有穿晶与晶间共存的情况。

（4）硫化物腐蚀破裂

金属在硫化氢及水的介质中发生的应力腐蚀破裂即为硫化物腐蚀破裂，简称硫裂。在天然气、石油采集，加工炼制，石油化学及化肥等工业部门常常发生管道、阀门硫裂事故。

发生硫裂所需的时间短则几天，长则几个月到几年不等，但是未见超过十年发生硫裂的事例。硫裂的裂纹较粗，分支较少，多为穿晶型，也有晶间型或混合型。

发生硫裂所需的硫化氢浓度很低，只要略超过10%，甚至在小于10%的浓度下也会发生。发生硫裂所需的时间一般随硫化氢浓度增加而缩短。

碳钢和低合金钢在20℃～40℃温度范围内对硫裂的敏感性最大，但奥氏体不锈钢的硫裂大多发生在高温环境。在含硫化氢及水的介质中，如果同时含醋酸、二氧化碳、氯化钠，或磷化氢，或砷、硒、锑、筛的化合物或氯离子，则对钢的硫裂起促进作用。

对于奥氏体不锈钢的硫裂。氯离子和氧起促进作用，304L和316L不锈钢对硫裂的敏感性有如下的关系：$H_2S+H_2O<H_2S+H_2O+Cl^-<H_2S+H_2O+Cl^-+O_2$（硫裂的敏感性由弱到强）。

对于碳钢和低合金钢来说，淬火＋回火的金相组织抗硫裂最好，未回火马氏体组织最差。钢抗硫裂性能依淬火＋回火组织、正火＋回火组织、正火组织＋未回火马氏体组织的顺序递减。钢的强度、硬度值越高，越易发生硫裂。NACE标准规定，含硫油、气田用钢的HRC＜22。

在发生硫裂的事故中，焊缝特别是熔合线是最易发生破裂的部位，这是因为这里的硬度最高。NACE对碳钢焊缝的硬度作了严格的规定：HB≤200。这是因为焊缝硬度的分布比母材复杂，所以对焊缝硬度的规定比母材严。焊缝部位常发生破裂，一方面是由于焊接残余应力的作用。另一方面是由于焊缝金属、熔合线及热影响区出现淬硬组织的结果。为防止硫裂，焊后进行有效的热处理十分必要。

七、绝热层和防腐层的检查

绝热层和防腐层的检查，就是检查绝热层或防腐层是否完好情况。

1. 绝热层检查

绝热层失效一般有变形、熔化、焦化、疏松、溃散、脱落、开列、失强等。其检查方法主要有：

（1）观察检查

观察检查是绝热层检查的主要方法。当绝热层发生失效时，一般都会间接或直接地在外表层表现出来，如：表层变形，应当平直的不平直，应当弯曲的不弯曲 ，有“肥坠”或“塌腰”现象，几何形状有突变，表层颜色有焦化、熔化即俗称的“老化”等。此外，对于脱落、开列、溃散（一般有绝热材料外露或飞扬）等都能直接观察到。

（2）手拉检查

手拉检查是用手对绝热材料表面（如：缠绕或捆扎后的绝热绳、绝热带）进行酌力拉动或推动并附以耳听，确认绝热材料紧密程度。主要依靠手感和听觉，体认绝热层失效情况。如：绝热材料与管子贴合不严有间隙，推动绝热层时，就会感觉到有小距离运动；内部有松动、溃散推拉时就会有响动；有焦化或熔化，推动时没有应有的弹性；失强时会有塌陷等。

（3）敲击检查

敲击检查是用检验锤或木棒对绝热层外保护层酌力敲击，以振动和音质确认填充材料有无间隙。敲击时，手轻附在敲击点的管道的对面或附近，体会振动感觉，同时附以耳听。没有失效时，振动和发出的声音都匀称、深远和规律较强地节奏感，有失效时则相反。

（4）针插检查

针插检查是用长度大于绝热层厚度的直形针，插入绝热层对其厚度和完好程度的检查。用直形针插入绝热层并配以直尺，可直接测出绝热层的厚度，方法简单实用，是检查绝热层厚度的常用方法。同时，用针插法也可以对绝热层进行进一步的检查和确认。检查时体会插入的感觉，如有焦化、烧化时可能不易插入，有间隙时，可能很通畅，一插到底；观察直形针带出的绝热材料性状等，由此对绝热层完好状态进行判断。

2. 防腐层检查

防腐层检查主要以观察检查为主。对无绝热层的管道，检查防腐的膜层。对防腐层损坏的地方可用检验锤酌力敲击，检查防腐和腐蚀的深度，必要时辅以壁厚测量。

八、绝热层和防腐层发现问题的处理

绝热层和防腐层发现问题的处理，相对泄漏处理来说则方便和简单，可按照做绝热层和防腐层的要求重新进行处理即可。

第三节 振动检验

振动检验是最直观和最直接且是全面检验不能代替的重要检查，是压力管道在线检验的重要内容之一。振动在我们的日常生活是司空见惯的自然现象，有些振动给人们带来愉悦和快乐，如音乐；但在压力管道中的振动，有时会给压力管道带来灾难性的后果。因此，对于压力管道中的振动必须给予足够的重视。

一、振动与共振

1. 振动

振动是自然界中最为普通的一种运动形式，在宏观和微观世界中几乎无所不在。且振动依物理对象和领域的不同又有许多振动形式。如：机械、光波以及无线电波振动等。在压力管道中所涉及的振动当属机械振动范畴。所谓机械振动是物体在一定位置附近做周期性的往复运动。

2. 共振

机械振动的形式也比较复查，在机械振动中的自由振动（阻尼振动）、受迫振动和共振则具有代表意义。

1）自由振动：振幅随时间减小的振动。对压力管道没有破坏作用。

2）受迫振动：系统在周期性的外力作用下发生的振动。在实际工况状态是无时不在和无时都有的振动，若振幅在可接受的范围内，一般情况下不影响压力管道的运行。

3）共振：强迫力的频率与固有频率相等或接近时，也就是平时所说的系统固有频率与所谓的激振频率（激振力）相叠加，使受迫振动的振幅达到极大的振动。举个例子，就像一个人打秋千，在稳定摆动时，摆动幅度一定，如果在每一次摆动到最高点时，再施加一个外力，就会使摆动的幅度越来越大。我们可以把开始稳定摆动时频率看成固有频率，而每次在最高点施加外力的频率看作激振频率，在两者相近时或相等时，使摆动幅度越来越大时，就可以看作是产生了共振。如果稳定的摆动频率与施加外力的频率不等，秋千就荡不高，振幅不会增大，亦即不产生共振。对于特定的管道，受迫振动都有一个固有频率，它与管道的构成——长短、大小、形状、结构、支撑位置等都有关系，可用试验或计算方法求得。若在固有频率的基础上再施加激振频率，就会产生共振。

其实共振现象在实际中有着广泛的应用，如：一些乐器利用共振来提高音像效果，收音机利用共振来接受某一频率的电台广播等，但在建筑乃至我们正在研究中的压力管道中却危害无穷，决不能允许共振的发生。因为共振时振幅过大，会摧毁建筑结构或管道系统。

二、振动对管道的危害

管道的振动是引起管道损坏的一个重要的原因。管道的振动对管道的危害有：

1）使管道的支撑件（支吊架、坐墩等）、绝热层、防腐层等脱落、断裂、松动以及造成管道与管道碰撞和摩擦等。

2）使管道连接处的密封，如法兰垫片密封等泄漏。

3）使管道焊接部位、加工部位、有微小裂纹或残余应力部位甚至全部管段发生金属疲劳破坏。

4）消耗管道能量，降低管道功效。

三、引起管道振动的原因

1）管道系统内机械动力的作用，这是引起管道振动的直接原因。机器的运转部件如：压缩机、风泵等转动部件在运转中存在的不平衡，就会引起机器的振动，当振动的机器与管道连接时，由于振动的波动性，就自然地将机器振动传给管道，进而引起管道的振动。

2）管道传送介质的作用，这是引起管道振动的另一个原因。当介质在管道内流动时，对管道会产生复杂的作用力，如：异径管、三通、弯管处等，均会产生复杂的作用力。

3）若管道内输送的介质存有压力波动时，也会引起管道的振动，特别地，当压力波的频率达到某一频率范围时，会引起管道非常激烈的振动，甚至会引起管道的共振。

四、振动检查

1. 振动检查的重点部位

根据引起振动的原因，在振动检查中常将下列部位作为重点检查部位：

1）压缩机、风泵等与管道系统的接口处；

2）管道走向、直径、结构变化处，如异径管、三通、弯管等；

3）管道介质压力变化大或变化剧烈的管段；

上述所列的重点检查部位，只是就一般情况而言，对具体的管道检验人员还应根据实际情况进行更为准确的确定。

2. 振动检验方法

振动检查是检查管道系统有无异常振动。检查可直接用眼观、耳听和附以触摸的方法进行。如管道有异常振动，一般可直接听到，进而仔细观察，管道会有一定的振幅存在，用手轻拂时，有较为激烈或激烈振动的感觉。有时，也可将检验锤顶在管道上，手柄一端抵住耳鼓，通过锤柄仔细辨听传来的振动声音，判别异常振动的来源或原因，如：有周期性的刮挠声，很可能是电机、泵、风机的叶轮以及各类的旋转部件失衡引起；有周期性碰撞声很可能是旋转部件的配合间隙过大和如轴承等损蚀等引起；有空气撞击声可能是管道内气流波动造成。总之，这些需要在实际检验中不断地积累经验。

五、振动处理

对在线检验中发现的管道系统的振动问题，其处理的方法是找出引起振动的原因，并针对引起振动的原因进行处理。

对机器振动引起管道振动根本的解决方法是检修机器的转动部件，同时还应加强机器的基础，将机器自身的振动传到管道系统中去避免振动；对于因外力引起的振动，只要找出激振频率（激振力）设法改变其频率，或改变管道的固定条件，都可以减小和消除振动；对于因管道介质压力波改变而引起的振动，就应控制压力的脉动频率，使脉动频率减小到允许的范围内。

第四节　位置与变形检查

压力管道在环境中的空间位置实质是管道设计中的管道系统布置问题，通常包括压力管道自身构件以及与所处环境中其他设备、建筑物等两个方面的空间位置关系。

一、压力管道对位置要求

压力管道是在压力条件下输送介质的管状设备，具有相当的长度是其一显著特点，因此，除在设计安装时选材等方面有要求外，对于管道与环境中其他管道、设备、建筑物、桥梁、隧道、公路、铁路、通信线路、输电线路、河流等空间上的相对位置关系还有其特殊要求。所谓的空间上的相对的位置，就是各规范和技术标准中对管道布置安全距离的要求和规定，这一点有别于锅炉、压力容器以及其他设备。管道在环境中的空间位置，通常在压力管道设计安装时就将其确定了，压力管道不会再次发生移动，改变空间位置。但由于设计安装本身存在问题如没有考虑或采用的安装方法和工艺上的欠缺以及环境中其他因素的作用和影响，管道也可能再次的发生位移，引起的空间位置的改变，其位移量的大小即空间位置改变的大小有时会直接影响到压力管道的安全运行。

压力管道对空间位置的要求，因其管道种类的不同其要求也不同。我国压力管道属于各个部门或行业，其规范标准繁多，各规范标准又都有各自的规定和要求，很难统一要求和规定。对管道空间位置提出要求的常用专业性规范和标准有：中国石化总公司 SHJ 12《石油化工企业管道布置设计通则》、GB 50028《城镇燃气设计规范》、CJJ 34《城镇供热管网设计规范》、GBJ 29《压缩空气站设计规范》、GB 50030《氧气站设计规范》、GB 50031《乙炔站设计规范》、GB 50177《氢氧站设计规范》、CJB 49《小型火力发电厂设计规范》、GBJ 74《石油库设计规范》、GB 50195《发生炉煤气站设计规范》、GBJ 235《工业金属管道工程施工及验收规范》、TJ 32《室外给排水和煤气热力工程抗震设计规范》等，上述所列的规范和标准可根据在线检验检验需要使用查阅。

本书考虑检验使用的方便，简单归纳压力管道常见的位置要求有：管道与管道间距、管道的净空高度和埋地深度、管道穿过建筑物的要求和管道的坡度等。下面仅以中国石化总公司 SHJ 12《石油化工企业管道布置设计通则》为例作以说明。

1. 管道与管道间距

1）在管架、管墩上敷设的管道不论有无隔热层，其净距不应小于50mm。法兰外缘与相邻管道的净距不得小于25mm。有侧向位移的管道应加大管道间的净距。

2）管道外壁或管道隔热层的外壁的最突出部分，距管架或框架的支柱、建筑物或管沟壁的净距不应小于100mm。

2. 管道的净空高度和埋地深度

（1）管道跨越厂区铁路和道路应符合下列规定：

1）管道跨越行使蒸汽机车和内燃机车的铁路时，轨面以上的净空高度不应小于5. 5m。

2）管道跨越道路时，路面以上的净空高度不应小于4.5m。

3）管架立柱边缘距铁路中心线边缘不应小于3m，距道路路肩不应小于1m。

4）管道与铁路或道路平行敷设时，其突出的部位距铁路中心线不应小于3.5m（装卸栈桥下面的管道除外），距道路路肩不应小于1m。

（2）管道在厂区穿越铁路和道路时，应符合下列规定：

1）管道穿越铁路和道路的交叉角不宜小于60°，穿越管段应敷设在涵洞或套管内，或采取其他防护措施。

2）套管的两端伸出路基边坡不得小于2m；路边有排水沟时，伸出水沟边不应小于1m。

3）套管顶距铁路轨面不应小于1.2m，距道路路面不应小于0.8m，否则应核算套管强度。

（3）管墩、管架上敷设的管道的高度应符合下列规定：

1）对全厂性的管道高度：

①管墩顶距地面不宜小于0.4m。

②管带下方考虑通行时，管底距地面的净空高度不得小于2m；管带下方不考虑通行时，可为1.6m。

③多层管架的层间距应根据管径的大小和管架结构确定，但不宜小于1.2m。

2）装置内管带的高度，除应满足设备接管和检修的需要外，还应符合下列规定：

①管带下布置泵或换热器时。管底至地面的净空高度不宜小于3.5m。

②管带下不布置泵或换热器时，管底至地面的净空高度不宜小于3m。

（4）接近地面的敷设的管道的布置应满足阀门和管件等安装高度的要求，管底或隔热层底部距地面净空高度不宜小于100mm。装置内管道的管底至人行通道路面的净空高度不宜小于2.2m。

（5）埋地管道埋设深度的确定应以管道不受损坏为原则，并考虑最大冻土深度和地下水等影响。管顶距地面不宜小于0.5m；在室内或室外有混凝土地面的区域，管道顶部距地面不宜小于100mm。

3. 管道穿过建筑物

管道穿过建筑物的楼板、房顶或墙面时，应加套管，套管内的间隙要密封。套管的直径，应大于管道隔热层的外径，并不得影响管道的热位移，套管应高出楼板屋顶面50mm转弯点或固定点处。

4. 管道坡度

管道敷设应有坡度并尽量与地面坡度一致。管道的最小坡度宜为2‰，管道的变坡点宜设在转弯处或固定点处。上述所列，都是在各类管道设计和安装时在安全距离上给予考虑和控制地方，同时，也是在线检验时应当检验的地方。对于同样部位，因采用的规范和技术标准不同，可能要求和规定也不同，这一点检验时也应给予注意，应按相应的技术标准或规范进行检验。

二、位置变化与变形对安全的影响

压力管道在运行中的位置变化及其变形，对于压力管道安全运行的影响较为复杂，如：外力的撞击、支撑件断裂失效、振动以及介质的温度变化等都可引发管道的位置变化或变形，常有挠曲、下沉、异常变形、与其他管道等靠近、碰撞和摩擦等，此时，管道虽没有发生泄漏等破坏，但是其空间位置已经发生了变化，其位移的距离已经超出了管道的安全技术要求，已经给压力管道的安全运行带来了危险的隐患，如不进行及时地处理，将导致压力管道的安全事故。

三、压力管道的位置与变形检查

管道位置和形状一般在设计安装时就已经确定，在线检验管道的位置和变形检验目的是检查或寻找压力管道在投入使用后发生的位移和变形情况，并依据位移和变形情况对管道的安全运行进行判断。

1. 位置和变形检查

进行位置及变形检查首先应确定检查的重点部位，对照管道的空间位置的要求主要有：

1）管束中管道与管道间的距离；

2）管道的净空高度管道的埋地深度，包括跨越及穿越等；

3）管道穿过建筑物处的套管、套管内的间隙密封。

上述只是概略地提示，每一项中有着许多的具体要求，检验时应根据管道的实际情况，对照管道设计安装时的要求，进行具体的取舍。

2. 检查方法及检查

压力管道位置与变形检查主要通过观察和必要的测量进行，观察可使用望远镜，测量可使用水准仪、经纬仪、直尺、钢尺、皮带尺等。

通过上述观察以及测量，可对压力管道的位置及变形情况进行分析判断，其空间位置的变化是否符合安全技术规范和现行国家标准的要求及其对安全运行的影响。

四、位置与变形检查发现问题的处理

详见第五节“五、支吊架发现问题及处理”。

第五节　支吊架检验

支吊架是压力管道的重要支撑件，其工作状态好坏将直接影响能否压力管道的安全运行。管道支吊架的设计和选用应当符合 GB/T 20801—2006 的规定。应当遵循的检验原则是确保所有的管道支吊架均具有足够的强度和刚度；管道支吊架与管道连接构件的设计，保证连接处不会产生过大的局部弯曲应力，且不会使管子变形。循环荷载的场合，应当减小连接处的应力集中。

一、支吊架分类

支吊架是管道系统的重要支撑部件之一，是压力管道的重要组成部分。一般由支架和吊架两部分组成，由管道下部支撑的叫支架，由管道上方悬吊的叫吊架。由于支架和吊架

有着相似或相同的作用，在不特意区分支架和吊架的情况下，习惯上将支架和吊架统称为支吊架，有时甚至还包括坐墩等，这样就使得交流更加方便简单。目前在技术规范和标准中也在广泛使用支吊架的概念。

支吊架在实际使用中有着多种分类，常见的有：

1）按与房屋的关系可分为室内支吊架和室外支吊架；

2）按使用的材料可分为钢结构、混凝土结构以及其他材料结构的支吊架；

3）按功能可分为承重支吊架、限制性支吊架和防振支吊架。其中承重支吊架又可细分为刚性、恒力和可变支吊架；限制性支吊架又可细分为固定、限位和导向支吊架；

4）按空间位置可分为架空支吊架和地沟支吊架；

5）按位移的变化可分为恒力支吊架、变力支吊架、刚性支吊架、限位支吊架等；

6）按支吊架的结构及连接特点可分为固定支吊架、活动支吊架、导向支吊架、弹簧支吊架、柔性和半铰接支吊架。其中，活动支吊架又可细分为滑动、滚珠和滚柱支吊架；导向支架又可细分为滑动导向、滚珠导向、滚柱导向和双向限位导向支吊架等；

7）按支座安装位置可分为立式和卧式支座两种。其中立式支座常用的有悬挂式、立承式和裙式支座等（为方便在线检验，将支座也列入支吊架范畴）；

8）其他分类。

二、支吊架作用与失效危害性

1. 支吊架的作用

支吊架无论如何分类以及如何称谓，在压力管道系统中作用概括起来有：

1）支撑管道的质量；

2）固定管路；

3）控制管道的位移，一个方向或多个方向；

4）防止管道系统产生振动；

5）平衡介质反力。

在管道设计安装时，将依据管道的工艺性能、使用环境以及管道系统的结构等要求，设置不同功用的支吊架。

2. 支吊架失效的危害

支吊架在使用过程中，往往因环境条件的影响，出现不同程度的腐蚀、损坏、卡涩等情况，其在管道系统中的功效也必将受到影响，管道系统的应力状态也会随之改变，由此引起的对管道危害有：

1）承重支架的失效，势必将所承担的重量，重新分配给相邻支撑，使管道的应力状态发生了改变，往往造成管道竖直方向的弯曲，引起该管道法兰接头及其焊接接头和相关联的部件连接处发生变形；

2）固定管道的支架失效，则会引起管道的滑脱；

3）控制位移的支吊架失效将直接影响管道对变形的补偿能力；

4）防振支吊架失效则会引起管道系统的共振；

5）平衡介质反力的支吊架失效，管道系统将失去介质反力的平衡点等。

上述这些情况严重时都可能引发管道的安全事故。因此，在线检验中对支吊架的检查，对于消除压力管道事故隐患和延长管道的使用寿命有着重要意义。

3. 管道支、吊架以及管道补偿装置的安装和调整

管道支、吊架以及管道补偿装置的安装和调整应当按照 GB/T 20801 和设计文件的规定进行。补偿装置应当按照设计文件的规定进行预拉伸或者预压缩，固定支架应当在补偿装置预拉伸或者预压缩前进行固定。

三、支吊架结构形式

支吊架种类繁多，其结构与管道的连接也各有所异。了解其形式结构及其连接，对于在线检验至关重要。

1. 支吊架的结构形式（略）

2. 管托和管卡

管道与支吊架的连接，大多是通过管托和管卡完成的。常见的管托有瓦板管托、焊接管托、滑动管托、H 型管托、槽钢管托、角钢管托等。常见的管卡有夹持式管卡、固定管卡、导向管卡、扁钢管卡等。

3. 管吊

管道与支吊架的另一种连接是通过管吊完成的。常见的管吊有焊接型平、弯管管吊、卡箍型平管吊、焊接型立管吊、二管平行管吊和二管垂直管吊等。

一些支吊架已经标准化，在 GB 1082《可变弹簧支吊架》和 GB 10181《恒力弹簧支吊架》中，对于支吊架的型号代号、编号、结构、安装形式、标准荷重以及位移量等进行了规定，使用或检查时可查阅。

四、支吊架检查

1. 支吊架检查要点

支吊架检查主要是检查压力管道运行后支吊架的运行状况或完好状况。在实际检验中应把握如下要点：

1）支吊架是否脱落、变形、腐蚀或焊接接头开裂；

2）支架与管道接触处有无积水现象；

3）恒力弹簧支吊架转体位移指示是否越限；

4）变力弹簧支吊架是否异常变形、偏斜或失载；

5）刚性支吊架状态是否异常；

6）吊杆及连接配件是否损坏或异常；

7）转导向支架间隙是否合适，有无卡涩现象；

8）阻尼器、减振器位移是否异常，液压阻尼器液位是否正常；

9）承载结构与支撑辅助钢结构是否有明显变形，主要受力焊接接头是否有宏观裂纹；

10）活动支架位移情况和导向性能，固定支架是否牢固。

此外，在做支吊架检查时还应包括斜拉杆、平衡锤、松紧螺栓、链条、导轨、锚固

件、鞍座、垫板、滚柱、托座等与支吊架相关联的全部构件进行检查，因这些部件可以理解为是支吊架的一部分或相关部件，它们的失效往往引起支吊架的失效。

2. 检查方法及检查

支吊架的检查较为直观，可用观察和手拉等方法进行检查，必要时附以检验锤酌力敲击。手拉和检验锤敲击用力要适当，决不可过力，以避免运行中的管道出现意外事故。对于一些支吊架通过手拉可体会支吊架的受力情况，功能良好的支吊架感觉是坚实有力，弹性恢复迅速，锤敲击时声音清脆铿锵。若支吊架腐蚀、有裂纹、紧固件松动等，感觉则相反。检验中边检查边记录，切不可检验后凭记忆补记。

五、支吊架发现问题及处理

第四节中的位置与变形检查中发现的问题常与本节的支吊架发现问题同时存在。一般地支吊架失效或损坏，都会直接或间接地影响压力管道的位置改变与变形。因此在处理管道位置改变及变形和支吊架检查中发现的问题时，两者均应同时给予考虑。一般的方法是对管道位置改变与变形应给予适当的支撑补偿，即进行支吊架全面的修理（包括恢复失效的支吊架或新增支吊架），以确保压力管道运行到停车检修。对其他问题，如：斜拉杆、平衡锤、松紧螺栓、链条、导轨、锚固件、鞍座、垫板、滚柱、托座松动、卡涩等问题，亦应用适当方法进行处理，如：紧固、去除卡涩阻力、加润滑油等恢复其功能。这些处理由于是在不停车的状态下进行处理，做处理时应由压力管道的工程技术人员做具体的设计和安排。

第六节　阀门检验

阀门在机械工业品中，是相当庞大的一类产品，从设计制造以及使用与维修，包括检验在内所涉及的一系列问题都有着完整的规范和标准体系。本节仅从安全的角度出发，对阀门进行简单的分类，并介绍阀门在检查中发现问题处理方法。

一、阀门分类

阀门随工业的发展与进步，已有相当众多的种类，其分类方法也很多，常见的分类有：

1. 按阀门功能分类

1）开断类，如：截止阀、闸阀、球阀、蝶阀、旋塞阀等；

2）调节类，如：减压阀、节流阀等；

3）分流类，如：三通旋塞、三通截止、疏水阀等；

4）止回类，如：止回阀；

5）安全类，如：安全阀、爆破片。

2. 按压力分类

真空、低压、中压、高压和超高压阀门。

3. 按介质温度分类

常温、中温、高温阀门。

4. 按驱动方式分类

手动、气动、电动、液动阀门等。

5. 按结构特点分类

截门形、闸板形、旋塞形、启闭形和蝶形阀门等。

6. 按通径分类

小口径、中口径、大口径和超大口径阀门。

7. 按材质分类

铸铁、铸钢、不锈钢、合金钢、有色金属阀门等。

8. 其他分类

二、阀门作用与失效

阀门是压力管道的重要组成件之一，在管路系统中的功效是控制管道内输送介质的流速、压力、流量以及流向等。由此可见，阀门是压力管道系统中是极为重要的组成元件，一旦出现问题，如：泄漏、变形以及操作失灵等，都不可避免地给压力管道的安全运行带来严重的威胁以及经济上带来巨大的损失。

三、阀门检验

1. 检验要点

由于管道系统中的阀门都已安装在管道上并在实际运行中，因此，在线检验中对阀门的检验目的是检验阀门的外观完好程度及其操作的灵活性，其检查要点为：

1）阀门表面是否存在腐蚀现象；

2）阀体表面是否有宏观裂纹、严重缩孔等缺陷；

3）阀门连接螺栓是否松动；

4）阀门操作是否灵活；

5）阀门阀杆填料、法兰连接处、阀体底部排泄孔以及阀体是否有泄漏等。

2. 检查方法

对阀门的在用检验主要通过观察检查、泄漏检查、手锤酌力敲击和操作验证等方法进行。观察就是直接观察阀体的外表面是否有腐蚀、裂纹、缩孔以及阀杆填料、法兰连接、阀体底部排泄孔、阀体是否有泄漏，必要时按本章第一节中介绍的泄漏检查方法进行泄漏检查。对于螺栓紧固件，可采用手锤酌力锤击的方法进行检查。实际操作阀门启闭，验证阀门操作的灵活性，需要注意的是，在验证阀门操作是否灵活时，一定要在相关责任人员在场和同意下进行，否则不能进行相关的操作灵活性验证。因为，一些管道的工艺要求不能在工艺过程中停止输送介质或使介质产生波动。阀门的操作灵活性必须在工艺允许的情况下进行。

四、阀门检验发现问题处理

解决阀门检验中出现问题，处理的方法是在停车的状态下进行修理或更换阀门，处理起来相对容易。但对于那些不能停车进行修理和更换的阀门，如：对于阀杆填料处、阀门连接处、阀体底部排泄孔甚至阀体裂纹缩孔处的泄漏，则采用本章第一节中的不停车带压密封技术进行处理。

第七节　法兰、垫片、紧固件检查

法兰、垫片、紧固件是压力管道组成件之一，也是国家质检总局许可范围，压力管道的法兰、垫片、紧固件的检验应当遵照 TSG D2001《压力管道元件制造许可规则》和 HG 20592 ~ 20635—1997《钢制管法兰、垫片、紧固件》的规定。

为了保证法兰接头的密封要求，检验时应当遵循以下原则：

1）平焊法兰不得用于温度频繁变化的管道，特别是法兰未做隔热的场合；

2）剧烈循环工况的管道采用法兰连接时选用带颈对焊法兰；

3）胀接法兰、螺纹法兰不得用于 GC1 级管道和腐蚀性极强的环境中；

4）扩口翻边接头不得用于剧烈循环工况；

5）法兰连接的紧固件应当符合预紧与操作条件下垫片的密封要求，低强度紧固件不得用于剧烈循环工况下的法兰接头；

6）垫片根据流体性质、使用温度、压力以及法兰密封面等因素选用，垫片的密封荷载应当与法兰的压力等级、密封面型式和表面粗糙度以及紧固件相匹配；

7）GC1 级管道以及有毒、可燃介质管道，规定法兰接头的紧固载荷和紧固程序，确保法兰接头的密封性能。

一、法兰、垫片、紧固件、法规标准要求

法兰、垫片、紧固件采用的法规标准也是压力管道组检验中应当加强监察的一个比较重要的问题。管法兰法规标准涉及的内容较为广泛，除了法兰本身以外，还与之相配的钢管系列、垫片材料及尺寸、紧固件及螺纹等密切相关。

1. 国际法兰标准体系介绍

国际上法兰标准也较为繁多，主要有两大体系。其一是影响较大和时间较长的是欧洲体系，以 DIN 标准为代表。其二是近年来随着世界经济和科学技术格局的改变，法兰标准逐步被广泛采用的以美国 ASME B16. 5、ASME B16. 47 标准为代表美洲体系。在同一体系内，法兰在连接尺寸及密封尺寸上是可以相互配用的，不同体系的法兰是不能相互配用的。

2. 我国法兰法规标准体系及国际法兰法规标准体系的对应情况

我国是发展中国家，其法兰法规标准的发展受其工业技术水平的影响也较为繁多，现有四大系列，即：HG 20592 ~ HG 20635《钢制管法兰、垫片、紧固件》、JB/T 74 ~ 90《管路法兰及垫片》、SH 3406《石油化工钢制管法兰》和 GB 9112 ~ 9124《钢制管法兰》。

其中，HG 适用欧洲（HG 20592 ~ HG 20614）和美洲（HG 20615 ~ HG 20635）两个体系，配管系列有英制和公制，分 A、B 两类，公称压力、公称通径以及外径和壁厚彼此相互对应，与法兰接头相配的垫片、紧固件配套的综合标准；JB/T 适用欧洲体系，配管系列为公制管，仅有垫片标准相配，没有相配的紧固件等综合标准 ；SH 适用美洲标准，配管系列为英制，配套标准同；GB 适用欧洲和美洲两个体系混合编制，没有与法兰接头相配的垫片、紧固件等相配套的综合标准，使用中易混淆。

3. 我国法兰标准的发展趋势

从上述可以看出，我国现行管法兰标准的繁多交错和不统一，这一现状不但给设计、使用及其监督管理带来极大的不变，而且造成人力、物力资源的极大浪费。为与世界接轨，迎接工业发展的挑战，适应经济发展的需要，国内已经开始注意到统一管法兰标准的问题，并已经做出积极的探索。

由于 HG 法兰标准系列具有编制概念清楚、使用范围大、材料品种齐全、与法兰接头相配的垫片、紧固件相配套的标准齐全以及包括了国际上的欧洲和美洲两大体系，其配用的钢管系列除了国际通用系列（英制管）外，结合国情，也适用于国内沿用系列（公制管）等特点，现行《压力容器安全监察规程》则推荐使用 HG 法兰标准系列。国内也有相当多的工程技术人员赞同将 HG 法兰标准系列完善发展成新的国家标准，同时废止现行的 GB、JB/T、SH 系列法兰标准。

4. 我国法兰标准特点及使用状况

应当指出的是在我国四个标准系列中，在法兰外径、密封尺寸和连接尺寸等几个方面都存在差异。在同一个标准内一般能够相互配用，不同标准则不能完全相互配用。此外，四个标准系列均在有效的实施中，特别对于在用压力管道，由于安装使用历史较长，各个标准系列的法兰及法兰接头都有，这就给定期检查带来了困难，对此在法兰的检查中，也应给予足够的重视。

二、法兰接头的密封

法兰除了连接、可拆卸功能外，保证密封也是法兰接头主要性能要求。法兰密封结构是压力管道的密封重要组成部分，压力管道能否正常工作在很大程度上取决于密封的可靠性。管道用密封件的选用应当考虑设计压力、设计温度以及介质、使用寿命等的要求，并且符合有相关安全技术规范及其相应的密封材料材料标准的规定。

1. 法兰密封的构成

通常可将法兰密封分为两大类，即有垫密封和无垫密封。有垫片密封结构由法兰 1、垫片 2、紧固件 3（螺栓和螺母）三者组成。其中，垫片——密封元件放在两个法兰的接触面之间，或封头与管道接触部件的接触面之间，借助于螺栓等连接件压紧，从而使压力管道内的液体或气体被封住不致泄漏。无垫片密封结构，仅依靠两接触面挤压进行密封。

2. 影响密封的因素

影响密封的因素是多方面的，其主要因素有：

1）密封面的作用：是指密封面是直接与垫片接触且是传递螺栓压紧力使垫片变形的

表面，为达到预期的密封效果，密封面的形状和表面粗糙度应与垫片相配合。

2）垫片的性能：垫片的性能是指垫片的受力变形和回弹能力。回弹能力越大，其密封性能就越好。

3）螺栓的预紧力：螺栓的预紧力是密封的初始条件。一般地提高螺栓的预紧力可增加法兰接头的密封能力，但预紧力也不能过大，过大就会将垫片压坏或挤出，反而降低了密封性能。

4）法兰刚度性：法兰的刚性越大，其变形越小，越能使螺栓的预紧力均匀地传递给垫片，越能提高密封性能。

5）介质的温度、压力及性质：介质的温度、压力及性质都会对密封性能产生影响。高温高压下，可能使法兰、垫片及螺栓发生蠕变和应力松弛 ，或使螺栓、垫片发生疲劳；对一些非金属垫片还会加速老化或变质；介质的腐蚀性可能加剧对法兰、垫片的腐蚀等，这些都会影响法兰接头的密封性能。

6）法兰安装质量：法兰的安装质量如法兰接头两法兰偏口、翘曲、两法兰面不平行等都会直接影响法兰接头的密封性能。

三、法兰检查

1. 检查要点

法兰检查要综合考虑法兰、垫片及紧固件三个方面的问题，即整体上对法兰接头进行检查。如有特殊要求和规定，则应当在具体检查前仔细查阅相关背景资料，如在电力系统，对于直径大于 ϕ32mm 的螺栓，应查阅超声波探伤、硬度检验、光谱检验、金相检验和冲击试验等报告或记录。其中，金相检验和冲击试验是在运行 5 万小时以上要求做的检验项目，通常在电力系统——压力管道上的阀门、法兰、截流孔板等使用的螺栓都可能达到这一时限，此外，当温度很高时还应增加相应的检验。因此，在进行在线检验时，要特别注意这类有特殊要求和规定的法兰、紧固件和垫片背景资料的查阅，以期在检查前对所要检查的法兰接头有一个较为全面的了解，使检查更具有针对性。

对于法兰的在线检查，通常检查重点为：

1）法兰是否偏口、法兰面是否发生异常翘曲、变形；

2）紧固件是否齐全并符合要求，有无松动和腐蚀现象；

3）法兰密封垫片是否在法兰连接处有托出、损坏等；

4）法兰连接处是否有泄漏。

2. 检查方法

对法兰检查可用观察、手锤酌力敲击、测量以及泄漏检查等方法进行。对于法兰偏口异常翘曲、变形以及垫片托出可直接进行观察，必要时用直尺进行测量；对于紧固件检查可用手锤酌力敲击螺栓顶帽，一手轻抚螺帽，敲击时，螺帽一侧有位移感则紧固件松动，或从声音音响中判断是否松动，有松动时，声音破碎。当法兰有翘曲或变形时，紧固螺栓常有受力不均的情况，表现为一边过紧，相对的另一边又过松的情况；对于阀体外表腐蚀检查可直接进行观察，必要时进行壁厚测量，进行强度校核；对于泄漏的检查可采用本章第一节中介绍的方法进行。

四、法兰检查发现问题及处理

对于法兰在线检验中发现问题最多和不易处理的则是法兰密封面泄漏问题，其处理的方法按本章第一节泄漏的处理进行；对于腐蚀可依照本章第二节对于腐蚀问题处理方法进行；对于法兰偏口、异常翘曲以及变形等，在不影响安全运行的条件下，可采取监督措施，确保至停车检修进行更换或修理。

第八节　膨胀节检查

一、膨胀节

波纹管组件是一类常用的弹性元件，主要包括：金属波纹管、金属波纹膨胀节、波纹换热管、膜片膜盒和金属软管。其中的金属波纹膨胀节（以下简称“膨胀节”）则是压力管道系统中最为常用的具有补偿功能的重要组成件之一，其功效是连接、密封并补偿管道的热变形、机械变形以及吸收各种机械振动，从而达到降低管道变形应力和提高管道使用寿命的目的。

膨胀节的功能是利用其波纹管及其组件材料的弹性得以实现的。即：随管道应力（管道的温差应力、压力、力矩等）作用的变化改变，波纹管和组件弹性材料的形状尺寸完成其功效的。如：当管道因温度的变化而发生伸长和缩短时，波纹管组件的弹性材料就依弹性特性给予长度上的补偿，缓释了温差应力的作用，使管道系统稳定工作。

二、波纹管组件参数

波纹管组件的参数一般包括功能参数和质量参数两大类。功能参数是判定波纹管组件功能的依据；质量参数是判定波纹管组件功能、质量、失效性和可靠程度的依据。

1. 功能参数包括

1）载荷、公称载荷和超载载荷；

2）位移、额定位移和超载位移；

3）弹性特性；

4）刚度、公称刚度和刚度允差；

5）灵敏度；

6）使用寿命；

7）弹性元件的密封性；

8）有效面积；

9）自振频率；

10）使用温度范围。

2. 质量参数包括

1）非线性及非线性度；

2）弹性迟滞及弹性后效；

3）残余变形；

4）热弹性效应。

上述介绍的波纹管组件概念及参数，是对波纹管组件整体而言，有些地方较为复杂，但对于具体组件的功效及其特点，其控制参数重点亦有所不同，这里主要进行一般性的介绍，使检验人员有个概略的了解，而没有进行细致的讨论和研究，在线检验人员应特别注意。

三、膨胀节性能要求

膨胀节即是压力管道系统的补偿器件，就要有对其性能的要求。膨胀节的性能要求通常有两类，其一是满足使用必须保证的性能，如耐压、耐温、耐疲劳和弹性补偿等；其二是刚度、供货状态及冷紧安装长度等，此虽不是使用所必须，但对压力管道系统的设计及其膨胀节的安装使用有着重要的影响，对此必须有所了解。膨胀节的性能要求通常有：

1. 耐压性能

膨胀节是压力管道系统的主要组成件，直接连接在管路上承受一定的压力，包括内压和外压，因此，要求膨胀节有一定的耐压能力。膨胀节产品是按其公称通径和公称压力组成系列的。

2. 耐温性能

压力管道在有一定压力的情况下，通常伴有一定的温度，因此要求膨胀节应具有相应的耐温能力，不因温度的影响而使膨胀节失效。膨胀节的耐温能力取决于膨胀节波纹管材料和其结构。

3. 密封性能

密封性能指膨胀节在介质内压或外压的作用下保证不泄漏的性能，膨胀节必须具有良好的密封性能。

4. 刚度与灵敏度

膨胀节的刚度是指膨胀节产生单位位移所需要的压力，而灵敏度则是刚度的倒数，即作用于膨胀节上的单位力或压力所产生的位移。

5. 补偿性能

补偿性能是使用膨胀节最基本要求，按其形式主要有轴向、横向、角向及其他四种组合补偿。补偿能力的大小决定于膨胀节波纹管的弹性变形能力，在产品上就是规定的额定补偿量。

6. 耐疲劳性能

耐疲劳性能指膨胀节的使用寿命，即膨胀节在给定的工作条件下满足额定位移的所保证的工作次数或疲劳次数。

7. 供货状态及冷紧安装长度

供货状态是指膨胀节出厂的长度状态，一般有自由态和最大额定拉伸状态两种。不同的供货状态其冷紧安装状态亦不同，即根据安装施工时的温度调整安装长度，确保膨胀节始终在额定的位移范围内工作。

四、膨胀节分类

膨胀节因功能、使用环境及其习惯有着多种的分类，常见的有：

1）按补偿形式可分为轴向型、横向型、角向型及压力平衡型。其中：

①轴向型又分普通轴向型、抗弯型、外压型、直埋型、直管压力平衡型、一次直埋型；

②横向型又分单向横向型、万向铰链横向型、大拉杆横向型、小拉杆横向型；

③角向型又分单向角向型、万向角向型。

2）按特殊功能可分为耐腐蚀型、耐高温型等。

3）按场合不同可分为催化裂化装置用、高炉烟道用、热力管道用等。

4）按适用介质可分为热风（气）用、蒸汽用、烟气用等。

5）其他分类。

五、膨胀节的结构形式

从膨胀节的分类可以看出，膨胀节由于类别众多，其结构形式亦有多种，目前国内能生产的产品多达二十多种，在此仅做以简单的介绍。

普通轴向型膨胀节其结构是最为基本的膨胀节结构。其中，支撑螺母和预拉杆的作用是支撑膨胀节达到最大额定拉伸长度和现场安装时调整冷紧安装长度。直埋型膨胀节，外壳起保护膨胀节的作用，密封结构防止水、土等填埋物的侵入。单向角向膨胀节只能弯曲变形，形成角位移。内压推力由铰链承受。加强环 U 型膨胀节在 U 型波纹的波谷加刚性圆截面的圆环，能够提高抗柱失稳和平面失稳的能力。

六、膨胀节检查发现问题的处理

膨胀节是压力管道系统中的重要组件之一，对于检查发现问题亦应根据问题的具体情况进行处理。若有泄漏，则按本章第一节介绍的方法进行处理。非泄漏问题则可对安全性进行初步的判断，在可能的前题下进行必要的修理，目的是确保膨胀节运行到停车检验。

第九节　阴极保护装置检查

压力管道阴极保护装置是利用电学化学防腐原理对压力管道实施防腐的措施之一。

一、电化学防腐原理

电化学防腐涉及金属腐蚀的机理与分类。金属管道在化学介质中的腐蚀，从机理上可分为两大类，即化学腐蚀和电化学腐蚀。

化学腐蚀是金属管道在腐蚀介质中直接与介质发生化学反应的腐蚀，腐蚀过程没有电流的产生。

电化学腐蚀是金属在腐蚀介质中由于电化学作用而产生的腐蚀，腐蚀过程中在阴极和阳极之间有电流产生。如：把铁浸渍在电解质氯化钠水溶液中，电极电位低的铁表面总会有少量的铁原子溶解在水溶液中成为铁离子，随着时间的延长，铁离子将不断地溶解到水溶液，直到达到离子平衡，即溶解到溶液中的铁离子与还原为铁的离子在数量相等为止。在平衡状态下则有：

$Fe = Fe^{2+} + 2e$（Fe——铁元素；Fe^{2+}——失去2个电子的正2价铁离子；e——电子）

推广到一般情况，对于金属M则有：

$M = M^{n+} + ne$（M——金属；M^{n+}——失去n个电子的正n价金属离子；n——电子个数）

上两式向右为氧化反应，铁或金属放出电子e^-，溶解为金属离子，称阳极反应，铁或金属受到电化学腐蚀；向左则为还原，即铁离子或金属离子接受电子重新还原为铁或金属，此称为阴极反应。

上述是理想的电化学平衡反应，在实际工况状态下根本不可能达到这样理想平衡，即处在腐蚀介质中电极电位相对较低的金属如金属管道成为阳极而不断地被腐蚀。相反电极电位较高的金属则成为阴极，不会被腐蚀。

根据腐蚀机理，通过施以外加电流（电压）或选择电位相对较低的金属与管道并联，进而改变腐蚀介质中的金属的电位，即转换极性，以实现管道防腐的目的，这就是电化学防腐——电极保护的由来。

二、阴极保护装置结构

电化学防腐又分为阴极保护和阳极保护的两类。阴极保护又分为外加电流法和牺牲阳极法两种。外加电流法是将处于导电介质中的管道与直流电源的负极相连，电源的正极与外加的辅助电极相连，当电路接通后，构成电路回路，有电流流动，金属管道变为阴极，由此减少或防止管道的电化学腐蚀；阳极牺牲法是将管道或与电位更低的金属相连，构成大地电池，以牺牲阳极材料防止管道的腐蚀。阳极保护则是将金属管道与直流电源的正极相连，加以电流，使金属管道发生钝化而减少或防止腐蚀。

阴极保护和阳极保护两种方法虽然都可以用来保护金属管道，但各自又有其特点。在实际应用中，可根据具体情况进行选择。阳极保护只适于可活化——钝化金属，腐蚀介质可从微弱到极强，安装费用较高，操作费用较低，外加电流值通常是被保护管道的腐蚀速率，操作条件可由电化学测试快速确定。阴极保护可适用所有金属管道，腐蚀介质从微弱到中等，安装费用较低，操作费用中等或较高，外加电流值不代表腐蚀速率，操作条件由实际试验的方法确定。

三、对阴极（阳极）保护装置检查

1. 阴极保护系统检验重点内容

1）测试管道沿线保护电位，测量时应考虑IR降的影响；

2）有条件的情况下，应当测试牺牲阳极输出电流、开路电位；

3）当管道保护电位异常时，测试管内电流；

4）阴极保护系统运行状况检查，检查管道阴极保护率和运行率、排流效果、阴保系统；

5）阴极（阳极）与电源彼此间的连接线是否开裂，焊接点或连接点的连接情况；

6）阴极（阳极）与电源间的连线是否有断点或腐蚀，是否影响导电；

7）阳极牺牲法中阳极金属消耗情况；

8）外加电流源工作是否正常，包括电流大小以及工作的稳定性等。

2. 阴极保护系统检验内容

对有阴极保护的城镇燃气压力管道，应当进行阴极保护系统检验。测试项目和内容如下：

1）测试管道沿线保护电位，测量时应考虑 IR 降的影响。

2）有条件的情况下，应当测试牺牲阳极输出电流、开路电位。

3）当管道保护电位异常时，测试管内电流。

4）检查阴极保护系统运行状况，管道阴极保护率和运行率、排流效果、阴保系统。

3. 检查方法

对阴极（阳极）保护装置检查的可采用观察、手拉以及使用万用表测量的方法进行。对于导电连线接点可直接用手酌力顿拉导线，进而观察导线的连接情况，连接情况完好的有坚实感，没有松动虚联的感觉。对于导线也可用手酌力顿拉、弯曲，手感体会或观察导线的状况，导线良好的结实有力，弹力大，恢复变形快速。观察阳极金属可见部分的消耗情况，推断消耗的大小。对外加电源的工作情况如电流的大小及其稳定性以及上述的连接点导线都可使用万用表进行测量。

四、阴极（阳极）保护装置检查发现问题及处理

保护装置中若电流源（电压源）工作不正常如电流大小以及工作情况不稳，则应按设计要求进行修理或者更换；阴极、阳极、电源间的接线如若断裂或腐蚀则可进行重新连接或更换。阳极消耗金属已经消耗到不能确保到停车检修时，可及时更换阳极消耗金属。

第十节　蠕胀测点检查

蠕胀测点在普通管道中使用的不是很多，一般多在火力发电厂的高温高压的主蒸汽管道、再热蒸汽管道、蒸汽母管、导气管和联箱上见到。本节以火力发电用管道为例简要介绍。

一、蠕变监督段和蠕变测点

在高压管道中，特别是对高温高压的重要管道，因管道金属在介质长时间的高温高压并同时伴有温度和应力循环的作用下，易发生蠕变失效，为监测管道材料蠕变状况，确保其安全运行，常常设置管道的蠕变监督段和蠕变测点，进而对管道的蠕变进行监测和控制。

1. 管道的蠕变监督段

为有效地监测和控制管道的蠕变状况或蠕变速率，对一些重要的管道设置管道的蠕变监督段。所谓管道的蠕变监督段是指温度大于 450℃（$P>8\text{MPa}$）的主蒸汽管道和再热蒸

汽管道直管段安装的进行蠕变监督测量的管段或工作周期大于 10 万小时，非中频制造的弯管段并对其进行蠕变监督测量的管段。在监督段上通常要装设蠕变测点，通过对蠕变测点的蠕变测量，对管道进行蠕变监督。

2. 蠕变测点

蠕变测点是管道进行蠕变测量或蠕变监督的测量基准点，是在蠕变测量截面钢管直径两端的外表面焊装上的金属装置或金属标记。其设置的目的或功效是确保用千分尺测量蠕变测量截面直径的变化时，使每次测量都在固定的位置上，即保证在一定运行时间间隔测量的数据有同源与可比性，进而以此计算蠕变速率。

蠕变测点通常有两种形式，球头蠕变测点头和自动对心蠕变测点头。测点头必须采用 1Cr18Ni9Ti 不锈钢制作。蠕变测点头与管道的连接是通过测点座与管道连接的，即在管道蠕变测量截面的外表面焊接上测点座，而后在测点座上再装设测点头。测点座应使用与相连管道相同的材料制作。测点座与测点头的连接先是用螺纹连接，在通过螺纹调节测点的高度后，将其焊接为一体。测点高度应控制在当管道直径产生 2% 的相对胀粗时，仍不必变换千分尺的量程，并使公称直径相同的管道上的测点间径向尺寸的相互偏差不超过 0.1mm。焊接测点座以及测点头时，均应遵守相应的焊接规范。

每个蠕变测量截面的测点数量，对外径 $D_w < 350$mm 的蒸汽管道和联箱，蠕变测点至少有 4 个（两对），分布在两相互垂直的直径端点上（中心必须互成 90°）。外径 $D_w \geqslant$ 350mm 的蒸汽管道和联箱，每个截面的蠕变测点应由 8 个（四对），分布在相互成 45°的截面直径的端点上。

事实上，在高温高压重要管段，设置监察段或蠕变测点，对于确保压力管道的安全运行有着极为重要的作用。通过定期蠕变测量和数据分析，及时掌握高温蒸汽管道金属的蠕变规律，可以起到预先测知管道的使用寿命和有效防范管道金属蠕变失效的作用，因此，在高温高压管道中常有应用。

二、蠕变监督段和蠕变测点的设置

蠕变监督段和蠕胀测点的设置，应根据管道的工作状态（压力温度等），通常是工作条件苛刻的管段进行设置，在实际设计安装中应按相关法规、标准的规定进行具体的确定。管道的蠕变监督和蠕胀测点设置时具体要求有：

1）监察段应选择该管系中实际壁厚最薄同批钢管，其长度不小于 5m。在安装时在监察段两端各切取 300mm ~ 500mm 的一段，作为原始实物段。

2）监察段上不允许开孔和安装仪表插座，也不得安装支吊架。

3）监察段要设有 3 组蠕变测点。

4）每条管道上应设有 3 ~ 6 组蠕变测点并设在应力最大、管壁较薄、材质较差的直管部位。其具体的安装位置应有设计单位、安装单位以及是单位共同确定。

5）每组测点应安装在管道的同一正截面内，且相同管径上各组测点的直径差应小于 0.1mm。

6）蠕变测点处还应设置保护装置，如：可拆卸保温结构和测量平台等。

7）管道在投入运行前，安装单位和使用单位应共同对各组测点进行测量，并做好记录。

8）在管道的每次大修时，都应对各组蠕变测点进行测量。测量人员应保持相对稳定。所用工具由专人保管，定期校验。蠕变监督应做到及时测量、及时计算，发现问题及时处理。

9）为保证测量结果的准确性、可比性，应执行统一的测量和计算方法。

三、蠕变测量及计算

前文已经介绍了蠕变监督段和蠕变测点的概念以及设置要求等，那么怎样进行蠕变测量以及怎样利用测的数据进行计算和分析管道的蠕变状态，下面将给予说明。

1. 蠕变测量操作要求

简单地说蠕变测量就是使用外径千分尺测量蠕变测点的直径尺寸。用外径千分尺测量轴或管的直径在机械工业中是最为简单的测量，只要有些基础知识就可以做到，但对蠕变测点的蠕变测量则不同，由于要求精度高，其测量的要求也当然严格。具体要求有：

1）外径千分尺和测量时用以确定温度的点温度计应有定期检验合格证。

2）蠕变测量前要对测量工具外径千分尺、温度计等进行检查，确保测量准确。

3）蠕变测量前应检查蠕变测点，测量应在蠕变测点无损伤的状态下进行，并应确保测量工具的测量面和测点表面清洁。可用棉纱和酒精清理，但不能用锉刀或砂纸。

4）蠕变测量时管壁温度不宜过高，一般不超过50℃。特殊情况下高于50℃时，为避免测量工具过热，测量动作要迅速。

5）测量工具的温度应与测量现场的环境温度基本一致，相差较大时，恒温时间一般不少于30min。当壁温低于30℃时，应减小测量人员手温对测量工具的影响。

6）对管壁和测量工具作温度测量时，温度读数应精确到0.5℃，小于0.5℃应进为0.5℃，大于0.5℃进为1℃。

7）对蠕变测点测量时，当用千分尺温度进行修正时，蠕变测量前后应在约20℃的环境中，用标准棒对千分尺的零位进行校正；当用标准棒温度进行修正时，蠕变测量前后在测量现场的环境中，用标准棒对千分尺进行零位校正。按下式计算千分尺的零位校正值：

$$B=(b_1+b_2)/2\text{mm}$$

式中：b_1——测量前千分尺的零位值，mm；

b_2——测量后千分尺的零位值，mm。

8）蠕变测量时，应保证千分尺测量面与测点头对中，严防产生过大偏心。用力不要过大，以免千分尺变形，应用棘轮转动微分筒，缓慢地使测量面与测点接触。

9）千分尺读数应精确到0.005mm，小于0.005mm应进为0.005mm，大于0.005mm的应进为0.01mm。

10）每对测点应测量三次，取三次合理数据的平均值作为蠕变测点的测量数据。若各次读数变动超过0.01mm，应多测几次。

2. 数据测量及相关计算

数据测量及相关计算涉及原始数据、运行后数据、管道绝对蠕变性量及相对蠕变变形的测量与计算四个方面。通常较为专业，规定也较为繁琐，对于计算过程本书在此不做详细地介绍，而只介绍相应的测量和计算步骤，使在线检验人员对此有一个概略的了解。

1）原始数据测量与计算。对原始数据的测量与计算主要涉及管道原始直径 D_1、带测点高度的管道原始径向尺寸 D_1' 及测点高度 H 三个数值的测量，并换算到0℃时数值。

2）运行后数据测量与计算。运行后数据测量涉及管道直径 D_n、带测点高度的管道径向尺寸 D_n' 两个数值的测量，同样也换算到0℃时数值。

3）管道直径绝对蠕变变形量 ΔD 的计算。

4）管道相对蠕变变形量的计算 $\varepsilon=(\Delta D/D_1)\ 100\%$。

3. 测量及计算结果处理

在完成上述2的测量及计算后，还要对结果进行处理。依据测量和计算结果：

1）绘制相对蠕变变形量－运行时间（$\varepsilon-\tau$）曲线（τ 为运行时间）；

2）估计进入恒速蠕变阶段的时间；

3）以最小二乘法计算出蠕变恒速阶段的蠕变速度 v，$v=(\varepsilon/\tau)$；

4）对蠕变测点的结果进行评定。

4. 蠕变测量时间间隔

在设计期限内或经鉴定的超期运行期内，当相对蠕变变形 ε 小于0.75%或管道各测量截面间的最大蠕变速度小于 $0.75\%\times10^{-7}\cdot h^{-1}$）时，监督段的蠕变测量时间间隔以15000h左右为宜；对其他蠕变测量截面，可采用轮流方法，但其测量时间间隔不宜超过30000h为宜。当相对蠕变量 ε 达0.75%～1%或管道各测量截面间的最大蠕变速度接近 $1\times10^{-7}\%/h$ 时，蠕变测量时间间隔以10000h左右为宜。

5. 测量及计算结果的应用

对于蠕变监督管道：

1）蠕变恒速阶段的蠕变速度不应大于 $1\times10^{-7}\%/h$。

2）总的相对蠕变变形 ε 达1%时进行试验鉴定。

3）总的相对蠕变变形 ε 达2%时更换管子。

四、蠕胀测点检查

在线检验中不涉及上述蠕变测量及其计算，这样就使在线检验对蠕胀测点的检查来得方便和简单。在线检验中只对蠕胀测点是否完好进行检查，所说的是否完好应包括蠕胀点是否有外力的碰撞变形以及保护装置是否有损坏，如：可拆卸保温结构和测量平台是否合理与安全等。

五、蠕胀点检查发现问题及处理

对蠕胀点在检查中发现的问题，则应按电力行业或相应的技术标准的要求进行处理。

第十一节　压力管道元件控制及标识检验

一、压力管道元件

1. 压力管道铸铁管道组成件

压力管道铸铁管道组成件的检验必须采取防止过热、急冷急热、振动以及误操作等安全防护措施，还应当符合以下要求：

1）铸铁（包括：灰铸铁、可锻铸铁、球墨铸铁）不得应用于GC1级管道，灰铸铁和可锻铸铁不得应用于剧烈循环工况（即：剧烈循环工况的定义见GB 20801.3—2006《压力管道规范—工业管道—第3部分：设计和计算》的规定）；

2）球墨铸铁的使用温度应当高于-20℃，并且小于或等于350℃。

3）灰铸铁的使用温度应当高于或等于-10℃，并且小于或等于230℃，设计压力小于或等于2.0MPa。

4）可锻铸铁的使用温度应当高于-20℃，且小于或等于300℃，设计压力小于或等于2.0MPa。

5）灰铸铁和可锻铸铁用于可燃介质时，使用温度应当高于或等于150℃，设计压力小于或等于1.0MPa。

2. 碳素结构钢管道组成件

碳素结构钢管道组成件（受压元件）的检验应当符合以下规定：

1）碳素结构钢不得用于GC1级管道。

2）沸腾钢和半镇静钢不得用于有毒、可燃介质管道，设计压力小于或等于1.6MPa，使用温度小于或等于200℃，并且不小于0℃。

3）Q215A、Q235A等A级镇静钢不得用于有毒、可燃介质管道，设计压力小于或等于1.6MPa，使用温度小于或等于350℃，最低使用温度按照GB 20801.1—2006《压力管道规范　工业管道　第1部分：总则》的规定。

4）Q215B、Q235B等B级镇静钢不得用于极度、高度危害有毒介质管道，设计压力小于或等于3.0MPa，使用温度小于或等于350℃，最低使用温度按照GB 20801.1的规定。

5）用于管道组成件的碳素结构钢的焊接厚度应当符合以下要求：

①沸腾钢、半镇静钢，厚度不得大于12mm；

②A级镇静钢，厚度不得大于16mm；

③B级镇静钢，厚度不得大于20mm。

3. 钢管对接焊管件的使用限制条件

碳钢、奥氏体不锈钢钢管以及由其制造的对接焊管件的使用限制条件应当符合表10-3规定。

4. 其他检验要求

其他要求包括：碳素结构钢钢板制造的对接焊管件；不得采用电阻焊焊管制造对接焊

管件；逐根进行超声波检测，并且不低于GB/T 5777—2008《无缝钢管超声波探伤检验方法》L2.5级要求，表10-3钢管标准名称如下：

1）GB/T 3091《低压流体输送用焊接钢管》

2）GB 9711.1《石油天然气工业　输送钢管交货技术条件　第1部分：A级钢管》

3）GB/T 8163《输送流体用无缝钢管》

4）GB 3087《低中压锅炉用无缝钢管》

5）GB/T 12771《流体输送用不锈钢焊接钢管》

6）HG/T 20537.3《化工装置用奥氏体不锈钢焊接钢管技术条件》

7）HG/T 20537.4《化工装置用奥氏体不锈钢大口径焊接钢管技术条件》

表10-3　钢管及其对接焊管件的使用限制

<table>
<tr><th>钢管标准</th><th>材料</th><th>钢管和管件制造工艺</th><th>不允许使用范围</th></tr>
<tr><td>GB/T 3091</td><td>碳素结构钢</td><td>1）电阻焊焊管
2）电熔焊焊管及对接焊管件</td><td>1）剧烈循环工况；
2）电阻焊焊管的使用压力大于1.6MPa</td></tr>
<tr><td>GB 9711.1</td><td>碳钢</td><td>电阻焊焊管</td><td>（1）GC1级管道；
（2）设计压力大于4.0MPa；
（3）剧烈循环工况</td></tr>
<tr><td>GB/T 8163
GB/T 3087
GB 9711.1</td><td>碳钢</td><td>无缝管及对接焊管件</td><td rowspan="2">GC1级管道</td></tr>
<tr><td>GB 9711.1</td><td>碳钢</td><td>电熔焊焊管及对接焊管件</td></tr>
<tr><td>GB/T 12771
HG/T 20537.3</td><td rowspan="2">奥氏体不锈钢</td><td>电熔焊焊管（不添加填充金属或者焊缝不做射线检测）及对接焊管件</td><td rowspan="2">（1）GC1级管道；
（2）剧烈循环工况</td></tr>
<tr><td>HG/T 20537.4</td><td>电熔焊焊管（添加填充金属，但是焊缝不做射线检测）及对接焊管件、焊缝不作射线检测</td></tr>
</table>

5. 钢管使用温度要求

碳钢、碳锰钢、低温用镍钢不宜长期在425℃以上使用，铬钼合金钢在400℃~550℃区间长期使用时，应当根据使用经验和具体情况提出适当的回火脆性防护措施。奥氏体不锈钢使用温度大于540℃（铸件大于425℃）时，应当控制材料含碳量不低于0.04%，并且应当在固溶状态下使用。奥氏体不锈钢在540℃~900℃长期使用时，应当采取适当防护措施防止材料脆化。金属材料及其焊接接头的冲击韧性应当符合相关安全技术规范及其材料标准的要求。

1）奥氏体不锈钢在下列条件下，应当考虑发生晶间腐蚀的可能性：

①低碳（C≤0.08%）非稳定化不锈钢，在热加工或者焊接后使用；

②超低碳（C≤0.03%）不锈钢，在高于425℃长期使用。

2）为防止硫、铅及其化合物在高温下侵蚀镍基合金导致晶界脆化。镍及镍基合金在含硫环境气氛下的使用温度上限应当符合表10－4的规定。

表10－4　镍及镍基合金的使用温度上限

材料	不含硫的环境/℃			蒸汽/℃	含硫环境/℃	
	氧化	H_2 还原	CO 还原		氧化	还原
镍（N4、N6）	1040	1260	1260	425	315	260
镍—铜（Ncu30）	540	1100	815	370	315	260
镍—铬—铁（NS312）	1100	1150	1150	815	815	540
镍—铁—铬（NS111、NS112）	1100	1260	1150	980	815	540

6. 有关管道元件现场制造和检验

1）现场制作管件。需现场制作的管道元件，应当按照相关规程和GB/T 20801的有关规定进行加工制作、焊接、热处理、检验和试验。管道元件在安装前应当按照设计文件和GB/T 20801的规定进行材质复验、阀门试验、无损检测或者其他的产品性能复验，不合格者不得使用。

2）夹套管的内管。夹套管的内管必须使用无缝管，内管管件应当使用无缝或者压制对焊管件，不得使用斜接弯头。当内管有环向焊接接头时，该焊接接头应当经100%射线检测合格，并且经耐压合格后方可封入夹套。

3）管道元件保管。管道元件在施工过程中应当妥善保管，不得混淆或者损坏，其标记应当明显清晰。材质为不锈钢、有色金属的管道元件，在储存期间不得与碳钢接触。

4）标记移植。管子在切割和加工前应当做好标记移植。

5）管道连接时，不得用强力对口、加热管子、加偏垫或加多层垫等方法来消除接口端面的空隙、偏斜、错口或者不同心等缺陷。

6）法兰衔头的安装应当符合《公用管道定期检验规程》第五十三条第（七）项的规定。

7）管子与设备的连接应当在设备安装定位紧固地脚螺栓后自然地进行。

8）埋地管道的回填必须在耐压试验、泄漏试验和防腐层检测合格后进行，并且按照隐蔽工程进行验收。

二、压力管道元件表面色标识

为了便于压力管道管理、检修以及美化环境等，各类压力管道（包括相连的设备和支撑，下同）的外表面都涂刷表面色和标识。对其进行检查也是在线检验的项目之一。本节介绍了管道的表面色、标识和在线检查及发现问题的处理等。

1. 管道表面色

管道的表面色是指不绝热管道的外表面和绝热管道的外保护层的外表面涂刷的颜色。

由于在用压力管道采用不同的设计安装规范和标准，因此，其表面色和标识色也各有不同，这一点在进行在线检验时应给予区别对待。

在各规范和标准中，对于表面色使用影响较大的是拥有管道较多的石化行业的有关规定。如：中国石油化工总公司标准 SHJ 43《石油化工企业设备和管道表面色和标志》中规定了地上管道表面色和标志色以及管道上的阀门、小型设备表面色见表 10－5 和表 10－6。

表 10－5　管道表面色和标志

序号	名　称	表面色	标志色		序号	名称	表面色	标志色	
			色　环	字箭头				色环	字箭头
1	物料管道				(4)	空气及氧气	天酞蓝		大红
(1)	一般物料	银			(5)	氮气	淡黄		大红
(2)	氯气	银	中酞蓝	中酞蓝	(6)	氨气、液氨	中黄		白
(3)	氢气	中酞蓝		大红	3	紧急防空管道	大红		白
(4)	酸碱	管道紫		大红	4	消防管道			
2	公用工程管道				(1)	消防蒸汽、水	大红		白
(1)	水	艳绿		白	(2)	消防泡沫	大红	中黄	中黄
(2)	污水	黑			5	电、仪保护管	黑		
(3)	蒸汽	银			6	仪表信号管	黑		

表 10－6　管道上阀门、小型设备表面色

序号	名称	表面色	序号	名称	表面色
1	阀门阀体		(2)	铸铁阀门	大红
(1)	灰铸铁＼可锻铸铁	黑	3	小型设备	银或出厂色
(2)	球墨铸铁	银	4	调节阀	
(3)	碳素钢	中灰	(1)	铸铁阀体	黑
(4)	耐酸钢	海灰	(2)	钢阀体	中灰
(5)	合金钢	中酞蓝	(3)	锻钢阀体	银
2	阀门手轮＼手柄		(4)	膜头	大红
(1)	钢阀门	海兰	5	安全阀	大红

此外，对于表面采用搪瓷、塑料、橡胶、有色金属、不锈钢、合金铝板、镀锌薄钢板石棉水泥等材料的管道，可不再涂刷表面色，只刷标志，保持制造厂出厂材料颜色。

2. 管道标识

由于压力管道采用的设计安装标准和法规的不同，其标识的内容也不尽相同。一般管道标识有字样、字色、色环、管道号、箭头（表示介质的流向）以及规定的其他代号等。

其中，管道号应与工艺管道流程图中编号一致；标识位置、尺寸大小及其相互间的相对位置在管道相应的规范和标准中一般也有规定，应按规定进行涂刷。如：对要求刷色环的管道，应在阀门、管道分支、设备进出口 1m 的范围内；管道穿越墙壁或障碍物前后以及在跨越装置边界处涂色环。色环的宽度为 100mm。在装置内水平管道色环的节距 20mm 为宜，装置外节距 30mm 为宜等。

此外，各管道的使用单位管道也可根据具体情况规定其他管道标识。管道的标识对于压力管道的安全运行及其管理起着重要的作用，因此，在在线检验中应当给予重视。

3. 标识检查

标识的检查应依照管道设计安装规范和标准要求进行，看其是否符合相关规范和标准要求。管道标识一般是用油漆涂标在管道的最外层，因此，受管道使用环境的影响较大，常出现标志不清、损坏、遮盖等情况，在检验中应认真核对。

4. 标识检查发现问题及处理

对于标识不清、损坏以及覆盖等问题，应按设计和管理规定的要求进行重新涂敷。

第十二节　压力表检验

压力表是指示压力管道内部介质压力的仪表，对压力管道的安全运行以及控制操作有着重要的意义。实际压力表各制造单位的制造质量和检验能力相差很大，如压力表座、弯管质量、焊接方法选择及强度检验方法都有区别。

一、压力表分类和工作原理

压力表种类很多，也有许多分类方法，常见的有：

1）按其转换作用原理可分为弹性元件式、电量式、活塞式和液体式。其工作原理是：

①弹性元件式。弹性元件式压力表（计）是将被测压力转换成弹性元件的弹性变形给出示数进行测量的。由于其结构简单、使用方便、安全可靠，示数可直接判读，并可应用于蒸汽、油、水和气体介质。其测量范围从几十帕到几十兆帕的超高压。因此，在工程中得到最为广泛地应用。在压力管道以及锅炉压力容器系统应用最广泛也属于这类压力表。

这类压力表细分有：按弹性元件的种类可分为：弹簧管式、螺旋弹簧管式、薄膜式、膜盒式和膜盒组式；按测压的种类可分为：压力表、真空表、压力真空表、绝压表和其他专用压力表等；按被测介质性质可分为：耐酸压力表、氨用压力表、不锈钢膜片压力表、氧气压力表、乙炔气压力表等。

②电测式。电测式也称传感器式压力表（计）是将被测压力转换成电信号进而以给被测压力出示数进行测量的。这种压力表（计）随着自动控制以及对压力管道压力控制水平及要求的不断提高，其形式与技术水平也在不断变化和进步，常见的有电阻式、压阻式、电容式、电感式、涡流式、光导纤维式、应变式等，应用也越来越多。

③液体式。液体式压力表（计）是流体静力平衡原理将被测压力转换成液柱高度差给出示数进行测量的，如：U 型（双管）式压力计、杯型（单管）式、水银压力计等。其特点是结构简单、使用方便、测量可靠、精度较高。一般用于较小表压力、大气压力以及

负压测量中。

④活塞式。活塞式压力表（计）是将被测压力转换成活塞所加平衡砝码的重量以给出示数进行测量的，如：气动活塞式、可控间隙式、带有倍增器式等，其特点是测量范围广、精度高、测量性能稳定，结构简单，操作方便不易损坏；缺点是压力介质在活塞处有泄漏、测量时必须加砝码，不能连续测量等。在实际使用中一般作为压力标准器使用。

⑤数字式。数字式压力表（计）应属电测试范围，是电测式中的一种，是将被测介质的压力直接以数字显示。

2）按被测压力特点和用途可分为：

①压力表（计）：用于测量表压；

②气压表（计）：用于测量大气压；

③绝压表（计）：用于测量绝对压力；

④微压表（计）：用于测量微小压力；

⑤真空表（计）：用于测量负压力；

⑥差压表（计）：用于测量两压力的差值；

⑦反向密封压力表：用于防止突然泄漏，自动密封；

⑧定位压力表：用于确定工作压力位置（指针为有红颜色）。

3）按压力量值的大小可分为：

①真空范围；

②表压范围；

③绝对压力范围。

二、压力表选择依据

应当说上述各种形式压力表都有着各自的特点，有着不同的应用。因此是否使用压力表以及如何选用压力表则是压力管道设计安装上的问题，一般选用时应考虑如下几个方面的因素：

1）生产工艺过程对压力测量的要求。生产工艺过程对压力的要求是决定是否使用以及选用压力表的主要依据。如：被测介质压力大小、测量精度以及测量范围等。

2）压力管道系统的安全运转上的要求。

3）被测介质的物性状况、黏度大小、温度高低、流动速度、腐蚀性、杂质含量、毒性程度、是否易燃易爆等也是影响压力表选择的因素。

4）环境的条件：如使用环境的温度、腐蚀状况、振动情况等。

三、压力表类型和参数选择

通常在选择压力表时，一般应具体考虑以下几个方面：

1. 类型的选择

从被测介质的压力大小来考虑，压力管道的压力较高，在0.1MPa以上，因此一般应选择弹簧管式压力表。

从被测介质性质来考虑，腐蚀性介质应选择耐酸压力表、精密压力表、氨用压力表、不锈钢膜片压力表；对易结晶、黏度大的介质压力表，应选用膜片压力表；对氧气、乙炔气等介质应选用专用压力表。

从使用环境来考虑，对易燃易爆环境下，选用电气压力表时，应选择防爆型压力表；在机械振动强烈的场合应选用船用压力表。

从工艺要求来考虑，如需观察压力变化情况，应选用记录式压力表；如需报警可选用电接点压力表；如需现场指示同时还需远距离传送到控制室应选传感器式压力表。

关键是对生产单位的生产能力和试验装置是否合格，应该有所了解。

2. 量程的选择

在压力管道系统上使用的压力表其量程应与管道内的工作介质的压力相适应。其最大刻度值应为正常工作压力的 1.5 ~ 3 倍，最好是 2 倍。这是因为：其一，压力表的量程越大，同样精度的压力表允许误差的绝对值就越大，给出的示数偏差越大；其二，如果压力表的量程过小，即系统的工作压力接近或者等于压力表的极限值，就会使压力表的弹簧管处于较大的变形状态工作，易产生永久变形，从而影响压力表的精度或使压力表失灵。此外，有的时候也会因量程过小，不能准确地判断系统内压力变化的情况。其三，从压力表的使用寿命和维护方面来看，在无波动时，其工作压力稳定在最大量程的 70%，在有波动的情况下不超过 60% 为宜。

3. 精度的选择

压力表的精度是以允许误差来表示的。压力表的误差是指：

（1）基本误差

基本误差是以测量范围的（占表盘刻度极限值）百分数来表示。如：精度为 1.5 级的压力表，是指其允许误差为表盘刻度极限值的 ±1.5%。由此可见，压力表的精度示值越大，其准确程度越低。精密压力表的基本误差等级分为：0.16、0.25、0.4 和 0.6 级，表壳公称直径有 $\phi100$、$\phi200$、$\phi250$；普通压力表的基本误差等级为：1.0、1.5、2.5、4.0 级，表壳直径有 $\phi40$、$\phi60$、$\phi100$、$\phi150$、$\phi200$、$\phi250$ 等。0.6 级以上，一般可作为压力表校验用表；1.0 级以下，一般用于生产现场。低压压力管道所用压力表的基本误差不应低于 2.5 级，中压压力管道所用压力表的精度级别不应低于 1.5 级。压力表的级别一般都标在表盘上，检查时可直接读出。

（2）来回差

压力表的来回差不应超过允许基本误差的绝对值。

（3）零位差

压力表按正常工作位置放置且弹簧管内没有外力负荷，有零位止销的指针应停靠在止销上，并压住零位线上；没有零位止销的，指针应位于零位分度线。

（4）指针偏转的平稳性

在测量过程中，压力表的指针不应有跳动和停滞现象。

（5）轻敲位移

在测量范围内任何位置上，用手指轻敲（使指针能自由摆动）压力表的外壳时，指针示值的变动量不应超过允许基本误差的绝对值的 50%。

上述误差指标在在线检验时一般都可以进行实际操作或观察，进而判定压力表的误差状况。

4. 表盘直径的选择

压力表的表盘直径大小将直接影响压力示数的读出，因此，压力表的表盘直径选用要适当，一般情况下不易过小。确定表盘直径应以能否清楚观察到压力示数为准。当观察方便，距离较近时，表盘直径则可小一些，反之，则应大一些，一般情况下表盘直径不应小于100mm。在实际使用时如规范标准有要求，则按规范标准要求进行选择。

5. 重要的压力管道

如：有毒、有害、易燃易爆的应选择反向密封压力表。

6. 锅炉上应用带有红色指针压力管道，减少在压力表的表盘画红线的麻烦。

四、压力表安装

对与压力表的安装要求，由于压力管道设计安装时采用标准规范的不同，则要求也有不同。一般应注意：

1）安装位置应易于观察和拆卸。

2）应避免受热、震动、冻结、碰撞等不利影响。

3）压力表与管道之间应装设三通旋塞或针型阀，但不得连接其他用途任何配件或接管。三通旋塞或针型阀应有开启标记和锁紧装置。

4）用于水蒸气介质的压力表，在压力表与管道之间应装有存水弯管。

5）用于具有腐蚀性或高黏度介质的压力表，在压力表与管道之间应设有隔离介质的缓冲装置。

对于特殊介质，如：氧气、氢气、乙炔以及可燃气体，应标出介质名称或做出颜色标记。在采用颜色标记时，应在刻度盘上的仪表名称下画一标示横线。通常氧气为天蓝色，氢气为绿色，乙炔为白色，其他可燃气体为红色。其中，氧气表还应在刻度盘上标以红色“禁油”字样。

五、压力表检验

在检验时，对压力表进行外观检查，并检查同一系统上的压力表读数是否一致。发现存在下列问题之一的压力表，应立即更换：

1）超过校验有效期或铅封损坏；

2）量程与其检测的压力范围不匹配；

3）指示失灵、表内弹簧管泄漏或指针松动；

4）刻度不清、表盘玻璃破裂；

5）指针断裂或外壳腐蚀严重；

6）压力表与管道间装设的三通旋塞或针形阀开启标记不清或锁紧装置损坏；

7）指针不能回零位置。

上述检查是弹性元件式压力表的检验，如压力管道系统有其他类压力表（计）也应进行相应的检查。

停机检查压力表：精度等级；表盘直径；刻度范围；安装位置；校验：必须由有资格

的计量单位进行，校验合格后，重新铅封并出具合格证，注明下次校验日期。

第十三节　测温仪表检验

测温仪表是显示压力管道内部介质温度的仪表，对压力管道的安全运行及控制操作有着重要的意义。

一、常见测温仪表分类

压力管道使用的测温装置是由感温元件和接口指示仪组成的一个组合件，通常分为接触式和非接触式两大类。

接触式又分为膨胀式、压力表式、热电组式和热电偶式，各式又细分若干小类。膨胀式分为液体膨胀式温度计和固体膨胀式温度计；压力表式分为充液体型、从气体型；热电阻式分为铂热电阻式、铜热电阻式、半导体热敏电阻式以及特殊热电阻；热电偶式又分为铂铑－铂、镍铬－镍硅、铂铑 30－铂铑 6 以及特殊热电偶等。非接触式又分为光学高温计、辐射高温计以及比色高温计等。在压力管道系统中使用较多是接触式测温仪表。

二、测温仪表设置

测温仪表同压力表相仿，也有现场和操作室显示及对不正常温度报警的两种形式。具体是否设置测温装置，要根据管道的介质以及工艺要求是否需要指示、记录和自动控制等进行设置。设置时要考虑测温仪表的精度和范围、元件的大小和使用寿命、读出和记录以及维护使用的方便、环境对测温仪表的影响以及测温仪表的成本等。

三、测温仪表在线检验

对测温仪表进行外观检查。重点检查测温装置的保护管、防水、防腐等状况，是否能够确保测温仪表的正常工作。在检查中发现下列问题之一的测温仪表，应立即更换：

1）超过校验有效期或铅封损坏；

2）量程与其检测的温度范围不匹配；

3）指针不回零点线的。

在检验时，对现场和操作室显示测温仪表以及不正常温度报警器都要进行检验。其中现场测温仪表能够直接观察到并进行检验，但对于操作室显示及不正常温度报警却容易忽视，原因是这些测温仪表不在现场，或者说在管道的在线检验时，不能直接看到，因此，在具体检验时要特别注意，不能漏检。

不正常温度报警器一般是在系统温度将要超过控制温度时发出的报警信号，以提醒操作人员进行必要的操作，此时存有给操作员进行操作的动作时间，因此，超温报警器在配合温度仪表工作时，无论是对于压力管道的安全运行以及工艺需要都有着极为重要的作用。检验时也应进行测试试验，确认其工作的可靠性。在《在用工业管道定期检验规程》也提出应进行检验。

第十四节　安全阀检验

安全阀是压力管道常用的安全保护装置，属压力管道安全附件类范畴。

一、安全阀分类

1. 按作用原理分类

（1）直接作用式安全阀

这类安全阀是在工作介质的直接作用下开启的，即依靠工作介质压力产生的作用力克服弹簧或重锤等加于阀瓣的机械载荷，使阀门开启。它具有结构简单、动作迅速、可靠性好等优点。但因为依靠机构加载，其载荷大小受到限制，不能用于高压、大口径的场合。同时，当被保护系统正常运行时，这类安全阀关闭件密封面的比压力决定于阀门开启压力同系统正常运行压力之差，是一个不大的值。

（2）非直接作用式安全阀

这类安全阀不是或不完全是在工作介质的直接作用下开启的。它们又分为下列两种主要形式：

1）先导式安全阀。这种安全阀的主阀是依靠从导阀排出的介质来驱动或控制的。而导阀本身是一个直接作用式安全阀。有时也采用其他形式的阀门，例如电磁泄放阀来作用导阀，或者把它同直接作用式导阀并用，即对同一主阀设置多重导阀控制管路，以提高先导式安全阀的可靠性。

先导式安全阀特别适用于高压大口径的场合。先导式安全阀的主阀还可以设计成依靠工作介质来密封的形式，或者可以对阀瓣施加比直接作用式安全阀大得多的机械载荷，因而具有良好的密封性能。同时，它的动作很少受背压变化的影响。基于上述原因，先导式安全阀同直接作用式安全阀一样得到了广泛的应用。这种安全阀的缺点在于它的可靠性同主阀和导阀两者有关，动作也不如直接作用式安全阀那样直接和敏捷，而且结构较复杂。为了提高可靠性，国家法规规定对这类安全阀要采用多重控制管路，这就更增加了其结构的复杂性。目前国内已有安全阀厂家开发出双作用的先导式安全阀。

2）带动力辅助装置的安全阀。这种安全阀借助于一个动力辅助装置（空气或蒸汽压力、电磁力等作用），可以在低于正常开启压力的情况下强制安全阀开启。但必须注意的是如果辅助装置失灵，安全阀仍必须能如直接作用式安全阀一样动作。

这种安全阀适用于开启压力很接近于工作压力的场合，或需定期开启安全阀以进行检查或吹除粘着、冻结的介质的场合。同时，也为运行人员提供了一种在紧急情况下强制开启安全阀的手段。

2. 按开启高度分类

由于安全阀用于不同的介质，结构不同，其开启高度也各不相同，如用于液体的安全阀开启高度就比较小。根据开启高度的不同分为以下几种类型：

（1）微启式安全阀

微启式安全阀主要有开启高度大于或等于$\frac{1}{40}$流道直径d_0和大于或等于$\frac{1}{20}$流道直径d_0两种。微启式安全阀按其动作过程是比例作用式的，主要用于液体场合，有时也用于需要排放量很小的气体场合。

（2）全启式安全阀

开启高度大于或等于$\frac{1}{4}$流道直径d_0，称为全启式安全阀。全启式安全阀的排放面积是阀座喉部最小截面积。这种安全阀的动作过程是属于两段作用式，必须借助于一个升力机构才能达到全开启，全启式安全阀主要是用于气体介质的场合。

（3）中启式安全阀

开启高度介于微启式与全启式之间，称为中启式安全阀。即可以做成两段作用式，也可以做成比例作用式。这种形式的安全阀在我国应用的比较少。

3. 按有无背压平衡机构分类

当安全阀用于系统有背压的情况时，安全阀的开启压力就会产生变化，而当这个背压值是个变量时，安全阀就无法正常地工作，为此，就设计出了各种能用于背压工况的背压平衡式安全阀。

（1）背压平衡式安全阀

在安全阀中设置了诸如波纹管、活塞或者膜片等平衡背压作用的元件。这些元件的有效直径等于安全阀关闭件密封面平均直径，在开启之前背压对阀瓣上下两侧的作用力互相平衡，故附加背压的变化不会影响到开启压力的大小。当附加背压不是固定值，且其变化较大时，应采用背压平衡式安全阀。一般资料推荐，采用背压平衡式安全阀的界限是附加背压的变化量超过开启压力的10%以上。

背压平衡式安全阀虽然能够克服开启之前背压的变化对开启压力的影响，但却无法完全消除背压变化对开启后动作性能（如排放压力、回座压力等）的影响。这是因为一旦安全阀打开以后，背压的分布情况就改变了，背压作用于阀瓣的合力不再为零。如果背压是变化的，它对阀瓣的合力也是变化的，这就不可避免地会对排放压力、回座压力等动作特性带来影响。

（2）非平衡式安全阀

非平衡式安全阀，亦称常规式安全阀。它不带有平衡背压作用的元件，适用于背压为大气压，背压为固定值或变化量不大的场合，静力背压不超过10%。

4. 按加于阀瓣的载荷形式分类

（1）静重式安全阀

静重式安全阀又分为重锤式安全阀及杠杆重锤式安全阀两种。

1）重锤式安全阀是用重锤直接加载于阀瓣上的。最早的安全阀是这种形式，由于重锤加载的数值很有限，目前，在工业中已几乎不再被采用。

2）在杠杆重量锤式安全阀中，重锤通过杠杆加载于阀瓣上。这种安全阀曾广泛应用于发电厂和石油化学工业中。其特点是载荷不随阀瓣升高而变化，并可以十分精确地加载。但其加载方式决定了其载荷不可能很大（一般小于7500N），而且不适合于移动和振动的场合。随着弹簧式安全阀的发展和日益完善，杠杆重锤式安全阀有被完全取代之势。

（2）弹簧式安全阀

它利用弹簧来加载于阀瓣。弹簧式安全阀具有结构简单、体积小、载荷范围大、对振动不敏感等优点。但其载荷随阀瓣的开启而增加，所以，早期的弹簧安全阀达不到较大的开启高度，以致限制了它的广泛应用。为了克服上述弱点，人们从两个方面来改进安全阀结构，增大介质对阀瓣的作用力：一是增大受介质静压力和冲击作用的阀瓣有效面积；二是通过反冲机构来改变喷出介质的流向，利用介质动量的变化来获得巨大的阀瓣升力。现代全启式安全阀正是综合利用了上述两种原理，从而达到了很高的开启高度和很大的排放能力。这样就使得弹簧式安全阀的应用越来越广泛，几乎在所有领域中逐步取代了杠杆重锤式安全阀。

（3）气室式安全阀

这种安全阀的载荷是由密闭在气室中的压缩空气、通过膜片和阀杆施加于阀瓣的。由于环境温度的变化会引起气室压力的变化从而改变作用于阀瓣的载荷值，所以，这种安全阀对于环境温度的变化很敏感。

（4）永磁体式安全阀

这种安全阀的载荷是通过设置在阀体内的磁力机构施加到阀瓣上的，由于磁性材料提供的载荷比较稳定，不受温度和介质的影响，而且利用一个特殊机构能在开始的瞬间达到全开启。缺点是在高温下磁力会减弱，不能用于温度比较高的场合。

5. 按介质作用于阀瓣的方位分类

1）介质作用在阀瓣下方的安全阀；

2）介质作用在阀瓣周围的安全阀。这种安全阀受压元件可以是活塞、波纹管或膜片。阀座也可以安置在受介质压力作用的活动件上。

6. 按气体排放方式分类

1）全封闭式安全阀。安全阀排气侧要求密封严密，排放的气体全部通过封闭系统，介质不能向外泄露。主要用于介质为有毒、易燃气体的容器。

2）半全封闭式安全阀。安全阀排气侧不要求密封严密，排放的气体大部分通过排气管排出，一部分从阀道与阀杆之间的间隙中漏出。适用于介质为不会污染环境的气体容器。

3）开放式安全阀。安全阀阀盖敞开，弹簧内腔室与大气相同，有利于降低弹簧的温度。主要用于介质为空气或对大气不造成污染的高温气体容器。

二、安全阀选用原则

1. 一般选用原则

安全阀的选用与被保护的压力管道系统是紧密相关的，选择的安全阀必须能在规定的时间内排放出被压力管道保护系统内的超压介质，使得系统内的压力不超过系统的设计压力。

基于这个最基本的原则，所选择的安全阀必须不受被保护系统内的温度、压力、介质相态等因素的影响，才能说所选的安全阀已经满足了要求。由于被保护系统的多样性，以及安全阀的种类多样性且各自都适用于不同的工况，选用时要确定：公称压力、工作压力等级和公称通径，根据工况介质选择合适的安全阀结构型式以及阀体和主要内件的材质。

2. 安全阀型式选用原则

1）排放气体或蒸汽时，选用全启式安全阀。

2）排放液体时，选用全启式或微启式安全阀。

3）排放水蒸气或空气时，可选用带扳手的安全阀。

4）对于设定压力大于3.0MPa，温度超过235℃的气体用安全阀，则应该考虑选用带散热片的安全阀，以防止泄放介质直接冲蚀弹簧。

5）排放介质允许泄漏至大气时，选用开放式阀帽的安全阀；不允许泄漏至大气的，选择封闭式安全阀。

6）排放有剧毒、有强腐蚀、有极度危险的介质，应选用波纹管安全阀。

7）高背压的场合，选用背压平衡式安全阀或先导式安全阀。

8）在某些重要的场合，有时要安装互为备用的两个安全阀。两个安全阀的进口和出口切断阀宜采用机械联锁装置，以确保在任何时候（包括维修、检修期间）都能满足容器所要求的泄放面积。

3. 特殊形和结构安全阀的说明

（1）封闭式安全阀的阀盖和罩帽等是封闭的

其作用有两个：一是为了保护内部零件，防止灰尘等外界杂物侵入，而不要求气密性；二是为了防止有毒、易燃等类介质溢出或为了回收介质而采用的，故要求作气密性试验。当选用封闭式并要求做出口侧气密性试验时，应在订货时说明。气密试验压力一般定为0.6MPa。

（2）开放式安全阀

由于阀盖敞开的，有利于降低弹簧腔室温度，主要用于蒸汽等介质的场合。

（3）带提升扳手的安全阀

若要求对安全阀做定期开启试验时，应选用带提升扳手的安全阀。当介质压力达到整定压力的75%以上时，可利用提升扳手将阀瓣从阀座上略为提起，以检查阀门开启的灵活性。

（4）带散热器安全阀

用于介质温度较高的场合，以便降低弹簧腔室的温度。一般当封闭式安全阀使用温度超过250℃时，以及开放式安全阀使用温度超过350℃时，应选用带散热器的安全阀。

（5）波纹管安全阀

主要用于下列两种情形：

1）用于平衡背压。背压平衡式波纹管安全阀的波纹管有效直径等于阀门密封面平均直径。在安全阀开启前背压对阀瓣的作用力处于平衡状况。背压变化不会影响整定压力。当背压是变动的，其变化量超过整定压力的10%时，应选用这种安全阀。

2）用于腐蚀性介质的场合。利用波纹管把弹簧及导向机构等与介质隔离，从而防止这些重要部位因受介质腐蚀而失效。

三、安全阀安装

安全阀不可能用于各种需要保护的场合。首先从被保护系统的角度说明一下安全阀选用的一些基本要求和设置原则，也就是说在哪里不需要设置安全阀，哪种工况不适合使用安全阀。安全阀设置的基本的原则是适用于清洁、无颗粒、低黏度的流体。当有颗粒的场合必须设置安全阀时，应该考虑在安全阀前加设过滤装置，过滤装置必须保证不会影响安全阀的性能。

对安全阀进行外观检查，重点检查是否在校验有效期、是否有泄漏及锈蚀情况。对杠杆式安全阀，检查防止重锤自由移动和杠杆越出的装置是否完好（该产品已经列入淘汰产品），对弹簧式安全阀，检查调整螺钉的铅封装置是否完好；对静重式安全阀，检查防止重片飞脱的装置是否完好。安全阀与排放口之间装设截断阀的，运行期间必须处于全开位置并加铅封。安全阀安装时，应当满足《安全阀安全技术监察规程》的规定，并且符合下列要求：

1）压力管道与安全阀之间的连接管和管件的通孔，其截面积不得小于安全阀的进口截面积，其接管应当短而直，安全阀入口管道的压力降应当小于安全阀设定压力的3%；

2）安全阀出口管道设计应当考虑各种型式安全阀的背压限制规定，防止背压对安全阀开启性能和泄放量的影响；

3）往复式压缩机排出管道上安装安全阀（爆破片装置）时，应当紧靠压缩机设置脉动阻尼器或者孔板，而且脉动阻尼器或者孔板至安全阀（爆破片装置）的直管段距离至少应当为10倍管道公称直径；

4）安全阀入口、出口管道和支架的设计及安装需要考虑安全阀自重、泄放反作用力、热应力、机械应力、振动应力以及其他外部荷载的作用，安装时需要将应力减少至最低的程度；

5）应当考虑低沸点液体（液化气等）降压闪蒸导致骤冷引起管道材料低温脆裂的作用。

6）管道和安全阀（爆破片装置）之间一般不宜设置切断阀。

7）凡属于下列情况之一的必须安装安全阀：

①压力介质来源于没有安全阀的场合；

②设计压力小于压力来源处的压力的容器及管道；

③容积泵和压缩机的出口管道；

④由于不凝气的累积产生超压的容器；

⑤加热炉出口管道上如设有切断阀或控制阀时，在该阀前部位应设置安全阀；

⑥由于工艺事故、自控事故、电力事故和公用工程事故引起的超压部位；

⑦液体因两端阀门关闭而产生热膨胀的部位；

⑧凝气透平机的蒸气出口管道；

⑨某些情况下，泵出口止回阀的泄漏，则在泵的入口管道上设置安全阀；

⑩经常超压的场合以及温度波动很大的场合。

8）下列场合不适合配置安全阀：

①系统压力有可能迅速上升，如化学爆炸等场合；

②泄放介质含有颗粒、易沉淀、易结晶、易聚合和介质黏度较大；

③泄放介质有强腐蚀性，使用安全阀时价格过高；

④工作压力很低或很高，此时安全阀制造比较困难；

⑤需要较大的泄放面积；

⑥系统温度较低并影响安全阀动作性能；

9）下列场合应将安全阀与爆破片联合使用：

①工艺介质十分贵重或有剧毒，在工作过程中不允许有任何泄漏时，就将安全阀与爆破片串联使用或只使用爆破片；

②为增加在异常工况（如火灾等）下的泄放面积，须考虑与爆破片并联使用。

10）存在下述问题之一的安全阀，应立即更换：

①超过校验有效期或铅封损坏；

②安全阀泄漏；

③发现安全阀失灵或有故障时，应立即处置或停止运行。

四、安全阀型号编制方法

选用安全阀时，一般先确定安全阀的型号。首先要了解安全阀型号的编制方法，标准安全阀的代号反映了安全阀一些主要的参数，世界各国都有自己的一套编制方法，甚至不同的厂商也有自己的安全阀型号编制方法，在选用这些特殊的安全阀时，就只能参考厂商提供的资料了。目前我国国内厂家生产的安全阀还是沿用原机械部标准，常规的安全阀都还使用这个标准。非常规的安全阀由于其多样性，在这里就不再赘述。

安全阀的型号通常按照原机械部标准《阀门型号编制方法》JB 308 来编制，如图10－1 所示共由下列六个部分组成：

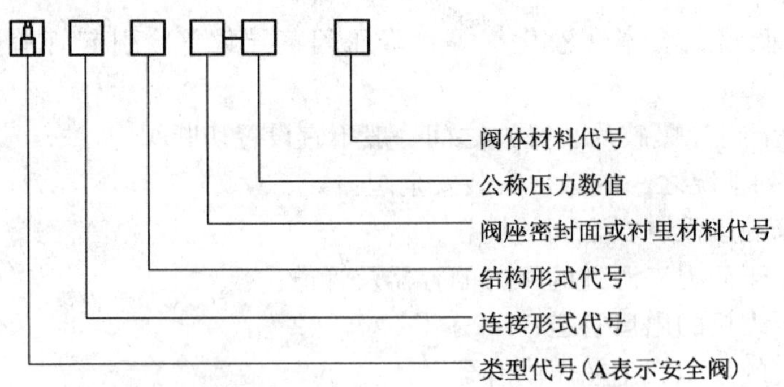

图 10－1　安全阀型号

1）对于低温（低于－40℃）、保温（带加热套）、带波纹管和抗硫（抗硫化氢腐蚀）安全阀，分别在类型代号“A”前加“D”、“B”、“W”和“K”来表示。

在结构形式代号右下角加一小“S”表示带散热器安全阀，如 $SA48_sY$ 型表示带扳手、带散热器全启式安全阀、法兰连接。

对于这些例外情形，以及对于按用户特定要求设计、制造的非标准安全阀，在类型代号“A”前加“S”或其他代号加以区别。

也可由生产厂商自定义，如有的厂商编先导式安全阀型号时，则在“A”前面加“X”或“SX”来表示先导式安全阀。

2）连接形式代号用阿拉伯数字表示，见表10－7。

表10－7　连接形式代号

连接形式	内螺纹	外螺纹	法兰	焊接
代号	1	2	4	6

3）结构形式代号亦用阿拉伯数字表示，见表10－8。

表10－8　结构形式代号

安全阀结构形式				代　号
弹簧式	封闭	带散热片	全启式	0
		微　启　式		1
		全　启　式		2
		带扳手	全启式	4
	不封闭		双弹簧微启式	3
			微启式	7
			全启式	8
			微启式	5
		带控制机构	全启式	6
脉　冲　式				9

4）阀座密封面或衬里材料代号用汉语拼音字母表示，如表10－9所列：

表10－9　阀座材料或衬里材料代号

阀座密封面或衬里材料	代号	阀座密封面或衬里材料	代号
铜合金	T	合金钢	H
橡　胶	X	渗氮钢	D
尼龙塑料	N	硬质合金	Y
氟塑料	F	衬　胶	J
锡基轴承合金（巴氏合金）	B	搪　瓷	C
注：由阀体直接加工的阀座密封面材料用“W”表示；当阀座和阀瓣密封面材料不同时，用低硬度材料代号表示。			

5）阀体材料代号用汉语拼音字母表示，见表10－10。

表 10-10 阀体材料代号

阀体材料	代号	阀体材料	代号
HT200（HT25-47）	Z	1Cr18Ni9Ti	P
WCB（ZG25Ⅱ）	C	0Cr18Ni12Mo2Ti	R
Cr5Mo	I	12Cr1MoV	V
注 1：PN≤1.6MPa 的灰铸铁阀体和 PN≥2.5MPa 的碳素钢阀体，省略本代号。 注 2：对于 CF3、CF3M、CF8、CF8M 等新材料通常是参考相应的材料代号用“P”或“R”来表示。一些常用于高温的铬钼合金钢 WC6、WC9 等，也建议用“I”来表示。			

6）安全阀型号示例如下：

A42Y-16C 表示：安全阀、法兰连接、弹簧封闭全启式、密封面材料为硬质合金，公称压力 PN1.6MPa，阀体材料为碳素钢。

A44Y-64R 表示：弹簧封闭全启式安全阀，带扳手、带散热器、法兰连接，密封面材料为硬质合金，阀体材料为 0Cr18Ni12Mo2Ti，公称压力 PN6.4MPa。

近年来随着安全阀技术的发展，安全阀的品种型号也日益增多，原标准也面临着不敷使用的问题，另外在材料代号也有着相同的问题。对于这些新型的安全阀，在选用时应采用和参考安全阀厂商提供的样本或说明书。

五、安全阀检验周期

关于安全阀的检验周期，《在用工业管道定期检验规程》（国质检锅［2003］108 号）规定，安全阀一般每年校验 1 次，对于弹簧直接载荷式安全阀，经使用经验证明和检验单位确认，由使用单位向省级或其委托的地（市）级安全监察机构批准后，其检验周期可以延长，但最长不超过 3 年。在安全阀检验周期的检查中，除检查粘贴在安全阀的校验标志以外，还应注意检查安全阀校验证书，并与具体安全阀核对。

六、安全阀型式试验

1. 安全阀型式试验基础知识

型式试验是评价产品安全性能的重要手段。型式试验的含义和性质在我国相关法规、标准，也有欧盟 97/23/EC 中都有明确的规定：

《特种设备监察条列》条文解释中规定型式试验目的是审查被设计、制造的特种设备是否存在不能满足安全性能的缺陷，验证制造企业其产品是否符合安全性能要求。而型式试验就是特定产品样品的试验，通过产品样品的试验以验证制造企业生产符合安全性能的产品的能力，即以样品试验验证全部产品的设计、制造、出厂检验等质量安全控制手段是否符合相关标准要求，确保产品满足安全要求。

GB/T 12241《安全阀一般要求》规定出厂检验的目的：所有安全阀成品应进行出厂试验。试验的目的在于确保每台安全阀都满足其设计要求，其承压部件或连接部位不发生任何形式的渗漏，并调整到适合其指定的运行条件。

从以上分析可以看出：安全阀型式试验及出厂检验检验时机不同，对象不同，目的和意义不同。

2. 法规要求

1）安全阀型式试验所涉及的主要安全法规、标准有：

《安全阀安全技术监察规程》TSGZF001

《安全阀一般要求》GB/T 12241

《安全阀压力释放装置 性能实验规范》GB/T 12242

《弹簧直接载荷式安全阀》GB/T 12243

2）《安全阀安全技术监察规程》TSGZF001 对安全阀型式试验规定：

安全阀有以下情况之一的，应当进行产品试制并且通过型式试验：

①新产品投产前或者停止生产1年以上又重新生产；

②产品的结构、工艺等方面有重大改变影响安全性能；

③制造许可要求；

④产品安全性能存在问题，省级以上质量技术监督部门要求。

同时《安全阀安全技术监察规程》对型式试验的程序、方法作出明确规定。

3）GB/T 12243—2005《弹簧直接载荷式安全阀》对安全阀型式试验及出厂试验作具体规定：新设计的或改变设计的产品定型时应进行型式试验，每台产品出厂前均应进行出厂试验。

GB/T 12241—2005《安全阀一般要求》对试验一般要求作具体规定。

GB/T 12242—2005《安全阀压力释放装置－性能实验规范》对试验过程要求作具体规定。

3. 型式试验试验能力要求

（1）试验介质

用于空气或其他气体的阀门，可用蒸汽、空气或其他性质已知的气体进行试验。用于蒸汽的阀门，应采用蒸汽进行试验。用于液体的阀门，应采用水或其他性质已知的液体进行试验。

蒸汽用安全阀，在以蒸汽为试验介质确认其动作性能符合要求后，允许用蒸汽、空气或其他性质已知的气体为介质进行排量试验。当用蒸汽以外的介质来测定排量时，应以机械方法使阀瓣保持在用蒸汽作试验时所达到的同样开启高度。

这里可以看出，当用空气介质代替蒸汽介质进行试验时，必须是以蒸汽为试验介质确认其动作性能符合要求后方可代替。

（2）试验工艺

型式试验试验介质为：蒸汽、空气、水，根据美国NB压力释放部门三套装置及国内最新型式试验装置。

（3）试验设备

从以上分析可以看出，供给压力设备、试验设备越大；测试能力越大，测试精确度越高，并应符合TSGZ7004－2011《特种设备型式试验机构核准规则》，型式试验设备要求。

（4）型式试验试验内容要求

安全阀型式试验包括设计审查和安全阀样品的检验与试验：

1）设计审查：设计文件审查、制造工艺文件审查。

2）样品的检验与试验：

①外观质量符合要求；

②样品的标志符合规定；

③原材料的质量，包括化学成分、力学性能符合要求；

④耐压（液压强度）试验合格；

⑤密封试验合格；

⑥动作性能（包括整定压力、排放压力、回座压力、开启高度、机械性能）符合规定；

⑦排量或排量系数试验符合规定；

⑧低温介质用安全阀，还应当进行低温介质条件下的整定压力和密封试验。

4. 试验方法

（1）试验说明

封闭安全阀阀座密封面，在进口侧体腔部位施加试验压力，试验压力为其公称压力的1.5倍。

当安全阀承受附加背压力或安装于封闭的排放系统时（封闭式安全阀），应在其排放侧部位进行液压试验。试验压力为最大背压力的1.5倍。

对于向空排放的安全阀或仅在排放时产生背压力的安全阀，不需在其排放侧部位进行液压试验。

（2）试验持续时间

试验压力应在要求的数值时保持足够长的时间，以便对各个表面和连接部位进行目视检查。试验压力的持续时间在任何情况下不得少于表10－11规定。排放侧部位试验的持续时间按规定的压力和出口通径来确定。

表10－11 试验压力的最短持续时间

公称通径 DN/m	试验压力的最短持续时间/min
≤50	1
>50～100	2
>100	5

（3）安全要求

用适度纯净的水作为试验介质，试验时应排除阀体及试验管路内的空气。试验介质温度应在5℃～52℃。试验时，阀门或其部件不应承受任何形式的冲击载荷，例如锤击。

壳体强度试验按GB/T 12241的规定。试验时不允许有渗漏及结构损伤。

5. 密封性试验

1）蒸汽用安全阀的密封性试验，在进行密封试验前应先证实整定压力。在降低进口压力后用适当的方法（如用空气吹干等）完全排去体腔内可能存在的冷凝液。将进口压力升高到密封试验压力并至少保持3min。在黑色背景下目视检查阀门的密封性并至少持续1 min。

2）空气或其他气体用安全阀的密封性试验。除漏气引出管外，安全阀的其他部位应同外界处于完全密闭状态。漏气引出管的内径为6mm，其出口端应平行于水面并低于水面13mm。应采取适当的措施以便当发生阀门意外开启时释放阀体中的压力。

3）在进行密封试验前应先证实整定压力。在降低进口压力后装上出口盲板。将进口压力升高到密封试验压力，在对泄漏气泡开始计数前试验压力的最短持续时间按表10－12的规定。然后在试验压力下观察并统计泄漏的气泡数并至少持续1min。

4）水或其他液体用安全阀的密封性试验，在进行密封试验前应先证实整定压力。在降低进口压力后向阀体出口侧体腔内充水，直到有水自然溢出然后停止溢出为止。将进口压力升高到密封试验压力。在试验压力下收集、计量溢出的水量即泄漏量并至少持续1min。

5）蒸汽、水或其他液体用安全阀出厂前密封性试验允许用空气或氮气试验来代替。

6）进行蒸汽用安全阀密封试验时，用目视或听音的方法检查阀的出口端，如未发现泄漏现象，则认为密封性合格。

7）进行空气或其他气体用安全阀密封试验时，检查以每分钟泄漏气泡数表示的泄漏率，对于非金属弹性材料密封面的阀门，应无泄漏现象（每分钟零气泡）。

8）进行水或其他液体用安全阀密封试验时，对于金属密封面的阀门，其泄漏率应不超过表10－12所列的数值；对于非金属弹性材料密封面的阀门，应无泄漏现象。

表10－12　水或其他液体用安全阀密封试验的泄漏率

公称通径DN/mm	最大允许泄漏率/（cm^3/h）
<25	10
≥25	10×（DN/25）

9）动作性能试验及排量性能试验试验程序要符合要求。

6. 整定压力的确定

1）压力容器和压力管道用安全阀的整定压力极限偏差按表10－13的规定。

表10－13　压力容器和压力管道用安全阀的整定压力极限偏差

整定压力/MPa	整定压力极限偏差/MPa
≤0.5	±0.015
>0.5	±3%整定压力

2）蒸汽锅炉用安全阀的整定压力极限偏差按表10－14的规定。

表10－14　蒸汽锅炉用安全阀的整定压力极限偏差

整定压力/MPa	整定压力极限偏差/MPa
≤0.5	±0.015
>0.5～2.3	±3%整定压力
>2.3～7.0	±0.07
>7.0	±1%整定压力

3）水或其他液体用安全阀的启闭压差按表10－15的规定。

表10－15　水或其他液体用安全阀的启闭压差

整定压力/MPa	启闭压差/MPa
≤0.3	≤0.06
>0.3	≤20%整定压力

4）安全阀开启高度的确定。安全阀的开启高度全启式为大于或等于流道直径的1/4；微启式为流道直径的1/40～1/20；中启式为流道直径的1/20～1/4。当介质压力上升到本标准规定的排放压力的上限值以前，开启高度应达到阀门制造厂标志的设计规定值。

5）机械性能的确定。安全阀动作必须稳定，应无频跳、颤振，卡阻等现象。

7. 出厂检验

每台安全阀应当进行以下项目的出厂检验，每项出厂检验合格后方可出厂，出厂检验方法有：耐压（液压强度）试验以及封闭式安全阀出口侧的气密性试验；整定压力调整；密封试验；制造单位与用户合同规定的检验项目。

（1）耐压（液压强度）试验

耐压（液压强度）试验应当符合以下要求：

1）安全阀耐压（液压强度）试验在涂（喷）漆之前进行；

2）封闭安全阀阀座的密封面，对安全阀进口侧体腔进行耐压（液压强度）试验，最小试验压力为安全阀公称压力（压力级）的1.5倍；

3）对于向大气排放的安全阀或者仅在排放时产生背压力的安全阀，不要求在阀体出口排放侧进行耐压（液压强度）试验；

4）当安全阀承受附加背压或者安装于封闭的排放系统时，则需要在阀体出口排放侧部进行耐压（液压强度）试验，试验压力为最大背压的1.5倍；

5）耐压（液压强度）试验持续时间按GB/T 12241—2005《安全阀　一般要求》的规定，并且对阀体（盖）各表面和连接处进行宏观检查。如果试验过程中没有出现变形、裂缝与泄漏现象，则表明耐压（液压强度）试验合格。

（2）气密性试验

对于封闭式安全阀，整体组装后，应当进行气密性试验。气密性试验应当符合以下要求：

1）试验只在阀体出口排放侧部位进行，压力为最大背压力，并且不小于0.2MPa；

2）试验持续时间3min，不允许泄漏；

3）试验时要注意安全，达到试验压力一定时间后再进行气密性检查。

（3）整定压力的调整

进行安全阀在线检测和压力调整时，使用单位的管道安全管理人员应当到场确认。检测和调整合格的安全阀应加铅封。

1）调整在专用的试验台上进行，所采用的试验介质流体应当符合相关规定；

2）调整至少要连续进行3次，所测出的数值偏差不超过整定压力的±3%或者相关安全技术规范的规定；

3）在试验台上进行调整时，需要考虑到背压以及温度影响的修正。

4）检测和调整装置用压力表的量程应当为整定压力的1.5～3.0倍，精度应当不低于1.0级，而且压力表前不得装阻尼器。在检测和调整时，应当有可靠的安全防护措施。

（4）密封试验

安全阀在整定压力调整完成后进行安全阀阀瓣与阀座间的密封试验。密封试验应当符合以下要求：

1）试验介质流体符合相关规定；

2）液体（水）、蒸汽用安全阀的密封试验方法见GB/T 12243—2005《弹簧直接载荷式安全阀》；

3）对于封闭式安全阀进行密封试验时，需要安装阀帽等有关零件；

4）密封试验要求应当符合GB/T 12243的规定。

（5）试验介质

安全阀试验所用的试验介质流体及其要求如下：

1）用于蒸汽的安全阀，其试验应当用蒸汽进行，当试验装置能力有限时，可以用空气代替进行试验，但应当在运行装置（设备）上进行调试；

2）用于空气或者其他气体的安全阀，其试验可以用空气进行，储存空气的储罐容积应当不小于$1m^3$；

3）用于液体的安全阀，其试验可以用水进行。

用水进行安全阀试验合格后，应当采用气吹或者烘干的方法将水清除；奥氏体不锈钢安全阀用水进行试验时，水中氯离子含量不得超过25mg/L。

（6）试验装置

制造单位必须具备出厂检验内容的安全阀试验装置，并且应当符合以下要求：

1）试验装置能够满足安全阀设计参数和试验要求，试验能力不低于校验用装置；

2）试验装置所采用的测量仪表和设备，符合国家现行法规规定的计量要求，测量仪表和设备的测量范围与精度应当根据被测量数值及其允许误差进行选择，测量仪表和设备应当定期进行检定；

3）试验装置的压力测量仪表的误差不大于仪表量程的0.5%，被测压力在仪表量程的1/3～2/3范围内，测压点位置能够保证测得的是介质静压力；

4）测定安全阀开启高度的仪表分辨率不低于0.02mm。

七、安全阀校验

安全阀作为承压类特种设备重要安全附件之一，它将直接影响压力容器的正常、安全运行，在承压类特种设备使用过程中必须加强对安全阀进行维护保养和定期校验。《特种设备安全监察条例》（国务院令第549号）第二十七条：特种设备使用单位应当对在用特种设备的安全附件、安全保护装置、测量调控装置及有关附属仪器仪表进行定期校验、检修，并作出记录。可见，安全阀的定期校验是确保承压类特种设备安全运行的有效手段之一。安全阀的定期校验是指在用检验，分在线校验和在校验台上检验。

1.《压力管道安全技术监察规程——工业管道》TSG D0001 对安全阀校验的要求

1）安全泄放装置的相关压力应按以下规定确定。

对于独立压力系统中管道上的安全泄放装置，相关压力的确定应以系统的设计压力为基准，且符合以下规定。

①当安装一个安全泄放装置时，安全阀的设定压力（或爆破片装置最大标定爆破压力）应不大于系统设计压力，且最大泄放压力应不大于系统设计压力的10%和20kPa中的较大者。

②当安装多个安全泄放装置时，至少有一个安全阀的设定压力（或爆破片装置最大标定爆破压力）应不大于系统设计压力，其余安全阀设定压力（或爆破片装置最大标定爆破压力）不得超过系统设计压力的5%，且安全阀最大泄放压力均应不大于系统设计压力的12%或30kPa中的较大者。

③为防止火灾事故发生而安装的安全泄放装置，且最大泄放压力应不大于系统设计压力的16%。

2）对于防止液体管道热膨胀的安全泄放装置，安全阀设定压力（或爆破片装置最大标定爆破压力）应不大于管道设计压力的120%和系统试验压力中的较小值，且最大泄放压力应不超过相应温度下管道压力额定值的20%或由压力产生的管道名义应力不超过材料许用应力值的20%。

3）除上述两种情况外，在满足GB/T 20801.3中4.2.3.1～4.2.3.8要求的条件下，最大泄放压力应不超过GB/T 20801.3中4.2.3.9和4.2.3.10规定的允许压力变动范围。

4）GC1级管道安全阀的设定压力（或爆破片装置的最大标定爆破压力）应不大于管道设计压力，安全阀的最大泄放压力应不超过设计压力的10%。

5）《安全阀安全技术监察规程》TSGZF001 对安全阀校验要求如下：

①安全阀的校验周期应当符合以下要求：

②安全阀定期校验，一般每年至少一次，安全技术规范有相应规定的从其规定；

③经解体、修理或更换部件的安全阀，应当重新进行校验。

6）校验周期的延长。

当符合以下基本条件时，安全阀校验周期可以适当延长，延长期限按照相应安全技术规范的规定：

①有清晰的历史记录，能够说明被保护设备安全阀的可靠使用；

②被保护设备的运行工艺条件稳定；

③安全阀内件材料没有被腐蚀；

④安全阀在线检查和在线检测均符合使用要求；

⑤有完善的应急预案。

对生产需要长周期连续运转时间超过1年以上的设备，可以根据同类设备的实际使用情况和设备制造质量的可靠性以及生产操作采取的安全可靠措施等条件，并且符合本规程要求，可以适当延长安全阀校验周期。

2. 定期检查要求

为确保安全阀正常使用，要求进行定期检查，定期检查包括：在线检验、离线检查。

（1）在线检查和检验

在线检验一般指正在运行的高压蒸汽锅炉上压力管道上对安全阀的检测。从事在线检测的人员应当在设备操作、在线检测装置使用以及现场问题处理等方面受过专业培训并取得特种设备作业人员证书。

（2）在线检验

包括以下内容：

1）安全阀安装是否正确；

2）安全阀的资料是否齐全（铭牌、质量证明文件、安装号、校验记录及报告）；

3）安全阀外部调节机构的铅封是否完好；

4）有无影响安全阀正常功能的因素；

5）必须设置截断阀的情况时，其安全阀进口前和出口后的截断阀铅封是否完好并且处于正常开启位置；

6）安全阀有无泄漏；

7）安全阀外表有无腐蚀情况；

8）为波纹管设置的泄出孔应当敞开和清洁；

9）提升装置（扳手）动作有效，并且处于适当位置；

10）安全阀外部相关附件完整无损并且正常。

（3）在线检测方法

1）采用运行系统的压力进行试验；

2）采用其他压力源进行试验；

3）采用辅助开启装置进行试验。

（4）在线检验工作基本要求

1）在线检测前，对被检测的安全阀按相关要求进行检查；

2）在线检测时，检测单位制定切实可行的检测程序，并且做好各项物质准备和技术准备；

3）在线检测时，使用单位的主管技术人员必须到场，当发现有偏离正常操作状况的迹象时，必须立即停止并且及时采取措施，确保安全；

4）在线检测过程中必须注意防止高温、噪声以及介质泄漏对人员的伤害；

5）在线检测装置能够保证安全阀的基本性能要求；

6）做好在线检查和检测记录并且存档。

（5）安全阀的正确使用

安全阀有以下情况时，应当停止使用并且更换，其中有①至⑤项问题的安全阀应当予以报废：

1）阀瓣和阀座密封面损坏，已经无法修复；

2）导向零件锈蚀严重，已经无法修复；

3）调节圈锈蚀严重，已经无法进行调节；

4）弹簧腐蚀，已经无法使用；

5）附件不全而无法配置；

6）历史记录丢失；

7）选型不当。

（6）校验设备

1）安全阀校验装置由校验台、气源和管路等组成。

2）校验气源应当符合以下要求：

①可配备空气压缩机，也可用若干气瓶并联或其他形式提供气源；

②配有一定容积的储气罐，储气罐的容积应当与校验安全阀的用气量相适应，应当不小于 $1m^3$；

③如果气源压力高于储气罐的设计压力时，必须在气源与储气罐之间装设可靠的减压装置。

（7）校验介质的要求

1）用于蒸汽的安全阀，其试验需要用蒸汽进行，当试验装置能力有限时，如果可以在安装后进行调试，可以用空气代替蒸汽进行试验；

2）用于空气或者其他气体的安全阀，其试验可以用空气进行；

3）用于液体的安全阀，其试验可以用水进行。

（8）校验台及校验仪表的要求

1）校验台配有足够容积试验的压力容器；

2）校验台上装有两块规格相同的压力表，其精度等级不应当低于 1.0 级，压力表的量程为安全阀校验压力的 1.5 ～ 3.0 倍，压力表必须定期进行检定，检定周期为 6 个月；

3）需要测量安全阀阀瓣是否开启时，必须装设自动测量记录仪表。

（9）校验方法

安全阀的校验项目和校验内容应当符合以下规定：

1）安全阀的校验项目包括整定压力和密封性能，有条件时可以校验回座压力，整定压力试验不得少于 3 次，每次都必须达到本规程及其相应标准的合格要求；

2）安全阀的整定压力和密封试验压力，需要考虑到背压的影响和校验时的介质、温度与设备运行的差异，并且予以必要的修正；

3）检修后的安全阀，需要按照本规程和产品合格证、铭牌、相应标准、使用条件，进行整定压力的试验。

（10）校验前的检验

安全阀校验前要对安全阀进行清洗，并且进行宏观检查，然后将安全阀解体，检查各零部件。发现阀瓣和阀座密封面、导向零件、弹簧、阀杆有损伤、锈蚀、变形等缺陷时，应该进行修理或者更换。对于阀体有裂纹、阀瓣与阀座粘死、弹簧严重腐蚀变形、部件破损严重并且无法维修的安全阀应该予以报废。

（11）整定压力校验

缓慢升高安全阀的进口压力，升压到整定压力的 90% 以后，升压速度应当不高于 0.01MPa/s。当测到阀瓣有开启或者见到、听到试验介质的连续排出时，则安全阀的进口压力被视为此安全阀的整定压力。当整定压力小于或者等于 0.5MPa 时，实测整定值与要求整定值的允许误差为 ±0.015MPa；当整定压力小于 0.5MPa 时，允许误差为 ±3% 整定压力。

（12）密封试验

整定压力调整合格后，应该降低并且调整安全阀进口压力进行密封试验。当整定压力小于或者等于 0.3MPa 时，密封试验压力应当比整定压力低 0.03MPa；当整定压力大于 0.3MPa 时，密封试验压力为 90% 整定压力。

当密封试验以气体为试验介质时，对于封闭式安全阀，可用泄漏气泡数表示泄漏率，合格标准按照 GB/T 12243 或其他安全技术规范、标准的规定；对于非封闭式安全阀，在一定时间内未听到气体泄漏声即可认为密封试验合格。

当密封试验以水为试验介质时，其试验方法和要求应当符合 GB/T 12243 的有关规定。用空气进行密封试验的推荐方法。

1）试验装置

在安全阀的排放出口侧安装一个集漏管，如图 10－2 所示，用于测量泄漏率。管子出口端面和轴线垂直并且保持光滑。管端面插入水面下 12.5mm，并且和水面平行。

为防止安全阀意外起跳而发生事故，集漏管应当与安全阀出口牢固连接。

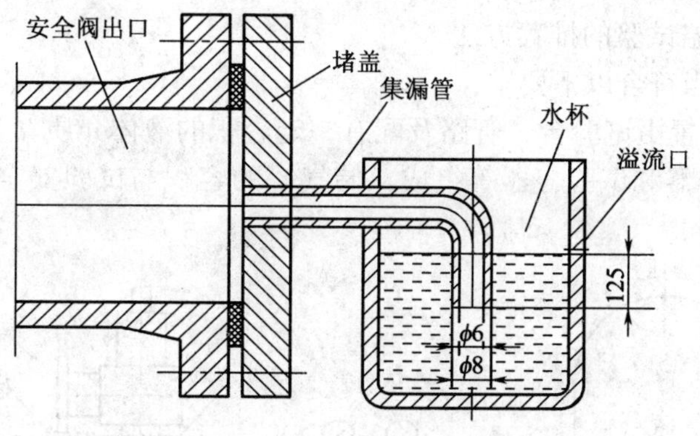

图 10－2　检漏方法示意

2）试验介质为常温下的空气（或者氮气）。

3）试验装置应当竖直安装在试验装置（台）上。安全阀所有出口处如阀帽、排泄孔等都应当封闭。

4）密封试验压力是按标准规定的密封试验压力值。

5）泄漏率检查是按照以下要求进行：

①泄漏率检查前，安全阀的整定压力已经调整好，并且已经检查确认安全阀所有连接部位的密封性；

②密封试验压力保持时间见表 10－16：

表 10－16　密封试验压力保持时间

公称通径 DN/mm	保持时间/min
≤50	≥1
65～125	≥2
≥150	≥5

③观察泄漏检查时间不少于1min。

所示试验装置可以直接测量泄漏率，但一般用于较大泄漏率情况，如图10－3所示。

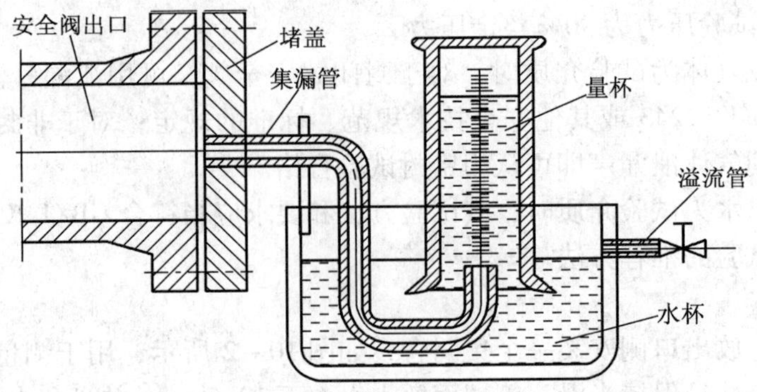

图10－3　检漏方法示意（适用于较大泄漏率的测量）

（13）安全阀低温试验的推荐方法

1）试验设备应当符合以下要求：

①安全阀试验装置由试验台、管路及配有一定容积的液体介质（液氮或其他低温蒸发特性的介质）储存容器和试验容器等组成，储气罐的容积与试验安全阀的用气量相适应，见图10－4。

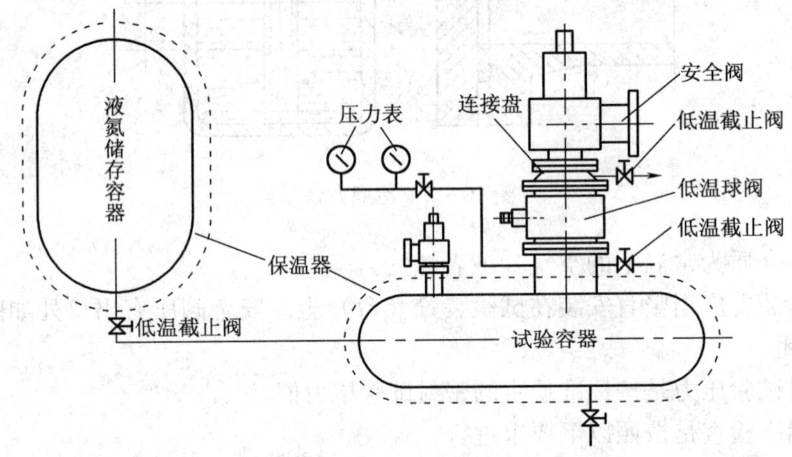

图10－4　推荐的安全阀低温试验系统

②试验台上必须装有两块规格相同的压力表，其中有一块表的精度等级不应低于0.5级，压力表的量程为安全阀试验压力的1.5～3.0倍，压力表必须定期进行检定。

2）试验项目

安全阀低温试验项目为整定压力和密封性。整定压力试验不得少于3次，每次都应当达到设定整定压力并在允许整定压力偏差的范围内。

3）试验方法

①整定压力试验

将安全阀安装在试验容器的连接盘上，在管道内连续通过液氮或其他有低温蒸发特性的介质，使安全阀充分冷却后，关闭液氮储存容器的低温截止阀后再关闭试验容器连接盘上的截止阀，让管道内的低介质自然气化压力升高，观察安全阀整定压力及开启后能否回座。

安全阀的整定压力试验结果，应当符合规定的整定压力并在 GB/T 12243 允许整定压力偏差的范围内。

②密封试验是在安全阀起跳后，开启试验容器连接上的截止阀，泄压到安全阀整定压力的70%时，关闭该截止阀，让管道内的低温介质自然气化压力升高，通过该截止阀使试验容器内的压力维持在整定压力的90%，观察安全阀出口的泄漏情况。密封试验时，阀门出口应无泄漏现象。

第十五节　爆破片装置检验

爆破片装置是压力管道系统使用的又一类安全保护装置。国家质检总局颁发的 TSG ZF003《爆破片装置安全技术监察规程》规定了有关爆破片装置监督检验要求，提出爆破片装置的材料、设计、制造、检验、安装和使用等，应执行本规程，并符合国家相关规程和技术标准；并应当取得《特种设备制造许可证》。国家质检总局统一管理境内、外爆破片装置制造许可的受理和审批，并且颁发特种设备制造许可证。制造许可证的有效期为4 年。获得《特种设备制造许可证》的制造单位，应当在其制造的产品上标注许可标志和许可证号。该规程也规定了爆破片装置制造许可程序包括申请、受理、产品试制、型式试验、鉴定评审、审批、发证等，具体许可程序按照有关规定进行，试制产品应当是所申请的爆破片装置类别或型式中有代表性的产品。

爆破片装置定义：由爆破片（与爆破片组件）和夹持器（或支承圈）等零部件组成的非重闭式压力泄放装置。在设定的爆破温度下，爆破片两侧压力差达到预定值时，爆破片即刻动作（破裂或脱落），泄放出流体介质。

一、爆破片装置工作特点

爆破片装置又称防爆片、爆破板或爆破膜，是压力管道系统使用的不同于安全阀的又一类安全保护装置，其工作过程是当管道系统内压力超过爆破片装置的设计的爆破压力时，爆破片会爆裂，管道内部介质从爆裂处泄放，使管道系统内部介质迅速降压，以避免压力管道发生爆炸。爆破片一旦爆裂后，管道内介质和压力就会一泄到底，不同于安全阀在内部介质压力达到回座压力时可自动关闭，继续维持系统的压力。爆破片装置和安全阀虽然都是安全泄压装置，但在工作过程和效果上是截然不同的，与安全阀相比，爆破片装置有以下特点：

1）爆破的动作与介质的状态无关。适用于高黏度或易产生结晶的液体以及粉末状的物质为工作介质的管道。

2）密封性好。对于易燃易爆、毒性程度高度危害和极度危害为工作介质管道宜于采用。

3）由于爆破片的泄放面积可以根据工艺要求进行确定以及爆破开裂的特点，泄压快速。

4）结构简单、安装维修方便。

基于上述特点，爆破片装置有些时候不仅可以代替安全阀，甚至在那些不适宜安装安全阀的管道系统中，必须采用爆破片装置泄压防爆。

二、爆破片装置分类

爆破片装置是由一块很薄的膜片和一对夹盘组成，夹盘将膜片夹紧，装在法兰上。爆破片装置一般分为正拱型（拉伸型）和反拱型（压缩型）两大类。正拱型又分普通型、开缝型、背压托架型和加强环型。反拱型又分为卡圈型、背压托架型和刀架型。

三、爆破片装置型号标记

爆破片装置分为许多型号，具体的标记方法如下：

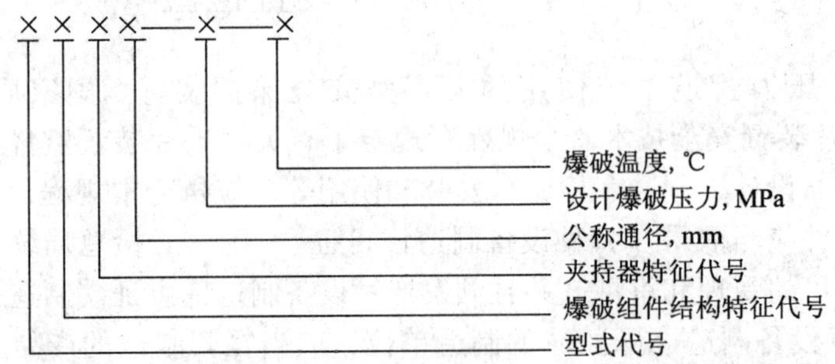

爆破片型式和组件结构特征以及夹持器特征代号见表 10－17。

表 10－17　爆破片型式和组件结构特征以及夹持器特征代号

名称	型式代号	爆破片组件结构特征代号		夹持器特征代号		
正拱型	L	普通型	P	夹持面形状	平面	A
		开缝型	K			
		背压托架型	T 或 Z		锥面	B
		加强环形	H	外接密封面形状	平面	—
反拱型	Y	卡圈型	Q			
		背压托架型	T 或 Z		凹凸面	W
		刀架型	D		榫槽面	U

举例：

例 1　正拱型普通金属爆破片，夹持面为平面，外接密封面为平面，公称通径 100mm，设计爆破压力 1.5MPa，爆破温度 120℃的正拱型金属爆破片装置型号标记为：LAP－1.5－120。

例 2　正拱型普通金属爆破片，夹持面为锥面，外接密封面为凹凸面，公称通径 100mm，设计爆破压力 1.5MPa，爆破温度 120℃的正拱型开缝型金属爆破片装置型号标记为：LKBW－1.5－120。

四、爆破片装置使用时注意事项

爆破片装置在使用时一般应注意的几个方面：

1）爆破片标定的爆破压力不得超过管道系统的设计压力。

2）对易燃易爆、有毒（中度、高度和极度危害）介质的压力管道，应在爆破片的排出口设置导管，将介质引至安全地点，不得直接排放到大气。

3）当爆破片单独做爆破装置时，爆破片和管道间截止阀应处于全开状态，并加铅封。见图 10－5。

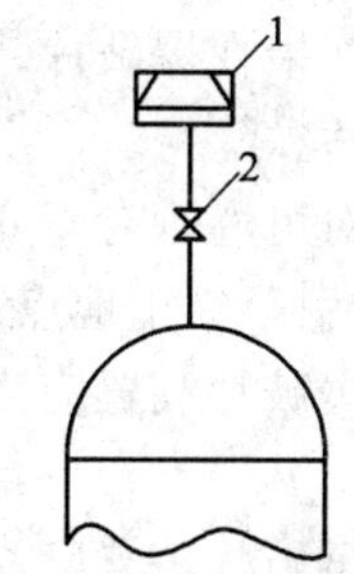

图 10－5　爆破片单独使用
1—爆破片　2—截止阀

五、爆破片检查

对爆破片装置进行外观和日常检查，检查爆破片装置的爆破片是否在规定的使用期限、安装方向是否正确、标定的爆破压力和温度是否符合运行要求、有无泄漏及其他异常现象、爆破片装置和管道间的截断阀是否处于全开状态和铅封是否完好。爆破片压力允差按 GB 567—1999《爆破片与爆破片装置》表 1 规定，或者按设计技术要求规定。爆破片的检查、抽样及爆破试验应当符合 GB 567 中 4. 1 及 4. 2 的要求。如果爆破片装置存在下述问题之一，应立即更换：

1）爆破片装置超过规定使用期限；

2）爆破片装置安装方向错误；

3）爆破片装置的爆破压力和温度不符合运行要求。

4）应经常检查爆破片是否有介质渗漏现象。若爆破片为外露式安装，要查看爆破片是否有表面损伤、腐蚀和明显变形等情况。

六、爆破片装置与安全阀组合使用的检查

安全泄放装置（包括安全阀和爆破片装置）的设计、制造和检验应当分别符合《安全阀安全技术监察规程》等有关安全技术规范和 GB 150 的规定。安全泄放装置（安全阀和爆破片装置）的相关压力的确定应当符合 GB/T 20801 的要求。安全阀的泄漏（密封）试验压力应当大于管道系统的最大工作压力，爆破片装置的最小标定爆破压力应当大于 1. 05 倍的管道系统最大工作压力。所选用安全阀或者爆破片装置的额定泄放面积应当大于安全泄放量计算得到的最小泄放面积。对可燃、有毒介质的管道，应当在安全阀或者爆破片装置的排出口装设导管，将排放介质引至集中地点，进行妥善安全处理，不得直接排入大气。

爆破片装置的定期检查周期可根据使用单位具体情况作出规定，但最长不得超过一年。定期检查应包括以下内容：

1）检验爆破片的安装方向是否正确，核实铭牌上的爆破压力和爆破温度是否符合运行要求。

2）检查爆破片外表面有无伤痕和腐蚀情况，是否有明显变形，有无异物黏附，有无泄漏等。

3）爆破片与安全阀串联使用时，要检查爆破片与安全阀之间的压力指示装置，以确认爆破片是否破裂或泄漏，安全阀是否泄漏。

4）检查排放管道是否畅通，是否有严重腐蚀，支撑是否牢固。

5）带刀架的夹持器应检查刀片（如有可能）是否有损伤缺口或刀口变钝。

6）如果在爆破片装置与设备之间安装有截止阀，应检查截止阀是否处于全开状态，铅封是否完好。

7）对可燃、有毒介质的管道，应当在安全阀或者爆破片装置的排出口装设导管，将排放介质引至集中地点，进行妥善安全处理，不得直接排入大气。

8）爆破片装置应当标有永久性标志制造单位名称、制造许可证编号和特种设备制造许可标志。

9）爆破片装置应当标有永久性标志爆破片的批次编号、型号、型式、规格（泄放口公称直径）、材料、适用介质、爆破温度、标定爆破压力或者设计爆破压力、泄放侧方向。

10）夹持器型号、规格、材料以及流动方向。

11）检验合格标志、监检标志。

12）制造日期。

七、爆破片与安全阀的组合使用的几种形式

1. 爆破片和安全阀串联使用

爆破片装在安全阀出口侧时，如图 10－6，应注意检查爆破片和安全阀之间所装的压力表和截止阀，二者之间不积存压力，能疏水或排气。

爆破片装在安全阀进口侧时，如图 10－7，应注意检查爆破片和安全阀之间所装的压力表有无压力指示，截止阀打开后有无气体漏出，以判定爆破片的完好情况。

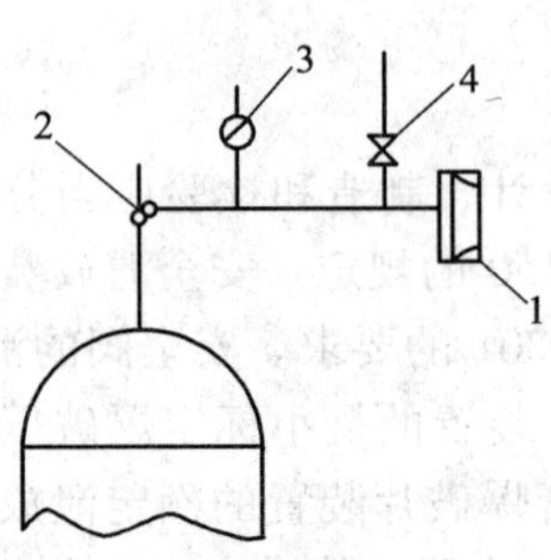

1—爆破片；2—安全阀；3—压力表；4—截止阀

图 10－6　爆破片安装在安全阀出口侧的使用

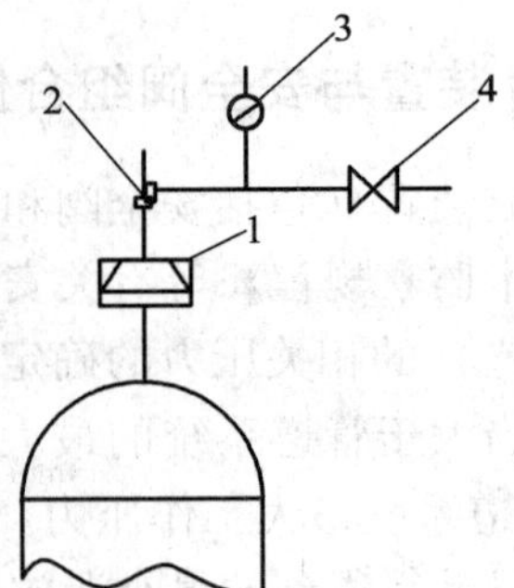

1—爆破片；2—截止阀；3—压力表；4—安全阀

图 10－7　爆破片安装在安全阀进口侧的使用

2. 爆破片与安全阀的并联使用

爆破片与安全阀的并联使用如图 10－8 所示。

3. 爆破片装置与安全阀组合使用场合

爆破片装置在压力管道系统中作为安全泄放装置可独立设置，也可与安全阀组合使用，作为泄压辅助装置。常见组合使用的场合有：

1）对于并联使用，一般适用于介质有腐蚀以及带有杂质，使安全阀的动作得不到保证或在泄放时介质有急剧的物理化学变化影响安全阀充分泄放的场合。

2）对于串联使用，爆破片装置安装在安全阀出口侧，是为了确保在安全阀发生泄漏时系统的密封，避免有害介质扩散，适用于易燃易爆有毒介质的场合。

3）对于串联使用，爆破片装置安装在安全阀进口侧，是为了防止腐蚀介质或杂质进入安全阀，确保安全阀的可靠性，适用于腐蚀和带有杂质的介质的场合。

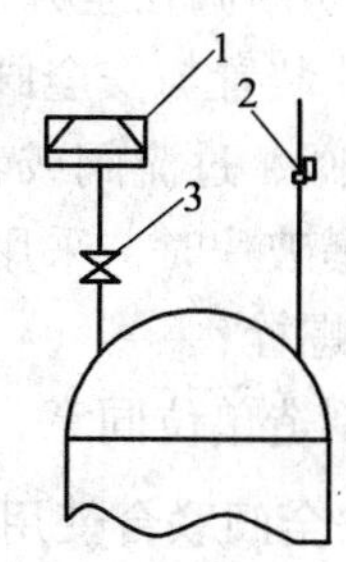

1—爆破片；2—截止阀；3—安全阀

图 10－8　爆破片与安全阀并联使用

此外，爆破片与安全阀的串联使用在爆破片爆破后，只泄放超压部分，能够有效减少贵重介质损失或迅速恢复系统的压力。

4. 爆破片的更换周期

爆破片的更换周期，应根据设备使用条件、介质性质等具体影响因素合理确定。一般情况下爆破片装置的更换周期为 2 年～3 年。对于腐蚀性、毒性介质及苛刻条件下使用的爆破片，应缩短更换周期。

但对以下情况必须立即更换：

1）设备运行中出现超过最小爆破压力而未爆破的；

2）设备运行中出现使用温度超过爆破片材料适应温度范围的；

3）设备检修中拆卸的；

4）长时间停工后（超过半年）再次使用的承压设备上的。

5. 夹持器要求

爆破片更换时，应对夹持器作相应的清洗和检查，如果存在如下情况，则将夹持器交原制造单位进行维修，或报废：

1）夹持器出现变形、裂纹或遭受较大面积腐蚀；

2）夹持器密封面损坏；

3）带刀架夹持器的刀片损伤或变钝；

4）存在其他影响爆破片正常安装或正常工作的问题。

6. 爆破片装置安装要求

爆破片装置安装时，应当满足下列要求：

1）爆破片装置的入口管应当短而直、管径不小于爆破片的公称直径；

2）爆破片装置的出口管应当有足够的支撑，考虑破裂时的反作用力和振动，出口管的管径要保证管内流速不大于 0.5 马赫；

3）爆破片安装在相应的夹持器上，并按泄放侧箭头方向安装爆破片，安装时，爆破片应当保持清洁完好；

4）爆破片装置单独使用时，爆破片装置的入口管应当设置全通径的切断阀，以便更换爆破片用，切断阀在全开启状态锁定或者铅封；

5）爆破片装置与安全阀串联使用时，在爆破片与安全阀之间设置压力表或者压力开关，以及放空阀、过流阀或者报警指示器；

6）安装爆破片时，采用扭矩扳手，按制造单位安装说明中的安装扭矩数据表，按对角线均匀拧紧螺栓；

7）未经制造单位同意，不得在爆破片两侧加装垫片、保护膜或者涂层。

7. 爆破片与安全阀联合使用的检验

爆破片装置和安全阀串联使用时，除应按照上述要求分别对爆破片装置和安全阀进行检验外，对爆破片装置装在安全阀出口侧的，还应注意检查爆破片装置和安全阀之间所装的压力表和截断阀，二者之间不应积存压力，应能疏水或排气。对爆破片装置装在安全阀进口侧的，还应注意检查爆破片装置和安全阀之间所装的压力表有无压力指示，截断阀打开后有无气体漏出，以判定爆破片装置的完好情况。

爆破片装置和安全阀并联使用时，应按要求分别对爆破片和安全阀进行检验，此时可认为两者是相互独立的。

本章中所述的压力表、测温仪表和安全阀压力表的检验周期均应按国家关于计量器具定期检验的规定进行。此外，在进行是否超过校验有效期的检验时，除直接检查及核对压力表、测温仪表和安全阀上的校验标志外，还应检查由校验机构出具的校验证书，校核标志和证书的一致性，同时检查归档情况，这一点应当给予足够的重视。

8. 爆破片的更换

爆破片装置有下列情况之一，应当立即更换：

1）超过规定使用期限；

2）标定爆破压力和工作温度不符合运行要求；

3）超过最大泄放压力而未爆破。

第十六节　壁厚测定检查

对压力管道壁厚测定是检验中检验人员认为必要时进行的检验项目，是否进行检验应根据管道的实际情况进行确定。本节仅对壁厚测定有关要求和注意事项作以简单的介绍。

一、测厚部位及测点数量的确定

1. 测厚部位

在线检验时，对重点管理或有明显腐蚀以及冲刷减薄的管道，应定点或抽查的方式进行壁厚测定。测厚点的位置应根据管内介质的物理状况（气相、液相，有无悬浮物等）及流向，确定易受介质冲刷或可能积液的部位或重要的监控管道（必要时应用超声波测厚仪进行测厚，高温管道检测需用高温探头）等。如：在弯头、三通、管径突变部位及相邻直管部位。因为，在这些部位介质的流速变化大，流动复杂，对管壁的冲刷腐蚀严重，容易积存凝液而腐蚀管壁。

2. 测点数量

对于弯头、三通和直径突变处的抽查比例见表 10－18。

表 10－18 弯头、三通和直径突变处测厚的抽查比例

管道级别	GC1	GC2	GC3
每种管件的抽查比例	≥50%	≥20%	≥5%

对于表中规定的每个抽查管件，测厚点不得少于 3 点。与其相连的直管段的焊接接头（直管段一侧）也应进行厚度测量，且测点不应少于 3 点。其测量位置如图 10－9 所示，至于每个测量位置处，沿管件或直管段的环向选择何处进行测量，则由检验人员根据实际情况确定。

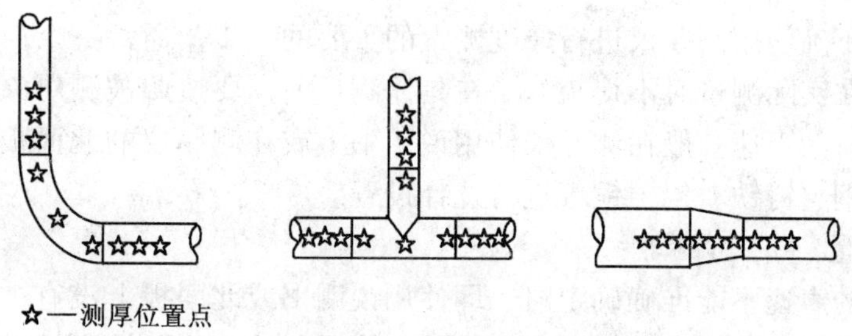

图 10－9 测厚点位置

对于监控管道进行厚度测量，其测点的数量应当满足压力管道采用的规范、标准或使用单位安全管理规定；如没有规定，则可依据实际情况进行确定，但测点数量不应少于 3 点。

具体的测点最好选在此前进行过测厚的测点为好，这样宜将两次测的数据进行比较，从而可较为准确的确定管道壁厚的减薄量或减薄速率，计算使用寿命、判断使用状况以及确定检验周期。

在实际检验中，如发现管道壁厚有异常情况时，应在附近增加测点，并确定异常区域大小，必要时可适当提高整条管线测厚抽查比例。比例的大小也应依据实际情况进行确定，以能够确保在线检验质量和管道安全运行为前提。

二、壁厚测定

1. 测厚仪的使用

测厚仪是最为普通的测量厚度仪器，是压力管道检验所必备的仪器。为使壁厚测定数据准确可靠，首先应熟悉和掌握测厚仪的使用。

测厚仪有多种型号，如 TT100、LA－10、S－43、SIG2000、LAD－B、USTM－600、MMX 系列等，随着微电技术和计算机技术的发展，测厚仪已经兼有自动调零、自动校正、存储数据、扫描、报警以及带有以计算机接口功能等，其使用方法虽不尽完全相同，但就测量壁厚的基本要求则大同小异。

由于测厚仪使用方法较为简单，且属于测量仪器类，在一般的锅炉压力容器以及压力管道的检验书籍、教材或专业检验员学习班上很少做专门的介绍。本书针对压力管道检验人员的实际需要，在此对超声波测厚仪的使用做以要求。在使用超声波测厚仪进行厚度测量时应当注意以下几点：

（1）阅读使用说明书

在使用新购的测厚仪之前一定要仔细地阅读使用说明书，详细了解测厚仪的使用方法、特点、功能、测量范围、精度、使用的环境温度以及管理要求等。对于首次接触或使用的测厚仪也一定要向熟悉或会使用该型号测厚仪的人员询问，切不得盲动。

（2）开机

要依照测厚仪的使用说明书装入电池或接入电源，要特别注意电池或电源的极性以及电压的要求，不得接错，连接探头接线等，按说明书的规定和要求进行开机操作。

（3）声速设置

声速设置是正确使用测厚仪进行厚度测量的重要的一步，通常一个声速对应一种材料的测量，因此，在实际测量时不得疏忽。在具体测量前，要按照被测对象的材料进行声速的设置。常见材料的声速一般在测厚仪使用说明书上或在测厚仪的北面板上提供，可直接依据被测材料如钢、铸铁、铝、铜等进行选择设置。

（4）声速测量

当被测材料的声速不能准确确定时，即使用说明书或北面板上没有被测材料的声速时应进行声速的测量，方法也应按说明书提供的方法进行。一般取被测材料已知厚度（尽量与被测材料厚度接近）的试块，将探头耦合到试块上，调整声速预置钮，直到显示试块已知厚度值，此时与之相对的声速即为该材料的声速。测出声速后并将该声速当前声速存储单元。若测厚仪对于测速区分范围时，则按范围及标准试块的数量进行测量。

（5）探头

由于测量的对象一般是在工况状态下进行，因此也特别注意探头的选用，特别地对高温管段或监察管段应选用能满足温度要求的高温探头。

（6）校准

零点校准是测厚仪使用时必须进行的操作，即在测厚前将探头耦合到随机标准试块上，旋转调零旋钮，直到显示标准试块厚度。通常标准试块厚度为3.0mm、4.0mm或5.0mm，依测厚仪的型号不同其随机标准试块的厚度亦有不同，校准时需要注意。

（7）测量被测材料测量处要打磨到有金属光泽，涂抹耦合剂，手压探头与被测材料工作面（打磨处）良好接触，即探头的工作面应全部与被测工作面完全接触，不能偏翘，用力要适当，不能过渡用力或过松，以感觉有可靠的接触为宜。耦合剂也要适量，不可太多，以免进入探头的护套影响测量的准确性。当显示视窗显示数值稳定后读出数值。

（8）测量完毕后，关机。拆卸电池、接线等，收回测厚仪。

2. 壁厚测定

在具体进行壁厚测定时，应做到：

1）按上述要求对被测点表面应进行必要的处理，去除油漆、锈蚀以及油污等脏物，应露出被测金属光泽。对有特殊要求的管道应禁止使用砂纸、锉刀或砂轮进行打磨，可使用面纱和酒精以及其他清洁剂进行处理，使用的清洁剂以不腐蚀管道材料为原则。

2）涂抹耦合剂进行具体测量。

3）测出数值后要及时地进行记录，当使用有存储数据和计算机接口的测厚仪时，还应作相应的存储操作，确保数据的安全。

4）标定测点的具体位置。测点位置应能有良好地再现及其重复性，即在下次进行壁厚测定时能够准确找到本次测定位置，以便进行厚度对比，进行腐蚀速率的计算等。

5）对壁厚测点表面按有关要求进行处理，如：防腐等。这一点在实际壁厚测定中是应要注意，不能因壁厚测定以及疏忽其后防腐处理而破坏管道的防腐。

三、强度校验和应力分析

1. 强度校核

壁厚测量后，当管道存在全面腐蚀减薄，其减薄量超过公称厚度的10%时应进行强度校核。强度校核应按照《工业金属管道设计规范》GB 50316 的相关内容进行。其最小实测壁厚：

$$t_0 > \frac{PD_0}{2[\sigma]^t\varphi + P} + 2C$$

式中：t_0——最小实测壁厚，mm；

P——设计压力，MPa；

D_0——管子外径，mm；

$[\sigma]^t$——设计温度下管子材料的许用应力，MPa；

φ——焊缝基本质量系数；

C——设计使用周期的腐蚀裕度，mm。

2. 管道应力分析

检验人员和使用单位认为必要时，或对存在下列情况的管道进行应力分析：

1）无强度计算且设计厚度 $t_0 \geqslant D_0/6$ 或 $P_0/[\sigma]^t > 0.385$（t_0—设计壁厚，D_0—管道设计外径，mm；P_0—设计压力，MPa；$[\sigma]^t$—设计温度下材料的许用应力，MPa）。

2）检验中发现管道存在较大变形，挠曲；法兰经常性泄漏，破坏；管段应设而未设置补偿器或补偿器失效；支吊架异常损坏；严重的全面减薄等现象。

上述强度校核与应力分析，对检验人员要求较高，应具备相应的管道知识、工程经验以及熟悉管道规范和标准。

四、壁厚测定发现问题的处理

所谓壁厚测定发现问题即实际最小壁厚不满足压力管道对强度要求，此时，压力管道已经处于较为危险的状况，因此，应对其采取补强等措施进行处理，确保压力管道在壁厚的要求上满足强度要求。

第十七节　电阻测量检查

对压力管道接地电阻、对接法兰的跨接电阻测量是检验中检验人员认为必要时进行的又一检验项目，是否进行检验应根据管道的实际情况进行确定。

一、电阻测量规定

《在用工业管道定期检验规程》对输送易燃、易爆介质的管道，规定采取抽查的方式进行防静电接地电阻和法兰间的接触电阻值的测定。其对地电阻不得大于100Ω，法兰连接间电阻应小于0.03Ω。

二、电阻值测量

1. 万用表的使用

万用表是电工测量中最为普通的测量仪表，也有多种型号。通常有表盘式和数字式两种。其中，表盘式应用较多。万用表一般具有测量电压、电流和阻值的功能，电压和电流又有交流和直流之分。利用万用表的这些功能及其辅助组合能够实现多种电工测量。在压力管道在线检验测量管道接地和法兰间电阻时应注意：

1）准备操作：按万用表使用说明的要求作必要的准备工作，如：安装电池、插接表笔等。

2）测量功能设置：测量功能设置俗称档位设置，即在使用万用表进行测量时依据测量的需要进行的功能选择。如，要测量电压时则选择电压测量功能；要测量电流时则选择电流测量功能；要测量阻值时则选择阻值测量功能。切不可混淆，如若混淆，将会给万用表带来损毁。做阻值测量则应选择阻值测量功能。

3）零点校准：零点校准是万用表使用必须进行的操作，即短接两表笔，旋转万用表零位校准旋钮，使指针停于0位。

4）阻值测量：为确保万用表的测量安全，阻值测量亦应同测量电压、电流一样，从高档位向低档位逐挡进行试测量，这样操作对于在不明被测管路（或电路）带电情况是极为重要的，它能有效地确保管道（或电路）在意外短接外部高压强电的情况下阻值测量的安全。逐档试测量直到表盘指针指示位置在表盘量程范围内，并处于量程的2/3处最为适宜。

5）阻值测量时应将两表笔跨接在被测电阻的两端。

6）测出阻值后要及时地进行记录，当使用有存储数据和计算机接口的万用表时，还应作相应的存储操作，确保数据的安全。

7）测量完毕后，关机。拆卸电池、接线，收回万用表。

2. 电阻值的测量

对防静电接地电阻和法兰跨接电阻的测量时，应对：

1）检查接地连接引线及其法兰接头跨接导线是否符合跨接和连接要求，检查引线和连接线焊接或连接情况，以及锈蚀和引线、导线有效截面情况。

2）选择电阻测量点　对于接地电阻测点，可根据测量方便的需要在管道上任取一点，对于大地测点，实际操作时，可用钢钎打入地下并引出导线作为大地测点。打入钢钎的深度和距管道的距离，应符合有关规定的要求，测量时应考虑钢钎和导线电阻的影响；对于法兰接头的跨接电阻测量测点应选在被测两法兰上。

3）测量时将万用表的两表笔同时接触在电阻的测量点上（表笔一定要接实），即跨接在被测电阻的两端。

4）清理电阻测点的锈蚀、油漆等绝缘物，直到见到金属光泽。对有特殊要求的管道，同壁厚测量清理测点的要求一样，应禁止使用砂纸、锉刀或砂轮进行打磨，可使用棉纱和酒精以及其他清洁剂进行处理，使用的清洁剂以不腐蚀管道材料为原则。

5）按上述万用表操作要求进行操作测量并记录。

6）对管道上电阻测点表面按有关要求进行处理，如：防腐等，实际检验中不能忽视这一点。

三、电阻值测量检查发现问题及处理

当发现管道的接地及法兰的跨接电阻不符合规定的要求时，应按电阻连接安装的要求进行修复，修复时应当注意：

1）当管道系统的对地电阻值超过 100Ω 时，应设两处接地引线，且接地引线易采用焊接连接。

2）对钛钢、不锈钢管道，导线跨接或引线不得直接与管道连接，应采用与管道相同材料钢板过渡连接的形式。

3）用做静电连接的材料或零件，装前不得涂漆，并应进行除锈处理，清理导电接触面，确保紧密相连，导电良好。

4）对有开焊、连接点松动的应重新焊接、紧固；导线或引线锈蚀严重应予以更换。

第十八节　压力管道元件组合装置

一、元件组合装置介绍

1）压力管道元件组合装置的基本特点是由多个压力管道元件组合而成的产品或者在工厂中制造的管道中的专用装置（有些行业称为小型设备）。（元件组合装置：由两种或两种以上管道元件，通过焊接或机械方法组装成整体部件出厂的产品，如：井口装置和采油树、节流压井管汇等中有管件和阀门。）有井口装置和采油树、节流压井管汇，见表 10－19。

表 10－19　元件组合装置分 3 种许可项目

井口装置和采油树、节流压井管汇	额定压力大于或者等于 35MPa 的井口装置和采油树、节流压井管汇	产品名称
	其他井口装置和采油树、节流压井管汇	

2）井口装置产品用途介绍：产品分级，分 A 级、B 级，向下覆盖，两级管理；产品分级指标，额定压力，以额定压力大于或者等于 35MPa 为 A 级。其余为 B 级。

3）限制范围：产品名称，分为井口装置、采油树、节流压井管汇。

现行有效的产品标准 SY/T 5127－2002《井口装置和采油树规范》。

4）性能要求（PR）级别：性能要求分 PR1 和 PR2 两级。性能要求是指产品在额定的压力、温度和材料类别相适应的试验流体条件下，其承载能力、使用周期、操作力或操作扭矩等性能。

5）压力级别：额定压力：分为 13.8MPa（2000psi）、20.7MPa（3000psi）、34.5MPa（5000psi）、69.0MPa（10000psi）、103.5MPa（15000psi）、138.0MPa（20000psi）等 6 个压力级别。

二、采气井口装置

1）采气井口装置用途：主要用于采气、采油、注水，还可以作生产井口，也可作压裂酸化时的压裂井口。

2）主要元部件的工作原理与结构特点：本井口装置结构是由油管头、上下法兰、平板闸阀、可调式节流阀、小四通、压力表、截止阀、压力表等零部件组成。

①手动平板阀靠金属阀板与金属阀座平面之间的自由贴合，借助密封脂并在介质的作用下实现密封。阀腔内任何时候都承受管线压力。

②阀盖和阀体采用螺栓连接。密封件为增强式垫环。它使阀盖和阀体的装配间隙很小，这就减小甚至消除了腐蚀介质对螺栓和螺孔的侵蚀，并减小了螺栓载荷。

③该阀为明杆结构，开关有了明显的标志，而且大大地减轻了操作力矩。阀杆螺纹也免受介质的侵蚀，可以单独得到润滑。阀板和阀座表面喷焊了硬质合金，使之具有良好的耐磨性和抗腐蚀能力。阀杆材料采用防硫钢。其他零件采用限制硬度的办法，因而该阀可以在含 H_2S 的环境中使用。轴承座上方设有专门润滑轴承的油嘴。便于现场加润滑油，它的下方有润滑油排出孔，可以观察润滑的加注情况，也可以起渗透作用。以便阀杆“V”型盘根泄漏时将介质排入大气中，这三个小孔平时“O”圈盖住，以防脏物进入。

阀杆升降螺纹采用左旋梯形螺纹，顺时针方向为“关”。逆时针方向为“开”，与习惯一致。

④压力表截止阀主要用来控制和保护压力表的，也作调换压力表用。调节时，其需测油管和套管压力时，可先将泄压螺钉旋紧，然后打开小手轮。工作介质便进入压力表，从而测出压力。将小手轮关闭、松开泄压螺钉，放掉压力表和截止阀之间高压介质，便可使压力表处于休息状态。如需调换压力表，只要将手轮关闭，松开泄压螺钉放去余压，即可进行。

⑤可调式节流器，每套采气井口装置有 1 个针阀，用于控制进口气流压力和流量。由于采用针阀尖和螺纹传动，故可对井内气量进行无级调节，由于阀尖堆钨铬钴面积大，从而提高了其抗硫化氢气体冲击和腐蚀的能力，延长了使用寿命。在阀杆上加有并帽，故能使调节后的气量保持稳定。针阀还具有开关轻便、灵活、密封性能好等特点。

三、安装及要求

1）安装前，使用单位根据装箱单、图纸等资料对产品零部件数量、外观等进行检查，然后参照总装图进行安装。

2）安装时，各紧固件应对称均匀上紧，不得少装或漏装、油管、油管线扣联接处允许缠四氟氟塑料，不得泄漏。各零部件位置、方向不得错乱。

3）压力试验方法

使用之前进行总体密封试压，步骤如下：

①总体密封试压可以与油管头配合试压或从手动平板阀处泵入。关闭小四通两翼及上部的手动平板阀，泵压至试验压力（MPa），一般稳压3min。

②再将小四通下部的手动平板阀关闭，泵压至试验压力（MPa），稳压3min。

③进行试验压力试压时各部件及共连接部分不得有渗漏，冒汗及压降现象。

④使用和操作

a）操作时手动平板阀处于全开或全关的位置，绝对不允许处于半开位置。

b）更换总闸阀前，油管投入堵塞器，即可更换。

⑤经常保养和及时维修，可以延长井口装置的使用寿命。

a）手动平板阀应定期加黄油，以保证手轮转动始终灵活。

b）定期检查各密封元件，发现损坏或泄漏及时更换。

c）定期检查各紧固件的松紧程度，如有损坏及时更换。

d）每起下一次油管，必须检查油管挂上的密封元件，发现损坏及时更换。

⑥采气井口装置总装示意图见图10－10。

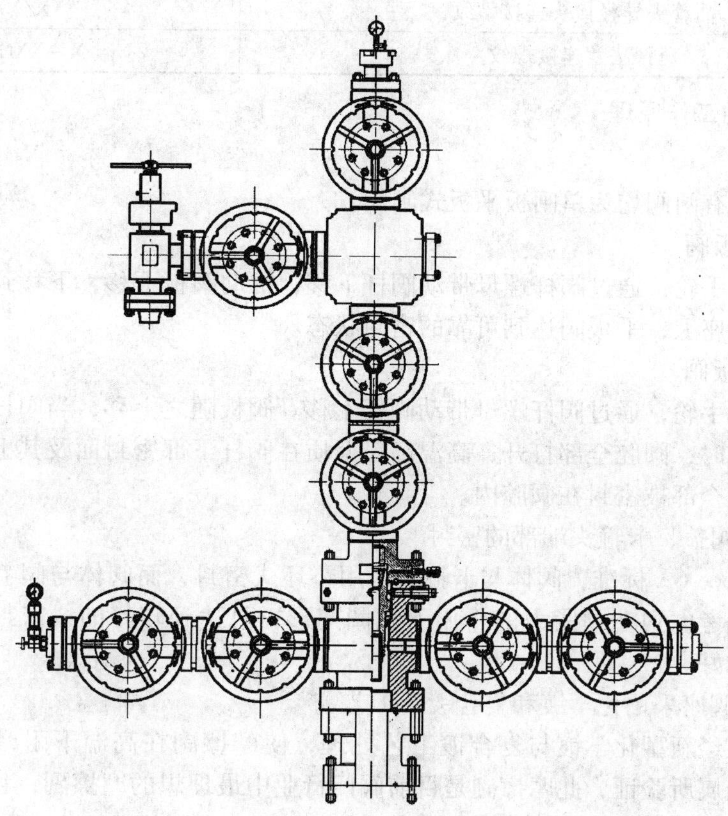

图10－10　KQ65－105采气井口装置总装示意图

四、热采井口装置

1. 热采井口装置基本知识

热采井口装置广泛适用于注汽 、采油作业 ，也适用于一般采油作业。

2. 热采井口装置结构

该设备由平板阀、套管头四通、油管头异径接头、油管四通、套管法兰、压力表总成、节流器及连接件等组成 。其平板阀密封件均由特殊合金和不锈钢制成，具有耐高温、耐高压、耐腐蚀 、流体阻力小、开关力矩小等特点。

3. 主要技术指标（见表 10 －20）

表 10 －20

平板阀公称通径	XXX mm
套管头四通垂直通径	XX mm
最高工作压力	XX MPa
工作温度	－XX℃ ~ XXX℃
油管头异径接头连接螺纹	XX/XX
套管法兰连接螺纹	X－XXCSG

4. 主要零部件的工作原理

1）平板阀

井口装置所有闸阀均为单闸板平板式闸阀。

2）关闭平板阀

顺时针转动手轮，通过阀杆螺母带动阀杆下移，推动阀板下移，下移到一定位置时浮动阀板紧贴在阀座上，平板阀达到可靠的密封状态。

3）开启平板阀

逆时针转动手轮，通过阀杆螺母带动阀杆上移。阀板随之上移，当阀杆下部密封面封严阀盖下部通道时，阀腔全部打开，高温高压介质在阀杆下部密封面及其上部第二道密封填料的密封下，全部被密封在阀腔内。

4）阀体、阀盖、卡箍头端部的密封

根据 API Spec 6A 标准，阀体与卡箍头采用垫环式密封，而阀体与阀盖采用 T 型密封钢圈密封。这是考虑到在预紧力的作用下钢圈变形，可达到较好的线密封，而且压力越高，密封效果越好。

5）阀板、阀座采用化学镀和复合镀新工艺

阀板、阀座经新型化学镀与复合镀工艺处理，使摩擦副在高温下耐摩擦性能显著提高。经中科院金属所验证，此摩擦副是目前阀门行业中最理想的摩擦副，且可以实现自润滑，在高温工况下，表面相当于加了一层润滑脂。

6）针型放气阀

针型放气阀主要用来控制和保护压力表，安装和更换压力表时也需要使用该阀；当要了解油管和套管压力时，先将卸压螺钉旋紧，打开小手轮，让工作介质进入压力表，测出实际压力。然后关闭小手轮，松开卸压螺钉，放掉压力表和截止阀之间的高压介质，使压力表处于休息状态；更换压力表时要先关闭闸阀和针型阀，松开卸压螺钉，便可进行更换。

7）卡箍

本井口连接处主要采用卡箍连接，与法兰连接型式相比，卡箍螺栓因受力方向改变而受力减小，因此它不仅具备法兰连接的密封性和安全性，而且具有体积小、重量轻、拆装方便等特点。

5. 安装

1）安装前，用户应首先对照产品装箱单对产品零、部件数量进行清点并检查外观，确认无误后方可组装。一是将套管法兰装在套管上，二是将套管头四通装在套管法兰上，均匀上紧螺栓，然后下油管（或隔热油管）；三是待下完最后一根油管（或隔热油管）时，用螺纹变径短接连接油管（或隔热油管）与油管头异径接头，然后将油管头异径接头坐落在套管头四通上，并将两者连接紧固；再将油管四通总成（油管头异径接头以上部分）坐落在油管头异径接头上。

2）安装注意事项：法兰连接时，密封槽、密封钢圈要清洗干净，然后涂高温密封脂，双头螺栓应对称均匀上紧，上紧后法兰之间的间隙要均匀。

3）卡箍安装时，其方向应与图示方向一致，不得错位。各平板阀、手轮等方向及相应位置应与图示保持一致。

6. 使用与操作

平板阀的操作特点：

1）开关平板阀进行手轮旋转操作时，不得使用加力杆等辅助工具。本平板阀阀板行程有限位设计，阀板浮动密封，切记：本阀门只能在全开或全关状态下使用，不允许处于半开位置。

2）阀板、阀座、阀体三者之间靠液压自封，压力越大密封效果越好，与阀杆下压力无关。当阀板到位，不能密封时，应及时拆下检修或更换平板阀，不可用力下压阀板。在更换平板阀时，阀内有压力时应先进行压井或在油管内投入堵塞器，然后拆掉卡箍螺栓，取下卡箍，换上新平板阀。

7. 压力表的更换

先将针型阀关闭，松开卸压螺钉后，即可进行更换工作。

8. 维护与保养

1）安装及运输过程中要严防碰伤各个密封面、垫环及螺纹。

2）搬运及安装过程中，严禁在手轮上栓起重绳索。

3）各零部件在运输、储存过程中，应有防腐、防锈措施。

4）平板闸阀在使用期间应定期加高温润滑油，以保证手轮转动灵活。

5）装置在使用过程中，如发现钢圈损坏，应在泄掉系统压力后及时更换。

6）当阀板、阀座不能密封时，应及时拆下检修或更换平板阀。

7）装置在使用过程中，应定期检查，如发现阀杆部位渗漏时，应及时旋紧填料压帽。

8）平板阀保养时，各密封面、轴承、阀腔等部位应注入适量高温密封脂。

9. 热采井口装置示意图（见图10－11）

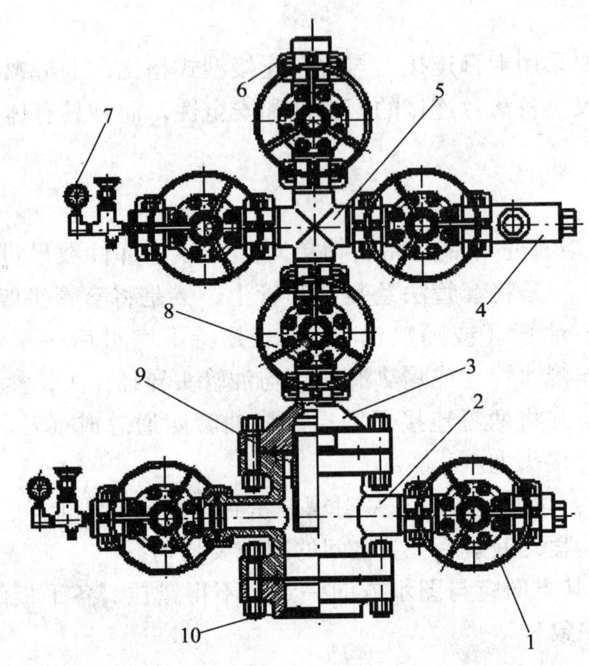

图10－11 KR21－370热采井口装置示意图

1—平板阀 2—套管头四通 3—油管头异径接头 4—节流器 5—油管四通 6—卡箍 7—压力表总成 8—总阀 9—螺纹异径接头 10—套管法兰

第十九节 减温减压装置、燃气调压装置

减温减压装置是现代工业中热电联产、集中供热（或供汽）及轻工、电力、化工、纺织等企业在热能工程中广泛应用的一种蒸汽热能参数（压力、温度）转变装置和利用余热的节能装置，通过本装置，把用户提供的蒸汽参数降到用户需要合适的温度和压力，以满足用户的要求，并且能够充分节约热能，合理使用热能。

减温减压装置主要用于蒸汽管道，降低蒸汽温度及压力。压力管道上使用的减温减压装置有多种结构形式，但不管其形式如何，一般由减温系统、减压系统（或减温减压一体系统）、主蒸汽管体、安全保护系统、热力控制系统等组成。

一、减温减压装置的结构

减温减压装置的结构组件由减压阀、节流孔板、蒸汽混合管道（带喷嘴）、安全阀、给水调节阀、节流阀、截止阀、止回阀、减温水管、法兰、紧固件等压力管道元件组成：

（1）减温系统

通过高压差调节阀（或变频水泵等），将冷却水从不同形式的喷嘴处以雾状喷入文氏管或蒸汽管道的蒸汽中，使蒸汽温度降低。

（2）减压系统

由减压阀和节流孔板组成，减压阀通过改变流通面积达到调节压力的目的。

（3）减温减压系统

把减温系统和减压系统合二为一，使装置的外形尺寸减小而技术复杂性增加。

二、主蒸汽管体

主蒸汽管体由混合管和蒸汽管等组成。根据用户提供的参数决定，是减温减压装置的主体设备，目的是将减温减压后的蒸汽送入用户需要的管道上。

三、减温减压装置安全系统

减温减压装置安全系统为防止二次蒸汽压力超过规定值，自动打开安全阀使多余蒸汽排放，达到减压和安全保护作用，由于参数不同，有以下几种结构形式可以选定：

——配弹簧安全阀；

——配冲量及主安全阀（一套或多套）；

——配杠杆安全阀。

四、减温减压装置热力控制系统

是调节蒸汽出口参数的重要设备，通过接收出口温度、压力信号，经过信息处理，指挥执行机构使出口的参数（温度、压力）稳定在用户要求范围内，实现自动调节。本控制系统也可以手控调节。

五、减温减压装置主要特点

1）减压系统采用双阀座减压阀结构，不平衡力小，调节范围大，动作平稳，无卡阻现象。减温系统采用文丘里氏加笛管喷嘴的方式，无传动部件，减温水雾化效果好，喷嘴拆装方便，便于维修。

2）减压系统和减温系统分开，主要用于工况恶劣，如蒸汽流量小不适用采用减温减压阀的，及饱和蒸汽的工况（压力较低主要考虑蒸汽流速较低）采用文丘里管减温方式，减温水充分雾化，以达到较好的减温效果。

3）实现降压不损耗能量，而且通过该设备可增大蒸汽供应量。结构简单、无转动部件、运行可靠。操作方便、检修容易、可自动调节。节能效果显著。

六、产品分类及主要技术指标

减温减压装置产品分类及主要技术指标有：

—— 出口蒸汽流量 Q、进口蒸汽压力 P_1、温度 t_1、出口蒸汽压力 P_2、温度 t_2；

—— 减温给水压力 P_b、温度 t_b；

——注明控制方式（仪表盘控制，DCS 控制，DCS 监视）；

——控制类别：电动、气动。

还有，当选择气动执行机构时还必须提供：

1）作用形式：气开式或气闭式；

2）气源压力。

1. 按照减温减压装置按进口压力和温度进行分类

1）中温中压减温减压装置：一次蒸汽参数（进口蒸汽参数）：压力 $P_1=3.9\text{MPa}$；温度 $t_1=450℃$；二次蒸汽参数（出口蒸汽参数）：压力 P_2 由用户要求确定；温度 $t_2=$ 饱和温度；流量：$Q=2\text{t/h}\sim360\text{t/h}$。

2）压减温减压装置：一次蒸汽参数（进口蒸汽参数）：压力 $P_1=5.4\text{MPa}$；温度 $t_1=$ 485℃；二次蒸汽参数（出口蒸汽参数）：压力 P_2 由用户要求确定；温度 $t_2=$ 饱和温度；流量：$Q=20\text{t/h}\sim200\text{t/h}$。

3）高温高压减温减压装置：一次蒸汽参数（进口蒸汽参数）：压力 $P_1=10\text{MPa}$；温度 $t_1=540℃$；二次蒸汽参数（出口蒸汽参数）：压力 P_2 由用户要求确定；温度 $t_2=$ 饱和温度；流量：$Q=30\text{t/h}\sim240\text{t/h}$（吨/小时）。

2. 按照减温减压装置进口流量进行分类

1）减温减压装置出口流量，减温减压装置出口蒸汽流量变化范围为 $30\%Q\sim100\%Q$，特殊需要者可由供需双方协商。

2）减温减压装置额定出口蒸汽压力 P_2，减温减压装置额定出口蒸汽压力的偏差范围是：

——当额定出口蒸汽压力小于 0.98MPa 时，为 $P_2\pm0.04\text{MPa}$；

——当额定出口蒸汽压力不大于 3.82MPa 时，为 $P_2\pm0.06\text{MPa}$；

——当额定出口蒸汽压力大于 3.82MPa 时，为 $P_2\pm0.15\text{MPa}$。

3）额定出口蒸汽温度 t_2，额定出口蒸汽温度必须在饱和温度以上（含饱和温度），额定出口蒸汽温度的偏差范围最小值为额定出口蒸汽温度 $t_2\pm5℃$。

4）减温减压装置问题噪音，减温减压装置正常运行时，在减温减压阀（减压阀）出口中心线同一水平面下游 1m 处测其噪声，总体噪声水平不大于 85dB（A）。用户若有特殊要求，可由供需双方协商确定解决。

七、减压系统和减温系统的使用

减压系统和减温系统分开，主要用于工况恶劣，如蒸汽流量小不适用采用减温减压阀的，及饱和蒸汽的工况（压力较低主要考虑蒸汽流速较低）采用文丘里管减温方式，减温水充分雾化，以达到较好的减温效果。

八、减温减压装置主要产品元件

1. 减压系统

减温减压阀、节流孔板等；

2. 减温系统

给水调节阀、节流阀等；

3. 安全系统

安全帽、止固阀等；

4. **管路系统**

蒸汽管路、过渡管、减温水管等；

5. **配套附件**

截止阀、双金属温度计及接管、压力表及三通阀、弯头、接头、法兰、衬垫、螺栓、螺母、垫圈。

燃气调压装置主要用于城镇燃气管网，高压管道与中压、低压管道连接，主要适用于直燃机组、燃气锅炉、小区供气及大型窑炉减压稳定使用。燃气调压装置、减温减压装置检验主要项目有：与制造产品有关的图纸总目录、整套图纸、零件图、工艺工装图及设计计算书等技术资料，结构紧凑，安装及维护保养方便。负荷调节范围大（1:20），噪声低。操作灵活，可根据不同要求任意设定参数。功能强大，并可根据用户要求进行功能扩展。控制精度高，运行平稳，调节灵敏。

燃气调压装置额定压力小于或等于1.6MPa的燃气调压装置未纳入管理范围。其燃气调压装置、减温减压装置等级划分按照TSG D2001《压力管道元件制造许可规则》规定等级划分：燃气调压装置、减温减压装置分为A级和B级，两级管理。

第二十节　绝缘接头

绝缘接头是同时具有埋地钢质管道要求的密封性能和电法腐蚀防护工程所要求的电绝缘性能的可替代绝缘法兰的接头统称。它包括一对内外嵌合的联结件，联结件中间的绝缘密封件及与联结件分别相焊的一对钢质短管。

一、一般技术要求

绝缘接头应具有埋地钢质管道电法腐蚀防护工程所要求的电绝缘性能，应能在输送介质要求的温度、压力下长期可靠地工作，具有足够的强度和密封性能；制造标准应符合GB 150、GB/T 4730，公称直径应符合GB/T 1047的规定，公称压力应符合GB/T 1048的规定；在承受大的弯矩，或有集中载荷作用的管道部位，不应设置绝缘接头；绝缘接头的设计图样有特殊要求时，还应符合设计图样的要求。

二、产品型号与结构

1. 绝缘接头产品型号命名方法

示例：YH－DN200PN1.6－500标记适用于管道的公称直径DN200mm、公称压力为1.6MPa的压力管道绝缘接头，其结构长度为500mm。

2. 结构

绝缘接头在保证强度、密封性和绝缘性能要求的前提下，其结构型式要力求简单，结构尺寸应合理。

3. 设计

绝缘接头的设计应符合SY/T 0516《绝缘法兰设计技术规定》的规定。设计应不断引进新技术、新材料和新工艺。

三、绝缘接头材料

1）绝缘接头制造所用钢材应符合 GB 150 中有关材料要求的规定。钢材生产单位提供的产品质量证明书，必要时还应按规定进行复验。

2）用于制造连接环、勾套的材料应为锻件，并应符合 JB 4726 的有关规定，锻件的级别应不低于Ⅱ级或按设计图样规定。采购的锻件产品应有产品出厂合格证和锻件产品质量证明书。

3）根据钢材的种类，按JB/T 4709《钢制压力容器焊接规程》的要求选用相应的焊材和焊丝，其质量应符合相应标准要求，焊接材料必须有质量证明书及清晰牢固的标志。

4）绝缘密封件的电绝缘性能，应能满足绝缘接头的电绝缘要求，且不低于材料出厂的电绝缘性能指标。

四、制造

绝缘接头的受压元件之间相焊的焊接接头和要求全焊透的角接接头都应进行焊接工艺评定，绝缘接头的焊接工艺评定应符合 NB 4708《钢制压力容器焊接工艺评定》、JB/T 4709《钢制压力容器焊接规程》、焊工应按照《特种设备焊工考试与管理规则》的规定要求，取得质量技术监督部门颁发的焊工合格证后，才能在有效期内担任合格项目范围内的工作。

在绝缘接头产品施焊前，施焊部位的坡口表面不得有裂纹、分层、折叠和夹杂等缺陷；应清除坡口两侧 20mm 范围内的氧化物、油污及其他有害杂质。

应使用烘干合格的焊条，施焊环境出现下列任意情况，且无有效防护措施时，禁止施焊：

——手工焊时风速大于 10m/s；

——气体保护焊时风速大于 2m/s；

——相对湿度大于 90%；

——雨雪环境。

当焊件温度低于 0℃时，施焊前应在始焊处 100mm 范围内预热到 15℃左右。产品的零部件应严格按工艺文件和设计图样的要求采用机械加工的方法制造，零部件表面应有确认的标记。组装绝缘接头前，应对全部零件进行检查，合格后方可组装。

五、无损检测

1）绝缘接头的对接焊接接头应进行无损检测，检测前，应对焊接接头进行几何尺寸和外观质量检查，合格后方可进行无损检测。焊接接头表面不得有裂纹、气孔、弧坑和夹渣等缺陷，溶渣和飞溅应清除干净，焊缝余高和焊缝表面咬边应符合 GB 150 的相关规定。

2）绝缘接头的对接焊接接头应采用 X 射线检测，检测比例应不小于每条焊缝长度的 10%，并按 JB/T 4730.1～JB/T 4730.6《承压设备无损检测》规定进行评定，绝缘接头工作压力 $1.6 < P \leqslant 6.4$MPa 时不低于Ⅱ级合格；工作压力 $P \leqslant 1.6$MPa 时不低于Ⅲ级为合格。当设计图样另有要求时，则按设计图样的规定的检测方法、检测长度和验收标准执行。

3）当发现有不允许的超标缺陷时，应在缺陷的两端延长部位增加检测长度，增加的焊缝长度为该焊接接头长度的10%，若仍有不合格的缺陷时，则应对该焊接接头做100%检测。

4）对检测出的不允许缺陷，应在缺陷清除干净后进行补焊，并对该部分焊缝重新进行射线检测，直至合格。

六、检验

1. 检验环境

——温度：5℃～35℃；

——相对湿度：≤85%；

——大气压：86kPa～106kPa。

2. 检验设备

——压力试验装置和气密性试验装置；

——500V 兆欧表；

——量程≥15kV 电火花仪；

——保护间隙动作电压检测装置；

——直尺、卡尺、规尺。

3. 检验项目及方法

为保证绝缘接头能在管输介质要求的温度、压力下长期可靠地工作，产品出厂前应进行下列检验。

（1）压力试验

1）绝缘接头组装结束，全部检验项目合格后，应在1.5倍的工作压力下，采用水为介质对其进行压力试验（当绝缘接头材料为奥氏体不锈钢时，应控制水中的氯离子含量不超过25mg/L）。充液时，应将绝缘接头内部的空气排净，整个压力试验过程中，应保持绝缘接头外表面的干燥。当达到规定的试验压力后，保压15min，检查所有焊缝及连接部位，无渗漏、无可见的异常变形、无异常声响为合格。试验中严禁对接头施加可能使接头受到影响试验结果的外力。

2）压力试验用水温度的控制应符合 GB 150 的相应规定。

3）压力试验应采用两个量程、表盘直径和精度相同的并经过校验的压力表，压力表的精度应为1.5级，压力表的量程以试验压力的2倍为宜，但不应低于1.5倍和高于4倍的试验压力表。

4）气密性试验（当设计图样或用户要求时）

①气密性试验应在压力试验合格后进行，试验前，应把绝缘接头内部残存的液体全部排净、吹干，在1.1倍的工作压力下，对其进行气密性试验，当升至规定的试验压力后，保压10min，全部焊缝及联结部位经检漏议或肥皂水检验，无泄漏为合格。试验中严禁对接头施加可能使接头受到影响试验结果的外力。

②气密性试验所用气体应用干燥、洁净的氮气、空气或其他惰性气体，其试验介质的温度控制应符合 GB 150 的相应规定。

③绝缘电阻测量。将绝缘接头垂直放置，用砂布将接头两端打磨出金属光泽，再用500V兆欧表按SY/T 0023－1997《埋地钢质管道阴极保护参数测试方法》中7.1规定的方法进行测试，其绝缘接头的绝缘电阻≥5MΩ。

④保护间隙动作电压检测，该项检验与压力试验同时进行。

a）将绝缘接头与保护间隙动作电压检测装置联结，在电压上升过程中，达到预计放电电压的40%之前，电压上升速度可随意，当电压上升到预计放电电压的40%之后，电压上升速度要均匀，每秒上升速度为预计放电电压的2%左右；

b）在一次检测中。要求连续三次进行放电电压检测，每次放电试验的间隙不得少于1min，其保护间隙放电电压合格标准为2.5kV～10kV。

⑤外防腐层（热收缩套）高电压试验

用量程≥15kV电火花议对外防腐层进行100%扫测，耐击穿电压≥15kV为合格。

⑥外观及几何尺寸检验

a）产品母材表面光滑，不得有磕、碰、划痕、弧坑等缺陷，焊缝咬边和焊缝余高应符合GB 150的相关规定；

b）用卡尺、直尺、规尺测量，产品外形尺寸应符合产品设计图样的规定。

⑦环境适应检测

a）环境温度模拟试验的温度变化程序应符合要求，$T=1.1$倍工作温度。

b）温度下降和升高的速率应不大于1℃/mim。

c）将产品放入温度试验箱中部，按GB 150中10.3.7.1、10.3.7.2规定进行试验，试验后取出产品，在常温下恢复2h后做下列检验：

——在1.1倍工作温度下，按GB 150中10.3.1、10.3.2规定对其进行压力试验和气密性试验。

——按GB 150中10.3.3和10.3.4规定对产品进行绝缘电阻和保护间隙放电电压检测。

4. 检验规则要求

检验分出厂检验和型式试验两类。

1）出厂检验，是每批产品必须逐台进行检验，检验项目、要求及合格指标按GB 150中10.3.1～10.3.6执行。

2）型式试验，发生下列情况之一时，应进行型式检验：

①产品定型鉴定时；

②正常生产时，每两年一次；

③停产时间超过六个月恢复生产时；

④产品材料、结构、工艺发生较大变动可能影响产品质量时；

⑤国家质检总局提出进行型式检验要求时。型式试验应从出厂检验合格的产品中随机抽取2个进行型式试验。型式试验的判定，试验结果全部合格，则该批产品判为合格。检验结果中若绝缘电阻和保护间隙放电电压不合格，则该批产品判为不合格；其他检验项目如不合格，允许加倍进行复验，复验不合格，即该批产品判定为不合格。

⑥型式试验项目见表10－21：

表 10－21　型式检验项目表

序号	检验项	试验方法及合格条款（GB150）	备注
1	压力试验	10.3.1	
2	气密性试验	10.3.2	
3	绝缘电阻	10.3.3	
4	保护间隙动作电压	10.3.4	
5	外防腐层高电压检测	10.3.5	
6	外观及几何尺寸检查	10.3.6	
7	环境温度模拟试验	10.3.7	

第二十一节　材料控制

一、有关压力管道及组成件的材料选用

按照《特种设备安全监察条例》等规定，压力管道各组成件的材料选用应当满足一下各项基本要求，设计时根据特定适用条件如：压力、介质和温度及环境选择合适的材料：

1）符合相应材料标准的规定，其适用方面的要求符合管道有关安全技术规范的规定。

2）金属材料的延伸率应当不低于14%，材料在最低使用温度下具备足够的抗脆断能力，由于特殊原因必须使用延伸率低于14%的金属材料时，能够采取必要的防护措施。

3）在预期的寿命内，材料在使用条件下具有足够的稳定性，包括物理性能、化学性能、力学性能、耐腐蚀性能以及应力腐蚀破裂的敏感性等。

4）考虑在可能发生火灾和灭火条件下的材料适用性以及由此而带来的材料性能变化和次生灾害。

5）材料适合相应制造、制作加工（包括锻造、铸造、焊接、冷热成形加工、热处理等）的要求，用于焊接的碳钢、低合金钢的含碳量应当小于或等于0.30%。

6）几种不同的材料组合使用时，应当注意其可能出现的不利影响。

7）利用在用城镇燃气压力管道的阀井或新挖探坑，对重要管道或有明显腐蚀和冲刷减薄的弯头、三通、盲管、管径突变部位及相邻直管部位进行壁厚抽样检测。

压力管道组成件采用新研制、无应用实例的国产材料，材料研制生产单位应当将试验验证资料和第三方检测报告报国家质检总局，由国家质检总局委托有关技术组织或者技术机构进行评审。技术评审的结果经过国家质检总局批准后，方可试制、试用。通过一定周期的试用、验证，进行型式试验或者技术鉴定后，报国家质检总局备案。

二、采用国际标准或国外标准

压力管道组成件所用材料采用国际标准或者国外标准时，应当符合下列要求：

1）选用国外压力管道规范允许使用且已有使用实例的材料，该材料性能不得低于国内类似材料的有关安全技术规范及其标准的要求，其适用范围符合有关安全技术规范及其

标准的规定；

2）首次使用前，对化学成分、力学性能进行复验，并且进行焊接工艺评定，符合规定要求时，方可投入制造。

三、采用新研制、无应用实例的材料

管道组成件采用新研制、无应用实例的国产材料，材料研制生产单位应当将试验验证资料和第三方检测报告报国家质检总局，由国家质检总局委托有关技术组织或者技术机构进行评审。技术评审的结果经过国家质检总局批准后，方可试制、试用。通过一定周期的试用、验证，进行型式试验或者技术鉴定后，报国家质检总局备案。

第二十二节 焊接质量检验

一、压力管道元件焊接的基本要求

1）压力管道元件的焊接以及受压元件与非受压元件之间的焊接，必须采用经评定合格的焊接工艺，施焊单位必须对焊接工艺严格管理。管道受压元件的焊接工艺评定应当符合有关安全技术规范及其相关标准的规定。焊接工艺评定完成后，焊接工艺评定报告和焊接工艺指导书应当经施焊单位焊接责任工程师审核，质量保证工程师批准，并存入技术档案。

2）用于管道受压元件焊接的焊接材料，应当符合有关安全技术规范及其相关标准的规定。焊接材料应当有质量证明文件和相应标志，使用前应当进行检查和验收，不合格者不得使用。施焊单位应当建立焊接材料的保管、烘干、清洗、发放和回收管理制度。

3）焊接设备的电流表、电压表等仪器仪表，以及规范参数调节装置应当定期检定和校验，否则不得用于管道受压元件的焊接。

4）对施工现场的焊接环境应当进行严格控制。焊接的环境温度应当保证焊件焊接所需的足够温度和焊工技能操作不受影响。焊件表面潮湿，或者在下雨、下雪、刮风期间，焊工及其焊件无保护措施时，不得进行焊接。

5）管道焊接接头的位置，坡口的加工、清理与检验，焊件组对，焊前预热等，应符合 GB/T 20801 的规定。管道焊接接头的设置应当便于焊接和热处理，并且尽量避开应力集中区。焊口组对时，除设计文件规定的管道预拉伸或者预压缩焊口外，不得强行组对。

6）GC1 级管道的单面对接焊接接头，涉及温度低于 -20℃ 的管道、淬硬倾向较大的合金钢管道、不锈钢以及有色金属管道应当采用氩弧焊进行根部焊道焊接，且表面不得有电弧擦伤。

7）钛材焊接前和焊接过程中应当防止坡口污染。焊缝每焊完一道均应当进行表面颜色检查，表面颜色不合格者应当立即除去，重新焊接。表面颜色检查可参照相关标准执行。

8）焊接接头焊完后，应当在焊接接头附近做焊工标记。对无法直接在管道受压元件上作焊工标记的，可以采取管道轴测图上标注焊工代号的方法代替。

9）不合格焊接接头的返修，应当符合以下要求：

①返修前进行缺陷产生的原因分析，提出相应的返修措施。

②补焊采用经评定合格的焊接工艺，并且由合格焊工施焊。

③同一部位（指焊补的填充金属重叠的部位）的返修次数超过2次时，应当考虑对焊接工艺的调整，重新制定返修措施，经施焊单位技术负责人批准后方可进行返修。

④返修后按照原规定的检验方法重新检验，并且连同返修以及检验记录（明确返修次数、部位、返修后的无损检测结果）一并记入技术文件和资料中提交给使用单位。

⑤要求焊后热处理的管道，必须在热处理前进行焊接返修，如果在热处理后进行焊接返修，返修后需要再做热处理。

10）应当按设计文件和GB/T 20801的要求，管道受压元件在弯曲和成形后对焊接接头在焊后进行热处理。热处理单位在热处理前应当编制热处理工艺文件。热处理设备应当配有自动记录曲线的测温仪表，并且经计量检定合格。

11）热弯和热成形的管道受压元件、消除应力热处理的焊接接头，热处理后应当检测硬度值。硬度检测的数量、部位以及结果应当符合设计文件或者GB/T 20801的规定。

二、焊接质量检验的基本方法

压力管道在设计、制造、安装、修理、改造过程中影响焊接质量的因素很多，除涉及焊接技术本身的因素以外，都是焊接质量技术管理问题。为使焊接质量得到控制，常将影响焊接质量的因素按其性质归类分为：图纸上的焊接技术要求、焊工管理、焊接材料、焊接工艺评定、焊接施工、焊接设备5个控制环节，各控制环节按工作程序设若干个控制点。

确定控制点的原则是尽量精简，一般推荐如下：

——焊工环节设1个控制点，即上岗焊工的资格；

——焊接材料环节设4个控制点，即焊材采购验收、焊材保管、焊材烘干、焊材发放与回收；

——焊接工艺评定环节设3个控制点，即审阅焊接工艺评定指导书（任务书）、编制批准焊接工艺评定报告；

——焊接施工环节设4个控制环节，即审阅焊接工艺卡、二次返修及超次返修控制、焊工钢印、审阅焊后热处理工艺；

——焊接设备环节设1个控制点，即焊接设备上的仪表的周期检定。

三、焊接质量技术检验的主要内容与要求

1. 焊工管理及检验内容

（1）凡从事压力管道及其受压元件制造和安装环节从事焊接工作的焊工，必须按照国家质量监督检验检疫总局颁布的《特种设备焊接操作人员考核细则》（TSG Z6002—2010）进行考试，并取得质量技术监督行政部门特种设备安全监察机构颁发的《特种设备焊接操作人员考核细则》中的（焊工资格证），施焊位置应与考试合格的项目相适应，不得无证焊接和超项焊接。

（2）焊工所在单位应填写“焊工合格项目一览表”，记录焊工持证项目和有效期，供焊接工艺人员编制工艺、焊工班长安排工作和检验部门、驻厂监检人员监督检查使用。

（3）焊工所在单位应建立焊工档案，真实记录焊工的培训考试经历、成绩及日常焊接工作的业绩。

2. 焊接材料管理及检验内容

焊接材料管理是焊接质量控制的重要环节之一，控制核心是防潮、防错并实现材料使用的可追溯性。

（1）焊材采购与验收

供应部门应根据焊接工艺的要求采购符合相应标准规定的焊接材料并索取质量证明书。焊材到货后，应由保管员填写焊材入库验收通知单交材料检查员对焊材进行外观检查合格、材料责任师对质量证明书审查合格并按焊材制造厂的每一出厂批号编制厂内材料编号，方可办理入库手续，保管员对入库焊材逐件进行材料编号的标识。焊接材料应按照有关原材料进厂验收标准进行复验。

（2）焊材保管

——焊材库应干燥且通风良好，室内不允许放置有害气体，腐蚀性物品及其他材料，防止焊材受潮或腐蚀。

——所有焊接材料，均应按厂内材料编号存放于离墙壁和地面不小于300mm的木板或货架上，并有明显标记。

——焊材库内应配备满足要求的空气去湿机、温度计和湿度计，控制室内温度≥5℃，相对湿度≤60%以下。保管人员每天应按时记录焊材库的温度湿度。

——焊条、焊剂存放必须离开地面高度与距墙壁距离均在300mm以上，以免焊条受潮。

——已复验合格、待复验、不合格的焊材应有明确标志，分区存放。

——建立焊条领用制度和必要的台账。

（3）焊材烘干

——焊材烘干室必须配有专用的焊材烘干设备和保温设备，设备的温度、时间控制仪器要准确灵敏，并经周期检定合格；

——烘干人员应按焊接工艺的要求对焊材进行烘干，焊材烘干前，应经检查标识齐全、外观质量合格，不合格者不得烘干，烘好的焊材按厂内编号分别存放在保温箱中待用，并同时填写“焊条焊剂烘干记录表”；

——焊条、焊剂使用前应按说明书或作业指导书的要求，做烘干处理。对碱性焊条烘干温度一般为350℃～380℃。保温1h～2h。经烘干后的焊条最好放入50℃～100℃的低温烘箱中存放，随用随取；如未在低温烘箱中存放，超过4h以上，应重新烘干。对焊剂一般酸性焊条烘干温度一般在250℃～300℃，时间2h。

（4）焊材的发放与回收

——领用焊材时由焊工填写“焊接材料领用卡”，焊工班长确认，焊材烘干室存档，作为各产品焊缝使用焊材的追踪凭证；

——焊工领用焊条时应携带焊条保温筒，以防在使用过程中受潮，也便于焊条的携带和现场管理；

——发放焊材时，发放人员应核对其牌号、规格是否与焊接工艺要求一致，防止错发和错用，并填写焊接材料领退记录；

——当日未用完的焊条以及剩余焊剂和焊条头应及时退回收烘干室。回收的整根焊条按其牌号、规格、厂内编号做出标记、分别存放，回收的焊剂应去除碎粉、渣壳及杂物，同时填写焊接材料领退记录，作为焊材使用的见证资料。对回收的焊材使用前仍需按原烘干要求进行烘干，且重复烘干次数不超过两次。

3. 焊接工艺评定及焊接工艺文件编制及检验内容

与受压元件相连接的焊缝均应编制焊接专用工艺文件，而焊接工艺文件均需有合适的焊接工艺评定报告来支持，全部焊接技术文件均应签署齐全；焊接工艺评定报告资料应齐全完整，试验过程及试验数据应真实准确并应符合相应法规和标准的规定；焊接工艺评定试件应妥善保存，不得锈蚀、丢失。

4. 焊接施工过程质量检验内容

（1）焊工资格

从事压力管道元件焊接工作的焊工，必须具有特种设备操作人员相应资格，不得无证上岗或超项上岗。

（2）焊前准备

焊前准备包括焊接工艺文件的审阅，坡口的制备，焊条焊剂的烘干，焊丝的清洗，焊件组对及焊接区域的清理等工作。

（3）施焊环境条件

在压力管道元件焊接过程中，焊接环境温度低于0℃，没有预热措施，不得进行焊接。手工焊时风速大于10m/s；气体保护焊时风速大于2m/s；相对湿度大于90%；下雨、下雪时；如果没有有效的防护措施则禁止施焊；当焊件温度低于0℃时，应在始焊处100mm范围内预热到15℃左右方可施焊，否则不得施焊。

（4）工件组装

不得强力组装；不得采用十字焊缝；相邻两筒节的纵缝、封头拼缝与相邻筒节纵缝应错开，其中心距应大于筒体厚度的三倍，且不小于100mm；焊接临时吊耳和拉筋板，应采用与壳体相同或焊接性能相似的材料。

（5）焊接工艺纪律

焊工应严格按焊接工艺规程或焊接工艺卡规定的工艺参数施焊，不得擅自更改施焊参数。焊工应填写“施焊记录表”并在指定部位打焊工钢印（不能打焊工钢印的产品应记录钢印号）。

（6）焊缝返修

对焊缝外观检查和表面无损检测所发现的超标缺陷应进行修磨或补焊后修磨，一般不计入返修次数。对射线检测或超声波检测所发现的焊缝内部超标缺陷，必须由合格的焊工按返修工艺卡的规定进行返修，返修工艺措施应得到焊接责任工程师的同意。同一部位的返修次数不应超过两次，对焊缝的超次返修（即同一部位返修3次或3次以上时），应填写“焊缝超次返修卡”经单位技术总负责人批准，方可进行，同时工艺、检验人员应在现场监督指导，并做好返修记录。

5. 焊接设备检验项目

焊接设备的管理应执行设备管理制度的有关规定。并应做到：

——正确地安装、使用并加强焊接设备的维护保养，对焊接设备要做到定人操作、定期检修保证焊接设备的完好率达到85%以上；

——焊接设备应配备电压表、电流表、流量计等监控仪表，并应定期检定合格，保证各项参数的调节控制装置必须灵敏、可靠；

——购置的或经过大、中修理的焊接设备，在使用前应进行试验验证，并填写验证书将验证情况存入设备档案。

四、常用的焊接检验方法

1. 焊接检验

焊接检验通常分为焊前检验、焊接过程中检验、焊后检验。

（1）焊前检验

主要包括对特种设备操作人员焊工资格的审查，焊接材料的确认，焊接设备完好状况的检查，焊接装配质量，坡口的形式和尺寸，坡口表面清理及预热温度检测等。

（2）焊接过程中检验

依据焊接工艺文件，对焊工执行工艺情况进行检查。主要检查施焊环境条件、焊接设备运行情况、焊接工艺参数、焊缝的清根质量等。

（3）焊后检验

在每条焊缝施焊结束后进行，主要包括：焊工钢印检查，焊缝外观质量检查，焊缝几何尺寸检查，焊缝的无损检测；产品试板的力学性能试验及耐腐蚀性试验等。

2. 焊接检验方法

焊接质量检验的主要检验方法有：外观检验、无损检测、力学性能试验、化学成分分析及金相试验。

（1）外观检验

外观检验是对焊缝的外观质量及几何尺寸进行的检验。用肉眼或5～10倍放大镜检查焊缝表面质量，主要检查焊缝成形、有无表面缺陷；用样板或检测尺检查焊缝尺寸（焊缝余高、宽度等）、用直尺或专用量具检查接头对接边缘偏差（错边）、棱角度（角变形）及壳体直径、圆度、直线度等。

（2）无损检测

是在不破坏接头完整性和物理化学性质的条件下，检测焊缝表面和内部缺陷的非破坏性检验。常用的无损检测方法有射线检测（RT）、超声检测（UT）、磁粉检测（MT）、渗透检测（PT）、涡流检测（ET）及声发射检测（AE）等。

（3）力学性能试验

力学性能试验是指在力或能量的作用下，评定各种金属材料和焊接接头力学性能的破坏性试验。力学性能试验主要包括拉伸试验、弯曲试验、冲击试验、疲劳试验等。按试验时的试样温度，可分为常温、高温或低温试验。

①拉伸试验

拉伸试验可测定焊缝或接头的强度、塑性指标，如抗拉强度、屈服强度、断后伸长率、断面收缩率等。焊接接头和焊缝金属拉伸试样的截取位置和形式。

②弯曲试验

弯曲试验是检验金属材料或焊接接头承受规定弯曲程度的变形能力，并显示其缺陷的一种工艺性能试验，在一定程度上还能反映材料的均匀性及其质量。

③冲击试验

冲击试验是测定焊接接头或焊缝金属的韧性的一种试验。根据试样受力形式，可分为拉伸冲击、弯曲冲击、扭转冲击和剪切冲击等。弯曲冲击中又分为简支梁冲击和悬臂梁冲击，一般采用简支梁冲击试验。按试验温度可分为常温冲击、低温冲击及高温冲击试验。

冲击试验的试样种类较多，常用的有 10mm×10mm×55mm 的 V 型缺口和 U 型缺口试样。进行试样缺口加工时，应严格按制其形状、尺寸精度以及表面粗糙度。

④疲劳试验

疲劳试验是测定焊接接头或焊缝金属承受循环载荷时的强度的试验。

（4）化学成分分析

用于检查焊缝或堆焊层的化学成分，主要分为化学方法或仪器分析的方法。

化学分析方法首先是对用小直径（$\phi6$）钻头钻取的样品金属粉末 5g～10g，进行化学成分分析，测定 C、Si、Mn、S、P 五大元素含量，根据需要还可测定 Cr、Ni、Mo、Ti、V、Cu 等元素含量。

仪器分析法主要有发射光谱分析法、X 射线荧光分析法等。利用火花放电或电弧放电方法把分析试样中的元素原子游离出来并被碰撞、激发，然后观测其特征谱线，与标样对比，即可测出钢铁材料的元素种类及含量。

（5）金相检验

金相检验可用来检验焊缝金属及热影响区的组织、晶粒度以及各种夹杂物、缺陷等，可分为宏观金相检验和微观金相检验二类。

（6）耐腐蚀试验

耐腐蚀试验是评定检验接头的耐腐蚀性能是否符合要求的一种试验，以评估金属在腐蚀环境下耐腐蚀的能力，估计其寿命，分析腐蚀的原因并研究防止或延缓腐蚀的方法。

腐蚀试验方法有晶间腐蚀、应力腐蚀、疲劳腐蚀，大气腐蚀及高温腐蚀试验等。

根据国家标准，不锈耐酸钢晶间腐蚀倾向试验方法主要分为：C 法、T 法、L 法、F 法和 X 法。

（7）致密性试验和强度试验

1）强度试验（耐压试验）

强度试验通常分为液压试验和气压试验两种，而液压试验通常选用水作为试验介质。

①水压试验

水压试验前，将产品充满水、排净空气，用盲板封闭容器上的所有接管、人孔，并在最高点装设压力表。然后用试压泵缓慢升压至试验压力，在试验压力下保持 10min～30min，然后再将压力缓慢降至设计压力，保压进行检查（保压时间不少于 30min）以壳体、结构无异常的变形及异常声响、焊缝及泄放孔无渗漏为合格。

试验水温一般不得低于5℃（碳素钢、16MnR及正火15MnVR钢制容器和压力管道），其他低合金钢制压力容器水温不得低于15℃。

②气压试验

因结构或支承原因不能向产品内安全地充灌液体，或由于运行条件不允许残留液体介质的结构，可按设计图样规定的试验压力进行气压试验。试验介质应为干燥、洁净的空气、氮气或其他惰性气体，气体温度不得低于15℃。

试验过程中，应遵守安全技术要求，如将试验现场隔离，不得敲击焊缝或紧固螺栓等。

试验时压力缓慢升至规定试验压力的10%，保持5min～10min，然后对所有焊缝及连接部位进行初次检查，如无泄漏可继续升压到规定试验压力的50%；如无异常现象，其后按每级10%试验压力的级差逐级升到试验压力，在试验压力下保压10min～30min，然后再降到设计压力（保压时间不少于30min）在焊缝外侧涂肥皂水或其他检漏液进行检查，检查时，以无漏气、无可见的异常变形以及试验过程中无异常响声为合格。

2）致密性试验

致密性试验是检查焊缝、法兰连接密封面严密性的试验方法。致密性试验主要分为气密、煤油、盛水试验等。

①气密试验

气密试验是以干燥、洁净的空气、氮气或其他惰性气体为试验介质（介质温度不低于5℃），产品的设计压力为试验压力所进行的试验，试验时，在待检查部位涂肥皂水等发泡剂，以无泄漏为合格。

此外，还可进行氨气试验，即在焊缝表面贴上以5%硝酸汞水溶液或酚酞水溶液浸过的纸带（其宽度比焊缝宽20mm），再向容器内通入1%（体积百分比）氨的混合气，加压至所需的试验压力值。5min后检查纸带上未出现黑色或红色斑点为合格。

②煤油试验

大部分开口容器和常压贮罐的致密性试验，可用煤油试验、盛水试验等方法进行检查。煤油试验时，首先在容易检查、修补的一侧焊缝上涂白垩粉水溶液，待干后再在焊缝的另一面染上煤油。若焊缝不致密，煤油就会渗透过去，在涂有白垩粉的表面形成明显的油斑痕迹。如果半小时之内无油渍显示，则说明焊缝致密性合格。

第二十三节　理化应力检验

一、理化和力学性能试验

理化和力学性能试验主要对可能发生蠕变或氢脆，应进行金相和硬度检验，以确定材料性能是否劣化，如果设计时给出了工业管道的设计寿命，并且实际使用年限已经接近或超过设计寿命，则表明该管道的失效率很高，必须进行金相或硬度检验，以确定材料性能是否劣化。当金相或硬度检验结果异常时，必须进行化学成分分析，以确认是否误用了不符合设计规定的材料，并进行力学性能试验，确定材料力学性能的劣化程度。

二、金相和硬度检查

对于碳钢和低合金钢管道，在特定介质中可能发生应力腐蚀。但是，如果焊接接头的硬度值小于HB200，则肯定不会发生应力腐蚀。因此，应选择有代表性的部位应进行硬度检验。当焊接接头的硬度值超过 HB200 时，表明该管道存在应力腐蚀的可能性，检验人员视具体情况扩大焊接接头内外部无损检测抽查比例。

下列管道一般应选择有代表性的部位进行金相和硬度抽查：

——工作温度大于 370℃的碳素钢和铁素体不锈钢管道；

——工作温度大于 450℃的钼钢和铬钼钢管道；

——工作温度大于 430℃的低合金钢和奥氏体不锈钢管道；

——工作温度大于 220℃的输送临氢介质的碳钢和低合金钢管道。

介质可能引起应力腐蚀的碳钢或低合金管道（如工作介质中有 H_2S）一般应选择有代表性的部位应进行硬度检验，当焊接接头的硬度大于 HB200 时，检验人员视具体情况扩大焊接接头的无损检测比例，使用寿命接近或已经超过设计寿命的管道，检验时应进行金相检验或硬度检验，必要时应取样进行力学性能试验或化学成分分析。

三、应力检验原则

1. 布置不合理

表现形式不满足工艺及管道和仪表流程图的要求不满足便于生产操作、安装及维修的要求检验依据：GB 50136《工业金属管道设计规范》第 8 部分“管道的布置”对全面检验人员的要求具备相应的管道知识，具备相应的工程经验熟悉管道标准。

2. 结构不合理

表现形式管道柔性不足管道振动严重规范要求 GB 50316《工业金属工业管道设计规范》、SHJ 41《石油化工企业工业管道柔性设计规范》、SH 3073《石油化工企业工业管道支吊架设计规范》、检验手段直接发现通过管道或其组成件的异常现象、失效或破坏，间接发现应力分析。

四、硬度测试

对于在应力腐蚀敏感介质中使用的管道，应进行焊接接头的硬度测试，判定管道的应力腐蚀破裂倾向的大小。硬度测试部位包括母材、焊缝及热影响区，硬度测试应当符合以下规定：

——对输送含 H_2S 介质的管道，其母材、焊缝及热影响区的维氏硬度均应小于 $250HV_{10}$；

——碳钢管的焊缝硬度值不应超过母材最高硬度的 120%，对合金钢管的焊缝硬度不应超过母材最高硬度的 125%。

当焊接接头的硬度超标时，检验人员视具体情况扩大焊接接头内外部无损检测抽查。

五、拉伸性能测试

拉伸性能应当测试管道母材横向、纵向及焊缝的屈服强度、抗拉强度和延伸率，测试方法应符合国家或行业相应标准规定。冲击性能应当测试在不同温度下管道母材和焊缝的夏比冲击功，测试包括管道最低运行温度和最低运行温度减10℃，测试方法应符合国家或行业相应标准的规定。

六、其他

应对管道母材和焊缝的显微组织、夹杂物进行金相分析。对铸铁管的腐蚀状况检测，应通过阀井（室）、露管段或开挖等方式进行直接检查。开挖抽查检测的比例为1处/5km，并根据实际检测结论以确定是否需进一步增加抽查检测数量。检查的主要内容有：铸铁管表面损伤、腐蚀情况，并测试管道壁厚；当有承插口时，应对承插口状况进行检查。

当内检测或直接检测不可实施或者效果不好时，可采用压力试验的方法进行专业检验。压力试验应当符合国家或相应行业标准的规定。

第二十四节　常用无损检测方法

一、表面的无损检测部位

表面的无损检测抽查的部位应从下述重点检查部位中选定：

——宏观检查中发现裂纹或可疑情况的管道，应在相应部位进行表面无损检测；

——绝热层破损或可能渗入雨水的奥氏体不锈钢管道，应在相应部位进行外表面渗透检测；

——处于应力腐蚀环境中的管道，应进行表面无损检测抽查；

——长期承受明显交变载荷的管道，应在焊接接头和容易造成应力集中的部位进行表面无损检测；

——检验人员认为有必要时，应对支管角焊缝等部位进行表面无损检测抽查；

——制造、安装中返修过的焊接接头和安装时固定口的焊接接头；

——错边、咬边严重超标的焊接接头；

——表面检测发现裂纹的焊接接头；

——泵、压缩机进出口第一道焊接接头或相近的焊接接头；

——支吊架损坏部位附近的管道焊接接头；

——异种钢焊接接头；

——硬度检验中发现的硬度异常的焊接接头；

——使用中发生泄漏的部位附近的焊接接头；

——检验人员和使用单位认为需要抽查的其他焊接接头。

当重点检查部位确需进行无损检测抽查，而表10－22所规定的抽查比例不能适应检查需要时，检验人员应与使用单位协商确定具体抽查比例。

二、无损检测方法和要求

1. 无损检测要求

所有管道的焊接接头在外观检查合格后才能进行无损检测，焊接接头外观检查的检查等级和合格标准应当符合 GB/T 20801 的规定。有延迟裂纹倾向的材料应当在焊接完成 24h 后进行无损检测。有再热裂纹倾向的焊接接头，当规定进行表面无损检测（磁粉检测或者渗透检测，下同）时，应当在焊后和热处理后各进行 1 次。管道受压元件焊接接头表面无损检测的检测等级、检测范围和部位、检测数量、检测方法、合格要求应当不低于 GB/T 20801 和 JB/T 4730—2005《承压设备无损检测》的要求。被检焊接接头的选择应当包括每个焊工所焊的焊接接头，并且固定焊的焊接接头不得少于检测数量的 40%。管道受压元件焊接接头射线检测和超声波检测的等级、范围和部位、数量、方法应当符合以下要求：

1）名义厚度小于或等于 30mm 的管道，对接接头应当采用射线检测；如果采用超声波检测代替射线检测，需要取得设计的认可，并且其检测数量应当与射线检测相同，管道名义厚度大于 30mm 的对接接头可采用超声波检测代替射线检测；

2）公称直径大于或等于 500mm 的管道，对每个环向焊接接头进行局部检测，公称直径小于 500mm 的管道，可以根据环向焊接接头的数量按规定的检测比例进行抽样检测，抽样检测中，固定焊的焊接接头的检测数量不得少于其数量的 40%；

3）凡进行抽样检测的环向焊接接头，包括其整个圆周长度，进行局部检测的焊接接头，最小检测长度应当不低于 152mm；

4）被检焊接接头的选择，包括每个焊工所焊的焊接接头，并且在最大范围内包括与纵向焊接接头的交叉点，当环向焊接接头与纵向焊接接头相交时，最少应检测 38mm 长的相邻纵向焊接接头。

无损检测的合格要求应当不低于 GB/T 20801 和 JB/T 4730 的规定。

对无损检测发现的超标缺陷，必须进行返修，返修后仍应当按照原规定的无损检测方法进行检测。对规定进行抽样或者局部无损检测的焊接接头，当发现不允许缺陷时，应当用原规定的无损检测方法，按照 GB/T 20801 的规定进行累进检查。未进行无损检测的管道焊接接头，安装单位也应当对其质量负责。实施无损检测的无损检测机构必须认真做好无损检测记录，正确填写检测报告，妥善保管好无损检测档案和底片（包括原缺陷的底片）、超声自动记录资料，无损检测档案、底片和超声自动记录的保存期限不应少于 7 年。7 年后如果使用单位需要，可以转交使用单位保管。

对于 GC1、GC2 级管道的焊接接头一般应进行超声波或射线检测抽查。GC3 级管道如未发现异常情况，一般不进行其焊接接头的超声波或射线检测抽查。超声波或射线检测抽查的比例与重点检测部位按下述原则确定：

GC1、GC2 级管道焊接接头的超声波或射线检测抽查比例见表 10－22。

表 10－22　管道焊接接头超声波或射线检测抽查比例

管道级别	超声波或射线检测比例
GC1	焊接接头数量的 15% 且不少于 2 个
GC2	焊接接头数量的 10% 且不少于 2 个
注 1：温度、压力循环变化和振动较大的管道的抽查比例应为表中数值的 2 倍。 注 2：耐热钢管道的抽查比例应为表中数值的 2 倍。 注 3：抽查的焊接接头进行全长度无损检测。	

抽查时若发现安全状况等级3级或4级的缺陷，应增加检查比例，增加量由检验人员与使用单位结合管道运行参数和运行经验协商确定。

2. 无损检测方法

（1）磁粉检测（MT）

磁粉检测是用来检查铁磁性材料（如铁、钻、镍及其合金）表面或接近表面缺陷的一种检测方法。

检测时，将待检的焊件（或待检部位）磁化后，如果焊件表面或浅层存在缺陷（如裂纹、夹渣、气孔等），工作内部的磁力线会产品畸变，部分磁力线还会泄漏到外部空间形成漏磁场而吸附铁粉，根据铁粉聚集的部位、大小和形状，可直接判断缺陷的部位和大小。

（2）渗透检测（PT）

渗透检测是利用毛细管作用原理检查表面开口性缺陷的无损检测方法。其简单原理是将渗透性很强的液态物质（渗透剂）渗进材料表面缺陷内，然后用另一种介质（显像剂）再将其吸附到表面上来，以显示出缺陷的形状和部位。

（3）射线检测（RT）

射线检测是检验焊缝内部缺陷的无损检测方法，常用的检测方法为射线照相法，检测结果显示直观、便于缺陷的定性、定量和定位，射线照相底片还可留作永久性记录。

（4）超声检测（UT）

超声检测也是检验焊缝内部缺陷的无损检测方法，该方法对裂纹、未熔合、未焊透等面状缺陷有非常高的检测灵敏度。常用于焊缝内部质量检测及钢板、锻件、钢管的内部质量检测。

超声波或射线检测比例，根据我国压力管道量大面广的实际情况，并借鉴中石化和原化工部的管道检验规程而确定的，比例是指抽检的焊接接头数量与焊接接头总量之比，每条被抽检的焊接接头应进行100%检测，对使用条件苛刻和焊接技术要求高的管道如温度、压力循环和振动较大及耐热钢管道，规定抽查比例为一般数量的2倍。

第二十五节　压力试验

一、压力试验基本要求

压力管道耐压试验应当在热处理、无损检测合格后进行。耐压试验一般采用液压试验，或者按设计文件的规定进行气压试验。如果不能进行液压试验，经过设计同意可采用气压试验或者液压－气压试验代替。脆性材料严禁使用气体进行压力试验。对于GC3级管道，经使用单位或设计单位同意更改设计后，可以在采取有效的安全保护条件下，结合试车，按照GB/T 20801的规定，用管道输送的流体进行初始运行试验代替耐压试验。液压试验应当符合以下要求：

1）一般使用洁净水，当对奥氏体不锈钢管道或者对连有奥氏体不锈钢管道或者设备的管道进行液压试验时，水中氯离子含量不得超过0.005%，如果水对管道或工艺有不良影响，可使用其他合适的无毒液体，当采用可燃液体介质进行试验时，其闪点不得低于50℃。

2）试验时的液体温度不得低于5℃，并且高于相应金属材料的脆性转变温度。

3）承受内压的管道除本条“5.11”要求外，系统中任何一处的液压试验压力均不低于1.5倍设计压力。当管道的设计温度高于试验温度时，试验压力不得低于下式的计算值，当P_T在试验温度下产生超过管道材料屈服强度的应力时，应当将试验压力P_T降至不超过屈服强度时的最大压力。

$$P_T = 1.5P\frac{S_1}{S_2}$$

式中：P_T——试验压力，MPa；

P——设计压力，MPa；

S_1——试验温度下管子的许用应力，MPa；

S_2——设计温度下管子的许用应力，MPa；

当$\frac{S_1}{S_2}$大于6.5时，取6.5。

4）承受外压的管道，其试验压力应当为设计内、外压差的1.5倍，并且不得低于0.2MPa。

5）当管道与容器作为一个系统统一进行液压试验，管道试验压力小于或等于容器的试验压力时，应当按管道的试验压力进行试验，当管道试验压力大于容器的试验压力，并且无法将管道与容器隔开，同时容器的试验压力大于或等于按本节3）项计算的管道试验压力的77%时，经设计同意，可以按容器的试验压力进行试验。

6）夹套管内管的试验压力按照内部或者外部设计压力的高者确定，夹套管外管的试验压力按本节3）项确定。

7）试验缓慢升压，待达到试验压力后，稳压10min，再将试验压力降至设计压力，保压30min，以压力不降、无渗漏为合格。

8）试验室必须排净管道内的气体，试验过程中发现泄漏时不得带压处理，试验结束排液时需要防止形成负压。

气压试验应当符合以下要求：

——试验所用的气体应当为干燥洁净的空气、氮气或其他不易燃和无毒的气体；

——严禁使试验温度接近金属的脆性转变温度；

——试验时应装有超压泄放装置，其设定压力不得高于1.1倍试验压力或者试验压力加0.345MPa（取其较低值）；

——承受内压钢管以及有色金属管道的试验压力应当为设计压力的1.15倍；

——试验前必须用试验气体进行预试验，试验压力为0.2MPa；

——试验时，应当逐步缓慢增加压力，当压力升至试验压力的50%时，如未发现异常或泄漏现象，继续按试验压力的10%逐级升压，直至试验压力，然后将压力降至设计压力进行检查，以发泡剂检验不泄漏为合格，试验过程中严禁带压紧固螺栓。

现场条件不允许使用液体或者气体进行耐压试验的管道，在征得设计同意后，可采取替代性试验。替代性试验应当同时满足以下要求：

——凡未经过液压或气压试验的管道受压元件焊接接头，包括制造管道和管件的焊接接头、纵向焊接接头以及螺旋焊焊接接头均进行100%的射线检测或100%超声检测合格，其他未包括的焊接接头进行100%的渗透检测或者磁粉检测合格；

——应当按照GB/T 20801的规定进行管道系统的柔性分析；

——管道系统采用敏感气体或者浸入液体的方法进行泄漏试验，试验要求需要在设计文件中明确规定。

输送极度危害、高度危害流体以及可燃流体的管道应当进行泄漏试验。泄漏试验应当符合以下要求：

——试验在耐压试验合格后进行，试验介质宜采用空气，也可以按照设计文件或者相关标准的规定，采用卤素、氦气、氨气或其他敏感气体进行较低试验压力的敏感性泄漏试验；

——泄漏试验重点检验阀门填料函、法兰或螺纹连接处、放空阀、排气阀、排水阀等；

——泄漏试验时，压力逐级缓慢上升，当达到试验压力，并且停压10min后，用涂刷中性发泡剂的方法，巡回检查所有密封点，以不泄漏为合格。

管道压力试验合格后，应当按照GB/T 20801和设计文件的规定进行吹扫或者清洗，吹扫时应当设置禁区。清洗排放的污水和废液不得污染环境，排放标准应当符合国家有关法规、标准的规定。

二、压力试验

在年度检验管道一般应进行压力试验，当现场条件不允许进行压力试验时，经使用单位和检验单位同意，通过泄漏性试验等检验方法的可以不进行压力试验。下列情况之一，应进行压力试验：重大修理改造的管道；使用条件变更的管道（压力试验前必须进行强度校验合格）；停用2年以上重新投用的管道；如果现场条件不允许进行，经使用单位和检验单位同意，可同时采用下列方法代替：所有焊接接头和角焊缝（包括附着件上的焊接接头和角焊缝），用液体渗透法或磁粉法进行表面无损检测；焊接接头用100%射线或超声检测；泄漏性试验。

三、压力试验试验介质

脆性材料管道，必须使用液体；韧性材料管道，一般应以液体为试验介质；当管道的设计压力小于或等于0.6MPa时，也可采用气体为试验介质，但应采取有效的安全措施安全保护，试验前应具备的条件（见GB 50235《工业金属管道工程施工及验收规范》）。液压试验压力管道与设备作为一个系统试验时管道试验压力较低时，按管道试验压力进行试验，管道试验压力较高时，若设备的试验压力不低于管道最高工作压力的1.15倍，可按照设备的试验压力进行试验，气压试验压力是最高工作压力的1.15倍。

四、耐压强度校核

耐压强度校核管道存在全面腐蚀减薄，其减薄量超过公称厚度的10%时应进行耐压强度校核，耐压强度校核参照GB 50316《工业金属管道设计规范》的相关内容进行。耐压强度校核计算和应力分析（续）：应力分析，检验人员和使用单位认为必要时，对存在下列情况的管道进行应力分析：无强度计算书且设计厚度 $t_0 \geqslant D_0/6$ 或 $P_0/[\sigma]^t > 0.385$ 检验中发现管道存在较大变形，挠曲法兰经常性泄漏，破坏管段应设而未设置补偿器或补偿器失效支吊架异常损坏严重的全面减薄等现象。

五、压力试验

在用压力管道应按一定的时间间隔进行压力试验，具体要求如下：

1）经全面检验的管道一般应进行压力试验。

2）管道有下列情况之一时，应进行压力试验：

——经重大修理改造的；

——使用条件变更的；

——停用 2 年以上重新投用的。

对因使用条件变更而进行压力试验的管道，在压力试验前应经强度校核合格。

3）本节 2）款所述的管道，如果现场条件不允许使用液体或气体进行压力试验，经使用单位和检验单位同意，可同时采用下列方法代替：

——所有焊接接头和角焊缝（包括附着件上的焊接接头和角焊缝），用液体渗透法或磁粉法进行表面无损检测；

——焊接接头用 100% 射线或超声检测；

——泄漏性试验。

4）不属于本节 2）款所述的管道，如果现场条件不允许使用液体或气体进行压力试验，经使用单位和检验单位同意，通过泄漏性试验的可以不进行压力试验。

六、压力试验时应遵守的规则

进行压力试验时，应遵守下列规定：

——压力试验一般应以液体为试验介质。当管道的设计压力小于或等于 0.6MPa 时，也可采用气体为试验介质，但应采取有效的安全措施。脆性材料管道严禁使用气体进行压力试验；

——当进行压力试验时，应划定禁区，采取必要的安全保护措施，无关人员不得进入；

——在管道上进行的修补，应在压力试验前完成；

——压力试验合格后，应按格式填写在用工业管道压力试验报告或泄漏性试验报告。

七、其他

压力试验和泄漏性试验的具体规定按 GB 50235《工业金属管道工程施工及验收规范》执行，其中试验压力计算公式中的设计压力在此可以用最高工作压力代替。

第二十六节　局部腐蚀和全面腐蚀的确定方法

按照国家《长输（油气）管道定期检验规则》附则要求，应进行压力管道局部腐蚀和全面腐蚀的检验，具体局部腐蚀和全面腐蚀的确定方法如下：

对具备内检测条件的管道，可采用管道内检测器对管道内外腐蚀状况、几何形状及缺陷进行检测。管道内检测发现严重管道缺陷点时，应当进行开挖验证。直接检测方法包括管道内腐蚀直接检测、应力腐蚀开裂直接检测、外腐蚀直接检测。管道内腐蚀直接检测应在凝析烃、凝析水、沉淀物最有可能聚集之处进行，可采用多相流计算的方法确定检测位置。

一、管道进行内腐蚀检测

对管道进行内腐蚀检测时，一般在开挖后采用超声波壁厚测定法进行直接检查，确定内腐蚀状况，也可采用腐蚀监测方法或者其他认可的检测手段。对有应力腐蚀开裂严重倾向的输气管道，一般采用直接对管道进行无损检测的方法或其他适宜的方法进行检查。满足下列所有条件的管道一般具有应力腐蚀开裂倾向：

——操作应力大于60% SMYS；

——操作温度大于122℃；

——与压缩机站的距离小于或等于32. 2km；

——使用年限大于或等于10年；

——除熔结环氧粉末（FBE）外的所有防腐涂层。

注：SMYS为管道材料规定的最小屈服强度。

二、外腐蚀检测

外腐蚀检测的具体项目一般包括管线敷设环境调查、防腐保温层状况非开挖检测、管道阴极保护有效性检测、开挖直接检验。根据检测结果，对外腐蚀防护系统进行分级，原则上分为好、可、差、劣四个等级。

三、环境调查

管线敷设环境调查一般包括环境腐蚀性能检测和大气腐蚀性调查。进行环境腐蚀性能检测时，应对土壤腐蚀性以及杂散电流进行测试。土壤腐蚀性数据也可采用工程设计或历次检验报告的数据。进行大气腐蚀性调查时，对经过可能存在大气腐蚀的跨越段与露管段，应按照现行国家和行业标准的规定进行大气腐蚀性调查。

四、检测方法

检验机构应采用非开挖检测方法对防腐保温层及腐蚀活性区域进行检测，选择合适的检测方法与检测设备。非开挖检测方法主要包括直流（交流）电位梯度法、直流电压（交流电流）衰减法。检验机构至少应当选择两种相互补充的非开挖检测方法。

在面积为$L \times L$的腐蚀区域内至少选取15个厚度测试点，若测试数据的标准偏差与平均值之比（即协方差）小于20%，定为全面腐蚀，否则定为局部腐蚀。协方差按照下式计算。

$$COV = \frac{1}{t_{am}} \sqrt{\frac{\sum_{i=1}^{N} (t_{rd,i} - t_{am})^2}{N - 1}}$$

式中：t_{am}——厚度测试点的算术平均值，mm；

N——厚度测试点数量；

$t_{rd,i}$——每个测试点数值，mm；

L——均厚长度，$L = Q\sqrt{D_i t_{min}}$，mm；

$$Q = 1.118\left[\left(\frac{1-R_t}{1-R_t/RSF_a}\right)^2 - 1\right]^{0.5}, R_t < RSF_a;$$

$$Q = 50, R_t \geqslant RSF_a;$$

$$R_t = \frac{t_{mm} - FCA}{t_{min}};$$

$$t_{min} = \max\left(\frac{pD_0}{2SE}, \frac{pD_0}{4SE} + \frac{F}{SE\pi D_m} + \frac{4M}{SE\pi D_m^2}\right)。$$

式中：FCA——下一检验周期腐蚀量的2倍，mm；

t_{min}——最小要求壁厚，mm；

t_{mm}——最小测量壁厚，mm；

D_i——管道内直径，mm；

D_m——管道中径，mm；

D_0——管道外直径，mm；

$RSF_a = 0.9$；

p——内压，MPa；

S——材料许用应力，MPa；

E——焊缝系数；

F——管道截面受力，N；

M——管道截面受弯矩，MPa。

五、理化性能测试

对有可能发生应力腐蚀开裂、氢致开裂、材质劣化的管道、使用时间已超过15年并进行修理的管道，应当进行管道理化性能测试。一般包括化学成分分析、硬度测试、力学性能试验、金相分析；对材料状况不明的管道，应测试其化学成分，测试部位应包括母材和焊缝。

第二十七节　电性能检验

电性能检验的主要内容如下：

——绝缘法兰、绝缘接头、绝缘短管、绝缘套、绝缘固定支墩和绝缘垫块等电绝缘装置的绝缘性能；

——对采用法兰和螺纹等非焊接件连接的阀门等管道附件的跨接电缆或其它电连接设施的电连续性；

——辅助阳极和牺牲阳极的接地电阻。

第二十八节　开挖检测

长输管道检规中对开挖检验项目和检测点及质量提出了明确要求。根据直接检测的结果，按照一定比例选择开挖检测点。输气管道一般每公里 1 处，输油管道每 1km ~ 2km 1 处。开挖点的选取还应结合资料调查中的错边、咬边严重的焊接接头，使用中发生过泄漏、第三方破坏的管道。开挖检测的内容一般应当包括：

——土壤腐蚀性检测，检查土壤剖面分层情况以及土壤干湿度，必要时可对探坑处的土壤样品进行理化性质分析；

——防腐层检查和探坑处管地电位检测，应检查防腐保温层的物理性能以及探坑处管地电位，必要时收集防腐层样本，按相关国家和行业标准进行防腐层性能分析；

——管道腐蚀状况检测，包括金属腐蚀部位外观检查、腐蚀产物分析、管道壁厚测量、腐蚀区域的描述；

——管道焊缝无损检测，应对开挖处的管道对接环焊缝、管道螺旋焊缝或对接直焊缝进行无损检测，一般应采用射线或超声波检测，也可采用国家质检总局认可的其他无损检测方法对管道缺陷状况进行检测；

——阀井（室）内管道以及调压站（室）内的管道以及阀体检查。

对于宏观检查存在裂纹或者可疑情况的管道、处于有应力腐蚀开裂严重倾向的管段以及检验人员认为有必要时，可结合开挖点对管道对接环焊缝、管道螺旋焊缝或对接直焊缝、焊缝返修处等部位对接环焊缝进行表面无损检测。

应按《在用工业管道定期检验规则》的规定对跨越段进行定期检验，并且按照现行国家或行业标准对跨越段的附属设施进行检验。应对穿越段进行重点检查或检测。

按规定的开挖检测处进行无损检测外，对下述位置的裸露管道也需进行无损检测：

——调压站、分水器、膨胀器、闸井（室）连接的第一道焊接接头或相近的焊接接头；

——跨越部位、出土与入土端的焊接接头；

——检验人员和管道使用单位认为需要抽查的其他焊接接头。

第十一章　压力管道检验报告填写要求及报告书表样

第一节　压力管道设计技术记录表

压力管道设计单位应按照以下记录表、卡进行填写，安全监督检验机构可以按照以下表、卡进行监督检验，使用单位可以要求压力管道设计单位提供以下表、卡，作为日常管理的技术资料。

压力管道设计检验技术记录表见表11－1～表11－19。

表11－1　设计任务书

工程名称		项目编号	
委托单位		联系人	
工程规模		联系电话	
工程地点		设计阶段	
设计内容			
设计范围			
甲方提供资料			
任务工期			
设计要求			
注：本表一式两份，工程科一份，项目负责人一份（随设计文件资料归档）			

工程科：　　　　　　　　　　　　　　　　　　　单位负责人：

年　月　日

表11－2　设计条件表

设计参数及要求	
项目名称	
管道名称	
管道材质	

续表

设计参数及要求	
工作温度/℃	
工程项目序号	
工作压力/MPa（表压）	
介质	
介质重度/（kg/m^3）（标况）	
建设地点	
安装位置（市内/室外）	
月平均最低气温/℃	
地震设防裂度	
基本风压值/（kN/m^2）	
基本雪压值/（kN/m^2）	
建造场地土壤类别	
安全装置	
保温	
管道外表面油漆颜色	
需要特别说明	

附图：工艺布置图、系统图等。

编制人：　　　　　　　　审核人：　　　　　　　　批准人：

表 11-3　专业间交换条件表

工程名称			项目编号		
提供专业		接受专业		设计阶段	
资料内容：（附图________，附表________张）					
提交人		校核人		审批人	
接受人		审批		交接日期	

表 11－4　设计校（审）单

工程名称			项目编号		
设计人		计算书	页	CAD 制图（图号）	
说明书	页	材料表	张	套用图	
序号	校审意见				处理结果
校核		审批		设计人	

表 11－5　设计变更通知单表

工程名称		项目编号	
变更核定单位		变更日期	
问题性质			
变更事项	内容：		

提出单位：　　　　　　审核人：　　　　　　填写人：

表 11－6　初步设计文件质量评定表

工程名称		项目编号	
单项工程名称		审核日期	
设计者		审核人	
页码或图号	存在问题		执行情况

续表

<table>
<tr><td rowspan="3">设计质量评定</td><td colspan="5">评定意见：</td><td>签署人签字</td><td>日期</td></tr>
<tr><td>校核人</td><td>优秀</td><td>良好</td><td>合格</td><td>不合格</td><td></td><td></td></tr>
<tr><td>审核人</td><td>优秀</td><td>良好</td><td>合格</td><td>不合格</td><td></td><td></td></tr>
<tr><td>设计者意见</td><td colspan="7"></td></tr>
<tr><td>备　注</td><td colspan="7"></td></tr>
</table>

表 11－7　施工图设计质量评定表

<table>
<tr><td colspan="2">工程名称</td><td colspan="2"></td><td colspan="2">图号</td><td colspan="2"></td></tr>
<tr><td colspan="2">设计者</td><td colspan="2"></td><td colspan="2">日期</td><td colspan="2"></td></tr>
<tr><td rowspan="2">技术文件数量</td><td>新图</td><td>复用图</td><td>图纸目录</td><td>设计计算书</td><td>设计说明书</td><td>使用说明书</td><td>技术条件</td></tr>
<tr><td></td><td></td><td></td><td></td><td></td><td></td><td></td></tr>
<tr><td rowspan="5">设计错误统计</td><td colspan="7">校核、审核中发现的错误数量/（个/张）</td></tr>
<tr><td colspan="2">错误性质</td><td colspan="3">校核</td><td colspan="2">审核</td></tr>
<tr><td colspan="2">技术错误</td><td colspan="3"></td><td colspan="2"></td></tr>
<tr><td colspan="2">一般错误</td><td colspan="3"></td><td colspan="2"></td></tr>
<tr><td colspan="2">图面错误</td><td colspan="3"></td><td colspan="2"></td></tr>
<tr><td rowspan="3">设计质量评定</td><td colspan="5">评定意见</td><td>签署人签字</td><td>日期</td></tr>
<tr><td>校核人</td><td>优秀</td><td>良好</td><td>合格</td><td>不合格</td><td></td><td></td></tr>
<tr><td>审核人</td><td>优秀</td><td>良好</td><td>合格</td><td>不合格</td><td></td><td></td></tr>
<tr><td>设计人意见</td><td colspan="7"></td></tr>
<tr><td>备注</td><td colspan="7"></td></tr>
<tr><td></td><td colspan="7">1. 图纸的纸数以折合成 A1 图幅计算，其他技术文件均以 A4 幅图计算。
2. 本评定表作为业务考核的参考。</td></tr>
</table>

表 11 - 8　压力管道设计人员业务考核表

<table>
<tr><td>姓名</td><td></td><td>性别</td><td></td><td>年龄</td><td></td><td>人事压力管道设计工作时间</td><td></td></tr>
<tr><td>设计单位</td><td></td><td>职务</td><td></td><td>现有文化程度</td><td></td><td>参加工作时间</td><td></td></tr>
<tr><td colspan="8">承担的主要技术工作</td></tr>
<tr><td>起止日期</td><td colspan="2">任务名称</td><td colspan="3">担任工作的内容及职务</td><td colspan="2">结果情况</td></tr>
<tr><td></td><td colspan="2"></td><td colspan="3"></td><td colspan="2"></td></tr>
</table>

<table>
<tr><td colspan="3">技术业务总结</td></tr>
<tr><td colspan="3"></td></tr>
<tr><td colspan="3">学习、参加培训及学术活动情况</td></tr>
<tr><td>日期</td><td>内容</td><td>主办单位</td></tr>
<tr><td></td><td colspan="2"></td></tr>
<tr><td>专业室意见</td><td colspan="2">专业室主任（签字）</td></tr>
<tr><td>院领导意见</td><td colspan="2">院负责人（签字）</td></tr>
</table>

表 11 - 9　压力管道设计回访记录表

工程项目名称		压力管道设计级别	
设计单位名称		设计专业	
设计时间		投产时间	
制造/安装/使用单位名称		制造/安装/使用	

续表

<table>
<tr><td>该工程压力管道设计关于制造/安装/使用的反馈意见：

填写人（签字）　　　　　　　　年　　月　　日
（制造/安装/使用单位公章）</td></tr>
<tr><td>处理情况：

处理部门/处理人（签字）　　　　　　　　年　　月　　日</td></tr>
</table>

表 11-10　设计计算书表

<table>
<tr><td>工程名称</td><td></td><td>项目编号</td><td></td></tr>
<tr><td>单位工程名称</td><td></td><td>日期</td><td></td></tr>
<tr><td>设计者</td><td></td><td>审核人</td><td></td></tr>
<tr><td colspan="4"></td></tr>
</table>

表 11-11　复用图审批表

<table>
<tr><td>工程名称</td><td></td><td>项目编号</td><td></td></tr>
<tr><td>单项工程名称</td><td></td><td>图号</td><td></td></tr>
<tr><td>张数</td><td>张</td><td>折合甲 1</td><td>张</td></tr>
<tr><td>审批部门</td><td>工程科</td><td>审批人</td><td></td></tr>
<tr><td>审批意见</td><td colspan="3"></td></tr>
<tr><td>审批日期</td><td></td><td>项目负责人</td><td></td></tr>
</table>

表 11－12　出图审批单表

工程名称		项目编号	
单项工程名称		图号	
张数	张	折合甲 1	张
设计人		审批人	
审批部门	工程科	审批人	
审批意见			
审批日期		项目负责人	

表 11－13　晒图审批单表

工程名称		项目编号	
单项工程名称		图号	
张数	张	折合甲 1	张
审批部门	综合管理科	审批人	
审批意见			
审批日期		项目负责人	

表 11－14　设计文件入库登记表

序号	图号	图名	实际张数	时间	设计者	备注

表 11－15　图纸资料收发记录表

序号	图号	图名	转存份数	张数	收发时间	转存人	发图份数	发图人签字	备注

表 11－16　设计资质印章使用登记表

序号	工程名称	图号	审批人	使用人	日期	备注

表11－17　压力管道设计印章使用登记表

序号	工程名称	图号	审批人	使用人	日期	备注

表11－18　蓝图借阅登记表

图号	图名	数量	张数	借阅日期	借阅人	归还日期

表11－19　蓝图借阅登记表

图号	图名	数量	张数	借阅日期	借阅人	归还日期

第二节　工业压力管道在线检验报告样式

在线检验的现场检验工作结束后，检验人员应根据检验情况，填写在《在用压力管道在线检验报告书》，样式如下：

国家质量监督检验检疫总局制

在用压力管道在线检验报告书

装置名称：________________

管道名称：________________

注册编号：________________

管道编号：________________

使用单位：________________

建档日期：　　　年　　月　　日

在用压力管道原始资料登记表

装置名称		设计单位	
管道名称		设计日期	
管道编号		设计规范	
管道级别		安装单位	
管道长度/m		安装与验收规范	
起止位置		验收日期	
敷设方式		投用日期	
设计压力/MPa		工作压力/MPa	
设计温度/℃		工作温度/℃	
管子材料牌号		工作介质	
管道规格		绝热层材料	
(外径 mm×壁厚 mm)		绝热层厚度/mm	
腐蚀裕量/mm		防腐层材料	
备注：			

在用压力管道单线图

绘制：　年　月　日					审核：　年　月　日						
管道名称					管道编号						
管道规格/（mm×mm)					腐蚀裕量/mm						
管道材质					管道级别						
测厚点部位图：											
年	仪器型号/精度					表面状况					
测点编号											
厚度/mm											
检验人员：　年　月　日　审核：　年　月　日											
年	仪器型号/精度					表面状况					
测点编号											
厚度/mm											
检验人员：　年　月　日　审核：　年　月　日											
年	仪器型号/精度					表面状况					
测点编号											
厚度/mm											
检验人员：　年　月　日　审核：　年　月　日											
年	仪器型号/精度					表面状况					

续表

测点编号											
厚度/mm											
检验人员：　年　月　日　审核：　年　月　日											
年	仪器型号/精度						表面状况				
测点编号											
厚度/mm											
检验人员：　年　月　日　审核：　年　月　日											
备注：											

在用压力管道在线检验结论报告

报告编号：

装置名称			管道名称		
管道编号			管道级别		
管道规格（mm × mm）			管道材质		
资料准备	□管道平面布置图：□管道工艺流程图：□单线图；□历次在线检验报告：□历次全面检验报告；□运行参数等技术资料				
记录审查	□管道运行记录：□管道开停车记录：□管道隐患监护措施实施情况记录；□管道改造施工记录：□检修报告：□管道事故处理记录；□检验方案				
问题记载					
检查项目及检查结果					
管道表面		焊接接头		泄漏	
绝热层		防腐层		管道振动	
支吊架		阀门		膨胀节	
法兰		管道结构		管道标识	
法兰间接触电阻		对地电阻		壁厚测定	
其他					
安全保护装置	压力表	测温仪表	安全阀	爆破片装置	其他
缺陷情况说明：					

续表

检验结论：根据TSG D7004《压力管道定期检验规则－公用管道》的规定，对本管线已完成所要求的检查和检验。检验结果是： 下次在线检验日期：　年　月 检验人员：　年　月　日　审核：　年　月　日	
缺陷处理情况说明： 确认：　年　月　日 审核：　年　月　日	使用单位章 年　月　日 检验单位章* 年　月　日

注：使用单位委托检验单位进行在线检验时，须加盖检验单位章。

第三节　公用压力管道一般性检验报告样式

一般性检验的现场检验工作结束后，检验人员应根据检验情况，填写《在用公用压力管道一般性检验报告书》，样式如下：

城镇燃气管道一般性检查报告

使用单位：________________

管道名称：________________

使用登记证号：________________

设备代码：________________

检验日期：________________

（印制检验机构名称）

城镇燃气管道一般性检查报告目录

报告编号：

序号	检验项目	页码	附页、附图
1	城镇燃气管道一般性检查结论		
2	资料审查报告		
3	宏观检查报告		
4	附腐保温层检查报告		
5	电性能测试报告		
6	阴极保护系统检查报告		
7	安全保护装置检验报告		

城镇燃气管道一般性检查结论

报告编号：

使用单位			
单位地址			
安全管理人员		联系电话	
设备代码		邮政编码	
管道名称			
使用登记证号		投用日期	
管道长度/km		管道规格	
设计压力/MPa		设计温度/℃	
工作介质		操作压力/MPa	
工作温度/℃		管道材质	

主要检查依据：

检查发现的缺陷位置、程度、性质及其处理意见（必要时附图或附页）：

续表

<table>
<tr><td>检查结论</td><td>□允许使用
□监控使用
□进行专业性检验</td><td>允许运行参数</td><td>工作压力：　　MPa
工作温度：　　℃
输送介质：
其他：</td></tr>
<tr><td colspan="3">下次一般性检查日期：　　年　月　日</td><td rowspan="4">机构核准证号：（如果自行检查，可取消本栏）

（检验机构检验专用章）
年　月　日</td></tr>
<tr><td colspan="3">检　查：　　　　　　日　期：</td></tr>
<tr><td colspan="3">审　批：　　　　　　日　期：</td></tr>
<tr><td colspan="3"></td></tr>
</table>

第四节　长输压力管道年度性检验报告样式

长输压力管道年度性报告样式如下：

长输压力管道年度性的报告填写样式见《长输压力管道年度性检验报告》。如：长输压力管道年度性检验报告（一般性）。

报告编号：

长输（油气）管道一般性检查报告

使用单位：＿＿＿＿＿＿＿＿＿＿

管道名称：＿＿＿＿＿＿＿＿＿＿

使用登记证号：＿＿＿＿＿＿＿＿＿＿

设备代码：＿＿＿＿＿＿＿＿＿＿

检验日期：＿＿＿＿＿＿＿＿＿＿

（印制检验机构名称）

长输（油气）管道一般性检查结论

报告编号：

<table>
<tr><td>使用单位</td><td colspan="3"></td></tr>
<tr><td>单位地址</td><td colspan="3"></td></tr>
<tr><td>安全管理人员</td><td></td><td>联系电话</td><td></td></tr>
<tr><td>设备代码</td><td></td><td>邮政编码</td><td></td></tr>
<tr><td colspan="4">管道名称</td></tr>
<tr><td>使用登记证号</td><td></td><td>投用日期</td><td></td></tr>
<tr><td>管道长度/km</td><td></td><td>管道规格</td><td></td></tr>
<tr><td>设计压力/MPa</td><td></td><td>设计温度/℃</td><td></td></tr>
<tr><td>工作介质</td><td></td><td>操作压力/MPa</td><td></td></tr>
<tr><td>工作温度℃</td><td></td><td>管道材质</td><td></td></tr>
<tr><td colspan="4">主要检查依据：</td></tr>
<tr><td colspan="4">检查发现的缺陷位置、程度、性质及其处理意见（必要时附图或附页）：</td></tr>
<tr><td>检查结论</td><td>□允许使用
□监控使用
□进行专业性检验</td><td>允许运行参数</td><td>工作压力：　　　　MPa
工作温度：　　　　℃
输送介质：
其他：</td></tr>
<tr><td colspan="3">下次一般性检查日期：　　　年　月　日</td><td rowspan="3">机构核准证号：
（如果自行检查，可取消本栏）

（检验机构检验专用章）
年　月　日</td></tr>
<tr><td colspan="3">检　查：　　　　日期：</td></tr>
<tr><td colspan="3">审　批：　　　　日期：</td></tr>
</table>

长输（油气）管道一般性检查报告附页

报告编号：

<table>
<tr><th>序号</th><th colspan="3">检查项目及其内容</th><th>检查结果</th><th>备　注</th></tr>
<tr><td>1</td><td rowspan="10">资料审查</td><td rowspan="3">安全管理资料</td><td>使用登记证</td><td></td><td rowspan="10"></td></tr>
<tr><td>2</td><td>安全管理规章制度、安全操作规则</td><td></td></tr>
<tr><td>3</td><td>作业人员上岗持证情况</td><td></td></tr>
<tr><td>4</td><td rowspan="3">技术档案资料</td><td>年度检查和定期检验报告</td><td></td></tr>
<tr><td>5</td><td rowspan="2">设计、施工、竣工验收资料（必要时审查）</td><td></td></tr>
<tr><td>6</td><td></td></tr>
<tr><td>7</td><td rowspan="4">运行状况资料</td><td>日常运行维护记录</td><td></td></tr>
<tr><td>8</td><td>隐患排查治理记录</td><td></td></tr>
<tr><td>9</td><td>改造、维修资料</td><td></td></tr>
<tr><td>10</td><td>事故记录</td><td></td></tr>
<tr><td>11</td><td rowspan="11">宏观检查</td><td rowspan="2">位置走向</td><td>管道埋深</td><td></td><td></td></tr>
<tr><td>12</td><td>管道走向</td><td></td><td></td></tr>
<tr><td>13</td><td rowspan="3">地面装置</td><td>三桩一牌</td><td></td><td></td></tr>
<tr><td>14</td><td>锚固礅</td><td></td><td></td></tr>
<tr><td>15</td><td>围栏</td><td></td><td></td></tr>
<tr><td>16</td><td colspan="2">防护带</td><td></td><td></td></tr>
<tr><td>17</td><td colspan="2">地面泄漏情况</td><td></td><td></td></tr>
<tr><td>18</td><td colspan="2">跨越管段</td><td></td><td></td></tr>
<tr><td>19</td><td colspan="2">穿越管段</td><td></td><td></td></tr>
<tr><td>20</td><td colspan="2">水工保护设施</td><td></td><td></td></tr>
<tr><td>21</td><td colspan="2">其他</td><td></td><td></td></tr>
<tr><td>22</td><td colspan="3">防腐保温层</td><td></td><td></td></tr>
<tr><td>23</td><td rowspan="4">电性能测试</td><td colspan="2">电绝缘装置</td><td></td><td></td></tr>
<tr><td>24</td><td colspan="2">电连续性能</td><td></td><td></td></tr>
<tr><td>25</td><td colspan="2">辅助阳极接地电阻</td><td></td><td></td></tr>
<tr><td>26</td><td colspan="2">牺牲阳极接地电阻（具备条件时测）</td><td></td><td></td></tr>
<tr><td>27</td><td rowspan="6">阴极保护系统</td><td colspan="2">保护电位</td><td></td><td></td></tr>
<tr><td>28</td><td colspan="2">牺牲阳极输出电流、开路电位（具备条件时测）</td><td></td><td></td></tr>
<tr><td>29</td><td colspan="2">管内电流（保护电位异常时测）</td><td></td><td></td></tr>
<tr><td>30</td><td rowspan="3">阴极保护运行状况</td><td>保护率</td><td></td><td></td></tr>
<tr><td>31</td><td>运行率</td><td></td><td></td></tr>
<tr><td>32</td><td>排流效果</td><td></td><td></td></tr>
<tr><td>33</td><td colspan="3">地质条件调查</td><td></td><td></td></tr>
<tr><td>34</td><td colspan="3">安全保护装置</td><td></td><td></td></tr>
</table>

续表

记事栏：			
检查：	日期：	审核：	日期：

注：没有或者未进行的审查项目在检查结果栏打“—”；无问题或者合格的审查项目在检查结果栏打“√”；有问题或者不合格的审查项目在检查结果栏打“×”，并且在备注中说明。

第五节　压力管道元件制造监督检验项目表

依据《压力管道元件制造监督检验规则》要求，压力管道元件制造监督检验项目表是检验人员进行检验时必须填写的。

压力管道元件制造监督检验项目表

报告编号：

制造单位			
单位地址			
单位许可证编号		制造监检编号	
产品名称		产品标准	
材料牌号		产品规格	
产品批号（管号）及数量			

序号	监检项目		监检类别	监检结果	工作见证	监检员	确认日期
1	（一）执行的产品规范、标准		B				
2	（二）设计与工艺	1. 设计文件	A				
3		2. 设计修改	B				
4		3. 工艺文件	B				
5	（三）工艺验证		B				
6	（四）钢板或钢带	1. 钢材选用	B				
7		2. 材料质量证明书	A				
8		3. 材料标志	B				
9		4. 产品分析	A				

续表

10	（五）焊接材料	1. 焊材选用		B				
11		2. 焊接材料质量证明书		B				
12		3. 焊接材料标志		B				
13	（六）产品组批			B				
14	（七）焊接	1. 焊工资格		B				
15		2. 焊接工艺评定		A				
16		3. 焊接工艺		B				
17		4. 焊缝返修		B				
18	（八）力学性能及工艺性能试验	1. 母材拉伸试验（含控制拉伸试验）		B				
19		2. 焊接接头拉伸试验		B				
20		3. 夏比冲击试验（断裂韧性试验）		B				
21		4. 落锤撕裂试验（断裂韧性试验）		B				
22		5. 导向弯曲试验		B				
23	（九）焊偏的宏观检查（宏观金相）			B				
24	（十）无损检测	1. 无损检测人员资格		B				
25		2. 无损检测方法、比例和结果		B				
26		3. 无损检测质量	（1）射线检测质量	B				
27			（2）超声波检测质量	B				
28			（3）磁粉检测质量	B				
29		4. 无损检测报告		B				
30	（十一）外观			B				
31	（十二）几何尺寸和称重			B				
32	（十三）液压试验			B				
33	（十四）标志			B				
34	（十五）安全标记			B				
35	（十六）出厂文件			A				
36	（十七）存档文件			B				

注：记入所抽查的管子编号。

第六节　工业压力管道安装安全质量监督检验报告样式

报告编号：
压力管道安装安全质量监督检验报告

在用工业管道安装安全质量监督检验报告书

项目名称：________________
安装单位：________________
建设单位：________________
监督检验单位：________________
监督检验时间：________________

注意事项：

1. 压力管道安装安全质量监督检验具有法定检验性质，监督检验单位对检验的公正性和抽样的真实性及检验工作质量负责。

2. 监督检验单位检验资格核准编号为：TS7110000；检验资格项目中包括 GA、GB、GC 和 GD 类别中各种级别的压力管道安装安全质量的监督检验。

3. 本检验报告一式三份：一份交建设单位；一份交安装单位；一份监检单位存档。

4. 本检验报告书无检验、审核、批准的人员签章和检验机构的检验专用章无效。

5. 受检单位对检验结论如有异议，应在收到本检验报告之日 15 日内，以书面形式向监督检验单位提出。

压力管道安装安全质量监督检验项目目录

报告编号：

序号	项　目	页数
1	压力管道安装安全质量监督检验结论报告	

续表

2	监督检验的压力管道基本情况	
3	监督检验工作内容及工作基本情况	
4	对各相关单位安全质量管理行为的评价	
4.1	对建设单位安全质量管理行为的评价	
4.2	对监理单位安全质量管理行为的评价	
4.3	对安装单位安全质量管理行为的评价	
4.4	对检测单位安全质量管理行为的评价	
4.5	对防腐单位安全质量管理行为的评价	
5	压力管道元件及焊接材料的材质审查报告	
6	压力管道安装过程监督检验报告	
6.1	压力管道焊接、装配质量审查报告	
6.2	压力管道附属设施和设备安装质量审查报告	
6.3	压力管道防腐、绝热质量审查报告	
6.4	压力管道穿跨越、隐蔽工程等项目安装质量审查报告	
6.5	压力管道通球、扫线、干燥审查报告	
6.6	压力管道静电接地测试审查报告	
6.7	压力管道单体试验和整体试运行审查报告	
7	压力管道压力试验专项监督检验报告	
8	压力管道泄漏性试验专项监督检验报告	
9	压力管道安全保护装置及其密封性能试验专项监督检验报告	
10	压力管道安装竣工技术资料审查报告	
11	对遗留质量问题的处理意见	
12	附页	

注：序号栏中有“√”标示检验报告有此项内容

(1) 压力管道安装安全质量监督检验结论报告

报告编号：

工　程　概　括			
工程名称		工程地址	
工程规模		压力管道级别	
设计压力		输送介质	
开工时间		竣工时间	
建设单位		工程规划许可证号	
管道设计单位		设计证书编号	
安装单位		安装许可证编号	

续表

<table>
<tr><td>防腐施工单位</td><td></td><td>防腐资质证书编号</td><td></td></tr>
<tr><td>监理单位</td><td></td><td>监理资质证书号</td><td></td></tr>
<tr><td>检测单位</td><td></td><td>资格证书编号</td><td></td></tr>
<tr><td>授权监督检验文号</td><td>TS7110240—2014</td><td>监督检验起止日期</td><td></td></tr>
<tr><td colspan="4">监督检验结论报告：
根据《压力管道安全管理与监察规定》、《压力管道安装安全质量监督检验规则》和《压力管道安全技术监察规程》（工业管道）的规定，依据＿＿＿＿＿＿＿＿＿＿＿＿＿＿要求，经过监督检验，该压力管道安装安全质量监督检验结论为＿＿＿。</td></tr>
</table>

<table>
<tr><td rowspan="3">检验人员</td><td>签　字</td><td></td><td rowspan="9">监督检验单位

（检验专用章）

年　　月　　日</td></tr>
<tr><td>证书编号</td><td></td></tr>
<tr><td>日　期</td><td>年　　月　　日</td></tr>
<tr><td rowspan="2">项目监督检验负责人</td><td>签　字</td><td></td></tr>
<tr><td>日　期</td><td>年　　月　　日</td></tr>
<tr><td rowspan="2">审核</td><td>签字</td><td></td></tr>
<tr><td>日　期</td><td>年　　月　　日</td></tr>
<tr><td rowspan="2">批准</td><td>签　字</td><td></td></tr>
<tr><td>日　期</td><td>年　　月　　日</td></tr>
</table>

（2）监督检验的压力管道基本情况

报告编号：

序号	管道编号	管道起止点	规格	材质	设计压/MPa	设计温度/℃	介质	管道级别	对接焊口数（其中固定焊口数）	要求探伤比例	安全状况等级	长度/m

（3）监督检验工作内容及工作基本情况

报告编号：

<table>
<tr><td>安装单位</td><td colspan="3"></td></tr>
<tr><td>工程名称</td><td colspan="3"></td></tr>
<tr><td>序号</td><td>监督检验工作内容</td><td>工作基本情况</td><td>备注</td></tr>
<tr><td>1</td><td>管道元件及焊接材料的材质审查</td><td></td><td></td></tr>
<tr><td>2</td><td>管道焊接和装配质量</td><td></td><td></td></tr>
<tr><td>3</td><td>管道附属设施和设备安装质量</td><td></td><td></td></tr>
<tr><td>4</td><td>管道防腐、绝热质量</td><td></td><td></td></tr>
</table>

续表

5	管道穿跨越、隐蔽工程等重要项目安装质量
6	管道压力试验
7	管道泄漏性试验
8	管道安全保护装置及密封性能试验
9	管道通球、扫线、干燥
10	管道静电接地测试
11	管道的单体试验及整体试运行
12	竣工资料审查
其他情况的说明： 检验人员：　　　　　年　　月　　日	

（4）对各相关单位安全质量管理行为的评价

报告编号：

序号	评价项目		评价结果	工作见证	监检员	日期
安装单位						
工程名称						
4.1 对建设单位安全质量管理行为的评价						
1	技术准备			工艺文件		
2	施工管理			管理文件		
3	分承包方资格			分承包方资格证书		
4	物资采购	元件（含焊接材料）		材质证明书		
		安全保护装置		合格证、质量证明书		
		附属设施和设备		合格证、质量证明书		
4.2 对监理单位安全质量管理行为的评价						
1	监理资质			监理资质证书		
2	监理过程			监理过程见证文件		
3	工程验收			工程验收报告		
4.3 对安装单位安全质量管理行为的评价						
1	安装资质			安装资质证书		
2	技术准备			施工方案		

续表

3	材料验收	元件（含焊接材料）		材料验收单		
		安全保护装置		材料验收单		
		附属设施和设备		材料验收单		
4	安装过程的检验试验			检验试验记录		
4.4 对检测单位安全质量管理行为的评价						
1	检测资质			检测资质证书		
2	检测准备			检测工艺		
3	检测结论			检测结论报告		
4.5 对防腐单位安全质量管理行为的评价						
1	施工资质			安装资质证书		
2	技术准备			施工方案		
3	材料验收			合格证、质量证明书		
对压力管道安装过程中出现的安全质量问题的处理：						
其他违法、违规、失职行为：						
评价结论： 检验人员：　　　　　　　　年　　月　　日						

(5) 压力管道元件及焊接材料的材质审查报告

报告编号：

安装单位							
工程名称							
序号	审查项目		监检类别	审查结果	工作见证	监检员	日期
1	管材	质量证明书	B		材质证书及现场抽检		
2		材料复验	B		管材复验报告		
3		材料代用	B		管材代用报告		
4	阀门	质量证明书	B		质量证明书		
5		材质复验	B		阀门复验报告		
6		材料代用	B		阀门代用报告		
7		耐压及密封试验	B		试验报告及现场抽检		

续表

8	管件	质量证明书	B		质量证明书		
9		材质复验	B		管件复验报告		
10		材料代用	B		管件代用报告		
11	焊材	质量证明书	B		质量证明书		
12		材质复验	B		管件复验报告		
13		材料代用	B		焊材代用报告		
14	材料标识		B		检查记录及现场抽检		

审查结论：

检验人员： 年 月 日

(6) 压力管道安装过程监督检验报告

报告编号：

安装单位							
工程名称							
序号	审查项目		监检类别	审查结果	工作见证	监检员	日期
6.1 压力管道焊接、装配和防腐质量审查报告							
1	焊接质量审查	焊接工艺评定	A		焊接工艺评定文件		
2		焊工资格	B		焊工证		
3		焊接现场质量控制	B		焊接检查记录及现场抽检		
4		射线检测	B		检测报告及底片抽查		
5		超声波检测	B		检测报告		
6		渗透检测	B		检测报告		
7		磁粉检测	B		检测报告		
8		热处理	B		检测报告及曲线图		
9		硬度测定	B		检测报告		
10	装配质量审查	管沟施工质量	B		检查记录及现场抽检		
11		管道加工及预制	B		管道加工预制记录		
12		管道敷设和安装	B		检查记录及现场抽检		
13		阀门与安全附件安装	B		检查记录及现场抽检		
14		补偿装置安装	B		检查记录及现场抽检		
15		支吊架安装	B		检查记录及现场抽检		
6.2 压力管道附属设施和设备安装质量审查报告							
1	附属设施和设备安装质量审查		B		安装检查记录		

续表

6.3 压力管道防腐、绝热质量审查报告						
1	防腐质量审查	B		防腐记录		
2	绝热质量审查	B		绝热记录		
6.4 压力管道穿跨越、隐蔽工程等项目安装质量审查报告						
1	穿跨越工程安装质量审查	B		安装检查记录		
2	隐蔽工程安装质量审查	B		隐蔽工程检查记录		
6.5 管道通球、扫线、干燥审查报告						
1	管道吹扫、清洗、脱脂审查	B		检查记录		
2	管道通球、扫线、干燥审查	B		检查记录		
6.6 压力管道静电接地测试审查报告						
1	单体试验审查	B		测试报告		
6.7 压力管道单体试和整体试运行审查报告						
1	单体试验审查	B		试验记录		
2	整体试运行审查	B		试运记录		
射线检测焊口总数		复评焊口数		抽查比例		%
其中固定焊口数						
审查结论： 检验人员：　　　　年　　月　　日						

(7) 压力管道压力试验专项监督检验报告

监检类别：A　　　　　　　　　　　　报告编号：

安装单位						
工程名称						
序号	管道编号	压力试验		监督检验形式	监检员	日期
		压力（MPa）	介质			
结论及说明： 检验人员：　　　　日期：						

(8) 压力管道泄漏性试验专项监督检验报告

监检类别：A　　　　　　　　　　　　　　　　报告编号：

安装单位						
工程名称						
序号	管道编号	泄漏性试验		监督检验形式	监检员	日期
		压力（MPa）	介质			

结论及说明：

检验人员：　　　　　　　　　　　日期：

(9) 压力管道安全保护装置及其密封性能试验专项监督检验报告

监检类别：A　　　　　　　　　　　　　　　　报告编号：

安装单位						
工程名称						
	管道编号	安全保护装置监督检验	密封性能试验监督检验	监督检验形式	监检员	日期

结论及说明：

检验人员：　　　　　　　　　　　日期：

(10) 压力管道安装竣工技术资料审查报告

监检类别：　　　　　　　　　　　　　　　　报告编号：

安装单位					
工程名称					
压力管道安装竣工技术资料审查					
序号	审查项目	审查结果	序号	审查项目	审查结果
1	压力管道安装告知书		19	射线照相检验报告	
2	工程开工报告		20	超声波检验报告	
3	工程竣工验收报告		21	磁粉检验报告	

续表

4	工程质量综合评定表		22	渗透检验报告	
5	图纸会审记录		23	热处理报告	
6	施工方案		24	安全附件校验、检定报告	
7	管道组成件质量证明书		25	管道系统压力试验记录	
8	管道焊材质量证明书		26	管道系统泄漏性试验记录	
9	阀门试验记录		27	管道系统吹扫清洗试验记录	
10	材料、元件复验记录		28	管道防腐及阴极保护施工记录	
11	管道敷设		29	管道隔热工程施工记录	
12	管道焊接工作记录		30	管道单线图及标识	
13	设计变更及材料代用文件		31	静电接地测试记录	
14	膨胀指示器、监察管段、管道蠕胀测点安装记录		32	竣工图	
15	补偿装置安装		33		
16	支、吊架安装		34		
17	附属设施和设备安装记录		35		
18	隐蔽工程记录		36		

审查结论：

检验人员：　　　　　　年　　月　　日

(11) 对遗留问题的处理意见

报告编号：

检验人员：　　　　　　年　　月　　日

附页

报告编号：

检验人员：　　　　　　年　　月　　日

第七节　公用压力管道安装性检验报告样式

报告编号：

公用压力管道安装性检验报告样式

城镇燃气管道专业性检验报告

使用单位：________________

管道名称：________________

使用登记证号：________________

设备代码：________________

检验日期：________________

（印制检验机构名称）

城镇燃气管道专业性检验报告目录

报告编号：

序号	检验项目	页码	附页、附图
1	城镇燃气管道专业性检验结论		
2	资料审查报告		
3	城镇燃气管道敷设环境调查报告		
4	城镇燃气管道防腐保温层状况非开挖检测报告		
5	城镇燃气管道阴极保护有效性检测报告		
6	城镇燃气管道开挖直接检验报告		
7	城镇燃气管道穿/跨越检验报告		
8	城镇燃气管道无损检测报告		

(2) 城镇燃气管道专业性检验结论

报告编号:

<table>
<tr><td>使用单位</td><td colspan="3"></td></tr>
<tr><td>单位地址</td><td colspan="3"></td></tr>
<tr><td>安全管理人员</td><td></td><td>联系电话</td><td></td></tr>
<tr><td>设备代码</td><td></td><td>邮政编码</td><td></td></tr>
<tr><td colspan="4">管道名称</td></tr>
<tr><td>使用登记证号</td><td></td><td>投用日期</td><td></td></tr>
<tr><td>管道长度/km</td><td></td><td>管道规格</td><td></td></tr>
<tr><td>设计压力/MPa</td><td></td><td>设计温度/℃</td><td></td></tr>
<tr><td>工作介质</td><td></td><td>操作压力/MPa</td><td></td></tr>
<tr><td>工作温度℃</td><td></td><td>管道材质</td><td></td></tr>
<tr><td colspan="4">主要检查依据:</td></tr>
<tr><td colspan="4">检查发现的缺陷位置、程度、性质及其处理意见(必要时附图或附页):</td></tr>
<tr><td>检查结论</td><td>□允许使用
□进行专业性评价</td><td>允许运行参数
(报废依据)</td><td>工作压力:　　MPa
工作温度:　　℃
输送介质:
其他:</td></tr>
<tr><td colspan="2">下次专业性检查日期:　　年　月　日</td><td colspan="2" rowspan="3">机构核准证号:
(如果自行检查,可取消本栏)

(检验机构检验专用章)
年　月　日</td></tr>
<tr><td>检　查:</td><td>日期:</td></tr>
<tr><td>审　批:</td><td>日期:</td></tr>
</table>

备注:此表仅用于中压燃气管道。

第八节　公用压力管道安全性评价报告样式

报告编号：

公用压力管道城镇燃气管道安全性评价报告书

使用单位：____________

管道名称：____________

使用登记证号：__________

设备代码：____________

检验日期：____________

（印制检验机构名称）

城镇燃气管道安全性评价报告目录

报告编号：

序号	检验项目	页码	附页、附图
1	城镇燃气管道安全性评价报告		
2	资料审查报告		
3	管道应力校核报告		
4	剩余强度评估		
5	超标缺陷安全评定报告		
6	管道剩余寿命预测报告		
7	管道材料适用性评价报告		
8	风险评估报告		

共　页　第　页

(2) 城镇燃气管道安全性评价结论

报告编号：

使用单位			
单位地址			
管理人员		联系电话	
登记代码		邮政编码	
管道名称			
登记证号		投用日期	
管道长度/km		管道规格	
设计压力/MPa		设计温度/℃	
工作介质		操作压力/MPa	
工作温度℃		管道材质	

主要检查依据：

安全性评价项目与结论及其处理意见（必要时附图或者附页）：

评价结论	□允许使用 □不允许使用	允许运行参数 （报废依据）	工作压力：　　MPa 工作温度：　　℃ 输送介质： 其他：
下次专业性检查日期：　年　月　日			机构核准证号：
检　验：	日期：		
审　核：	日期：		（检验机构检验专用章）
审　批：	日期：		年　月　日

第九节　长输压力管道安装监督检验报告样式

长输压力管道安装监督检验报告书

报告编号：________________

项目名称：________________

安装单位：________________

建设单位：________________

监督检验单位：________________

监督检验时间：________________

注意事项：

1. 压力管道安装安全质量监督检验具有法定检验性质，监督检验单位对检验的公正性和抽样的真实性及检验工作质量负责。

2. 监督检验单位检验资格核准编号为：TS7110240；检验资格项目中包括 GA、GB、GC 和 GD 类别中各种级别的压力管道安装安全质量的监督检验。

3. 本检验报告一式三份：一份交建设单位；一份交安装单位；一份监检单位存档。

4. 本检验报告书无检验、审核、批准的人员签章和检验机构的检验专用章无效。

5. 受检单位对检验结论如有异议，应在收到本检验报告之日 15 日内，以书面形式向监督检验单位提出。

压力管道安装安全质量监督检验项目目录

报告编号：

序号	项　目	页数
1	压力管道安装安全质量监督检验结论报告	

续表

2	监督检验的压力管道基本情况	
3	监督检验工作内容及工作基本情况	
4	对各相关单位安全质量管理行为的评价	
4.1	对建设单位安全质量管理行为的评价	
4.2	对监理单位安全质量管理行为的评价	
4.3	对安装单位安全质量管理行为的评价	
4.4	对检测单位安全质量管理行为的评价	
4.5	对防腐单位安全质量管理行为的评价	
5	压力管道元件及焊接材料的材质审查报告	
6	压力管道安装过程监督检验报告	
6.1	压力管道焊接、装配质量审查报告	
6.2	压力管道附属设施和设备安装质量审查报告	
6.3	压力管道防腐、绝热质量审查报告	
6.4	压力管道穿跨越、隐蔽工程等项目安装质量审查报告	
6.5	压力管道通球、扫线、干燥审查报告	
6.6	压力管道静电接地测试审查报告	
6.7	压力管道单体试验和整体试运行审查报告	
7	压力管道压力试验专项监督检验报告	
8	压力管道泄漏性试验专项监督检验报告	
9	压力管道安全保护装置及其密封性能试验专项监督检验报告	
10	压力管道安装竣工技术资料审查报告	
11	对遗留质量问题的处理意见	
12	附页	

注：序号栏中有“√”标示检验报告有此项内容

(1) 压力管道安装安全质量监督检验结论报告

报告编号：

工　程　概　括			
工程名称		工程地址	
工程规模		压力管道级别	
设计压力		输送介质	
开工时间		竣工时间	
建设单位		工程规划许可证号	
管道设计单位		设计证书编号	
安装单位		安装许可证编号	

续表

防腐施工单位		防腐资质证书编号	
监理单位		监理资质证书号	
检测单位		资格证书编号	
授权监督检验文号	TS7110240—2014	监督检验起止日期	

监督检验结论报告：

根据《压力管道安全管理与监察规定》、《压力管道安装安全质量监督检验规则》和《压力管道安全技术监察规程》（工业管道）的规定，依据＿＿＿＿＿＿＿＿＿＿＿＿＿＿要求，经过监督检验，该压力管道安装安全质量监督检验结论为＿＿＿。

检验人员	签　字		监督检验单位 （检验专用章） 年　月　日
	证书编号		
	日　期	年　月　日	
项目监督检验负责人	签　字		
	日　期	年　月　日	
审核	签　字		
	日　期	年　月　日	
批准	签　字		
	日　期	年　月　日	

（2）监督检验的压力管道基本情况

报告编号：

序号	管道编号	管道起止点	规格	材质	设计压力/MPa	设计温度/℃	介质	管道级别	对接焊口数（其中固定焊口数）	要求探伤比例	安全状况等级	长度/m

（3）监督检验工作内容及工作基本情况

报告编号：

安装单位			
工程名称			
序号	监督检验工作内容	工作基本情况	备注
1	管道元件及焊接材料的材质审查		
2	管道焊接和装配质量		
3	管道附属设施和设备安装质量		
4	管道防腐、绝热质量		

续表

5	管道穿跨越、隐蔽工程等重要项目安装质量		
6	管道压力试验		
7	管道泄漏性试验		
8	管道安全保护装置及密封性能试验		
9	管道通球、扫线、干燥		
10	管道静电接地测试		
11	管道的单体试验及整体试运行		
12	竣工资料审查		
其他情况的说明： 检验人员： 年 月 日			

(4) 对各相关单位安全质量管理行为的评价

报告编号：

安装单位						
工程名称						
序号	评价项目		评价结果	工作见证	监检员	日期
4.1 对建设单位安全质量管理行为的评价						
1	技术准备			工艺文件		
2	施工管理			管理文件		
3	分承包方资格			分承包方资格证书		
4	物资采购	元件（含焊接材料）		材质证明书		
		安全保护装置		合格证、质量证明书		
		附属设施和设备		合格证、质量证明书		
4.2 对监理单位安全质量管理行为的评价						
1	监理资质			监理资质证书		
2	监理过程			监理过程见证文件		
3	工程验收			工程验收报告		
4.3 对安装单位安全质量管理行为的评价						
1	安装资质			安装资质证书		
2	技术准备			施工方案		

续表

3	材料验收	元件（含焊接材料）		材料验收单		
		安全保护装置		材料验收单		
		附属设施和设备		材料验收单		
4	安装过程的检验试验			检验试验记录		
4.4 对检测单位安全质量管理行为的评价						
1	检测资质			检测资质证书		
2	检测准备			检测工艺		
3	检测结论			检测结论报告		
4.5 对防腐单位安全质量管理行为的评价						
1	施工资质			安装资质证书		
2	技术准备			施工方案		
3	材料验收			合格证、质量证明书		
对压力管道安装过程中出现的安全质量问题的处理：						
其他违法、违规、失职行为：						
评价结论： 检验人员：　　　　　　　　年　　　月　　　日						

(5) 压力管道元件及焊接材料的材质审查报告

报告编号：

安装单位							
工程名称							
序号	审查项目		监检类别	审查结果	工作见证	监检员	日期
1	管材	材质量证明书	B		材质证书及现场抽检		
2		材料复验	B		管材复验报告		
3		材料代用	B		管材代用报告		
4	阀门	质量证明书	B		质量证明书		
5		材质复验	B		阀门复验报告		
6		材料代用	B		阀门代用报告		
7		耐压及密封试验	B		试验报告及现场抽检		

续表

8	管件	质量证明书	B		质量证明书		
9		材质复验	B		管件复验报告		
10		材料代用	B		管件代用报告		
11	焊材	质量证明书	B		质量证明书		
12		材质复验	B		管件复验报告		
13		材料代用	B		焊材代用报告		
14	材料标识		B		检查记录及现场抽检		
审查结论 检验人员： 年 月 日							

（6）压力管道安装过程监督检验报告

报告编号：

安装单位							
工程名称							
序号	审查项目		监检类别	审查结果	工作见证	监检员	日期
6.1 压力管道焊接、装配和防腐质量审查报告							
1	焊接质量审查	焊接工艺评定	A		焊接工艺评定文件		
2		焊工资格	B		焊工证		
3		焊接现场质量控制	B		焊接检查记录及现场抽检		
4		射线检测	B		检测报告及底片抽查		
5		超声波检测	B		检测报告		
6		渗透检测	B		检测报告		
7		磁粉检测	B		检测报告		
8		热处理	B		检测报告及曲线图		
9		硬度测定	B		检测报告		
10	装配质量审查	管沟施工质量	B		检查记录及现场抽检		
11		管道加工及预制	B		管道加工预制记录		
12		管道敷设和安装	B		检查记录及现场抽检		
13		阀门与安全附件安装	B		检查记录及现场抽检		
14		补偿装置安装			检查记录及现场抽检		
15		支吊架安装			检查记录及现场抽检		
6.2 压力管道附属设施和设备安装质量审查报告							
1	附属设施和设备安装质量审查		B		安装检查记录		

续表

6.3 压力管道防腐、绝热质量审查报告						
1	防腐质量审查	B		防腐记录		
2	绝热质量审查	B		绝热记录		
6.4 压力管道穿跨越、隐蔽工程等项目安装质量审查报告						
1	穿跨越工程安装质量审查	B		安装检查记录		
2	隐蔽工程安装质量审查	B		隐蔽工程检查记录		
6.5 管道通球、扫线、干燥审查报告						
1	管道吹扫、清洗、脱脂审查	B		检查记录		
2	管道通球、扫线、干燥审查	B		检查记录		
6.6 压力管道静电接地测试审查报告						
1	单体试验审查	B		测试报告		
6.7 压力管道单体试和整体试运行审查报告						
1	单体试验审查	B		试验记录		
2	整体试运行审查	B		试运记录		
射线检测焊口总数		复评焊口数			抽查比例	%
其中固定焊口数						
审查结论： 检验人员：　　　　年　　月　　日						

(7) 压力管道压力试验专项监督检验报告

监检类别：A　　　　　　　　　　报告编号：

安装单位						
工程名称						
序号	管道编号	压力试验		监督检验形式	监检员	日期
		压力/MPa	介质			
结论及说明： 检验人员：　　　　年　　月　　日						

(8) 压力管道泄漏性试验专项监督检验报告

监检类别：A　　　　　　　　　　报告编号：

安装单位	
工程名称	

续表

序号	管道编号	泄漏性试验		监督检验形式	监检员	日期
		压力/MPa	介质			
结论及说明： 检验人员：　　　　　　年　　月　　日						

(9) 压力管道安全保护装置及其密封性能试验专项监督检验报告

监检类别：A　　　　　　　　　　　　报告编号：

安装单位						
工程名称						
	管道编号	安全保护装置监督检验	密封性能试验监督检验	监督检验形式	监检员	日期
结论及说明： 检验人员：　　　　　　年　　月　　日						

(10) 压力管道安装竣工技术资料审查报告

监检类别：A　　　　　　　　　　　　报告编号：

安装单位					
工程名称					
压力管道安装竣工技术资料审查					
序号	审查项目	审查结果	序号	审查项目	审查结果
1	压力管道安装告知书		19	射线照相检验报告	
2	工程开工报告		20	超声波检验报告	
3	工程竣工验收报告		21	磁粉检验报告	
4	工程质量综合评定表		22	渗透检验报告	
5	图纸会审记录		23	热处理报告	
6	施工方案		24	安全附件校验、检定报告	
7	管道组成件质量证明书		25	管道系统压力试验记录	
8	管道焊材质量证明书		26	管道系统泄漏性试验记录	
9	阀门试验记录		27	管道系统吹扫清洗试验记录	

续表

10	材料、元件复验记录		28	管道防腐及阴极保护施工记录	
11	管道敷设		29	管道隔热工程施工记录	
12	管道焊接工作记录		30	管道单线图及标识	
13	设计变更及材料代用文件		31	静电接地测试记录	
14	膨胀指示器、监察管段、管道蠕胀测点安装记录		32	竣工图	
15	补偿装置安装		33		
16	支、吊架安装		34		
17	附属设施和设备安装记录		35		
18	隐蔽工程记录		36		

审查结论：

检验人员：　　　　　　　　　年　　月　　日

(11) 对遗留问题的处理意见

报告编号：

检验人员：　　　　　　　　　年　　月　　日